합리적 정서행동치료

상담 전문가를 위한 안내서

Raymond A. DiGiuseppe · Kristene A. Doyle · Windy Dryden · Wouter Backx 공저
이한종 역

A PRACTITIONER'S GUIDE TO
RATIONAL EMOTIVE BEHAVIOR THERAPY
THIRD EDITION

학지사

A PRACTITIONER'S GUIDE TO RATIONAL EMOTIVE BEHAVIOR THERAPY, THIRD EDITION

by Raymond A. DiGiuseppe, Kristene A. Doyle, Windy Dryden, and Wouter Backx

우리의 스승이자 멘토인 Albert Ellis 선생님께 바칩니다.

역자 서문

이 책을 처음 마주하며 읽을지 말지를 고민하는 여러분에게 묻는다.

“여러분은 하늘나라에 가서 행복해지고 싶습니까? 아니면 지상에서 편안한 시간을 보내고 싶습니까?”

“다른 사람들은 도대체 왜 그렇게 행동하는 것일까요?”

“정말 나쁜 일이 일어났는데도 여러분은 긍정적으로 생각하며 태연하게 웃고 있겠습니까?”

이것은 합리적 정서행동치료의 핵심철학을 아우르는 질문이며 이에 대한 답을 찾는 과정에서 여러분은 합리적 정서행동치료의 기법을 배우게 될 것이다. 합리적 정서행동치료는 다른 상담이론과 달리 격정적 감정의 카타르시스를 유도하거나 긍정적 생각만을 하도록 이끌지 않는다. 그 대신 있는 그대로의 불완전한 자신과 타인과 세상을 수용하며 건강한 감정을 경험하도록 돕는다. 이를 위해 필요한 것은 인간은 실수와 실패를 거듭하도록 운명 지워진 존재이며, 세상은 내 뜻에 따라 움직일 의무를 지지 않음을 깨닫는 것이다. 이것이 바로 합리적 정서행동치료가 추구하는 ‘우아한 해결책’이다. 건강한 감정을 경험할 때 인간은 자신을 행복하게 만드는 결정을 내리고 행동할 수 있다.

합리적 정서행동치료에서는 '반드시 해야만 하는 옳은 일은 없다.'는 것과 '삶이 원하는 대로 되지 않아도 행복해질 수 있다.'는 철학을 가르친다. 하늘 높은 곳에서 내려다본다면 나는 땅 위의 한 점에 지나지 않을 것이다. 만약 비행기를 타고 지나간다면 그 점은 찰나의 순간에 시야에서 사라질 것이다. 내가 혹은 타인이 범한 어리석은 실수와 이루어 낸 업적의 의미가 모두 미미하다는 것을 깨달으면 보다 가벼운 마음으로 삶의 즐거움에 집중할 수 있을 것이다.

이러한 철학적 변화는 인간의 내면 깊숙한 곳에 변화를 일으켜 많은 행동에 영향을 준다. 못질에 비유하건대, 인지치료와 행동치료가 못 하나하나마다 망치질을 하는 반면, 합리적 정서행동치료는 넓은 판을 두드려서 동시에 많은 못을 박는 매우 실용적인 심리치료 전략이다.

『합리적 정서행동치료: 상담 전문가를 위한 안내서』는 합리적 정서행동치료의 창시자인 Albert Ellis의 제자이자 동료이며, 학계를 대표하는 네 명의 상담 전문가인 DiGiuseppe, Doyle, Dryden, Backx가 각자의 임상 경험과 지식을 모아 집필했다.

이 책의 가장 큰 장점은 독자가 실제로 합리적 정서행동치료를 수행할 수 있도록 안내한다는 것이다. 합리적 정서행동치료의 A-B-C-D-E 단계별로 사용되는 구체적인 기법을 다른 어느 서적보다도 상세히 소개했으며, Ellis와 저자들이 직접 수행한 다양한 상담사례의 축어록을 제시하여 독자들이 실감 나게 기법을 익히도록 배려했다. 특히 다음의 세 가지 기법에 대한 설명은 다른 곳에서 찾아보기 어려울 만큼 꼼꼼하고 실용적이다.

- 비합리적 신념을 논박하는 세 가지 전략과 네 가지 스타일
- 비합리적 신념의 유형별로 이를 대체할 유익한 새 신념을 만드는 절차
- 새로운 신념에 대한 확신을 강화하는 방법

이 책은 뉴욕의 Albert Ellis 연구소 및 세계 각지의 합리적 정서행동치료 수련기관에서 주요한 교재로 사용되고 있다. 1980년에 제1판이 간행되었으며, 지금 독자 여러분이 마주하고 있는 책은 합리적 정서행동치료의 발전상을 반영하여 2014년에 간행된 제3판이다. 이 귀한 책을 뒤늦게 국내에 소개하는 것이 안타깝다. 하지만 합리적 정서행동치료를 배우고 싶어도 마땅한 책을 찾지 못해 애태우던 독자들에게 지금이라도 도움을 줄 수 있는 것을 매우 기쁘게 생각한다.

독자들이 친숙한 느낌으로 글을 읽을 수 있도록 상담사례 예시에 소개된 인명 및 장소는 원저의 내용을 훼손하지 않는 범위 내에서 우리나라 사람 및 지명으로 바꾸었다. 이 책은 심리학 및 심리치료 이론에 관한 기초 지식을 갖춘 독자를 대상으로 쓰였으므로 용어의 개념에 대한 설명이 충분하지 않은 곳이 더러 있다. 그러한 곳에는 역주를 달아 독자의 이해를 돕고자 했다. 이 귀한 책이 세상에 나오도록 지원해 주신 학지사 김진환 사장님과 편집부 박선민 대리님께 깊이 감사드린다. 그리고 사람들의 행복을 돕는 길을 걸어가는 독자 여러분에게 이 책이 좋은 안내서가 되기를 간절히 소망한다.

2021년 3월
춘천의 연구실에서
이한종

Albert Ellis의 추천사(제2판)

『합리적 정서치료[1]: 상담 전문가를 위한 안내서(A Practitioner's Guide to Rational-Emotive Therapy)』가 1980년에 처음 출판되었을 때 이 책은 합리적 정서치료(RET)를 배우고자 하는 상담자들을 위한 선구적인 지침서였다. 그리고 미국, 캐나다, 호주, 멕시코와 더불어 유럽, 중동 및 아시아 여러 국가의 합리적 정서치료 연구소(Institute for Rational-Emotive Therapy)에서 운영하는 자격증 과정과 심화 연수 과정에서 핵심 교재로 자리매김했다. 나는 이 교육 프로그램에서 강사와 수퍼바이저로 활동하며 이 훌륭한 책의 초판에 제시된 명쾌한 지침을 부단히 공부하고 실천한 교육생들이 처음부터 상담을 아주 잘하는 것에 놀란 것이 한두 번이 아니다.

제2판은 초판의 모든 장점을 그대로 유지하면서 합리적 정서치료의 변화와 발전상을 담고 있다. 1955년에 처음 합리적 정서치료를 세상에 내어놓았을 때, 나는 인지적 요소와 철학적 요소의 중요성을 역설했다. 안타깝게도 당시의 상담이론들, 특히 정신분석과 인간중심치료는 내담자가 정서적으로 덜 고통받도록 돕는 일의 인지 및 철학적 측면을 간과했기 때문이다. 하지만 합리적 정서치료는 처음부터 감정적·행동적 기법을 다수 포함하고 있었다. 처음 상담 수련을 시작한 1942년보다 훨씬 전부터 나는 수줍음과 사람들 앞에서 말하는 것에 대한 공포를 극복하기 위해 둔감화 기법(행동주의 심리학의 창시자인 John B. Watson에게서 차용해 온 기법)과 수치심 공격 연습(내가 직접 만들어 낸 기법)을 스스로에게 사용하고 있었는데 이것의 영향이 적지 않았던 것 같

1) [역주] Ellis가 추천사를 쓴 제2판까지는 '합리적 정서치료(Rational-Emotive Therapy)'라는 명칭이 사용되었으나 제3판부터는 '합리적 정서행동치료(Rational Emotive Behavior Therapy)'로 변경되었다.

다. 게다가 나는 1943년부터 1947년까지 적극적이고 지시적인 성 치료자로 활동하고 있었다. 하지만 아쉽게도 1953년까지 정신분석 수련과 실천에 한눈을 팔고 말았다. 이내 정신분석에 환멸을 느낀 나는 1955년에 합리적 정서치료를 발표하고 나서부터 지시적인 상담 방식으로 복귀하였으며, 여러 감정적 기법과 행동적 기법을 합리적 정서치료에 활용하였다. 왜냐하면 인지, 감정 및 행동적 기법의 조합이 인지 재구조화만을 강조하는 단편적 방식보다 훨씬 더 효과적임을 금세 깨달았기 때문이다.

흔히 이론이 실천을 이끌어 간다고 여기지만, 반대로 실천이 이론을 이끌어 가는 경우도 있다. 1950년대의 나를 회상해 보면, Arnold Lazarus가 훗날 '다중양식치료(multimodal therapy)'라는 멋진 이름을 붙인 방식으로 합리적 정서치료의 실천을 거듭해 가며 현재의 합리적 정서치료 이론을 더욱 발전시킬 수 있었다. 나에게 상담을 받던 내담자들이 내가 지금 비합리적 신념이라고 부르는 것을 가지고 있으며 이로 인해 정서적으로 그리고 행동적으로 자신을 고통스럽게 만들고 있음을 알게 된 것도 이때이다(Ellis, 1958, 1962). 내담자들이 가진 주요 스키마 혹은 핵심 철학은 기독교적이며 절대적인 의무와 명령들이었다. 내담자들은 이러한 생각들을 매우 강하게 고수하며 자신의 감정과 신체가 이에 따라 반응하도록 만들고 있었다. 자신의 역기능적 신념에 따라 행동하도록 스스로를 길들인 것이 분명했다. 자신이 생각하고 느끼고 수행하던 거의 모든 것들 속에 이러한 요구, 명령, 의무, 고집—의식적 또는 무의식적인—이 깊숙이 녹아들어 있던 것이다.

1960년대에 접어들면서 나는 아동, 청소년, 성인 할 것 없이 모두가 자신의 목표, 욕구, 가치관을 부모와 문화로부터 학습한다는 것을 깨달았다. 인간은 순진하고 온순하고 감수성이 풍부한 상태로 세상에 태어난다. 이러한 인간이 '정상적인' 성격을 가지는 이유는—Sampson(1989)을 비롯한 여러 사회심리학자가 지적하였듯이—인간이 천성적으로 사회성을 가진 존재이기 때문이다. 인간은 개성을 가진 개인임과 동시에 매우 사회적인 생명체이다. 그러나 Kelly(1955)가 반세기 전에 주장한 것처럼 그리고 최근 많은 사회심리학자가 다시 주장하는 것처럼 인간은 자신의 생각과 행동을 스스로 구성하고 다시 재구성한다(Mahoney, 1991). 가족과 사회가 제시한 것을 그저 맹목적으로 수용하지는 않는다는 뜻이다.

Guidano(1988)와 Mahoney(1991)를 비롯한 몇몇 학자는 합리적 정서치료가 자극적인 합리론에 불과하다고 비난하지만, 사실 합리적 정서치료는 다른 어떤 인지적 혹은 비인지적 심리치료보다 훨씬 구성주의적이다. 합리적 정서치료의 구성주의적 가정과 기법들 중에서 몇 가지를 간략히 소개한다.

1. 합리적 정서치료에서는 모든 인간이 가족 또는 문화 속의 규준과 선호를 학습 또는 수용한 후 이와 관련된 엄격한 당위와 요구를 스스로 만들어 내는 본성을 타고난다고 가정한다. 그래서 인간은 종종 '내가 성공하는 것과 인정받는 것을 매우 좋아하기 때문에 나는 절대로, 그리고 거의 항상, 그리고 거의 어떤 조건 속에서도 그렇게 되어야만 한다.'라는 절대적인 신념을 자기 자신에게 강요한다(Ellis & Harper, 1975).
2. 사람들은 자신을 고통스럽게 하는 절대적 당위와 요구들을 표면적으로 또는 의식적으로 고수할 뿐만 아니라 때로는 몸과 마음이라는 구조물의 깊은 곳에서 암묵적으로 은연중에 그리고 무의식적으로 집착한다.
3. 아이들은 대개 부모 및 주요 타인들에게 강한 애착을 형성할 수 있도록 타고난다(Bowlby, 1980). 이들은 사랑받는 것에 대한 절박함도 창조해 내는데 이것이 완전히 충족되지 못할 때 스스로를 고통스럽게 만든다.
4. 아이들은 자라면서 자신의 행동을 '좋은 것'과 '나쁜 것'으로 평가하는 것을 배우지만 단순히 자신을 평가하는 데에 그치는 것이 아니라 자기라는 존재 자체를 스스로 구성해 낸다. 인간은 자신이 좋은 행동을 하면 자연스럽게 자신을 신격화하고, 반대로 나쁜 행동을 하면 그 행동뿐 아니라 자기라는 존재 전체를 악마화하며 저주하는 경향이 있다.
5. 어렸을 때 어떻게 키워졌든 상관없이 모든 인간은 다음과 같이 서로 반대되는 두 가지의 독창적 경향을 함께 지니고 있다. 하나는 자신과 타인을 저주하거나 신격화함으로써 자신을 스스로 고통스럽게 하는 경향이다. 그리고 다른 하나는 자신을 변화시키고 자기실현을 이루어 감으로써 자신을 건강하게 그리고 덜 고통스럽게 하는 경향이다. 합리적 정서치료에서는 자신을 괴롭히는 일을 그만두고 보다 즐거운 삶을 만들어 가는 자기실현 역량을 사용하는 방법을 가르친다.
6. 합리적 정서치료는 엄격함, '의무감 고문(musturbation)', 편파성, 정체됨에 반대하며 개방성, 대안추구, 반독단주의, 유연성을 강하게 선호한다. 즉, 과학적·반독단주의적 관점을 옹호한다. 이러한 관점을 견지할 때, 인간은 맹목적·반과학적 관점을 고집할 때보다 훨씬 덜 고통받는다.
7. 합리적 정서치료는 비현실적인 귀인과 추론을 변화시키는 것에 그치지 않고 '심

오한 철학적 변화, 달리 표현하면 태도의 변화'를 성취하도록 돕는 일에 주력한다. 이는 몇몇 인지행동적 치료가 실천을 강조하는 것과 맥락을 같이하는 부분이다.

8. 인지적 구성주의자들은 행동하기, 느끼기, 알기라는 서로 분리될 수 없는 경험을 통해 적응과 발달이 일어난다고 주장한다(Mahoney, 1991). 합리적 정서치료에서도 이에 동의한다. 그러나 인간의 사고와 감정이 별개의 심리적 과정이 아니라 상당 부분 서로 중첩되며 어떤 측면에서는 사실상 동일한 것이라는 합리적 정서치료의 근본 가정은 인지적 구성주의와 다른 점이다. 우리 몸의 감각과 움직임이 그러한 것처럼 사고와 감정은 서로 긴밀하게 통합되어 있기 때문에 각각을 온전히 분리해서 이해하는 일은 결코 가능하지 않다. 이에 대해 나는 합리적 정서치료에 관한 첫 논문(미국심리학회 시카고 학술대회에서 1955년에 발표)과 『심리치료에서의 이성과 감정(Reason and Emotion in Psychotherapy)』(Ellis, 1962, p. 38)이라는 저서를 통해 분명히 밝힌 바 있다.
9. Guidano와 Mahoney는 Freud(1965) 및 Rogers(1951)와 마찬가지로 성격 변화를 위해 치료적 관계가 중요함을 강조한다. 독자가 마주하고 있는 이 책에 분명히 기술된 것처럼, 합리적 정서치료도 상담자와 내담자 사이의 협력을 중시한다. 특히 상담자가 내담자를 언제나 무조건적으로 수용해야 함을 강조한다. 내담자가 과제를 제대로 수행하는지 또는 선량하고 사랑스러운지의 여부와 상관없이 상담자는 내담자를 수용하고 있음을 단지 말이 아니라 행동으로 보여 주어야 한다. 그러나 합리적 정서치료는 이에 더해 상담자에게 수용받는지와 상관없이 자기 자신을 철학적으로 수용하는 방법을 내담자에게 가르친다(Ellis, 1973a, 1977a, 1988; Ellis & Harper, 1975). 이러한 양방향적 접근의 두드러진 특징은 자기수용을 선택하고 구성해 내는 인간의 능력을 강조한다는 점이다. 그렇기 때문에 합리적 정서치료는 다른 어떤 인지적 혹은 비인지적 치료보다 훨씬 구성주의적이다.

합리적 정서치료는 대단히 구성주의적이고 통합적이다(Ellis, 1987c). 독자가 지금 마주하고 있는 『합리적 정서치료: 상담 전문가를 위한 안내서』의 개정판에서 가장 마음에 드는 부분은 초판보다 진일보하여 합리적 정서치료의 통합적 · 구성주의적 · 감정적 · 행동적 측면을 모두 잘 담아내고 있다는 점이다. 비합리적 신념을 인지적으로 논박하는 것에 대한 설명은 더할 나위 없이 훌륭하다. 이뿐만 아니라 내담자의 역기능적 추론, 귀인, 핵심 철학을 '주도적이면서도 협력적으로' '정확하면서도 감정적으로' '지적이면서도 행동적으로' 논박하는 '완전한' 합리적 정서치료의 모습을 보여 준다. Beck(1976), Maultsby(1975), Meichenbaum(1985) 등 여타의 인지행동주의자들이 제시한 상담 방식과 구별되는 합리적 정서치료만의 독특한 풍미를 이 책은 잘 묘사하고 있다. 그러나 합리적 정서치료가 여러 주요한 인지적 치료들과 많은 부분을 공유하고 있으며 이들로부터 많은 기법을 빌려 온 것은 분명한 사실이다.

합리적 정서치료는 상당히 인본주의적이고 실존주의적인 요소도 함께 가지고 있으며(Ellis, 1990b, 1991c), 널리 알려진 어떤 유형의 인지행동치료보다도 감정을 중시한다. 이 책은 합리적 정서치료의 이러한 특징과 강조점을 명확하게 제시한다. 1990년대의 합리적 정서치료의 풍미와 맥락을 알고자 하는 사람은 누구든지 이 아름다운 책 속에서 그것을 발견할 수 있을 것이다.

뉴욕 합리적 정서치료 연구소장
철학박사 Albert Ellis

저자 서문

『합리적 정서행동치료: 상담 전문가를 위한 안내서』의 초판이 세상에 나온 지 어언 32년, 개정판 간행 후의 시간만 헤아려도 벌써 20년의 세월이 지났다. 우리는 합리적 정서행동치료가 생소한 상담자들에게 Albert Ellis의 세련된 이론을 실천하는 방법을 가르치고자 이 책을 집필했다. 합리적 정서행동치료는 다양한 요소를 포함하는 인지 학습적 성격을 지닌 심리치료이기 때문에 독자들은 심리학의 기본 원리, 정신병리, 행동수정 및 행동치료, 일반적 상담면접 기술 그리고 치료적 동맹의 형성에 필요한 지식과 기술에 대해 어느 정도의 지식을 갖추고 있어야 한다. 이러한 기초가 없다면, 합리적 정서행동치료의 기법들을 그저 기계적으로 사용할 위험이 있다. 이 책을 읽기 전에 합리적 정서행동치료 이론에 관한 기본서를 몇 권 읽어 두는 것이 도움이 될 것이다. 예를 들면, 『Reason and Emotion in Psychotherapy』(Ellis, 1994), 『Overcoming Resistance』(Ellis, 2002), 『Rational Emotive Behavior Therapy with Difficult Clients』(Ellis, 2002), 『The Practice of Rational Emotive Behavior Therapy』(Ellis & Dryden, 1997), 『Rational Emotive Behavior Therapy: A Therapist's Guide』(Ellis & Maclaren, 2005) 등을 추천한다.

합리적 정서행동치료의 기본 원리들을 이해하는 것은 어렵지 않다. 형식은 간결하며 개념은 쉽게 와닿는다. 예를 들면, Ellis 박사는 "의무감 고문은 자기학대를 초래한다."와 같이 쉽게 설명해 주었다. 『A New Guide to Rational Living』(Ellis & Harper, 1975)을 읽는다면 누구나 이 주제에 관해 재미있는 강의를 할 수 있을 것이다. 사실 내담자들조차도 이러한 강의를 할 수 있을 것이다. 그러나 문제는 원리를 자기 자신의 문제해결에 일관되게 적용하기가 어렵다는 것이다. 하물며 상담자로서 내담자가 합리적 정서행동치료를 성공적으로 적용하도록 인도하고 문제를 해결하도록 돕는 것은 여간 어려운 일이 아니다. 상담자 훈련에 종사하며 지내 온 세월 동안 많은 상담자가 스스로 합리적 정서행동치료에 숙달하였다고 주장하는 것을 보았다. 그러나 막상 상담회기 녹음을 들어 보면, 이론은 알지만 그것을 제대로 실천하지 못하는 경우가 대다수였다.

이 책의 초판을 준비하면서 우리는 Albert Ellis 연구소에서 진행한 수퍼비전 회기들을 녹음하고 수련생들에게 제공한 조언들을 선별하여 범주별로 나누었는데 이것이 나중에 이 책의 기본 골격이 되었다. 제2판에서도 이 기본 골격을 동일하게 유지하였으며 초판 발간 이후 수년간 이론이 확장된 것을 반영하여 수련생들에게 새롭게 제공한 조언들을 추가했다.

제2판이 간행된 후 Albert Ellis는 타계하였고, 세상은 열정적이고 헌신적이며 지칠 줄 모르던 합리적 사고의 옹호자를 잃었다. 그는 놀라울 만큼 천부적 재능을 가진 이론가이자 상담자 그리고 교육자였다. 우리는 그의 업적을 기리고 널리 알리기 위해 전 세계의 상담자들에게 그의 이론과 지혜를 실천하도록 가르쳐야 한다는 의무감을 느낀다. 이 책을 통해 이 위대한 사상가이자 치유자가 남긴 유산의 일부를 독자들에게 전달할 수 있기를 간절히 희망한다.

제2판 이후로 합리적 정서행동치료에는 많은 변화가 발생했으며 우리는 이것을 지금의 제3판에 반영하고자 했다. 먼저, Ellis는 명칭을 합리적 정서치료(Rational-Emotive Therapy)에서 합리적 정서행동치료(Rational Emotive Behavior Therapy)로 변경하였는데, 이것은 행동적 기법 및 과제가 사용되고 있는 점을 반영하기 위해서였다. 우리는 지금껏 인지 및 철학적 변화야말로 합리적 정서행동치료가 내담자를 돕는 방식이라고 강조해 왔다. 그러나 새로운 생각을 연습하고 행동으로 실천하는 것 역시도 합리적 정서행동치료를 비롯한 모든 심리치료의 대단히 중요한 측면임을 부인할 수 없다.

이 책의 초판이 나왔을 당시만 하더라도 13가지 종류의 비합리적 신념이 존재하며 이들이 각각 독립적으로 정서장애에 영향을 미친다고 여겼다. 그리고 비합리적 신념들의 상당수가 평가적인 성격을 지니고 있는 것으로 생각했다. 반면, 현실왜곡은 비합리적 신념으로 분류되지 않았으며 평가적인 비합리적 신념에 비해 상담에서의 중요도가 떨어지는 것으로 여겼다. 현실에 대한 인지적 왜곡과 비합리적 신념 사이의 경계선이 분명하게 그어지지도 않았다. 제2판에서도 대부분의 비합리적 신념이 평가적 신념이라는 기존의 입장이 유지되었다. 그러나 Ellis(1994)는 저서 『Reason and Emotion in Psychotherapy』에서 자신의 이론에 수정을 가했다. 그는 절대적 요구(예를 들면, '반드시 ~해야만 한다.')야말로 정서장애의 핵심이라고 강조했으며, 다른 비합리적 신념과 인지적 왜곡은 절대적 요구 때문에 생겨난다고 주장했다. 독자들 중의 상당수는 이 책 제2판의 비합리적 신념에 대한 설명과 Ellis가 1994년의 저서에서 주장한 내용이 서로 일치하지 않는 것 때문에 혼란을 겪었을 것이다. 독자가 지금 마주하고 있는 제3판에는 보다 최신의 합리적 정서행동치료 이론이 소개되어 있다. 이론의 발전은 실증적 연구보다 앞서 나아간다. 우리는 합리적 정서행동치료의 이론적 발전에 발맞추어 상담자 훈련을 진행해 왔다. 즉, 내담자가 가진 절대적 요구를 평가하고 이를 중심으로 상담을 진행하도록 장려했으며, 필요한 경우에는 다른 비합리적 신념들의 영향을 검토하고 이를 변화의 대상으로 삼도록 했다.

지난 여러 해 동안 많은 상담자가 합리적 정서행동치료 훈련을 받았다. Albert Ellis 연구소 및 산하 훈련기관들에서 비록 단기집중훈련에 참여한 경우라 할지라도 상담실습을 녹음하여 수퍼비전을 받으면서 상담자들의 행동에 의미 있는 변화가 나타났다. 합리적 정서행동치료의 수퍼비전에는 구전 전통이 확립되어 있다. 수퍼바이저가 수련생에게 유익한 지침을 제시하면, 나중에 이 수련생이 수퍼바이저가 되었을 때 새로운 수련생에게 이를 전수하는 방식이다. 구전 전통이 본래 그러하듯 누가 특정한 지침을 처음 제시하였는지는 알 수 없지만 유익한 정보들은 지속적으로 전수된다. 이 책에서 접하게 될 임상적 지혜와 조언 중의 상당수는 Albert Ellis 연구소에서 일했거나 합리적 정서행동치료 공동체의 구성원으로 활동한 탁월한 상담자들이 이룩한 유산의 일부이다. 이러한 유산을 물려준 분들에게 깊이 감사한다. 연구소에서 회장 또는 임원을 역임한 Bill Knaus, Ed Garcia, Jon Geis, Janet Wolfe, Richard Wessler, Dom DiMattia, Michael Broder, Catharine MacLaren, Ann Vernon, Jim McMahon에게 감사를 표한다. 합리적 정서행동치료에 대한 우리의 지식을 진보시킨 뛰어난 학자인 Emmet Velten(작고), Michael Bernard, Daniel David, Aurora Szentagotai, Howard Kassinove, Michael Neenan, Michlor Bishop, Don Beal, Len Rorer(작고), Mark Terjesen에게 감사를 표한다. 뉴욕에서 그리고 세계 각지의 연구소 지부에서 활약한 Paul Hauck, Robert Moore, Virginia Waters, Rose Oliver(작고), John Viterito, Monica O'Kelly, Ruth Malkinson, Julio Obst Camerini, Theo IJzermans(작고), Didier Pleux, Cesare DeSilvestri(작고), Stephen Palmer, Chrysoula Kostogiannis, Steve Nielson, Hank Robb, Mike Abrams,

A. G. Ahmed 등 수많은 훌륭한 수퍼바이저에게 감사를 표한다.

이 책의 초판이 출판된 후 인지행동치료는 소수의 비주류에서 주요 상담이론의 지위에 올랐다. 이러한 성공은 축복임과 동시에 저주가 되었다. 많은 상담자가 인지행동치료를 한다고 이야기하지만 정작 자신이 내담자의 어떤 생각을 변화시키려 하는지는 말하지 못한다. 게다가 일부 상담자들은 사고의 왜곡, 귀인, 파생 비합리적 신념, 핵심 비합리적 신념을 혼동하며 이들을 개념적으로 구별해 내지 못한다. 부정적 생활사건이 발생했다는 인식은 사고에 해당한다. 그러나 Ellis의 A-B-C 모형에서는 이것이 B(irrational belief, 비합리적 신념)가 아니라 A(activating event, 촉발사건)로 분류된다. 이 문제를 해결하기 위해 우리는 A-B-C 모형을 보다 확장하여 A로 분류되는 사고와 비합리적 신념이 서로 구별될 수 있도록 했다. 이와 같이 어떤 점에서 합리적 정서행동치료가 일반적인 인지행동치료와 다른지를 소개함과 더불어 언제 다른 인지행동치료의 기법들을 합리적 정서행동치료에 통합하여 사용할 수 있는지를 설명하고자 노력했다.

지난 10년간 합리적 정서행동치료의 일반적인 측면에 대한 연구 성과가 적지 않게 축적되었다. 그래서 우리는 치료적 동맹의 역할, 즉 내담자와 상담자 사이의 관계가 상담 성과에 어떻게 영향을 미치는지에 대해 더욱 많이 알게 되었다. 우리는 여기에서 한발 더 나아가 합리적 정서행동치료 상담자가 적극적이고 지시적인 태도를 취하면서도 어떻게 내담자와 좋은 동맹관계를 유지하고 어떻게 무조건적 수용을 보여 줄 수 있을지에 대해 설명하고자 노력했다.

합리적 정서행동치료는 지난 20년간 급속도로 보급되어 나갔으며 전 세계의 수많은 나라에서 교육을 받을 수 있게 되었다. 이 책의 저자 네 명 모두 여러 나라에서 합리적 정서행동치료를 가르쳐 왔으며, 매년 뉴욕의 Albert Ellis 연구소에서 실시하는 교육과정에 참여하는 수련생 중의 절반은 미국 밖에서 온 사람들이다. 합리적 정서행동치료는 이제 세계적인 상담이론이 되었다. 우리는 다양한 문화 속에서 합리적 정서행동치료가 적용되는 것을 보며 많은 것을 배웠다. 여러 나라 사람들이 자신이 살고 있는 문화 속에서 상담을 어떻게 수행해야 할지에 대한 지침을 얻기 위해 이 책을 사용하게 될 것임을 안다. 세계는 하나의 마을이 되었으며 우리는 이 책에 다문화적인 관점을 포함시키려 노력했다. 특히 전 세계의 상담자들에게 수퍼비전을 제공하며 공유하게 된 사례연구들을 검토하는 데에 중점을 두었다. 이 책을 통해 우리가 의도한 목표들이 성공적으로 달성되었기를 희망한다.

제2판에는 수련기관과 추천도서를 소개하는 내용이 포함되어 있었으나 인터넷의 발달과 합리적 정서행동치료의 보급으로 인해 이러한 내용이 필요하지 않게 되었다. Albert Ellis 연구소의 웹페이지를 방문하면 이에 대한 최신 정보를 얻을 수 있다(www.albertellis.org).

2013년 4월

미국 뉴욕 Raymond A. DiGiuseppe

미국 뉴욕 Kristene A. Doyle

영국 런던 Windy Dryden

네덜란드 하를럼 Wouter Backx

차례

제4부 논박과 새로운 효과적 반응

제5부 REBT의 모든 것

제1부

합리적 정서행동치료 개관하기

01

Albert Ellis와 합리적 정서행동치료의 철학

Albert Ellis는 누구인가 그리고 심리치료의 발전을 위해 무엇을 했는가

Albert Ellis는 카리스마 넘치는 유능한 임상가였다. 뉴욕의 부촌인 어퍼 이스트 사이드의 고풍스러운 석조 건물 맨 위층에서 수십 년간 생활하며 바로 아래층 자신의 연구소에서는 수백 명의 상담자[1)]를 길러 내고 수만 명의 내담자를 상담했다. 그리고 심리치료에 관한 수많은 책과 논문을 저술한 세계에서 가장 유명하고 뛰어난 심리학자였다. 직설적이고 비판적인 사람이었던 탓에 점잖고 고루하던 1950년대의 심리치료계에 충격을 던지는 발언을 하곤 했다. 철학에 대한 관심과 임상경험으로부터 얻은 통찰이 커질수록 그는 당시의 정통 심리학이 주는 답답함을 견딜 수 없게 되었다. Ellis는 남이 말하는 대로 맹목적으로 따르는 사람이 아니었기에 기존 심리치료의 느린 진행 속도에 반발하며 새로운 방향으로 박차고 나아갔다. 왜냐하면 그것이 그의 내담자들에게 실제로 도움이 되었기 때문이다. Ellis는 실증적 연구의 필요성을 옹호했지만,

1) [역주] 'psychotherapist'와 'therapist'의 번역어로 '상담자'를 사용했다. 한편 'psychotherapy'와 'therapy'는 문맥에 따라 '상담' 또는 '심리치료'로 번역했다.

그러한 연구를 수행하지는 않았다. 그리고 대학교수가 되지도 않았다. 대신 그가 선택한 것은 임상, 교육 그리고 저술에 집중하는 것이었다. 그는 많은 이론서, 임상 지침서, 자기치유서를 집필했다. 그러나 무작위 임상실험을 바탕으로 한 증거기반 실천의 시대가 도래한 지금, Ellis의 선택이 스스로가 개발한 합리적 정서행동치료(Rational Emotive Behavior Therapy: REBT)에 부정적 영향을 미친 것은 사실이다. 그럼에도 불구하고 Ellis의 REBT는 20세기 후반 및 21세기 초 가장 널리 행해지는 심리치료 중의 하나가 되었다.

Albert Ellis는 인지행동치료(Cognitive Behavior Therapy: CBT)의 할아버지라고 불린다. CBT 계열 심리치료들 중에서 가장 먼저 체계를 갖춘 것이 REBT이기 때문이다(Hollon & DiGiuseppe, 2010). Ellis는 심리치료에 큰 변화를 일으켰으며 그의 공헌 덕분에 CBT는 행동 변화를 일으키는 대표적인 방식으로 자리 잡게 되었다. 1982년 조사에 의하면, 미국과 캐나다의 심리학자들은 Ellis를 역사상 두 번째로 영향력 있는 상담자로 지목했다(Carl Rogers가 1위, Sigmund Freud는 3위; Smith, 1982). 같은 해 미국에서 간행된 심리학 관련 학술지의 논문 피인용 횟수에서도 Ellis는 Rogers에 이어 2위를 차지했다. 보다 최근에 2,500명 이상의 상담자들을 대상으로 진행된 설문조사에서 Ellis는 영향력 있는 상담자 6위를 차지했으며, CBT는 가장 인기 있는 심리치료 이론으로 지목되었다(Cook, Biyanova, & Coyne, 2009). 이 조사에서 영향력 있는 상담자 1위는 여전히 Carl Rogers였으며 2위는 Aaron Beck이 차지했다. 2007년 7월 24일, 93세를 일기로 생을 마감할 때까지 Ellis는 저자 또는 공저자로서 80권 이상의 서적과 800편 이상의 학술논문을 남겼다(http://albertellis.org/albert-ellis-bibliography-page-1 참조).

Ellis는 1913년 펜실베이니아주의 피츠버그에서 3남매 중의 맏이로 태어났으며 뉴욕의 브롱크스에서 자랐다. 유년 시절, Albert Ellis는 병치레가 잦았다. 다섯 살밖에 되지 않은 나이에 신장 질환으로 오랫동안 병원에 입원했다. 다섯 살부터 일곱 살 사이에 입원한 횟수가 여덟 차례나 되었는데 그중 한 번은 무려 1년 가까운 시간을 병실에서 보내야 했다. Ellis는 문학에 관심이 많았는데 이는 나중에 심리치료에 관한 저술의 밑거름이 되었다. 그가 제시한 심리치료의 원리들 중에서 상당수는 출판되지 않은 자전적 소설(Ellis, 1933)에서 처음 그 모습을 드러냈다. 소설 속에는 수줍음, 불안 그리고 가난에 대한 수치심을 극복하기 위해 노력하던 그의 모습이 묘사되어 있다. 청소년기의 Ellis는 연애와 성에 관심이 많아 이와 관련된 책을 닥치는 대로 읽었다. 그리고 1941년에는 사랑과 결혼 문제에 대한 자신의 조언을 사람들—주로 친구와 친척—에게 전파하기 위해 비영리 단체인 LAMP(Love and Marriage Problems) 연구소를 세우기에 이르렀다. 그러던 중 전문성을 인정받기 위해서는 학위가 필요하다는 조언을 변호사에게서 듣고, 이듬해 Columbia 대학교 사범대학의 임상심리학 대학원 과정에 입학하게 되었다.

대학원 졸업 후에는 정신분석 수련을 받으며 상담자로서의 활동을 시작했다. 당시 Ellis는 내담자들을 두 집단으로 나누고 각 집단에 전혀 다른 상담 방식을 시도했다. 즉, 한 집단에서는 침상에 눕혀 놓고 진행하는 전통적인 정신분석을 실시하고, 다른 집단에서는 얼굴을 마주하고 결혼 및 성 문제에 대해 적극적인 개입을 시도한 것이다. 그는 머지않아 정신분석의 효과에 실망하고 말았다. 결혼 및 성 문제 상담을 받은 내담자들이 정신분석을 받은 내담자들보다 빠른 속도로 치유되었기 때문이다. 심리적 고통에서 해방되기 위해 과거를 깊이 파고 들어가야 한다고 생각했지만, 문제에 대한 통찰을 얻은 후에도 내담자들은 여전히 나아지지 않았다. 결국 Ellis는 통찰만으로 변화가 일어나는 것은 오직 소수의 사람들에게만 국한된다는 결론을 내렸다.

Ellis는 결혼 및 성 문제 상담을 할 때 자신이 평소와 다르게 행동한다는 것을 깨달았다. 태도를 바꾸도록 요구하며 내담자를 가르치려 한 것이다. 어릴 때부터 철학에 관심이 많았기에 공자, 노자, Marcus Aurelius, Epictetus 등 동서양의 위대한 철학자들의 업적을 탐독했는데, 정신분석의 속박으로부터 자유로워지자 이제는 자신이 읽은 철학서들을 바탕으로 내담자에게 조언을 해 주고 있었다. 특히 인간은 고통받을지 말지를 스스로 선택할 수 있다는 스토아 철학의 관점, Epictetus의 표현을 빌리면 '인간이 고통받는 것은 일어난 사건 때문이 아니라 그것을 바라보는 관점 때문이다.'라는 생각을 늘 지니고 있었다. Ellis는 철학을 기반으로 새로운 심리치료를 발전시켜 나아갔으며 언제나 자신의 생각이 고금의 철학자들로부터 비롯되었다고 말했다. 그리고 마침내 1955년 미국심리학회의 연차대회에서 자신의 이론을 정리하여 발표하기에 이르렀다.

Ellis가 정신분석을 비판하기는 했지만, 그의 심리치료 방식은 정신분석적 기법과 원리를 토대로 발전한 것이다. 예를 들면, Ellis는 내담자의 감정에 세심한 주의를 기울이며 상담을 진행했다. 내담자의 억양과 몸짓에 나타난 작은 변화도 놓치지 않고 알아차렸으며 이에 맞추어 상담의 방향을 새롭게 설정하곤 했다. 비록 정신분석가의 수동적인 자세에는 거부감을 표현했지만, 내담자의 일거수일투족에 집중하며 헌신적으로 내담자를 도왔던 것을 보면 그가 내담자와의 관계에 무척이나 마음을 썼던 것을 알 수 있다. 강연이나 워크숍에서 거침없고 자신만만한 Ellis의 모습만을 본 사람들은 그가 내담자와 돈독한 치료적 동맹을 맺는 것을 상상하기 어려울지 모른다. 하지만 필자들은 Ellis가 이끌던 집단상담의 공동 진행자로 2년간 참여하며 내담자들이 그를 향해 취하는 태도를 목격했다. 상담실에서의 Ellis는 강단에서의 모습과 전혀 달랐기에 내담자들은 입 모아 Ellis가 친절하고 이해심 많으며 헌신적이라고 말했다.

정신분석 수련을 받은 경험은 Ellis의 이론에 적지 않은 영향을 미친 것으로 보인다. 특히 절대적 요구를 담은 당위적 사고를 이론의 중심에 놓은 점이 그렇다. REBT에서는 자신의 바람 또는 욕구를 세상을 향한 절대적 요구로 바꿀 때 인간의 고통이 발생한다고 가정한다. 고통에 빠진 사람들을 보면 자신이 원하는 일이 반드시 이루어져야 한다고 여기는데 이는 **바람**과 **현실**을 구별하지 못하는 것이다. 정서적으로 건강해지려면, 자신이 **갈망**하는 것이 있더라도 **세상은 그것을 들어줄 의무를 지지 않는다**는 사실을 깨달아야 한다. Ellis도 언급했지만, 당위적 사고는 정신분석에서 말하는 1차 과정 사고의 특징을 보여 준다. 정서적 건강은 바람과 현실을 구별하는 것, 달리 말하면 Freud가 제시한 2차 과정 사고를 통해 성취될 수 있다. Ellis에 의하면, REBT는 마치 레이저 광선처럼 1차 과정 사고에 초점을 맞추고 적극적으로 이를 변화시키려 한다. 이것은 변화를 일으키기 위해 신비로운 방식에 의존하는 정신분석 및 기존 심리치료들이 REBT와 분명한 차이를 나타내는 부분이다.

Ellis는 감정 또는 행동 변화를 끌어내기 위해 내담자의 신념을 적극적으로 변화시켜야 함을 주장한 최초의 상담자이다. 그리고 내담자가 회기와 회기 사이에 **실제 상황 노출**(in vivo behavioral exposure)과 같은 숙제를 하도록 한 첫 번째 상담자이다. 비합리적 사고(1차 과정)를 확인 · 수정 · 제거하고, 상담시간에 다룬 합리적 사고(2차 과정)를 강화하도록 돕는 쓰기과제도 즐겨 사용했다. Ellis는 **통합적 심리치료**를 맨 처음 주장한 상담자이기도 하다. 비록 REBT에서 인지적 요소가 큰 비중을 차지하고 있는 것은 분명하지만, Ellis는 상담과 저술 활동을 처음 시작할 때부터 다양한 상담 기법을 활용할 것을 주장했다(Ellis, 1955). 심상, 최면, 집단상담, 가족상담, 유머, 심리교육적 독서, 정서적 지지, 쓰기과제, 노래, 행동시연, 노출과제, 행동과제, 은유, 우화, 감정정화를 사용하도록 권한 것은 좋은 예이다. Ellis(1957a)는 내담자를 변화시키는 데에 도움이 된다면 방법을 가리지 말고 무엇이든 시도해야 한다고 주장했다. 아마도 REBT는 최초의 통합적 심리치료라고 부를 수 있을 것이다.

Ellis가 상담자로서의 첫발을 내디딘 1940년대 후반 그리고 저술 활동을 시작한

1950년대는 정신분석과 내담자 중심치료가 심리치료계를 지배하던 시기였고, 심리치료 연구는 아직 걸음마 단계에 있었다. 당시를 지배하던 두 가지 심리치료 모두 상담자에게 수동적이고 비지시적인 역할을 부여했다. Ellis는 이러한 흐름을 변화시키는 데에 큰 기여를 했다. Ellis(1957b)는 처음에 자신의 상담 방식을 합리적 치료(Rational Therapy)라고 불렀는데 이것의 효과에 관한 첫 번째 연구를 발표한 시기는 Eysenck(1952)가 정신분석적 상담의 초라한 효과를 보고한 것과 Wolpe(1961)가 행동치료의 효과를 선구적으로 증명해 낸 것 사이의 시간이다.

Ellis가 저술한 가장 영향력 있는 자기치유서인『A Guide to Rational Living』이 간행된 것은 1961년이 되어서였다. 현재는 제3판이 나와 있으며 2백만 부 이상이 팔렸다. 이듬해에는 Ellis(1962)가 처음으로 집필한 전문서적인『Reason and Emotion in Psychotherapy』가 출판되었다. Ellis는 2007년에 타계할 때까지 수많은 자기치유서와 전문서적을 통해 REBT를 진보시켰다(『New York Times』, 2007).

1965년에는 정신건강 전문가들을 훈련시키기 위해 비영리 기관인 합리적 심리치료 연구소(Institute for Advanced Study in Rational Psychotherapy)를 열었는데 이곳은 평생토록 Ellis의 일터가 되었다. 현재는 Albert Ellis 연구소로 명칭을 바꾸어 운영되고 있다. 산하 수련기관은 미국 전역은 물론 아르헨티나, 호주, 보스니아, 캐나다, 콜롬비아, 영국, 프랑스, 독일, 그리스, 일본, 이스라엘, 이탈리아, 멕시코, 네덜란드, 페루, 루마니아, 세르비아, 대만에 존재한다.

Ellis는 자신의 심리치료가 인지를 강조했기 때문에 처음에는 **합리적 치료**(Rational Therapy)라고 이름 붙였었다. 그러나 이 명칭에서 감정의 역할이 충분히 부각되지 않은 것을 나중에 깨닫고 **합리적 정서치료**(Rational-Emotive Therapy)로 이름을 바꾸었다. 최종적으로는 오랜 친구인 Ray Corsini의 권유를 받아들여 **합리적 정서행동치료**(Rational Emotive Behavior Therapy)로 명명했다(Ellis, 1994). 당시 Corsini(1994)는 심리치료 교재의 개정판을 집필하고 있었는데 Ellis가 거의 항상 행동적 상담 기법을 사용한다는 것을 알게 되었다. 그래서 명칭이 Ellis가 실제로 하고 있는 것을 반영하도록 개명할 것을 제안한 것이다.

초창기의 심리치료계에서 CBT는 소수 과격파로 여겨졌었다. 정신분석가들은 인지이론이 피상적이고 깊이가 없다며 조롱했다. 그리고 CBT의 적극적이고 지시적인 특성에 대해 거칠고 야만적이며 해로운 것이라고 비난했다. 행동치료자들은 CBT처럼 인지를 강조하는 것이 어리석은 짓이라고 비웃었다. 그들은 사고를 중요하지 않은 부수현상 정도로 치부하고 있었기 때문이다.

Ellis의 삶과 이론

한 학술지의 편집위원은 Albert Ellis가 말하는 것이 곧 REBT라고 언급한 적이 있다. Ellis의 성격과 그의 이론은 거의 동일한 것으로 받아들여지고 있다. 물론 Maultsby, Dryden, DiGiuseppe, Backx, Wessler, Wolfe와 같은 사람들도 REBT의 형성과 발전에 적지 않게 기여했지만, Ellis의 공헌은 단연 독보적이다. 인지적 심리치료의 역사를 논할 때, 우리는 Albert Ellis의 성격을 언급하지 않을 수 없다. 이론과 기법을 발전시키려는 Ellis의 노력은 지칠 줄을 몰랐다. 그의 삶은 오로지 심리치료 수행하기, 심리치료 저술하기, 심리치료 가르치기만으로 채워져 있었다. 매일 아침 9시 30분부터 저녁 11시까지 내담자를 상담했는데 휴식시간은 점심과 저녁 식사를 위해 각각 30분씩 할애한 것뿐이었다. 많은 곳을 돌아다니며 워크숍을 개최하고 강연을 했는데 한 번은 워크숍을 열게 해 주지 않으면 인도의 타지마할에도 가지 않겠다고 말했다.

강연회에서는 항상 즉석에서 상담 시연을 했다. 청중들 가운데에서 자원자를 모집하여 무대 위에 올라오도록 한 후, 자원자가 털어놓는 개인적 문제에 REBT를 적용하는 시범을 보이는 것이다. 그 유명한 매주 금요일 저녁의 워크숍에서도 상담 시연은 빠지는 법이 없었다. 상담자들의 기법이 신비에 싸여 있던 시대에 살면서 Ellis는 역으로 투명성을 증진시키려 노력했다. 관심을 가진 사람이 누구이든 기꺼이 자신이 무엇을 하는지를 눈앞에서 보여 주었다. 그의 상담 시연은 40여 년 동안 수많은 청중을 끌어모았으며 많은 이들에게 REBT의 장점을 체험하도록 했다. Albert Ellis 연구소에서는 지금도 변함없이 이러한 상담 시연이 진행되고 있다.

저자들은 모두 Ellis가 상담과 수퍼비전을 하는 것을 오랫동안 보았기 때문에 그가 행하던 임상적 개입 중의 상당 부분이 본인의 이론과 저술에 명확하게 반영되어 있지 않음을 안다. 그래서 우리는 우리의 눈과 귀로 관찰한 Ellis의 행동과 Ellis 본인이 '자신이 했다.'고 진술한 것을 통합하려고 시도했다.

Ellis는 거칠고 직설적인 언행으로 유명하다. 그는 성적인 자유를 옹호했는데 당시의 사람들은 그러한 관점을 부도덕한 것으로 여겼다. 게다가 불경스럽다고 해야 할 만큼 열렬한 무신론자였다. Ellis는 이처럼 전통적으로 옳다고 여겨져 온 생각들과 싸우는 것을 즐겼다. 많은 사람들이 그의 성적인 발언들을 비웃었다. 어떤 사람들은 Ellis의 강연을 듣다가 밖으로 나가 버리기도 했다. Ellis의 이러한 스타일이 REBT의 확산에 도움이 되었는지 방해가 되었는지는 분명하지 않다. 하지만 그는 분명히 유명인이었으며, 그가 전국 학술대회에 나타나면 항상 좌석이 만원이 될 만큼 청중이 몰렸다.

평상시 Ellis의 성격은 대중 앞에서의 모습과 전혀 달랐다. 너그럽고 수용적인 멘토였으며, 함께 일할 때에는 이견과 논쟁을 장려했다. 그는 동료와 직원을 업무적으로도 그리고 인간적으로도 포용했으며, 자신의 기준으로 타인을 평가하는 법이 결코 없었다(Johnson, DiGiuseppe, & Ulven, 1999). Ellis에게 깊이 감사한다. 우리의 멘토인 Ellis의 가르침이 없었다면 이 책은 결코 세상에 나올 수 없었을 것이다.

인간의 적응에 관한 구성주의적 · 인지적 · 진화론적 이론

Ellis(1955)는 REBT가 George Kelly의 **개인적 구성개념치료**(Personal Construct Therapy)에 기반을 두고 있다고 했다. Kelly에 의하면, 인간은 혼돈의 세상에 질서를 부여하는 능력을 갖추고 있기 때문에 진화하고 생존했다. 세상에 대한 이해는 대처 및 생존 전략을 발전시키고자 할 때 가장 먼저 해야 할 일이다. 개인적 구성개념치료에서는 인간이 자신의 개인적 세계에 대해 그려 낸 구성개념들을 다룬다(Kelly, 1955). 개인적 구성개념치료는 세상을 적절히 설명하지 못하고 부적응 행동을 일으키는 구성개념을 내담자가 유연하게 내려놓도록 돕는다. 이를 위해 내담자의 구성개념 체계를 분석하고 이것이 세상을 살아가는 데에 얼마나 도움이 되는지를 내담자 스스로 평가하도록 이끈다.

Kelly의 이론은 과학적 추론에 기반한 심리치료 방식의 발전을 가져왔다(Mahoney, 1979). 뿐만 아니라 내담자가 세상을 인식하는 방식, 즉 개인적 철학을 이해하는 것을 심리치료의 주요 과제로 보는 구성주의적 심리치료의 기초를 놓았다(예를 들면, Mahoney, 1991; Mahoney & Lyddon, 1988; Neimeyer, 1993). 개인적 구성개념치료의 효과를 검토한 메타분석 연구에 의하면(Metcalfe et al., 2007), 개인적 구성개념치료를 받은 내담자들은 무처치 통제집단보다 더 많이 나아졌지만, 다른 방식의 심리치료를 받은 내담자들의 문제 개선 정도와는 별다른 차이를 나타내지 않았다.

Kelly의 개인적 구성개념치료는 다른 인지적 심리치료들의 기초 역할을 하고 있다. Ellis와 Beck은 비합리적 신념, 자동적 사고, 역기능적 태도의 원천이 사람들이 주요한 생활사건을 이해하기 위해 발달시키는 스키마임을 언급한 바 있다(Beck, 2005; Ellis, 1962, 1994). 스키마를 변화시키는 것은 CBT에서 가장 중요한 일이다(Young, Klosko, & Weishaar, 2003). 특히 비합리적 신념과 당위적 사고는 세상에 대한 부적응적 스키마, 달리 표현하면 구성개념이라고 할 수 있다. 이러한 스키마가 부적응적인 이유는 자신이 실제로 경험한 세상에 기초를 둔 것이 아니라 자신이 원하는 것, 갈망하는 것을 기반으로 형성된 것이기 때문이다.

세상을 이해하려는 인간의 시도와 관련해서 CBT에 영향을 미친 또 다른 한 가지는 **귀인이론**이다. Seligman의 개 실험(Seligman & Maier, 1967)과 이를 통해 도출된 학습된 무기력 이론(Seligman, 1975)은 인간의 해석적 사고를 설명하는 보다 보편적인 관점을 제공했다. Seligman은 회피할 수 없는 전기 자극을 받은 개들이 무기력해지면서 임상적 우울과 유사한 증상을 나타낸다는 것을 발견했다. 그러나 후속 연구에서는 학습된 무기력을 일으키는 상황에 대해 사람들이 서로 다르게 반응하는 이유를 최초의 이론이 설명하지 못한다는 것이 드러났다. 학습된 무기력은 특정한 하나의 상황에만 국한될 수도 있고 여러 상황에 일반화되어 나타날 수도 있다. **귀인양식**, 즉 상황을 이해하는 방식은 사람들이 왜 역경에 다르게 반응하는지를 알려 준다. 유사한 부정적 사건을 경험하더라도 사건을 어떻게 해석하느냐에 따라 학습된 무기력과 우울을 경험할 가능성이 달라진다(Abramson, Seligman, & Teasdale, 1978). 비관적인 해석양식을 가진 사람들은 부정적 사건이 **영구적**('절대 변하지 않을 거야.'), **개인적**('내 잘못이야.'), **총체적**('나는 아무것도 제대로 못해.')이라고 인식하기 때문에 학습된 무기력과 우울을 겪을 가능성이 더 큰 것이다.

인지심리학자 Weiner(1979, 1985)도 아동들을 대상으로 수행한 학업성취동기 연구를 바탕으로 이와 비슷한 귀인이론을 발전시켰다. 인간은 불쾌한 사건의 원인을 추리하거나 이러한 사건을 해석하는 귀인을 행한다. Weiner(1985)에 의하면, 귀인에는 세 가지 차원이 존재하는데, **전반성** 대 **특수성**, **안정성** 대 **불안정성**, **내부** 대 **외부**가 그것이다. 전반적 귀인은 다양한 맥락에 일관되게 적용되는 요소가 부정적 사건의 원인이라고 믿는 것이며, 특수적 귀인은 특정한 상황에만 적용되는 요소가 그 원인이라고 여기는 것이다. 안정 귀인은 부정적 사건의 원인이 시간이 지나도 변하지 않는 요소라고 믿는 것이다. 반면, 불안정 귀인은 그 원인이 특정한 시점에만 국한된 요소라고 여기는 것이다. 외적 귀인은 상황 또는 외부적 요인이 부정적 사건의 원인이라고 여기는 것이며, 내적 귀인은 개인내적 요소가 원인이라고 믿는 것이다(Abramson et al., 1978).

합리적 정서행동치료의 철학

REBT는 다른 어떤 심리치료보다도 확고하게 철학에 기반을 두고 발전했다. 거의 모든 정서적 고통은 생활사건에 대한 개인적 철학(지각, 평가, 태도)으로 인해 발생하기 때문이다. REBT 철학 속에는 인식론, 변증법적 추론체계, 가치체계, 윤리원칙이 내포되어 있다. 지금부터 이것들을 하나씩 살펴볼 것이다.

인식론: 앎의 기술

REBT는 몇 가지 철학적 가정에 기반하고 있다. 그중 첫 번째는 과학적 방법의 추구에 관한 것이다. Ellis는 과학적 방법을 삶에 적용함으로써 정서적 고통과 비효율적 행동을 감소시킬 수 있다고 믿었다. 자신의 신념, 스키마, 지각 그리고 진실이라고 굳게 믿어 온 것들이 옳지 않을 수 있음을 인정할 때 인간은 보다 행복해질 수 있다. 가설의 진위를 검증하고, 신념의 타당성과 유용성을 검토하며, 기꺼이 대안적 생각을 고려할 때 인간은 보다 잘 적응하며 살아갈 수 있다. 세상에 대한 신념, 즉 스키마를 고집스럽게 고수하려는 태도는 생각을 수정하지 못 하도록 방해하며 마치 자기가 원하는 대로 세상이 돌아가야 하는 것처럼 착각하고 행동하게 만든다. 자신의 신념에 대해 유연한 태도를 취하는 것, 즉 보다 **유익**하고 **논리적**이고 **경험과 일치**하는 신념을 발견했을 때 기존의 신념을 기꺼이 포기하는 것이 인간의 삶을 더욱 행복하게 만든다고 Ellis는 믿었다.

REBT에서는 **과학철학**의 인식론, 특히 Popper(1962)와 Bartley(1987)의 견해를 따를 때 인간이 가장 잘 기능할 수 있다고 믿는다(DiGiuseppe, 1986; Ellis, 1994). Popper는 모든 사람이 가설을 발전시키며 살아간다고 말했다. 기존의 가설, 즉 선입견은 자료왜곡과 확증편향(confirmatory bias)을 일으킨다. 가설을 형성하는 것 그리고 그것에 부합하는 자료를 기억하는 것은 결코 바뀔 수 없는 인간의 본성이다. 이것은 객관적인 귀납적 추론을 불가능하게 만든다. 이 문제에 대한 해결책은 자신의 가설을 인식하고 그것의 반증을 시도하는 것이다. 하나의 가설을 반증하는 데에 실패하면, 더 나은 생각 또는 가설이 발견될 때까지는 그 가설을 유지한다. Popper는 가설로부터 예측을 연역해 내고 그것의 반증을 시도할 때 지식이 가장 빠르게 축적될 수 있다고 주장했다.

REBT에서는 Popper의 반증 가능성 모형(model of falsifiability)을 받아들이고 살아가는 것이 개인의 정서적 건강 그리고 내담자를 돕는 전문가로서의 삶에 유익하다고 믿는다. 아울러 포괄적인 비판적 합리주의를 주장한 Bartley는 인간이 자기 생각을 경험적으로 반증하려는 시도를 해야 할 뿐만 아니라 모든 논리를 동원해 생각의 오류를 증명해야 한다고 주장했다. Bartley와 마찬가지로 Ellis도 이론가, 상담자 그리고 개인으로서 자기가 가진 모든 수단을 동원해 생각을 논박해야 한다고 믿었다.

REBT 철학은 **구성주의**적인 요소를 포함하고 있다. Ellis에 의하면, 인간은 누구나 세상이 어떻다 또는 어떠해야 한다는 생각을 창조해 낸다. 즉, 인간은 자신의 신념 중에서 많은 것을 스스로 만들어 낸다는 것이다. Ellis가 과거 경험에 대한 기억에서 통찰을 얻으려는 시도와 과거 사건에 대한 자동적 사고의 진위 검증을 그만둔 것은 이러한 이유 때문이다. 기억과 자동적 사고 모두 내담자가 만들어 낸 것이다.

REBT는 Mahoney(1991)나 Neimeyer(1993)와 같은 포스트 모더니즘 철학자 및 구성주의 인지치료 상담자들과 다음과 같은 두 가지 측면에서 차이를 나타낸다. 첫째, 구성주의 상담자들은 유용성만이 신념을 평가하는 유일무이한 준거라고 여긴다. 인간이 경험한 실재(reality)는 준거가 될 수 없다는 것이다. 극단적 구성주의자들은 인간이 실재라고 알고 있는 것은 결코 실재가 아니라고 주장하기도 한다. 이와 대조적으로 REBT에서는 경험적 실재를 중요한 준거로 간주하며, 신념의 경험적 진위, 즉 신념이 **경험과 일치**하는지의 여부를 신념의 **유용성** 및 **논리적 일관성**과 더불어 평가한다. 둘째, 구성주의 상담자들은 내담자가 자기 신념의 유용성을 점검하도록 도와야 한다고 주장한다. 하지만 내담자에게 대안적 신념을 제시해 주지는 않으며 단지 내담자 스스로 대안을 개발하도록 허용할 뿐이다. 반면, REBT는 그 자체가 삶의 철학이기 때문에 정서적 건강을 증진시키는 합리적 신념을 제시한다. 내담자 스스로 발견하여 배우는 것은 가치있는 일이다. 하지만 내담자가 스스로 대안적 신념을 만들어 내지 못할 때에는 상담자가 대안을 제시해 주고 이것의 경험적 진위 및 유용성을 평가하도록 돕는 것이 REBT 방식이다.

그것이 옳다는 것을 어떻게 아는가? 지식을 얻고자 할 때 가장 신뢰성 있고 타당한 방법은 무엇인가? 이것은 인식론의 주요한 질문들이다. 우리는 그리고 우리의 내담자들은 적어도 한 가지 이상의 절대적인 인식론을 따르며 살아간다.

예를 들면, 가장 흔한 것이 권위주의적 인식론이다. 이것은 믿을 만한 권위자가 맞다고 하니까 진실이라고 여기는 것이다. 권위주의적 인식론의 한 가지 부류를 종교에서 찾을 수 있다. 신앙이 깊은 사람들은 흔히 계시 또는 종교적 영감이 지식의 타당한 원천이라고 여긴다. 그것은 성경, 코란 또는 다른 종교서적에 적힌 글일 수도 있고, 목사, 신부, 이맘, 랍비의 말일 수도 있다. 다소 덜 성스럽지만 여전히 절대적인 힘을 가진 지식의 원천은 부모 혹은 선생님, 아니면 모호하게 '모든 사람들'(예를 들면, '모든 사람들이 ……라고 여긴다.')일 수도 있다.

특히나 실망스러운 생각의 유형은 '내가 그렇게 생각하니까 그건 옳은 거야.' '나는 그게 맞는 것 같아.'라는 식의 자기애적 인식론이다. 이러한 철학의 부류 중에서 가장 당위적이고 절대적인 성격을 가진 것은 '내가 그렇다고 말했으니까 그래야 하는 거야.' '내가 원하니까 그렇게 되어야 하는 거야.'와 같은 생각에 바탕을 두고 있다.

REBT에서는 지식의 획득과 진위 검증을 위한 보다 신뢰성 있고 타당한 방법을 탐색한다. 과학적 방법이야말로 우리가 자신, 타인, 세상에 대한 지식을 얻는 최선의 방식이라는 것이 REBT의 철학이다. REBT는 과학적 사고와 지식에 대한 실증적 태도를 옹호한다. 내담자가 표현하는 신념 하나하나에 대해 REBT 상담자는 "당신이 옳다고 믿는 것이 맞다는 증거는 어디에 있습니까?"라고 질문할 것이다. 내담자가 과학자와 같은 태도를 취하면서 정확한 정보를 획득하고, 논리적으로 증거를 활용하고, 자신에게 도움이 되는 건강한 신념을 구축하도록 돕는 것이 REBT가 지향하는 방향이다.

과학은 무슨 사건이 발생했는지에 대한 질문에서 출발해서 이 사건들 사이의 관계에 대한 질문으로 나아간다. 이 질문에 대답하기 위해 가설을 수립하고, 관찰 및 평가를 통해 가설을 검증한다. 관찰한 것이 가설과 일치하면 가설은 확고해지고 인지적 오류의 가능성은 감소하게 된다. 이렇게 관찰 가능한 것을 강조함으로써 신비스러운 것, 마술과 같은 것을 제거하는 효과가 발생한다. 게다가 관찰한 내용은 복수의 관찰자에 의해 확인되기 때문에 직감 또는 영감과 같은 '특별한 능력'이 영향력을 발휘할 여지가 사라진다.

그렇다면 그것이 진실이라는 것을 어떻게 알 수 있는가? 진위를 단정할 수는 없지만, 관찰 가능한 자료를 통해 반복적으로 검증함으로써 진실일 가능성을 평가할 수는 있다. 단순히 진실 여부를 확인하는 것에 그치는 것이 아니라 여러 사실들을 통합하여 한 폭의 일관성 있는 그림, 즉 실재에 대한 이론을 구축할 수 있어야 한다. 우리는 이론에 의지함으로써 유사한 사건들이 다시 발생할 것을 예측할 수 있고, 새로운 상황에 부합하는 새로운 가설을 연역해 낼 수도 있다. 중요한 것은 계속 의문을 제기하는 것, 그리고 새로운 증거에 대해 열린 자세를 유지하는 것이다.

변증법: 사고의 기술

논리적 사고의 기술을 터득하는 것은 쉬운 일이 아니다. 대부분의 사람들은 마치 자기가 비논리의 전문가라도 되는 것처럼 사고한다. 자기를 비하하는 **비논리적 추론**의 전형적인 예를 살펴보자.

> 나는 완벽해야만 해.
> 내가 지금 실수를 했어. 너무 끔찍해!
> 이건 내가 불완전하다는 뜻이야. 그러니까 나는 가치 없는 존재야.

이러한 추론이 논리적 검증을 버텨 낼 것인가? 그렇지 않다. '나는 완벽해야만 한다.'라는 생각이 참이라는 증거가 어디에 있는가? 그것은 어디에도 없다. 반면, 내가 다른 사람들처럼 불완전하다는 증거는 셀 수 없이 많다. 따라서 어떤 의미에서 보면, 나는 완벽해야만 하는 것이 아니라 '불완전해야만 한다.'

'내가 지금 실수를 했어.'라는 진술에 대해서도 생각해 보자. 아마 자신이 실수했다는 것을 설명할 수 있을 것이다. 하지만 잘못했다고 단정하기에는 아직 이를 수 있으므로 성급한 판단은 삼가야 한다. 그렇다면 실수는 과연 얼마나 '끔찍'한 것인가?

내가 불완전하다는 것은 나의 실수에 의해 분명히 증명되었다. 하지만 실수했기 때문에 가치 없는 존재라는 것이 논리적으로 타당한가? 결코 그렇지 않다. 이분법적으로 생각하는 사람들은 그렇다고 말하겠지만 말이다. **이분법적 사고**에는 '완벽'과 '무가치'라는 두 가지 구분밖에 존재하지 않는다. 또 다른 비논리적 추론의 예를 삼단논법의 형태로 살펴보자.

> 서준 오빠가 나를 사랑한다면 나에게 전화를 할 거야.
> 오빠는 나에게 전화하지 않았어.
> 그러니까 오빠는 나를 더 이상 사랑하지 않는 거야.

독자는 오류를 발견했는가? 첫 번째 전제는 참인가? 꼭 그런 것은 아니다. 두 번째 진술은? 맞다. 그러면 결론은? 첫 번째 전제가 옳지 않은 한 이 결론이 참일 수는 없다.

내담자는 자신의 생각(삼단논법적인 사고의 흐름) 속에 존재하는 주요한 전제들을 거의 의식하지 못한다. 대개는 결론에만 주목하는데, 이것이 왜곡될 경우 정서적인 문제가 발생하기 쉽다. '합리적으로 사고하기'란 경험을 통해 검증된 또는 검증될 수 있는 진술들에 기반하여 논리적 추론을 수행하는 것이다. 합리적으로 사고한다면, 극도로 불편한 감정을 불러일으키는 결론에 도달하지는 않을 것이다.

윤리

REBT 철학에서는 인간의 이성, 즉 행동의 결과에 대한 예측 및 이해에 바탕한 윤리적 지침을 제시한다. REBT 이론에 의하면, 옳고 그름을 나누는 일반적인 윤리원칙은 현실을 왜곡할 뿐만 아니라 이성적 사고를 하는 성인에게는 지나치게 단순한 것이다. 무엇이 윤리적인지는 상황마다 달라진다. 절대적인 옳음과 그름은 존재하지 않는다. 절대적인 옳음과 그름을 고집하는 것은 죄책감, 수치심, 불안, 우울뿐만 아니라 타인에 대한 적개심과 무관용을 불러일으킨다.

도덕에 관한 심리학 연구들(예를 들면, Kohlberg, 1976)에 의하면, 인간의 윤리적 사고는 어렸을 때부터 점차 발달한다. 이 연구들에서는 대개 서로 다른 연령대의 피험자들에게 다음과 같이 윤리적 갈등상황이 제시되었다.

여섯 살 민혁이는 새로 산 비싼 꽃병을 건드리지 말라는 엄마의 말을 들었다. 엄마를 무척이나 좋아하는 민혁이는 어느 날 뒤뜰에 가서 엄마에게 드릴 꽃을 한 다발 꺾어서 조심스럽게 새로 산 꽃병에 꽂아 두었다. 몇 분이 지난 후, 민혁이는 물을 주지 않으면 꽃이 시들어 죽고 말 것이라는 생각이 들었다. 그래서 아주 조심스럽게 싱크대로 꽃병을 들고 가 물을 채웠다. 하지만 젖어서 미끄러운 손가락 때문에 꽃병을 바닥에 떨어뜨렸고 꽃병은 깨지고 말았다. 바로 이때 엄마가 나타나 민혁이의 모습을 보았다. 다음의 질문들에 대해 생각해 보자.

민혁이는 나쁜 일을 했는가?
민혁이는 나쁜 아이인가?
엄마는 화를 낼 것인가?
민혁이는 벌을 받아야 하는가?

이러한 도덕적 갈등상황이 아주 어린 아이들에게 제시되었을 때 아이들이 내리는 판단은 매우 명확하다. 즉, 민혁이는 나쁘고, 야단을 맞아야 한다. 그러나 보다 나이가 많은 아이들일수록 도덕적 추론이 더욱 복잡해지고 결론은 덜 명쾌해진다. 다양한 요인들, 예를 들면 민혁이의 동기, 의도성, 처벌의 목적, 처벌의 정도, 민혁이와 엄마 사이의 관계 및 여타의 복잡한 상황들을 고려하기 때문이다. 성숙해질수록 사고가 유연해지며 보다 폭넓은 맥락 속에서 행동의 의미를 바라보게 된다. 이러한 성숙성(상황적 윤리의 관점에서 추론하는 능력)은 REBT 철학의 원칙과 부합한다.

절대적이 아닌 상황적 윤리 규범이 윤리적 행동을 붕괴시킬 것이라는 우려의 목소리도 있다. 만일 절대적인 옳음과 그름, 선과 악이 없다면 무엇으로 총체적인 도덕적 혼란을 막을 것인가?

REBT는 각 개인이 이성을 사용하여 윤리적 문제를 해결하도록 돕는다. 그렇게 함으로써 사회적 책임을 다하는 비독단주의적 · 비절대주의적 삶의 철학을 발전시키는 것이 REBT의 윤리적 지향점이라고 할 수 있다. 이 윤리원칙은 '이 행동이 신이 부여한 규칙을 위반하는 것인가?'가 아니라 '나의 행동이 타인에게 해를 끼칠 것인가?'라는 질문에 대한 답을 찾으며 도출된 것이다. 윤리적 책임을 다하는 행동은 사회는 물론 자신에게도 도움이 된다. 즉, 타인에게도 자신에게도 해가 되지 않는다.

왜 윤리적으로 행동하는 것이 바람직한가? 추상적인 도덕이 아니라 명료하고 실제적인 이유를 몇 가지 제시해 보겠다. 예를 들면, 내가 타인에게 공정하지 않은 행동(거짓말, 사기, 절도, 가혹한 비난 등)을 하면, 결과적으로 타인은 나에게 보복적인 행동을 취할 것이다. 페어 플레이(전문용어로 표현하면, 호혜주의)라는 규범의 관점에서 바라보면 무슨 일이 일어날지는 분명하다. 우리는 서로를 공정하게 대우해야 한다는 규범 또는 불문율을 공유하고 있다. '공정성'이 무엇인지를 딱 꼬집어 설명하기는 어렵지만, 사람들은 대개 주어진 상황에서 무엇이 공정한 것인지에 대해 암묵적으로 이해하고 있다. 만일 이 규범을 위반한다면 다른 규범을 위반했을 때와 동일한 사회적 절차가 뒤따르게 될 것이다. 우선, 사람들은 은근히 또는 노골적으로 규범 위반자에게 규범을 따르도록 압력을 가할 것이다. 이러한 절차에는 훈계, 위협 그리고 처벌까지도 포함된다. 만약 규범위반을 계속한다면 결국 집단으로부터 쫓겨나게 될 것이다. 대부분의 사람들은 행복의 조건으로 많은 사람들과 원만하게 지내고 그중 몇몇 사람과는 친밀한 관계를 맺고자 하는 바람을 가지고 있다. 그렇기 때문에 집단에서 배척당할 수 있다는 위협을 제시하는 것만으로도 충분히 규범위반을 방지할 수 있다. 결국 공정하지 않게 혹은 배려심 없이 또는 이기적으로 행동하는 것은 자신에게 이익이 되지 않는다.

보다 넓은 시야에서 이 문제를 바라볼 수도 있다. 만약 자신이 비윤리적으로 행동한다면 사람들이 비윤리적으로 행동하는 세상을 만드는 데에 일조하는 것이다. 그리고 자신에게 돌아오는 것은 그러한 문화 속에서 고통받는 삶이다. 따라서 윤리적인 사회를 만들어 가는 것은 자신에게 이익이 된다.

REBT의 윤리원칙에 따르면, 타인을 착취하거나 해치는 것은 옳지 않은 행동이며 자신에게도 불행을 초래한다. REBT에서는 무엇이 옳고 그른지를 절대적으로 규정하지 않는다. 왜냐하면 그것이 독단주의가 될 수 있기 때문이다. 어떤 철학에서든 경직된 사고, 권위주의, 독단주의, 절대주의가 나타난다면 그것은 아주 나쁜 것이며 인간을 신경증과 정서적 고통으로 이끈다. 본질적으로 REBT의 윤리는 다음과 같은 **황금률**과 무척 닮아 있다.

'타인에게 모범이 되는 행동을 하라.'

'남이 나에게 해 주기를 바라는 그대로 남에게 해 주어라.'

윤리적 인본주의

유대교와 기독교의 윤리는 거의 모두 황금률에 기반하고 있으며 황금률은 곧 REBT 철학의 본질이다. REBT가 타인을 어떻게 대우해야 하는지에 대한 윤리체계와 더불어 자신과 타인을 있는 그대로 수용하는 편견 없는 철학을 제시한 것은 이를 잘 보여 준다. 그렇지만 REBT 철학은 종교보다는 윤리적 인본주의에 더욱 가깝다.

윤리적 인본주의에서는 지혜의 근원이 전능하신 '하느님'이 아니라 이성적인 인간이다. 그렇기에 만물의 탄생을 설명하거나 윤리강령을 만들기 위해 '하느님'이라는 개념을 필요로 하지 않는다. 이것은 과학이 해야 할 일 또는 명석한 사고를 통해 이룰 수 있는 일이다. Ellis는 명백하게 무신론자였다. 그는 여러 차례 논문을 통해 종교, 즉 삶의 철학은 합리적일 수 있지만, 광적인 신앙, 달리 말하면 사실에 기반을 두지 않은 독단적이고 절대적인 믿음은 대중의 아편이자 정신병리의 주요한 원인이라고 주장했다 (Ellis, 1987b).

글상자 1-1

임상사례

내담자는 천주교를 믿는 38세의 여성이었다. 그녀는 20년 전 뱃속의 아이를 낙태시킨 것에 대한 죄책감 때문에 상담 시간 내내 눈물을 보였다. 지난 20년 동안 때로는 낙태에 대한 기억을 잊고 지냈지만, 또 어떤 때에는 자신이 낙태를 한 것을 떠올리며 괴로워하는 삶을 살았다고 했다. 그녀는 낙태가 나쁜 것이라고 여겼다. 그리고 자신이 '아이를 죽인' 살인자이며 이 죄는 용서받을 수 없다고 생각했다. 상담자는 낙태가 '죄'라는 생각을 논박하려 했지만 소용이 없었다. 그녀의 가치체계 속에서는 상황이 어떠했든 낙태를 선택한 것은 나쁘고 사악한 것이었다. 인간으로서의 자신의 가치를 깎아내리던 그녀를 논박하려는 시도 역시도 효과가 없었다. 그녀가 생각하기에 자신은 여전히 살인자였기 때문이다. 그러던 중 해결의 실마리를 풀어 준 질문이 한 가지 있었다. "자신의 실수를 인정하고 그리고 무엇보다도 자신이 한 잘못에 대해 참회하려고 애쓴 사람을 용서할 수 있는지요?"라는 물음에 그녀가 고개를 끄덕인 것이다. 이후의 상담과정에서는 깨인 생각을 가진 한 신부님의 도움으로 내담자와 의견일치에 도달할 수 있었다. 지난 20년 동안 스스로에게 죄책감을 부여하며 살아온 것은 '범죄'에 대한 충분한 처벌이며 만약 예수님이 죄인을 용서하실 수 있다면 그녀도 이를 따르는 것이 마땅하다는 생각을 그녀가 받아들이게 된 것이다. 그날 이후 그녀는 놀라울 만큼 능숙하게 합리적인 생각들을 찾아내었으며, 오랜 세월 그토록 바라던 아기를 가지게 되었다.

비록 Ellis가 인본주의를 추종하는 무신론자였지만, 우리는 종교적 믿음을 유지하면서도 REBT를 훌륭하게 수행할 수 있다. 사실 많은 목회 상담자들이 그렇게 해 왔다(예를 들면, DiGiuseppe, Robin, & Dryden, 1991; Johnson, 2006; Neilsen, Johnson, & Ellis, 2001; Hauck, 1985). REBT 철학의 많은 부분은 그리고 합리적 신념들 대부분은 온건한 종교적 통념과 일치한다. 그러므로 합리적 사고와 건강한 행동 변화를 촉진하기 위해 내담자의 종교 또는 성서를 활용하는 일이 가능하다. 어쩌면 종교는 로르샤흐 검사와 같은 것일지도 모른다. 인간은 그 안에서 자신이 보고자 하는 것만을 보기 때문이다. REBT 상담자는 내담자가 자신이 믿는 종교의 합리적인 부분에 초점을 맞추도록 돕는다.

가치

REBT 철학에서는 두 가지 가치를 분명하게 내걸고 있다. 사실 누구나 이것을 추구하지만 드러내 놓고 말하는 경우는 드물다. 그것은 다름 아닌 '생존'과 '즐거움'이다. REBT는 이 두 가지 가치로부터 도출되었으며, 오래 사는 것, 정서적 고통 및 자기 파괴적 행동을 감소시키는 것, 자기를 실현하며 보다 행복하게 사는 것을 돕는다.

보다 합리적으로, 보다 유연하게, 보다 과학적으로 사고할 수 있다면, 우리는 더 오래 더 건강하게 살 수 있을 것이다. 적절한 행동을 하게 된다면, 자기 파괴적이거나 사회에 해를 끼치는 행동과 반대로, 생존과 행복이 증진될 것이다. 적절한 감정—그것이 긍정 감정이든 부정 감정이든 관계없이—을 느낄 수 있다면, 우리의 수명과 삶에 대한 만족은 증가할 것이다. 이처럼 REBT는 고통의 감소뿐 아니라 안녕과 행복의 증진을 위해 활용될 수 있다(Bernard, Froh, DiGiuseppe, Joyce, & Dryden, 2010).

인간으로서 우리가 공통적으로 가지고 있는 목표는 신체 · 물리 · 사회적 한계 안에서 한 번 사는 인생을 되도록 즐겁게 사는 것, 우리가 선택한 집단 안에서 평화롭게 사는 것 그리고 우리가 선택한 사람들과 친밀한 관계를 맺는 것이다. 이것은 곧 REBT가 옹호하는 가치들이기도 하다.

Ellis와 Bernard(1986)는 몇 가지 중요한 하위목표들을 다음과 같이 제시하였는데, 이것은 REBT가 추구하는 근본적 가치와 부합하며 개인이 추구하는 가치를 실현하는 데에도 도움이 된다.

- 자신의 이익: 정서적으로 건강한 사람들은 자신의 이익을, 적어도 조금은, 타인의 이익보다 우선시하는 경향을 보인다. 자신에게 소중한 사람들을 위해 어느 정도 자신의 이익을 희생하지만, 무리하게 또는 완전히 그렇게 하지는 않는다.
- 사회의 이익: 사람들은 대부분 사회적 집단 안에서 사는 것을 선택한다. 사회 안에서 최대한 편안하고 행복하게 지내려면, 도덕적으로 행동하고, 타인의 권리를 보호하며, 자신이 살고 있는 사회의 존속에 기여하는 것이 현명하다.
- 자기주도: 타인과 협력하는 것은 좋은 일이다. 그렇지만 자신의 삶에 대해 스스로 결정하고 행동하는 것은 더욱 좋은 일이다. 타인에게 과도한 지지와 도움을 요구하거나 기대하는 것은 지양할 필요가 있다.
- 관용: 잘못을 범할 권리를 자신과 타인에게 허락하는 것은 행복한 삶에 도움이 된

다. 마음껏 잘못을 저지르라는 뜻은 아니다. 잘못을 범한 자신 또는 타인을 가혹하게 비난할 필요는 없다.

- 유연성: 건강한 사람들은 유연한 생각을 가진 경우가 많다. 경직되고 편협한 불변의 규칙은 인간의 행복을 최소화시킨다.
- 불확실성의 수용: 우리는 확률과 우연이 작용하는 매력적인 세계 속에 살고 있다. 절대적으로 확실한 것은 존재하지 않는다. 건강한 사람들은 삶 속에 어느 정도 질서를 세우려고 애쓰지만, 완전히 예측 가능한 것을 요구하지는 않는다.
- 몰입: 사람들은, 특히 지적이고 교양 있는 사람들은, 무엇인가에 열중할 때에 더욱 행복하다고 느낀다. 흥미진진한 관심사가 적어도 한 가지 있고, 몇몇 사람들과 의미 있는 관계를 맺는다면, 행복한 일상을 안정적으로 영위하는 데에 도움이 된다.
- 자기수용: 건강한 사람들은 자신을 재단하고 평가하거나 좋은 사람 또는 잘난 사람이라는 것을 증명하려 애쓰지 않는다. 그 대신 있는 그대로의 자신을 무조건적으로 수용하는 것을 선택한다.
- 위험 감수: 건강한 사람들은 원하는 일을 하고자 할 때 결코 무모하지 않으면서 기꺼이 위험을 감수하는 모험정신을 가지고 있다.
- 현실적 기대: 원하는 것을 모두 가질 수는 없으며, 고통스러운 일을 모두 피할 수도 없다. 건강한 사람들은 성취할 수 없는 것 또는 비현실적으로 완벽한 것을 얻기 위해 애쓰며 시간을 낭비하지 않는다.
- 좌절 감내: 신학자 Reinhold Niebuhr와 미국 알코올 의존증 자가치료 협회(Alcoholics Anonymous)의 말을 빌리면, 건강한 사람들은 인생을 살며 맞닥뜨리는 문제에는 오직 두 가지 종류만 존재한다는 것을 안다. 하나는 자신이 무엇인가를 해 볼 수 있는 문제이고, 다른 하나는 그럴 수 없는 문제이다. 그러므로 변화시킬 수 있는 불쾌한 조건들은 개선시키고, 그럴 수 없는 것들은 감내하는 또는 '달게 받아들이는' 법을 배우는 것을 목표로 삼아야 한다.
- 자기책임: 건강한 사람들은 자신의 고통 때문에 타인, 세상, 운명을 탓하지 않는다. 그 대신 자신의 생각, 감정, 행동에 대한 책임을 받아들인다.

살펴본 바와 같이, REBT의 목표는 REBT가 옹호하는 가치(고통을 최소화하고, 수명을 최대화하며, 삶의 즐거움을 증진시키는 것)와 부합한다. 이러한 가치를 추구하는 것을 '**책임지는 쾌락주의**(responsible hedonism)'라고 부른다.

책임지는 쾌락주의

REBT는 **에피쿠로스 철학**에도 기초를 두고 있다. 정신분석의 원초아가 표출하는 무분별한 강박적 쾌락주의와 달리, REBT의 근간인 에피쿠로스 철학에서는 절제와 개인주의를 강조한다. 원초아의 관점에서 보면 모든 인간은 신체의 생명 활동에서 기인하는 동일한 충동에 이끌려 움직인다. 그러나 REBT에서 바라보는 인간은 저마다 다양한 것을 즐기고 추구하는 존재이다. 에피쿠로스 철학은 에피쿠로스의 가르침에 기반하여 기원전 307년경에 성립되었다. 에피쿠로스는 쾌락이 '최고의 선'이라고 믿었다. 쾌락을 얻는 방식은 검소하게 살며 세상의 이치를 깨달아 자기가 얻을 수 있는 것의 한계를 넘어서려고 하지 않는 것이었다. 이러한 한계를 수용할 때, 마음의 평정 상태, 그리고 두려움과 고통으로부터 해방된 상태에 도달하게 된다. 이 두 가지 상태의 조합이 곧 에피쿠로스 철학에서 추구하는 최고의 행복이다. 에피쿠로스 철학은 쾌락주의의 한 가지 형태이며, 쾌락이야말로 유일무이하게 그 자체로 선한 것이라고 주장한다. 그러나 고통의 부재를 최고의 쾌락으로 간주하며 검소한 삶을 옹호하는 점은 우리가 흔히 알고 있는 '쾌락주의'와 구별되는 특징이다.

에피쿠로스 철학은 단순히 쾌락을 추구하고 고통을 회피하는 것이 아니다. 그러한 방식으로는 지속적인 즐거움을 얻지 못할 수 있기 때문이다. 해로운 부작용을 가진 것으로부터 얻은 쾌락은 결코 오래 지속되지 못한다. 술이나 약물에 과도하게 의존한다면, 단기적으로는 상당한 쾌락을 경험하겠지만, 장기적으로는 쾌락보다 더 큰 고통을 맛보게 될 것이다. 단기적인 쾌락은 생존이라는 중요한 목표의 성취를 실제로 저해할 수 있기 때문에, REBT에서는 절제를 가르치고 심지어 옹호한다.

절제는 19세기의 실용주의 철학에서 유래한 쾌락계산법(hedonic calculus)이라는 용어로 표현되기도 한다. 물론 우리가 추구하는 다양한 쾌락에 수치를 대입해 실제로 계산이 이루어지는 것은 아니다. 쾌락계산법은 오늘 경험하고 있는 쾌락이 내일, 다음 주, 혹은 몇 년 후에 어떤 방식으로든 역효과를 일으키지 않을지를 스스로에게 질문하는 분별 있는 습관을 의미한다. 하지만 오직 미래를 위해서만 산다면 현재 누릴 수 있는 즐거움 중에서 상당 부분을 놓칠 수 있기 때문에 이 역시도 비합리적이다. 이처럼 생존과 행복이라는 단순한 쾌락주의적 목표를 추구하는 것은 생각보다 간단하지 않다. 즉각적 만족을 추구하든 만족을 지연시키든 장단점이 공존하기 때문이다. REBT에서는 현재와 미래 중 어느 것도 희생시키지 않는 최적의 해결책을 강박적이지 않은 태도로 추구하는 삶을 지향한다.

특이한 형태의 쾌락주의가 한 가지 있는데, 그것은 고통, 불쾌, 불편을 피하려다가 바람직한 결과마저도 놓치고 마는 쾌락주의이다. 하고 싶은 것이 있기는 하지만, 장기적 목표를 향해 노력할 마음은 별로 없는 사람이 있을 수 있다. REBT에서는 이러한 유형의 회피가 좌절을 견딜 수 없다는 믿음(Frustration Intolerance)[2]에서 기인한다고 본다. 이 문제를 가진 내담자들은 자신에게 이익이 되는 일의 수행을 거부하며, "너무 어려워요." "너무 무서워요." "저는 못 버틸 거예요." 등의 이유를 댄다. 자신이 고통스러워하는 것이 무엇이며 그러한 고통을 스스로 어떻게 만들어 내는지에 대해 충분히 이해한 후에도 내담자가 나아지지 않는다면, 좌절을 견딜 수 없다는 믿음이 그 이유인 경우가 많다.

이 믿음은 개인적인 삶의 철학과 밀접히 관련되어 있다. 이러한 사람은 마치 '나는 절대로 불쾌하거나 불편한 일을 해서는 안 된다. 불편을 무릅쓰기보다는 차라리 지금의 상태를 유지하는 편이 낫다.'라고 외치고 있는 것과 다름없다. 분명 인간은 이러한 철학에 따라 살아갈 권리를 가지고 있다. 하지만 성취하고 싶은 목표와 자신 사이에 높은 벽을 쌓아 스스로 불행을 만들어 내고 있음을 명심해야 한다.

REBT의 근간인 에피쿠로스 철학이 인간관계에 무책임함과 무질서를 초래할 것인가? 그렇지 않다. 행복을 추구할 미래의 기회로부터 자신을 단절시키는 것까지 포함하여 자기 행동의 결과를 충분히 고려했다면 그런 일은 없을 것이다. 그리고 타인을 착취하는 것은 장기적인 관점에서 보았을 때 이익이 될 가능성이 거의 없다.

언어와 일반 의미론

Ellis는 REBT를 만들면서 **일반 의미론**(general semantics)의 영향을 많이 받았다고 말했다(Ellis, 1991). 일반 의미론은 철학이라기보다는 언어에 관한 학문이다. 말의 구조 때문에 또는 말을 사용함으로써 인간의 경험과 의사소통이 형성되고 왜곡되는 현상을 탐구한다. 일반 의미론의 창시자인 Alfred Korzybski는 널리 알려진 저서『Science

2) [역주] 뜻하는 대로 되지 않는 상황 또는 불편하거나 불쾌한 감정을 견딜 수 없다는 비합리적 신념을 Ellis는 Frustration Intolerance(FI)라고 불렀다. 좌절을 견디는 힘이 부족하다는 의미보다는 자신의 감내력을 과소평가한다는 의미가 강하다. 처음 등장하는 용어이므로 독자의 이해를 돕기 위해 이곳에서는 뜻을 풀어서 기술했으나, 이후의 장에서는 간단히 '감내력 과소평가'로 번역했다.

and Sanity: An Introduction to Non-Aristotelian Systems and General Semantics』(Korzybski, 1933)에서 일반 의미론의 핵심원리들을 소개했다. 책의 제목에서 짐작할 수 있듯 일반 의미론은 과학적 방법을 따라야 함을 강조한다. 그래야 인간이 가장 잘 기능하고 정서적 고통 없이 살아갈 수 있다는 것이다. 여기에는 유연한 사고, 숨은 가정의 자각, 가설 구체화 및 검증, 사고에 대한 실증적 검토가 포함된다. Korzybski의 책 제목 'Science and Sanity'는 훗날 Ellis가 보다 과학적인 사고가 정서적 건강을 가져온다는 가설을 만든 계기가 된 것으로 보인다.

일반 의미론의 가장 중요한 전제는 언어가 불완전하다는 것이다. 대상이나 행동을 지칭하는 말은 묘사하고자 하는 사건, 사물 또는 행위의 중요한 특징을 놓칠 수밖에 없다. 이것은 언어의 근본적 한계이다. 일반 인식론에서 자주 인용되는 "지도는 영토가 아니다."라는 문구는 이러한 문제를 지적한다. 아무리 자세하게 지도를 만들어도 실제 영역의 몇몇 측면들은 누락되고 말 것이다. 어떤 경우라도 말은 그것이 규정하는 그 대상이 아니다. 고려해야 할 또 다른 문제는, 세상 그 어떤 것도 서로 완전히 똑같은 것은 없다는 것이다. 다만, 인간이 범주를 나눌 뿐이다. 게다가 사람이든 사물이든 시간이 지나도 변하지 않는 것은 없다. 우리 모두는 변화한다. '오늘의 나'는 '과거의 나'와 다르다. 오래된 격언을 빌리자면, "같은 강물에 두 번 발을 담글 수는 없다." 그러므로 말에 의해 규정되는 범주로 사건과 사물을 분류하면, 이들이 가진 고유한 면모 중 일부가 사라지고 만다. 이러한 입장은 임상 장면에서 내담자의 말을 곧이곧대로 믿기보다는, 면밀한 질문을 통해 임상적으로 중요한 경험들을 밝혀내도록 Ellis를 이끌었다. 내담자가 불안하다고 말하면, Ellis는 자신이 내담자가 말하는 불안을 이해한다고 여기지 않았다. 그래서 불안할 때의 신체 감각, 불안을 경험한 특정 사건에 대한 이미지 등을 연달아 질문하곤 했다. 내담자가 누군가로부터 비난받은 것 때문에 상처받았다고 하면, 비난의 어떤 부분이 아프게 느껴지는지를 Ellis 자신이 안다고 여기지 않았다. 상처받았을 때 내담자가 반응한 부분은 상대방의 목소리나 몸짓일 수도 있고 비난의 내용, 아니면 비난 속에 숨겨진 가정일 수도 있기 때문이다. 이 책에서는 촉발사건의 핵심요소 및 감정 평가를 소개한 몇 개의 장을 통해, 일반 인식론이 REBT에 미친 영향을 엿볼 수 있을 것이다. 기억해 두어야 할 것은, 말은 혼동을 초래할 수 있으며 말로 표현된 정보에는 빠진 부분이 있다는 것이다. 따라서 임상가들은 정말 중요한 정보가 확보되었는지 거듭 확인할 필요가 있다.

Korzybski는 언어의 구조에서 영어의 'be 동사'가 만들어 낸 정체성이 과잉 일반화,

혼란 그리고 부적응 행동을 초래한다고 생각했다. be 동사는 '~다.'라는 의미를 가지며, 문장의 주어와 주격보어 사이의 동일성을 암시한다. 예를 들어, "The lemon is yellow(레몬은 노란색이다)."라고 말하는 사람은 노란색이 레몬의 필수적인 부분이라고 생각한다. 그 결과, 노란색에 대한 자신의 반응을 실제의 레몬과 혼동하게 된다. 어둠 속에서는 레몬이 노랗다는 것을 알아볼 수 없을 것이다. 만약 파란색 선글라스를 쓰고 있다면 레몬은 녹색으로 보일 것이다. 색맹인 사람에게는 레몬이 회색으로 보일 것이다. 아직 익지 않은 레몬은 녹색이며, 레몬 중에서 어떤 품종은 아예 노랗지 않은 것도 있다. "The lemon is yellow."라는 말의 구조는 노란색과 레몬을 동일시하게 만든다. 보다 정확하고 적절한 표현은 "I see the lemon as yellow(내 눈에는 레몬이 노란색으로 보인다)."일 것이다. 이 문장에는 관찰자가 포함되어 있다. 그러므로 다른 관찰자는 레몬을 다르게 볼지도 모른다거나, 레몬에는 노란색 이외의 다른 특성도 있을 수 있다는 등의 선택지를 열어 놓을 수 있게 된다. Korzybski는 객관적 실재를 기술할 때 분별없이 또는 과도하게 be 동사를 사용하는 것을 삼가야 한다고 주장했다. 왜냐하면 은연중에 be 동사가 정체성을 규정짓기 때문이다. 그는 자신의 저서에 "객관적 사물의 정체성을 be 동사로 규정지으면 언어의 구조상 불가피하게 사실과 다른 것이 되어 버린다. 우리는 이 일을 완전히 그만두어야 한다."라고 기술하고 있다(Korzybski, 1933, p. 751).

과일과 색깔에 대한 이야기에서 벗어나, 사람을 기술할 때 be 동사를 사용하는 것에 대해서도 생각해 보자. "He is a failure(그는 실패자이다)."라는 말은 '그'로 지칭된 사람과 '실패자'를 하나로 묶어 정체성을 규정짓는다. 실패자가 이제는 '그'로 지칭된 이 사람의 정체성의 일부가 되어 버리는 것이다. 이로 말미암아 이 사람은 건강하지 않은 부정적 감정을 느끼고 더이상 새로운 노력을 하려 하지 않을지도 모른다. 왜냐하면, 실패자가 이미 '나'라는 그림의 일부가 되었기 때문이다.

be 동사로 인한 정체성의 혼란을 피하기 위해 Korzybski는 E-Prime 또는 English-Prime이라고 불리는 새로운 언어를 개발했다. E-Prime은 모든 형태의 be 동사를 배제한다. "He is a failure(그는 실패자이다)."라고 표현 대신에 "He failed at ________(그는 ________에 실패했다)."라고 말하는 것이다. E-Prime에 대한 Korzybski의 생각은, Ellis에게 인간의 가치를 포괄적으로 평가하는 행위가 비합리적임을 깨닫도록 하였으며, '무조건적 자기수용'이라는 개념을 형성하는 데에 큰 영향을 미쳤다.

be 동사에 관한 Korzybski의 저술을 읽고, 필자도 내담자가 과잉 일반화를 그만두도록 돕는 일에 힘을 쓰게 되었다. 예를 들어, "I am good(나는 선량하다)."이라고 말하는 내담자는 자신이 선량한 '본질'을 가지고 있고, 오직 선한 일만 하며, 그렇기 때문에 인생을 즐기며 살 자격이 있다고 강하게 암시하는 것이다. 이것은 사실과 다르다. 우선, 내담자는 자신이 어떤 본질을 가지고 있음을 증명할 수 없다. 본질은 매우 모호하고 신비주의적인 단어이기 때문이다. 그리고 설령 자신이 어떤 본질을 가지고 있다 하더라도 이것이 항상 모든 경우에 있어서 '선량하다.'는 것을 보여 줄 수도 없다. 보다 정확한 표현은 '나는 좋은 일(예를 들면, 어려움에 처한 사람을 돕는 것)을 하는 사람이다. 그렇지만 '중립적'이거나 '나쁜' 일(예를 들면, 남에게 피해를 주는 것)도 많이 한다. 내가 완전히 '선량하거나' '나쁘거나' '중립적인' 경우는 결코 있을 수 없다.'일 것이다.

Korzybski는 be 동사 때문에 부정확한 생각을 하게 될 수 있음을 보여 주었다. "나는 선량하다." "나는 나쁘다."와 같은 말은 부정확한 과잉 일반화이다. 왜냐하면 실제의 나는 때로는 좋은 행동을 하고, 때로는 나쁜 행동을 하는 사람이기 때문이다. REBT에서는 내담자에게 자기를 평가하지 말고, 오직 자기의 행동만을 평가하라고 가르친다. 자기 평가는 거의 항상 잘못된 방향으로 귀결될 수 있다. 인간은 매우 복잡하고 다양한 측면을 가지고 있기 때문에 한마디로 어떻다는 포괄적인 평가를 내릴 수 없기 때문이다(Ellis, 1991, p. 18).

REBT를 배우는 상담자들에게 일반 인식론에 관한 서적을 시간을 내어 읽어 볼 것을 권한다. Korzybski(1933)의 고전적 저서도 좋고, Hayakawa(1962)나 Johnson(1946)과 같은 학자들의 책도 좋다. 타인의 말을 듣는 방식에 변화가 일어날 것이다.

REBT에 관한 오해

Ellis가 스토아 철학자인 Epictetus를 자주 인용하기 때문에 REBT가 **스토아 철학**의 한 가지 부류라고 여기는 사람이 많지만 사실은 그렇지 않다. 진정한 스토아주의자는, 신체적 고통이든 정서적 슬픔이든, 감정에서 완전히 해방된 상태에 도달하기 위해 노력한다. 이와 대조적으로, REBT가 추구하는 합리적 사고는 불편한 감정과 불필요한 고통을 초래하지는 않지만 감정을 일으키며, 심지어 매우 강렬한 부정적 감정으로 이어질 수도 있다. REBT는 평정심을 추구하는 스토아 철학과 쾌락을 추구하는 에피쿠로스 철학의 융합물이다.

REBT를 합리주의와 혼동해서도 안 된다. 합리주의에서는 경험이 아니라 오직 논리를 통해서만 지식을 얻을 수 있다고 주장한다. 하지만 REBT는 논리 제일주의를 표방하지 않는다. 논리뿐 아니라 경험에 근거하여 비합리적인 생각을 반증함으로써 지식이 획득되며, 이렇게 해서 얻은 새로운 신념에 따라 행동하는 것이 바람직하다는 것이 REBT의 입장이다.

합리적 사고를 방어기제의 일종인 합리화와 혼동하지 않는 것도 중요하다. 합리화는 왜곡된 사고의 한 가지 형태이다. 합리화를 할 때, 우리는 불편한 현실을 직시하기보다 행동, 사고 또는 감정에 대한 그럴듯한 이유를 꾸며 낸다. 이것은 합리적 사고와 정반대되는 특징이다.

글상자 1-2

여우와 포도에 관한 이솝 우화는 합리화의 좋은 예를 보여 준다. 여우가 아무리 높이 점프를 해도 먹음직스러운 포도를 딸 수는 없었다. 하지만 여우는 계속 점프를 했고, 그럴수록 더욱 화가 났다. 이 어리석은 노력을 멈출 유일한 방법은 포도가 아직 익지 않았다고 단정하는 것뿐이었다. 이내 여우는 '신포도'는 먹고 싶지 않다고 투덜거리며 자리를 떠났다. 이 짜증스러운 상황에 대한 합리적 반응은 무엇이겠는가?

삶의 철학으로서의 합리성

내담자의 신념체계를 탐색하다 보면 내담자가 따르려고 노력해 온 삶의 규칙들과 조우하게 된다. 이러한 개인적 규칙들이 곧 삶의 철학이며, 이것의 기저에는 부모와 종교의 가르침, 여러 사람이 믿고 있는 상식, 또는 삶을 어떻게 살아야 하는지에 대한 매우 독특한 개인적 견해가 자리 잡고 있다. 내담자에게 있어서 이 규칙들은 고통의 근원이다. 이를 지키지 않으면 큰일이 날 것처럼 걱정되고, 혹시라도 위반했을 때에는 자기 자신을 엄격하게 처벌하기 때문이다. 개인적 규칙들이 행복과 생존의 성취를 방해할 때, 우리는 이것을 조사하고 변화시켜야 한다.

REBT 상담자는 정서적 고통을 감소시키고 행복을 증진시키는 새로운 삶의 철학을 내담자가 발전시키기를 희망한다. 인간은 비합리적이고 비과학적인 사고로 고통을 키워 가는 삶을 선택할 수도 있고, 증거를 바탕으로 면밀히 추론함으로써 유쾌한 감정을 늘려 가는 삶을 선택할 수도 있다. 합리적 철학의 목표는 다음의 내용과 부합하는 신념과 습관을 세우는 것이다.

생존

삶의 만족을 성취하는 것
타인과 원만하게 지내는 것
몇몇 사람들과 친밀한 관계를 맺는 것
개인적 성취감을 느끼며 몰입할 수 있는 일을 개발 또는 유지하는 것

REBT 상담자는 인간이 잘못을 저지를 수 있으며 자주 실패하고 실수하도록 영원히 운명 지워진 존재라는 것을 내담자에게 이해시키기 위해 노력한다. 아울러 내담자가 완벽에 대한 요구를 포기하고, 자기와 타인을 수용해 가도록 돕는다. 이러한 변화는 과학적 · 논리적 사고에 의해 일어나며 철학과 태도의 깊은 변화로 이어진다.

Ellis의 저술은 철학, 삶에 대한 개인적 철학, 정신병리 이론 그리고 심리치료 이론으로 나뉠 수 있다. 지금까지 소개한 철학적 입장은 이후의 장에서 다룰 정신병리 및 심리치료 이론을 이해하는 데에 도움이 될 것이다.

글상자 1-3

상담실에서의 철학

철학 수준에서 개입하는 것은 매우 실용적인 상담전략이다. 왜냐하면 깊이 있는 변화를 일으켜 많은 행동에 영향을 줄 수 있기 때문이다. 못질에 비유하건대, 만약 행동주의 상담을 하고 있다면, 못대가리 하나마다 따로 망치질을 해야 한다. 그러나 철학 수준에서 개입한다면, 넓은 판을 두드려서 동시에 많은 못을 박을 수 있게 된다.

02

합리적 정서행동치료

인간에게는 세 가지의 주요한 심리적 측면이 존재한다. 사고, 감정, 행동이 그것이다. 세 가지 측면 모두가 서로 긴밀하게 연관되어 있어서 하나에서 변화가 일어나면 나머지 측면들에서도 함께 변화가 일어난다. 사건에 대해 생각하는 방식을 바꾸면, 그 사건에 대해 다르게 느낄 것이고, 행동 반응도 달라질 것이다. 과거와 다르게 행동한다면 생각에도 변화가 일어날 것이다. 예를 들어, 그동안 두려워하던 일을 해낸다면 더 이상 그 일을 이전만큼 위험하거나 어렵다고 생각하지 않게 된다.

행동 심리학은 환경적 조건을 바꿈으로써 행동을 변화시키려 하고, 인지 심리학은 사고의 내용을 변화시키는 데에 주력하지만, 양자 모두 감정 변화를 직접 다루지는 않는다. 감정을 명확히 규정하기 어려운 탓이다. 반면, 인지행동치료(CBT)는 인지와 감정 사이의 관계를 강조한다. 하지만, 서로 다른 유형의 CBT마다 각기 다른 인지가 정서적 고통을 일으킨다고 주장한다. REBT도 여타의 CBT와 마찬가지로 인지와 감정 사이의 인과관계를 가정하지만, 당위적 사고를 중심으로 비합리적 신념의 역할에 대해 독특한 가설을 제시하고 있다.

이 장에서는 REBT 이론의 기본 입장 및 인지이론과의 관련성을 개관하고, 실제 상담에 적용하는 방식을 설명할 것이다.

REBT 이론의 7가지 입장

REBT의 기본 입장은 7가지로 축약될 수 있다.

1. 인지는 감정의 가장 중요하고 직접적인 결정요인이다. 간단히 표현하면, 우리는 자신이 생각하는 '그것'을 감정으로 느낀다. 사건이나 타인은 우리를 '기분 좋게' 또는 '기분 나쁘게' 만들지 않는다. 우리 자신이 인지적으로 이 작업을 수행하는 것이다. 보통 이것을 의식하지 못하지만, 우리는 마치 감정 반응을 어떻게 할지에 대해 직접 시나리오를 쓰고 있는 것과 같다. 과거 또는 현재, 외부에서 발생한 사건은 우리 안에 일어나는 감정에 영향을 주기는 하지만 직접적으로 감정을 유발하지는 않는다. 오히려 우리의 내부에서 진행되는 인지적 과정(예를 들면, 지각, 지각한 것에 대한 평가, 특히 지각한 것을 수용하는 정도)이 감정 반응의 보다 직접적이고 강력한 원천이다.
2. 비합리적 사고는 정서적 괴로움의 주요한 결정요인이다. 역기능적 감정 상태를 비롯하여 정신병리의 많은 측면들은 역기능적 사고과정의 결과물이다. 과장, 지나친 단순화, 과잉 일반화, 검증되지 않은 비논리적 가정, 연역 오류, 절대주의적 관념, 특정한 감정 · 사고 · 현실이 존재해야만 한다거나 존재해서는 안 된다는 식의 당위적 사고는 비합리적 사고의 좋은 예이다.
3. 역기능적이고 고통스러운 감정을 바꾸는 가장 효과적인 방법은 생각을 분석하는 것으로부터 시작된다. 만일 괴로움이 비합리적 사고의 산물이라면, 괴로움을 정복하는 최선의 방법은 비합리적 사고를 변화시키는 것이다.
4. 유전 및 환경과 관련된 복수의 요소들이 비합리적 사고와 정신병리에 영향을 미치는 선행요인으로 작용한다. Ellis는 합리적 사고와 비합리적 사고 모두 인간이 본래 가지고 태어난 자연스러운 경향이며 환경 속에서 살아가며 진화시킨 능력이라는 점을 여러 차례 지적했다(예를 들면, Ellis, 1976a, 1985, 1994; Ellis & MacLaren, 2005). 비합리적 신념이 세계 어디에나 존재하는 것은 비합리적 사고가 인류가 가진 보편적인 경향임을 보여 주는 증거이다. 비합리적 신념의 구체적인 내용은 문화의 영향을 받아 만들어진다.
5. 감정은 주의집중과 행동을 요구하는 문제가 발생했다는 신호를 보내기 위해 존재

한다(Darwin, 1872/1998). 다른 심리치료 이론들과 달리 REBT는 부정적 사건에 대한 감정 반응을 두 가지 종류로 나눈다. 하나는 유익하고, 건강하고, 순기능적이며, 적응적인 감정이다. 그리고 다른 하나는 해롭고, 병들고, 역기능적이며, 부적응적인 감정이다. 대개 인간은 건강한 감정과 건강하지 않은 감정을 동시에 경험하지만, 이것을 지각하지 못한다. 건강한 감정은 순기능적이고 적응적인 행동으로 이어지고, 건강하지 않은 감정은 역기능적이고 부적응적인 행동으로 이어진다. 이 두 가지 감정을 구분하는 것은 필수적이다. 그래야만 건강하지 않은 부분에만 개입을 집중시킬 수 있다. 건강하지 않은 감정과 행동은 비합리적 사고와 연결되어 있는 반면, 건강한 감정과 행동은 합리적 사고와 짝을 이루고 있다.

6. 여러 현대 심리학 이론들과 마찬가지로 REBT 이론에서는 개인의 과거사보다는 감정과 행동에 영향을 미치는 현재의 가장 직접적인 요인을 강조한다. 정신병리의 발생에 있어서 유전과 환경이 중요한 역할을 하는 것이 사실이지만, 정신병리가 유지되는 현상을 이해하려면 다른 곳으로 초점을 돌릴 필요가 있다. 결론부터 이야기하면, 인간은 자기 세뇌를 통해 자신의 고통을 지속시킨다. 비합리적 신념을 마음속으로 되뇌며 계속 고수하기 때문에 현재의 정서적 고통이 지속되는 것이다. 정서적 고통의 유지에 있어서 비합리적 신념이 어떻게 획득되었는지는 큰 의미를 가지지 않는다. 과거의 생각을 다시 평가하고, 지금 그것을 버릴 수 있다면 현재의 삶은 크게 달라질 것이다. 부정적인 개인사가 심리적 고통을 일으키는 이유는, 그 사건에 대해 비합리적으로 사고하는 법을 배웠고, 그러한 생각을 적극적으로 되뇌는 것을 반복해 왔기 때문이다. 이 점에 대해 Ellis는 다음과 같은 Freud의 말을 인용하곤 했다. "과거가 중요한 이유는 자신이 과거를 자기 곁에 계속 끌고 다니기 때문이다."(Freud, 1965)
7. 신념은 변화될 수 있다. 하지만 쉽지는 않을 것이다. 비합리적 신념을 합리적 신념으로 전환시키려면 적극적이고 끈질긴 노력이 필요하다. 자신의 신념을 찾아내고, 반박하고, 수정하고, 원래의 신념과 반대로 행동하려고 노력해야 한다. 그래야만 정서적 고통은 감소하고, 긍정적 경험의 빈도 및 개인적 목표의 성취가 증진된다.

인지이론과 REBT

REBT는 CBT의 한 종류이다. 현재 CBT는 심리학자와 상담자들 사이에서 절충/통합주의 다음으로 가장 인기 있는 심리치료 이론으로 자리매김하고 있다(Cook, Biyanova, & Coyne, 2009). 한 가지 유의할 것은 CBT가 다양한 요소들의 복합체를 가리키는 명칭이라는 점이다. 인지적 개입을 옹호하는 거의 모든 사람들은 이 책의 다른 장에서 소개할 행동적 개입을 통합하여 사용한다. CBT는 행동치료의 한 갈래이지만, 여러 이질적인 이론들의 영향을 복합적으로 받아 탄생했다. 흥미롭게도 CBT 탄생의 계기가 된 첫 번째 이론은 행동치료계 내부에서 등장했다. 당시의 상담자들은 엄격한 행동주의적 방법과 이론에 실망하고 있었는데, Albert Bandura가 1969년에 저서 『Principles of Behavior Modification』을 출판하면서 행동치료계는 인지적 관점에 주목하기 시작했다. 그는 저서의 마지막 장에서 모델링을 통한 학습이 광범위하게 발생하고 있음을 보여 주는 연구 결과들을 소개하며, 행동 변화와 학습을 설명하는 주요한 수단으로 의존하던 조건화(conditioning)에 의문을 제기했다. Bandura에 이어 Mahoney(1974)는 저서 『Cognition and Behavior Modification』을 통해 학습과 심리치료에서 언어, 모델링, 그리고 인지적 요소의 역할을 개관했다. 행동치료에 관한 이들 저서는 심리학계 전반에 걸쳐 일어난 인지 모형의 성장을 반영함과 동시에 촉진했다고 할 수 있다.

1976년 Albert Ellis는 뉴욕의 Albert Ellis 연구소에서 최초의 CBT 학술대회를 주최했으며, Aaron Beck, Marvin Goldfried, Michael Mahoney, Don Meichenbaum, George Spivack 등 CBT의 주요 인물들이 참석했다. 그리고 필자 중의 한 명인 DiGiuseppe도 박사후 과정생으로 행사에 참여할 수 있었다. 이 학술대회에 이어 이듬해에도 유사한 학술행사가 열렸으며 이를 계기로 여러 이론적 입장들이 CBT라는 용어 아래에 하나로 뭉치게 되었다. 이후 Michael Mahoney가 초대 편장위원장을 맡아 학술지 『Cognitive Therapy and Research』가 간행되기 시작했다. CBT와 REBT의 역사에 관해 보다 자세한 정보를 원하는 독자는 Hollon과 DiGiuseppe(2011)의 글을 참조하라. REBT는 CBT 안에서도 선구적이며 중심적인 위치를 점하고 있다. 특히 Ellis는 특정한 유형의 인지가 정서장애에서 수행하는 역할을 강조했기 때문에, REBT에는 독창적인 이론과 상담 전략 등 다른 CBT들과 구별되는 측면들이 다수 존재한다.

정신병리에 대한 REBT의 관점

인지야말로 감정의 가장 중요한 결정요인이라는 것이 REBT의 이론적 입장이다. 하지만 REBT는 정서적 각성에 이르는 복수의 경로가 존재함을 인정한다. 1974년 Hofstra 대학교에서 Ellis가 Joseph Wolpe(행동치료의 창시자 중 한 명)와 논쟁을 벌이며 정신병리 및 심리치료에서 인지가 수행하는 역할에 대해 설명한 것은 REBT의 관점을 분명하게 보여 준다. 당시 Wople가 먼저 발언을 시작했는데, 그는 칠판에 인간의 두뇌 그림을 제시하고 시각과 청각의 경로를 표시한 후 불안장애에 이르는 두 가지 경로가 존재한다고 주장했다. 첫 번째 경로는 감각기관에서 출발해 시상하부와 뇌하수체를 거쳐 부신에 도달하는 경로였다. Wolpe는 이 경로가 조건화를 통해 형성되며, 이 경로를 통해 발생한 불안은 노출치료와 체계적 둔감화 기법을 사용해 효과적으로 치료될 수 있다고 했다. 두 번째 경로는 감각기관으로부터 들어온 정보가 시상핵에서 대뇌피질로 올라갔다가 다시 시상으로 내려와 시상하부에 도달하는 것이었다. 이 경로의 반응시간은 상대적으로 느렸으며, 그릇된 가정과 사고를 반복 학습해야 형성되었다. 이 경로를 통해 형성된 정서장애를 치료하기 위해서는 그릇된 생각을 검증하고 새로운 생각으로 교체할 필요가 있었다. 이와 같이 Wolpe는 감정에 도달하는 두 가지 경로인 **조건화**와 **인지적 경로**를 소개했다. 그리고 모든 불안장애의 약 90%가 조건화를 통해 발생하며 인지적 경로는 덜 중요하다고 주장했다.

이어서 Ellis가 연단에 올라갔다. 청중들은, Ellis가 논쟁을 즐기는 것으로 평판이 나 있었기 때문에, Wolpe의 주장을 곧바로 반박할 것이라고 여겼다. 하지만 예상과 달리 Ellis는 정서장애를 매개하는 두 가지 경로가 존재한다는 Wolpe의 견해에 동의했다. 즉, 하나의 경로는 뇌의 시상하부 및 뇌하수체와 연관되는 신속한 경로이며 조건화에 의해 형성된다. 다른 경로는 인지와 연관되는 느린 경로이며 대뇌피질의 활동을 기반으로 하고 있다. 하지만 Ellis는 인지적 경로가 정서장애의 90%를 매개하며 조건화에 의해 설명되는 부분은 10%에 불과하다고 주장했다. 이후 양자 사이의 토론은 두 가지 경로가 매개하는 정서장애의 비율에 대한 타협점을 모색하는 방향으로 진행되었다. 이 논쟁은 CBT와 REBT가 넓은 맥락에서 보면 행동치료의 연장선에 있음을 분명히 보여 준다. REBT는 정신병리의 메커니즘과 이를 변화시키는 메커니즘이 다양하게 존재한다는 입장을 여전히 취하고 있다. 효과적으로 심리치료를 수행하기 위해서는 다각적인 전략이 요구되는 경우가 많다. 1974년의 Wolpe와 Ellis의 논쟁을 통해 소개된 **이중 경로 이론**(dual pathway theory)은 CBT 연구자들 사이에서 오늘날에도 활발히 탐구되는 주제이다(Power & Dalgleish, 2008 참조). 인지를 통해 매개되는 감정도 있지만, 비인지적인 경로를 통해 발생하는 감정도 존재한다.

합리적 신념은 늘리고 비합리적 신념은 줄이기

인간은 합리적 신념과 비합리적 신념을 동시에 가지고 있으며, 두 신념 사이에서 오고 가기를 반복한다. 종종 상담실에서는 합리적 신념을 말하지만, 현실의 삶에서 힘든 사건에 직면하면 비합리적 신념이 작동하기도 한다. 현재 필자들은 비합리적 신념과 합리적 신념의 비율에 대한 연구를 수행하고 있으며, 대학생들에게 실시한 비임상 조사에서 참가자들이 믿고 있는 합리적 신념의 개수가 비합리적 신념보다 1.66배 많음을 발견했다. 이와 반대로 심리치료를 받고 있는 사람들은 합리적 신념보다 비합리적 신념을 더 높은 비율로 믿고 있었다. 따라서 정서장애는 단지 비합리적 신념을 가지고 있기 때문이 아니라 이를 견제할 합리적 신념을 가지고 있지 않은 것 때문에 발생한다는 것을 알 수 있다. 상담자가 우선적으로 수행해야 할 역할은 내담자가 비합리적 신념과 합리적 신념을 구별할 수 있도록 돕는 것이다. 그러고 나서는 비합리적 신념의 비율을 줄이고, 합리적 신념의 비율은 늘리도록 이끌어야 한다. 이를 위해 REBT는 내담자의 비합리적 신념을 반박하고, 내담자가 보다 합리적인 철학을 반복해서 연습하고 행동으로 실천하도록 돕는다.

순기능적 감정과 역기능적 감정

REBT는 부정적 감정을 두 가지 종류로 구별한다. 하나는 부적응적이고 해로운 '역기능적 감정'이다. 다른 하나는, 비록 부정적이기는 해도, '순기능적 감정'이다. 이것은 적응적이고 건강한 감정이기 때문에 의욕을 상승시킨다. 언어에 따라서는 감정에 대한 이러한 구분이 분명하지 않을 수도 있다. 문화적 맥락이 중요하므로 상담자는 자기가 사용하는 언어에서 두 감정이 어떻게 구분되는지를 알 필요가 있다. 부정적 감정은 정신병리의 증거가 되지 못한다. 촉발사건을 경험한 후(A), 비합리적으로 생각한다면(B), 불안, 역기능적 분노, 우울, 죄책감 같은 역기능적 감정을 경험하게 될 것이다(C). 반면, 비합리적 신념을 극복하고 합리적 신념으로 대체한다면(새로운 B), 새로운 감정 및 행동적 결과가 생겨나게 될 것이다(새로운 C). 하지만 불쾌한 촉발사건이 내담자의 삶 속에 여전히 존재한다면 설령 인지적 변화를 성취했다 하더라도 기분이 유쾌해지거나 중립적인 감정을 경험하리라 기대하기는 **어렵다**. 만약 심리치료가 성공하여 내담자가 합리적으로 사고한다면, 어떤 감정을 느끼게 될 것인가? 그것은 부정적이지만 순기능적이고 의욕적인 감정이다.

대부분의 심리치료에서는 감정의 양적인 변화를 측정하여 문제가 개선된 정도를 판단한다. 상담자들은 종종 Wolpe(1961, 1990)가 개발한 SUDS(Subjective Units of Distress Scale, 주관적 고통 지수)를 사용하여 내담자에게 직접 자신의 감정을 평정하게 한다. SUDS 점수가 낮아졌다면 감정적 고통이 감소한 것으로 간주되며 심리치료는 성공한 것이 된다. 이 모형에 의하면, 감정은 생리적 각성 및 주관적 경험의 강도를 나타내는 하나의 연속선 위에 표현될 수 있다.

Wolpe의 SUDS/전통적 모형
순기능적 0-----------------------------100 역기능적

Ellis의 REBT 모형
순기능적 0-----------------------------100
역기능적 0-----------------------------100

Dryden의 수정된 REBT 모형
순기능적 0------------------50/75
역기능적 0-----------------------------100

[그림 2-1] 감정의 강도에 관한 Wolpe, Ellis, Dryden의 모형 비교

이와 달리, Ellis는 감정을 두 개의 연속선 위에 표시할 것을 제안했다(Ellis, 1994; Ellis & DiGiuseppe, 1993). 하나는 역기능적 감정의 강도를 나타내는 연속선이고, 다른 하나는 건강한 순기능적 감정의 연속선이다. 합리적 신념을 떠올리면 역기능적 감정과는 질적으로 다른 건강한 감정을 경험하게 된다. 건강한 감정은 얼핏 보기에 역기능적

감정과 같은 부류의 것처럼 보이지만, 실제로는 많은 측면에서 차이를 나타낸다. 예를 들면, 주관적인 느낌, 사회적 상황에서 표현되는 방식, 유연한 문제해결을 촉진하는 정도 그리고 감정이 만들어 내는 행동에서 전혀 다른 양상이 나타난다. Ellis의 주장에 의하면, 비합리적 사고는 불안, 우울, 분노 또는 죄책감을 유발한다. 반면, 합리적 사고는 염려, 슬픔, 언짢음, 아쉬움 또는 반성의 감정을 일으킨다. REBT에서는 내담자가 적응적인 감정의 각본을 학습할 수 있다고 믿는다(DiGiuseppe & Tafrate, 2007). 이것은 단지 감정의 강도를 낮추는 것과는 다르다. 따라서 REBT 상담자는 적응적 · 순기능적 감정을 묘사하는 단어를 신중히 골라 내담자가 부적응적 · 역기능적 감정 대신 느끼고 싶어 하는 감정을 선택하도록 돕는다.

인종차별에 대한 Martin Luther King, Jr. 박사의 감정 반응은 이러한 원칙을 보여 주는 좋은 예이다. King 박사는 인종차별에 대해 강렬하고 적응적인 감정 반응을 보였다. 강렬한 감정은 그로 하여금 역경을 꿋꿋이 견디며 헌신하게 했을 뿐만 아니라 문제해결에 초점을 둔 목표 지향적 행동을 취하게 했다. 만약 감정의 강도를 낮추도록 돕는 상담자를 그가 만났다면, 우리가 사는 세상은 더 나은 곳이 되었을까?

역기능적 감정의 강도에만 초점을 두는 전통적 모형과 순기능적 감정과 역기능적 감정을 포괄하는 Ellis의 모형은 양자 모두 어느 정도 타당성을 가지고 있다(Dryden, 2008). Dryden은 매우 강렬한 공감의 감정이 가져오는 생리적 각성이 인지 활동을 제한한다는 것을 발견했다. 지속적 각성 상태는 자신이 경험 중인 감정과 관련된 주제에 더욱 주의를 집중시킨다. 이 과정에서 초점을 맞추는 범위가 지나치게 좁아지면, 적응적 행동을 떠올리는 능력이 감소하는 문제가 발생한다. 순기능을 하는 적응적 감정이 강해질 수 있는 정도의 최대치는 높은 각성수준으로 인해 초점 범위가 좁아져서 역기능적 반응이 나타나기 직전까지인 것으로 보인다. Dryden이 제시한 수정 모형에 의하면, 공감적 감정과 같은 순기능적 감정도 강도가 과도하게 높아지면 역기능을 할 수 있다. 하지만 원래부터 역기능적인 감정은 강도가 낮아도 여전히 해롭다. 이러한 논리는 Yerkes-Dodson(1908) 법칙을 통해 지지될 수 있다. 이 법칙에 의하면, 각성수준과 과제수행능력 사이에는 역U자 형태의 관계가 성립하기 때문에 적정수준에 이르기까지는 각성수준이 높아질수록 과제수행능력이 향상되지만, 이를 넘어선 과도한 각성수준에서는 과제수행능력이 감소하게 된다. [그림 2-1]에는 Wolpe의 전통적 모형, Ellis의 모형, Dryden의 수정 모형이 함께 제시되어 있다. [그림 2-2]는 Yerkes-Dodson 법칙을 보여 준다.

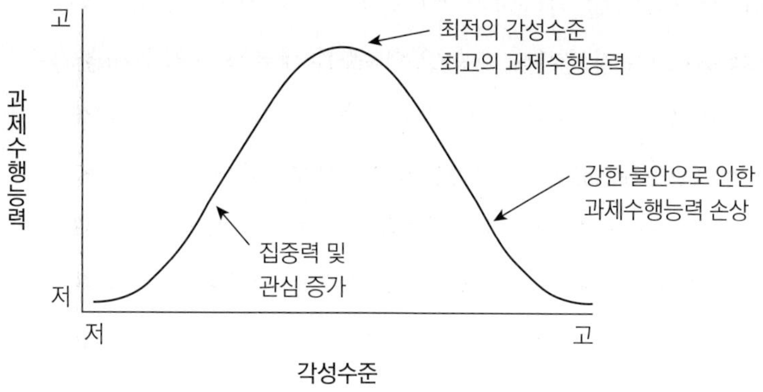

[그림 2-2] Yerkes-Dodson 곡선

Wolpe의 SUDS 모형과 Ellis의 REBT 모형의 차이는 [그림 2-3]과 [그림 2-4]에 제시한 그래프를 통해 표현될 수 있다(Backx, 2012). REBT에서는 순기능적 감정과 역기능적 감정이 서로 질적으로 다르다고 가정한다. 예를 들어 슬픔과 우울의 경우, 사전적 의미만을 놓고 보면 같은 계통의 감정이겠지만, REBT에서는 양자를 별개의 감정으로 취급한다. 사건에 대한 감정 반응은 순기능적 감정(예를 들면, 슬픔)과 역기능적 감정(예를 들면, 우울)이 서로 혼합된 상태이다. 이것을 그래프에 표현하면, 가로 X축은 순기능적 감정의 강도, 세로 Y축은 역기능적 감정의 강도를 나타낸다. REBT 모형에 따르면, 순기능적 감정과 역기능적 감정은 상호 독립적으로 존재한다. 따라서 감정 반응은 X축과 Y축 위의 어떤 지점에라도 표시될 수 있다. Wolpe의 모형을 표현한 [그림

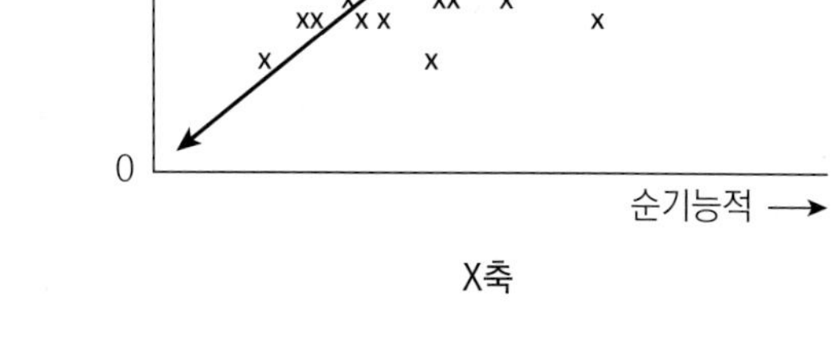

[그림 2-3] REBT 이외의 심리치료에서 추구하는 부정적 감정의 변화 방향-양적 변화

2-3]을 보면, 감정 반응을 나타내는 점수들이 구름 형태로 모여 있다. 가로축의 점수가 높으면 순기능적 감정의 강도가 높은 것이고, 세로축의 점수가 높을수록 역기능적 감정이 강한 것이다.

Wolpe의 모형을 바탕으로 심리치료를 진행할 경우, [그림 2-3]에 직선으로 표시된 화살표가 보여 주는 것처럼 X축과 Y축의 점수 모두를 감소시켜서 궁극적으로는 0에 도달하는 것을 목표로 삼게 된다. 순기능적 감정과 역기능적 감정을 구별하지 않기 때문에 두 감정 모두를 낮추는 것이다.

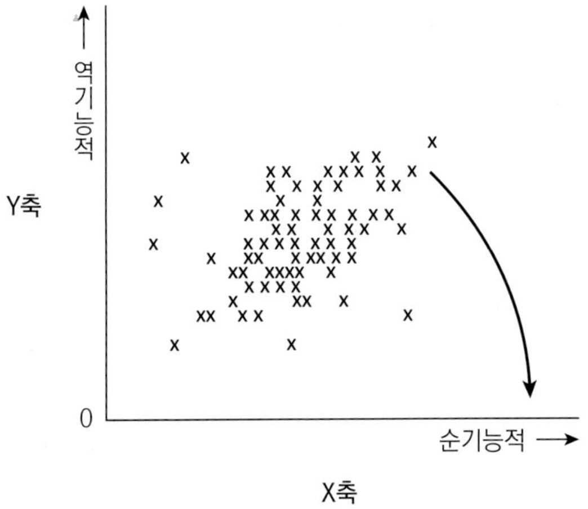

[그림 2-4] REBT에서 추구하는 부정적 감정의 변화 방향–질적 변화

이와 달리 REBT 모형에 기반한 심리치료는 오직 역기능적 감정만을 감소시키려 한다. 이러한 입장은 [그림 2-4]의 곡선 화살표로 표현될 수 있다. 이 그래프는 REBT가 감정을 없애는 것이 아님을 보여 준다. 곡선 화살표를 따라 감정 반응 점수가 변화하면, 역기능적 감정은 줄어들지만, 순기능적 감정은 여전히 높은 수준을 유지하게 된다. 각 점수는 길이와 방향이 포함된 벡터로 이해될 수 있다. 화살표의 방향은 감정의 질(즉, 순기능적 감정과 역기능적 감정의 비율)을 나타내고, 길이는 감정의 양을 표시한다. REBT에서는 벡터의 길이(감정의 양)가 아니라 오직 방향(감정의 질)만을 변화시킨다.

인지의 세 가지 수준과 정서적 고통

정서적 각성을 일으키는 인지는 [그림 2-5]에 제시한 것처럼 적어도 세 가지 수준으로 분류될 수 있다. 어떤 생각은 의식의 흐름 속에 비교적 뚜렷하게 그 모습을 드러낸다. 하지만 분명히 드러나지 않아 알아차리기 어려울 뿐만 아니라 심지어 무의식적인 생각도 존재한다. 또 어떤 생각은 그 자체가 **스키마**의 일부이기도 하다.

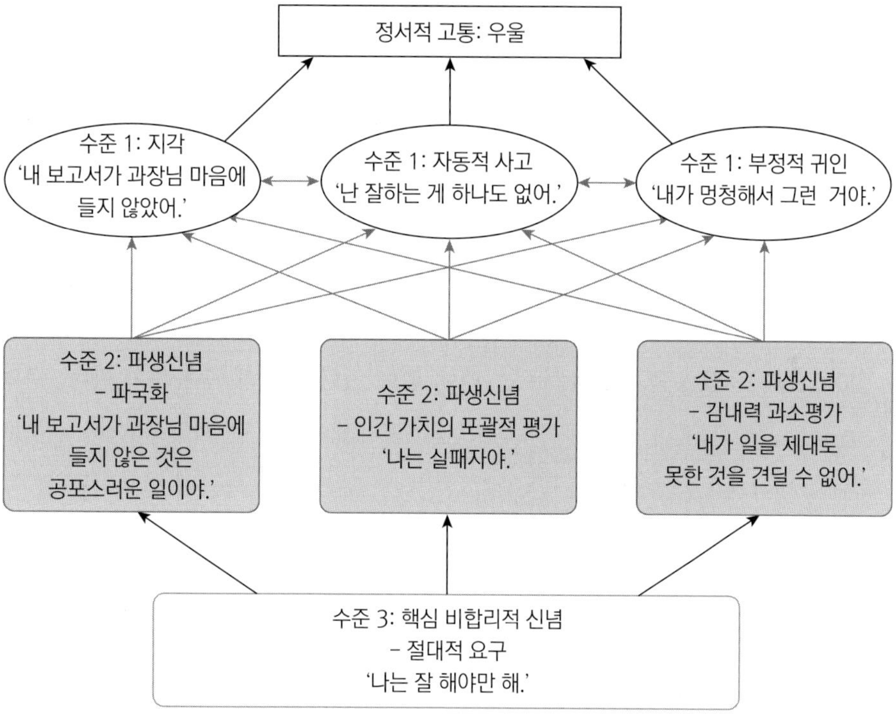

[그림 2-5] 정서적 고통에 영향을 미치는 인지의 세 가지 수준

인지의 제1수준은 의식의 흐름 속에 존재하며 추론의 성격을 띠고 있다. **추론적 인지**(inferential cognitions)는 현실에 대한 지각 그리고 이를 바탕으로 짐작한 것을 의미한다. 이와 관련된 상황의 예를 한 가지 들어 보자. 길을 걷고 있는데 반대편에서 동료가 걸어온다. 손을 들어 인사했지만, 상대편은 아무런 반응도 하지 않는다. 그러자 동료가 나를 보고도 일부러 인사를 하지 않았다고 추론한다. 그리고 한 걸음 더 나아가 동료가 인사를 하지 않은 이유까지 추측한다. '저 친구가 나에게 화가 났나 보다.' '저 친

구가 나를 좋아하지 않는 것 같아.' '회사에서 아무도 나를 좋아하지 않아.' 이러한 생각들은 대부분 정확하지 않은 추론이며, 부정적인 자동적 사고, 가정의 오류, 또는 전반적 · 안정적 · 내적 귀인의 형태로 나타난다. 이러한 추론들은 실증적 검증을 통해 진위 여부를 가려낼 수 있다. 추론의 오류 중 상당수는 정서적 고통 및 정신병리와 함께 나타난다(Beck, 2005).

추론적 인지(예를 들면, 부정적인 자동적 사고)는 의식의 흐름 속에서 경험하는 것이기 때문에 현실과 일치하는지를 쉽게 검증할 수 있다. 하지만 이보다 더 중요한 것은 **평가적 인지**(evaluative cognitions)이다. 이것은 심리적 고통의 핵심에 존재하는 사고인 절대적 요구에서 비롯된 비합리적 신념이다. **절대적 요구**(imperative demands)란 현실이 어떻게 되어야 하는지에 대한 생각들이다. 이는 스키마와 상당히 유사하며, 자신이 바라는 세상의 모습이다. 한 가지 예를 살펴보자. 철수 씨는 동료들 앞에서 의견을 발표하다가 엄청난 불안이 엄습해 오는 것을 느낀다. 한 사람은 하품을 하고 몇몇 사람들이 자신을 쳐다보지 않는 것이 눈에 들어온 것이다. 그 순간 철수 씨는 이렇게 추론한다. '사람들은 내 이야기를 듣고 싶어 하지 않아. 내 이야기가 지루한가 봐.' 이 생각은 맞을 수도 있고 틀릴 수도 있다. 그러나 REBT의 초점은 추론의 진위 검증이 아니라 **추론된 일에 대한 내담자의 평가**를 살펴보는 데에 놓여 있다는 점에 주목해야 한다. 부정적인 자동적 사고('사람들은 내 이야기를 듣고 싶어 하지 않아.') 또는 발표를 잘하지 못했다는 추론('내 이야기가 지루한가 봐.')만으로 필연적으로 정서적 고통이 일어나는 것은 아니다. 정서적 고통의 보다 직접적인 원인은 자신이 추론한 상황들을 **공포**스러운 것으로 평가하는 것이다. 철수 씨의 경우, 보다 중요한 의미를 가지는 절대적 요구와 평가적 신념은 다음과 같은 것일 수 있다.

나는 사람들을 즐겁게 해야 하고, 사람들의 인정을 받아야만 한다.
내가 사람들을 지루하게 한다면, 나는 가치 없는 지루한 사람이다.
사람들에게 지루한 발표자로 여겨지는 것은 정말 끔찍한 일이다!

이러한 과정을 검토하기 위한 실험에서 Dryden, Ferguson과 McTeague(1989)는 피험자들에게 서로 다른 태도를 나타내는 다음의 두 혼잣말 중 한 가지를 되풀이하여 말하도록 했다.

"나는 절대로 거미를 보아서는 안 된다. 혹시 거미를 보게 된다면 공포스러울 것이다."

"나는 정말 거미를 보고 싶지 않다. 하지만 거미를 보더라도 공포스럽지는 않을 것이다."

그런 다음, 피험자들이 어떤 방에 들어가는 장면을 상상하도록 하였으며, 그 방 안에 거미가 적어도 한 마리는 있다는 안내문을 제시했다. 이 장면을 상상하며 피험자들은 다음과 같은 질문에 답했다.

"방 안에 거미가 몇 마리 있습니까?"

"거미의 크기는 어느 정도 입니까?"

"거미는 어느 쪽으로 움직이고 있습니까?"

실험 결과, 절대적 요구가 담긴 혼잣말("나는 절대로 거미를 보아서는 안 된다. 혹시 거미를 보게 된다면 공포스러울 것이다.")을 되풀이한 피험자들은 다른 피험자들보다 많은 숫자의 거미를 상상했으며, 거미가 방 안을 무작위로 기어 다니는 것이 아니라 자신을 향해 다가오고 있다고 느꼈다. 그리고 거미의 크기 역시도 더 크다고 응답했다. 비록 상상한 것이기는 하지만 절대적 요구를 담은 생각이 지각에까지도 영향을 미친 것이다.

추론적 인지, **평가적 인지** 그리고 **절대적 요구**로 나누어 이해하는 방식은 다른 인지치료들과 구별되는 REBT의 특징이다. 물론 REBT에서도 추론적 인지의 중요성을 인정하며 왜곡된 추론을 수정하기 위해 다양한 전략을 사용한다. 하지만 심리적 고통을 이해하는 핵심 열쇠는 평가적 인지와 절대적 요구이다. 설령 아내가 자신을 사랑하지 않는다거나, 중요한 일을 결코 이룰 수 없다거나, 특정한 영역에서 자신이 남들만 못하다는 생각이 들어도, 합리적으로 생각하고 절대적 요구(예를 들면, 반드시 배우자의 사랑을 얻어야만 한다거나 성공해야 한다는 생각)를 포기한다면 이와 같이 불행한 현실에 대한 온당치 않은 정서적 고통으로부터 자신을 보호할 수 있다.

REBT에서는 추론적 인지가 정신장애와 연관된다는 점은 인정하지만, 이것을 결정적인 요인으로 보지는 않는다. 정서적 고통을 일으키는 보다 주요한 요인은 **인지의 제2수준**에 위치한 **평가적 인지**이다. 왜냐하면 추론된 상황의 중요성에 대한 평가가 이루어지기 때문이다. REBT의 용어로 표현하면, 인지의 제2수준은 파생 비합리적 신념(derivative irrational beliefs)이며 세 가지 범주로 분류된다. 첫 번째는 파국화(awfulizing)이며 추론된 상황이 나쁜 정도에 대한 평가이다. 두 번째 범주는 감내력 과소평가(frustration intolerance)이며 추론된 상황에 대처하거나 이를 견뎌 낼 수 있는 자신의 역량에 대한 평가이다. 세 번째는 인간 가치의 포괄적 평가(global evaluations of human worth)이며 추론된 상황과 연관된 사람이 얼마나 가치 있는 인간인지에 대한 평가이다. 이 세 가지를 파생신념이라고 부르는 이유는 이들이 인지의 제3수준에 위치한 핵심 비합리적 신념에서 비롯되었기 때문이다(자세한 내용은 9장 참조).

인지의 제3수준은 자신이 바라는 세상의 모습을 담은 스키마와 관련되며 **절대적 요구**의 형태를 취하고 있다. Ellis는 다음과 같이 세 종류의 절대적 요구를 제시했다.

나는 ~해야만 한다.
당신은 ~해야만 한다.
세상은 ~해야만 한다.

정서적 고통의 인지적 메커니즘

인지적 평가와 비합리적 신념

REBT 이론에 따르면, 비합리적 신념은 역기능적 감정을 일으키지만, 합리적 신념은 순기능적 감정을 발생시킨다. 비합리적 신념은 우울, 불안, 수치심, 죄책감, 역기능적 분노 등 모든 역기능적 감정을 불러일으킨다. 이와 대비되는 합리적 신념은 슬픔, 실망, 염려, 우려, 후회, 순기능적 분노로 귀결된다. 여기 세 명의 내담자가 있다고 가정해 보자. 이들 모두 사람들이 자신을 거부할 것이라고 예상하며 타인이 자신을 수용해야만 한다는 비합리적 신념을 가지고 있다. 하지만 이들은 각각 서로 다른 역기능적 감정(분노, 불안, 우울)을 경험한다. REBT 이론을 통해 이들이 역기능적 감정을 경험하는 이유를 설명할 수는 있겠지만, 왜 세 사람이 **서로 다른** 역기능적 감정을 경험하는지는 여전히 의문이다.

이 문제에 대해 David, Shcnur와 Belloiu(2002)는 인지적 평가와 감정 사이의 관계에 관한 Lazarus(1991)의 **인지적 평가 이론**(appraisal theory)을 바탕으로 다음과 같은 답을 내어놓았다. 인간은 목표의 성취를 기대하며 특정한 상황을 마주하는데, 이때 상황이 개인적 목표 및 안녕의 성취와 어떻게 연관되는지에 대한 인지적 평가가 진행된다. 인지적 평가의 결과에 따라 여러 기본 감정군(예를 들면, 우울/슬픔, 불안/염려, 분노/언짢음, 죄책감/후회) 중에서 어느 군에 속한 감정을 경험할지가 결정된다. 감정을 일으키는 것은 일차 및 이차 평가(primary and secondary appraisal)로 분류되는 두 가지 유형의 인지적 평가이다(Folkman & Lazarus, 1991; Lazarus, 1991; Smith & Lazarus, 2001). 일차 평가에서는 특정한 상황(달리 말하면, 환경과의 상호작용)이 유익, 손해 및 상실, 위협, 도전 중 어느 범주에 해당하는지를 결정한다. 이를 위해 **동기 관련성**(motivational relevance)과 **동기 합치성**(motivational congruence)이라는 두 가지 측면을 검토한다. 동기 관련성은 마주한 상황이 개인적 목표의 성취와 관련된 정도이며, 동기 합치성은 마주한 상황이 개인적 목표의 성취를 촉진 또는 방해하는 정도를 의미한다.[1)]

인지적 평가의 결과로 발생하는 각 감정군에는 순기능적 감정과 역기능적 감정이 함께 포함되어 있는데, 신념의 합리성 여부에 따라 양자 중 어느 쪽을 경험할지가 결정된다. 그러므로 Lazarus가 제시한 인지적 평가는, 예를 들면 후회 감정군과 슬픔 감정군 중 어느 감정군을 경험할지를 결정짓는다. 인지적 평가의 결과, 슬픔 감정군이 활성화되었다고 하자. 합리적 신념을 가진 사람은 슬픔을, 비합리적 신념을 가진 사람은 우울을 경험할 것이다.

요약하면, 인지적 평가의 결과로 어떤 기본 감정군을 경험할지가 결정된다. 그리고 신념이 합리적인지 비합리적인지에 따라 해당 감정군의 순기능적 감정과 역기능적 감정 중 어느 한쪽을 경험한다. 예를 들어, 범준 씨의 여자 친구가 다른 남자와 사랑에 빠져서 헤어졌다고 하자. 아마도 범준 씨는 슬픔 감정군에 속한 어떤 감정을 느낄 것이다. 이 상황에 대한 합리적 신념은 다음과 같은 것이며, 이러한 생각들은 슬픔, 실망, 아쉬움과 같은 순기능적 감정을 일으킬 것이다.

① 바람(합리적 신념)

'소중한 사람이 나를 떠났다. 나는 네가 너무나 보고 싶을 것이다. 하지만 이런 일은 세상에서 항상 일어나는 법이다.'

---

1) [역주] 원저에는 이차 평가에 대한 설명이 제시되어 있지 않으므로 부연한다. 일차 평가에서는 상황을 분류하고 이차 평가에서는 자신의 대처능력을 평가한다.

② **탈파국화**(합리적 신념)
'이것은 안 좋은 일이지만, 그렇다고 세상이 끝난 것은 아니다. 내가 할 수 있는 일을 하면 된다.'

③ **좌절 감내**(합리적 신념)
'이것은 유쾌하지 않은 일이다. 그렇지만 나는 견뎌 낼 수 있다.'

④ **자기수용**(합리적 신념)
'내가 한 행동 중에 너와 헤어지게 만든 것이 있는지 살펴볼 것이고, 혹시 고쳐야 할 것이 있다면 고치겠다. 하지만 네가 나를 떠났다고 해서 내가 가치 없는 인간이 되는 것은 아니다.'

⑤ **타인수용**(합리적 신념)
'너는 나에게 상처를 주었다. 그렇다고 해서 네가 비난받아야 하는 것은 아니다.'

이와 대비되는 비합리적 신념은 다음과 같으며, 불안 또는 우울과 같은 역기능적 감정을 유발할 것이다. 혹시 타인을 비하하는 생각을 가지고 있다면 분노를 느끼게 될 것이다.

① **절대적 요구**(비합리적 신념)
'이것은 절대 일어나서는 안 되는 일이야. 너는 나를 떠날 권리가 없고 나를 떠나서도 안 돼.'

② **파국화**(비합리적 신념)
'내가 겪어 본 일 중 최악이야.'

③ **감내력 과소평가**(비합리적 신념)
'나는 다시 일어서지 못할 거야. 너 없이 사는 걸 견딜 수 없어.'

④ **자기비하**(비합리적 신념)

'이런 일이 일어났다는 건 내가 가치 없고 사랑받을 자격도 없는 인간이란 뜻이야.'

⑤ **타인비하**(비합리적 신념)

'너는 계속 나를 속였어. 넌 가증스러운 인간이야.'

비합리적 신념은 **비합리적 스키마** 또는 **절대적 신념**이라고 부르는 것이 더 정확한 표현일지도 모른다. REBT에서는 비합리적 신념이 겉으로 **드러나지 않는 무의식적인** 것이며 여러 수준의 인지 및 정서에 포괄적인 영향을 미치는 스키마라고 규정한다. 비합리적 스키마는 세상의 모습이나 세상이 돌아가는 방식에 대해 자신이 기대하는 것들을 모아놓은 것이다. 비합리적 신념은 경직되고 부정확한 스키마와 동일한 특성을 지니고 있다(DiGiuseppe, 1986, 1996; David, Freeman, & DiGiuseppe, 2009; Ellis, 1996; Szentagotai, Schnur, DiGiuseppe, Macavei, Kallay, & David, 2005). 스키마는 다음의 사항들에 영향을 미침으로써 인간이 자신의 세계를 구축하도록 돕는다.

- 주의를 기울일 정보
- 감각 자료에서 도출된 지각
- 지각한 자료를 바탕으로 내린 결론, 즉 추론 또는 자동적 사고
- 과제수행능력에 대한 신념
- 실제의 또는 지각된 세상에 대한 평가
- 생각해 낸 문제해결방안

비합리적 신념/스키마는 지각, 추론, 자동적 사고, 귀인 등 REBT 이외의 CBT에서 자주 언급되는 인지적 요소에 영향을 미친다. [그림 2-5]는 비합리적 신념이 인지의 제1수준과 정서적 고통에 어떻게 영향을 주는지를 보여 준다. 이 모형은 비합리적 신념/스키마에 대한 개입이 인지의 제1수준과 정서적 고통을 함께 변화시킬 것임을 시사한다. 하지만 인지의 제1수준에 초점을 맞춘 개입이 비합리적 신념/스키마에 영향을 미치기는 어렵다.

비합리적 신념과 합리적 신념의 차이

Ellis의 초창기 제자인 Maultsby(1975)는 비합리적 신념의 세 가지 준거를 제시했다. 즉, 비논리성, 경험적 실재와의 불일치, 장기적 목표성취의 방해라는 준거들 중 어느 한 가지에 해당될 때 비합리적 신념으로 간주될 수 있다. 이 준거는 과학철학자 Thomas Kuhn(1996)이 이론을 평가하기 위해 사용한 준거와 유사하다. 과학자들은 논리적 일관성이 결여되거나, 현상 예측에 실패하거나, 경험적 또는 기능적 가치가 부족할 때(즉, 문제해결에 실패할 때) 이론을 파기한다.

비합리적 신념의 정의는 다양하게 존재하지만 대부분 Maultsby의 정의와 유사하다. 그러나 여기에서는 절대적 요구의 중요성에 초점을 맞추고자 한다. 필자 중의 한 명인 Wouter Backx가 제안한 정의를 살펴보자. 인간은 긍정적인 것을 성취하고자 또는 부정적인 것을 방지하고자 노력하는데, 비합리적 신념이란 원치 않는 현실을 받아들이기 싫은 마음을 인지적으로 표현한 것이다. 비합리적 신념을 가질 때, 인간은 부정적 현실이 존재하지 말아야 한다고 요구한다. 이러한 신념은 대개 '~해야만 한다.' '~해서는 안 된다.'는 형태를 취한다. 합리적 신념은, 무엇인가를 성취 또는 방지하려는 노력과 관련하여 현실 속에 존재하는 부정적인 결과를, 그것이 자신의 바람과 얼마나 많이 어긋나든 상관없이 자신의 바람이 얼마나 큰지와 상관없이, 기꺼이 받아들이려는 태도를 인지적으로 표현한 것이다.

일화를 통해 비합리적 신념에 대해 좀 더 살펴보자. 필자 중 한 명이 여동생의 가족과 저녁 식사를 했다. 그때의 식사메뉴는 인도네시아 요리인 나시(Nassi)였는데 여동생의 두 살배기 아들은 처음 이 음식을 접한 탓인지 먹지 않겠다고 때를 썼다. 그래서, 여동생은 아이에게 한 가지 제안을 했다. 음식을 먹으면 아이가 가장 좋아하는 아이스크림을 주기로 한 것이다. 이 제안에 아이는 나시를 먹었고 여동생은 아이에게 아이스크림을 주었다. 그런데 아이는 아이스크림을 먹으려 하지 않았다. 왜 아이가 아이스크림을 거부하는지 아무도 이해할 수 없었다. 알고 보니 아이는 억지로 음식을 먹어야만 하는 상황이 '일어나서는 안 된다.'고 생각했기 때문에 음식을 입 안에 넣기만 하고 삼키지는 않았던 것이다. 먹기 싫은 음식을 입 안에, 그것도 맛을 느끼는 혀 위에, 계속 두었기 때문에 더욱 괴로웠고 좋아하는 아이스크림조차 먹을 수 없었다. 이 일화가 보여주듯, 현실 속의 상황이 지금과 달라야 한다고 요구하고, 있는 그대로를 받아들이기를 거부할 때 인간의 고통은 증가한다. 비합리적 신념의 특징을 정리하면 다음과 같다.

- 절대적이고, 이분법적이며, 경직되고, 굽히지 않는다.
- 논리적이지 않다.
- 현실과 일치하지 않는다.
- 개인적 목표성취에 도움이 되지 않는다.
- 건강하지 않은 역기능적 감정을 일으킨다.

합리적 신념은 이와 반대의 특징을 가진다.

- 유연하다. 흑과 백 사이에 다양한 밝기의 회색이 존재함을 인정한다.
- 논리적이다.
- 현실과 일치한다.
- 개인적 목표성취를 돕는다.
- 부정적 사건에 직면하더라도 건강한 순기능적 감정을 일으킨다.

비합리적 신념의 유형

REBT에 관한 기존 서적들을 읽어 본 독자들은 비합리적 신념의 개념이 발전하고 있음을 알아차렸을 것이다. Ellis는 13가지 비합리적 신념을 제시했는데, 이것은 다른 인지치료 이론들과 다른 독자적인 개념이었다. 처음에는 13가지 비합리적 신념들 사이의 어떤 구조나 범주가 제시되지 않았으나, 훗날 여러 학자들(Bernard & DiGiuseppe, 1989; Burges, 1990; Campbell, 1985; Ellis, 1994; Ellis & Dryden, 1997)에 의해 다섯 가지 유형으로 정리되었다. **절대적 요구**, **파국화**, **감내력 과소평가**, **자기비하**, **타인비하**가 그것이다. 하나의 촉발사건은 최대 다섯 가지의 비합리적 신념을 활성화시킬 수 있다. 그중 하나는 절대적 요구이고, 나머지는 이로부터 파생된 네 가지 신념 중의 몇 개가 될 것이다. REBT 이론에 의하면, '절대적 요구', 즉 마땅히 어떠해야 한다는 생각에 대한 경직된 고집이 정서적 고통의 핵심이며, 다른 유형의 비합리적 생각은 절대적 요구에서 도출된 것이다. 각 비합리적 신념이 비합리적인 이유에 대해 다음과 같이 설명을 제시한다.

- 절대적 요구: 상황 또는 사람이 자신이 바라는 대로 되어야만 한다는 비현실적이고 절대적인 기대이다.
- 파국화: 상황의 부정적 결과를 극단적으로 과장한 것이며, 이로 인해 불행한 일이 '끔찍한' 사건이 되고 만다.
- 감내력 과소평가: 쉬움과 편안함에 대한 요구로부터 비롯되며, 자신이 불편함을 견딜 수 없다고 여긴다.
- 자기 또는 타인의 가치에 대한 포괄적 평가: 인간의 가치가 평가될 수 있으며, 어떤 사람은 가치가 전혀 없다거나 남보다 가치가 덜하다는 생각을 의미한다.

이러한 비합리적 신념의 모형을 〈표 2-1〉에 제시했다. 표의 가로 칸은 주요한 다섯 가지 유형의 비합리적 신념을 나타낸다. 세로 칸에는 비합리적 신념의 주제를 **사회적 관계**, **성취**, **편안함**, **공평함**으로 나누어 배열했다. 비합리적 신념의 유형과 주제를 바탕으로 선행연구들에서 특정한 심리적 문제가 어떤 비합리적 신념과 연관되는지에 대한 가설이 제안되었다. 예를 들면, 자기 가치평가는 우울장애의 주요한 원인으로 지목되며, 편안함 관련 비합리적 신념은 광장공포증에서 두드러진 것으로 여겨지고 있다(Burgess, 1990). 그리고 감내력 과소평가는 중독행동과 밀접히 관련된 것으로 보인다(DiGiuseppe & McInerney, 1991).

필자의 임상경험에 의하면, 비합리적 신념의 주제에 **통제**를 추가로 포함시키는 것도 고려해 볼 만하다. 비합리적 신념의 유형과 주제를 함께 조합해서 비합리적 신념을 구

표 2-1 비합리적 신념의 모형

		비합리적 신념의 유형				
		절대적 요구	감내력 과소평가	파국화	자기 가치평가	타인 가치평가
비합리적 신념의 주제	사회적 관계	소속감 관련 절대적 요구	소속감 관련 감내력 과소평가	소속감 관련 파국화	소속감 관련 자기비하	소속감 관련 타인비하
	성취	성취 관련 절대적 요구	성취 관련 감내력 과소평가	성취 관련 파국화	성취 관련 자기비하	성취 관련 타인비하
	편안함	편안함 관련 절대적 요구	편안함 관련 감내력 과소평가	편안함 관련 파국화	편안함 관련 자기비하	편안함 관련 타인비하
	공평함	공평함 관련 절대적 요구	공평함 관련 감내력 과소평가	공평함 관련 파국화	공평함 관련 자기비하	공평함 관련 타인비하

성해 보자. 예를 들면, 절대적 요구 × 통제는 '안심하고 지내려면, 내가 결혼생활을 완벽하게 통제해야만 한다.', 감내력 과소평가 × 통제는 '내가 통제할 수 없는 일이 발생하는 것을 견딜 수 없다.', 가치평가 × 통제는 '내 삶을 내가 통제하지 못한다면 나는 가치 없는 인간이다.', 파국화 × 통제는 '내 통제 밖에 놓인 일이 발생하는 것은 끔직한 일이다.' 등의 비합리적 신념으로 나타날 수 있다.

촉발사건이 어떻게 되어야 한다거나 어떻게 되어서는 안 된다는 식의 절대적 요구가 정서적 고통을 일으키는 핵심신념이며, 파국화, 감내력 과소평가, 자기 및 타인비하는 여기에서 파생된 신념이다. 즉, 핵심신념인 절대적 요구에서 파생신념이 비롯되며, 파생신념은 어떤 감정을 경험할지에 영향을 미친다. 이 모형에서 다음과 같은 임상적 시사점을 도출할 수 있다. 우선 내담자의 절대적 요구를 찾아내는 것이 파생신념을 확인하는 것보다 더 중요하다. 절대적 요구가 핵심신념이기 때문에 이것이 변화한다면 여기에서 파생된 비합리적 신념도 함께 변화할 것이다. 그러므로 상담을 진행할 때, 파생신념을 변화시키는 것보다, 절대적 요구를 논박하고 이를 대체할 합리적 신념을 내담자가 받아들이도록 돕는 것이 더 중요하다. 이런 이유로 REBT 서적들은 대부분 절대적 요구를 변화시키는 데에 초점을 맞추고 있다.

글상자 2-1

현재 상담을 진행하고 있는 내담자 몇 명을 떠올려 보자. 그리고 각 내담자의 이름과 호소문제를 적어 보자. 내담자의 비합리적 신념은 〈표 2-1〉에서 어디에 해당되는가? 예를 들면, 편안함 관련 절대적 요구, 공평함 관련 절대적 요구, 편안함 관련 감내력 과소평가 등으로 구분될 수 있다.

비합리적 신념들 사이의 관계

비합리적 신념들 사이의 관계를 두고 CBT 이론가들 사이에는 이견이 존재한다. 이것은 심리치료를 진행할 때 어떤 비합리적 사고를 먼저 표적으로 삼을지를 결정짓는 중요한 문제이다. 여기에서는 이 문제에 관한 서로 다른 입장들을 개관하고 임상적 시사점을 살펴보겠다.

Ellis(Ellis & MacLaren, 2005)는 절대적 요구가 핵심 비합리적 신념이며, 파국화, 감내력 과소평가, 자기 및 타인에 대한 포괄적 가치평가는, 마땅히 어떻게 해야 하거나 어떤 모습이 되어야만 한다는 **당위적 생각**(musts)—절대적 요구—에서 파생되어 나온 것이라고 주장했다. 이 모형을 [그림 2-6]에 제시했다.

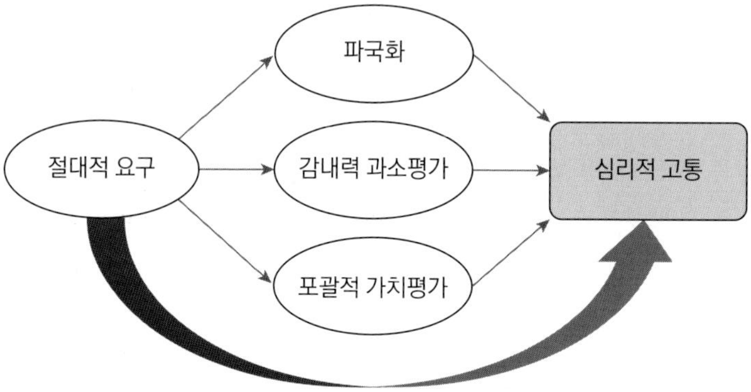

[그림 2-6] 모형 1–Ellis의 모형: 절대적 요구의 역할–핵심신념

Aaron Beck(1976)과 Judith Beck(1995)은 절대적 요구가 정신병리에서 수행하는 역할을 축소시킨 모형을 제안했다. [그림 2-7]에 보인 것처럼, 이들은 절대적 요구가 다른 비합리적 신념과 심리적 고통 사이에서 **매개변인**의 역할을 수행한다고 주장했다. 이 모형에서는 평가적 신념들이 중요한 위치를 차지하며, 절대적 요구는 평가적 신념으로 인해 발생한다. 만일 Beck의 모형이 옳다면, 절대적 요구는 단지 매개변인의 역할을 수행할 뿐이며, 심리적 평가 및 개입의 대상으로서의 중요도는 줄어든다.

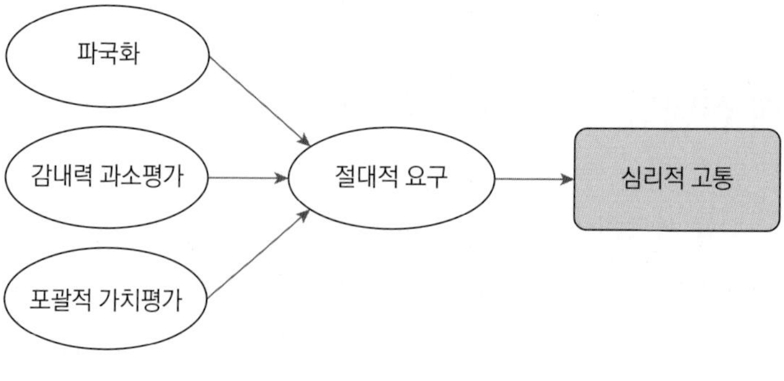

[그림 2-7] 모형 2–Beck의 모형: 절대적 요구의 역할–매개변인

DiGiuseppe(1996)는 절대적 요구의 핵심적 역할에 대한 REBT의 가설을 지지하는 경험적 근거가 부족하므로 확실한 근거가 확보될 때까지는 비합리적 신념들을 상호 독립적인 것으로 간주하고 내담자를 대해야 한다고 주장했다. 이것은 평가 및 개입에 있어서 내담자의 인지가 수준 2인지 3인지를 고려할 필요 없이, 내담자가 감정적 에피소드 동안 경험했다고 보고하는 인지를 그대로 개입의 표적으로 삼는 것을 의미한다. 이 모형을 [그림 2-8]에 제시했다.

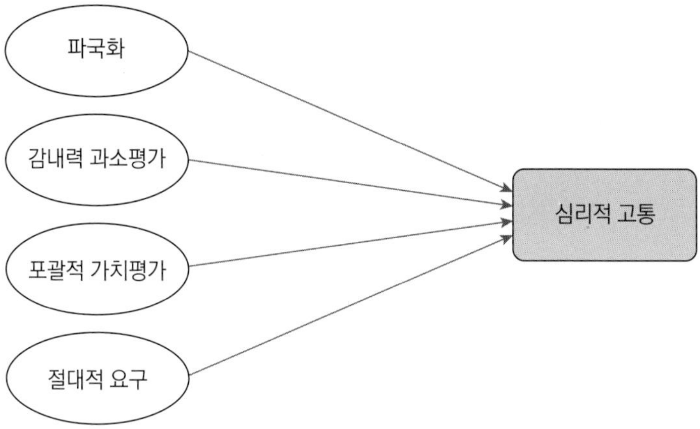

[그림 2-8] 모형 3 – DiGiuseppe의 모형: 비합리적 신념들의 상호 독립성

절대적 요구의 핵심적 역할과 관련된 연구 결과는 어떠한가? Bernard(1993) 및 DiGiuseppe, Leap, Exner와 Robin(1988)이 실시한 요인분석 연구에 의하면, 절대적 요구, 파국화, 감내력 과소평가는 모두 하나의 요인에 부하되었으며, 포괄적 자기비하만이 별개의 요인으로 분류되었다. REBT의 가설과 배치되는 이러한 연구 결과에 대해 Ellis(1996)는 절대적 요구의 참된 속성을 자기 보고식 질문지를 통해 측정하는 것이 곤란함을 주장했다. 절대적 요구는 의식적인 인지과정을 통해 쉽게 알아차릴 수 있는 것이 아닐뿐더러 간접적인 방식으로 인간의 반응을 편향시킨다. 그러므로 자기 보고식 질문지보다 민감한 측정도구를 사용하거나 임상적 면담을 통해서만 절대적 요구의 실체를 파악할 수 있다는 것이 Ellis의 입장이다. Ellis의 주장은 유별난 것이 아니다. 무의식적 정신과정에 대한 인지심리학 이론 및 연구에서도 행동에 간접적인 영향을 미치는 인지가 존재함이 밝혀졌다(Wegner & Smart, 1997). 게다가 스키마 관련 연구들도 인간 내면 깊은 곳의 인지적 구조물인 스키마가 언어를 통해 묘사되기 어려움을 보여 주

었다(Anderson, 1990).

Szentagotai, Schnur, DiGiuseppe, Macavei, Kallay와 David(2005)는 비합리적 신념이 심층 스키마로서 기능하는지를 검토하기 위해 비합리적 신념이 기억 회상에 미치는 영향을 조사했다. 그 결과, 절대적 요구와 포괄적 가치평가/자기비하가 스키마를 구성하는 것으로 나타났다. 반면, 파국화와 감내력 과소평가는 인지적 평가에 가까운 기능을 수행했다. 아울러 절대적 요구는 다른 비합리적 신념들과 강하게 연합되는 것으로 나타났는데, 이것은 절대적 요구의 핵심적 위치에 대한 REBT의 가설을 지지하는 결과였다. 다른 여러 연구에서는 절대적 요구와 정서적 고통 사이의 관계를 파국화, 감내력 과소평가 및 포괄적 자기평가가 매개하는 것으로 나타나 절대적 요구의 핵심적 위치가 다시 한 번 지지되었다(David et al., 2006; DiLorenzo, David, & Montgomery, 2007; Szentaigotai et al., 2005). 이러한 연구 결과들은 모든 비합리적 신념이 절대적 요구에서 파생된다는 가설을 뒷받침한다.

하지만 이 분야의 모든 연구가 절대적 요구의 핵심적 위치를 지지하는 것은 아니다. 최근 미국과 루마니아 사람들을 대상으로 서로 다른 비합리적 신념들과 정서적 고통 사이의 관계를 조사한 적이 있었다(Agiurgioaei-Boie, Agiurgioaei-Boie, DiGiuseppe, 2011). 그런데 두 나라 사람들에게서 서로 다른 비합리적 신념의 구조가 발견되었다. 미국인 집단에서는 파국화, 절대적 요구, 자기비하가 심리적 고통과 강하게 연합되었다. 반면, 루마니아인 집단에서는 절대적 요구가 아니라, 감내력 과소평가와 자기비하가 심리적 고통과 밀접하게 연관되었다.

앞에서도 언급하였지만, 현재 우리는 내담자의 절대적 요구를 표적으로 삼는 심리치료가 파생신념들을 겨냥하는 것보다 더 효과적임을 입증하는 과학적 데이터를 가지고 있지 않다. 그리고 오직 절대적 요구만을 겨냥한 심리치료가 파생신념에 긍정적 변화를 가져온다는 증거도 가지고 있지 않다. 절대적 요구의 핵심적 위치에 대한 과학적 합의가 존재하지 않는다는 것이 무엇을 의미하는가? 필자는 상담자들이 이론을 따르기는 하되 '가볍게만' 고수해야 한다고 믿는다. 즉, 정서적으로 고통받는 내담자가 절대적 요구를 우선적으로 다루기를 희망할 때에 비로소 절대적 요구에 대한 탐색을 시작하는 것이다. 그리고 어떤 사례라 하더라도 파생신념 중의 어느 한 가지가 심리적 고통으로 이어지는 보다 중요한 경로일 가능성에 대해 열린 자세를 취할 것을 권한다. 또한 절대적 요구가 핵심적 위치에 있는 것은 맞지만, 절대적 요구가 변화해도 파생신념들이 독립적으로 기능하며 유지되는 상황도 일어날 수 있다고 본다. 성격심리학자

Gordon Allport(1937)는 '**기능적 자율성**(functional autonomy)'이라는 용어를 통해 심리적 구성개념이 본래 그것을 일으킨 원인으로부터 분리되어 독립적으로 기능하는 현상을 설명했다. 어떤 생각, 동기 또는 감정이 충분히 반복된다면, 그것을 발생시킨 원래의 선행요인을 더이상 필요로 하지 않는다는 뜻이다. 파생신념들에서도 동일한 현상이 일어날 수 있다고 본다.

인간은 왜 비합리적으로 사고하는가

비합리적인 사고가 자신에게 해를 끼침에도 불구하고 왜 인간은 비합리적으로 생각하는가? 이 문제에는 여러 가지 요인들이 연관되어 있다. 첫째, 우리의 언어, 동화, 노래 속에 담긴 문화적 고정관념이 비합리적인 사고를 강화한다. 미국의 대중음악을 분석하였더니, 컨트리 음악과 록 음악의 82%가 비합리적 철학을 표현하고 있다는 보고도 있었다(Protinsky & Popp, 1978). 둘째, 비합리적으로 사고할 때 경험하는 강렬한 감정이 일종의 강화물처럼 작용할 수 있다. 축구팀에 들어가지 못한 남자아이 또는 친구의 생일 파티에 초대받지 못한 여자아이가 큰 소리로 우는 모습을 생각해 보면 이해가 쉬울 것이다. 인지적 왜곡과 과장은 자기 자신에게 강렬한 감정을 일으킬 뿐 아니라 주변 사람들의 관심과 동정을 끌어낼 수 있다. 어찌 보면 비합리적으로 사고함으로써 단기적 이익을 얻는 것이다. 예를 들어, 자신이 가치 없는 인간이라고 생각하면 목표달성에 노력을 기울이지 않는 것이 정당화된다(Backx, 2012). 그러나 인간이 비합리적이 되는 가장 근본적인 이유는 Ellis(1976a)의 주장처럼 이것이 인간의 본성이기 때문이다. 이상하게 들릴지도 모르지만, 임상적 관점에서 볼 때 이러한 설명은 내담자를 상당히 안심시키는 효과를 가지고 있다. 왜냐하면 비합리적 신념을 가진 자신을 책망하지 않게 해 주기 때문이다.

REBT 이론의 특징

REBT와 일반적인 CBT 사이에는 많은 공통점이 존재하지만, REBT는 다음에 제시한 것처럼 다른 CBT와 구별되는 독특한 가정과 입장을 표명한다.

1. 인간 본성에 대한 REBT의 입장: 인간은 본성적으로 합리적임과 동시에 비합리적이다. 하지만 연습을 통해 합리적 성향을 성장시킬 수 있다. 정서적 고통은 생물학적 또는 유전적 요인의 영향을 받을 수 있다.
2. REBT의 독특한 A-B-C 모형: REBT에서는 외부 사건에 대한 지각 및 추론, 파생 · 핵심 비합리직 신념을 구별한다.
3. 경직성과 심리적 고통: 경직된 사고를 기반으로 정서장애가 발생한다.
4. 유연성과 심리적 건강: 유연한 사고는 심리적 적응의 대표적 특징이다.
5. 극단적 신념과 경직된 사고: 세상에 대한 극단적 인지 왜곡은 경직된 사고가 만들어 낸다.
6. 비극단적 신념과 유연한 사고: 적응적이고 현실과 부합하는 비극단적 신념은 유연한 사고에서 비롯된다.
7. 건강하지 않은 부정적 감정과 건강한 부정적 감정: REBT에서는 건강하지 않고 고통스러우며 역기능적인 감정 반응과 건강하고 적응적이며 순기능적인 감정 반응을 구별한다. 심리치료의 목표는 건강하지 않은 부정적 감정을 감소시키고 건강한 부정적 감정으로 전환시키는 것이다.
8. 내담자의 추론이 심각하게 왜곡되는 이유: 추론은 핵심 스키마로부터 도출 또는 연역된다. 경직된 절대적 요구가 핵심 스키마일 경우, 이로 인해 지각, 귀인, 추론이 왜곡된다.
9. 인간의 가치에 대한 입장: 자기 또는 타인의 가치를 포괄적으로 평가하는 것은 도움이 되지 않으며 정서적 고통을 일으킨다. 자기가 남보다 우월하다고 평가할 수 있는 사람이라면, 경우에 따라 자기가 남보다 열등하다고 평가할 수도 있다. REBT는 **무조건적 자기수용**을 추구한다.
10. 자아 문제(ego disturbance)와 불편감 문제(discomfort disturbance)의 구분[2)]

2) 역주] 원저에 추가적인 설명이 제시되지 않았으므로 부연한다. REBT 이론에 의하면, 인간이 자신을 고통스럽게 하는 방식은 자아 문제와 불편감 문제로 요약된다. 자아 문제는 자신, 타인 또는 삶에 대한 절대적 요구가 충족되지 않는 상황을 자기비하로 귀결 짓는 것에서 비롯된다. '시험에 떨어지면 나는 멍청한 인간이다.' '타인에게 인정받지 못하는 것은 내가 하자 많은 인간이라는 뜻이다.' '삶이 뜻대로 되지 않는 것은 내가 형편없는 인간이기 때문이다.' 등의 자기비하적 사고가 기저에 깔려있다. 이와 함께 발생하는 대표적인 행동 문제는, 자신의 부족함이 드러날 것으로 예상되는 상황을 회피하거나, 타인의 시선을 의식해 비주장적으로 행동하는 것이다. 한편 불편감 문제의 경우, 반드시 일어나야 한다고 믿는 일이 일어나지 않을 때(즉 절대적 요구가 충족되지 않을 때), 그것을 매우 끔찍한 일로 파국화하고, 조금도 견딜 수 없다고 여기기 때문에 감정적 고통이 발생하게 된다. '시험에 떨어질까봐 불안해서 못 살겠다.' '나를 인정해 주지 않는 사람들에게 화가 나서 못 견디겠다.' '삶이 뜻대로 되지 않는 것을 도저히 못 참겠다.' 등의 생각이 불편감 문제의 근본 원인이다. 불편감 문제를 가진 사람은 늘 걱정은 하면서도

11. **메타 감정 문제**(meta-emotional disturbance)에 대한 강조: 인간은 자신의 감정적 고통에 대해 비합리적으로 생각한다. 이것은 감정적 고통을 더욱 악화시키는 결과를 가져온다.[3] 이러한 메타 감정 문제는 최초의 감정적 고통을 일으킨 생각에 대해 사고하지 못하도록 방해한다. 그러므로 RBET에서는 심리치료를 진행할 때 메타 감정 문제에 우선적으로 초점을 맞춘다.
12. 선택에 기반한 구성주의 그리고 이전과 **반대로 행동하기**[4]

REBT에 대한 오해

REBT에 대해 사람들이 흔히 오해하고 있는 부분을 해소해 보고자 한다. '합리적(rational)'이라는 용어는 감정을 배제함을 의미하는 것이 아니다. REBT 이론에서는 모든 감정을 제거해야 한다고 주장하지 않는다. 오히려 몹시 마음이 상하거나 감정적으로 고통스러운 것은 불가피한 일이라고 가정한다. 부정적 촉발사건에 대한 합리적 신념은 여전히 부정적 감정을 일으킬 것이다. 이것은 부정적이지만 순기능을 하는 감정이다. 반면, 비합리적 사고는 부정적이면서 역기능적인 감정을 발생시킨다. 합리적으로 생각하고 있는 동안이라 할지라도 인간은 불편하고 부정적인 감정을 강하게 경험할 수도 있다. 비합리적 사고와 합리적 사고의 결과는 부정적 감정의 유무가 아니라 부정적 감정의 **적응적 유용성**(adaptability)에 의해 구별된다. [그림 2-4]를 다시 살펴보자. 부정적 감정이 건설적 행동을 방해한다면 이것은 결국 자신에게 해가 되고 부적응을 초래한다.

감정의 주요한 기능은 행동을 취하도록 동기를 부여하는 것이다. 아무 감정도 느끼지 못하거나, 반대로 과도한 감정을 경험할 때 행동의 효율성은 손상되고 만다. 예를

정작 해야 할 일을 하지 않거나, 사소한 불편과 부당함에 대해서도 많은 스트레스를 느끼며 불평한다.

3) [역주] 자신이 경험하고 있는 부정적 감정을 비정상적이고 바람직하지 않은 것으로 인식하는 것이 메타 감정 문제이다. 예를 들면, 친구가 자기보다 좋은 직장에 취직하자 자신이 열등한 인간이라는 비합리적 생각에 빠져 우울해진 사람이, 겨우 그 정도 일로 우울해하는 자신을 한심하게 여기며 더욱 우울감에 빠지는 상황이다.

4) [역주] 원저에 추가적인 설명이 제시되지 않았으므로 부연한다. 인간은 자신의 바람에 대한 경직된 생각(예를 들면, '반드시 이렇게 해야만 한다.' '꼭 이렇게 되어야 한다.')과 유연한 생각('그렇게 되면 좋겠지만 꼭 그래야 하는 것은 아니다.') 중에서 선택할 수 있다. 기존의 경직된 생각에서 벗어나 유연한 생각을 선택하고 내 것으로 만들기 위해서는 많은 노력이 필요하다. 즉, 이전과 다르게 생각하고 행동하기 위해 애써야 하며, 이에 수반되는 불편감을 극복할 필요가 있다.

들면, 극도로 불안한 학생은 시험을 잘 보지 못할 것이다. 반면 시험을 앞두고 아무런 감정도 느끼지 않는 학생은 공부할 마음이 생기지 않아서 시험을 못 볼 것이다. 이와 같이 REBT에서는 **정서장애**와 부정적 감정을 구별한다. 보다 자세한 내용은 8장에서 소개할 것이다.

글상자 2-2

REBT에 대한 비판 중의 하나는 내담자가 상황을 파국화하지 않을 때에는 변화를 일으킬 만큼 동기부여가 되지 않을 것이라는 지적이다. '합리적'이라는 말은 주어진 상황을 수동적으로 받아들인다는 의미가 아니다. 세상에는 두 종류의 상황이 존재한다. 하나는 우리가 변화시킬 수 있는 상황이고, 다른 하나는 그럴 수 없는 상황이다. 불행한 현실을 수용하고 과도하게 괴로워하지 않는다는 것은 다음의 내용을 인정한다는 뜻이다.

- 불편한 현실은 존재한다.
- 그 일이 일어나지 말았어야 한다고 주장 또는 요구하는 것은 비합리적이다.
- 현실을 변화시키기 위해 내가 할 수 있는 일을 하겠다.

우리는 비슷한 사건이 다시 일어나지 않도록 경계하며 노력할 수 있다. 그러나 감정적으로 괴로운 상태에서는 능숙하게 문제를 해결하지 못할 것이며 환경을 변화시키려는 시도 역시도 효율적이지 못할 것이다.

REBT 이론의 기본 입장은 다음과 같이 요약될 수 있다.

1. 인지는, 유일하지는 않겠지만 감정을 결정하는 가장 중요한 요인이다.
2. 비합리적 사고는 역기능적 정서 상태를 발생시킨다. 정서적 고통을 감소시키는 가장 효율적인 방법은 사고를 변화시키는 것이다.
3. 인간은 비합리적으로 사고하고 자신을 정서적으로 고통스럽게 하는 경향을 타고났으며, 이 경향은 환경에 의해 더욱 강화된다.
4. 인간은 비합리적 신념을 반복적으로 되뇌며 정서적 고통을 지속시킨다.
5. 비합리적 신념의 변화는 쉽지 않기 때문에 끈기와 연습을 필요로 한다.
6. 합리적 사고는 정서적 고통의 빈도, 강도, 지속시간을 감소시키지만, 감정의 부재를 가져오지는 않는다.

다음 장에서는 비합리적 신념들을 하나씩 살펴보고, 왜 이것이 비합리적인지를 논의할 것이다. 이 내용은 독자들이 REBT 이론을 이해하는 데에 도움이 될 것이며 임상적 평가 및 개입의 기초를 놓아 줄 것이다.

03

비합리적 신념과 합리적 신념

지난 장에서는 REBT의 주요한 이론적 특성을 설명했다. 이 장에서는 네 가지 유형의 비합리적 신념이 비합리적인 이유와 이에 대응하는 합리적 신념들이 유용한 이유를 살펴볼 것이다. 핵심 비합리적 신념인 절대적 요구를 먼저 소개하고 그다음에 파생 신념들을 다루겠다.

절대적 요구[1)]

2장에서 언급한 것처럼, 세상이 어떻게 되어야 한다는 요구를 담은 절대적 신념은 정서적 고통을 일으키는 가장 핵심적 요인이다. 옥스퍼드 영어사전(Oxford English Dictionary, 2001)에서는 **절대적**(imperative)이라는 단어의 뜻을 "명령의 속성을 가진, 명령과도 같은, 위압적인, 즉시 복종해야 하는"으로 정의한다. 이것은 Ellis가 사용한 절대적 요구의 개념과 정확하게 일치한다. **절대적 요구**는 상황 또는 사람에 대한 절대

1) [역주] demandingness

적인 기대를 담고 있으며 '반드시 ~해야만 한다(must, ought, should, have to, got to, need)'는 식으로 표현된다.

REBT에서는 **바람**(preferences)과 **절대적 요구**(demands)를 구분한다. 바람은 합리적이지도 비합리적이지도 않다. 그냥 있는 그대로이다. 심리치료에서는 내담자가 원하는 것, 즉 바람을 변화시키려는 시도를 하지 않는다. REBT에서는 어떤 바람도 정신병리의 징후가 아니라고 여긴다. 바람 그 자체는 고통을 발생시키기 않기 때문이다. 하지만 현실이 자신의 바람과 같을 것을 요구할 때 인간은 비로소 정서적 고통을 경험하게 된다. 절대적 요구는 어떻게 그리고 왜 정서적 고통을 가져오는가?

인간은 자신이 조우하는 현실에 관한 스키마를 만든다. 그런데 당면한 현실이 자신의 스키마와 일치하지 않을 때, 정서적 각성이 발생한다. 인간은 자신이 기대하는 것과 일치하지 않는 정보를 감지하는데, 이것을 '**기대-현실 불일치**(expectancy-reality discrepancy)'라고 부른다. 이러한 불일치를 지각하면 정서적으로 각성되고 기대와 현실 사이의 간극을 해소하려는 시도를 하게 된다. Piaget(1954)에 의하면, 인간은 **동화**(assimilation) 또는 **조절**(accommodation)을 통해 불일치를 해소한다. 새로운 스키마를 생성한다면 그것은 조절에 해당한다. 적응력이 좋은 사람은 정서적 각성에 의해 동기부여가 된다. 그래서 더 많은 정보를 찾아 나서고 세상에 대한 스키마를 수정한다.

이와 반대로 동화는 기대와 현실 사이의 불일치가 발생했을 때 현실에 대한 지각만을 변화시켜서 기존의 스키마를 그대로 유지하는 것이다. 설령 불일치의 증거를 현실 속에서 마주해도 원래의 기대는 변함없이 유지된다. 인간은 불일치를 경험할 때마다 신념을 변화시키지는 않는다. 하지만 상당한 정도로 의미 있는 불일치가 발생했을 때에는 자신의 스키마를 변화시킬 필요가 있다. REBT에서는 인간의 고통이 발생하는 원인이 스키마를 변화시키지 못하는 경직성이라고 가정한다. 따라서 절대적 요구가 정서적 고통을 유발하는 이유는 **기대-현실 불일치**의 대처방안으로 **동화**를 사용하는 탓이다. 이렇게 원래의 스키마를 고수하며 동화를 인지전략으로 계속 사용한 결과, 인간은 동일한 기대를 가지고서 기대-현실 불일치를 지속적으로 지각하게 된다. 이러한 불일치는 정서적 각성을 일으키고 바람이 좌절되었다거나 위협당했다는 느낌이 지속되게 만든다.

상담을 받기 위해 찾아온 부부의 사례를 살펴보자. 보민 씨는 매일 새벽에 일어나 출근 준비를 하고, 커피를 끓이고, 냉장고에서 우유를 꺼내 커피에 넣고, 우유를 식탁 위에 둔 채로 뛰어나간다. 두세 시간 뒤 잠에서 깬 태환 씨는 출근할 준비를 하고, 아침을 먹으러 부엌으로 걸어가, 아내가 식탁 위에 두고 간 미지근해진 우유를 발견한다. 시리얼을 맛있게 먹으려면 우유가 시원해야 하는데 아내의 배려심 없는 행동에 태환 씨는 분노가 치밀어 오른다. 보민 씨는 남편에게 미안하다고 사과하지만, 매일 아침마다 똑같은 행동을 반복한다. 필자는 태환 씨에게 아내에게 바라는 것이 무엇인지를 물었다. 태환 씨가 말하기를, "아내가 나를 사랑한다면 그리고 배려심이 있다면, 우유를 냉장고에 넣어 주고 출근해야 해요."라고 했다. 이날 진행된 논박의 초점은 태환 씨가 무엇에 근거해서 아내에 대한 기대치를 설정했는지 밝히는 것이었다. 태환 씨가 원하는 것, 옳다고 생각하는 것에 근거했는지 아니면 아내가 수행한 행동에 근거했는지에 대한 대화가 다음과 같이 오고 갔다.

상담자: 아내가 이 행동을 얼마나 자주 합니까?

내담자: 매일 아침이요.

상담자: 그럼, 몇 년 동안 아내가 이 행동을 해 왔습니까?

내담자: 새벽에 출근하면서 그렇게 되었으니까 적어도 11년은 되었어요.

상담자: 그럼, 아내에게 무언가 기대를 할 때, 아내가 지금 하고 있는 행동을 바탕으로 기대치를 설정합니까? 아니면 태환 씨가 아내에게 원하는 것을 바탕으로 기대치를 설정합니까?

내담자: 무엇이 옳은지를 가지고 기대치를 설정하죠. 당연히 해야 하는 일을 기대하는 거예요.

상담자: 자, 그럼 한번 봅시다. 아내가 일주일에 다섯 번, 일 년에 48주 그리고 11년 동안 이 행동을 한 것입니다. 5×48×11을 계산하면, 2,640번이나 이 행동을 한 것이지요.

내담자: 네. 선생님도 아내가 얼마나 배려심이 없는지 짐작이 가실 거예요.

상담자: 태환 씨는 이것을 2,640번이나 보고 나서도 여전히 아내의 행동에 화가 나고 놀라시는군요. 아내가 지금껏 해 온 것을 본다면, 이제는 아내가 그냥 우유를 꺼내 둔 채로 나갈 것이라는 생각이 들지는 않는지요? 다시 생각해 봅시다. 태환 씨는 자신이 원하는 것을 바탕으로 아내에 대한 기대치를 설정합니까? 아니면, 아내가 지금껏 해 온 것을 바탕으로 합니까?

내담자: 제가 원하는 것을 가지고 아내에게 기대를 한 것 같네요.

상담자: 혹시 태환 씨가 원하는 것이 아니라, 지금까지 아내가 했던 것을 토대로 아내에 대한 기대치를 설정한다면, 태환 씨는 어떻게 다르게 느끼고 어떻게 다르게 행동할 것 같으십니까?

내담자: 내가 원하는 대로 되지 않아서 화가 나지는 않을 것 같아요. 그리고 이제부터는 우유를 두 팩씩 사야겠네요.

이 사례에서는 태환 씨의 경직된 스키마 속에 아내가 어떤 식으로 행동해야 한다는 내용이 담겨 있던 탓에 문제가 해결되지 않고 무려 11년에 걸쳐 부부갈등이 이어졌다. 필자는 종종 내담자들이 어떤 문제에 대해 결코 일어나서는 안 되는 일이라고 말하면서도 정작 문제해결을 시도하지 않는 것을 보아 왔다. 태환 씨의 경우, 아내가 달라져야 한다고 고집하는 한, 아침에 시원한 우유를 마실 새로운 방법을 생각하려 하지 않았을 것이다. 하지만 이 절대적 요구를 내려놓고 현실을 인정하자, 태환 씨는 드디어 속박에서 풀려나 문제를 해결할 수 있게 되었다. 절대적 요구가 가져오는 단기적 이익은 현실이 자기가 원하는 대로의 모습이며 자신이 바라는 현실을 앞으로도 계속 유지해 갈 수 있다고 자신을 속이는 것이다.

Ellis(1994)는 'should' 'ought' 'must' 'have to'가 절대적 요구를 표현하는 영어 단어라고 지목했다. 이 단어들은 여러 뜻을 더불어 지니고 있다(Oxford English Dictionary, 2008). 첫째, 좋은 일, 바람직한 일, 이로운 일을 가리킨다. 둘째, 조건적 논리(conditional syllogism)에서 어떤 상황을 이루기 위한 전제 조건을 나타낸다. 예를 들면, 'X를 원한다면, Y를 해야만 한다(If you want X, you should do Y).'와 같은 경우이다. 셋째, 현실에서의 필연성을 나타내며, '연필을 놓치면 책상에 떨어진다(If you let go of the pen, it must drop down to the desk).'와 같이 사용된다. 영어에서는 바람직한 일과 필연적인 일을 같은 단어로 표현하는 셈이다. Ellis(1992)가 REBT의 기반임을 밝힌 일반 의미론(Korzybski, 1933)에서는 부정확한 단어 사용이 인간의 혼란과 부적응을 초래한다고 가정한다. 여러 의미를 가진 단어를 사용할 때 이러한 문제가 발생할 가능성이 높다. 그래서 우리는 자신의 바람이 마치 필연적 물리법칙인 것처럼 여기고 행동한다.

매년 전 세계의 전문가들이 Albert Ellis 연구소를 찾아 연수를 받는다. 지난 10년간, 필자는 타국에서 온 전문가들에게 'should' 'ought' 'must' 'have to'에 해당하는 모국어 단어가 바람과 현실에 대해 영어와 유사한 방식으로 사용되는지를 물었다. 그렇다는 답변이 아랍어, 중국어, 크로아티아어, 네덜란드어, 프랑스어, 독일어, 힌두어, 헝가리어, 이탈리아어, 폴란드어, 포르투갈어, 루마니아어, 러시아어, 세르비아어, 스페인어, 태국어, 우크라이나어, 우르두어, 베트남어에서 얻어졌다. 많은 나라의 사람들이 'should' 'ought' 'must' 'have to'와 비슷한 단어를 사용하고 이로 인해 바람과 현실을 혼동하고 있을지 모른다.

내담자가 절대적 요구의 비합리성을 이해하고 이에 맞서기 시작할 때, REBT에서는 '현실을 수용한다(accept reality).'고 표현한다. 수용의 개념은 심리치료 문헌에서 인기를 얻고 있다. PsyInfo 데이터베이스에서 제목에 '수용(acceptacne)', 초록에 '심리치료(psychotherapy)'를 포함한 논문을 검색해 보았더니 흥미로운 결과가 나타났다. '수용'을 포함한 논문은 1985년 이전에는 거의 출판되지 않았다. 1990년대 후반에 갑작스럽게 늘어났으며 2000년 이후에도 한 차례 눈에 띄는 증가세가 나타났다. 이 논문들 중의 상당수는 최근 인기를 얻고 있는 Hayes(2011)의 수용전념치료(Acceptance and Commitment Therapy)와 관련된 것이었다. 수용이라는 단어는 변증법적 행동치료(Dialectical Behavior Therapy)에 관한 논문에서도 종종 모습을 드러낸다. 수용전념치료(Ciarrochi, Robb, & Godsell, 2005) 및 변증법적 행동치료(Robins & Chapman, 2004)에서 사용하는 수용의 개념이 Ellis가 제시한 수용의 개념과 정확히 일치하지는 않지만 그 차이가 크지는 않다. 이것은 명백하게 Ellis의 생각이 현대의 심리치료에 미친 영향을 보여 주는 것이다. 수용전념치료에서 말하는 수용은 외부의 현실보다는 자신의 감정적 경험과 역기능적 사고를 수용하는 것에 중점을 두고 있다.

내담자는 흔히 자신의 절대적 요구를 포기하고 현실을 수용하는 것을 거부한다. 수용과 인정을 혼동하기 때문이다. 사전에서는 수용의 유의어로 대개 인정(approval)과 동의(agreement)를 제시한다. 이것은 수용이라는 단어의 의미를 더욱 복잡하게 만든다. REBT에서 '수용'이라는 용어를 사용할 때에는 자기 자신 및 자기 삶의 부정적 측면에 대해 인정해야 한다거나 동의해야 함을 뜻하지 않는다. REBT에서는 내담자가 현실을 직시함으로써 불필요한 정서적 고통을 피하고 자신이 일으킬 수 있는 변화에 집중하도록 돕는다. 심리치료계가 '수용' 대신 '직시(acknowledgement)'라는 용어를 사용했다면 더욱 좋았을지 모른다.

파국화[2)]

파국적 신념의 특징은 자신, 타인 또는 세상에 대한 평가 및 사고가 **과장**되게 부정적

2) [역주] awfulizing

인 점이다. 영어에서는 파국적 상황을 표현할 때, '두려운(terrible)' '끔직한(awful)' '비참한(catastrophic)' 등의 단어를 사용한다. 심리학자들과 CBT 상담자들은 '파국화하다.'라는 식으로 동사적으로 표현하기도 한다. 파국적 사고는 현실적 근거 없이 극단적으로 부정적인 결과를 예상하는 것을 가리킨다. Rorer(1989)의 설명에 의하면, 파국적 생각을 가질 때 인간은 무엇이 끔찍하고, 무엇이 두려운지, 어떤 비참한 결말이 일어날 것인지를 명확히 이야기하지 못한다. 즉, 결과 자체를 분명히 알지 못하면서 막연히 아주 나쁜 일로 규정하는 것이다. Rorer는 파국화가 주관적인 것이라고 했다. 우리는 종종 근거 없이 어떤 일을 부정적으로 바라보지만, 정작 그 일이 실제로 파국적 결과를 가져오는지를 차분히 검토하지 않는다. 이에 관해 Mark Twain(1971, 1972)은 이렇게 말했다.

> "지금껏 살며 수없이 많은 끔찍한 일들이 나를 힘들게 했다. 그 일들 중 대부분은 일어나지도 않았는데 말이다."

Twain의 말은 파국적 사고가 현실적이지 않음을 잘 보여 준다. 합리적 사고를 할 때, 우리는 나쁜 일이 존재한다는 사실을 직시하지만, 그럼에도 불구하고 삶을 살아갈 수 있음에 주목한다. REBT에서는 파국적 사고가 불안장애를 일으키는 것으로 여긴다(Burgess, 1990; Ellis, 1962, 1994).

파국적 사고를 논박하는 작업은 자칫하면 치료적 동맹의 손상으로 이어질 수 있다. 왜냐하면 내담자들이 상담자가 자기를 이해해 주지 않는다거나 공감해 주지 않는다고 오해할 수 있기 때문이다. 특히 외상적 사건으로 고통받는 내담자의 경우, 자신의 생각과 감정이 부정당했다고 느끼기 쉽다.

사소한 일부터 위험한 상황까지 다양한 상황에서 파국적 사고가 나타날 수 있다. 어떤 내담자들은 전혀 공포스럽지 않은 상황을 파국화하기도 한다. 필자가 만난 내담자들은 시험을 망친 것, 데이트를 못한 것, 연인과 이별한 것, 약속시간을 지키지 못한 것, 바보처럼 보인 것, 식당에서 좋아하는 음식을 못 먹은 것에 대해 파국적인 생각을 하기도 했다. 이 사람들은 현실적 근거 없이 사건이 가져올 결과를 지나치게 부정적으로 예측했다. 반면, 어떤 내담자들은 참으로 불운한 일, 생명을 위협하는 사건, 신체적 통증, 가슴 아픈 일에 대해 파국적 생각을 드러냈다. 말기 암 환자, 발달지체 아동, 만성통증 환자, 자녀의 죽음을 경험한 부모, 성폭행 피해자를 생각해 보라. 이 사람들의 파국적 생각은 분명히 현실에 기반을 두고 있다. 이들이 겪은 생활사건들은 매우 불운한 것이며, 대부분의 사회 집단에서, 마땅히 공포스럽고 끔찍한 일로 받아들여진다. 이와 같이 양극단에 있는 두 집단에서 나타난 파국적 사고의 비합리성은 서로 구별하여 평가할 필요가 있다.

사소한 부정적 사건을 겪은 내담자 집단의 파국적 사고를 다룰 때에는 이 사건이 내담자가 생각하는 것만큼 실제로 나쁘고 해로운 것인지에 초점을 두는 것이 좋다. 이 내담자 집단에서는 파국화와 절대적 요구의 조합이 자주 등장한다. 예를 들면, 식당에 '내가 좋아하는 요리가 없는 것은 끔찍한 일이다. 식당에는 반드시 이 요리가 있어야만 한다.'와 같은 비합리적 생각이다. 반면, 외상적 사건을 겪은 내담자들에 대해서는, 사건이 얼마나 부정적인지가 아니라, 파국적 사고가 얼마나 해로운지에 초점을 두고 개입해야 한다.

매우 심각한 외상적 사건을 겪은 내담자의 파국적 사고를 논박하는 것은 어려운 일이다. 필자들 모두 이러한 시도가 내담자에게 REBT에 대한 부정적 인상을 심어 주고 치료적 동맹을 손상시킨다는 것을 발견했다. 많은 경우에 있어서 내담자는 매우 끔찍하고 힘든 일을 겪었음을 주변 사람들로부터 인정받았다. 따라서 촉발사건이 내담자가 생각하는 만큼 나쁘지 않다거나 100% 나쁜 것만은 아니라고 설득하는 것은 현명한 전략이 아니다. 이럴 때 필자들은 끔찍한 상황에 대한 감내력 과소평가 또는 절대적 요구를 논박하는 것으로 상담전략을 전환하곤 했다. 심각한 외상적 사건을 경험한 내담자들은 종종 다음에 제시하는 두 가지 비합리적 신념 중에서 한 가지를 가지고 있다.

> '이런 일(외상적 사건 또는 외상적 사건으로 말미암아 발생한 결과)을 겪으며 살아야 하는 것을 견딜 수 없어.'
>
> '이런 일은 일어나지 말았어야 해.'

내담자들은, 비록 자신의 삶에 비극이 일어나기는 했지만, 자신이 이것을 견뎌 낼 만큼 충분히 강하다는 것과 세상이란 곳에는 본래 비극이 일어나는 법이라는 신념을 배울 수 있다.

파국화라는 개념은 건강심리학 및 통증관리 관련 학술문헌에 자주 등장한다. 최근 PsyInfo에 '파국화(catastrophizing)'를 입력해 보았더니 430건 이상의 논문이 검색되었다. 대부분은 통증, 질병증상, 수술 후 회복에 파국화가 미치는 영향과 관련된 것이었다. 파국화가 통증과 증상을 악화시키고 생리기능과 운동기능의 회복을 지연시킨다는 증거는 차고 넘칠 만큼 많다. 이러한 환자들을 상담할 때 파국적 사고의 변화에 초점을 두는 것은 효과적인 전략이다. 예를 들면, 근골격 통증에 대한 실제 상황 노출치료(in vivo exposure)를 받는 환자들 중에서 심각한 파국화를 보이는 사람들은 치료 성과가 좋지 못하다(Linton, Nicholas, MacDonald, Boersma, Bergbom, Maher, & Refshauge, 2011). 환자들이 파국적 사고 때문에 통증 및 이와 연관된 자극에 주의를 집중하지 못하는 것이 노출치료를 방해하는 것으로 보인다. 신체 부상 때문에 일을 못하게 된 환자들의 경우, 파국적 사고를 하는 사람일수록 직업 복귀가 어려울 것이라고 예상함이 보고되었다(Fadyl & McPherson, 2008). 무릎 인공관절 수술을 받은 환자들의 경우, 파국화의 정도를 통해 야간 통증을 호소하는 정도를 정확하게 예측할 수 있었다(Edwards, Haythornthwaite, Smith, Klick, & Katz, 2009). 암으로 인한 통증으로 고통받는 환자들에 대한 연구들 중 4분의 3에서 파국화가 보다 강한 통증을 유발하는 것으로 나타났는데, 이로 인해 환자의 심리적 스트레스가 증가하고, 반대로 사회활동 수준과 사회적 지지를 받는 정도는 감소함이 보고되었다(Zaza & Baine, 2002).

감내력 과소평가[3)]

Albert Ellis가 세상을 떠난 후 50년 정도가 지나면 아마 감내력 과소평가라는 이론적 · 임상적 개념의 형성과 발전에 공헌한 인물로 가장 많이 기억될 것이다(DiGiuseppe, 1992). Ellis(2003a, 2003b)에 의하면, 인간은 자신이 얼마나 많은 좌절과 불편감을 견딜 수 있고, 이것을 얼마나 기꺼이 견딜 것인지에 대한 신념이 있다. 이것은 좌절, 불편감, 고통에도 불구하고 노력을 지속하고 견디어 내는 힘 또는 능력에 대한 예상치라고 볼 수 있다. 그리고 인간은 자신의 강인함과 자신이 쏟을 수 있는 노력의 정도에 대한 믿음도 가지고 있다. 이러한 비합리적 생각들과 연합된 불쾌한 감정을 Ellis는 '**불편감에 대한 불안**(discomfort anxiety)'이라고 불렀다. 여기에는 실망스러운 일을 참을 수 없다거나 이런 일을 견디고 살 수 없다는 생각이 담겨 있다. 예를 들면, 업무 관련 이메일을 너무 많이 받는 사람은 이렇게 생각할지 모른다.

3) [역주] frustration intolerance

'이 많은 메일에 답장을 어떻게 해. 이건 너무 힘들어.'

이 생각은 비논리적이다. 죽는 것만 제외하고, 이 사람은 자기가 견딜 수 없다고 주장하는 것들을 실제로는 모두 견뎌 내며 살고 있기 때문이다. 반면, 자신이 좌절을 견딜 만큼 강하다는 합리적 신념에 수반되는 감정을 표현하는 단어는, 필자가 아는 범위에서는, 영어뿐 아니라 다른 언어에도 존재하지 않는다. 이와 같은 합리적 신념을 가진 사람은 아마도 노력하고 인내하려는 태도와 끈기 있는 행동을 보일 것으로 예상한다. 좌절을 견디는 능력은 우리가 보통 자기통제(self-control)라고 부르는 역량을 향상시킨다.

감내력 과소평가 신념은 처음에는 부정적인 정서경험에 의해 촉발되지만, 나중에는 이 신념이 이차적 정서 문제를 유발하게 된다(8장 참조). Ellis는 '감정에 대한 생각'과 '생각에 대한 생각'이 추가적인 정서 문제를 유발할 수 있다는 아이디어를 Korzybski(1933)로부터 차용했다고 말했다. Ellis는 종종 Raimy(1975)의 업적에 대해서도 언급했는데, Raimy는 정서적 고통의 상당 부분이 감정적으로 불편한 것을 수용하지 못하는 것과 원래의 증상에 대해 파국적 생각을 하는 것에서 기인한다고 주장했다. 여러 심리학자들이 심리적 적응의 성취를 위해 높은 좌절 감내력을 가지는 것의 중요성을 강조하고 있다(Harrington, 2011a). Freud는 신경증적 방어기제에 대해, 자신이 견딜 수 없다고 여기는 상황 속에서 불안을 감소시키기 위한 전략이라고 설명했다. Dollard와 Miller(1950)는 정신역동이론과 학습이론을 결합시키려는 노력을 하였으며, 신경증적 행동이 부정적 경험을 회피하기 위한 시도라고 보았다. 그리고 이들은 접근-회피 갈등(approach-avoidance conflict)에 대해, 선호하는 자극에 접근하고 싶지만 이 자극에 접근하는 일의 부정적 측면은 회피하고 싶은 상태라고 규정했다. Amsel(1990)에 의하면, 기대하던 보상을 획득하지 못하면 불편감이 발생할 수 있다. 과거의 강화 경험이 어떠했는지에 따라 이 불편감은 서로 반대되는 행동에 동기를 부여할 수 있다. 즉, 회피하려는 사람도 있고 보상 획득 시도를 계속하려는 사람도 있을 것이다. 지속적 노력이 강화를 받는다면, 불편감을 회피하려는 동기는 감소하고 좌절 감내력은 증진된다. Eisenberger(1992)는 감내력 과소평가의 조작적 조건화 모형을 제안했다. 그는 강화물을 획득하려는 모든 시도는 어느 정도 불편감을 수반한다고 주장했다. 유기체는 보상을 얻기 위해 이 불편감을 얼마나 감내할지를 스스로 선택할 수 있다.

Ellis(2003a, 2003b)는 이러한 유형의 비합리적 신념을 '**낮은 좌절 감내력**(low frustration tolerance)'이라고 불렀지만, 필자들은 '감내력 과소평가'라는 용어를 선호한다. 왜냐하면 이 용어가 Ellis의 생각을 보다 충실히 표현하기 때문이다. 감내력 과소평가는 호주의 심리학자인 Joyce가 제안한 용어이다. 그는 낮은 좌절 감내력이라는 표현이 내담자의 어려움을 부정하는 것으로 비춰질 수 있다고 지적했다(Joyce, personal communication, 1999). Joyce는 신경장애를 앓고 있는 아동의 부모들을 면담하며, 이들이 자녀행동관리 지침을 실천하기 어려워한다는 것을 알았다. 부모들은 아이가 말썽을 부릴 때 Joyce가 제시한 지침에 따라 일관적인 태도를 취하기가 힘들다며 불평했다. Joyce가 부모들의 낮은 좌절 감내력을 지적했을 때 부모들은 자기의 어려움을 이해받지 못한다고 느꼈다. 하지만 Joyce는 이 부모들이 자녀양육에 있어서 여느 부모들보다 더 큰 어려움을 겪고 있음을 알고 있었다. 사실 이 부모들은 어떤 부모보다도 더 많은 좌절을 감내하고 있었다. 이들의 문제는 낮은 좌절 감내력이 아니라, 지극히 어려운 목표를 성취하기에 충분할 만큼의 좌절 감내력을 발휘하지 못하는 것이었다. 이 부모들은 자녀들이 바르게 행동하도록 지도하기 위해 보통의 부모들보다 훨씬 더 많은 좌절을 감내해야만 했다. 이를 목격한 Joyce는 이와 관련된 비합리적 신념의 명칭을 감내력 과소평가로 바꿀 것을 제안했다. 이 용어는 '목표성취에 요구되는' 수준의 좌절을 감내하지 못하는 모습을 반영한다. 장애나 외상을 겪은 사람에게 낮은 좌절 감내력을 지적하는 것은 역경을 극복하려는 그들의 노력을 부정하는 것이 되고 만다(Muran & DiGiuseppe, 1994). 필자는 원하는 것을 성취하려면 평균 이상의 좌절을 감내하도록 내담자들을 격려하곤 한다. 목표성취를 위해 더 큰 어려움을 견뎌 내야 하는 것이 사실이기 때문이다.

REBT의 감내력 과소평가와 동일한 개념이 변증법적 행동치료를 포함하여 다른 유형의 CBT에서도 등장한다(Linehan, 1993). 변증법적 행동치료에서는 경계선 성격장애의 여러 증상들이 부정적 감정에 대한 불편감을 완화시키기 위한 시도라고 본다. 그래서 상담시간에 이러한 감정을 견디는 전략을 내담자에게 가르치기도 한다. 수용전념치료(Hayes et al., 1999)에서는 대부분의 심리적 증상이 내적 체험을 회피하는 것에서 비롯된다는 관점을 취한다. 그래서 불쾌한 내적 체험에 구애되지 말고 가치 있고 보람있는 행동을 취하도록 내담자를 가르친다. 하지만 보상 획득에 요구되는 외적인 불편을 참고 수용하는 것에 중점을 두지는 않는다는 점에서 REBT와 차이를 보인다(Amsel, 1990; Eisenberger, 1992). Baumeister 등(1994)에 의하면, 역기능적 행동은 자존감을 위협받을 때 경험하는 불편감 때문에 발생하는 일이 많다. 즉 자기의 단점과 한계에 대한 자각에서 비롯된 혐오감이 장기적 목표를 제쳐 두고 감정적 스트레스의 즉각적 해소라는 단기적 목표에 몰두하게 만드는 것이다.

Harrington(2005b)은 감내력 과소평가를 네 가지 유형으로 분류하여 측정하는 척도를 만들었다. 첫 번째 유형은 **감정 감내력 과소평가**(emotional intolerance)이며, 불쾌한 감정을 감내하지 못하는 모습을 반영한다. 두 번째 유형은 **권리 관련 감내력 과소평가**(entitlement intolerance)이며, 즉시 원하는 대로 되지 않거나 타인에게 부당한 대우를 당하는 것을 견딜 수 없다는 생각을 반영한다. 세 번째 유형은 **불편 감내력 과소평가**(discomfort intolerance)이며, 삶이 쉽고 편안하고, 성가신 일이 없어야 한다는 생각과 관련된다. 네 번째는 **성취 관련 감내력 과소평가**(achievement intolerance)이며, 목표가 완벽하게 성취되지 않는 것을 견딜 수 없다는 생각을 담고 있다.

이러한 분류는 심리치료를 진행할 때에 유용하다. 각 유형이 서로 다른 임상적 문제와 연관되기 때문이다. Harrington(2005b)의 연구에서 불편 감내력 과소평가는 행동적 책임의 회피와 강한 상관을 보였고, 감정 감내력 과소평가는 불편한 감정을 완화시키기 위한 약물의존과 연관되었다. 음주와 Harrington의 척도 사이의 연관성은 아직까지 보고되지 않았다. 어떤 유형의 감내력 과소평가가 중독행동을 유발하는지 분명히 알려면 추가적 연구가 필요하다. 감내력 과소평가와 자해와의 관계는 복잡하다. 권리 관련 감내력 과소평가의 경우, 분노를 유발한 다음 자해를 일으키는 것으로 나타났다. 반면, 감정 감내력 과소평가는 불안을 유발한 다음, 자해를 일으킨다는 결과가 나왔다. 감내력 과소평가의 각 유형이 서로 다른 감정과 연관됨도 발견되었다. 권리 관련 감내력 과소평가는 특히 분노와 밀접한 관련을 나타냈다. 불편 감내력 과소평가는 우울과 관련된 반면, 감정 감내력 과소평가는 불안과 연관되었다. 이와 동일한 결과가 세르비아인을 대상으로 한 연구에서도 얻어졌다(Stankovic & Vukosavljevc-Gvozden, 2009). 어떤 유형의 감내력 과소평가이든 인지적 과정은 모두 동일하다. 다만, 각 유형에 포함된 비합리적 사고의 내용이 임상적 문제 및 감정의 차이를 만들어 낼 뿐이다.

Harrington은 감내력 과소평가 신념을 논박할 때 상담자가 간과하기 쉬운 문제들을 지적했다. 첫째, 감내와 수용이라는 용어를 내담자가 오해할 소지가 있다. 감내와 수용은 감내력 과소평가 문제를 합리적으로 해결할 치료약인데, 포기하는 것 또는 마지못해 수용하는 것과 혼동하는 것이다. 감내라는 용어에는 문제에 맞서 노력하는 불편을 견딜 수 있다는 합리적 생각이 담겨 있으며, 이것은 문제를 극복하고 어려운 목표를 성취하려는 결의를 더욱 강하게 만든다. 둘째, 타인의 행동을 감내하는 것을 나쁜 행동을 용인하는 것으로 내담자가 오해할 수도 있다. REBT에서 말하는 합리적 감내란, 어떤 상황이 마음에 들지 않아 바꾸고 싶더라도, 목표성취를 위해 당분간 좌절과 불편을 견디는 것을 의미한다. 분명히 어떤 일들은 바뀔 수 없을지도 모르고, 많은 시간과 노력을 요구할지도 모른다. 하지만 바꾸려고 열심히 노력해 보기 전까지는 알 수 없는 법이다.

인간 가치의 포괄적 평가[4)]

인간의 가치에 대한 **포괄적인 부정적 평가는** 역기능적 감정을 발생시킨다. 자신을 가치 없는 인간이라고 여기는 사람은 우울해지거나 죄책감을 느낄 것이며, 타인을 가치 없는 인간이라고 여기는 사람은 분노와 경멸을 경험할 것이다. 인간의 무가치함에 대한 믿음은 옳은 것이 될 수 없다. 인간은 복잡한 존재이기 때문에 완전히 선하거나 악할 수 없으며 좋은 사람과 나쁜 사람 중 어느 한쪽으로 평가하는 것은 불가능하다(Ellis, 1994, 2005c). 그 대신 평가는 오직 인간의 행동에만 국한되어야 한다. 1장에서 소개한 것처럼 이와 같은 생각은 일반 의미론(Korzybski, 1933)의 영향을 받은 것이다. "나는 수업을 훌륭히 수행하지 못했다."라고 말하는 것이 "그러므로 나는 나쁜 사람이다."라고 덧붙이는 것보다 논리적이고 건강하다. 인간에 대한 Ellis의 철학은 모든 인간이 법 앞에서 또는 신 앞에서 평등하다고 선언한 미국헌법전문 및 유대교-기독교 전통과 일치한다. REBT에서는 자신의 행동을 평가하되 자신을 평가하지는 말라고 가르친다. Mahatma Gandhi가 "죄는 미워하되 죄인은 사랑하라."라고 말한 것과 같은 맥락이다. 자기평가는 무조건적 자기수용[5)]으로 대체되어야 한다.

REBT는 **자아존중감**(self-esteem) 증진을 꾀하는 프로그램에 반대한다. 자아존중감은 두 가지 인지적 과정을 조합한 개념이다. 하나는 **자아효능감**(self-efficacy)이며 과제를 수행하는 능력에 대한 믿음을 의미한다. 자아존중감 척도의 문항을 살펴보면, 상당수가 자아효능감에 대한 진술임을 알 수 있다. 이것은 자기 자체가 아니라 행동을 평가하는 것이므로 REBT 이론과 배치되지 않는다. 반면, 자아존중감을 구성하는 두 번째

4) [역주] global evaluation of human worth

5) [역주] 무조건적 자기수용의 첫 글자를 따서 Ellis는 USA(Unconditional Self-Acceptance)라고 불렀다.

인지적 요소는 자기에 대한 포괄적인 평가이다. 이것은 인간으로서의 자신의 가치에 대한 결론이라고 할 수 있다. 사람들은, 심지어 상담자들도, 이 두 가지 개념을 혼동한 채 자기가 지각한 자아효능감을 바탕으로 자신의 가치 유무를 평가하는 일이 흔하다.

자아존중감 증진 프로그램들은 주로 다음 둘 중의 어느 한 가지 전략을 사용한다. 하나는 특정한 과제를 효과적으로 수행하기 때문에 자신이 특별하다거나 괜찮은 사람이라고 가르치는 것이다. 다른 하나는 근거 없는 자아효능감을 직접 주입하는 것인데, 증거와 관계없이 자신이 특정한 과제를 잘 수행할 수 있다고 가르치는 것이다. REBT의 관점에서 보면, 자아존중감 증진 프로그램에는 다음과 같은 세 가지 문제가 존재한다. 첫째, 이러한 프로그램에서는 무엇인가를 잘하기 때문에 자신이 가치 있는 존재라고 가르친다. 이렇게 하면 당장은 효과를 볼 것이다. 하지만 만약 내담자가 예전만큼 잘하지 못하거나 자기보다 더 잘하는 사람을 만난다면 어떤 일이 벌어지겠는가? 이러한 처치를 받는 사람들의 정신건강은 마치 감정의 롤러코스터를 탄 것과 같을 것이다. 자기가 잘할 때는 기분이 유쾌하다. 하지만 이 감정에는 불안이 동시에 수반된다. 가치 있는 존재로 남기 위해서는 계속 잘해야만 한다고 생각하기 때문이다. 이와 반대로, 자신이 잘하지 못한 때는 이에 근거해 자신을 가치 없는 존재로 평가하기 때문에 우울해진다.

둘째, 자아존중감 증진 프로그램은 실제 역량을 넘어서는 높은 수준의 자아효능감을 가지도록 가르친다. 자신이 잘하고 있다는 피드백을 더 이상 받지 못할 때 내담자는 당황스러운 감정에 휩싸일 것이다. 과제수행 수준으로 자기 가치를 평가하는 사람은 자기 가치를 유지하기 위해 계속 긍정적 피드백을 필요로 한다. 이것은 마치 긍정적 피드백에 중독된 상태와도 같다.

셋째, 자아존중감 증진 프로그램은 저조한 수행에 대처하는 전략을 제공하지 않는다. 대부분의 사람들은 성공으로 가는 도중에 몇 차례 실패를 경험한다. 그리고 성공보다는 실패를 더 자주 경험한다. 그러므로 우리는 잘하지 못할 때 대처하는 법을 배워 둘 필요가 있다. 가치 있는 인간이 되기 위해 항상 잘해야 한다고 믿는 내담자들을 위해 몇 가지 예를 제시해 보겠다. 유명한 야구선수 Babe Ruth는 역사적인 홈런 기록을 수립했지만, 1,331번이나 삼진을 당했다. Thomas Edison은 89번이나 실패한 후에 제대로 불이 들어오는 전구를 만들 수 있었다. 애플 컴퓨터의 창립자인 Steve Jobs는 해고를 당한 적이 있다. 그리고 우리의 멘토인 Albert Ellis는 99번이나 거절을 당한 후에 데이트 약속을 잡을 수 있었다. 만약 이들이 실패를 경험할 때마다 자신을 비난했다면 성공에 도달하지 못했을 것이다. 그래서 REBT는 무조건적 자기수용을 추구한다. 무조건적 자기수용이란, 긍정과 부정의 어느 쪽으로도 자신의 가치를 평가하지 않으면서, 자신의 불완전성과 결점을 직시하는 것이다. 무조건적으로 자기를 수용할 때, 자신에 대한 포괄적 생각에 방해받는 일 없이 현재의 행동에 초점을 맞추게 되며 이에 대한 정보를 바탕으로 미래의 행동을 결정할 수 있다. 무조건적 자기수용은 자신의 결점과 약점을 인정하거나, 좋아하거나, 무시하는 것을 의미하지 않는다.

글상자 3-1

실패에 대한 전반적 · 안정적 · 내적 귀인(예를 들면, '나는 난독증이야.' '나는 글을 너무 못 써서 보고서를 못 만들어.')은 우울을 일으킨다. 왜냐하면 이러한 특성을 지닌 자신을 비난하기 때문이다. 이러한 가정은 REBT 상담자로 하여금 여느 CBT 상담자와 다소 다른 전략을 사용하게 한다.

예를 들어, 내담자가 뇌출혈로 쓰러져 신체의 일부를 자유롭게 움직일 수 없게 되었다고 하자. 내담자의 기분이 나아지도록 돕기 위해 무엇을 할 것인가?

Seligman(1978)과 Weiner(1985)와 같이 귀인양식에 대한 개입을 옹호하는 상담자들은 내담자가 무엇을 할 수 있는지를 보여 주려고 노력할 것이다. 하지만 내담자 자신에게 중요한 것을 할 수 없게 되었다면 어떻게 할 것인가? 이 상담자들은 아마도 내담자가 다른 것을 할 수 있다는 점을 확신시키려 할 것이다. 이 전략이 어느 정도 도움을 줄 수는 있겠지만, 다음과 같은 REBT 철학의 핵심에서 벗어난 것이다.

'내가 이전에 하던 일, 남들은 쉽게 하는 그 일을 지금은 할 수 없고 설사 영영 할 수 없더라도, 나는 여전히 괜찮은 사람이다. 나는 여전히 가치 있는 인간이다.'

사례 예시

영표 씨의 사례를 통해 네 가지 유형의 비합리적 신념과 이에 대응하는 합리적 신념을 소개해 보겠다. 영표 씨는 38세 남성인데, 불안과 불면증 때문에 상담을 받으러 왔다. 임상 평가에서 드러난 핵심 비합리적 신념, 즉 절대적 요구는 아내가 자기를 사랑해야만 하며 결코 자기를 떠나서는 안 된다는 것이었다.

세 가지 유형의 파생 비합리적 신념도 모두 확인할 수 있었다. 파국화는 '아내가 떠난다면 정말 끔찍할 것이다.', 감내력 과소평가는 '아내가 떠난다면 견딜 수 없을 것이다. 아내 없이는 살 수 없다.'였다. 포괄적 가치평가는 자신과 아내 모두와 관련되었다. 자신에 대해서는 '만일 아내가 떠난다면 나는 형편없는 인간이 될 것이다.'라는 자기비하적 신념을 가지고 있었다. 아내 혼자서 무엇인가를 하거나 어떤 일에 몰두하고 있을 때 영표 씨는 화가 났다. 이러한 사건들에 대해 '나를 떠나려고 아내가 일부러 거리를 두고 있다.'는 부정적 추론을 했기 때문이다. 아내와 관련된 타인비하적 신념은 '나를 떠난다면, 아내는 가치 없는 쓰레기다.'였다.

비합리적 신념은 불안을 일으켰고, 불안은 아내에게 집착하는 행동으로 이어졌다. 이것은 역으로 아내의 마음이 영표 씨에게서 멀어지는 결과를 만들고 있었다. 영표 씨는 밤에 잠을 잘 수 없었으며 낮에는 일에 집중하기가 어려웠다. 아내가 떠나는 것에 대한 비합리적 생각들이 머리를 가득 채우고 있었기 때문이다. 영표 씨는 우울감도 느끼고 있었다. 그럴 때마다 영표 씨는 아내를 모른 척했고 이러한 행동은 두 사람 사이의 관계를 악화시키고 있었다. 영표 씨의 사례에서 알 수 있는 것처럼, 비합리적 신념은 원하는 것을 성취하는 데에 도움이 되지 않는다. 절대적 사고를 하며 속상한 감정에 사로잡힐 때, 인간은 유쾌감을 최대화하고 불쾌감을 최소화하는 일에 힘을 쏟기 어렵다. 감정적 고통의 일시적 해소를 위한 시도(불안할 때 아내에게 매달리기, 우울할 때 아내를 무시하기, 화났을 때 소리 지르기)는 하지만, 정작 자신이 원하는 장기적 목표의 성취를 돕는 행동을 취하지는 못하는 것이다. 아내가 떠나는 것에 대한 비합리적인 사고, 감정, 행동을 지속한다면, 영표 씨가 바라는 아내와의 행복한 삶은 결코 성취될 수 없을 것이다.

지금부터는 상담자가 영표 씨와 함께 구성한 합리적 사고들을 살펴보자. **절대적 요구**에 대한 합리적 신념은 '나는 아내가 나를 떠나는 것을 정말 원하지 않는다. 하지만 아내가 떠난다면 그것을 받아들일 수 있다.', **파국화**에 대한 합리적 신념은 '아내가 떠난다는 것은 정말 안 좋은 일이다. 그렇지만 내 삶이 거기에서 끝나는 것은 아니다.', **감내력 과소평가**에 대한 합리적 신념은 '아내가 떠난다면 괴로울 것이다. 하지만 나는 강하다. 고통을 견디고 살아갈 수 있다.'였다. **포괄적 자기평가**를 대체하는 합리적 신념은 '아내가 나를 떠난다면, 난 많은 것을 잃게 될 것이다. 하지만 그런 일이 일어난다고 해서 내가 형편없는 사람이 되는 것은 아니다. 인간으로서의 나의 가치는 이혼 여부에 의해 결정되는 것이 아니다.'였다. **아내에 대한 포괄적 평가**를 대체하는 합리적 신념은 '아내가 떠난다면 많이 힘들 것이다. 아내가 나에게 한 일을 좋아할 수는 없겠지만, 여전히 아내를 가치 있는 인간으로 받아들일 수 있다.'였다. 이 생각들을 비합리적 신념의 준거와 비교해 보라. 무엇이 합리적 신념을 합리적으로 만드는지를 이해할 수 있을 것이다.

합리적 신념은 **내적 일관성**을 가지고 있다. 즉, 논리적이고 명료하다. 합리적 신념은 그저 논리적인 믿음이 아니다. 논리가 필요하기는 하지만 그것만으로 합리적인 철학이 되지는 않는다.

합리적 신념은 경험을 통해 검증될 수 있다. 즉, **지지하는 증거**를 제시할 수 있다. 영표 씨의 사례를 다시 생각해 보자. 아내가 영표 씨를 떠난다면 불편한 결과가 발생할 것임을 입증할 수 있다. 짐작하건대 영표 씨는 즐거운 경험을 적지 않게 상실할 것이다.

합리적 신념은 절대적이지 않다. 대신 **조건적** 또는 **상대적**이다. 합리적 신념은 대개 욕구, 희망, 바람, 소원, 선호 등으로 표현된다. 절대적 요구가 아니라 **바람**을 반영한 것이며 원하는 것을 얻지 못한 상황을 **수용**하는 태도까지 담고 있다. 영표 씨의 사례에서 절대적 요구가 아니라, 바람이 어떤 방식으로 표현되었는지 알아차렸는가? 합리적 생각은 다음과 같은 것이다.

'아내와 이혼하지 않았으면 좋겠다. 하지만 이혼하게 되더라도 받아들일 수 있다.'

합리적 신념은 **적응적 감정**을 이끌어 낸다. 가벼운 것에서부터 강한 것까지 다양한 강도의 부정적 감정이 합리적 신념에 의해 유발될 수 있다. 이것은 부정적이기는 하지만 순기능적이고 건강한 감정이며 문제에 대처할 동기를 상승시킨다. 흔히 REBT의 합리적 사고가 감정의 부재를 가져온다고 오해한다. 하지만 감정을 배제하는 것이 도움이 된다거나 합리적이라는 생각은 사실과 다르다. 적응적 감정은 문제해결의 동기를 상승시키는 촉진제의 역할을 하기 때문이다. 영표 씨의 사례로 돌아가 보자. 아내가 자신을 떠날 것에 대해 합리적으로 생각할 때, 영표 씨는 아마도 걱정이 되고 슬프겠지만, 임상적 불안이나 우울을 경험하지는 않을 것이다. 합리적으로 사고한다면 영표 씨는 다음과 같이 반응할 수 있을 것이다. 반면, 건강하지 않은 감정은 이러한 적응적 행동을 방해한다.

- 촉발사건을 되돌아보고 이것이 바뀔 수 있는 것인지를 검토한다.
- 변화시킬 수 있는 부분이 있다면 노력해서 더 나은 삶을 만들어 간다.

• 새로운 상대를 찾는다.

합리적 신념은 원하는 것을 **성취**하는 데에 도움을 준다. 삶의 만족, 내적 갈등 및 대인 갈등의 최소화, 소속과 친밀, 자아실현을 향한 노력과 몰입 등의 개인적 목표들과 조화를 이루기 때문이다. 게다가 합리적 신념은 누구도 비난하지 않으면서 두려움 없이 목표를 추구할 자유를 제공하고, 목표성취와 관련되는 위험을 감수할 수 있게 해 준다. 영표 씨의 사례에서 소개한 합리적 사고들은 영표 씨의 목표가 행복하게 사는 것임을 말해 준다. 만일 영표 씨가 임상적으로 우울하거나 불안하다면 이루어질 수 없는 목표이다. 혹시 아내에 대한 절대적 요구와 부정적 평가가 건강하지 않은 분노를 일으킨다면, 영표 씨의 행동은 아내는 물론 미래에 배우자가 될 가능성이 있는 여성까지도 자신에게서 멀어지게 만들고 말 것이다.

지금까지 REBT 이론을 소개했으며, 비합리적 신념과 합리적 신념 사이의 차이를 검토했다. 다음 장에서는 REBT의 기본 기법들을 살펴볼 것이다.

제2부

일반적 상담전략

04 A-B-C 모형과 B→C 인과관계 가르치기

05 좋은 출발을 위한 절차

06 심리치료의 기본기술

04

A-B-C 모형과 B→C 인과관계 가르치기

REBT는 실용적이고 효율적인 심리치료 체계이다. 성인부터 학령기 아동에 이르기까지 폭넓은 연령대의 내담자를 대상으로 실시할 수 있으며, 가벼운 정서 문제부터 심각한 정신병에 이르기까지 다양한 문제의 해결에 도움을 줄 수 있다. 상담자는 적극적이고 지시적인 역할을 수행하지만, 내담자와 합의된 공동의 목표성취를 향해 나아간다. REBT에서는 심리교육적인 접근법을 사용한다. 이를테면 내담자에게 읽기과제 및 숙제를 부여함으로써 회기 중에 배운 개념과 생각을 회기 밖에서의 삶에 통합할 수 있도록 돕는다.

REBT에서는 생리적 원인으로 발생한 역기능적 상태가 정신 및 감정에 미치는 영향을 제거할 수 있다고 주장하지 않는다. 이러한 역기능적 상태에는 호르몬 불균형, 발작, 유전성의 신경화학적 문제 등이 포함되며 이로 인해 정서장애 및 정신증이 발생할 수 있다. 그러나 신경화학적 질환에 수반되는 신경증적 양상의 완화에 REBT가 유용하다는 점에 주목할 필요가 있다. 예를 들어, 양극성 장애를 가진 내담자들 중에는, 적절한 약물치료를 받고 있고 우울 상태에 놓여 있지 않을 때조차, 다시 우울감에 빠질 것을 걱정하는 사람들이 있다. 조현병을 가진 내담자들은 종종 자신의 환각과 망상을 창피해 하고 새로운 정신병적 삽화(psychotic episode)가 발생할 것을 두려워한다. 비록

REBT가 근원적인 신경학적 또는 정신병적 질환을 치유하지는 못하지만, 질환에 대한 내담자의 생각 때문에 발생하는 정서적 문제에 대처하는 데에 대단히 도움이 될 뿐만 아니라 질환이 활성화되었을 때의 관리에도 도움을 준다. 특히 약물치료와 REBT를 병행하면, 이러한 질환의 경과를 개선시키는 데에 매우 이롭다(Ellis & Abrahms, 1978).

글상자 4-1

REBT를 처음 시작하는 상담자에게는 성인 내담자를 대상으로 개인상담을 하는 것이 훨씬 수월할 것이다. REBT는 아동, 부부, 가족, 집단 모두에 유용하지만, 상담 대상 또는 양식에 따라 독특한 문제들이 발생할 수 있다. 수련생들이 필자에게 해 준 이야기에 의하면, REBT 상담의 초기에는 내담자에게 상당한 집중력이 요구되므로 아동을 대상으로 하거나 한 방에서 두 명 이상의 내담자를 마주하고 면담을 진행하는 것은 쉽지 않은 작업이다. 따라서 심각한 정서적 문제를 보이지 않는 이성적인 내담자 한 명을 대상으로 REBT를 시작하는 것이 배움의 진전을 촉진할 것이다. 그다음에는 보다 어려운 내담자, 그다음에는 발달적 측면을 고려해야 하는 어린 내담자 그리고 그다음에는 한 방에서 두 명 이상을 대상으로 면담을 진행하는 방향으로 발전해 갈 수 있다.

A-B-C 모형

Ellis는 정서적 고통을 발생시키는 사고과정을 설명하기 위해 A-B-C 모형이라는 개념체계를 고안해 냈다. 이 체계에서 A는 **촉발사건**(Activating event) 또는 촉발경험(Activating experience)을 상징한다. 이것은 대개 환경 속에서 일어난 불쾌하거나 불운한 사건이다. C는 건강하지 않고 **역기능적인 감정 및 행동**, 즉 결과(Consequence)를 상징하며, 건강하고 적응적인 감정 및 행동과 대비되는 것이다. 고통스러운 C는 내담자들이 상담실 문을 두드리는 계기가 된다. B는 내담자의 **신념체계**(Belief system)이다. 신념체계는 두 부분으로 구성되어 있다. 합리적 신념(Rational Belief: RB)과 비합리적 신념(Irrational Belief: IB)이 그것이다. 상담자가 관심을 두어야 하는 것은 비합리적 신념이 존재하는지의 여부와 합리적 신념의 부재 또는 합리적 신념에 대한 확신의 부족이다. '신념체계'라는 표현을 사용하는 것은 우리가 대개 절대적 요구를 핵심 비합리적 신념으로 하면서 여기에서 파생된 비합리적 신념을 하나 이상 가지고 있기 때문이다. 신념체계는 고통스러운 C를 일으키는 원인이다. REBT 철학은 인생의 주요한 목적이 합리적 행복이라고 보기 때문에 고통스러운 생각과 감정은 이 목적에 부합하지 않는다. A(사건)가 직접적으로 C(고통스러운 감정)를 발생시킨 원인이라고 믿는다면, 내담자는 자신의 인지, 태도, 철학 및 신념 그리고 이들이 자신의 감정과 행동에 미치는 영향을 무시하고 있거나, 아예 모를 가능성이 크다. 상담을 받는 내담자들은 역기능적이고 고통스러운 감정을 경험한다. 만일 내담자가 스스로를 괴롭히고 있다면, 스스로를 괴롭히는 것을 거부할 수도 있을 것이다. 달리 말하면, 안 좋은 촉발사건 A가 일어날 때, 정신병적 문제를 가지지 않은 사람들도 어느 정도 부정적인 감정을 경험하겠지만, 감정적 결과 C가 고통스럽고 역기능적인 것이 될지, 아니면 순기능적이고 적응적인 감정이 될지를 스스로 통제할 수 있다. 사고하는 방식이 고통받을지의 여부를 결정하기 때문이다. 상담자의 가장 중요한 역할은 내담자에게 심리적 문제가 비합리적 사고라는 인지과정에서 비롯됨을 가르치는 것이다.

이 기본 원칙은 말하기는 쉽지만 내담자에게 이해시키기란 쉽지가 않다. 우리가 사용하는 일상의 언어에는 이 원칙과 상반되는 많은 예가 담겨 있다. 우리는 자주 "그 사람 정말 짜증나게 하네!" "그 일 때문에 미치겠어!"라는 말을 하기도 하고 듣기도 한다. 이 말들 속에서 대상, 즉 A는 정서적 고통을 일으키는 행위자로 표현되어 있다. 내담자들은 은연중에 통제할 수 없는 것으로 표현한 것을 변화시키려 하지 않는다. 예시 속의 상황을 보다 정확한 말로 표현하면, "나는 그 사람에 대해 내가 짜증나도록 만들었어." "나는 그 일에 대해 내가 화나도록 만들었어."라고 해야 옳을 것이다. 이 얼마나 이상하게 들리는가! 하지만 이 이상한 말 속에는 중요한 개념이 포함되어 있다. 즉, 자신의 정서적 고통에 대한 책임이 자기 자신에게 있다는 것이다. 고통스러운 감정은 누군가가 우리에게 떠넘기거나 마법처럼 주입한 것이 아니며, 주변에서 일어난 사건이 이 감정을 발생시킨 것도 아니다. 우리의 고통스러운 감정은 우리가 적극적으로 하는 무엇인가에서 비롯되었다. 즉, 고통스러운 감정은 대부분 우리가 자신에게 하는 말에서 비롯되었다. 내담자들은 A가 C를 일으킨다고 굳게 믿으며 상담실을 찾는다. 그리고 이 믿음은 내담자가 여지껏 의미 있는 관계를 맺은 모든 사람들에 의해 강화되었다. 하지만 REBT 상담자는 B가 C를 결정짓는다는 생소한 생각을 가르친다. REBT 상담자가 수행해야 할 최우선 과제는 내담자가 이 개념을 이해하도록 돕는 것이다.

글상자 4-2

A-B-C 모형을 내담자에게 가르치는 일에 익숙해지려면, 먼저 상담자 자신의 귀를 훈련시킬 필요가 있다. 연습을 거듭한다면, 내담자의 이야기가 거의 자동적으로 세 가지 범주로 분류되는 것을 경험할 것이다.

자기훈련방법을 한 가지 소개하겠다. 우선, 상담노트를 세 칸으로 나눈다. 첫 번째 칸에는 A, 두 번째 칸에는 C, 세 번째 칸에는 B라고 제목을 붙인다. 내담자들이 대개 A나 C를 먼저 이야기한다는 것을 알게 될 것이다. 두 칸 중에서 어느 한 가지를 먼저 기입했으면, 다른 한 칸도 채워 넣어 본다. 예를 들면, A(일어난 일)를 아는 경우에는 C(내담자가 느낀 감정)를 질문한다. 혹시 내담자가 "불안해요."라고 말하며 C를 먼저 표현했다면, 감정을 유발한 사건 또는 상황, 즉 A를 묻는다. A와 C를 모두 기입했으면, 그다음 단계는 B를 질문하는 것이다.

작성한 노트를 그 자리에서 복사하여 내담자에게 한 장 건네고 각 칸의 내용을 함께 정리하는 시간을 갖는 것이 좋다. 예를 들면, "민희 씨, 여기에 A-B-C 모형이 있습니다. 오늘 제가 메모한 것을 함께 살펴봅시다. 이것은 민희 씨의 생각이고, 이것은 민희 씨의 감정이고, 이것은 일어난 일입니다."라고 말하며 진행한다. 내담자들은 이렇게 정리하는 것이 매우 도움이 된다고 말한다.

Albert Ellis 연구소에서는 학습자를 돕기 위해 두 가지 양식을 마련했다. 하나는 이 책의 〈부록 1〉에 제시되어 있는 학습용 양식이며 지금 설명한 것과 같은 내용으로 구성되어 있다. 연구소에서는 수련생들에게 이 양식을 나누어 준다. 수련생들은 동료 수련생이 상담하는 것을 참관하며 또는 상담 회기 녹음을 들으며, 내담자가 말하는 것 하나하나를 A-B-C로 분류하고 양식의 각 칸에 기입한다. 내담자가 발언하는 내용을 이처럼 적극적으로 경청하고 신속하게 분류하는 연습을 거듭하다 보면 정확한 범주 분류가 가능해진다. 〈부록 2〉에는 현재 자신이 진행하고 있는 상담 회기를 기록하는 양식을 제시했다. A, B, C에 해당하는 내담자의 주요 발언을 확인하여 기입한다. 이 양식은 각 회기에서 수행된 작업을 추적하는 데에 유용하다.

일어난 사건 때문에 고통스러운 것이 아님을 가르치기

외적인 요인보다는 내적인 요인이 감정과 행동에 큰 영향을 미친다는 것을 내담자에게 어떻게 가르쳐야 할까? 신념 B가 고통스러운 감정 C를 발생시키는 것을 '**B→C 인과**

관계'라고 부른다. 촉발사건 A가 고통스러운 감정 C의 원인이라는 관점을 고수하는 내담자는 'A→C 인과관계'를 굳게 믿는 것이다. B→C 인과관계를 설명하는 한 가지 방법은 내담자와 비슷한 상황에 놓인 사람 100명이 동일한 문제에 어떻게 반응할지를 질문하는 것이다. 예를 들면, 아내를 무척 사랑하던 내담자가 있었는데, 아내가 이혼을 원하는 것을 알고 극심한 우울에 빠졌다고 생각해 보자. 상담자는 내담자에게 같은 문제를 가진 남성이 100명 있으면 이들이 어떻게 반응할지를 물어볼 수 있다. 이런 질문에 내담자들은 대개 "거의 다 우울해할 것 같은데요."라는 식으로 대답한다(혹시 '모두 다' 우울해할 것이라는 답이 돌아왔다면, 이 예상이 비현실적임을 지적한다). 이어서 상담자는 "이 사람들 중 몇 퍼센트가 우울해할까요?"라고 질문해 볼 수 있다. 내담자가 퍼센트를 제시해 주면, 이 수치에 들지 않은 사람들이 우울 이외의 어떤 감정 반응을 보일지 질문한다. 그러면 내담자는 자기 스스로 다음과 같은 이야기를 할 것이다.

> "한 50%는 우울해하겠지만, 나머지 사람 중 일부는 그냥 슬플 것이고, 누군가는 조금 언짢을 것이고, 어떤 사람은 별다른 느낌이 없을 것이고, 몇몇은 안도감을 느낄 것이고, 또 몇몇은 아주 신이 날 것입니다."

감정 반응에 대한 여러 선택지들이 도출된 시점에 상담자는 다음과 같은 질문을 던질 수 있다.

> "사건 A가 감정 C를 일으키는 것이 사실이라면, 같은 사건에 대해 사람들마다 그렇게 다양한 감정 반응을 보일 수 있는 것을 어떻게 설명하시겠습니까?"

내담자들은 대부분 "음, A가 C를 일으키는 것 같지는 않아요." "사람들은 모두 다르죠. 그래서 다르게 반응하는 거예요."라는 식으로 대답한다. 여기까지 왔으면, 내담자에게 B→C 인과관계를 이해시킬 기회가 마련되었다고 할 수 있다. A가 C를 일으키지 않는다는 언급을 내담자가 미약하게나마 해 주었기 때문이다. 그다음에 해야 할 일은 내담자 스스로의 힘으로 이러한 통찰에 도달한 것을 강화하고 추가적인 설명을 제시하는 것이다. "맞습니다. 사람들은 모두 다르지요. 사람들이 모두 다르게 반응하는 것은 그 문제에 대해 다르게 생각하기 때문입니다."라고 말하며 B→C 인과관계에 대해 보다 구체적인 설명을 시도해 볼 수 있다.

다음에 소개할 이야기는 A–B–C 사이의 관계를 명확히 이해하는 데에 도움이 될 것이다. 근무하던 회사가 다른 회사에 인수 합병되어 세 명의 전무가 동시에 해고를 당했다. 세 명 모두 똑같이 자기의 일을 사랑했고 똑같은 연봉을 받았다. 촉발사건 역시도 똑같았다. 과연 세 사람은 모두 똑같이 반응했을까? 그렇지 않았다.

김 전무는 이렇게 말했다. "이건 말도 안 돼요. 어떻게 이럴 수가 있어요. 나는 이제 끝장이에요." 그리고는 우울감에 빠졌다.

이 전무는 이렇게 말했다. "좋지 않은 일이죠. 참 성가시게 되었어요. 하지만 이 일이 내 사업을 시작할 좋은 기회이자 자극제라고 생각합니다." 이 전무는 잠시 낙담했지만 다시 일어서기로 결심했다.

박 전무는 이렇게 말했다. "음, 정말 안 좋은 일이지요. 정말 원하지 않던 일이 벌어졌어요. 하지만 어떻게든 헤쳐 나가겠죠." 박 전무는 마음이 착잡했다. 세 사람이 같은 일에 대해 서로 다른 생각을 했기 때문에 각자 다른 감정을 느낀 것을 이해하겠는가?

다른 사람들 때문에 고통스러운 것이 아님을 가르치기

내담자들은 대개 자신의 환경 속에 있는 사람들이 자신을 힘들게 한다고 굳게 믿고 있다. 이러한 개념은 우리 일상의 언어구조 속에 내포되어 있다. "네가 그 말을 할 때 나는 스스로를 화나게 만들어."라는 문장은 어색하게 들리지만, "너 때문에 짜증 나."라는 말은 자연스럽게 들린다. B→C 인과관계를 내담자에게 이해시키는 데에 도움이 될 만한 예화를 하나 소개하겠다. 세 명의 아이가 수업을 빼먹었는데 모두가 들켜서 꾸중을 듣게 되었다. 아이들이 교장실 앞에 도착했을 때, 교장 선생님이 사무실에서 나오며 화난 얼굴로 아이들을 노려보았다. 이 아이들은 모두 똑같이 반응하겠는가? 첫 번째 아이는 겁에 질렸고, 두 번째 아이는 화가 났고, 세 번째 아이는 걱정이 되어서 다시는 말썽을 부리지 않기로 결심했다. 이렇게 예화와 비유를 사용하면 요지를 전달하는 것이 수월해진다. 시험 삼아 내담자에게 다음과 같은 이야기를 해 볼 수도 있다.

> "주변 사람들이 미나 씨에게 힘든 감정을 느끼게 할 수 있다면, 나도 미나 씨에게 그렇게 할 수 있는지 살펴봅시다." (잠시 멈춤) "나는 미나 씨가 싫어요. 그리고 미나 씨가 영원히 우울해지면 좋겠어요. 자, 지금 어떤 느낌이 들지요?"

다음과 같은 비유도 도움이 될 수 있다. 대학교 1학년인 미나 씨는 친구 집에 놀러 가려고 할 때마다 엄마가 잔소리를 한다고 불평하고 있었다.

내담자: 엄마는 나를 기분 나쁘게 해요.

상담자: 그렇지 않아요, 미나 씨. 엄마가 하는 말들이 '나쁜 기분 버튼'이라고 상상해 봅시다. 엄마는 또 이 버튼을 누를 것입니다. 하지만 미나 씨가 어떤 반응을 할지 결정할 수 있는 사람은 바로 미나 씨 자신입니다. 엄마의 말에 대해 건강한 생각을 하는 방법을 배운다면, 엄마가 계속 '나쁜 기분 버튼'을 눌러도 미나 씨는 여전히 자신의 감정을 통제할 수 있습니다.

다른 사람 때문에 자신의 기분이 어떻게 되었다는 식의 믿음을 논박하는 또 다른 방법은 이러한 생각이 인간의 자유의지와 모순됨을 지적하는 것이다. 대부분의 종교와 문화는 인간이 지성과 자유의지를 가지고 있기 때문에 다른 동물들과 다르다고 가르친다. 그래서 사람들은 자주적 판단과 행동을 매우 바람직한 것으로 여긴다. 상담자는 내담자에게 이렇게 질문해 볼 수 있다.

"인간에게는 자유의지가 있고, 자기 삶을 스스로 결정할 권한이 있습니다. 그런데 누군가가 범준 씨를 화나게 했다면, 범준 씨에게는 자기 감정에 대한 결정권이 없다는 것처럼 들립니다. 범준 씨의 생각은 어떤가요?"

이렇게 모순을 지적함으로써 내담자 자신에게 어느 정도 선택권이 있다는 점을 인식시킬 수 있다. 나쁜 일이 일어난다면 우리는 기분이 좋지 않을 것이다. 하지만 건강하고 적응적인 감정과 건강하지 않은 감정 중에서 어느 것을 경험할 것인지를 우리는 선택할 수 있다. 예를 들면, 우리는 자기 삶에 손해를 끼치는 분노와 참담함을 느끼기로 결정할 수도 있고, 건설적인 분노와 무엇인가를 시도해 보려는 의욕을 선택할 수도 있다. A가 C를 발생시킨다는 가설이 옳지 않음을 보여 주는 방법은 다양하다. 예를 들어, 상담자는 이렇게 이야기해 볼 수도 있다.

"아버지가 정말 두현 씨가 느끼는 분노의 원인이라면, 상담을 당장 그만두는 편이 나을 것입니다. 분노의 원인이 두현 씨 자신이 아닌 다른 사람이라면 제가 두현 씨를 위해 무엇을 할 수 있을까요? 차라리 아버지를 상담실에 보내 주세요. 제가 아버지를 변화시켜야 할 것 같군요."

혹시 두현 씨가 그렇게 해 달라고 부탁한다면, 과연 상담자는 아버지를 상담해야 할까? 이런 경우, 아버지가 변화할 의사를 가지고 있는지에 초점을 맞추는 것이 좋다. 아마 아버지가 달라져서 두현 씨의 분노를 진정시켜 줄 가능성은 거의 없을 것이다. 이러한 사실을 이야기하다 보면, 상담의 초점이 두현 씨의 분노를 통제하는 쪽으로 다시 돌아오게 된다. A가 C를 발생시키지 않음을 아동에게 설명하는 장면의 예를 다음에 소개한다.

상담자: 제영아, 너의 이야기를 듣고 있으면, 모든 사람들이 너를 마음대로 조종하는 것처럼 들려. 무슨 일이 일어나든 그건 다른 사람 때문에 그런 거라고 하니까. 다른 사람들이 너를 화나게 하지, 슬프게 하지, 기분 나쁘게 하지. 그렇지? 선생님한테 좋은 생각이 있어. 선생님이랑 같이 '제영이 게임앱'을 만들어 볼까? 제영이 캐릭터가 있고, 이걸 컨트롤러로 조종할 수 있어. 제영이 캐릭터가 웃게 할 수도 있고, 울게 할 수도 있고, 우울해지게 할 수도 있고, 춤추게도, 노래하게도 그리고 싸우게도 할 수 있어. 수퍼 마리오 게임처럼 제영이 캐릭터를 조종하는 거지. 아이들은 게임을 하면서 마음대로 제영이의 감정과 행동을 조종할거야. 선생님 이야기를 듣고 어떤 생각이 드니?

내담자: (웃으며) 재밌어요. 근데 아까 내가 그렇게 말한 건 아닌데……

상담자: 잘 생각해 보면 좋겠구나. 제영이는 분명히 그렇게 말한 것 같아. 마치 제영이가 게임 캐릭터이고 다른 사람들이 제영이를 조종하는 것처럼 말이야.

Albert Ellis 연구소의 연수부장을 지낸 Ed Garcia는 내담자들이 스스로 만들어 낸 무력감을 지적하기 위해 다음과 같은 흥미로운 방법을 사용했다.

내담자: (다른 사람들 때문에 기분 나빴던 일들을 이야기한다.)

상담자: (책상 서랍을 열고 큰 상자 또는 주머니를 꺼내서 내담자에게 건넨다.)

내담자: 이게 뭐죠?

상담자: 이것은 제영이의 힘이란다. 이 힘을 다시 돌려 줄께. 제영이는 오랫동안 이것 없이 여기저기를 돌아 다녔어. 제영이는 선생님한테 계속 이런 이야기를 하고 있어. 이

아이가 어떻게 제영이를 화나게 하는지, 그 아이가 어떻게 제영이를 당황스럽게 하는지 그리고 저 아이는 어떻게 제영이가 자기를 좋아하게끔 만드는지, 또 다른 사람들은 어떻게 제영이를 이런 식으로 아니면 저런 식으로 느끼게 하는지 말이야. 지난번에 제영이가 급하게 상담실을 뛰어나가던 날, 제영이의 힘을 여기에 두고 간 것이 분명해. 이제 이 힘을 다시 가져가렴. 제영이가 자신의 삶을 조금 더 통제할 수 있게 될 거야.

생각이 감정에 영향을 준다는 것을 내담자가 이해하면, 그다음에 상담자가 해야 할 일은 생각을 바꾸어서 감정에 변화를 일으킬 수 있음을 보여 주는 것이다. 우리는 모두 일상에서 만나는 사람들의 반응에 영향을 미치기 위해 어떤 말을 어떻게 하면 좋을지를 생각한다. 즉, 상대방으로부터 우리가 원하는 반응을 얻을 가능성을 최대화하기 위해 미리 계획을 세우는 것이다. 이렇게 계획하는 것은 지극히 자연스러운 일이며, 사회적으로도 용납되는 것이다. 이와 대조적으로, 자기가 자신에게 어떤 이야기를 하는지 검토하거나 계획하는 사람은 거의 없다. 내담자에게 이렇게 설명해 보는 것은 어떨까? 우리가 타인에게 하는 말이 그 사람의 반응에 영향을 미치는 것처럼, 우리가 자신에게 하는 말이 우리 자신의 반응에 영향을 미친다고 말이다. 우리는 타인과의 대화에 대해 '상대방에게 이것을 어떻게 이야기하면, 내 뜻이 분명하게 잘 전달될까?'라는 고민을 자주 한다. 이런 고민을 자기와 자기 사이의 내적인 대화에 대해서는 얼마나 자주 하고 있는가?

과거의 사건 때문에 고통스러운 것이 아님을 가르치기

현재의 사고 패턴을 수정하는 것이 REBT의 주된 초점이라는 것을 내담자들은 이해하기 어려워한다. 내담자들은 자신의 과거사와 경험이 현재의 감정과 행동을 만들어낸 원인이라고 믿고 있다. 그래서 아무것도 자기가 변화시킬 수 있는 것이 없다거나, 고통의 '뿌리'를 먼저 찾아야 한다고 여긴다. 혹시 내담자가 이러한 믿음을 강조하는 심리치료를 수년간 받았거나, 아니면 과거가 현재를 결정짓는다는 고정관념을 가지고 있다면, 내담자의 초점을 전환시키기 위해 상담자는 꽤나 열심히 설득을 해야 할 것이다. 안타깝게도, 과거가 현재를 결정짓는다는 믿음을 가진 것은 내담자들뿐만이 아니다.

이것은 Freud의 이론에 대한 기본적 오해에서 비롯되어 우리 문화 속에 스며들었다. 이 믿음은 TV와 영화를 통해 대중들에게 퍼져 나갔으며, 매우 교양 있는 내담자들조차도 이런 믿음을 이야기한다. 그렇다면 내담자에게 다음과 같이 질문해 보는 것은 어떨까?

"만약 감기에 걸린다면, 어디에서 걸렸는지를 알고 싶습니까? 아니면 감기가 나았으면 좋겠습니까?"

과거에 대한 현재의 생각이 어떤 역할을 해서 역기능적인 감정을 유지시키는지를 이해하는 데에 도움이 될 만한 Freud(1965)의 글귀를 인용해 보겠다. "과거가 중요한 것은 당신이 그것을 계속 붙들고 있다는 그 한 가지 이유 때문이다." 과거가 현재를 결정짓는다는 믿음은 상담과정에서 장애물로 작용한다. 내담자는 자신의 과거 때문에 변화가 불가능하다고 믿을 수도 있다. 그래서 "전 달라질 수 없을 것 같아요. 전부터 항상 이랬거든요."라고 주장할지 모른다. 상담자가 해야 할 일은 내담자의 언어를 수정하고, 이를 통해 사고를 변화시키는 것이다. 예를 들면, 이렇게 말해 볼 수 있다.

"아직까지는 자신을 변화시키지 못했다는 말씀이시군요. 지금까지 그랬으니까 앞으로도 달라지지 않을 것이라는 뜻인가요? 아시겠지만, 제가 하는 일은 사람들에게 달라지는 방법을 보여 주는 것입니다."

성격발달에 관한 문헌들에 의하면, 행동양식의 어떤 측면은 고정된 것이어서 쉽게 변하지 않는다. 이렇게 고정된 특성을 '기질(temperament)'이라고 부른다. 누군가의 기본 기질을 변화시키려 한다면 결실 없는 노력에 그칠 가능성이 높다. 기질은 타고난 생물학적 성향과 원가족 내에서의 장기간에 걸친 훈육이 결합된 것이기 때문에 변화시키기 어렵다. 아마도 많은 **시간**이 요구되거나 **다각적인 전략**을 사용해야 할 것이다. 변화시키기 어렵다는 것이 변화가 불가능하다는 것을 뜻하는 것은 아니다. 혹시 내담자가 자신이 변할 수 없다고 굳게 믿는다면, 본의 아니게 자신에게 손해를 가져올 자기실현적 예언을 만들어 낸 것이다. 다음의 비유를 살펴보자.

"운동선수가 '난 못 이겨, 난 못 이겨, 난 못 이겨.'라고 생각하며 시합에 나간다면, 자신에게 매우 해로울 것입니다. 만약 범준 씨가 '난 달라질 수 없어. 어렸을 때 겪은 일들 때문에 내가 이렇게 된 거야.'라고 생각하며 상담실에 들어온다면, 범준 씨 자신에게 해로우며 범준 씨는 달라지지 못할지도 모릅니다."

과거가 현재의 문제를 결정짓는다는 생각에 도전하는 한 가지 유용한 방법이 있다. 물론 과거의 사건이 과거의 문제에 큰 역할을 했을지 모른다. 그런데 이것이 계속 문제로 남아 있는 이유는 지금도 그 일을 계속 생각하고 있기 때문이라는 점을 지적하는 것이다. 인간은 과거에 일어난 사건이 아니라 현재 하고 있는 생각의 영향을 받는다. 어머니가 당신에게 별 볼 일 없는 인간임을 인정시키려고 무척 애를 썼다고 하자. 혹시 자신이 별 볼 일 없는 인간이라는 생각 때문에 괴롭다면, 그 이유는 다름 아니라 지금도 계속 어머니의 말을 심각하게 받아들이고 있기 때문이다. 단지 부모님과 함께 살던 집을 떠나는 것으로 이 문제는 결코 해결되지 않는다. 자신의 비합리적 사고를 스스로 논박하지 않는 한, 비유적으로 표현하면, 어디를 가든 어머니를 데리고 다니는 셈이다. 만일 내담자가 자신이 형편없다고 여기고 있다면 그리고 누군가가 이런 생각을 하게 만들었다고 믿고 있다면, 상담자는 다음과 같은 질문들을 제시해 볼 수 있다.

"과거 때문에 현재가 변화될 수 없다는 생각을 사람들이 가지고 있었다면, 새로운 발명, 신약 개발, 정권 교체와 같은 일들이 일어날 수 있었을까요?"

"삶의 역경을 극복한 사람을 알고 있습니까? 과거의 상처를 이겨 내고 일어난 사람을 알고 있습니까?"

"편견, 차별, 학대를 겪었지만 이에 맞서 싸운 사람들에 대해 어떻게 설명하겠습니까? 예를 들면, Rosa Parks, Martin Luthur King, Nelson Mandela[1)]같은 사람들에 대해서요."

과거의 믿음이 계속 문제를 일으키는 이유는 지금도 이 믿음을 자신의 머릿속에 거듭 주입시키고 있기 때문이다. 다음과 같은 비유는 이를 내담자에게 이해시키는 데에 유용하다.

"고등학교 때 농구를 배워서 아주 잘했었다고 가정해 봅시다. 하지만 이후 20년 동안이나 농구를 하지 않았습니다. 어느 날 코트에 나가 농구를 한다면, 제대로 플레이를

1) [역주] 세 사람 모두 백인사회의 인종차별에 대항한 흑인 인권 운동가이다.

못할 것입니다. 오랫동안 연습을 하지 않아서 농구기술을 거의 다 잃어버렸기 때문입니다. 비합리적 신념에 대해서도 생각해 보겠습니다. 만일 어렸을 때 비합리적으로 생각하는 법을 배우고, 그것을 20년 동안 계속 연습하지 않았다면, 지금 범준 씨는 이렇게 고통스럽지 않을 것입니다. 하지만 범준 씨는 계속 거듭해서 비합리적 사고를 연습하고 있습니다. 비합리적 사고를 계속 자신의 머릿속에 주입하고 있는 것입니다. 그래서 이만큼 능숙하게 자신을 고통스럽게 할 수 있는 것이지요."

고통이 가져오는 고통

정서적 고통의 A-B-C 구조와 더불어 REBT가 강조하는 것은 '자신의 괴로운 감정에 대해' 느끼는 괴로운 감정이다. C로 분류되었던 감정과 행동이 나중에 그 자체가 새로운 A가 되어 버리는 일이 적지 않다. 기본적으로 내담자들은 부적절하게 행동하고 괴로운 감정을 느끼는 자신의 모습을 주의 깊게 지켜본다. 그리고는 이에 대해 비합리적으로 생각하는데, 이 생각이 원인이 되어 부적절한 행동에 대한 역기능적 감정이 새롭게 생겨나는 것이다. 이 흐름을 다음에 정리해 보자.

촉발사건(A): 엄마가 내담자를 몹시 나무랐다.
비합리적 신념(IB)[2]: '난 누가 나한테 잔소리하는 것을 좋아하지 않아. 그러니까 엄마는 잔소리를 하지 말아야 해. 그런데도 나한테 잔소리한 우리 엄마는 멍청이야.'
감정 및 행동상의 결과(C): 엄마에게 화내기, 소리 지르기.

그다음에 일어난 일은……

이차적 촉발사건(A_2): 내가 엄마에게 화내고 소리 질렀다.
이차적 비합리적 신념(IB_2): '절대 냉정을 잃으면 안 돼. 엄마한테 그렇게 소리 지른 난 멍청이야.'
이차적 결과(C_2): 자신에 대한 분노, 창피함.

2) [역주] Irrational Belief

내담자들은 종종 불안 발작이 일어날까 봐 불안해한다. 자기가 우울한 것에 대해 우울해한다. 자기가 분노를 터뜨린 것 때문에 자기에게 화를 낸다. REBT에서는 이것을 **이차적 감정 문제**(secondary emotional problems) 또는 **메타 감정 문제**(meta-emotional disturbance)라고 부른다. 이 개념은 심리치료계에서 긴 역사를 가지고 있다. 1979년 Ellis는 이것을 REBT에 도입해서 광장공포증의 심리치료에 적용했다(Ellis, 1979a). 하지만 필자들은 그가 1975년의 수퍼비전에서 이미 이에 대해 언급한 것을 기억한다. Raimy(1975)가 이 개념을 논한 적이 있었는데 Ellis는 이 영향을 받은 것으로 보인다. 보다 최근에는 이차적 감정 문제라는 개념이 다른 유형의 CBT—수용전념치료(Hayes, Strosahl, & Wilson, 1999), 변증법적 행동치료(Linehan, 1993), 인지치료(Dobson & Hamilton, 2009)—에도 도입되었다. 상담을 시작할 때 이차적 감정 문제를 먼저 다룰 것을 권한다. 이차적 감정 문제가 기본 A-B-C에 대한 개입을 방해하기 때문이다. 이에 대해서는 이후의 장에서 더 논의하겠다.

A-B-C 모형 확장하기

REBT의 A-B-C 모형은 내담자에게 정서적 고통의 원인을 설명하는 데에 유용하다. 이것을 확장한 A-B-C-D-E 모형은 정서적 고통을 감소시키는 과정을 보여 준다. D는 **논박**(Disputation)을 상징한다. 논박을 통해 내담자는 자신의 비합리적 사고를, 인지적으로 그리고 행동적으로 반박하는 법을 배운다. 논박이 성공하면 E단계로 넘어가서 상담자와 내담자는 함께 **유익한 새 신념**(Effective New Belief)을 만든다. 이것은 건강하고 적응적인 감정을 발생시켜서 효율적인 문제해결을 촉진하는 합리적인 철학이다. REBT 상담자는 사고뿐 아니라 행동의 변화를 돕기 위해 자주 행동과제를 숙제로 부여한다.

내담자가 논박의 기술을 숙달하여 보다 합리적인 철학을 담은 유익한 새 신념을 발전시켰다 하더라도 아직 해결해야 할 과제가 남아 있다. 여전히 유쾌하지 않은 촉발사건들과 직면하며 지내야 할지도 모르기 때문이다. 내담자가 자기 자신을 괴롭히지 않아도 이 사건들이 수시로 삶에 악영향을 미친다면 내담자의 행복은 감소하게 될 것이다. 내담자가 스트레스 없는 환경에서 살도록 보장하는 것은 가능하지 않다. 그러므로 자기가 살고 있는 환경의 부정적 측면들에 대처하는 법을 가르치는 것이 현명한 전략이다. 감정적으로 괴로운 상태에서는 문제해결 기술에 악영향이 미치고 자기가 원하는 것을 획득하는 능력도 손상되기 때문이다. 하지만 정서 문제가 감소하고 난 다음에는 내담자가 환경을 변화시키거나 선택해서 불리한 환경적 조건들을 최소화시키는 방향으로 개입의 초점을 전환할 수 있다.

REBT는 **스토아 철학**과 **에피쿠로스 철학**을 통합하여 철학적 기반으로 삼고 있다. 많은 사람들이 스토아 철학을 오해하여 REBT의 지향점이 부정적 상황을 그저 조용히 수용하고 변화시키려 애쓰지 않는 삶이라고 여긴다. 하지만 역기능적 감정으로부터 해방되고 나면 인간은 보다 행복하고 충실한 삶을 위해 노력하며 자신의 목적을 더 잘 달성할 수 있게 된다. 따라서 상담자는 내담자가 자신의 삶이 놓여 있는 상황을 변화시키도록 도울 수도 있다. 상황이 허락한다면, 역기능적 감정과 부적응적 행동을 먼저 변화시킨 다음에 이러한 시도를 하는 것이 바람직하다. 하지만 정서 문제보다 촉발사건 A를 먼저 변화시켜야 하는 경우도 있다. 내담자가 안전을 위협받는 상황 또는 범죄에 연루될 수 있는 상황이 그것이다.

상담의 목표는 자기 자신의 치유자가 되는 법을 배우는 것이다. 내담자는 스스로 비합리적 신념을 발견하고 논박하며, 자신을 괴롭히지 않는 삶을 결정하고 실천할 수 있다.

글상자 4-3

새내기 상담자들은 자주 이런 질문을 한다.

> "따로 시간을 떼어 내담자에게 A-B-C를 직접 가르쳐야 할까요? 아니면 상담과정에서 자연스럽게 소개하는 것이 좋을까요?"

반드시 그런 것은 아니지만, 따로 가르칠 시간을 가지는 것이 대단히 바람직하다. 내담자가 분명한 개념적 스키마를 가지고 구조화된 숙제를 수행하고 상담시간에 배운 것을 다양한 상황으로 일반화하는 데에 도움이 되기 때문이다. 아울러 상담자가 REBT의 이론 및 기법을 충실히 따르는 데에도 도움이 된다. Ellis와 같이 숙련된 상담자들은 종종 이 과정을 생략하기도 하지만, 독자가 REBT 입문자라면 내담자에게 A-B-C 체계를 정식으로 소개하고 원칙대로 상담할 것을 강하게 권한다.

축어록 예시

REBT의 기본 철학을 개관하기 위해 Albert Ellis 박사가 연구소의 수련생들 앞에서 보여 준 상담 시연의 축어록을 요약하여 제시한다. 내담자는 수련과정에 참여한 젊은 상담자였으며, 일과 관련해서 무엇인가 새로운 것을 시작하는 것이 어렵다고 호소했다. 정리하면, A는 새로운 일을 시도하는 것(예를 들면, 워크숍 개최), C는 무력감이었다. Ellis 박사는 내담자에게 자기 자신에게 해로운 어떤 말을 하고 있는지 물었다.

내담자: 저는 일을 망칠지도 몰라요.

상담자: 망치면 무슨 일이 일어나지요?

내담자: 사람들은 제가 형편없는 선생님이라고 여기겠죠.

상담자: 그러면 무슨 일이 일어나지요?

내담자: 정말 싫겠죠.

상담자: 단지 사람들의 평가가 선생님을 괴롭히는 것은 아닐 것입니다.

내담자: 저는 그것을 견딜 수가 없어요.

상담자: 사람들이 형편없는 선생님이라고 여기는 것을 왜 못 견디죠?

내담자: (긴 침묵) …… 저는 사람들에게 좋은 선생님이 되어야 해요.

상담자: 왜 사람들에게 좋은 선생님이 되어야만 하지요? 저는 과학자입니다. 증명해 보세요. (미소)

내담자: (긴 침묵)

상담자: 그래야만 한다고 믿고 있으면, 어떤 감정을 느낄까요?

내담자: 불안해요.

상담자: 사람들은 모두 선생님을 좋아해야 하나요?

내담자: 아니요.

상담자: 그럼 왜……

내담자: 사람들이 저를 좋아하면 좋겠어요. 그게 이유죠.

상담자: 내가 원하는 것을 다 가져야만 하는 것인가요? 이런 절대적 생각이 선생님에게 어떤 결과를 가져오게 될까요?

내담자: 허둥대며 살겠죠.

상담자: 맞아요. 불안하고 우울할 것입니다. 그럼, 선생님이 원하는 대로 되었다고 상상해 봅시다. 다들 선생님을 좋아합니다. 하지만 또 문제가 생길 것이란 것을 아시죠? (잠시 멈춤) 다음에도 또 원하는 대로 될까요? 선생님은 절대적으로 보장된 애정을 원하고 있는 것은 아닌지요?

내담자: 음…… 예.

상담자: 지금의 생각을 붙잡고 있는 한, 마음이 불안할 것입니다. 어떻게 하면 그 생각을 내려놓을 수 있을까요? 사람들로부터 인정받는 것은 선생님이 원하는 것이지만 꼭 필요한 것은 아닙니다. 그럼, 사람들에게 인정받을 방법을 생각해 봅시다. 무엇을 하면 좋을까요?

내담자: 워크숍을 연다?

상담자: 위험을 감수한다. 좋아요. 또 무엇을 할 수 있을까요? (잠시 멈춤) '사람들이 인정하지 않아도 나는 그것을 견딜 수 있다. 혹시 사람들이 내 강의를 좋아하지 않는다면 나는 어떤 사람이 되는 것인가?' 선생님이 워크숍을 잘하지 못했다고 가정해 봅시다. 참 안됐네요! 혹시 원하는 어떤 것을 가지지 못해도 선생님은 행복한 사람이 될 수 있습니까?

내담자: (주저하며) 예……

상담자: 지금 얼마나 힘없이 대답했는지 아십니까? 훨씬 더 크게 말해 볼까요? (시범 보이기) "젠장! 잘하지 못하는 게 많아도 나 자신을 깎아내리지 않을 거야!" 자신을 괜찮은 사람이라고 평가하는 것도 안 됩니다. 왜 선생님이 괜찮은 사람인가요? 자신이 괜찮은 사람임을 증명하는 것은, 자신이 나쁜 사람임을 증명하는 것과 마찬가지로 사실상 불가능합니다. 나는 나입니다. 어떻게 하면 **나 자신을 증명하려 애쓰지 않으면서 즐겁게** 살 수 있을까요? 자신에게 어떤 낙인도 찍지 않는 것을 선택할 수 있습니다. 자기 자신에 대한 점수, 끊임없는 성적표는 필요하지 않습니다. 워크숍에서 자신의 행동을 평가하는 것은 좋습니다. 왜냐하면 잘한다는 것은 유쾌한 일이니까요.

이 장에서는 REBT의 기본을 개관했다. 다음 장에서는 상담 절차의 각 단계에 대해 상술할 것이다. 먼저, A, C, IB를 평가하고 그다음에 IB와 C를 변화시키는 것에 대해 소개할 것이다.

05

좋은 출발을 위한 절차

심리치료는 상담자가 내담자를 처음 접촉한 순간부터 시작되며 두 사람이 협력해서 성공을 위한 기반을 다져 나간다. 그리고 모든 유형의 심리치료에서 공통적으로 유익한 기능을 하는 요인들이 존재한다(Wampold, 2007). 이 장에서는 이러한 요인들 중의 몇 가지에 초점을 맞출 것이다. 성공을 위한 기반 다지기에는 다음 두 측면의 기본과제가 포함된다.

- 관계 측면의 과제: 치료적 동맹 발전시키기, 라포 형성, 협력관계 구축
- 구조 측면의 과제: 내담자 교육, A-B-C 평가, 문제영역 합의, 목표 설정

한 측면의 과제를 성공적으로 수행하면 다른 측면의 과제 성취에도 긍정적 결과가 발생한다. 예를 들면, 적극적으로 상담 목표를 설정하면 치료적 동맹이 돈독해진다. 이 장에서는 인지행동적 개입의 기초 역할을 하는 기본과제들의 수행 방법을 소개한다.

내담자와 함께 준비하기

자신이 내담자가 되어 상담자를 만난 첫 번째 회기를 회상해 보라. 혹시 상담을 받아 본 경험이 없다면 자신이 내담자의 입장이 되었다고 상상해 보라. 낯선 곳에 가서 생면부지의 낯선 사람을 만나 가장 큰 고민을 털어놓는다. 바로 그때 어떤 감정이 느껴졌는가? 이 감정이 상담자와 허심탄회하게 대화하는 데에 도움이 되었는가?

글상자 5-1

내담자들이 상담실을 찾는 이유는 그들이 고통스럽기 때문임을 기억하라. 우선, 내담자에게 희망을 주고 상담과정을 이해하기 쉽게 설명해 주는 것이 중요하다. REBT의 적극적·지시적 접근방식은 이 목표를 성취하는 데에 안성맞춤이다. 정신건강 클리닉에서의 전형적인 접수 절차는 대개 여러 회기에 걸쳐 내담자의 생애사 및 삶의 각 영역에서의 기능 수준에 대한 자료를 수집하는 것이 주가 된다. 하지만 이 과정은 치료적 동맹의 발전을 저해할 수 있다. 독자가 내담자라고 상상해 보라. 살아온 과정과 문제에 대해 과거부터 현재에 이르는 자세한 조사를 받고 싶은가? 아니면 상담을 결심하게 만든 그 문제가 해결되도록 곧바로 도와주면 좋겠는가? Albert Ellis는 회기를 시작할 때 항상 "무슨 문제를 다루고 싶으십니까?"라고 물었다.

새로운 내담자와 상담을 시작하는 한 가지 좋은 방법은 내담자가 이전에 상담을 받은 적이 있는지를 묻는 것이다. 내담자가 긍정적인 기대를 가지고 있으면 긍정적 성과를 거둘 가능성이 높아진다. 혹시 내담자가 기대하는 상담의 모습과 상담자의 생각이 일치하지 않는다면 치료 성과는 낮아지고 내담자의 중도탈락비율은 높아진다(O'Leary & Borkovec, 1978). 아울러 전에 받은 상담에서 도움이 된 것과 그렇지 않은 것도 물어본다. 내담자의 호소문제를 활용해 REBT의 전반적인 특징을 개관하는 시간을 가지는 것도 유익하다. 첫 회기에서는 상담의 상호협력적 성격, 진행방식, 숙제에 대해서도 이야기한다. 즉, 내담자가 상담에 익숙해지도록 돕는 시간이라고 할 수 있다.

내담자의 이전 상담 경험을 알면 좋은 점 하나는 상담자가 불필요한 실수를 피할 수 있다는 것이다. 필자의 경험에 의하면, 이전 상담자가 이미 성공하지 못한 것은 피하는 것이 좋다. 혹시 해야 한다면 되도록 다른 방식으로 기법을 제시할 것을 권한다. 만일 이전 상담자가 어떤 기법을 미숙하게 사용했다면, 잘 되지 않을 것이라는 내담자의 부정적 기대를 방지하기 위해 기법에 다른 이름을 붙여서 제시하는 것도 좋다. 다음의 질문들을 반드시 내담자에게 제시하자.

"이전 상담 선생님과 무엇을 했습니까?"
"무엇이 도움이 되었다고 생각합니까?"
"도움이 되지 않은 것은 무엇입니까?"

때때로 내담자들은 "이전 상담 선생님은 제가 정말 힘들어하는 문제에 대해 한 번도 이야기한 적이 없어요."라고 말하기도 한다. 이것은 내담자에게 "그것이 무엇인가요?"라고 물어볼 좋은 기회이다. 만약 내담자가 특정한 감정 및 행동상의 문제 또는 외상적 사건을 언급한다면, 상담자는 이렇게 질문할 수 있다.

"그것이 지금 다루고 싶은 중요한 문제인가요?"

내담자들은 종종 심리치료가 상담자 앞에서 감정을 쏟아내고 공감을 받는 것이라고 여긴다. 이를 통해 마치 고해성사를 한 것 같은 안도감을 얻을 수는 있겠지만 단지 일시적으로 기분이 나아진 것에 지나지 않는다. 왜냐하면 자신의 역기능적 감정에 대한 책임이 자기 자신에게 있으며, 자신이 스스로를 도울 수 있다는 중요한 통찰을 얻지 못할 것이기 때문이다. Ellis(2001)는 기분이 나아지는 것(feeling better)과 문제가 개선되는 것(getting better)에는 차이가 있다고 말하곤 했다. 상담자에게 공감을 받거나 카타르시스를 느낄 만큼 감정을 표현하면 기분이 나아지는 데에는 도움이 된다. 그러나 이러한 경험은 문제를 개선하는 데에 필요한 기술을 내담자에게 가르쳐 주지 않는다. 필자는 Albert Ellis 연구소에서 수련생과 내담자에게 이렇게 말하곤 했다.

"당신에게는 기분이 나아지게 해 줄 친구가 있습니다. 그리고 당신에게는 문제가 개선되도록 도와줄 REBT 상담자가 있습니다."

글상자 5-2

REBT 상담을 받아 본 적이 없는 내담자에게 REBT를 소개하는 연습을 해 보자. 잠재적 내담자가 인터넷에서 당신의 이름을 검색하여 전화를 건다고 가정하자. 내담자는 당신에게 상담을 받아도 좋을지 결정하기 위해 이렇게 질문한다.

"선생님이 합리적 정서행동치료를 하신다고 들었어요. 저는 이게 어떤 것인지 잘 모릅니다. 혹시 설명을 좀 부탁드려도 괜찮을까요?"

가급적 세 문장 전후의 간단한 답변을 만들어 보자. 그리고 수퍼바이저, 동료 또는 REBT 수련생에게 당신의 답변이 명료하고 간결한지에 대해 피드백을 요청해 보자.

처음 상담을 받는 내담자에게는 상담의 목표 및 절차에 대해 설명하는 것이 매우 중요하다. 상담자가 내담자에게 무엇을 기대하고(예를 들면, 예약시간을 지키는 것, 숙제를 하는 것), 내담자가 상담자에게 무엇을 기대하는지(예를 들면, 인지행동치료가 무엇인지 설명해 주는 것)에 대해 이야기할 시간도 가져야 한다. 이러한 대화를 나누기에 가장 좋은 시기는 첫 번째 회기이며, 대개는 내담자가 호소문제를 몇 가지 꺼내 놓은 직후에 다음과 같이 이야기한다.

"상담시간에 범준 씨는 건강하지 않은 감정을 스스로 통제하는 방법을 배우게 될 것입니다. 이를 위해 범준 씨가 저와 함께 할 일은 사고의 내용과 방식을 점검하는 것, 신념의 일부를 변화시키는 것, 생각과 행동을 바꾸는 데에 도움이 될 숙제를 하는 것, 제가 소개해 드리는 책을 읽는 것 그리고 상담녹음을 듣는 것입니다. 좋은 성과를 거두려면 범준 씨가 적극적으로 참여하는 것이 가장 중요합니다. 저는 범준 씨에게 도움을 드리고 조언을 해 드릴 수 있습니다. 하지만 지금 말씀드린 것들은 범준 씨가 직접 해야 합니다."

상담자의 말이나 행동에 대해 내담자가 동의하지 않는 부분이 있거나 하고 싶은 말이 있으면 처음부터 자유롭게 표현하도록 격려할 필요가 있다. 내담자와의 협력관계가 중요하기 때문이다.

REBT는 **문제중심적**(problem-oriented)이다. 상담의 초기 단계에서부터 이 점을 내담자에게 분명히 해 두는 것이 좋다. 예를 들면, "요즘 우울하다고 하셨는데요. 어떤 일이 있는지 살펴봅시다."라고 이야기한다. 혹시 내담자가 여러 가지 문제를 나열할 경우, 상담자는 단순하게 "상담시간에 어떤 문제부터 이야기해 보고 싶습니까?"라고 질문한다. 그다음 회기부터는 "오늘 무슨 문제를 다루어 보고 싶습니까?" 또는 "지난주에 우리는 이러이러한 문제를 이야기했습니다. 한 주 동안 이 문제에 어떻게 대처하며 지냈습니까?"라고 질문하며 상담을 시작할 수 있다. "그동안 어떻게 지냈어요?"와 같은 일반적인 질문보다는 구조화된 질문으로 회기를 시작하는 것이 바람직하다. 이렇게 하면 문제중심적인 분위기를 형성하고 상담의 초점을 유지하는 데에 도움이 되기 때문이다.

"왜 지금 상담을 예약했는지 이야기해 주시겠습니까?" "지난주에 무슨 일이 있었길래 지금 당장 상담을 받아야겠다고 결심하셨습니까?" 등의 질문도 첫 회기를 시작할 때 유용하게 사용될 수 있다. REBT 상담자의 적극적 · 지시적 태도는 가장 시급한 문제에 초점을 맞추고 내담자를 도우려는 모습을 통해 드러난다. 필자는 내담자들이 어떤 식으로든 고통스러워하고 있음을 항상 마음에 새기고 있다.

글상자 5-3

REBT 상담자 중에는 심지어 첫 회기부터 내담자가 자신의 문제를 REBT의 용어로 개념화하고, 역기능적인 감정과 행동을 유발하는 비합리적 생각을 찾아내며, 무엇을 해서 자신을 고통스럽게 하는지를 발견하도록 돕는 적극적인 시도를 하는 사람이 많다. Ellis 자신도 역시 첫 회기부터 매우 적극적이고 지시적으로 상담을 진행했다. 아마 그의 기질, 오랜 임상경험, 명성 그리고 통찰력 덕분에 빠른 속도의 상담 스타일을 가지게 되었던 것 같다. 새내기 REBT 상담자 중에는 이것을 본받아야 한다고 여기는 사람이 많은데 이러한 생각은 옳지 않다. 초심자들은 Ellis를 그대로 따라 할 수도 없을뿐더러 그렇게 하는 것이 바람직하지도 않기 때문이다. REBT 상담자들의 스타일은 다양하다. 내담자의 성향에 따라 그때그때 다른 스타일을 취할 수도 있다. Albert Ellis 연구소에서 제작한 〈The Master Therapist Series〉 DVD를 통해 여러 상담자들이 자신의 독창적인 스타일로 REBT를 진행하는 모습을 볼 수 있다.

라포 형성하기

적극적이고 지시적인 태도가 라포 형성과 양립할 수 없다고 여기는 상담자들이 많다. 필자는 이에 동의하지 않는다. 치료적 관계의 근간은 우정이 아니라 전문적 역량, 신뢰, 존중 그리고 내담자의 변화를 도우려는 의지라는 점을 기억해야 한다. REBT 상담자는, 그렇게 될 수도 있겠지만, 내담자의 친구가 아니라 내담자를 걱정하는 전문가이다. 그러므로 라포는 상담자가 지시적으로 행동할 때 발전할 수 있다.

필자들은 Ellis와 함께 집단상담을 진행했을 때 이것을 분명히 알 수 있었다. 비록 Ellis는 지시적이었지만, 집단 참여자들은 그에게서 따뜻함을 느꼈으며 존경의 감정을 표현했다. Ellis가 그들에게 질문을 쏟아내고, 그들의 고민에 온 신경을 집중하고, 수용과 인내의 철학을 외치고, 그들이 당장 할 수 있는 일을 가르쳐서 괴로움을 덜도록 돕는 모습을 지켜보며 그들은 Ellis의 진심 어린 걱정을 느낄 수 있었다고 말했다.

다양한 내담자들을 대상으로 상담이 진행되기 때문에 라포 형성 과정에서 저마다 특별한 문제가 발생할 수 있다. 예를 들면, 법원에서 의뢰된 내담자, 직장의 근로자 지원 프로그램을 통해 의뢰된 내담자, 부부 문제 때문에 마지못해 참석한 배우자 그리고 특히 아동과 청소년의 경우가 그러하다. 이들 중에는 상담자가 무엇을 하는지, 왜 자신이 상담자를 만나야 하는지를 이해하지 못하는 사람도 있다. 그리고 상담 자체에 관심이 없는 사람도 있다. 예를 들면, 어떤 아동들은, 혹시 독자가 의사라면, 주사를 놓거나 치아에 구멍을 내거나 다른 의사들처럼 자기를 아프게 할 것이라고 오해한다. 상담에 거부감을 가진 사람들은 '미친 사람'만 상담을 받는 것이라며 협력하지 않으려 한다. 그렇게 하면 자신이 미쳤음을 인정하는 것이라고 여기기 때문이다. 어떤 사람들은, 상담자가 마치 엄격한 판사나 가혹한 훈육관이라도 되는 것처럼, 자기에게 창피를 주거나 잘못을 처벌할 것이라고 여긴다. 이 모든 경우에 있어서 동일하게 적극적이고 진솔한 태도로 접근할 것을 권한다.

REBT 상담자들은 라포를 형성하는 최선의 방법이 내담자와 치료적 작업을 하는 것이라고 입 모아 말한다. 상담자와 내담자가 함께 공동 작업을 하는 과정에서 유대감이 생겨나기 때문이다. 하지만 이것은 주로 숙련된 상담자들에게 적용되는 이야기이다. 자신의 상담기술을 확신하지 못하는 새내기 상담자들은 종종 치료적 작업을 진행하면서가 아니라, 그 과정을 설명하며 라포 형성을 시도하기도 한다.

내담자의 **자기개방**은 상담의 필수조건이다. 그러나 상담에 필요한 종류와 범위의 자기개방이 다른 사회적 상황에서는 대부분 부적절한 행동으로 간주된다는 점을 유의할 필요가 있다. 가족들끼리 감정과 생각을 거의 이야기하지 않는 가정도 많은데, 이럴 경우 자기개방을 보고 배울 기회를 거의 가지지 못한다. 때로는 두려움 때문에 자기개방을 억제하기도 한다. 아동과 청소년의 경우, 자기개방을 이끌어 내기가 매우 어려울 수 있다. 돈독한 우정과 유대감이 발달하는 청소년기 후반에 도달하기 전까지는 개인적 비밀을 상담자와 공유하지 않으려는 경향이 나타나기 때문이다. 내담자의 민족적 배경에 따라, 감정을 알아차리고 표현하는 것을 힘들어할 수도 있다. 어떤 문화에서는 감정의 공유가 금지되기도 한다. 내담자에 따라 자기개방에 익숙하지 않을 수도 있고, 어떻게 자기개방을 해야 할지 모르는 경우도 있다.

자기개방에 대한 상담자와 내담자의 기대치가 다름을 알아차리지 못하는 경우가 종종 있다. 상담자는 내담자가 개인적인 문제를 허심탄회하게 털어놓기를 기대하지만, 내담자는 전혀 다른 생각을 하고 있을 수 있다. 자기개방을 하지 못하는 것을 저항이라든지 심각한 심리적 장애의 증상으로 여기는 상담자도 있다. 필자는 이러한 생각을 그만두도록 권유하고 싶다. 그 대신 여러 가지 가설을 기꺼이 고려하기를 바란다. 특히 자기개방의 문제가 성장과정에서 이것을 보고 배우지 못한 것에서 비롯된 것일 수도 있고, 두려움 때문에 혹은 문화적 기준 때문에 자기개방을 억제하고 있을 수 있다는 것을 유념해야 한다.

글상자 5-4

내담자의 핵심 비합리적 신념, 즉 가장 중심적인 문제를 상담 초기 단계에서부터 탐색해야 하는 것일까? 이것은 그다지 좋은 생각이 아니다. 만약 내담자가 가장 심각한 문제는 꺼내 놓지 않고 피상적이거나 덜 힘든 문제만 이야기하는 것처럼 보인다면, 덜 핵심적인 이 문제들에 REBT 모형을 적용함으로써 많은 것을 얻을 수 있다. 덜 괴로운 문제, 자신과 덜 관련된 문제일수록 비합리적 신념을 찾아내고 이를 변화시키는 방법을 배우는 것이 상대적으로 수월하다. 덜 핵심적인 문제들에 REBT를 적용하는 법을 내담자가 배우고 나면, 학습한 REBT 기술을 보다 심각한 문제들에 적용하기 쉬워진다.

자기개방에 대한 불편감은 내담자들이 자신의 문제행동을 사회적으로 용납될 수 없는 행동으로 여길 때 두드러지게 나타난다. 인터넷 음란물 중독, 동성애, 난교, 알코올 의존, 저장행동, 강박증상 그리고 자살에 대한 생각 등이 이러한 범주에 해당된다. 여러 회기에 걸쳐 상호신뢰의 분위기를 조성한 후에야 이러한 문제들이 모습을 드러낸다. 당일의 상담시간 대부분을 가벼운 문제를 이야기하며 보내고, 마칠 시간이 다 되어서야 힘든 문제를 간단히 언급하는 일을 반복하는 내담자도 있다. 상담자가 인내심을 가지고 부드럽게 직면해 간다면 내담자들은 중요한 문제를 꺼내어 놓은 것을 덜 주저하게 될 것이다.

만일 상담 초기에 자기개방이 나타나지 않는다면 **강화하기**와 **모범 보이기**를 시도해 볼 수 있다. 즉, 내담자가 자기개방을 할 때마다 강화해 주고, 상담자 자신이 적절한 자기개방을 직접 보여 줌으로써 이것이 안전하고 바람직한 행동임을 알려 주는 것이다. 그리고 상담자가 매우 적극적이거나 성격이 급한 사람이라면 쉽지 않을 수도 있겠지만, 내담자에게 두려움을 가라앉힐 충분한 시간을 허용하는 것이 좋다. 필자의 경험에 의하면, 특정한 문제에 대해 이야기하지 않아도 좋다는 것을 내담자에게 알려야 한다. 하지만 무엇 때문에 그 이야기를 하는 것이 힘든지에 대한 이야기를 나누는 것은 필요하다.

글상자 5-5

첫 회기가 시작되기 전부터 내담자가 REBT에 익숙해지도록 도울 수 있다. 심지어 감정적으로 힘든 상태의 내담자도 그렇다. 그런 경우, 처음 전화통화를 할 때 내담자의 감정을 대략적으로나마 짚어 주자. 예를 들면, "말씀을 들으니 힘든 시간을 보내고 계시다는 것을 알겠습니다."라고 말하는 것도 좋다. 그리고 나서는 다음의 예시와 같이 구조화를 시작한다.

"지금부터 상담실에 오시기 전까지의 시간 동안 해 보시도록 부탁드리고 싶은 것이 몇 가지 있습니다. 우선, 어떤 문제를 가지고 계시고 어떤 도움을 받고 싶으신지를 생각해 오십시오. 그리고, 이런 일지를 적어 보십시오. 힘든 감정이 느껴질 때 자리에 앉아 마음속에 떠오르는 생각을 무엇이든 자유롭게 기록하는 것입니다. 혹시 감정적으로 정말 많이 힘이 드신다면, 이 감정에 대한 기록이 상담에 크게 도움이 될 것입니다. 첫 상담시간에 다룰 좋은 주제가 될 것이기 때문입니다."

내담자의 문제를 당장 해결할 필요는 없다. 그러므로 마음의 여유를 가지는 것이 좋다. 내담자의 문제를 평가하려면, 내담자를 알아 가고 그가 가진 생각의 윤곽을 파악할 시간이 필요하다. 상담자가 진심으로 관심을 가지고 경청한다고 느껴질 때 내담자는 개인적인 문제를 털어놓기 시작할 것이다.

글상자 5-6

상담을 받은 적이 있는 내담자들은 이전과 같은 것을 기대하며 상담실을 찾아온다. 특히 비지시적 심리치료를 받았던 사람들은 더욱 그렇다. 이들은 자신의 문제에 대해 끊임없이 이야기한다. 재용 씨는 매주 상담자를 찾아와 회사에서 화났던 일을 끝도 없이 구구절절이 털어놓으며 직장을 그만두고 싶다고 했다. 하지만 그는 아무것도 하지 못하고 그저 허우적대고 있었다. 한 주간의 일을 자세히 늘어놓는 것은 이전 상담에서 매번 하던 일이다. 이렇게 해서는 당면한 문제에 대한 새로운 반응을 배울 시간을 가지기 어렵다.

REBT는 적극적인 심리치료이다. 그러므로 상담시간에 감정을 쏟아내는 것 이상의 것을 할 수 있음을 내담자에게 전달한다. 이 메시지는 다음의 예시와 같이 내담자를 존중하는 태도로 제시되어야 한다.

> "재용 씨, 문제를 아주 잘 이야기해 주셨습니다. 말씀하신 상황에서 재용 씨가 무엇을 생각하셨는지를 살펴보고 어떻게 하면 다르게 생각할 수 있는지를 함께 찾아보면 도움이 되시겠습니까?"

REBT 소개하기

앞에서 언급한 것처럼, 내담자가 REBT에 익숙해지도록 돕는 작업은 첫 회기 시작 전의 전화통화에서부터 시작된다. 어떤 종류의 심리치료를 진행하는지 그리고 첫 회기에 무엇을 할 것인지를 소개한다. REBT는 **문제중심적 접근**을 지향하는 심리치료이다. "무슨 문제를 먼저 이야기하고 싶습니까?" 또는 "지난주에 무슨 문제가 당신을 가장 괴롭혔습니까?"라고 상담자가 질문할 때, 다음과 같은 메시지들이 내담자에게 전달된다.

- 지금 대화를 나누는 이유는 문제를 해결하기 위해서이다.
- REBT는 **감정적 문제**를 해결하는 것에 초점을 둔 효율적인 심리치료이다.
- 적극적이고 지시적인 방식으로 상담이 진행될 것이다.

내담자 평가하기

뉴욕의 Albert Ellis 연구소에서는 내담자가 처음 방문했을 때 질문지를 작성하게 한다. 이러한 평가의 목적은 개인사와 관련된 기본정보를 수집하는 데에 필요한 시간을 단축하고, 내담자가 자신의 목표에 집중하도록 도우며, 상담자가 사례 개념화 및 처치 계획을 준비하는 데에 필요한 정보를 제공하는 것이다. 이 자료는 문제에 대한 가설을 생성하는 데에 유용할 뿐만 아니라 문제 개선 추이를 모니터링하기 위해 필요한 기초선을 제공한다.

Albert Ellis 연구소에서 처음 방문한 내담자에게 실시하는 질문지는 개인 정보 기록양식(〈부록 3〉), 밀론 임상 다축 성격검사Ⅲ(Millon Clinical Multi-Axial Inventory Ⅲ; Millon, 1987, 1988), 정신장애 진단 선별 질문지(Psychiatric Diagnostic Screening Questionnaire; Zimmerman & Matia, 2001), 분노장애 척도-단축형(Anger Disorder Scale-Short Form; DiGiuseppe & Tafrate, 2004), 삶의 만족도 척도(Satisfaction with Life Scale; Diener, Emmons, Larsen, & Griffen, 1985), 상담 성과 척도(Outcomes Questionnaire; Lambert et al., 1996), 태도와 신념 척도(Attitudes and Beliefs Scale 2; DiGiuseppe, Leaf, Robin, & Exner, 1989) 등이다. 모든 문항에 대한 응답 및 점수가 전산처리되어 상담자에게 곧바로 전달된다.

정신건강 클리닉을 찾은 내담자들은 대개 제법 긴 시간에 걸쳐 개인사를 조사하는 면담에 참석하고 심리검사를 받지만, 이것이 필요한 이유에 대한 설명을 듣지 못하는 경우가 적지 않다. 이 표준화된 절차가 내담자들이 중도탈락하는 주요한 원인 중의 하나임이 널리 알려져 있다. 내담자들의 인내심이 부족해서라기보다는 자신의 요구가 충족될지에 대한 확신을 잃었기 때문이다. 이 절차를 통해 수집된 정보 중의 상당 부분은 REBT 진행에 불필요하다. REBT를 시작하기 위해 필요한 정보는 이러한 종류의 것이 아니다. 내담자의 배경에 관한 정보는 유용하지만, 첫 회기 시작 전부터 경직된 절차에 따라 개인사를 캐묻는 것은 내담자와의 라포 형성을 저해할 수 있다. 어떤 내담자들은 인간미 없는 표준화된 검사 배터리에 부담감을 느낀다. 검사가 부적절하며 소중한 시간을 낭비하는 것이라고 여기는 내담자도 있다. 만약 내담자가 자신의 문제를 노출하는 일에 수치심이나 불안감을 느낀다면 평가과정에서도 문제를 숨길 가능성이 높다.

내담자에게 최상의 심리치료를 제공하는 방법은 내담자가 다루고 싶어 하는 문제를 해결하는 것이다. 그리고 내담자를 무조건적으로 수용해야 상담자를 자신의 비밀을 털어놓을 수 있는 유능하고 믿음직한 사람이라고 여기게 된다. 그러므로 '진짜' 문제 또는 모든 문제들의 목록이 나오기를 기다릴 필요는 없다. 어떤 촉발사건이든 아니면 어떤 감정 및 행동상의 결과이든 상관하지 말고, 내담자가 기꺼이 이야기하는 것을 경청하고 이를 바탕으로 A-B-C 모형을 가르치는 것이 좋다.

REBT는 인지치료이기 때문에 내담자의 인지기능을 간단히 평가하는 것이 상담 진행에 도움이 된다. 정식 심리검사 배터리는 아동에게 실시하는 것이 좋으며 성인에게는 필수적이지 않다. 하지만 일부 성인의 사례에서 표준화된 검사가 인지기능에 관한 정보수집에 도움이 되기도 한다. 인지기능 결손은 신경학적 원인에 의해 발생할 수도 있다. 신경학적 문제는 심리적 차원뿐 아니라 이에 수반되는 사회기술의 결손에도 영향을 미치는데, 주의 깊은 관찰과 검사가 수행되지 않으면 모르고 지나치기 쉽다. 유명 작곡가 George Gershwin은 두통 때문에 수년간 정신분석을 받았지만 뇌종양으로 사망했다.

인지기능 결손은 만성적인 물질 남용의 결과일 수도 있다. 상담자가 이러한 가능성을 언급하면, 어떤 내담자는 자신이 하루도 결근한 적이 없는 성실한 사람이라고 주장하며 놀라기도 한다. 비록 내담자가 서면으로 작성해 준 양식에 기록되어 있다 하더라도, 상담자가 직접 질문하여, 생애에 걸친 알코올 및 다른 약물의 사용, 평상시보다 많은 양을 사용하는 경우 등을 살펴보는 것이 좋다. 내담자가 정확한 답변을 회피하고 있음이 의심될 때에는 가족들을 통해 확인하는 것이 일반적이다.

문제진단은 좋은 처치를 위한 첫걸음이다. REBT에서는 정서적 고통을 유발하는 역기능적인 신념체계를 주로 진단하지만, 다른 문제들을 진단하는 것 역시도 중요하다. 상담자는 첫 회기부터 계속 내담자의 삶에 관한 정보의 조각들을 모아 내담자의 현재 기능 수준에 대한 그림을 그려 나간다. 일부 정보는 개인 정보 기록양식 등의 지필 척도를 통해 수집되지만, 대부분의 정보는 상담시간 중에 보다 비형식적인 방식으로 그 모습을 드러낸다.

내담자의 신념체계에 대한 A-B-C 분석에 더해 상담자는 주요한 문제들에 대한 주의 깊은 행동분석을 수행한다. 특정한 표적행동의 선행사건 및 결과를 밝히는 것이다. 예를 들어, 내담자가 비만 문제로 도움받기를 원한다면, 상담자는 행동치료의 원칙을 따르며 내담자에게 언제 어디에서 무엇을 먹었는지, 먹을 때 어떤 기분과 생각이 들었는지, 먹은 후 자신 및 환경에 발생한 즉각적인 결과는 무엇인지를 기록하도록 요청한다. 내담자 곁의 주요한 타인들이 수행한 역할 역시도 중요하다. 예를 들면, 내담자의 배우자가 음식을 많이 먹도록 권하지는 않는지, 혹시 그렇다면 이러한 행동의 동기는 무엇인지, 내담자의 체중 감소가 배우자에게 어떤 의미를 주는지를 살펴볼 필요가 있다.

글상자 5-7

내담자 모두가 독특하기 때문에 각자 다른 것을 원한다. 어떤 내담자는 곧바로 뛰어들어 문제를 해결하려 하지만, 천천히 진행하며 자기가 살아온 이야기를 많이 하고 싶어 하는 내담자도 있다. 한 내담자는 곧바로 본격적인 작업을 시도하려는 상담자에게 강하게 저항하며 "저는 자신에 대해, 가족에 대해 그리고 제가 살아온 배경에 대해 더 이야기하고 싶어요. 그래야 선생님이 저를 잘 이해하실 것이고 저도 선생님을 믿을 수 있을 거예요."라고 말했다.

내담자가 무엇을 원하는지 확신이 서지 않을 때는 직접 물어보는 것이 좋다. "제가 범준 씨를 도우려면, 범준 씨에 대해 어떤 것들을 알아야 할까요?"라고 질문하는 것도 좋다. 이 질문을 통해 내담자가 상담에 대해 가진 생각이 드러나기도 한다. "무엇이 범준 씨에게 도움이 될까요?"라고 질문하면 내담자가 상담자에게 기대하는 역할이 무엇인지를 이해하는 데에 도움이 된다.

문제영역을 확인하고 합의하기

내담자는 대개 자신의 문제를 모호한 용어로 진술하거나 외부적 문제인 것처럼 표현한다. 다음의 예를 살펴보자.

딸하고 문제가 좀 있어요.

저는 사회생활에 문제가 있어요.

결혼생활에 대해 도움을 받고 싶어요. 우리는 서로 소통을 하지 않아요.

그러므로 상담을 준비할 때 가장 먼저 해야 할 일 중의 하나는 무엇이 문제인지에 대한 합의에 도달하는 것이다. REBT에서는 문제가 내담자에게 어떤 영향을 미치는지에 초점을 맞춘다. 즉, 내담자가 문제의 감정 및 행동 측면에 집중하도록 하여, 궁극적으로는 B→C 인과관계에 주목하도록 이끄는 것이다. 다음의 예를 살펴보자.

내담자: 열여덟 살 먹은 딸아이가 하는 일 없이 집에서 음악만 듣고 있는데 제가 아주 미치겠어요.

상담자: 말씀을 들으니 많이 힘드실 것 같습니다. 이 문제의 다른 측면, 그러니까 어머님 자신에 대해서도 잠시 생각해 보는 것이 어떨지요? 혹시 따님에게 지금과 다르게 행동하라고, 엄마를 화나게 하지 말라고 요구하고 계신지요?

내담자가 문제라고 주장하는 것이 모호해서 '진짜' 문제를 진단하는 것이 어려워지기도 한다. 사회생활에 문제가 있다고 말하는 내담자의 경우를 생각해 보자. 내담자가 사회불안이라는 정서적 문제 또는 사회기술 결손이라는 행동적 문제를 가지고 있을 것으로 추측하는 사람도 있을 것이다. 하지만 조금 더 파 보았더니, 내담자는 사회적 상황에서 자신을 가차 없이 깎아내리고, 자신을 비하하는 농담을 했다. 당연히 내담자는 함께 있으면 유쾌한 사람일 리 없었다. 무엇이 '진짜' 문제인가? 아마도 우울일 것이다. 요점은 내담자가 분명하고 구체적으로 문제를 설명하도록 요청해야 한다는 것이다. 예를 들면, 다음과 같이 질문해 볼 수 있다.

"사회생활에 문제가 있다는 것을 어떻게 아셨습니까?"
"가장 최근에 이 문제가 발생한 것은 언제입니까?"
"주변 사람들에게 어떤 이야기를 들으셨습니까?"

무엇이 가장 중요한 문제인지에 대해 내담자와 의견이 다른 경우를 생각해 보자. 내담자의 호소문제가 다른 문제를 감추기 위한 장막이라는 생각이 든다고 하자. REBT의 절차를 따르며 내담자가 지금 호소하는 문제를 다루겠는가? 아니면 '진짜' 문제를 포착하려고 노력하겠는가? 필자는 전자를 선택할 것을 권한다. 내담자들은 때때로 호소문제를 통해 상담자가 정말로 자신을 도울 수 있는지를 시험하기도 한다. 이러한 사례는 첫 방문 시 실시하는 진단적 평가가 생산적이지 않을 수 있음을 보여 준다. 그리고 첫 방문 시뿐만 아니라, 상담의 전 과정에 걸쳐 평가가 진행되어야 한다는 교훈을 준다. 상담 초기 단계에서는 대개의 경우 내담자가 문제를 꺼내 놓을 때까지 기다리는 것이 바람직하다.

상담자가 내담자의 문제를 기술할 때는 이것이 잠정적인 소견이며 나중에 수정될 수 있음을 전달하는 것이 좋다. 문제의 성격에 대한 최종적인 평가 또는 진단과 같은 것은 존재하지 않는다. 좋은 임상가는 기꺼이 오류를 범하고, 새로운 정보를 바탕으로 사례에 대한 소견을 기꺼이 수정한다. 문제에 대한 가설을 내담자와 공유하고 이를 수정해 가는 과정에서, 상담자는 자기를 개방하고, 기꺼이 오류를 범하며, 과학적으로 사고하는 시범을 보이는 것이다. 이 과정에서 상담자와 내담자 사이에 협력과 존중의 관계가 형성된다. 이때 단정적인 문장으로 문제에 대한 가설을 진술하지 말 것을 권한다. 가정적인 언어를 사용하고 질문을 통해 피드백을 요청하라. 예를 들어, "세린 씨가 말씀하시는 사회생활 문제가 실은 우울한 감정 때문일 가능성이 있습니다. 이에 대해 세린 씨가 어떻게 생각하시는지 궁금합니다."라고 말한다면, 내담자에게 피드백도 요청하고 존중도 표현할 수 있다.

내담자가 자기의 문제를 특정하지 못할 때는 어떻게 해야 할까? 상담자는 다음과 같은 질문을 시도해 볼 수 있다.

> "만약 오늘이 마지막 회기라면, 상담을 통해 무엇을 성취했기를 바라십니까?"

내담자는 자신의 목표를 만들기 시작하고 어떤 감정과 행동이 목표성취를 방해하는지를 탐색할 수 있을 것이다.

혹시 문제의 성격을 확인하는 단계에서 내담자와 합의에 도달하지 못한다면, 내담자에게 '문제 일기(problem diary)'를 작성하도록 제안해 볼 수 있다. 한 주 동안 괴로운 감정을 모니터링하며 언제 어디에서 느꼈는지를 기록하는 것이다. 목표를 발견하는 데에 어려움을 겪는 내담자에게 추천할 만한 방법은 『The REBT Resource for Practitioners』(Wolfe & Bernard, 2000)에 수록된 '3개월 목표 워크시트'를 작성하며 목표를 세분화하는 것이다. 이 워크시트에서는 증가시킬 행동과 감소시킬 행동, 증가시킬 생각과 감소시킬 생각, 증가시킬 감정과 감소시킬 감정, 증가시킬 감각과 감소시킬 감각으로 목표를 나눈다.

종합하면, 문제가 무엇인지에 대해 내담자와 의견 일치를 본 다음에 구체적 평가로 이행하는 것이 바람직하다. 문제영역에 대한 구체적 평가를 수행할 때에는 최대한 구체적으로 자세히 살펴보아야 한다. 내담자는 수많은 맥락 속에서 감정 문제를 경험하고 이와 관련된 비합리적 생각을 한다. 따라서 문제를 구체적으로 살펴볼수록, A, B, C에 대해 신뢰도와 타당도가 높은 자료를 획득할 수 있다. 이를 실행하는 한 가지 방법은 해당 문제가 발생한 최근의 일 또는 전형적인 예를 물어보는 것이다. 예를 들면, "X가 마지막으로 일어난 것은 언제입니까?"라는 질문을 사용해 볼 수 있다.

목표 세우기

상담 초기의 몇 회기에서는 내담자와 함께 목표를 세운다. 목표에 대한 내담자와의 합의는 암묵적으로 이루어질 수도 있지만, 가급적 명시적으로 합의하는 것이 바람직하다. 양자 간 합의가 성립되어야만 문제가 개선되고 있는지를 서로가 판단할 수 있게 된다. 상호 합의된 목표를 수시로 재검토하고 수정함으로써, 내담자는 목표성취에 대한 책임감을 느끼고 적극적으로 상담과정에 참여하게 된다. 목표를 글로 적어 놓으면, 내담자가 본래의 궤도에서 벗어나거나 과제에 집중하지 못할 때, 이것을 내담자와 함께 점검할 수 있다는 장점이 있다. 예를 들면, 다음과 같은 상황이다.

"애리 씨, 지금 문제에 집중하지 못하시는 것 같습니다. 이러면 애리 씨가 계획한 목표에서 멀어지는 것은 아닌지요?"

"상문 씨는 여자친구를 사귀고 싶다고 했었지요. 밖에 나가서 사람들을 만나지 않는다면, 이 목표를 어떻게 달성할 수 있을까요?"

상담자는 전문가 윤리강령을 따른다. 이것은 내담자가 원하는 변화가 일어나도록 돕는 것을 의미한다. 상담자의 사명은 내담자가 가진 모든 비합리적 신념을 제거하는 것이 아니라, 그들이 겪고 있는 문제를 함께 해결하는 것이다. 종종 내담자가 인식하지 못하는 중요한 문제가 눈에 보여서 이것을 내담자와 다루고 싶을 때도 있다. 다음의 예를 살펴보자.

"제 생각에는 요환 씨가 꺼내 놓지 못한 다른 문제들이 좀 있는 것 같습니다. 왜 이 문제들을 저와 함께 다룰 필요가 있는지 말씀드려 보겠습니다."

이 경우에도 최종적인 결정은 내담자가 내리도록 하는 것이 바람직하다. 그리고 장기적 목표와 더불어 주간 목표를 설정할 것을 권한다. 매 회기 말미에 각 문제영역을 훑어보고, 다음 단계의 과제를 결정하고, 문제 개선 정도를 점검하고, 후속 회기 목표의 윤곽을 잡아 볼 수 있다.

목표 합의하기

앞에서 소개한 절차를 잘 따른다면 목표 합의에 도달하는 것은 크게 어렵지 않을 것이다. 그렇지만 때에 따라 이 일이 복잡하고 어려워지기도 한다. 바로 상담자와 내담자가 서로 다른 목표를 염두에 두고 있는 경우이다. 부부상담, 성치료, 분노 및 죄책감 문제를 다루는 심리치료에서 이런 일이 자주 발생한다. 내담자는 A가 변화하기를 바란다. 그리고 실질적 또는 행동적 해결책을 원한다. 하지만 REBT의 접근방식은 감정 문제에 대한 해결책을 먼저 찾는 것이다. 달리 말하면, A를 변화시키려 하지 말고 우선 C에 집중하도록 내담자를 독려한다. 왜 REBT에서는 **감정 문제**를 먼저 다루는 것일까? 세 가지 이유를 제시해 보겠다.

첫째, 고통스러운 부정적 감정은 **학습**을 저해한다. Yerkes Dodson 법칙은 수행 수준과 감정의 강도 사이에 역 U자 형태의 관계가 있음을 보여 준다. 각성 수준이 너무 낮으면 축 늘어져서 아무것도 하지 못할 것이며, 반대로 너무 높아도 불안해서 어찌할 바를 모를 것이다.

둘째, 고통스러운 부정적 감정은 **문제해결능력**을 저하시킨다. 이로 인해 문제에 현명하게 대처할 방법을 제대로 생각해 내지 못하는 일이 생긴다.

셋째, 고통스러운 부정적 감정은, 순기능적인 행동을 배웠다 하더라도, 생산적인 결과를 산출하지 못하도록 방해한다. 예를 들면, 주장성이 낮은 사람 중 상당수는 주장 행동의 기술이 부족한 것이 아니라 불안 때문에 주장 행동을 억압하고 있었다는 연구 결과도 있었다(Schwartz & Gottman, 1976).

고통스러운 부정적 감정을 감소시켜야 하는 것은 맞지만 이것만으로는 충분하지 않다. 이 감정을 건강하고 고통스럽지 않은 부정적 감정으로 대체해야 한다. 그래야 감정의 속박에서 벗어나 자유롭게 자기 삶의 실질적인 문제들을 다룰 수 있으며, 나아가서는 자기실현과 삶의 질 개선을 이루어 갈 수 있다.

목표와 관련해 자주 발생하는 문제들

내담자가, 감정 및 행동상의 결과가 아니라, 상담과정과 관련된 목표를 이야기한다면 주의할 필요가 있다. 예를 들면, "제가 왜 우울한지 정말 이해하고 싶어요." "제가 어떤 비합리적 신념을 가지고 있는지 알고 싶어요." "제가 어떻게 그렇게 비합리적이 되는지 알고 싶어요."와 같은 목표들이다. 이 목표들은 애매해서 상담자와 내담자 중 그 누구도 이것의 성취 정도를 판단하기 어렵다. 따라서 상담의 효과를 점검하는 시간을 가질 때 두 사람 모두 실망하게 될 것이다.

내담자의 목표가 현실적인지 또는 유익한지를 평가하라. 예를 들면, 영표 씨는 아내와 헤어졌다. 상담실에 찾아온 그의 목표는 행복한 기분을 느끼는 것, 아내가 떠난 것을 신경 쓰지 않는 것, 아내가 떠난 것은 전혀 나쁜 일이 아니라는 믿음을 획득하는 것이었다. 영표 씨가 이러한 시도에 성공하는 일은 아마 가능하지 않을 것이며 바람직하지도 않다. 외로운 토요일 밤이 돌아올 때 또는 아내와 자주 가던 단골 가게에 들를 때 이러한 무심한 태도는 유지되지 못할 것이다. 아내와 헤어진 것이 별문제 아니라는 관점은 얼마 가지 못해 무너지게 될 것이다. 왜냐하면 이것은 분명히 중대한 문제이기 때문이다. 만일 내담자가 부적절한 감정 목표를 선택한다면, 그 감정을 유지할 수 없을 것이다. 그 감정을 지탱하는 신념이 비합리적이며 현실과 일치하지 않기 때문이다. 아내와의 이별에 대해 행복한 감정을 느끼려면, '아내가 떠난 것은 정말 좋은 일이다.'라는 믿음을 가져야 한다. 이 믿음은 현실과 일치하지 않는다. 따라서 이 목표는 성취될 수 없다. 영표 씨의 결혼생활이 끝난 것은 불행한 사건이다. 내담자의 현실부정이나 감정적 분리에 동조하는 것은 바람직하지 않다. 그 대신 상담자는 영표 씨가 보다 합리적이고 현실적인 믿음을 가지도록 도울 수 있다. 그것은 절망과 고통에 빠지지 않으면서 불행한 현실을 직면하고 적절한 슬픔과 애도를 허용하는 믿음이다.

때때로 사람들은 자신이 경험하고 있는 감정적 고통이 합당한 것이라 여기며 변화에 저항한다. 가장 대표적인 감정은 죄책감이며, 종종 분노와 우울감에서도 이러한 저항이 나타난다. 남편과 5년 전에 사별한 이탈리아 여성이 우울감에 빠져 지내다 자녀들의 권유로 상담을 받게 되었다. 내담자는 강하게 저항하며 자신의 비통한 감정이 합당한 것임을 주장했다. 남편이 세상을 떠났기 때문에 자신의 삶은 끝났다고 믿고 있던 것이다. '비참하게 살지 않으면' 잘못된 것이냐고 상담자가 물었더니, 내담자는 그런 삶을 상상할 수 없다고 대답했다. 이에 "말씀하신 것처럼 앞으로 영원히 슬픔 속에 사셔도 괜찮습니다!"라고 상담자가 농담을 하자, 내담자는 놀란 표정을 지었으며 한동안 생각에 빠졌다. 그리고는 남편과 함께 시실리 섬을 여행하던 때의 일을 이야기했다. 검은 장막이 드리워진 집을 여행 가이드가 가리키며 '미망인의 집'이라고 불렀는데, 그 집의 남편이 26년 전에 죽었고 아내는 여전히 슬픔에 빠져 지낸다고 했다. 이 일을 떠올리며 내담자는 혼잣말처럼 말했다. "이 사람 너무 오래 이러고 있네요. 이건 아닌 것 같아요." 오랫동안 슬퍼하는 것이 불필요한 감정적 부담임을 깨달은 다음부터 내담자는 남편의 죽음에 대한 감정을 변화시키는 작업을 시작할 수 있었다.

내담자들의 눈에는 가끔 목표가 성취될 수 없는 것처럼 보이기도 한다. 내담자가 새로운 감정을 **개념화**하지 못하고 이것이 적응적이고 보다 순기능적이라는 것에도 동의하지 않는 때가 그런 경우이다. 예를 들면, 리나 씨는 여러 남성과 성관계를 가지고 있었으며 이에 대해 죄책감을 느꼈다. 처음에 그녀는 죄책감을 내려놓으려 하지 않았다. 그렇게 하면 영원히 성적으로 문란한 삶을 살 것 같은 느낌이 들었기 때문이다. 그녀는 자신을 통제하기 위해 죄책감을 필요로 했다. 하지만 나중에 책임감 있는 후회와 죄책감을 구별하는 법을 배웠다.

또 한 가지 예를 살펴보자. 한 상담자가 자녀에게 화를 내는 일 때문에 고민하는 아버지와 5주간 상담을 진행하고 있었다. 여섯 번째 회기에서 아버지는 놀란 표정을 지으며 상담자를 쳐다보았다. "잠시만요. 선생님은 제가 아이들에게 화내지 않기를 바라시나요?" 상담자가 답했다. "아버님, 이제야 이해하셨군요!" 여기에서 주의할 점은 상담자가 상황을 제대로 이해하지 못했다는 점이다. 아버지는 분노가 아이들을 훈육하는 데에 필요한 도구라고 믿고 있다. 따라서 상담자는 분노 말고 다른 어떤 감정들이 책임감 있는 훈육에 도움이 되는지를 놓고 아버지와 충분히 상의했어야 한다.

내담자 중에는 적절한 감정 및 행동 반응의 **역할 모델**을 가지고 있지 않은 경우가 많다. 같은 촉발사건을 겪었을 때, 설령 부정적이라 할지라도 적절하게 반응한 사람을 지인 중에서 지목해 보도록 요청해 볼 수 있다. 직접 아는 사람이 없으면 유명인을 지목해도 괜찮다. 이런 식으로 내담자가 건강한 감정과 행동의 모델을 찾도록 돕는다.

스스로가 개념화하지 못하는 목표를 향해 나아갈 수는 없는 법이다.

내담자: 전 남자 없이는 행복해질 수 없어요.

상담자: 같은 상황에 놓여 있는 사람을 누군가 알고 있습니까? 그러니까 남자는 없지만, 그런대로 행복하게 사는 사람을 말입니다.

내담자: 아니요. 음…… 글쎄요.

상담자: 그런 사람을 찾아서 인터뷰해 오십시오. 남자가 없어서 가끔 울적하기는 하지만 우울감에 빠지지 않는 여성을 찾아보는 것도 좋습니다. 항상 행복하지는 않지만 잘 지내고 있는 사람들이라고 할 수 있지요.

이때 상담자는 내담자가 지목한 모델이 어떤 신념을 표명하며 살고 있는지를 주의 깊게 탐색해야 한다. 내담자가 원래 가진 것과 아주 비슷한 비합리적 생각을 증폭시키는 일이 있어서는 곤란하기 때문이다. 예를 들면, '남자들은 다 해충이야. 아무짝에도 쓸모없어.'와 같은 생각이다. 이런 생각을 가진 사람은 우울해하지는 않겠지만, 절망의 감정을 역기능적인 분노로 대체한 것에 지나지 않는다.

역할 모델을 자조 집단이나 지지 집단에 참여해서 만나는 경우도 있다. 예를 들어, 뚜렛증후군을 가진 자녀의 문제로 어찌할 바를 모르는 부모가 있다고 하자. 뚜렛증후군 지지 집단에 참여하면, 정서적 지지를 받을 수 있을 뿐 아니라, 역할 모델을 발견해 그들의 모습을 보고, 부정적이지만 고통스럽지 않은 수준의 감정이 무엇인지 배울 수 있다. 작은 아들이 심한 원형 탈모증에 걸려 고민하던 젊은 어머니는 REBT를 기반으로 한 탈모증 지지 집단에 참여해 자신이 원하던 도움을 받을 수 있었다.

때때로 내담자들은 자기만 그 문제로 고민하고 있다고 여긴다. 이러한 생각은 자기 비하로 이어지고 문제를 해결할 수 없을 것이라는 절망감에 빠지게 만든다. 필자는 자신이 열등하다는 생각 때문에 우울감에 빠진 여성 내담자를 만난 적이 있다. 그녀는 자신의 문제가 열등감이라고 말했다. 상담자는 내담자와 함께 거리에 나가 지나가는 사람들에게 열등감이 있는지 물어보고, 혹시 그렇다면 어떻게 대처했는지도 알아보았다. 상담자와 내담자는 그들이 멈춰 세운 모든 사람들이 자신의 열등감에 대해 자세히 이야기하고 싶어 하는 것을 보고 놀라움을 금치 못했다. 게다가 사람들은 열등감에 대처하는 다양한 방법을 알고 있었다. 거리에서 돌아온 후, 내담자는 열등감 문제에 대해 희망적인 이야기를 시작하였으며, 열등감을 가진 자신을 수용하는 법을 배울 수 있었다.

06

심리치료의 기본기술

다른 심리치료와 마찬가지로, REBT에서는 상담자가 회기 중에 어떤 태도를 취하느냐에 따라 내담자와의 라포가 돈독해지고 치료 성과가 극대화될 수 있다. 이 장에서는 Rogers(1951)와 Carkhuff(1969)가 제시한 좋은 상담자의 태도를 행동으로 표현하는 방법을 REBT의 관점에서 소개하고자 한다.

좋은 상담자의 태도

공감

공감(empathy)이란 상대방이 경험한 것을 정확하게 **이해**하는 능력과 이렇게 이해하였음을 상대방에게 **전달**하는 능력을 말한다. 공감적인 상담자는 내담자의 감정 상태를 정확하게 이해하기 위해 내담자의 말뿐만 아니라 비언어적 행동에도 주목한다. 그다음에 할 일은, 내담자가 경험하고 있는 긍정적 감정과 불편한 감정을 상담자가 이해하고 있음을 내담자에게 알리는 것이다. 공감이 내담자에게 긍정적 결과를 가져오는 이유는 수용받는 느낌과 교정적 정서경험을 제공하고, 의미탐색과 자기치유를 촉진하기 때문이다. 이 모든 것들은 내담자가 상담에 더욱 협조하도록 동기를 부여한다. 공감이 상담 성과에 미치는 영향력의 정도를 메타분석을 통해 살펴보았더니, 평균 효과크기(effect size)가 .26으로 나타나 성과변인 분산의 4%가량을 설명함이 확인되었다(Norcross & Lambert, 2011). 한 연구(Elliott, Greenberg, & Watson, 2002)에서는 다른 심리치료보다 인지행동치료에서 공감이 치료 성과에 더 큰 영향을 미친다는 결과가 보고되기도 하였다. 하지만 이 결과는 Norcross와 Lambert의 메타분석에서는 지지되지 않았다.

공감적인 REBT 상담자는 자신이 내담자의 감정뿐 아니라 생각까지도 이해함을 다음과 같이 내담자에게 전달한다.

> "마음이 행복하지 않다는 말씀이시군요. 그리고 실수하면 큰일 난다는 생각을 가지고 계신 것은 아닌지요?"

생각과 감정을 함께 이해받았을 때 내담자는 둘 중 어느 한 가지에 대한 작업을 시작할 수 있다. 혹시 상담자가 감정 반영만을 한다면 이러한 선택지를 사전에 배제하는 셈이 된다. 상담자가 이렇게 생각과 감정을 함께 반영해 주면, 어떤 내담자들은 상담자가 자신의 마음을 읽고 있다고 놀라는 동시에 안도감을 느낀다.

내담자에게 공감을 표현하는 것은 두 가지 측면에서 도움이 된다. 하나는 '정서적 지지'이고, 다른 하나는 '문제해결 조력'이다. 상담자가 공감을 제공할 때, 내담자는 이해받았다고 느낄 뿐만 아니라 자신의 감정과 사고를 마주하게 되는데, 이를 계기로 자신의 문제를 되돌아보고 해결을 위한 노력을 시작할 수 있게 된다. 필자의 경험에 의하면, 내담자들이 가장 이해받았다고 느끼는 순간은, 상담자가 그저 자신을 이해만 해 주는 그런 상황이 아니라, 지금까지 혼자서는 어찌하지 못하던 문제를 해결하도록 진심으로 도와줄 때이다.

글상자 6-1

회기 중에 내담자의 기분이 극적으로 개선되는 것을 목격하는 경우가 있다. 회기 전과 후에 내담자의 기분을 측정한 연구들에 의하면, 기분 변화의 분산 중 90%가량이 다음의 두 가지 요인에 의해 설명되었다. 하나는 회기 중에 사용된 기법과 관련된 부분, 예를 들면 내담자의 신념체계가 변화한 정도이다. 그리고 다른 하나는 내담자가 인식한 상담자의 공감 수준, 즉 상담자가 자신을 얼마나 이해하고, 걱정하고, 지지해 주는지에 대한 내담자의 평가이다. 이 두 요인은 서로 독립적으로 작용하며 내담자의 기분 개선에 영향을 미쳤다.

존중

상담자가 무엇을 할 때 내담자는 자신이 존중받는다고 느낄까? 내담자의 행동과는 별개로, 인간으로서의 가치에 대해 깊고 진실한 수용을 나타낼 때이다. 내담자가 이 세상에 존재하고 있다는 그 사실만으로도 이러한 존중(respect)은 정당한 것이다. 설령 내담자가 오류에 빠져 있는 것처럼 보일지라도 실패로부터 많은 것을 배울 수 있기에 상담자는 내담자의 자기 결정권을 존중한다. 내담자를 존중한다는 것은 내담자를 거부하는 것도 과잉보호하는 것도 아니다. 그 대신 내담자가 독립성, 자기 신뢰, 자립심을 키워 가도록 돕는 것이다.

REBT 상담자는 특정한 철학적 문제에 대해 내담자와 견해가 일치하지 않더라도 내담자에게 존중을 표현한다. 내담자가 가진 역기능적인 사고와 행동을 내담자와 뚜렷하게 분리시키는 것이다. 이렇게 상담자가 무조건적인 타인수용의 모범을 보여 주면, 내담자는 인간으로서의 자신의 가치를 자신의 행동 및 성취와 연결시키지 않는 **무조건적 자기수용**을 배우게 된다.

따뜻함

따뜻함(warmth)은 신체접촉, 미소 등과 같이 내담자를 수용하는 비언어적 행동을 내담자에 대한 관심과 애정이 담긴 긍정적인 말과 함께 적절히 사용함으로써 내담자에게 전해진다. REBT 상담자는 내담자에 대한 관심과 배려를 다음과 같은 방식으로 표현한다.

- 내담자의 행동에 세심하게 주의집중하기
- 내담자에게 명료화를 요구하거나 치료적 개입을 시도하기 위해 수시로 질문하기
- 내담자의 문제 및 개인사의 세부사항 기억하기

- 부드러운 유머 사용하기
- 무조건적으로 수용하기
- 내담자가 힘들어하는 문제를 해결하도록 적극적으로 돕기

진실함

진실함(genuineness)은 거짓되지 않은 것, 연기하지 않는 것을 통해 전달된다. 따라서 상담자는 언어적 행동과 비언어적 행동을 일치시켜야 한다. 상담시간에 하는 행동이 평소의 모습과 크게 달라질 필요는 없다.

REBT 상담자는 여기에서 한 걸음 더 나아간다. **적극적 직면**(active confrontation)이 그것이다. 적극적 직면은 진실함을 필요로 하고, 진실함은 솔직함을 필요로 한다. REBT 상담자는 반대의견이 있으면 내담자에게 드러내 놓고 표현하고, 애매한 부분은 곧바로 질문하며, 주저 없이 질문에 답한다.

글상자 6-2

자신의 따뜻함, 배려, 관심의 정도를 주의 깊게 관찰하라. 좋은 것도 너무 많으면 문제가 될 수 있다. 상담자도 내담자와 마찬가지로, '타인의 인정에 대한 절실한 바람'을 가질 수 있다. REBT 상담자는 내담자와의 관계 속에서 모습을 드러낼 수 있는 자신의 비합리적 신념에 세심하게 주의를 기울인다. 내담자와의 관계 속에 상담자의 인정욕구가 표출되고 있는데도 이를 모른 척한다면, 내담자와 상담자 모두에게 어려움이 발생할 수 있다. 이 문제는 내담자가 자신을 변화시키기 위해 진심으로 노력하는 것을 방해할 수 있다. 뿐만 아니라, 상담자가 내담자의 변화를 돕기에 충분할 만큼 단호해지지 못하게 만들기도 한다. 주의 깊은 자기 모니터링이 필수적이다.

구체적으로 살피기

구체적으로 살피기(concreteness)는 문제를 명확히 포착해서 작업하는 것을 의미한다. 이를 위해 세부적인 것에 주목할 필요가 있다. 상담자는 내담자가 경험한 일의 상세한 내역, 즉 '무엇을, 언제, 어디서, 어떻게'를 질문하고, 수시로 구체적인 예를 요구해야 한다.

REBT 상담자는 지각, 인지, 감정의 구체적 세부사항을 중시한다. 내담자가 외부적 상황(A)을 자세히 이야기하도록 내버려 두지 말고 자신의 신념체계에 초점을 맞추도록 독려하라.

직면

직면(confrontation)이란 다음에 제시한 각 항목 속에서 모순 또는 불일치를 감지하여 언급하는 것이다.

- 내담자가 지금 이야기하는 것과 과거에 이야기한 것
- 내담자의 말과 비언어적 행동
- 문제에 대한 내담자의 관점과 상담자의 관점
- 내담자의 감정, 사고, 행동

예를 들면, 상담자는 다음과 같이 내담자의 모순을 지적해 볼 수 있다.

"요환 씨, 아버지가 술에 취해 집에 오는 일이 많았고, 한번은 동생을 들어서 방에 내동댕이친 적이 있다는 말씀이군요. 이 이야기를 하면서 얼굴에 웃음이 보이던데, 그것은 어떻게 된 것인지요?"

"민희 씨, 우리 가족이 너무 좋다고 처음에 말씀하셨지요? 그런데 정작 가족에 대한 이야기를 하나씩 들어 보니 처음에 좋다고 말씀하셨던 것과는 상당히 다른 것 같습니다."

REBT 상담자는 내담자의 생각과 그들이 말하는 감정 사이에 모순이 존재하는지 면밀하게 살펴야 한다. 모순이 발생하면 내담자에게 이를 지적하고 명료화를 요구해야 한다. 이것은 중요한 작업이다. 예를 들면, 내담자가 합리적 신념을 이야기하면서 동시에 건강하지 않은 부정적 감정을 토로하는 것은 흔한 일이다. 이런 경우 두 가지 가능성을 생각해 볼 수 있다. 지금말고 사건이 발생한 그 당시에 내담자가 가지고 있던 생각이 비합리적이었을 수도 있고, 아니면 내담자가 회기 중에 토로한 감정이 사실은 건강한 감정일 수도 있다.

직면에는 용기가 필요하다. 그리고 직면은 상담자가 가진 가장 강력하고 가치 있는 도구 중 하나이다. 예를 들면, 상담자는 이런 식으로 직면을 시도할 수도 있다.

"화가 나지 않았다고 하시면서, 민희 씨는 지금 주먹을 꼭 쥐고 계시는군요."

"지금 문제가 없다고 말씀하셨는데 봉연 씨는 이곳 교도소에서 무엇을 하고 계십니까?"

글상자 6-3

몇몇 임상적 문제는 강하게 부딪히는 직면보다는 부드럽고 꾸준한 직면을 필요로 한다. 학대 가정 또는 알코올 중독자 가정에서 자란 사람들과의 작업이 대표적인 경우이다. 이 사람들은 마치 초인적 인내심을 가지고 있는 것처럼 보이는데, 실제로는 '알아차리지 않는 것'을 대처전략으로 사용하고 있는 것이다. 대화를 나누어 보면, 환상 속에 살고 있거나("저의 어린 시절은 정말 행복했어요."), 현실을 부정하거나("어렸을 때 병원에 가면 재미있었어요."), 억압(repression)과 해리(dissociation)의 중간 지점에 있는 것처럼 보인다("어렸을 때의 일이 별로 기억나지 않아요.").

이것은 방어전략이며 나름대로 이유가 있어서 유지되고 있음을 유념하라. 방어는 알 수도 견딜 수도 없는 기억과 감정 상태를 회피하려는 시도이다. 직면의 목표는 학대받고 성장한 내담자가 자신에게 무슨 일이 일어났는지를 아는 것, 그 일에 대해 강한 부정적 감정을 느끼는 것 그리고 이 감정에 압도당하지 않는 것이다.

Carkhuff(1969)는 매우 부드러운 직면부터 정면으로 부딪히는 직면까지 다양한 단계의 직면 위계체계를 제시했다. REBT 상담자는 이것의 최상위 단계인 가장 직설적인 직면을 사용한다. 이러한 방식은 다음과 같은 이론적 가정에 기반하고 있다.

- 다른 심리치료와 달리, REBT에는 직면 및 통찰에 대한 내담자의 준비도라는 개념이 존재하지 않는다.
- 내담자가 인식하지 못하는 행동에 직면시킴으로써 신속히 문제에 초점을 맞출 수 있다.

- 내담자가 직면 때문에 큰 충격에 빠질 가능성은 거의 없으며 과잉보호는 필요하지 않다.

어찌 보면 REBT 상담자는 직면을 통해 내담자에 대한 존중을 표현한다고 할 수 있다. 하지만 가장 높은 단계의 직면을 사용하기 전에 내담자와 치료적 동맹을 잘 형성해 둘 것을 권장한다.

대개 새내기 상담자들은 직면을 대단히 어려워한다. 쉽지는 않겠지만 직면은 상담 초기에 매우 효과적으로 사용될 수 있다. 전화를 통해 내담자와 처음 대화를 나눌 때 상담자는 REBT의 구성요소 및 전제를 일부 소개할 수 있다. 그리고 이에 덧붙여 첫 회기에 등장할 가능성이 있는 문제 몇 가지(예를 들면, 자신의 문제를 이야기하는 것에 대한 불안, 자기가 인식하지 못하는 감정들)를 미리 논의하는 것은 대단히 도움이 된다. 직면을 시작할 때, 직면을 거부할 의사를 표현하는 것까지 포함해서 전체 과정에 대한 책임이 내담자에게 있음을 이해하도록 돕는 것이 중요하다. 한편, 내담자가 직면을 원하지 않을 경우, 이를 내담자에게 질문하여 확인하는 것은 상담자가 책임지고 수행해야 할 몫이다. 이 과정에서 감내력 과소평가와 같은 비합리적 신념이 존재하는지를 주의 깊게 점검해야 한다.

상담을 받다 보면, 예를 들어 삶 속에서 자신이 어떻게 스스로를 우울하게 만드는지에 대한 상담자의 가설을 듣고 상담실을 나서는 때가 있다. 내담자는 아마 어떤 비합리적 신념이 문제의 원인인지를 어느 정도 알게 되었을 것이다. 하지만 다음 회기까지의 시간 동안 생각해 보니, 상담자의 가설이 옳지 않다거나 자기의 생각은 이와 다르다는 것을 발견하게 될지도 모른다. 이럴 경우, 내담자들은 다음 회기에 와서, "선생님이 말씀하신 것을 듣고 처음에는 그런 줄 알았는데, 나중에 곰곰이 생각해 보니 저는 ~인 것 같아요."라는 식의 이야기를 한다. 상담자가 틀렸다는 생각이 들 때 이를 자유롭게 이야기할 권리가 있음을 내담자에게 분명히 알려 줄 필요가 있다. 그렇게 하면 다음과 같은 세 가지 이득을 얻을 수 있다.

- 내담자는 사회적으로 바람직한 행동을 해야 한다는 생각 때문에 회기 중에 자신의 생각을 표현하는 데에 제약을 받을 수 있다. 하지만 내담자가 의견을 자유롭게 표현해 주면, 상담자는 얼마나 조심스럽게 가설을 제시할지를 손쉽게 가늠할 수 있다.
- 상담자 자신의 가설이 아니라 내담자가 고민하고 있는 문제에 더 관심이 있다는

메시지가 내담자에게 전달된다.

- 문제해결에 대한 책임의 상당 부분이 내담자 자신에게 있음을 알고 상담에 임하게 된다.

내담자와의 협력을 촉진하는 비결은 직면 후에 곧바로 피드백을 요청하는 것이다. 예를 들면, "제가 이 말을 했을 때, 어떤 생각이나 느낌이 들었습니까?"라고 질문할 수 있다. 이러한 질문은 감정 및 인지 반응을 이끌어 내는 좋은 자극이 된다. 내담자가 직면 속에 담긴 내용과 직면 행위 자체에 대해 보이는 반응, 즉 내담자의 피드백은 문제 진단이나 협업에 활용될 수 있다.내담자의 반응을 요소별로 나누어 분석해 보는 것도 좋다.

자기개방

자기개방(self-disclosure)은 라포 형성을 촉진하는 중요한 요소이며 의사소통 과정에서 상담자와 내담자 사이에 경험의 공유가 일어나게 한다. 내담자를 돕기 위해 상담자가 자신의 경험, 생각, 느낌, 태도를 드러내는 특별한 경우가 종종 있다. 예를 들면, 상담자는 "준식 씨가 어떤 일을 겪고 있는지 이해합니다. 실은 저도 같은 일을 겪었거든요. 제가 그때 어떻게 대처했는지를 이야기해 드리지요."와 같이 말하며 자기개방을 시작한다. 자신과 비슷한 문제를 상담자가 겪었고 게다가 성공적으로 해결했다는 점에서 자기개방은 내담자에게 희망을 불어넣어 줄 수 있다. 이와 같이 상담자는 특정한 문제를 다루는 적절한 사고와 행동을 내담자와 공유하며 합리성이 무엇인지를 몸소 보여 줄 수 있다. 뿐만 아니라 자기개방은 상담자가 내담자를 신뢰함을 표현하는 것이다. 이것은 심리치료에서 전형적으로 나타나는 일방통행적 의사소통의 방향을 거꾸로 뒤집는 것이라고 할 수 있다. 자기개방은 REBT 모형을 연습이 아닌 실전 방식으로 가르치는 좋은 방법이 될 수도 있다. 상담자가 REBT를 생활 속에서 실천하며 살고 있는지를 질문하는 내담자도 더러 있다. 이럴 때는 솔직하게 답변하는 것이 바람직하다. 필자의 경우, 컴퓨터 신기술에 대한 필자의 비합리적 신념(예를 들면, 감내력 과소평가)을 털어놓자 내담자들이 안도하는 것을 보았다. 필자는 불완전한 인간의 모델로 자신을 제시함과 동시에 비합리적 신념을 다루는 일의 중요성을 내담자에게 전달하려고 노력했다.

자기개방은 적절하게 사용하였을 때만 도움이 된다. '이것을 개방하면 내담자에게 어떻게 도움이 될까?'라는 질문을 자신에게 던지며 자기개방의 적절성을 점검하는 것이 좋다. 상담자가 자기개방을 하는 이유는 라포를 형성하는 것과 인지 및 행동 전략의 모범을 보여 주는 것, 두 가지임을 명심하라.

글상자 6-4

Windy Dryden은 말더듬에 대한 불안을 극복한 과정을 내담자에게 소개하면서 자기의 문제대처 방식을 보여 주곤 했다. 그가 사용한 전략은 말을 더듬을 것 같은 상황 속에 반복적으로 자신을 밀어 넣고, '말을 더듬으면 더듬는 것이다. 별거 없다.'라는 생각을 되뇌며 일단 입을 열고 보는 연습을 하는 것이었다. 말을 더듬을 때의 불편감에 익숙해질 때까지 이것을 수없이 반복하는 것이 핵심이었다.

유머 감각

건강한 유머 감각(sense of humor)을 발달시켜서 활용할 것을 REBT 상담자들에게 권한다. 결코 내담자가 농담거리가 되어서는 안 되지만, 비합리적 사고나 내담자가 파국이라고 여기는 사건에 부드럽게 재미의 요소를 첨가함으로써 보다 현실적 관점에서 문제를 바라볼 수 있게 된다. 예를 들면, 내담자의 완벽주의와 절대적 요구를 다음과 같이 유머 있게 지적할 수 있다.

"범준 씨는 건강한 완벽주의를 가지고 계시군요. 완벽주의가 별 도움을 주지는 않지만, 아주 잘 발달되어 있어서 좋아요!"

"범준 씨는 황금률을 거꾸로 사용하고 계신 것 같군요. 황금률에 대해 들어 보셨지요? 남에게 대접을 받고자 하는 대로 남을 대접하라. '거꾸로 황금률'은 이런 것입니다. 내가 남을 대접한 대로 남도 나를 대접해야만 한다!"

Ellis(1977c, p. 269)는 유머의 중요성을 이렇게 강조했다.

"유머 감각 자체가 모든 감정적 문제를 치유해 주지는 못할 것이다. 그러나 냉혹한 현실을 너무 심각하게 받아들이지 않는다면 거의 모든 감정적 문제가 치유될 것이다."

글상자 6-5

한 상담자가 자기개방을 하자 내담자가 이렇게 말했다.

"선생님의 고민을 듣자고 제가 이 많은 돈을 내고 여기에 온 게 아니에요. 제 이야기로 다시 돌아가시죠."

내담자가 어떤 반응을 보일지 미리 알 수는 없다. 필자가 권하는 것은 상담 초기에 자기개방을 너무 많이 하지 말라는 것이다. 자기개방을 시작하기 전에 '이 이야기를 하면 누구에게 도움이 될까?'라고 마음속으로 질문하라. 상담시간은 상담자를 위한 시간이 아니다. 이야기를 해서 이익을 보는 사람이 상담자 자신밖에 없다면 그만두어야 한다.

자기개방은 조금씩만 하라. 그리고 내담자에게 피드백을 요청하라. 예를 들면, "제 이야기에 대해 어떻게 생각하세요? 제 이야기를 듣고 혹시 도움이 된 부분이 있습니까? 이것을 어떻게 적용하시겠습니까?"라고 질문해 볼 수 있다.

변화의 과정

내담자의 변화는 여러 경로를 통해 발생한다(Prochaska, 1999). REBT 상담자들이 주로 인지 변화에 중점을 두기는 하지만, 다음에 제시하는 모든 방식을 통합하여 상담에 활용한다. 각 방식과 그것을 실현하는 활동을 소개한다.

- 의식 고양(consciousness-raising): 관찰, 자료수집, 독서를 통해 정보량을 증가시킨다.
- 자기평가(self-evaluation): 가치 명료화, 교정적 정서경험을 통해 감정과 사고를 평가한다.
- 감정 해소(dramatic relief): 문제 또는 해결책과 관련된 감정을 경험한다.
- 자기 해방(self-liberation): 의식적으로 결정을 내리고, 자신이 결정한 대로 행동한다.
- 역조건 형성(counterconditioning): 문제행동을 대안적 행동으로 대체한다.
- 자극 통제(stimulus control): 문제행동을 유발하는 자극을 피하거나 통제한다.
- 강화(reinforcement): 적응적이고 바람직한 행동에 보상을 제공한다.

회기의 구성요소

CBT 계열의 심리치료에는 일정한 회기 진행 절차가 존재한다. 회기를 구성하는 모든 요소들이 매 회기 빠짐없이 실행되도록 하기 위해서이다. 지금부터 소개하는 전형적인 회기 진행 절차를 충실히 따르도록 강력히 권한다.

글상자 6-6

> 상담자가 내담자에게 행사하는 영향력이 얼마나 큰지를 이해하는 것은 대단히 중요하다. 내담자는 대개 상담자의 말, 행동, 표정, 심지어 호흡 패턴까지도 세심하게 살핀다. 내담자가 표현하든 그렇지 않든, 상담자 자신의 영향력을 과소평가해서는 안 된다. 긍정적 태도로 정서적 지지, 배려, 새로운 관점을 제시하는 것은 중요한 기본기술이다. 안타깝게도 기법 중심의 임상 수련에서는 이러한 기술들이 종종 누락되거나 간과된다. 내담자와의 관계적 측면에 대한 수퍼비전을 받아 볼 것을 권한다.

일정한 절차에 따라 회기를 진행하면, 내담자들은 매주 상담시간에 무엇을 하게 될지를 알 수 있기 때문에 편안함을 느끼는 경우가 많다. 진행 절차를 예측할 수 있다는 것은 상담에 흔히 수반되는 불안을 완화시키는 데 도움이 된다. 일정한 절차를 따르는 것은 상담자들에게도 유익하다. 특히 새내기 상담자들 그리고 새롭게 REBT를 배우는 기성 상담자들도 회기 중에 생각해야 할 것이 많아 종종 당황하는 경우가 있는데, 일정한 구조를 가지고 회기를 진행함으로써 이러한 혼란을 줄일 수 있다.

준비

1. 지난 회기에서 남은 문제
2. 확인: 기분, 증상, 복약
3. 새로운 사건: 생활에서의 주요한 변화
4. 숙제 점검
5. 의제설정[1)]

본 작업

마무리

1. 회기 요약
2. 숙제 부여 및 숙제 완수를 방해하는 요소 확인
3. 마무리 질문

본 작업 시간이 준비와 마무리 사이에 위치해 있는 것에 주목하라. 본 작업 시간을 최대한 확보하기 위해 준비와 마무리는 짧게 진행되어야 한다. 대략 준비에 10분, 마무리에 10분 정도가 할애된다. 따라서 일반적인 50분 회기의 경우, 본 작업에 사용할 수 있는 시간은 30분에 지나지 않는다. 이러한 현실적인 제약을 염두에 두고 매 회기를 운영해야 한다.

REBT는 다른 적극적 · 지시적 심리치료와 마찬가지로 **구조화**되어 있으며, 상담자는 일정한 절차를 따름으로써 더욱 구조화된 작업을 진행할 수 있다. 회기의 시작과 끝이 깔끔하다면, 그 사이에 위치한 본 작업은 더욱 매끄럽게 진행될 것이다. 여기에서 상담자에게 요구되는 것이 바로 의제설정 기술이다.

의제를 정하는 이유는 중요한 문제를 다룰 시간을 확보하기 위해서이다. 의제설정을 확실히 해 두면, 내담자가 꺼내 놓는 이야기에 회기가 두서없이 끌려가는 것을 방지할 수 있다. 내담자가 처음 꺼내는 이야기는 대개 사교적인 대화의 성격을 띠고 있으며 내담자가 다루고 싶어 하는 감정적 내용을 담고 있지 않다. 상담자가 회기를 이끌어 가지 않고 내담자에게 끌려 다닌다면, 사교적 대화를 끝내고 본 작업으로 주의를 돌리는 것은 다름 아닌 내담자의 몫이 되고 만다. 하지만 내담자들은 무례하게 보이고 싶지 않은 마음 때문에 이것을 어려워할 수도 있다. 그래서 Albert Ellis는 "한 주 동안 어떻게 지냈어요?"와 같은 열린 질문으로 회기를 시작하지 않았으며, "오늘 어떤 문제를 다루어 보고 싶습니까?"라고 질문함으로써 의제를 정하곤 했다.

1) [역주] 의제(agenda)란 회기에서 중점적으로 다룰 문제들을 선정하여 모아 놓은 목록을 의미한다. 간단히 말하면, 주요 문제 목록이라고 할 수 있다.

"이것과 저것에 오늘 어느 정도의 시간을 할애할까요?"
"그 밖에 오늘 이야기해야 하는 것이 더 있습니까?"

무엇에 초점을 두고 회기를 진행할지에 대해 내담자와 의논할 때 점검해야 할 항목들이 있다. 숙련된 상담자는 내담자와 신속하게 점검을 진행하며 본 작업에서 다룰 필요가 있는지의 여부를 살핀다. 이런 식으로 회기를 준비하면 본 작업을 위한 시간을 확보할 수 있다. 각 안건에 대한 논의가 끝날 때마다 잠시 멈추어서 다음과 같이 질문할 수 있다.

"좋아요. 지금 우리가 한 것이 도움이 되었습니까?"
"숙제로 무엇을 해 보면 좋겠습니까?"

글상자 6-7

REBT 입문자들 중에는 의제설정에 거부감을 표현하는 경우가 더러 있다. 그동안 배워 온 상담 기술에 배치되는 것이기 때문이다. REBT 수련생과 수퍼바이저 사이의 대화 일부를 살펴보자.

수련생: 내담자의 이야기를 중단시키고 의제를 결정하게 하는 것이 참 어렵네요. 예의에 어긋나는 것 같은 느낌이 들기도 해요. "상담시간은 온전히 당신의 것입니다. 마음대로 이 시간을 활용하세요. 어떤 이야기를 해도 좋습니다."라는 식의 상담을 지금까지 해 왔었거든요.

수퍼바이저: 네, 어려운 일입니다. 지금껏 수련 받은 것에 역행하는 것이니까요. 사무적이라는 느낌도 들 것입니다. 하지만 이것이 구조화된 상담이라는 점을 내담자가 일단 이해하고 나면, 대개는 이 구조가 도움이 된다고 말합니다. 상담자가 일관성을 유지한다면, 내담자들은 금세 익숙해집니다. "지난 시간에 다룬 것과 관련해서 할 이야기가 있나요? 숙제는 잘 수행했나요? 혹시 제가 알아야 할 중요한 일이 있었나요? 오늘은 무엇을 다루어 볼까요?"라고 상담자가 물어보리라는 것을 금세 알게 되지요. 내담자들은 금방 적응합니다. 그래서 대개는 의제를 미리 준비해서 상담실에 찾아오지요. 가장 심도 있게 작업한 내담자들은 노트나 수첩에 의제를 적어 오곤 했습니다.

의제설정은 수련, 수퍼비전 그리고 거듭된 연습을 필요로 하는 기술이다. 어떤 문제를 의제로 할지 결정하는 과정에서 내담자가 주제에서 벗어나 이야기를 하지 않도록 하는 것이 중요하다. 일단 의제가 정해지고 나면 내담자가 주로 이야기를 하고 상담자는 이를 경청하는 것이 좋다. 회기 진행 절차의 각 항목들을 **준비** 단계부터 차례로 살펴보자.

1. 지난 회기에서 남은 문제

"명희 씨, 지난 회기에 이야기한 불편한 생각이나 감정을 그 이후로도 경험하셨습니까?"

이것은 단순히 "지난번 상담에 대해 이야기할 것이 있나요?"라고 묻는 것보다 구체적인 질문이다. 상담자와 내담자가 대화를 나누는 이유는 함께 해결해야 할 문제가 있기 때문이므로 내담자의 문제에 초점을 맞춰 질문하고 있는 점에 주목하라. 지난 회기 말미에 이미 내담자의 즉각적인 반응을 점검했기 때문에 같은 일을 되풀이할 필요는 없다. 지난 회기의 내용이 이후 며칠 동안 내담자에게 영향을 미쳐서 나타나는 지연된 반응이 있을 수 있으므로 새로운 회기에서 이것을 의제에 추가할 필요가 있는지도 살펴보라.

2. 확인

현재 내담자가 어떤 기분을 느끼고 있는지를 다양한 방법으로 확인한다. 예를 들면, 내담자가 대기실에서 기다리는 동안 상담 성과척도(Outcome Questionnaire), 벡 우울척도(Beck Depression Inventory) 등의 자기 보고식 질문지를 작성하게 한다. 그렇지 않으면, 기분 일지나 불안 발작 기록지 등을 일주일간 작성하도록 하고 이를 회기 중에 검토해 볼 수도 있다. 특정한 증상(예를 들면, 수면장애, 약물 부작용)이 문제라면 이에 대해 간단히 질문할 수도 있다. 어느 경우이든, 내담자가 기분 또는 증상을 문제로 거론할 때 상담자가 해야 할 일은 "그것을 오늘 다룰 문제 목록에 넣으시겠습니까?"라고 질문하는 것이다. 이때 내담자는 상담자가 예상하지 못한 답변을 할지도 모른다. 예를 들면, "아니요, 오늘 그것을 다루고 싶지는 않아요. 그것 말고, 사장님이 저한테 한 말을 이야기하고 싶어요."라는 식의 답변이 돌아오는 경우도 많다. 이에 대해 상담자가 동의할 수 없다면(예를 들어 다시 불안해질까 봐 공황발작에 대한 언급을 내담자가 회피하고 있다는 생각이 든다면), 내담자의 결정에 이의를 제기해도 좋다. 이 또한 내담자와 협력해서 의제를 정하는 과정의 일부이다.

3. 새로운 사건

"제가 알아야 할 중요한 변화나 사건이 요사이 일어났습니까?"

이 질문은 여러모로 유용하다. 내담자가 상담실을 나가기 바로 직전에 "그런데요, 선생님…… 저 해고됐어요." "조직검사에서 양성이 나왔어요." "저 임신했어요." 등의 불편한 사건을 뒤늦게 꺼내는 상황을 미연에 예방할 수 있다. 한 주 동안 내담자에게 일어난 일은 내담자의 문제를 이해하는 데에 필요한 맥락을 제시해 주기 때문에 내담자가 보고하는 문제의 의미를 더욱 잘 알 수 있게 된다. 내담자가 방금 전의 질문에 그렇다고 답변한다면, 이어서 "이것을 오늘 다룰 문제 목록에 넣을까요?"라고 물어볼 수 있다. 이 시점에서 해야 할 일이 의제설정임을 기억하자.

글상자 6-8

수련생: 혹시 내담자가 "다급한 문제가 생겨서 지금 당장 선생님한테 이야기해야 할 것 같아요."라고 하면 어떻게 하는 것이 좋을까요?

수퍼바이저: 그렇다면 그것이 오늘의 의제입니다!

4. 숙제 점검

"숙제를 해 보셨습니까? 숙제를 하는 것이 어떻던가요? 숙제가 도움이 되었습니까?"

상담자가 숙제를 점검하지 않으면 내담자는 숙제가 중요하지 않다고 오해할 가능성이 높다. REBT에서는 숙제가 상담과정의 중요한 부분이다(16장 참조). 숙제에 대해 이야기하다 시간이 늘어지는 것을 피하는 요령은 "숙제에 대해 할 이야기가 많다면 그것을 오늘 다룰 주제에 포함시키겠습니까?"라고 질문하는 것이다.

5. 의제설정

"이야기하고 싶은 특별한 문제가 있습니까? 아니면 지난번 상담시간에 하던 이야기를 이어서 할까요?"

여기에 도달할 즈음이면 상담자는 의제에 포함시킬 문제를 몇 가지 파악하였을 것이다. 추가적으로 다른 문제도 의제로 다루어 볼 것이 있는지 살펴보는 것이 좋다. 만일 많은 문제들이 거론되었다면, 내담자와 함께 협의하여 우선순위를 정해야 한다. 할당된 시간에 다루기에 너무 많은 수의 문제가 의제로 올라올 수도 있다. 이런 경우 상담자는 다음과 같은 질문을 던질 수 있다.

"혹시 한 가지 문제를 다룰 시간밖에 없다면, 어떤 문제에 초점을 맞추고 싶습니까?"

회기 준비를 위한 질문들을 검토하고 나면, 회기의 총길이에 따라 20~40분 정도의 시간을 **본 작업**에 할애할 수 있을 것이다. 짧은 시간처럼 보일 수 있지만, 미리 구조화를 잘 해 놓으면 시간을 효율적으로 사용할 수 있다. 본 작업을 마친 후 진행되는 **마무리** 단계의 절차도 하나씩 살펴보자.

1. 회기 요약

"지한 씨, 오늘 상담을 정리하겠습니다. 인정욕구가 직장에서 어떻게 문제를 일으키는지를 함께 살펴보았습니다. 지한 씨는 자신의 비합리적 신념을 조목조목 반박해 냈을 뿐만 아니라 자기주장을 하는 법도 연습했습니다. 그렇지요?"

당일 시도한 작업을 회기 말미에 요약해 보는 것은 회기 준비를 위한 질문들 못지않게 중요하며 이 과정에서 유용한 정보를 얻을 수도 있다. 좋은 선생님은 수업내용이 학생의 머릿속에 아직 생생히 기억되어 있을 때 복습하는 것이 좋다는 것을 안다. 회기 요약은 상담자 또는 내담자가 수행하며, 한두 문장으로도 충분하다. 요약을 통해 본 작업에서 배운 것을 정리하고 되돌아볼 수 있다. 내담자가 직접 요약을 한다면 당일의 작업을 얼마나 잘 이해하고 있는지를 파악할 수 있어서 좋다. 내담자가 모호한 말로 회기를 요약한다면(예를 들면, "고민에 대해 이야기를 나누는 시간이었어요." "얘기하고 나니 기분이 나아진 것 같아요."), 당일의 성과가 무엇인지 분명히 인식하도록 도와주어야 한다.

질문을 통해 명료화를 요구하거나, 상담자가 핵심을 요약해 주어도 도움이 된다.

글상자 6-9

REBT는 전통적인 비지시적 심리치료와 다르다. 비지시적 심리치료의 경우, 내담자가 회기에서 무엇을 성취했는지를 설명할 수 없는 상태에서 회기를 마치는 경우가 흔하다. 심지어 상담의 전 과정을 마친 뒤에조차 무엇을 했는지 명확하게 말하지 못하는 경우도 있다. 회기 중에 수행한 작업을 내담자가 분명히 인식하고 요약할 수 있으면, 배운 것을 기억하고 일상생활에서 활용하는 데에 크게 도움이 된다.

2. 숙제 부여

본 작업 과정에서 숙제가 자연스럽게 나타나지 않았다면, 상담자 혹은 내담자가, 아니면 양자가 협력해서 숙제를 결정한다. 숙제는 회기 중의 작업을 되돌아보고 연습할 수 있게 하며 다루고 있는 문제에 대한 이해를 확장시킨다. REBT에서 사용되는 다양한 종류의 숙제가 16장에서 자세히 소개될 것이다. 숙제는 REBT에서 필수적인 부분이다. 심리치료가 진전을 보이는 것과 상담실 밖에서 숙제를 수행하는 것 사이에는 강한 정적 상관관계가 존재한다.

3. 마무리 질문

회기에 대한 내담자의 긍정적 반응과 부정적 반응을 차례로 검토한다. 긍정적 반응을 알아보기 위해 다음과 같은 질문을 사용해 볼 수 있다.

"오늘 무엇이 도움이 되었습니까?"
"오늘 우리가 한 것 중에서 가장 도움이 된 것은 무엇입니까?"
"오늘 제가 이야기하거나 시도한 것 중에서 특히 도움이 된 것은 무엇입니까?"

내담자로부터 얻는 피드백은 향후의 회기를 위해 유용하게 활용될 수 있으므로 분명하고 구체적인 답변을 얻는 것이 중요하다. 필요하다면 한 차례 이상 물어보는 것이 좋다. 회기에 대한 부정적 반응은 다음과 같은 질문을 통해 살펴볼 수 있다.

"오늘 상담시간에 일어난 일 중에 혹시 마음을 불편하게 한 것이 있습니까?"

"제가 오늘 한 것이나 이야기한 것 중에 불편하게 느껴진 것이 있습니까?"

"오늘 상담시간에 뭔가 기분을 상하게 한 일이 있습니까?"

만약 첫 번째 혹은 두 번째 회기라면 내담자가 부정적 반응을 표현해 주도록 이런 식으로 이야기해 볼 수도 있다.

"요환 씨, 혹시 불편한 부분이 있었다면 저에게 말씀해 주시겠습니까? 앞으로도 제가 하는 것이나 말하는 것이 요환 씨를 불편하게 만든다면 마음껏 말씀해 주시도록 부탁드립니다. 이것은 중요한 일입니다. 그렇게 해 주신다면 저와 함께 상담을 진행하는 데에 크게 도움이 될 것입니다."

이러한 발언을 통해 다음과 같은 메시지들이 내담자에게 전달된다.

- 피드백은 협력관계의 구축을 촉진한다.
- 상담을 받으며 부정적 감정을 느끼는 것은 당연히 있을 수 있는 일이다.
- 상담자에게 부정적 감정을 이야기하는 것은 좋은 것이다.
- 부정적 감정을 탐색하는 것은 유익하다.
- 상담자는 화를 내거나 마음 상하는 일 없이 부정적 감정에 대한 이야기를 감당할 수 있다.

내담자가 부정적 감정을 표현할 때 상담자는 곧바로 이것을 다룰 수도 있고, 다음 회기의 의제에 올려놓을 수도 있다.

"이야기해 주어서 고마워요, 리나 씨. 오늘은 시간이 다 되었으니, 다음에 만날 때 이 문제를 먼저 다루면서 시작하는 것이 어떨까요?"

"다음 주에 다룰 문제 목록에 넣어 두는 것이 어떨까요?"

지금까지 항목별로 소개한 이 절차를 모든 회기에서 그대로 따라야 하는 것은 아니다. 이것은 하나의 모형일 뿐 의무사항이 아니기 때문이다. 문제와 관련된 개인사를 알아보고, 공감적으로 경청하고, 조언을 하고, 정보를 제공하는 데 주력하는 회기도 있는 법이다. REBT는 다양한 방식으로 실시될 수 있다. REBT 상담자 중에는 의제를 단순화시켜서 작업하는 사람도 있다. Albert Ellis를 예로 들면, 그는 항상 숙제에 대해 질문하며 회기를 시작했다. 한 주 동안 감정적으로 괴로웠던 일(예를 들면, 불안, 우울)과 자신에게 해로운 역기능적 행동을 한 일(예를 들면, 미루기, 공포에 질린 행동)에 대한 간단한 메모를 해 오도록 내담자에게 숙제를 내주었다. 내담자는 매 회기 이 메모를 가져와서 회기 대부분의 시간 동안 다음의 두 가지 작업을 수행했다. 하나는 자신에게 무슨 혼잣말을 해서 감정적으로 괴로웠는지를 탐색하는 것이고(REBT의 A-B-C 모형에서 B에 해당), 다른 하나는 보다 이성적으로 대처하기 위해 무엇을 했는지 또는 지금 무엇을 할 수 있는지를 검토하는 것이었다(예를 들면, 자신의 비합리적 신념을 반박하고 이와 반대되는 행동하기).

상담자들 중에는 구조화된 상담이라는 개념을 의도적으로 회피하는 사람도 있다. 하지만, REBT 입문자라면 일단 이 책에서 소개한 절차를 충실히 따르고 그것이 자신과 내담자에게 도움이 되는지 살펴보기를 권한다. 미술, 음악, 요리 등 많은 전문분야에서 그러하듯 처음에는 기본을 따르는 것이 가장 좋다. 정물 스케치를 하고, 도레미파를 연습하고, 요리책을 따라 함으로써 훗날 창의성 발현의 기반이 될 기본기술을 익힐 수 있는 것과 같다. 앞에서 소개한 절차와 다른 형태의 모형을 독자 여러분이 개발해서 창의적으로 상담을 진행하는 날이 온다면 그리고 그것이 큰 효과를 발휘한다면, 그것은 매우 축하할 일이다.

글상자 6-10

회기 진행 절차에 대한 독자의 의문에 답을 줄 수 있는 수퍼비전의 예를 한 가지 더 살펴보자.

수련생: 선생님은 내담자를 대하실 때 항상 이런 구조를 따르며 상담을 진행하십니까?

수퍼바이저: 대부분의 내담자들에게 그러게 하려고 노력합니다. 특히 상담 초기에는 더욱 그렇습니다. 하지만 시간이 지나면서 저도 느슨해지는 것 같군요. 그럴 때마다 후회합니다. 절차에 충실하게 회기를 진행해야 결과가 더 좋게 나오기 때문입니다.

수련생: 결과가 더 좋다는 것을 어떻게 아십니까? 무슨 연구도 아닌데 말이죠. 내담자

가 좋아지면, 그것이 상담 때문이라는 것을 어떻게 아시죠? 그냥 절차를 따랐기 때문에 좋아졌다고 여기시는 것이 아닌지요?

수퍼바이저: 회기 끝에 마무리 질문을 하며, 좋아졌는지 아닌지에 대한 판단을 합니다. 절차에 따라 아주 구조화된 회기를 진행하면 곧바로 성과가 나옵니다. 무엇이 도움이 되었는지에 대해 내담자들이 저에게 마구 쏟아내거든요. 게다가 1, 2, 3으로 번호까지 매기며 이야기합니다. 머릿속에 아주 정리가 잘 되어 있다는 이야기이지요. 회기를 느슨하게 운영하면, 내담자들이 자신 없는 목소리로 이야기합니다. "음…… 문제에 대해 이야기해서 좋았어요."라는 식이지요. 일이 이렇게 되었을 때, 내담자가 무엇인가를 챙겨서 집에 돌아갈 수 있게 도우려면, 회기 말미에라도 구조화된 방식으로 돌아와야만 합니다. 이게 다 회기 중에 구조화된 절차를 따르지 않아서 일어나는 일이지요.

제3부

A-B-C 평가

07

A 확인하기

확장된 A-B-C 모형

내담자가 불쾌한 사건을 설명할 때, 다음의 여섯 가지 요소 중 어느 것이 포함되어 있는지 주의 깊게 살펴보라.

① 사건
② 사건에 대한 지각
③ 사건에 대한 추론
④ 사건에 대한 평가
⑤ 사건에 대한 지각 및 추론의 수용 · 불수용
⑥ 감정적 · 행동적 반응

내담자의 발언을 잘 살펴보면, ①~③ 중에서 적어도 하나, ④와 ⑤ 중에서 하나, 그리고 ⑥은 항상 찾아낼 수 있다. ①~③은 **촉발사건** A이고, ④, ⑤는 비합리적 또는 합리적 신념, 즉 **신념체계** B를 나타낸다. 마지막 ⑥은 **감정적 또는 행동적 결과** C이다. 만약 내담자가 A에 대해 "지은이가 저를 너무 심하게 비난했어요."라고 이야기한다면, ①~⑤까지의 요소를 혼동하는 것이다. 실제로 일어난 일은 지은이가 무슨 말을 어떤 식으로 했는지에 대한 객관적인 기술을 의미한다. 지은이가 한 말이 비난이라는 것은 지각 또는 추론에 해당한다. 너무 심하게 비난했다는 것은 한편으로는 평가('나는 그것을 좋아하지 않아.')와 관련되고, 다른 한편으로는 절대적 요구('지은이가 나한테 그러면 안 돼.')와 연관된다.

REBT에서는 **객관적 현실**(confirmable reality), **지각된 현실**(perceived reality), **추론된 현실**(inferred reality)을 구분한다. **지각된 현실**은, 내담자가 그렇다고 믿고 있는, 내담자가 이야기하는 그대로의 현실이다. **객관적 현실**은 일어난 일에 대한 다수의 일치된 견해를 의미한다. 만약 많은 사람들이 같은 사건을 목격하고 똑같은 이야기를 한다면, 객관적 현실이 확인된 것이다. 앞에 제시한 예의 경우, 여러 사람들이 지은이의 말을 듣고, 지은이가 말하는 태도를 목격했다고 하자. 그중 대다수가 이 사건을 모욕으로 지각했다면, 객관적 현실의 관점에서 지은이가 정말 내담자를 모욕했다고 결론지을 수 있다. **추론된 현실**은 지각한 것을 바탕으로 내린 결론이다. 내담자는 지은이가 자기를 비난했다는 지각을 바탕으로 지은이가 자신을 좋아하지 않는다고 추론할지도 모른다. 추론은 내담자가 창조해 낸 생각, 즉 상상으로 만들어 낸 촉발사건이라고 할 수 있다. 상상한/추론된 사건의 진위와 관계없이, 내담자는 불편한 감정을 느끼며 그것에 반응하기 때문에, 우리는 그것을 사실인 것처럼 취급한다. 추론을 비합리적 신념과 혼동하는 사람들이 종종 있다. 그러나 REBT에서는 이 두 가지를 별개의 인지적 요소로 간주한다.

혼란을 피하기 위해, 영어에서 '신념(belief)'이라는 단어가 지각, 추론, 평가, 절대적 요구를 가리키는 말로 흔히 사용된다는 점을 기억하자. 예를 들면, 내담자 대현 씨는 여자 친구 수민 씨가 진행하는 행사에 참석했는데 그녀가 자신을 쳐다보지 않는다는 생각이 들었다. 만일 대다수의 사람들이 그녀가 대현 씨를 바라보지 않았다고 지각한다면 이것은 객관적 현실일 것이다. 대현 씨는 상담 시간에 "수민이가 저하고 눈 마주치는 것을 피하고 있어요."라고 말했다. 이러한 지각은 촉발사건의 일부이다. "수민이가 저한테 화가 나서 저를 쳐다보지 않은 거예요."라고 말한다면 이것은 추론에 해당하며 이 역시도 촉발사건의 일부이다. 지각과 추론은 모두 사건에 대한 생각이며, A의 일부로 간주된다. "수민이가 저한테 화가 나서 큰 일이예요."라고 말한다면, 이것은 평가에 해당하며 REBT에서는 **파생 비합리적 신념**으로 분류한다. 대현 씨는 "수민이가 저한테 화가 나서는 안 돼요."라고도 했다. 이것은 절대적 요구이자 **핵심 비합리적 신념**이다. 보다 명확히 해 두기 위해, REBT에서는 '신념'이라는 용어를 '평가/파생신념'과 '절대적 요구/핵심신념'에 대해서만 사용한다. 사고의 유형을 이와 같이 분류하는 것이 중요하다는 점은 이후의 장을 읽으면서 더욱 분명해질 것이다. 한 가지 강조하고 싶은 것은 지각과 추론이 사고이기는 하지만, REBT에서 중점을 두는 유형의 생각이 아니라는 점이다. 지각과 추론은 현실 속에서 일어난 사건에 대한 생각이다. REBT의 A-B-C 모형은 다음과 같이 요약될 수 있다.

A-[객관]: 다수의 목격자에 의해 확인될 수 있는 촉발사건

A-[지각]: 일어났다고 내담자가 지각한 일. 즉, 촉발사건에 대한 내담자의 주관적 서술

A-[추론]: 무슨 일이 일어났는지 또는 일어날 수 있는지 추리한 후 내담자가 내린 결론

B-[평가/파생신념]: 일어났다고 지각 및 추론한 사건에 대한 내담자의 평가. 또는 그러한 사건 속의 자신 및 다른 행위자에 대한 내담자의 평가

B-[절대적 요구/핵심신념]: 반드시 일어나야만 한다거나, 절대 일어나서는 안 된다고 내담자가 여기는 일

C-[감정적 결과]: 일어났거나 일어날 수 있는 일에 대한 감정적 결과

C-[행동적 결과]: 일어났거나 일어날 수 있는 일에 대한 행동적 결과

예를 들면, 앞의 내담자 대현 씨는 회사에서 누구도 자신을 좋아하지 않는다는 생각 때문에 우울증을 겪었다. 질문을 계속 이어 가자 동료들과 주로 업무적인 상호작용만을 하고 있었다. 동료들은 대현 씨와 담소를 나누거나 함께 점심을 먹자고 하는 일이 드물었으며, 그렇게 하려 할 때는 대현 씨 쪽에서 거절하고 있었다. 이 상황을 다음과 같이 나누어 생각해 볼 수 있다.

A-[객관]: '나한테 점심을 먹자거나 같이 어울리려는 사람이 거의 없다.'

A-[지각]: '사람들은 나를 대화나 모임에 끼워 주지 않는다.'

A-[추론]: '아무도 나를 좋아하지 않는 것 같다.'

B-[평가/파생신념]: '아무도 나를 좋아하지 않는 것은 두렵고 비참한 일이다.' '아무도 나를 좋아하지 않는 이 상황을 도저히 못 견디겠다.' '아무도 나를 좋아하지 않는다. 그러니까 나는 인생 실패자다.'

B-[절대적 요구/핵심신념]: '사람들은 나를 좋아해야만 한다.'

C-[감정적 결과]: 우울
C-[행동적 결과]: 대인 기피

여기에서 분명히 해 두어야 하는 것은 사건에 대한 내담자의 지각이 그 자체로는 불편한 감정을 유발하지 않는다는 것이다. 설사 대현 씨가 회사에서 아무도 자신을 좋아하지 않는다는 결론에 도달하더라도 괴로움에 빠지지 않을 수 있다. 어떻게 그럴 수 있는가? B 수준에서 살펴보자. 대현 씨는 A가 비참한 일이 아니라는 평가를 내릴 수도 있다. 게다가 타인에게 거부당하는 것에 대해 단지 운이 없어서 그런 것이라고 여기든지, 아마 그럴 리는 없겠지만, 사람들과 어울리지 않는 것에 어떤 이익이 있다고 생각할 수도 있다. 그렇게 되면, C 수준에서 대현 씨는 상황에 대해 매우 다르게 느낄 것이다. A-[지각] 및 A-[추론]이 C를 유발하지 않는 것은 분명하다. 하지만 A를 잘못 인식함과 더불어 핵심 및 파생 비합리적 신념까지 함께 가진 내담자는 단지 B 수준에서만 비합리적인 내담자보다 더 큰 괴로움을 경험할 가능성이 높다. 대현 씨는 지금 A를 부정적으로 인식하고 있다. 게다가 거의 모든 사람들이 자신을 좋아해야만 한다는 절대적 요구를 가지고 있고, 현재의 상황을 비참하다거나 견딜 수 없는 것으로 평가한다면, A 수준에서 부정적인 지각 및 추론을 하지 않는 경우보다 더 빈번하게 괴로움을 경험할 것이다. 부정적인 A-[지각]과 A-[추론]을 지니고 있는 사람은 비합리적 사고를 발동시킬 단서를 더 많이 끌어안고 있기 때문이다.

B 수준에서는 합리적으로 생각하지만, A에서 지속적으로 현실을 왜곡하는 내담자는 건강한 부정적 감정을 느끼며 적응적으로 행동할 수 있다. 앞의 예로 돌아가서 대현 씨가 이렇게 생각한다고 가정해 보자.

> '사람들의 호감을 얻는 것이 내가 선호하는 하나의 선택지에 지나지 않으며 꼭 그렇게 될 필요는 없다.'
>
> '회사 사람들이 나를 좋아하지 않는 것은 매우 아쉬운 일이지만 비참한 일은 아니다.'

만일 대현 씨가 이런 믿음을 가지고 있다면, 기분이 언짢다거나 실망스럽다는 정도의 부정적인 감정만을 경험할 것이다. 이와 같이 A의 인지적 요소는 C에 직접적인 영향을 미치지 않는다. 설사 영향을 준다 하더라도 그것의 크기나 역기능성은 상대적으로 덜 심각할 것이다. 물론 인지왜곡에 대한 치료적 작업은 분명히 필요하다. 하지만 우리는 철학적이며 우아한 해결책과 그렇지 않은 인지적 해결책을 구별한다. A의 인지적 요소인 지각과 추론을 표적으로 삼는 것은 우아하지 않은 해결책이며, 이것은 REBT에서 가장 먼저 또는 중점적으로 다루는 대상이 아니다. 우리는 B-[절대적 요구/핵심신념]과 B-[평가/파생신념]을 변화시키는 철학적이고 우아한 작업을 수행한 연후에, A의 인지적 요소를 다룬다. 대현 씨가 새로운 친구를 사귀도록 돕는 실용적 해결책에 대해서는 제4부에서 소개할 것이다.

글상자 7-1

독자들이 A와 B의 차이점을 제대로 이해했는지 점검하기 위해 내담자가 진술한 내용의 예시를 다음에 제시한다. 각각에 대해 촉발사건과 비합리적 신념을 구별해 보라. 정답은 이 장의 말미에 있다.

"시험을 망쳤어요. 난 진짜 인생 실패자예요."
"아무도 나에게 말을 걸지 않아요. 외로워서 못 견디겠어요."
"엄마는 맨날 잔소리를 해요. 나를 싫어하는 게 분명해요."
"선생님, 지난주에 정말 비참한 꼴을 당했습니다. 아내가 이혼하자고 하더군요."
"저는 돼지처럼 먹어요. 보시다시피 저는 정말 쓸모없는 인간이에요."
"전 연봉이 간신히 일억밖에 안 돼요. 이게 성공한 건가요? 저는 그냥 루저예요."
"저는 남자 친구랑 있을 때 세상 누구보다도 행복해요. 남자 친구가 저를 사랑해 주면 제가 제법 괜찮은 사람 같은 느낌이 들거든요."

내담자가 A-[지각]과 A-[추론]이라는 인지적 문제와 B-[절대적 요구/핵심신념]과 B-[평가/파생신념]이라는 인지적 문제를 함께 가지고 있다면, 상담자는 어떤 선택을 할 수 있을까? 두 가지 전략을 고려해 볼 수 있다. 첫째, 인지치료의 경우, A에 대한 내담자의 지각과 추론의 정확성에 문제를 제기하는 것부터 시작할 것이다(Beck, 2005). 그러므로 만일 대현 씨가 아무도 자신을 좋아하지 않는다고 이야기했다면, 인지치료자는 이 진술의 정확성을 반박할 것이다. '아무도'라는 단어에 의문을 제기하고, 타인이 자신을 어떻게 느끼는지 판단할 때 사용하는 대현 씨의 기준에 문제를 제기할 것이다. 인지치료 모형에서는 사람들이 자신을 싫어한다는 생각을 더 이상 붙들고 있지만 않으면, '타인에게 미움 받는 일'을 내담자가 어떻게 평가하는지와는 상관없이, 기분이 개선될 것이라고 가정한다. 따라서 인지치료자는 내담자에게 A-[지각] 또는 A-[추론]을 반박하는 시범을 보일 것이다. 그리고 이보다 어려운 작업인 B를 반박하는 것의 우선순위는 뒤로 밀리게 될 것이다.

인지치료에서는 A-[지각] 및 A-[추론]의 왜곡을 먼저 공략한다. 4장에서 언급한 것처럼, Ellis는 A에 대한 지각과 추론을 수정하려는 이러한 시도를 실증적 해법 또는 '우아하지 않은 해결책'이라고 불렀다(Ellis, 1977a, 1979a; David, Lyn, & Ellis, 2010). Ellis가 이것을 우아하지 않다고 여긴 데에는 이유가 있다. 실제 현실이 내담자의 왜곡된 인식과 일치하거나 유사할 경우의 정서적 고통에 대처할 기술을 가르쳐 주지 않기 때문이다. 예를 들어, 대현 씨가 정말로 아무도 자신을 좋아하지 않는 사회적 환경에 놓여있을 가능성은, 비록 낮기는 하지만, 분명히 존재한다. 대현 씨가 이것을 '공포스러운 일'이 아니라 매우 아쉬운 일이라고 믿는다면, 이러한 운명을 견뎌낼 준비가 되었다고 할 수 있을 것이다. 하지만, 대다수의 인지치료 또는 CBT 상담자들은 내담자의 지각과 추론을 수정하는 전략을 우선적으로 사용한다.

두 번째 전략은 REBT에서 비롯되었으며 보다 철학적이고 우아한 해결책을 제공한다. 내담자가 최악의 상황까지 고려하도록 하며, 설령 그것이 사실이라 할지라도 건강하고 적응적인 감정을 느낄 수 있도록 돕는다. 비록 그것이 부정적 감정이더라도 말이다. 만약 내담자가 아무도 자신을 좋아하지 않는다고 주장한다면, Ellis는 이렇게 말할 것이다.

> "우리는 그것이 사실인지 아닌지 알 수 없습니다. 하지만 잠시 동안 그것이 사실이라고 생각해 봅시다. 그 일에 대해 마음속으로 어떤 혼잣말을 하고 있습니까?"

이 상담 방식에 담긴 가정은 내담자가 왜곡된 관점의 극단적 A를 다룰 수 있다면, 현실을 직시하는 일이 보다 수월해진다는 것이다. 어느 것이 더 나은 전략일까? 아직까지는 이 질문에 답할 수 있을 만큼 결정적인 실험연구가 진행된 바 없다. 사실 이 질문 자체가 의미 없는 것일지도 모른다. Ellis와 Beck 모두 결국 내담자가 A의 정확성을 평가하도록 이끌기 때문이다.

만약 초기 전략으로 A에 대한 지각 또는 추론을 반박하기로 마음먹었다면, 조심스럽게 접근할 필요가 있다. 상담 초기에 자신의 지각이나 추론에 대해 도전을 받으면 내담자들은 상담자에게 위협감을 느끼거나 오해받았다, 부정당했다, 또는 수용받지 못했다는 식의 반응을 보일 수 있기 때문이다. 상담자와 내담자 사이에서 이와 같은 상호작용이 일어나면, 치료적 동맹이 약해질 수 있다.

요약하면, REBT 상담자는 **최악을 가정**하는 것 그리고 **철학적이고 우아한 해결책**을 추구하는 것이 가치 있다고 믿는다. 내담자가 말하는 A는 지금 사실일 수도 있고, 아니면 나중에 그렇게 될 수도 있다. 최악을 가정할 때 내담자는 이에 대처할 전략을 갖추게 될 것이다. 그러므로 우리는 새내기 상담자들이 Ellis의 모형을 따르도록 권한다. A에 대한 지각 및 추론을 반박하는 일은 비합리적 신념에 대한 논박이 어느 정도 진행될 때까지 미루도록 하자. A-[지각] 및 A-[추론] 수준에서 어떻게 개입하면 좋을지 궁금하면 17장을 참조하라.

A 명료화시키기

A에 대한 상세하고 불필요한 진술

1장에서도 설명했지만, 상담실을 찾을 때 내담자들은 감정적으로 힘들거나 행동상의 문제를 겪고 있으며(C), 이것이 어떤 사건 때문이라고 여긴다(A). 내담자들은 대개 별 어려움 없이 A를 묘사한다. 때로는 장시간 동안 아주 사소한 일까지 속속들이 말하고 싶어 하기도 한다. A에 대해 자세히 기술하는 것은 REBT 진행에 별 도움이 되지 않는다. 다음의 세 가지 이유를 살펴보자.

첫째, 상담에 사용할 수 있는 시간과 돈은 한정되어 있다. A의 자세한 내용에 초점을 맞출수록 B를 발견하고, 논박하고, 교체하는 데에 사용할 시간이 줄어든다. 내담자의 문제에서 보다 중요한 의미를 가지는 것은 B이며, B를 밝혀내야만 B를 변화시키는 데에 더 많은 시간을 투입할 수 있다.

둘째, A에 대해 미주알고주알 말하게 하는 것은 격정적 감정표출이 치유적이라는 신념을 강화한다. A를 세세하게 곱씹음으로써 내담자의 고통은 더욱 악화될 수 있으며 A가 C를 유발한다는 신념은 더욱 확고해진다.

셋째, A가 사실인지를 확인할 수 없는 경우가 많다. 직장 사람들이 정말로 내담자를 싫어하는지 또는 배우자가 정말로 거칠게 말하는지를 확인할 수 있는 객관적 자료는 결코 얻을 수 없는 법이다.

내담자를 무시한다거나 매정하다는 인상을 주지 않으면서 이러한 취지를 전달하는 것은 어려운 작업이다. 과거나 현재의 괴로움에 대해 자세히 말하는 것이 당연하다거나 치유적일 것으로 여기는 내담자의 경우는 특히나 그러하다. 과거의 A를 변화시킬 수 없음은 지극히 당연한 사실이다. 우리는 오직 A와 관련된 인지적 평가와 절대적 요구만을 논의 대상으로 삼을 수 있다. 그리고 이것은 간결하고 명료한 언어로 표현될 수 있다.

글상자 7-2

A에 대해 지나치게 사소한 것까지 이야기하는 경향을 보이는 내담자들의 유형을 소개해 보겠다.

- 강박성 성격장애를 가진 내담자
- 분노에 가득 찬 내담자(특히 부부상담을 받고 있는 사람이 이에 해당되며, 배우자가 잘못했다거나 나쁜 사람임을 증명하고 싶어 한다.)
- 전통적 방식의 상담을 받은 적이 있는 내담자
- 아동과 청소년(이들을 상담할 때에는 치료적 동맹이 손상되기 쉬우므로 사건에 대해 자세히 말하도록 허용하는 것이 좋다.)
- 변화의 동기가 낮은 내담자
- 완벽주의적인 내담자(이들은 상담자가 자신을 도우려면 세세한 것까지 모든 것을 알아야 한다고 여긴다.)

A를 지나치게 자세히 이야기하던 내담자와의 대화를 다음에 소개한다.

상담자: 지석 씨, 이번 주는 무슨 일에 화가 났습니까?

내담자: 선생님, 무슨 일이 일어났는지 정확히 이야기해 볼게요. 토요일 아침에 일어난 일인데요. 아내와 아이들을 만나러 갔어요. 제가 차에서 내렸고, 아이들이 저한테 와서, 제가 안아 줬어요. 아내를 화나게 할 만한 행동은 안 했어요. 집으로 들어갔고요. 신문이 거실 바닥에 뒹굴고 있는 거나 집이 지저분한 것에 대해 아무 말도 안 했어요. 예전 같으면 한마디 했겠지만, 그날은 정말 아무 말도 안 했어요. 그리고 아내랑 이

야기를 좀 했는데요…… (이후 15분 동안 자기가 한 일과 안 한 일에 대해 사소한 것까지 속속들이 설명했다) 그리고 아내한테 저를 좀 다시 받아 달라고 부탁했는데 제 말을 안 들어 주더라고요.

이 상담자는 지석 씨가 너무 자세히 말하도록 내버려 두었다. 실은 지석 씨가 마지막에 한 말이 가장 중요한 것이었으며, 지석 씨가 화난 이유였다. A의 핵심에 도달하는 한 가지 방법은 지석 씨의 이야기를 일찌감치 중단시키고 이 사건의 가장 핵심에 초점을 돌리게 하는 것이다. REBT 상담자라면 이런 상황을 다음과 같이 다룰 것이다.

상담자: 지석 씨, 이번 주는 무슨 일에 화가 났습니까?

내담자: 선생님, 무슨 일이 일어났는지 정확히 이야기해 볼게요. 토요일 아침에 일어난 일인데요. 아내와 아이들을 만나러 갔어요. 제가 차에서 내렸고, 아이들이 저한테 와서, 제가 안아 줬어요…….

상담자: 그 일 때문에 화가 났나요?

내담자: 아니요. 좀 더 이야기해 볼게요.

상담자: 말씀하시기 전에 지석 씨에게 알려 드릴 것이 있습니다. 지석 씨는 종종 자세한 이야기를 하시는데 듣다 보면 저도 이야기에 몰입이 되곤 합니다. 하지만 무엇 때문에 지석 씨가 화가 났는지를 이해하는 데에 그렇게까지 자세한 설명이 필요하지는 않습니다. 아내에 대한 이 이야기에서 무엇이 화가 나는지를 꼭 집어서 이야기해 보면 어떨까요?

내담자: 그런데, 무슨 일이 있었는지 다 말씀드리지 않으면 어떻게 선생님이 저를 이해하시죠?

상담자: 필요하면 나중에 다시 자세한 내용들을 짚어 볼 수 있겠지요. 하지만 지금은 무엇이 가장 화가 나는지를 제가 이해하도록 도와주세요. 화가 나기 직전에 무슨 일이 일어났는지를 말씀해 주시는 것도 도움이 됩니다.

이 대화에서 상담자가 지석 씨의 주의를 A의 핵심에 집중시키려고 애쓰는 점에 주목하라. 그것은 아마도 감정 반응에서 시간적으로 가장 가까운 순간에 발생한 일의 세부내용일 것이다.

내담자가 장황하게 말을 할 때 대처하는 또 한 가지 방법은 내담자가 자신의 이야기를 모니터링하고 요약하도록 연습시키는 것이다. 이를 위해 현재 표현 방식의 비효율성을 지적하는 피드백을 내담자에게 제시한다. 앞의 내담자의 경우, 일단 하고 싶은 대로 이야기하게 하고 다음과 같이 개입할 수 있다.

> "지석 씨, 지금 많은 이야기를 아주 자세히 말씀해 주셨습니다. 그런데 무엇이 가장 중요한 부분인지 혼란스럽군요. 잠시 생각해 보시고, 화가 난 이유가 정확히 무엇인지 말씀해 주시겠습니까?"

내담자가 자신의 이야기를 되돌아보고, 유의미한 정보를 간명하게 추출해 내는 법을 배우도록 상담자가 이끌어 가는 방식에 주목하라. 만약 내담자가 숲과 나무를 혼동하며 의미 있는 사건을 요약하지 못한다면, 다음과 같이 상담자가 나서서 핵심을 정리해 줄 수도 있다. 간명하게 말하는 법을 내담자에게 몸소 보여 주는 것이다.

> "지석 씨가 달라지려고 노력했음에도 불구하고 아내가 다시 받아 주지 않아서 화가 나신 것 같군요. 맞나요?"

A의 핵심 속성

내담자가 말하는 A가 실은 많은 요소들을 포함하고 있는 이야기의 일부인 경우가 종종 있다. 상담자는 A의 핵심 속성이 무엇인지를 명확하게 파악해야 한다. A에 관한 무엇이 B를 활성화시켰고, 그 결과 역기능적 C가 발생했는지를 밝혀야 한다는 뜻이다. 이러한 분별을 해내지 못하면, 고통스럽지도 않은 자극과 관련된 비합리적 신념을 찾아 헤매는 셈이 되고 만다.

A의 핵심 속성이 감춰지는 두 가지 유형의 상황이 있다. 첫 번째는 A가 연쇄적으로 발생한 사건들의 한 부분인 경우이고, 두 번째는 A와 유사한 여러 자극들 속에 A가 섞여 있는 경우이다. 연쇄적 사건들 속에 A가 숨겨지는 일은 공포증과 불안에서 종종 발생한다. 내담자 마리 씨는 지하철이 무섭다고 말했다. 처음에는 이 말이 구체적인 것처럼 보였다. 하지만 주의 깊게 살펴보니 결정적 촉발사건은 따로 있었다. 상담자는 마리 씨에게 지하철에 관한 무엇이 두려운지 물었다. 그녀는 갇혀 있는 느낌이라고 대답했다. 그래서 갇혀 있으면 무슨 일이 일어날 것 같은지 물었더니 마리 씨는 정신을

잃을까 봐 두렵다고 했다. 그녀가 정신을 잃으면 무슨 일이 일어날까? 마리 씨는 지하철 승객들이 자기를 나쁘게 볼지도 모른다고 했다. 이 예에서 마리 씨가 근본적으로 두려워하는 것은 사람들의 부정적 시선이지 지하철이 아니다. 상담자가 순차적으로 질문을 이어 나간 것에 주목하라. 각 자극은 연쇄적 사건의 한 부분이었으며, 결국은 A의 핵심 속성으로 연결되었다.

A에 대한 모호한 진술

A를 설명하기 어려워하는 내담자를 종종 마주한다. 이런 내담자들은 모호한 말로 A를 설명한다. 특정한 사건으로 인해 활성화된 B가 불편한 감정과 행동을 발생시킨 원인임을 부정하는 경우도 있다. A에 대한 모호한 진술이 나타나는 이유로 다음과 같은 것들을 생각해 볼 수 있다.

- 상담자의 부정적 시선에 대한 두려움: 있는 그대로를 이야기하면 상담자가 자신을 부정적으로 바라볼지 모른다는 두려움을 가지고 있을 수 있다.
- 경험 회피: 특정한 사건을 직면하는 두려움을 회피하기 위해 에둘러 말할 수도 있다.
- 자기성찰 부족: 정확히 무슨 일에 대해 자기가 불편해하는지 알지 못하는 내담자도 있다. 통찰력이 부족하거나 자기성찰을 제대로 하지 못하는 탓일 수도 있고, 문제에 대해 깊이 생각하지 않고 지내기 때문일 수도 있다. 이러한 경우, A에 대해 이야기를 많이 하도록 하는 것이 도움이 된다.

편두통이나 긴장성 두통과 같은 심리-생리적 질환을 가진 내담자들 중에는 A를 찾아내지 못하는 경우가 흔하다. 예를 들면, 두통을 호소하지만 자기 삶에는 잘못된 것이 아무것도 없다고 말하는 것이다. REBT는 인지 변화에 중점을 두기 때문에 다음과 같은 두 가지 조건을 내담자가 갖추고 있어야 성공적 심리치료가 가능하다.

- 자기개방이 수용받을 것이라는 믿음
- 심리적 문제가 존재함을 인지하는 능력

첫 번째 조건과 관련된 문제는 여러 회기에 걸쳐 내담자의 이야기를 적극적으로 경청하고 공감적 태도를 유지함으로써 해소될 수 있다. 두 번째 조건과 관련된 문제에는 두 가지 방식의 접근을 고려해 볼 수 있다. 한 가지 방식은 문제에 대한 질문을 가급적 지양하고 어떻게 하면 내담자가 자신의 삶을 훨씬 더 나아지게 만들 수 있을지, 즉 두통과 함께하면서도 자기를 실현해 가는 방법을 묻는 것이다. 또 다른 방식은 내담자가 문제파악 기술을 배워서 관심사, 바람 등이 충돌을 일으키는 영역을 깨닫도록 돕는 것이다. 문제파악을 촉진하는 가장 좋은 방법은 행동분석을 시도하는 것이다. 예를 들면, 두통을 가진 내담자에게는 머리가 아플 때마다, 외부적 사건과 심리적 사건을 모두 포함해서, 그 직전에 일어난 일(사건, 생각, 감정)과 두통 후에 발생한 결과를 일지에 기록하도록 해 볼 수 있다. 수 주간 데이터가 쌓이면 대개 일정한 패턴이 나타나게 된다. 이 전략의 효과는 연구를 통해 입증된 바 있다(Finn, DiGiuseppe, & Culver, 1991).

어떤 내담자는 '**정체성 위기**'를 겪고 있는 것처럼 말한다. 상담실을 찾은 이유를 묻자 태민 씨는 "제 자신을 찾고 싶어서요. 제가 누구인지를 말이죠."라고 답했다. 이럴 경우, '나는 누구인가?'라는 질문을 '내가 좋아하는 것은 무엇이며, 내가 가치 있게 여기는 것은 무엇인가?'라는 질문으로 전환시키는 것이 좋다. 그리고 지금 하지 못하는 일 중에서 하고 싶은 것이 무엇인지를 밝혀내어야 한다. 그렇지 않으면 회기를 거듭해도 진전이 일어나지 않을 것이다.

REBT 상담자는 자기 발견이 아니라 '나를 만들어 가는 여정'을 돕는 사람이라는 점을 내담자에게 전달하는 것이 좋다. REBT에서는 내담자를 고정된 존재로 보지 않기 때문에 발전해 가는 과정을 중시한다. 내담자가 지금 못하는 것을 찾은 다음에는 하고 싶은 일을 못하게 가로막는 것이 무엇인지를 질문한다. 이제는 하고 싶은 일을 하는 것이 촉발사건이 되는 셈이다. 그리고 하고 싶은 일을 하는 것에 대한 생각에서 비합리적 신념과 역기능적 감정을 끄집어낸다.

A를 모호하게 진술하는 내담자에게 정확한 답변을 요구하는 질문을 사용해 보는 것도 도움이 된다. 예를 들면, 우울증을 앓던 혜경 씨는 자신이 '항상' 우울하다고 말했다. 다음과 같이 질문함으로써 혜경 씨가 자신의 감정 상태를 명료화하는 데에 도움을 줄 수 있다.

"언제부터 우울이 시작되었습니까?"
"하루 중 몇 시에 가장 자주 우울해집니까?"

"무엇을 하면 또는 무슨 일이 있으면 우울이 더 심해지는 것 같습니까?"

혹시 내담자가 모르겠다고 하면, "어떤 일이나 생각, 아니면 감정이 우울을 더 심하게 만드는지 그냥 느낌으로 골라 보면 어떨까요?"라고 물어볼 수도 있다. 이래도 잘되지 않으면, 내담자가 기분과 사건의 일지를 기록하도록 하는 것도 한 가지 방법이다.

내담자 중에는 이른바 '**실존적 신경증**(existential neurosis)'를 앓고 있는 사람도 있다(Frankl, 2006). 예를 들면, 내담자 건우 씨는 "사는 게 의미 없어요."라고 말했다. 이를 명료화시키려면 다음의 질문을 제시해 볼 수 있다.

"사는 게 의미 있어지려면 무엇이 필요할까요?"
"사는 게 의미 있어지려면 무엇을 해야 할까요?"

건우 씨와 같은 내담자는 고귀한 동기나 높은 이상을 추구해야만 행복해질 수 있다는 비합리적 신념을 품고 있다. 자신의 평범한 일상 그리고 대단한 동기와 이상을 실현하지 못하고 있는 현 상황은 그 자체가 촉발사건이 된다.

A를 파악하는 것과 관련해서 가장 심각한 상황은 내담자가 아무 생각도 하지 않고 있는 경우이다. 이런 내담자는 무엇이 자신의 믿음과 감정을 발동시키는지에 대해 전혀 알지 못한다. 내담자 준식 씨는 몇 주일 동안이나 우울했지만 자기가 왜 그런지 모르겠다고 했다. 이러한 문제를 보이는 내담자들은 우울이 어떤 성격특성이라도 되는 것처럼 생각하며 괴로움을 감소시키려 한다. 이들은 쉽게 자신이 '우울증 환자'라는 결론을 내려 버리기도 한다. 하지만 이러한 생각 자체가 새로운 A가 되어 우울을 더욱 악화시키고 만다. 준식 씨와 같이 A를 전혀 파악하지 못하는 경우, 다음과 같이 정확한 답변을 요구하는 질문이 유용할 때가 많다.

"지난 몇 달 동안 삶에서 무엇인가 변화가 일어났습니까?"
"앞으로 다가올 몇 달 사이에 삶에 변화가 생길 것이라고 예상하십니까?"

요약하면, 촉발사건에 대한 내담자의 설명이 혼란스럽거나, 모호하거나, 아예 없는 경우, 다음에 제시한 지침을 되새겨 보기 바란다.

- 내담자의 경험에 대한 정보를 수집할 때는 내담자의 언어로 이야기하라.
- 구체적인 사항에 대해 정확한 답변을 요구하는 질문을 제시하라.
- 최근에 일어난 일을 이야기하도록 요청하라.
- 추상적 언어를 피하라.
- 사건과 감정의 일지를 작성하도록 요청하라.
- 내담자의 이야기가 초점에서 벗어나지 않게 하라.
- 최근 일어났거나 곧 일어날 삶의 변화에 대해 질문하라.

A가 지나치게 많을 때

두 가지 이상의 문제를 가지고 있으면서 다양한 촉발사건들에 대해 이야기하고 싶어 하는 내담자가 적지 않다. 이런 경우, 내담자와 함께 문제영역의 목록을 작성하고 어떤 문제부터 다루어 볼지에 대해 논의하는 것이 좋다. 그리고 특별한 사유가 없는 한, 내담자가 선택한 문제부터 다루는 것이 일반적이다. 하지만 상담자가 결정을 내리는 경우도 있다. 예를 들면, 다음과 같은 이유 때문에 사소한 감정적 결과와 관련된 작은 문제를 우선 선택하기도 한다.

- REBT의 원리를 알기 쉽게 가르치기 위해 복잡성이 덜한 문제영역을 먼저 다루는 경우
- 내담자가 긍정적 기대를 가지고 적극적으로 상담에 참여하도록 유도하기 위해 매우 짧은 기간에 개선될 수 있는 문제부터 다루는 경우

특정한 문제를 서둘러 해결하지 않으면, 다른 심각한 문제들이 물밀듯이 쏟아져 나와 내담자를 괴롭힐 것으로 판단될 때에도 무엇을 먼저 다룰지에 대해 상담자가 나서서 결정을 내리는 경우가 있다. 예를 들면, 재민 씨는 함께 살던 여자 친구를 때려서 가정폭력으로 체포되었으며 법원으로부터 접근금지 명령을 받았다. 그는 분노조절 문제를 가지고 있었는데 여자 친구의 편을 드는 어머니에게 화가 나서 어쩔 줄을 몰랐다. 한편 여자 친구에게는 계속 전화를 걸어 용서해 달라고 애원하고 있었다. 상담자는 어머니를 향한 분노보다 여자 친구가 용서해 주지 않는 것에 대한 당혹감이 더 시급하다고 판단했다. 재민 씨가 계속 여자 친구의 용서를 요구한다면 법원명령 위반으로 체

포될 수 있기 때문이다. 이렇게 되면 재민 씨는 더욱 심각한 상황에 놓이게 될 것이다. 상담자는 이러한 취지를 설명하여 재민 씨와 회기 목표에 대해 합의하였으며 치료적 동맹을 원만하게 유지했다.

작업 중이던 문제가 해결되지 않았는데도 내담자가 새로운 문제를 꺼내 놓도록 허용하는 것은 과연 현명한 일일까? 대개는 그렇다. 상담받는 것은 일주일에 한 시간이지만 나머지 167시간 동안 내담자는 원래의 환경으로 돌아가 생활한다. 살다 보면 새로운 문제나 위기상황이 일어나기 마련이다. 지난주에 다루던 의제에 고집스럽게 매달리는 상담자는 내담자에게 도움을 주지 못할 뿐 아니라 내담자와의 관계마저도 위태롭게 할 수 있다. 하지만 내담자가 의도적으로 주의를 돌리려 하는 것은 아닌지 유의해야 한다. 어렵고 골치 아픈 화제를 회피하려고 일부러 새로운 문제를 꺼내어 놓을 수도 있기 때문이다. 예를 들면, 강박적으로 과식을 하는 사람은 식사조절에 대한 논의를 피하려고 다른 문제에 대한 이야기만 잔뜩 늘어놓기도 한다. 이와 같이 상담자의 주의를 돌리려는 시도는 감내력 과소평가와 연관될 수 있다. 혹시 내담자가 계속해서 회기마다 새로운 문제를 호소한다면, 내담자의 이러한 행동을 곧바로 지적하고 이에 대한 논의를 시작하는 것이 좋다.

내담자가 새롭게 제시하는 문제들 사이에 공통된 주제가 보이거나 새로운 문제와 원래의 문제 또는 핵심 문제 사이에 관련성이 존재할 경우, 새로운 문제를 활용해 문제의 핵심에 도달할 수 있다. 끊임없이 새로운 문제를 호소하던 젊은 여성 아영 씨의 사례를 살펴보자. 아영 씨의 이야기들에는 '실패'라는 공통된 주제가 담겨 있었다. 아영 씨는 취업면접에 번번이 떨어졌는데, 자기가 일할 자격이 없기 때문에 떨어졌다고 말했다. 아영 씨는 고의적으로 연애관계를 정리하곤 했는데, 자신이 상대방에게 충분히 좋은 여자가 아니기 때문이라고 했다. 아영 씨는 "나 같은 사람을 아무도 좋아할 리 없어요."라고 말하며 친구들과 거리를 두었다. 아영 씨는 자신이 고통받는 것을 좋은 일로 여겼다. 이후 수 회기 동안 이러한 이야기를 듣고 나서, 이 모든 것에 공통된 주제가 있음을 인지하고 있는지 내담자에게 물었다. 자신이 삶에서 무엇인가를 누려도 될 만큼 충분히 좋은 사람이 아니기 때문에 마땅히 고통받으며 살아야 한다는 생각이 바로 그것이었다. 아영 씨는 사실 이 주제를 알고 있다고 답했으며, 자신의 가족이 겪은 크나큰 고통을 회상했다. 언니는 끔찍한 교통사고로 목숨을 잃었고, 어머니는 유방암과 싸우다 돌아가셨다. 그리고 아버지는 갑작스러운 심장마비로 세상을 떠났다. 가족 중에서 아영 씨만 유일하게 살아남았으며, 아영 씨는 자기 역시도 고통받아 마땅하다고 여기고 있었다. 뿐만 아니라 자기가 고통받으며 사는 것이 옳은 일, 당연한 일, 도덕적인 일이라고 믿고 있었다.

결과 C가 사건 A가 되다

이차적 문제(secondary disturbance), 즉 **메타 문제**(meta-problems)는 REBT에서 다루는 주요한 촉발사건 중의 하나이다. 달리 말하면, 내담자의 증상(예를 들면, 우울), 그 자체가 새로운 A가 된다는 뜻이다. Ellis(1979a, 1979d)가 이 개념을 REBT에 추가한 데에는, '**미치는 것에 대한 공포**(phrenophobia)'라는 용어를 만든 Raimy(1975)의 영향이 컸다. Raimy는 당시 심리치료 서비스를 이용하는 내담자의 77%가 일차적 문제(원래의 호소문제) 때문에 자신이 미칠지 모른다는 두려움을 가지고 있다고 추정했다.

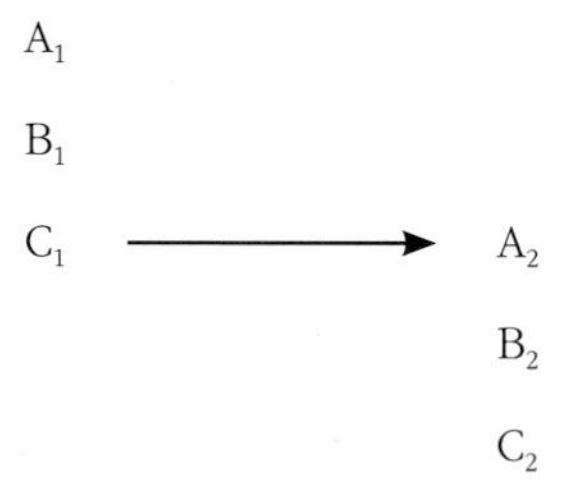

[그림 7-1] 이차적 문제가 발생하는 과정

이차적 문제의 개념을 [그림 7-1]에 제시한다. REBT의 대표적 특징은 이차적 문제를 우선적으로 검토한다는 것이다. 다음은 이차적 문제가 발생한 상황의 예이다.

A—원래의 문제(예를 들면, 우울)

B—'내가 우울증에 걸리다니 정말 한심하다!' '이건 아니잖아!' '빨리 그리고 쉽게 이 문제를 해결해야 해.'

C—불안, 죄책감, 추가적 우울 발생

이 내담자는 B와 C에 대해서도 마찬가지로 괴로워할 수 있다. 예를 들면, 자신의 비합리적 신념에 대해 화를 내거나 우울해할 수도 있다.

'나 또 삐딱하게 생각하네. 젠장, 이렇게 살다가 죽을 팔자인가 보다. 나란 인간은 도대체 뭐가 잘못된 거야. 이제는 좀 알 때가 된 것 같은데…… 하…….'

불안의 신체증상에 대해 걱정하는 내담자도 있다. 이 문제는 광장공포증에서 특히 두드러진다(Goldstein & Chambless, 1978). 이러한 내담자는 불안의 신체증상에 주의를 기울이며, 이것이 곧 다가올 죽음, 파멸, 견딜 수 없는 고통의 신호라고 여긴다.

'공황이 또 일어날까 봐 무서워 죽겠어. 차만 타면 불안해지는데 난 이걸 도저히 못 견뎌. 그러니까 절대로 불안해질 상황을 만들면 안 돼!'

자신의 문제행동 때문에 괴로워하는 경우도 많다. 약물 중독자는 이에 수반하는 만성적 죄책감 때문에 고통받는다. 과식하는 사람은 자기비난에 빠져 지내는 경우가 허다하다.

이차적 문제는 정신증과 같은 심각한 문제를 가진 내담자와 작업할 때 특히나 중요하다. 예를 들면, 생화학적 불균형의 결과로 발생하는 내인성 우울이나 사고장애의 경우, 심리치료를 통해 일차적 증상을 개선하기가 쉽지 않다(Davison & Neale, 1990). 이런 내담자는 신경증적 성격의 이차적 문제를 흔히 가지고 있다. 조울증 삽화 후에 발생하는 우울이 바로 그러한 문제이다. 이에 대한 현실적 치료목표는 불우한 여건에 대해 우울해하기보다 불우한 여건을 수용하는 법을 배우도록 돕는 것이다. 물론 덜 심각한 문제를 가진 내담자의 경우에도 마찬가지의 원칙이 적용될 수 있다. 강박적으로 과식하는 상무 씨의 경우를 생각해 보자. 과식은 상담시간에 다루고 있는 행동적 C이다. 그러나 식사조절을 멈추고 과식할 때마다 상무 씨는 곧바로 인지적 차원에서 자신을 비하한다. 이것은 필연적으로 죄책감 또는 수치심이라고 하는 불편한 감정, 즉 이차적 문제를 일으킨다. 나쁜 기분을 충분히 경험하고 나면, 이 기분을 떨쳐 버리기 위해 그는 자신에게 유쾌한 선물을 준다. 이 선물이 다름 아닌 아이스크림이다. 메타 문제는 상무 씨로 하여금 본래 개선하고자 하던 바로 그 문제행동에 다시 빠지게 만든다. 메타 수준에서의 죄책감 및 수치심의 악순환을 깨는 것은 상무 씨가 장기적 목표인 체중감소를 성취하기 위한 선결조건이다.

글상자 7-3

이차적 문제는 이제 막 REBT를 이해하기 시작한 내담자들에게 특히 골치 아픈 문제이다. REBT에 익숙해질수록 촉발사건에 대한 자신의 과잉반응을 보며 당혹스럽기 때문이다. 이때 경험하는 감정이 수치심이다.

모순처럼 들릴 수도 있지만, 상담 목표의 절반은 역기능적인 부정적 감정을 변화시키는 것이고, 나머지 절반은 이러한 감정을 지닌 자신을 수용하는 것이다. 상담자는 자신이 지금 이 두 가지 목표 중에서 어느 것에 대한 작업을 수행하고 있는지를 알고 있어야 한다.

REBT 상담자는 내담자가 일차적 문제에 대한 이차적 감정 문제를 겪고 있는지를 확인해야 한다. 예를 들어, 일차적 문제가 불안이라고 하자. 상담자는 "이렇게 불안한 것에 대해 어떻게 느끼십니까?"라고 질문해야 한다. 슬픔과 같이 적절한 부정적 감정에 대해 이차적 감정 문제를 경험하고 있는지의 여부를 확인하는 것도 역시 중요하다. 혹시 이차적 감정 문제가 일차적 문제를 다루는 내담자의 역량을 심각하게 저하시키고 있으며, 이러한 이차적 문제를 먼저 다루는 것이 필요함을 내담자에게 이해시킬 수 있다면, 이차적 문제를 먼저 다루는 것이 맞을 것이다. 하지만 사람들은 대개 자신의 일차적 문제에 대해 나름의 생각을 가지고 있기 때문에 어떤 문제를 다루고 싶은지 내담자에게 묻는 것이 좋다. 다른 특별한 사유가 없다면, 필자는 내담자의 선택을 따른다. 필요에 따라 일차적 문제와 이차적 문제를 오가며 작업하는 것은 내담자에게 그다지 어려운 일이 아니다. 상담자는 항상 어느 수준의 문제가 논의되고 있는지를 모니터링하며 적절한 문제에 초점을 유지하도록 유념해야 한다. 때때로 문제의 수준이 은연중에 바뀌기도 한다. 겉으로는 내담자가 어느 한 수준의 문제를 이야기하는 것처럼 보여도, 실제로는 다른 수준의 문제를 호소하고 있는 경우도 있다. 혹시 이러한 패턴이 나타난다면, 내담자에게 이를 지적하고 어느 것을 다루는 것이 보다 적절할지에 대해 논의해야 한다.

이차적 수준의 문제가 A인 것으로 확인되더라도, 상담은 평소의 절차에 따라 진행된다. 즉, C를 명료화시키고, 비합리적 신념을 탐색하여 논박하는 것이다.

A를 찾아내는 어려움

수퍼비전을 하다 보면 상담자들이 종종 촉발사건을 찾아내는 데에 어려움을 겪는 것이 눈에 띈다. 예를 들면, 내담자가 강박적 행동(흡연, 음주, 과식, 과제 미루기 등)을 그만두고 싶어 하거나 유익한 행동(운동, 친절한 행동, 건강한 식생활 등)을 시작하고 싶어 할 때, 무엇이 촉발사건인지 찾아내는 것이 어려울 수 있다. 내담자가 "저는 담배를 끊고 싶습니다."라고 행동목표를 진술한다고 상상해 보자. 상담자는 담배를 마지막으로 피운 것이 언제였는지 물은 후, 담배를 끊는 일에 실패했을 때 기분이 어땠는지 질문한다. 내담자는 담배를 끊지 못하는 것에 대한 부정적 감정을 토로한다. 그다음에 상담자는 이 부정적 감정 뒤에 숨은 비합리적 신념을 탐색한다. 이 상황에서 상담자는 일차적 A-B-C를 먼저 탐색하지 않고, 이차적 메타 A-B-C를 찾고 있다. 이러한 개입은 옳은 것일 수도 있지만, 행동을 변화시키고자 하는 내담자의 목표에서는 벗어난 것이다.

상담자: 오늘은 어떤 문제를 다루고 싶습니까?

내담자: 일을 미루는 습관을 버리고 얼른 논문을 마무리하고 싶어요.

상담자: 마지막으로 일을 미룬 것은 언제입니까?

내담자: 어젯밤에도 논문 작업을 하려고 하다가 결국 TV를 봤어요.

상담자: 논문 작업을 미룬 다음에 기분이 어땠습니까?

내담자: 안 좋았어요.

상담자: 그렇군요. 일을 미루고 안 좋은 기분을 느낄 때 자신에게 어떤 혼잣말을 하고 있는지 살펴봅시다.

이 예에서 표현된 기분이 안 좋다는 식의 메타 감정 반응은 구체성이 부족하다. 내담자에게 C를 보다 명확하게 표현해 주도록 요구할 수도 있었을 것이다. 전체적으로 보았을 때, 개입의 초점이 이차적 메타 감정에 놓여 있음을 알 수 있다. 자신의 행동을 통제하는 데 실패한 것에 대한 감정 반응은 부정적이기는 해도 건강하고 순기능적이어서 새로운 자기통제 전략을 배우고 연습하도록 의욕을 북돋워 줄 수도 있다. 건강한 이차적 메타 감정과 그렇지 못한 감정을 구별하는 것이 중요하다.

Note

〈글상자 7-1〉에 대한 정답

촉발사건: 시험을 망쳤어요.
비합리적 신념: 난 진짜 인생 실패자예요(가치평가).

촉발사건: 아무도 나에게 말을 걸지 않아요.
비합리적 신념: 외로워서 못 견디겠어요(감내력 과소평가).

촉발사건: 엄마는 맨날 잔소리를 해요. 나를 싫어하는 게 분명해요.
비합리적 신념: 없음

촉발사건: 아내가 이혼하자고 하더군요.
비합리적 신념: 지난주에 정말 비참한 꼴을 당했습니다(파국화).

촉발사건: 저는 돼지처럼 먹어요.
비합리적 신념: 보시다시피 저는 정말 쓸모없는 인간이에요(가치평가).

촉발사건: 전 연봉이 간신히 일억밖에 안 돼요.
비합리적 신념: 저는 그냥 루저예요(가치평가).

촉발사건: 저는 남자 친구랑 있을 때 세상 누구보다도 행복해요.
비합리적 신념: 남자 친구가 저를 사랑해 주면 제가 제법 괜찮은 사람 같은 느낌이 들거든요(가치평가).

08

C—감정적 · 행동적 결과

왜 내담자는 상담을 받으러 오는가? 대개는 기분이 좋지 않거나 감정적으로 괴롭거나 자기 행동에 문제가 있다고 느껴서 상담자를 찾는다. 내담자는 자기 생각의 비합리성을 고치기 위해 상담실을 찾지 않는다는 점을 명심하라. 대개는 자기 생각이 비합리적이라는 것조차 모르고 있다. 다름 아니라 감정적 · 행동적 결과인 C가 상담실 문을 두드리게 만드는 계기이다. REBT 이론에서는 결과를 감정적이면서 행동적인 것으로 규정한다. 감정이라는 심리적 개념 속에는 기분뿐만 아니라 행동 경향 역시도 포함된다. 감정에 관한 이론을 제시한 여러 학자들도 행동을 감정의 일부로 간주한다(Frijda, 1986). REBT에서는 C를 내담자가 경험한 감정, 내담자가 취한 행동, 또는 양자 모두로 규정한다. 이 책에서 C를 언급할 때는 감정과 행동 양자 모두를 지칭한다. 대부분의 논의가 부정적 감정에 집중되겠지만, 긍정적 감정에도 같은 원리가 적용될 수 있다. 인간은 건강하고 순기능적이며 긍정적인 감정을 경험할 뿐만 아니라, 건강하지 않고 역기능적이면서도 긍정적인 감정을 느낄 때도 있다. 예를 들면, 자부심은 건강하고 순기능적인 감정이지만, 자만심과 오만함 같은 감정은 긍정적이기는 해도 건강하지 않은 역기능적 감정이다.

내담자들은 특정한 촉발사건에 대한 자신의 감정을 분명하게 표현하는 경우가 많다. 사실 내담자들은 대개 자신의 감정을 토로하며 회기를 시작한다. 상담자가 "무슨 문제를 다루고 싶습니까?"라고 물으면, 내담자는 "요즘 너무 우울해요."라는 식으로 답할 것이다. 내담자가 자발적으로 감정을 털어놓지 않으면, 상담자가 곧바로 질문하는 것이 REBT의 적극적 · 지시적 스타일에 어울리는 전략이다. 내담자가 촉발사건을 설명한 다음, 상담자는 전형적으로 이렇게 묻는다.

"그 사건 또는 상황에 대해 어떤 감정을 경험하셨습니까?"

경험 많은 상담자는 내담자의 감정 상태에 대한 임상적 직감을 바탕으로 이렇게 질문하기도 한다.

"그것에 대해 불안하십니까?"

이러한 질문은 내담자와의 라포 형성에 크게 도움이 된다. 상담자가 자신의 문제를 정말로 이해하고 있다고 느끼기 때문이다. 하지만 내담자가 느끼는 감정을 상담자가 평서문으로 말해 주는 방식은 권하고 싶지 않다. 그 대신 질문의 형태를 취하라. 그리고 자신의 직감이 틀렸다는 것을 보여 주는 정보가 확보되었을 때 견해를 수정할 준비를 해 두라.

경험 많은 상담자라면 특정한 임상적 문제와 빈번히 연관되는 감정 상태를 알고 있을 것이다. 예를 들면, 특정한 상황을 회피하는 것은 대개 불안을 암시한다. 거친 말은 대개 분노를 의미한다. 무기력 혹은 활동량 저하는 우울을 시사한다. 자해 또는 자기비하는 죄책감과 수치심을 암시한다. 최근에 누군가를 잃은 경험은 슬픔으로 이어진다.

달리 말하면, 경험 많은 상담자들은 내담자의 감정 상태를 추측하기 위해 네 가지 정보원을 사용할 줄 안다.

- 내담자의 자세와 행동
- 내담자의 언어적 반응(예를 들면, 목소리의 톤, 은유, 말버릇)
- 해당 상황에 대한 보통 사람들의 일반적인 감정 반응
- REBT 이론에 근거한 연역적 추론(내담자의 신념체계를 통해 감정을 추론하는 것)

명심해야 할 지침 한 가지는 내담자에게 질문할 때 'A가 C를 일으킨다.'는 식의 표현을 사용하여 내담자를 혼란스럽게 해서는 안 된다는 것이다. 수퍼비전을 진행하다 보면, 새내기 상담자들이 "그 일 때문에 기분이 어떠세요?"라는 식으로 질문하는 모습을 자주 접한다. A가 C를 일으킨다는 암시를 주지 않으면서 질문하는 몇 가지 예를 들어 보겠다.

"그 일이 일어났을 때 기분이 어땠습니까?"
"그 일에 대한 당신의 감정 반응이 궁금합니다."
"그 사건에 대해 어떤 감정을 느낍니까?"

이것은 작은 것 같지만 중요한 차이이며 처음에는 이런 식의 표현이 어색하게 느껴질지도 모른다. 자신의 감정에 대한 책임을 강조하는 방식으로 질문을 만들려면 연습이 필요하다.

글상자 8-1

내담자가 자신의 감정을 꼭 집어 가리키는 것을 어려워하면, Albert Ellis는 내담자에게 '대충 짐작'해 보라고 말했다. 놀랍게도 이 방법은 C에 대해 꽤 유용한 정보를 얻게 해 준다.

해로운 감정과 자연스러운 감정

REBT 이론은 순기능을 하는 건강한 부정적 감정과 역기능을 하는 해로운 부정적 감정을 구별한다. 모든 감정이 다 문제가 된다거나 변화의 대상이 되는 것은 아니다. REBT 이론에서는 부정적 감정이 나쁘다고 말하지 않는다. 사실 부정적 감정은 부정적 촉발사건에 적응하고 대처하는 능력의 필수적 부분이다. 감정이 일어난다는 것은 주의를 기울이고 무엇인가 반응을 해야 하는 문제가 발생했다는 것을 알려 주는 **신호**이다(Darwin, 1872). 하지만 건강하지 않은 부정적 감정은 우리의 역량을 저하시킨다. 목표를 성취하고 문제에 반응하고 역경에 대처하는 역량이 저하되면, 결과적으로 자신에게 해로운 하는 행동을 취하기도 한다. 어떤 감정은 몸에도 해롭다. 예를 들어, 불안은 대장염, 십이지장 궤양, 고혈압과 같은 심인성 질환을 일으킬 수 있다. 강렬한 분노는 복통을 일으키기도 한다. 부모의 사망, 배우자와의 결별, 자녀의 질병과도 같은 경험에 대해 슬픔을 느끼는 것은 그것이 설령 매우 깊은 슬픔이라 하더라도 적절한 감정 반응일 것이다. 하지만 슬픔이 지나치게 오래 가거나 일상생활에 지장을 초래하고 우울로까지 발전한다면 치료적 개입의 잠재적 후보가 된다. 즉, 순기능을 하는 부정적 감정이 아니라 해로운 부정적 감정으로 변모하는 것이다.

부정적이지만 적응적인 감정과 해로운 감정을 구별하는 것은 매우 어렵다. 양자를 구별할 때 참고가 될 만한 것을 몇 가지 제안해 보겠다.

- 주관적 체험이라는 관점에서 보았을 때, 적응적 감정은 설사 강렬하고 부정적이라 하더라도 '고통'으로 느껴지지는 않는다.
- 생리적 측면에서 보면, 해로운 감정 반응은 강렬하거나 지속적인 자율신경체계의 과잉반응을 수반한다.
- 행동적 측면에서 보면, 해로운 감정은 자기 파괴적인 행동으로 이어지거나 문제해결을 위한 시도를 방해한다. 그래서 내담자는 옴짝달싹 못하는 교착상태에 빠지기도 한다.
- 해로운 감정이 대인관계에 작용하면, 사람들의 공감과 지지로부터는 멀어지고, 회피 또는 처벌과 맞딱뜨릴 확률이 높아진다.
- 인지적 측면에서 보면, 해로운 감정에는 필연적으로 비합리적 사고가 연관되어 있다.

글상자 8-2

많은 사람들이 감정을 말하지 않는 가정환경에서 자란다. 저녁 식사를 하며 어머니나 아버지가 아이에게 오늘 무엇을 했는지 묻는 일은 있어도 오늘 한 일에 대해 어떻게 느끼는지를 질문하는 법은 거의 없다. 어떤 가정에서는 감정 표현을, 특히 남자에게는, 사실상 금지한 것이나 다름 없는 경우도 있다. 이와 같은 감정 표현의 결핍을 의학용어로 'alexithymia(감정 표현 불능증)'라고 부른다(Lane, Ahern, Schwartz, & Kaszniack, 1997). 접두사 'a'는 '부재'를 나타내고, 'lex'는 '언어'를 가리키며, 접미사 'thymia'는 '기분'을 뜻한다. 따라서 이 용어는 기분을 묘사할 언어를 가지고 있지 않음을 의미한다.

특정 화제와 관련된 어휘를 가지고 있지 않으면, 미묘한 의미까지 살려서 자기를 표현하는 것은 매우 어렵다. 의미론자들에 의하면, 풍부한 어휘를 가지고 있지 않다는 것은 해당 화제를 중시하지 않음을 의미한다. 다른 것과 구별 짓고자 하는 개념을 지칭하는 단어가 존재하지 않으면, 서로 다른 두 개념을 구별하는 것이 대단히 어려운 일이 되고 만다.

심지어 우리가 사용하는 임상 용어조차도 혼란스러울 때가 있다. '우울증'이라는 단어를 살펴보자. 퓰리처상 수상 작가인 William Styron(1990)은 이렇게 말했다.

> "우울증(depression)이라는 용어에 대한 불만을 제기하고자 한다. 이것은 아무런 존재감 없는 애매한 용어이다. 우리는 아무렇지도 않게 경기불황, 아니면 움푹 팬 땅을 지칭할 때도 이 용어를 사용한다. 주요한 질환을 지칭하는 단어로서 참으로 빈약하기 짝이 없다."

게다가 우리는 우울한 기분, 애도, 우울 증후군(depressive syndrome), 우울 질환(depressive illness)을 구별할 수 있는가?

> "슬픔이라는 감정 상태는 부정적 생활사건에 대한 정상적인 반응이며, 대개는 과도하게 애쓰지 않아도 누그러진다. 애도는 이보다 오래 지속되는 강렬한 감정이며 주요한 상실 경험에 의해 촉발된다. 애도하고 있는 내담자의 경우, 주의의 초점이 자기 자신 및 자기비난보다는 상실 경험 자체에 놓여 있다. 우울 증후군은 부정적 촉발사건에 대한 과잉반응 및 이와 관련된 인지, 정서, 행동, 신체증상을 포괄하는 증상군이다. 따라서 이것은 단순히 우울한 기분을 지칭하는 용어가 아니다. 그리고 여기에 우울증, 즉 질환이 있다. 보다 정확히 표현하면, '우울증: 유전성이 강한 일련의 재발성 질환들'이라고 하는 것이 옳을 것이다."(Walen & Rader, 1991, pp. 232-3)

상담자와 내담자가 서로를 정확하게 이해하려면, 개념 구분이 분명한 어휘를 내담자에게 가르치는 편이 나을지도 모르겠다.

해로운 감정과 자연스러운 감정을 구별하는 것은 REBT의 장점임과 동시에 논란의 여지가 있는 부분이기도 하다. 왜냐하면 이 두 가지 감정을 조작적으로 정의하는 것이 어렵기 때문이다. 하지만 양자를 구별함으로써 보다 중요한 상담 목표에 분명하게 초점을 맞출 수 있게 된다. 주지하다시피 그것은 심리적 고통을 적절하고 적응적인 감정으로 변환시키는 것이다. 이에 더해 상담자는 내담자의 '파국화'에 동조하지 않으면서도, 부정적 촉발사건의 심각성을 직시하고 공감을 전달하며, 오래도록 지속되어 온 골치 아픈 A를 마주해야 하는 현실을 다룰 수 있게 된다.

〈표 8-1〉에 제시한 감정 표현의 유형과 어휘를 내담자와 작업할 때 활용해 볼 것을 권한다. 적절하고, 유용하고, 적응적이며, 자연스럽고, 건강한 감정을 부정적이고, 해롭고, 부적응적이고, 건강하지 않으며, 고통스러운 감정과 구별하는 데에 도움이 될 것이다. 〈표 8-1〉에 제시한 표현들은 보다 명확한 의사소통을 촉진하는 첫걸음이 될 것이다. 우리의 언어는 순기능적인 감정과 역기능적인 감정을 잘 구별하지 못하기 때문에, 건강한 감정과 그렇지 않은 감정의 쌍 중에서 일부는 질적으로 다르기보다는 강도에서 다른 것처럼 보일 것이다(예를 들면, 언짢음—분노, 염려—불안). 그러므로 건강한 분노와 해로운 분노, 건강한 공포와 해로운 공포로 구분하여 부르는 것도 좋다. 슬픔—우울 쌍의 경우에는 이러한 문제가 일어나지 않을 것이다. 우울해지지 않으면서도 슬픈 감정을 느낄 수 있다는 것을 누구나 쉽게 알 수 있기 때문이다.

표 8-1 건강한 감정과 해로운 감정을 나타내는 어휘

순기능을 하는 건강한 감정	역기능을 하는 해로운 감정
염려	불안
슬픔	우울
언짢음	임상적 분노
반성	죄책감
후회	수치심
아쉬움	상처

C를 식별하려 할 때 발생하는 문제

내담자의 C를 정확히 식별해 내지 못하는 것은 상담자들이 공통적으로 겪는 어려움이다. 이 문제는 단순히 상담자가 감정을 분명하게 규정짓지 않아서 발생할 때도 있지만, C가 무엇인지 상담자와 내담자가 서로 느낌으로 이해한다고 여겨서 발생하기도 한다. 물론 이러한 느낌은 맞지 않을 때가 많다. 많은 경우에 있어서 C를 식별해 내는 어려움은, 상담자 때문이 아니라, 감정이 본래 내담자에게 어렵고 헷갈리는 문제이기 때문에 발생한다. 지금부터는 내담자가 C를 식별하는 데 어려움을 겪는 주요한 이유를 설명하고 내담자를 도울 방법을 제안해 보겠다.

순기능적 감정과 역기능적 감정의 혼재

우리는 종종 건강한 감정과 해로운 감정이 뒤섞인 감정 상태를 경험한다. 그렇기 때문에 이 두 가지 감정을 구분해 내기가 쉽지 않다. 이러한 구분에 익숙하지 않은 내담자들은 한 가지 감정에 관해서만 이야기할 것이다. REBT에서는 순기능적 감정은 그냥 그대로 두고, 해로운 감정에만 초점을 맞추기 때문에 상담자는 양자를 구별할 수 있어야 한다(Backx, 2012).

C에 대한 죄책감

죄책감 때문에 C를 식별해 내기가 어려울 수도 있다. 자기가 느끼는 부정적 감정을 이유로 스스로를 비하하며 이차적 C를 경험하는 내담자는 이 감정에 이름을 붙이는 것을 불편해한다. 필자는 신학 공부에 전념하던 목회자의 아내인 태리 씨의 사례에서 이를 목격했다. 그녀는 남편의 신학 공부를 잠시 쉬게 해야겠다고 생각했다. 그녀가 보기에는 아픈 사람이나 상을 당한 사람들을 만나면서 신도들을 챙기는 것이 남편이 해야 할 일이었기 때문이다. 남편은 아내가 시키는 대로 따랐을 뿐이고 태리 씨가 온갖 궂은일을 도맡아 했지만, 신도들에게 인정과 감사를 받는 것은 늘 남편이었다. 하지만 그녀는 조용하고 수줍음이 많은 성격이었던 탓에 사람들 눈에는 교회 일에 무관심한 것처럼 비쳤으며 애쓰며 일을 해도 알아주는 사람이 없었다. 태리 씨는 모호한 말로 자기의 문제를 이야기했다. 좀 더 이해와 지지를 받고 싶고 사람들이 자기에게 고마워했으면 좋겠다는 식으로 말이다. 그녀는 C를 특정하지 못한 채로 그저 자기가 무시당하고 당연시되는 것처럼 느낀다는 말을 할 뿐이었다. 그녀가 진술한 것은 모두 A-[지각]과 A-[추론]이다. 상담자가 더욱 깊게 탐색하자 저 밑에 있던 그녀의 C는 분노라는 것이 드러났다. 하지만 태리 씨는 성직자의 아내로서 자기가 이러한 감정을 느껴서는 안 된다고 믿었다. 분노를 느끼는 것에 대한 죄책감은 이 감정을 상담자는 물론 남편에게조차 털어놓지 못하도록 막았다.

내담자가 이러한 감정을 직시하게 하려면 무엇을 해야 할까? Iris Fodor(1987)는 REBT와 CBT에서 **게슈탈트** 기법을 활용해 내담자가 감정을 드러내도록 도울 수 있다고 했다. Ellis(2002)도 이러한 목적으로 마라톤 집단에서 게슈탈트 기법을 사용한 적이 있다. 빈 의자 기법과 같은 게슈탈트 기법이 목회자의 아내인 태리 씨에게도 도움이 되었을 것이다. 예를 들면, 자기에게 고마워하지 않는 신도 한 명이나 남편이 빈 의자에 앉아 있는 모습을 상상하도록 요청한다. 다음에는 태리 씨가 두 의자 사이를 오가며 자신 또는 상대방의 입장이 되어서 대화를 이어 가는 것이다. 평상시의 억압된 감정을 이런 식으로 풀어 주는 것은 태리 씨가 자신의 분노를 직시할 가능성을 높여 주게 된다.

글상자 8-3

내담자가 자신의 감정을 알아차리도록 돕는 매우 강력한 방법은 시각적 이미지를 사용하는 것이다. 우선, 내담자에게 눈을 감도록 요청하라. 자유로운 상상을 돕기 위해 몇 가지 안내를 하고, 내담자가 애써 생각을 하거나 말을 많이 할 필요는 없음을 알려라. 그 대신 영상이나 이미지가 떠오를 때까지 가만히 기다리도록 요청하라. 태리 씨에게 사용할 만한 아주 부드러운 안내문은 다음과 같은 것이다.

"당신과 남편의 모습을 마음속에 떠올려 봅시다."
"당신이 신도들 사이에 함께 있다고 상상해 봅시다."

감정을 극도로 자극하는 이 기법을 사용하면서, 어떤 일이 일어나고 있는지, 이미지 속에서 어떤 감정이 표현되고 있는지 그리고 어떤 신체감각을 느끼는지를 질문할 수도 있다. 이러한 이미지는 내담자가 자신의 감정을 알아차리는 데에 도움이 될 것이다.

본보기가 되는 역할 모델을 찾아보라. "태리 씨, 비슷한 처지에 놓인 누군가를 알고 있습니까? 그 사람은 어떤 감정을 느낄 것으로 생각합니까?"와 같이 역할 모델의 관점에서 생각해 보도록 질문하는 것도 도움이 된다.

유머를 사용하는 것도 좋다. 의도적으로 상황을 과장하며, 부드럽게 익살스러운 요소를 집어넣거나 유머러스한 비유를 시도해 보라. 이렇게 하면 태리 씨가 자신의 분노를 직시할 수 있는 안전한 분위기를 조성할 수 있다. 예를 들면, "태리 씨는 정말 성자인 것 같습니다. 다른 사람들 같으면 열불이 날 텐데 말이죠!" 또는 "정말 대단합니다. 아무도 알아주지 않는데도 그냥 가만히 있으니까요. 태리 씨는 참 사람이 좋으시네요!"라고 이야기해 볼 수 있다.

C에 대한 수치심

자신의 고난을 주지화하는 경향 때문에 감정과 접촉하지 못하는 내담자도 있다. 이런 사람들은 자신의 감정에 이름을 붙이는 것을 회피한다. 그 대신 상황을 설명하거나 자신의 행동을 합리화하려 한다. 때로는 감정을 경험한다는 것 자체를 부정하기도 한다. 이러한 감정 마취 상태의 밑바닥에는 감정 표현이 자신의 나약함을 드러내는 것이라는 믿음이 숨어 있다. 감정을 회피함으로써 타인에게 부정적 평가를 받는 것과 수치심을 경험하는 것을 미연에 방지하는 것이다.

모든 감정은 그것이 존재한다는 이유만으로 정당화된다는 것을 내담자에게 전달하는 것이 중요하다. 감정은 외부의 사건에 대해 우리가 마음속으로 읊조리는 혼잣말에서 기인한 것이다. 따라서 감정의 가부를 논할 수는 없다.

Machiavelli(1532/1998)는 널리 알려진 저서 『군주론(The Prince)』에서 타인에게 자신의 감정을 알리지 않는 것이 이익이 된다고 말했다. 그러나 우리는 자신의 감정을 드러내는 것이 내담자 자신에게 도움이 된다는 것을 이해시키고자 한다. 설령 자신이 어떤 감정을 느낀다는 이유로 타인의 비난을 받는다 하더라도 결코 부끄러워하거나 자신을 책망할 필요는 없다.

감정 표현의 부재

회기 중에 자신의 감정을 전혀 표현하지 않는 내담자를 만나기도 한다. 감정 표현의 부재가 정신증적 증상이 아니라면, 다음의 두 가지 가설을 검토해 볼 필요가 있다.

1. 내담자는 상담시간에 심각해져야 한다고 믿고 있을지 모른다. 상담실이 감정적 태도를 배제하고 성실하게 임해야 하는 경건한 자리라고 여기는 것이다. 그런 경

우 상담자가 직접 설명하거나 시범을 보임으로써 그러한 생각이 옳지 않음을 설득해야 하며, 감정을 끌어내는 창의적 전략(예를 들면, 상담자에게 반대의견을 말하도록 격려하기, 말을 하지 않고 행동으로만 문제를 표현해 보기, 노래나 시를 통해 문제를 표현하기 등)을 사용하여 내담자가 편안함을 느끼도록 도와야 한다.

2. 상담자가 내담자의 감정을 끌어내기 위한 시도를 거의 하지 않거나, 사실상 감정 표현을 막고 있을지도 모른다. 예를 들면, 상담자가 장황한 이야기를 늘어놓거나, 닫힌 질문(closed-ended questions)을 쏟아붓거나, 상담을 너무 빨리 진행하거나, 내담자를 혼란스럽게 하고 있을 수도 있다. 이런 경우, 상담 회기의 녹음을 들으며, 내담자의 무덤덤한 반응이 발생하기 직전에 상담자 자신이 무슨 말을 어떤 식으로 했는지를 잘 관찰해 보아야 한다. "그리고 또?"와 같은 간단한 열린 질문(open-ended questions)을 던져서 내담자의 언어적 표현을 촉진하라.

감정에 대한 두려움

두려움 때문에 자신의 감정을 알아차리지 못하는 내담자도 있다. 감정을 회피하는 것이다. 우울감을 예로 들면, 이것은 불편할 뿐만 아니라 고통스러운 경험이다. 내담자들은 감정이 폭발할까 봐, 우울해질까 봐, 불안과 공포를 느낄까 봐 두려워한다. 이것은 **불편감에 대한 불안**이며 자신의 **감내력**을 **과소평가**하는 것이라고 할 수 있다. 내담자는 이러한 감정적 동요가 자신이 감당할 수 있는 수준을 넘어선다고 믿는다. 너무 고통스럽다는 이유로 감정을 회피한다면, 광장공포증이나 물질 남용(Hayes, Wilson, Gifford, Follette, & Strosahl, 1996), 과제 미루기(Steel, 2007)와 같은 심리적 문제가 발생할 수 있다.

자신의 감정에 대한 두려움이 문제를 직시하고 해결하는 것을 방해한다는 것을 내담자에게 이해시키는 것이 중요하다. 유능한 학자였던 표 교수의 사례를 살펴보자. 그는 격식 차린 삶에 대한 불만과 자기실현 및 행복에 대한 바람이라는 모호한 문제를 가지고 상담실 문을 두드렸다. 표 교수는 감정을 배제한 단조로운 언어로 자신의 아내에 관해 이야기했다. 그의 말에 의하면, 아내는 자기 일, 부모, 아이들에게만 마음을 쏟았다. 표 교수는 아내와 사이가 가깝지 않은 것 같았다. 그는 한 여성과 불륜관계에 있었는데 그녀만이 유일하게 자신을 이해해 주는 사람이며 그녀와 함께 있을 때가 가장 행복하다고 했다. 표 교수는 부부 사이가 멀어지도록 내버려 두는 아내에게 화가 났다. 하지만 그는 이 문제를 인정하기가 두려웠다.

상담자: 교수님, 여자 친구를 만날 때가 가장 행복하다고 말씀하시는 것 같군요. 아내에 관한 이야기를 하실 때는 차갑고 거리감이 느껴집니다. 아내에 대해 어떤 감정을 느끼시는지 궁금합니다.

내담자: 그 이야기를 하려고 여기에 온 것이 아닙니다.

상담자: 알고 있습니다. 아내를 향한 감정을 제가 모른다면 마음이 더 편하실 수도 있겠지요.

내담자: 네. 그러면 더 편할 것 같습니다. 저는 아내를 사랑한다고 생각하는데 아내는 더는 저를 사랑하지 않는 것 같다는 생각이 자주 듭니다.

상담자: 오늘 저와 이것에 대해 이야기를 나누고 싶으신지요?

내담자: (한숨을 깊게 내쉬며) 그건 벌레로 가득 찬 상자 뚜껑을 열어젖히는 것이나 마찬가지일 것입니다. 정말 생각하기 싫은 일이네요.

상담자: 아내와의 관계 그리고 여자 친구와의 관계에 대한 자신의 감정을 회피하고 있다는 것을 알고 계시군요?

내담자: 그걸 생각하는 것만으로도 참 두렵습니다. 아내와 아이도 키웠고 함께 살아온 세월이 있지요. 아내에 대한 제 감정을 바라보는 것이 무섭습니다. 모든 것이 다 부서질 것 같아요.

상담자: 너무 두려워서 자신의 감정을 바라보지 못한다는 말씀이시군요. 하지만 두려움에 굴복하면, 오늘 여기에 오시도록 만든 문제들을 어느 것 하나도 해결하지 못할 수 있습니다.

자신의 감정을 살펴보는 것에 대한 두려움이라는 **메타 감정**을 점검하는 것은 표 교수와의 상담에서 가장 중요한 의제가 되었다.

B와 C를 혼동하는 것

생각과 감정을 혼동하는 사람들이 많다. 감정을 말해 달라고 했는데 정작 내담자는 자기의 생각을 이야기하는 때가 있다. "그 사람이 그 말을 했을 때, 제가 바보같이 느껴졌어요."라고 말하는 것이 바로 그러한 예이다. 이와 반대로 생각에 관한 질문을 했는데 감정에 관한 답변이 돌아올 때도 있다. 상담자가 "그때 무슨 생각을 하고 있었습니까?"라고 질문했더니, 내담자가 "음, 제가 불안하다고 생각했어요."라고 답하는 식이다.

새내기 상담자와 내담자가 함께 겪는 어려움은 C에서 B를 분리해 내는 것이다. 이 문제는 우리가 사용하는 언어가 부정확한 것에 기인한다. 일상에서 사용하는 '느낌이 든다.'는 표현을 예로 들면, 이 단어에는 여러 의미가 중의적으로 포함되어 있다.

- 신체감각: "추운 느낌이 들어요."
- 의견: "세금을 낮춰야 할 것 같은 느낌이 들어요."
- 감정적 경험: "행복한 느낌이 들어요."
- 평가: "그게 끔찍하다는 느낌이 들어요."

내담자로부터 '느낌이 든다.'는 표현을 들었을 때는 의견이나 평가보다는 감정적 결과를 설명하는 데에 사용하도록 권하는 것이 좋다. 이러한 구분은 내담자가 자신의 생각과 감정 사이의 차이를 알아차리도록 할 뿐만 아니라 나중에 비합리적 신념을 논박할 때에도 크게 도움이 된다. 이처럼 내담자가 B를 감정으로 잘못 명명할 때는 곧바로 질문하여 정정해 주는 것이 좋다. 이때 중요한 것은 상담자가 던진 바로 그 질문에 내담자가 정확히 답하도록 하는 것이다.

A와 C를 혼동하는 것

REBT에서는 A와 C를 구별하도록 가르치지만, 이것을 어려워하는 내담자가 적지 않다. 내담자에게 감정을 물어봐도 A-[지각] 또는 A-[추론]으로 답하는 일이 흔하다. 이

전에 언급한 것처럼 A-[지각]과 A-[추론]은 본래 인지에 해당하는 요소이다. 하지만 이것이 심리적 고통의 발생에 결정적 영향을 미치는 것은 아니다. REBT에서 이것을 A의 일부로 분류하는 이유는 내담자가 고민하는 잠재적 사건의 성격을 띠고 있기 때문이다. 내담자들이 감정에 관한 질문에 감정으로 답하지 않고, A-[지각] 또는 A-[추론]으로 답한 예를 다음에 제시한다.

무시당한 느낌이 들어요.

존중받지 못한다는 느낌이 들어요.

사랑받지 못한다는 느낌이 들어요.

혼자 남겨진 것 같은 느낌이 들어요.

배신당한 느낌이 들어요.

무기력한 느낌이 들어요.

내가 똑똑하지 않은/예쁘지 않은/매력 없는/세련되지 못한/날씬하지 않은 느낌이 들어요.

이러한 예에서 내담자는 잠재적으로 사실일 수도 있는 상황에 대한 지각 및 추론을 이야기하기 위해 '느낌이 든다.'는 표현을 사용했다. 비록 느낌이라는 말이 나오기는 했지만, 이것은 감정적 결과 C가 아니다. 이러한 상황에서 사용하도록 추천하고 싶은 전략은 다음과 같은 것이다. 일단 내담자의 발언을 되짚어 본 후, 내담자의 지각 또는 추론이 사실일 수 있다는 점을 인정한다. 그러고 나서 "그것이 사실이라면, 어떤 감정을 느끼거나 경험하겠습니까?"라고 질문해 볼 수 있다.

상담자: 그때 기분이 어땠습니까?

내담자: 배신당한 느낌이 들었어요.

상담자: 네, 말씀하신 대로 배신을 당했다고 가정해 봅시다. 배신당한 것에 대해 어떤 감정을 느낍니까?

내담자: 음, 화가 난 것 같아요.

상담자가 C에 대해 질문해도, 사건에 관한 이야기를 고집스럽게 비슷한 말로 되풀이하는 내담자도 있다. 다음의 예를 살펴보자.

상담자: 그때 기분이 어땠습니까?

내담자: 배신당한 느낌이 들었어요.

상담자: 네, 말씀하신 대로 배신을 당했다고 가정해 봅시다. 배신당한 것에 대해 어떤 감정을 느낍니까?

내담자: 음, 속았다는 느낌이 들었어요.

상담자: 네, 말씀하신 대로 속았다고 가정해 봅시다. 속은 것에 대해 어떤 감정을 느낍니까?

내담자: 그 사람들이 의리를 지키지 않았다고 느꼈어요.

상담자: 잘 아시겠지만, 배신당한 것, 속은 것, 의리를 지키지 않은 것은 모두 자신에게 일어난 사건일 뿐, 자신의 감정이 어떠했는지를 말해 주는 것이 아닙니다. 감정이란 분노, 기쁨, 슬픔, 불안, 창피함과 같은 것을 느끼는 경험입니다. 그러면 배신당하고 속은 것에 대해 어떤 감정을 느낍니까?

다른 내담자의 예도 살펴보자. 철수 씨는 자신이 여러모로 부족한 사람이라서 남들이 자기를 거부할지도 모른다는 두려움을 가지고 있었다. 철수 씨는 자신이 더 성공하지 못하고 더 유명해지지 못한 것에 대해 자책하며 우울감에 빠졌다. 상담자가 철수 씨에게 "입사 지원서를 내지 않은 그날 기분이 어땠습니까?"라고 묻자, 철수 씨는 "제가 바보 같다는 느낌이 들었어요."라고 대답했다. 상담자는 철수 씨가 강한 불안과 우울을 경험하고 있을 가능성이 크며, 자기비하적인 생각을 많이 한다는 가설을 세웠다. 이 가설을 검정하기 전에, 상담자는 철수 씨에게 '바보 같다.'는 것은 감정이 아니라 자신이 어떤 사람이라고 스스로 생각하는 것, 추측하는 것이며, 사람들이 거부할까 봐 두려워하는 것도 이 생각 때문이라는 점을 지적했다. 바보 같다는 것은 감정이 아니다. 이것을 구분 짓는 것은 중요하다. 왜냐하면 철수 씨는 자신이 바보 같다는 느낌과 싸우거나, 이 느낌에 근거해 자신이 바보 같다는 믿음을 정당화하려 할지도 모르기 때문이다. 바보 같다는 것은 감정이 아니며, 자신이 바보 같다고 믿는 것 때문에 지금 불안과 우울의 감정을 느낀다는 점을 철수 씨에게 이해시키는 것이 중요하다. 그래야만 비합리적 신념에 대해 작업할 준비가 되는 것이다.

내담자의 표현력이 부족할 때

어떤 감정을 느끼는지 물었더니 내담자가 혼란스러워하며 제대로 답변하지 못하는 때가 있다. 이것은 감정을 표현할 적절한 어휘를 가지고 있지 못해서 일어난 일일 수 있다. 감정적 문제에 이름을 붙이도록 도우면, 내담자가 더욱 쉽게 문제를 다룰 수 있게 된다. 만일 내담자가 기분이 가라앉았다고 표현한다면, '우울'이라는 단어를 내담자가 이해하고 있는지 확인해야 한다. 달리 말하면, 상담자는 내담자의 어휘를 확장시켜 줄 필요가 있다는 말이다. 어휘 확장을 통해 독서치료 활용역량의 신장이라는 부수적 이익이 발생한다. 왜냐하면 자기치유서가 대부분 '우울' '불안' 등의 용어를 사용하기 때문이다.

상담자는 직접 가르쳐 주거나 시범을 보임으로써 내담자가 자신의 감정에 이름을 붙이도록 도와줄 수 있다. 우선, 긍정적 감정인지 부정적 감정인지를 점검하고(예를 들면, "기분이 좋았습니까? 나빴습니까?"), 그다음에 더 구체적인 감정 단어를 찾아본다. 다음에 소개할 연습은 회기 중에 실시하거나 숙제로 낼 수도 있다.

여러 감정을 나타내는 단어들이 있습니다.

행복하다	슬프다
화나다	실망하다
뿌듯하다	상처받다
억울하다	창피하다
무섭다	우울하다
긴장하다	미안하다
편안하다	불안하다

이 단어들을 하나씩 작은 소리로 읽어 보세요. 다 했나요? 이제는 큰 소리로 읽으세요. 이 단어들의 뜻을 알고 있지요? 단어를 하나씩 몸으로 표현해 봅시다. 사람들은 저마다 다르게 감정을 표현하기 때문에 정답은 없습니다. 혹시 떠올릴 수 있는 다른 감정이 더 있나요? 그러면 이 목록에 추가해서 적어 보세요.

다음의 빈칸에 감정을 나타내는 단어를 넣어서 문장을 완성시키세요. 말로 해도 좋고 종이에 적어도 좋습니다. 최대한 다양하게 많이 만들어 보세요.

나는 ______________________________ (빈칸에 감정 넣기)

오늘부터 나의 감정 일기를 시작하겠습니다. 우선, 나의 감정을 한 문장으로 표현하고, 어떤 일이 일어났을 때 그랬는지를 뒤이어 적어 봅시다. 예를 들어 보겠습니다.

"나는 긴장이 되었다. 감정 일기를 쓰려고 처음 책상에 앉았을 때이다."

날마다 하루 동안 느낀 감정들을 이런 식으로 꾸준히 기록해 봅시다.

내담자들이 감정을 명확하게 말하지 못하는 또 한가지 이유는 하나의 사건에 대해 여러 감정을 느끼기 때문이다. A-B-C 이론이 있기는 하지만, 각 요소를 하나씩만 경험한다는 뜻은 아니다. 실제로 상담을 하다 보면, A-B-C의 각 수준에 복수의 요소가 존재하는 것을 자주 본다. 어떤 내담자는 A에서 B로 그리고 B에서 C_1, C_2, C_3를 경험하기도 한다. 촉발사건에 대해 경험한 다양한 감정을 내담자와 함께 확인하는 것은 중요하다. 이때 내담자가 제일 처음 언급하는 감정을 임상적으로 가장 중요한 것으로 생각해서는 안 된다.

앞에서 언급한 표 교수의 사례로 돌아가 보자. 그는 결혼에 대한 감정을 살펴보는 것을 두려워하고 있었다. 일차적 A는 아내가 일을 많이 하고 애정표현은 거의 하지 않는 것이었다. 두려움이라는 메타 감정을 성공적으로 찾아내야 비로소 일차적 문제에 초점을 맞춰 회기를 진행할 수 있다. 표 교수는 자기 감정을 모르겠다고 했다. 상담자는 그가 하나 이상의 감정을 느끼고 있을 가능성을 제시했다. 표 교수는 과연 아내를 향한 모든 감정을 찾아낼 수 있을까? 상담자가 하나의 정답을 찾지 않아도 된다고 하자 여러 감정이 눈에 보이기 시작했다. 그는 아내가 애정표현을 하지 않는 것에 화가 났다. 자기가 잘못해서 아내가 그런 것일지도 모른다는 생각에 죄책감을 느꼈다. 이제는 아내가 자신을 사랑하지 않는 것 같아서 마음이 아팠다. 아내가 떠나고 홀로 남을 생각을 하니 두려웠다. 혹시 그렇게 되면 체면을 구길 것 같아서 창피했다. 이 감정들의 목록을 작성한 다음, 상담자는 표 교수에게 어느 감정부터 다루고 싶은지를 물었다.

표 교수가 경험한 여러 감정이 A의 조금씩 다른 측면과 연관된 점에 주목하라. 분노는 아내가 자신을 사랑하지 않는다는 A-[추론]에서 기인했다. 죄책감은 이에 대한 책임이 자신에게 있다는 A-[추론] 때문에 유발되었다. 두려움은 아내가 떠나고 홀로 남을 것이라는 A-[추론]의 결과물이다. 마지막으로 수치심은 이혼하면 사람들이 자신을 부정적으로 볼 것이라는 A-[추론]과 연관되어 있다.

이분법적 사고

내담자들은 감정 상태를 이분법적으로 나누는 경우가 많다. 자신은 오직 해로운 부정적 감정만을 느낀다고 하는 내담자도 있고, 마치 아무 일도 일어나지 않은 것처럼 중립적인 감정을 느낀다고 하는 내담자도 있다. 사실 내담자는 자신이 어떤 감정을 경험할지 선택할 수 있다. 한 내담자가 상실을 경험했다고 하자. 인간의 기본 감정인 슬픔이라는 감정의 범주 내에서 그가 선택할 수 있는 감정의 범위는 슬픔, 우울, 절망, 실망 등 다양하다. 이러한 선택지 중에서 어떤 것은 상실감의 해소를 돕는 건강하고 순기능적인 감정이다. 반대로 어떤 것은 고통을 초래하거나 상실감 해소를 방해하는 해롭고 역기능적인 감정이다. 자신이 느끼는 감정을 선택할 수 있다는 점을 내담자에게 이해시키는 것은 상담에서 매우 중요한 작업이다(Dryden, DiGiuseppe, & Neenan, 2010; DiGiuseppe & Tafrate, 2007).

글상자 8-4

내담자가 C를 표현하며 '좌절(frustration)'이라는 단어를 언급하는 경우가 있다. 엄밀히 말하면, 좌절이란 어떤 계획이나 일이 도중에 실패로 돌아간 것을 의미하므로 감정보다는 촉발사건에 가깝다(DiGiuseppe & Tafrate, 2007; Miller et al., 1958; Trexler, 1976). 그러나 좌절이란 단어는 실망감이라는 뜻으로 사용되기도 한다. 이 감정은 정도가 약한 분노의 일종이라고 할 수 있다. 필자는 계획이나 일이 도중에 실패로 돌아갔다는 원래의 의미가 옳다고 생각한다. 그러나 내담자가 어느 쪽 의미로 이 단어를 사용했는지를 분명히 해 둘 필요가 있다. 예를 들면, "좌절이란 뜻하는 대로 일이 진행되지 않는 상황을 의미합니다. 즉, 우리가 원하는 대로 되지 않는 것이 좌절입니다. 어제 안내데스크 직원 때문에 좌절감을 느꼈다고 하셨는데, 이것이 구체적으로 어떤 감정인지 궁금합니다. 예를 들면, 분노, 언짢음 또는 실망일 수도 있고, 그다지 신경 쓰이지 않을 수도 있습니다."

내담자가 다양한 종류의 감정을 떠올리고 이름을 붙일 수 있다면, 보다 바람직하거나 적응적인 감정 상태에 도달하는 방법, 즉 생각도 떠올릴 수 있을 것이다. 이를 돕는 기법의 예를 하나 소개하겠다. 우선, 내담자에게 감정 단어의 목록을 제시하고 각 감정을 역기능을 하는 해로운 것과 순기능을 하는 건강한 것으로 분류하도록 한다. 그러고 나서 합리적인 생각은 건강하고 순기능적인 감정(예를 들면, 깊은 후회나 슬픔)을 일으키고, 비합리적인 생각은 강렬하고 파괴적인 감정을 유발한다는 점을 지적할 수 있다.

감정을 잘못 명명하는 것

내담자들은 자신의 감정 상태에 이름을 잘못 붙이는 일이 적지 않다. 따라서 내담자가 언급한 감정이 실제로 의미하는 바를 확인하는 것은 좋은 습관이다. 내담자가 사용한 감정 단어의 의미를 설명하도록 요청하고(예를 들면, "죄책감/불안/짜증을 느낀다고 하셨는데 그것이 무슨 뜻인지요?"), 만일 내담자가 명명 오류를 범하고 있으면 이를 지적하는 것이 현명한 상담자의 습관이다(예를 들면, "상문 씨, 지금 불안하기보다는 화가 난 것처럼 보입니다."). 내담자들은 죄책감과 분노를 불안과 혼동하는 경우가 많다.

어떤 내담자들—특히 남성들—은 감정을 분명하게 말하기보다는 신체증상으로 표현하기도 한다. 예를 들면, "뒷목이 당겨요."라는 식으로 감정 대신 신체 감각을 설명하는 것이다.

감정에 모호한 이름을 붙이는 것

내담자들은 자신에게는 분명할지 몰라도 상담자에게는 모호하게 들리는 말로 감정을 표현하기도 한다. 예를 들면, 고등학생 지안이는 "나 오늘 빡쳤어요!"라고 말했다. 독자는 지안이의 감정을 정확히 이해할 수 있는가? 이 감정의 강도는 강, 중, 약 중에서 어디에 해당되는가? 이것은 적응적인 감정인가 아니면 부적응적인 감정인가? 이 감정은 합리적 생각에서 나온 것인가, 비합리적 생각에서 비롯된 것인가? 이런 경우, 지안이에게 "빡쳤다는 것이 무슨 뜻이지?" "화가 나 보이는구나. 오늘처럼 빡쳤을 때, 지안이는 어떤 감정을 느끼고, 무슨 생각과 행동을 하는지 말해 줄래?" "화가 얼마나 많이 난 거니?" 등의 질문을 함으로써 감정을 명료화시킬 수 있다. 모호한 감정 표현의 예를 몇 가지 제시한다.

기분 나빠요.
마음이 불편해요.
괴로워요.
스트레스 받아요.
속상해요.
막막한 기분이에요.

내담자가 이런 말로 감정을 표현하면, "마음이 불편하다고 하셨는데, 화가 났다는 뜻인가요?" "괴롭다고 하셨는데, 우울한 감정 때문에 괴로운 것인가요?" 등과 같이 직접 질문해서 감정을 명료화시키는 것이 좋다. 내담자가 감정을 고르도록 몇 가지 선택지를 제시할 수도 있다. 예를 들면, "스트레스를 받는다고 했는데, 이것이 어떤 감정인지 같이 생각해 보면 좋겠구나. 지안이는 지금 불안한 것일 수도 있고, 우울한 것일 수도 있고, 화가 났을 수도 있고, 죄책감을 느끼는 것일 수도 있어. 어느 감정이 맞는 것 같니?"라고 이야기할 수도 있다. 칠판에 감정 목록을 적거나 감정 카드를 만들면, 내담자가 더욱 수월하게 현재의 감정을 찾을 수 있으며, 상담자와 내담자 사이의 명료한 의사소통에도 도움이 된다.

자신의 감정에 꼭 맞는 단어를 못 찾겠다고 하는 내담자도 있다. 이럴 경우, 표정이나 몸짓으로 감정을 표현하는 시도를 해 보라. 어색한 분위기를 완화시키기 위해 상담자가 먼저 시범을 보이는 것도 좋다. 과장된 표정과 몸짓을 통해 상담자는 내담자의 감정이 무엇인지에 대한 단서를 찾을 수 있고, 내담자는 자신의 감정 상태를 전보다 더 예민하게 알아차릴 수 있게 된다.

이런 내담자와 상담할 때는 사람들이 느끼는 다양한 감정을 이해하도록 돕는 작업을 해 둘 필요가 있다. 예를 들면, 일주일 동안 자신의 귀에 들린 모든 감정 표현을 적어 오는 숙제를 내 주는 것도 좋다. 물론 자신이 느낀 감정을 함께 적어 오는 숙제도 좋다. 그러고 나서 앞에서 소개한 기법들을 추가적으로 사용해 보라.

이렇다 할 심리적 고통이 없을 때

문제를 주저리주저리 늘어놓지만 정작 어느 것에 대해서도 심각하게 힘들어하지 않는 내담자를 접하는 경우가 있다. 연구에 의하면, 이들은 낮은 수준의 심리적 고통을 경험하고 있지만 상담을 받으러 온다. 그리고 회기가 진행됨에 따라 상태가 악화되는 경향을 나타낸다. 심리적 고통의 수준이 낮은데도 상담실을 찾는 이유를 몇 가지 생각해 보자.

- 심리적 고통을 겪고 있지는 않지만, 성장 또는 자기실현과 같은 경험을 원하는 경우
- 도움을 받으러 온 것이 아니라 함께 있을 누군가가 필요해서 찾아온 경우
- 자기가 '정상'이 아닐까 봐 걱정되어서 상담자에게 확인받고 싶은 경우
- 방어적 태도를 취하며 부정적 감정을 회피하고 있는 경우

이렇다 할 심리적 고통이 없다면, 직면을 시도해 보는 것도 좋다. 앞서 제시한 이유 중에서 한두 가지를 제시하고 내담자와 이야기를 나누며 적합한 상담 목표를 세워 보자.

혹시 회피하려는 것이 이유라면 아마도 상담자에게 가장 어려운 내담자일 것이다. 이들은 해로운 부정적 감정을 체험하지 않도록 효과적으로 차단하고 있기 때문에 자신과 상담자 모두가 C를 알지 못하는 상태에 놓이고 만다. 감정적 결과가 분명히 드러나지 않으면서 행동상의 문제만을 호소하는 내담자에게는 학습이론 모형을 적용해 보는 것이 종종 도움이 된다. 행동은 유쾌한 결과의 획득 또는 부정적 자극의 **회피**가 일어나기 때문에 유지된다. 그런데 부정적 자극이 내담자 자신의 감춰진 감정인 경우가 있다. 다음에 소개할 사례에서처럼 회피하고 있는 감정에 직접적으로 직면시키는 것도 이 장애물을 돌파하는 한 가지 방법이다. 우선, 내담자에게 자신이 회피하는 일을 하거나, 눈앞에 마주하는 장면을 상상하도록 하라. 다음의 예에서 내담자 진호 씨는 중요한 자격시험을 회피하고 있으면서도 자신은 전혀 불안하지 않다고 주장하고 있었다.

상담자: 진호 씨, 전혀 불안하지 않다면, 정말 그렇다면 왜 계속 시험을 안 보고 있습니까?

내담자: 어쨌든 전 지금 아무런 불안감도 없어요.

상담자: 시험을 보지 않고 있으면, 불안을 느끼지 않고 회피할 수 있지요. 무엇인가가 시험을 보지 못하도록 막고 있다는 것을 알고 있습니까? 그 무엇이 바로 불안일 수도 있습니다. 만일 시험을 보고 떨어진다면 어떤 일이 일어날 것 같습니까?

내담자: 음, 잘 모르겠어요.

상담자: 자, 그럼 이런 장면을 상상해 봅시다. 아침에 눈을 떴습니다. 그리고 시험장소인 교실에 앉았고, 책상 위에 놓인 시험지를 바라보고 있습니다. 지금 기분이 어떤가요?

내담자: 아, 정말 싫어요.

내담자가 두려워하는 것이 무엇인지를 밝혀내려면 보다 심도 있는 투사적 심상이 요구된다. 필자의 내담자였던 지혜 씨는 결혼한 남자들하고만 사귀어서 걱정이 된다고 했다. 그녀는 특별히 어떤 부정적 감정을 느끼지는 않는다고 했으며 그저 기혼남에게 더 끌릴 뿐이라고 말했다. 필자는 그녀가 매력적인 남자와 데이트하는 장면을 상상하도록 안내했다. 상상 속에서 이 남자는 갑자기 자신이 미혼이라고 밝히며 지혜 씨에게 끌린다고 말한다. 이 장면에서 필자는 지혜 씨가 회피하고 있는 것으로 추정되는 바로 그것을 직면하도록 이끈 것이다.

이와 유사한 또 다른 사례를 살펴보자. 성용 씨는 역기능적 감정을 전혀 호소하지 않았다. 상담자는 성용 씨가 이성교제를 회피하고 있으며, 과식과 과체중은 이성교제를 회피하기 위한 심리적 기제라는 가설을 세웠다. 놀랍게도 성용 씨는 상담자에게 이 이야기를 듣고도 별다른 관심이나 반응을 보이지 않았다. 상담자는 성용 씨에게 아주 날씬한 체형이 되어서 매력적인 여성과 데이트를 하는 심상을 떠올려 보도록 요청했다. 그러자 성용 씨는 몸을 움찔거리기 시작했다. 상상에 몰입함에 따라 그는 얼굴이 빨개졌으며 '불편감'을 느낀다고 말했다. 이 두 사례에서 내담자들은 심상 연습을 통해 자신이 대인불안을 가지고 있음을 알아차리게 되었다. 이것은 지금껏 회피행동을 통해 완벽하게 차단해 오던 감정이다. 이후의 상담에서는 바로 이 대인불안을 다루는 데에 중점을 두었다.

철수 씨는 상담을 받으러 오기는 했지만 지친 것 빼고는 어떤 감정적 문제도 없다고 말했다. 그는 거의 항상 지쳐 있었다. 아무리 잠을 많이 자도 푹 쉰 것 같지가 않았다. 병원에서 검사를 받아 봤지만 피로감의 원인이 될 만한 신체적인 문제는 없었다. 병원에서는 그에게 심리치료를 받도록 권유했다. 철수 씨는 업무강도는 높지만 보람 있는 일을 하고 있었다. 사람들과도 활발히 어울렸으며 운동도 많이 했다. 어디를 살펴봐도 그는 아주 잘 살고 있는 것처럼 보였다. 하지만 자세히 물어보자 이 모든 활동들을 항상 즐거운 마음으로 하는 것은 아니며 하기 싫을 때도 있다고 말했다. 항상 활동 자체의 즐거움이 그의 행동을 유지시키는 것은 아니었던 것이다. 그래서 상담자는 철수 씨의 바쁜 스케줄이 실은 **회피행동**일지도 모른다는 가설을 세웠다. 그래서 철수 씨에게 평범한 하루의 일과를 떠올리며 그가 하는 활동 중 어느 한 가지를 하지 않는 모습을 하나씩 상상하게 했다. 심상을 떠올린 후, 철수 씨는 죄책감을 느낀다고 했으며 적지 않게 놀란 표정이었다. 심층적인 분석을 진행하자, 해야만 하는 모든 일을 완수해야 자신이 가치 있는 인간이라는 비합리적 사고가 드러났다. 그래서 철수 씨는 극단적으로 활동적인 삶을 유지함으로써 죄책감을 회피하고 있던 것이다.

이와 비슷한 문제가 약물 남용, 흡연, 음주, 과식 등의 **중독행동**을 통제할 수 없다고 호소하는 내담자들에게도 나타난다. 이들은 중독행동을 하며 죄책감을 느낌에도 불구하고, 중독행동의 빈도를 증가시키는 감정적 문제가 존재한다는 것을 부인한다. 이런 경우에도 심상을 활용할 수 있다. 예를 들면, 음식이나 담배 앞에 앉아 있으면서 이것을 취하지 않는 모습을 상상하게 한다. 그러면 대개는 강렬한 불안, 각성수준의 고양, 근육의 긴장 또는 초조함과 같은 매우 불편한 느낌을 받는다고 말한다. 이러한 감정적 결과는 자신이 원하는 것을 취해야만 한다는 비합리적 신념의 결과물이다. 이 감정을 깨닫지 못하고 지내는 이유는 원하는 것을 신속하게 취함으로써 불편감을 매우 성공적으로 회피했기 때문이다. 이와 같이 심상 작업을 통해 내담자가 자신의 C와 접촉하도록 도울 수 있다.

회기 중의 감정

내담자가 생활사건에 대한 자신의 감정 반응을 알아차리든 못하든, 상담자는 회기 중에 드러나는 감정의 단서들에 주목해야 한다. 자세, 근육의 긴장, 꽉 다문 입, 호흡의 변화, 땀, 얼굴 표정, 눈물 고인 눈, 웃음 등은 감정과 연관되어 있다. 좋은 상담자는 내담자의 몸짓과 얼굴 표정을 읽어 낸다. 그리고 언어 및 비언어적 행동과 내담자가 현재 느끼고 있는 감정 사이의 관련성을 알아차린다. 감정을 파악하는 것은 좋은 상담자가 갖추어야 하는 중요한 기술이다. 이 기술을 향상시키기 위해 부단히 노력하라.

감정의 신호를 포착하면 그 순간의 A-B-C에 대한 분석을 시작할 때이다. 회기 중에 표현되는 감정을 다루지 않는 실수를 범하지 말라. 상담에서 꼭 과거의 문제, 지나간 일만을 다루어야만 하는 것은 아니다. 지금 여기에서 내담자가 표현하는 감정을 반영하고 그것을 분석의 출발점으로 삼는 것이 좋다. 다음의 대화를 살펴보자.

상담자: 영희 씨, 눈이 빨갛고 자세가 기운 없어 보입니다.

내담자: 네. 맞아요. (흐느낌)

상담자: 영희 씨, 지금 마음이 불편하시군요. 지금 어떤 감정을 느끼고 있는지 말씀해 줄 수 있으신지요?

내담자: 너무 힘들어요. 삶이 엉망진창이에요. 제가 살아야 할 이유를 모르겠어요.

상담자: 예. 이해합니다. 그래서 마음이 우울하시군요.

내담자: 네.

상담자: 이전에 다루던 문제는 잠시 접어 두고 지금은 이 문제에 대해 이야기하는 것이 어떨지요? 방금 말씀해 주신 그런 생각을 하고 있으면, 기분이 우울해지고 눈물이 날 것입니다.

C를 변화시키는 것에 합의하기

내담자가 자신의 감정을 정확히 파악했으면 이제 결정을 내려야 할 때다. 이 감정을 계속 경험할 것인가? 아니면 변화시킬 것인가? 예를 들면, 내담자는 분노, 불안, 우울을 유지할 권리와 포기할 권리를 함께 가지고 있다. 선택에 따른 장점과 단점은 흥미로운 토론 주제가 될 것이다. 감정이라는 것은 궁극적으로 이익이 있기 때문에 발생한다. 자기 안에서 일어나는 일을 감정이라는 수단을 통해 타인에게 전달함으로써 자기가 원하는 방식으로 타인이 반응하도록 유도할 수 있다. 감정 때문에 종종 '이차적 이익'을 얻는 경우도 있다. 괴로운 감정이 가져오는 이러한 이익이 당장은 유용하겠지만, 결국은 자기 파괴적인 부정적 결과를 가져오고 만다.

비합리적 신념을 찾아내고 논박하는 작업이 의미를 가지려면 사전에 내담자가 다음과 같은 생각을 가지고 있어야만 한다.

1. 내가 지금 느끼는 감정은 역기능적이다.
2. 내가 경험한 것과 같은 유형의 촉발사건에 대해 느낄 수 있는 감정들 중에는 내 감정과 다르면서도 문화적으로 수용 가능하고 보다 순기능적인 감정이 존재한다. 따라서 역기능적인 감정을 버리고 지금과 다른 감정을 느끼기 위해 노력하는 것이 현명하다.
3. 나의 신념이 나의 감정을 일으킨다.
4. 그러므로 나의 감정을 변화시키기 위해 나의 신념을 변화시킬 것이다.

자신의 감정을 변화시킬 마음이 없던 내담자라 하더라도 이와 같은 생각을 가지게 되면 변화의 동기가 높아지고 보다 적극적으로 상담에 임할 것이다. 즉, 이 생각들은 상담 목표에 대한 합의를 촉진하고 변화를 위한 시도로 내담자를 이끈다.

변화의 동기를 높이는 이 생각들에 대한 통찰을 촉진하기 위해 우리는 상담 진행 절차의 모형을 한 가지 고안했다(DiGiuseppe & Jilton, 1996; DiGiuseppe & Tafrate, 2007). 우선, 소크라테스식 문답으로 내담자에게 **감정적 · 행동적 C**가 가져온 결과를 탐색하게 한다. 이것은 자신의 감정과 행동 때문에 발생한 숨겨진 비용과 부정적 영향을 발견하도록 돕는다. 그다음에는 문화적으로 수용 가능한 대안적 감정 반응을 내담자에게 제시한다. 인간은 가족으로부터 감정의 각본을 배우고 무엇이 자신의 문화적 집단 안에서 수용 가능한 것인지를 학습한다. 이때문에 불편한 감정 대신 경험할 수 있는 건강하고 순기능적인 감정이 존재함을 아예 생각하지도 못하는 내담자도 있다. 이 다음 단계에서는 대안적 감정이 내담자에게 유익하다는 것을 이해하도록 돕는다. 내담자가 이러한 통찰에 도달하면, 비로소 상담자는 B가 C를 일으킴을 설명하고 비합리적 신념을 찾아내는 작업을 진행할 수 있게 된다.

분노에 가득 차 있던 젊은 엄마, 현아 씨의 사례를 살펴보자. 현아 씨에게 있어서 분노는 여러모로 도움이 되었다. 아들에게 소리를 지르면 아들은 곧바로 방을 정리했다. 분노 표출은 그 자체로 현아 씨에게 보상을 주었다. 즉, 화를 내고 나면 마치 운동이라도 한 것처럼 나른하고 이완된 유쾌한 느낌을 경험했다. 간단히 말하면, 기분이 좋았던 것이다. 게다가 현아 씨는 감정 분출에 대해 인지적으로 자기 강화를 하고 있었다. 예를 들면, '화를 낸 것은 잘한 일이야!'라고 생각한 것이다. 이와 같이 대인관계, 신체 감각 및 인지적 요인들이 현아 씨의 화난 감정과 행동을 유지시키고 있었다. 이를 극복하도록 돕기 위해 상담자는 다음과 같은 설명을 제시할 수 있다.

- 현아 씨는 자기 행동의 장기적 결과를 고려해야 한다. 분노 표출은 명백하게 아들과의 관계를 손상시키고 있다.
- 현아 씨는 아들에게 모범을 보이지 못하고 있다.
- 긴장 이완을 가져오는 보다 유익한 방법(예를 들면, 이완 훈련)이 있다.
- 아들의 행동을 통제하는 보다 효과적인 방법이 있다.
- 분노에 대한 현아 씨의 생각은 과장되고 부적절한 정의감에서 비롯된 것으로 현실과 부합하지 않는다.

글상자 8-5

REBT 및 CBT 상담자들은 변화의 동기를 상승시키기 위해 두 칸 양식을 즐겨 사용한다(예를 들면, Burns, 1980). 내담자로 하여금 특정한 감정을 변화시키는 것의 장점과 단점을 목록으로 작성하게 하는 것이다. 남편을 향한 만성적 분노를 없애는 것과 관련된 장점과 단점의 목록 일부를 예로 제시해 본다.

분노를 없애는 것의 장점	분노를 없애는 것의 단점
• 활력이 생길 것이다. • 장기적으로 볼 때 건강이 좋아질 것이다. • 아이들을 위해 좋을 것이다. • 다른 집 부부를 덜 부러워하게 될 것이다. • 자신을 자랑스럽게 여기게 될 것이다. • 집에 있을 때 마음이 편안할 것이다.	• 남편에게 무시당할 것이다. • 화를 내면 일이 쉽게 풀린다. 이건 쓸모 있는 문제해결 도구를 포기하는 것이다. • 남편에게 휘둘리게 될 것이다. • 내 요구를 관철시킬 방법이 없어진다. • 나의 원칙을 주장하지 못할 것이다.

가능하면 단기적 측면과 장기적 측면에서의 장점과 단점을 모두 목록으로 만들어 볼 것을 권한다. 이 내담자가 분노를 감소시키는 데에 동의하도록 하기 위해 어떤 작업을 수행해야 하는지 밑그림을 그려 볼 수 있겠는가?

보다 미묘한 이익이 은밀히 작용하는 경우도 있다. 자기 파괴적인 감정이 이보다 더 고통스러운 감정을 회피하기 위해 유지되고 있는 경우가 바로 그것이다. 아이의 양육권을 남편에게 잃은 한 여성의 사례를 살펴보자. 이 사건은 강렬하고 지속적인 우울을 촉발했는데 그녀는 이 감정을 내려놓으려 하지 않는 것처럼 보였다. 슬퍼하는 것을 그만두는 것이 그녀에게 무엇을 의미했을까? 그녀는 이것이 무심하고 무관심한 엄마임을 증명하는 것이라고 여겼다. 그리고 이 생각은 훨씬 더 강한 죄책감을 유발했다. 그녀는 이 비합리적 신념을 성공적으로 논박한 후에야 비로소 우울을 내려놓는 작업을 시작하는 것에 동의했다.

논박이라는 부담스러운 과정을 거치기보다는 차라리 불편한 감정을 유지하기로 결정하는 내담자도 있다. 이들은 "이게 나예요." "나는 변할 수 없어요." "난 항상 이랬어요." "마음이 불편한 게 차라리 더 나은 것 같아요."와 같은 말을 한다. 이런 생각이 포착되면, 곧바로 이것을 검증해 보도록 요청한다. "자신이 변할 수 없다거나 마음이 불편한 편이 더 낫다는 것이 정말입니까?"라고 직설적으로 물어보는 것이 좋다.

내담자가 C를 변화시키기를 주저하는 이유는 다양할 수 있으며, 상담자가 이것을 논박해야 함을 기억하라. 내담자가 C를 변화시키고 싶어 하지 않는다면, 대개의 경우 REBT를 진행할 수 없게 된다.

C의 행동적 측면

지금까지는 주로 감정적 문제를 호소하는 내담자에 대해 논의했다. 전에도 이야기했지만, 감정은 위협 또는 문제를 해소하려는 행동을 이끌어 낸다. 행동적 반응은 C의 한 부분이다. REBT에서는 감정뿐만 아니라 내담자가 취하는 행동을 주의 깊게 평가한다. 행동이 문제의 전경에 놓여 있으며 감정보다도 중요한 경우도 있다. 과제 미루기, 중독, 강박행동, 방어적 회피가 그러한 예이다. REBT에 숙달되지 않은 상담자들은 내담자의 감정에 너무 많이 집중한 나머지 행동적 문제를 무시하거나 놓치기 쉽다. 행동이 C의 일부라는 생각을 미처 하지 못했기 때문이다.

REBT는 행동치료의 한 종류이다. 그러므로 행동적 목표를 발견하는 것은 중요하다. 행동 변화가 수반되지 않는 감정 변화는 곧 상담의 실패를 의미한다. 내담자가 감정 변화를 주장하더라도 이에 상응하는 행동 변화가 없다면, 정말 감정 변화가 일어난 것이 맞는지 고민해 보아야 한다.

축어록 예시

다음의 축어록에서 상담자는 여러 가지 불쾌한 감정을 동시에 호소하는 내담자와 마주하고 있다. 치료적 과제는 이것에 이름을 붙이는 것, 심각성을 평가하는 것, 검토할 순서를 결정하는 것이다.

상담자: 재승 씨, 오늘 어떤 문제를 다루고 싶습니까?

내담자: 아내가 그러는데 제가 우울하답니다. 걱정을 많이 하더라고요. 요즘 많이 혼란스럽습니다. 처음 죽고 싶은 생각이 든 이유는…… 저도 제 감정을 잘 설명하지 못하겠어요. 정말 죽고 싶었다면 정말로 죽었을 텐데 말이죠.

내담자가 상담자의 질문에 답하지 않고 있음에 주목하라.

내담자: 음, 여덟 알을 먹었는데 죽었어도 좋고 그렇지 않아도 상관없는 것 같아요. 그냥 제 느낌이 그래요.

상담자: 스물 다섯 알이나 서른 알을 먹고 정말 죽나 안 죽나 확인하지는 않으실 거죠?

내담자: 아니요, 그러지는 않을 겁니다. 음, 처음 이혼했을 때 마음이 초조하더라구요. 그래서 실은 두 번 그럴 생각을 했어요.

상담자: 오늘은 기분이 어떠십니까?

내담자가 당장 자살을 하지는 않을 것이란 것을 확인한 다음에 상담자는 내담자의 감정을 다루는 작업으로 되돌아갔다.

내담자: 아주 불안해요.

상담자: 마음이 불안하시군요.

내담자: 네.

상담자: 자살을 시도하는 사람들은 대부분 우울한 감정을 경험합니다. 그런데 재승 씨는 불안하다고 하시는군요.

내담자의 감정 반응을 우울증의 일반적인 특성과 대조하며 작업을 진행하고 있다.

내담자: 네. 저는 좀 불안해요.

상담자: 얼마나 많이 불안하십니까?

내담자: 불안해지면 허리가 아파요.

상담자: 근육통인가요?

내담자: 그래서 지금 복대를 차고 있어요. 일요일 밤부터 그랬는데 특별히 힘을 쓴 일도 없어요. 그냥 허리를 굽혔는데 아프더라고요. 뭔가 이상이 있는 것 같아요.

상담자: 허리 때문에 병원에 가 보셨습니까?

내담자: 네. 15년 전에 허리 디스크가 터져서 그때부터 고질병이에요. 제가 육체노동을 하는데 근육이 뭉쳐서 그런 것 같아요. 그런데 어떤 때는 아무 이유 없이도 그래요.

상담자: 그냥 근육이 뭉쳤을 수도 있군요. 근육이 뭉쳐서 허리가 뻣뻣해집니까?

내담자: 모르겠어요. 정말 고질병이 되었어요. 지금 아이들이 캐나다에 사는데, 아이들이 캐나다로 가면서부터 고질병이 된 것 같아요. 아내가 저한테 그러더라고요.

상담자: 그게 언제지요?

내담자: 4년 전이요.

상담자: 그러니까, 지난 4년 동안 불안이 계속 심해졌군요.

내담자: 아이들이 온다는 것을 알 때만 그래요.

상담자: 아이들이 올 때, 재승 씨는 더 불안해지는군요. 얼마나 자주 이런 일이 생깁니까?

내담자의 감정을 파악하고 수용하면서 한편으로는 내담자의 삶에 대해 부가적인 정보를 수집하고 있다.

내담자: 일 년에 두 번씩 와요. 올해는 아직 한 번밖에 안 와서 3주 안에 또 올 거예요. 불안한 게 슬슬 시작되네요.

상담자: 아이들이 올 날이 다가오면서 불안하거나 두려워지는 것인가요? 마치 자신이 감당할 수 없는 무엇인가가 다가오는 것처럼 말이지요. 아니면 아이들이 오는 것이 그냥 좀 신경이 쓰이는 정도인가요? 그것도 아니면, 혹시 기대감에 흥분이 된다는 말씀인가요?

내담자: 아니요. 저는 정말 불안해요. 어쩔 줄을 모르겠어요.

역기능적 감정(불안)과 순기능적 감정(신경이 쓰이는 것 또는 기대감)이라는 중요한 이슈를 짚어 주고 있다.

상담자: 다른 것을 질문해도 괜찮을까요? 아이들이 오는데 무엇이 두렵습니까?
내담자: 음, 누가 제 아이들 이야기를 할 때마다 감정이 북받쳐 올라요. (눈물이 고인다.)

지금부터 회기 중의 감정을 다루는 장면을 주목하라.

상담자: 지금 재승 씨가 슬퍼 보입니다. 슬픔과 불안이 함께 있는 것 같습니다.
내담자: 아이들을 만날 때 기분이 어떨지 그리고 아이들이 떠날 때는 어떨지 생각하면서 두려운 것 같아요.
상담자: 그러니까 아이들이 올 때 그리고 떠날 때 어떤 감정일지를 상상하시는군요. 그래서 지금 슬픈 감정이 올라온 것이고요. 그리고 아이들을 만나면 이 슬픔을 느낄까 봐 불안하신 거죠?

상담자는 C가 A가 되었다는 가설을 세우고 이에 대한 내담자의 피드백을 요청하고 있다.

내담자: 맞아요.
상담자: 불안과 슬픔 중에 어느 것이 더 중요한 문제라고 생각하십니까?
내담자: 어려운 질문이네요.
상담자: 두 가지 감정이 함께 있습니다.
내담자: 이 감정이 순전히 자기연민 같은 것이 아닌가 싶기도 해요. 모르겠어요. 4년간 고민했지만 모르겠어요.
상담자: 이런 질문을 해도 될까요? 아이들 문제 말고 다른 일에 대해서도 불안을 느끼십니까?
내담자: 네. 말하기 좀 그렇지만, 죽으려고 시도한 게 그런 것 같아요.
상담자: 지난번 그 일을 말씀하시는군요.
내담자: 다른 것 때문일 수도 있겠네요. 그게…… 뭐든 힘든 것 같아요. 쉬운 일이 하나도 없네요.

상담자: 죽는 것도 그렇습니다. 그것도 쉽지 않지요?

상담자가 유머를 시도하고 있다. 내담자가 어떻게 반응하는지 살펴보자.

내담자: 정말 죽고 싶었으면 죽었겠죠. 이것도 제 문제인 것 같네요. 그런데 첫 번째 결혼 후에 18년간 결혼생활을 유지했어요. 정확히 말하면 18년 중에서 17년간은 아주 행복했죠. 아주 만족스러웠어요. 전처하고 저는 다른 집 부부들과 친하게 지냈는데, 제가 모르는 사이에 제일 친하던 친구하고 전처가 눈이 맞아서 갑자기 도망을 가 버린 거예요. 그래서 그 둘을 찾으려고 탐정도 고용해 보고 온갖 것을 다 했습니다. 처음의 충격에서 어느 정도 벗어난 다음 생각한 건데, 다시는 여자를 믿을 수 없을 것 같았어요. 아주 안정된 삶을 살다가 어느 날 갑자기 아내를 잃고, 친구를 잃고, 아이들을 잃었어요. 아주 삼중으로 난리가 난 것이죠.

상담자: 제가 끼어들어도 괜찮을까요?

내담자: 네.

상담자: 아이들에 대해 생각할 때 그리고 아이들이 오는 것을 생각할 때 마음이 슬프시군요. 혹시 이 슬픔이 아내가 떠났을 때의 슬픔을 떠오르게 합니까?

내담자: 아니요.

상담자: 그러면 혹시 이 슬픔이 내가 또 상처받을지 모른다는 생각을 하게 만듭니까?

상담자는 심각한 문제들에 직면한 내담자가 스스로 다룰 수 없는 비합리적 신념이 있다고 가정하고서 작업을 진행하고 있다.

내담자: 아…… 좀 그런 것 같네요. 아이들을 잃은 것 때문에 제 자신을 책망하고 있어요. 전처를 많이 사랑했는데 그렇게 떠나 버려서 행복하지 않습니다. 어느 것이 더 중요하고 덜 중요하고 할 것이 없어요. 저는 아이들을 잃었어요. 하지만 그때로 감정이 돌아가는 것은 아니에요.

상담자: 아이들이 오는 것을 생각할 때 자신이 상처받을지 모른다는 생각이 떠오른다는 점에 대해 저와 의견이 같으시군요. 그럼, 중요한 것은 아이를 잃은 상처인가요? 아내를 잃은 상처인가요?

상담자는 내담자가 '책망'이라는 말을 한 것을 들었다. 하지만 이에 대한 개입은 나중에 진행될 것이다.

내담자: 슬픔은 그냥 일시적으로 아이들 때문에 느끼는 거예요. 양쪽 모두 멀어지는 느낌이에요. 아이들도 멀어지고 저도 멀어지고. 아이들을 만나는 건 아주 잠깐이거든요.

상담자: 그러니까 아이들을 많이 보지 못해서 슬프다는 말씀이시군요.

내담자: 맞아요.

상담자: 잠시 멈추어서 말씀을 정리해 보겠습니다. 아까 슬프다고 하셨습니다. 저도 그 심정을 이해합니다. 그런데 그냥 단순히 슬픈 것인가요? 아니면 슬프고 우울한 것인가요? 부정적인 일에 대해 슬퍼하는 것은 정상입니다. 하지만 재승 씨는 슬픔보다 더 심각한 감정을 느끼고 있는 것으로 보입니다. 그것은 바로 우울입니다. 다시 생각해 보겠습니다. 재승 씨가 느끼는 감정은 슬픔입니까? 아니면 슬픔과 우울입니까?

내담자: 음, 죄책감도 좀 느끼는 것 같아요.

내담자가 화제를 돌리도록 내버려 두지 않고, 상담자는 아이들에 대한 슬픔을 다루는 작업을 마무리 지으려 하고 있다. 죄책감이라는 단어가 나왔는데 이것은 나중에 다룰 것이다.

상담자: 구별을 분명히 하는 것이 중요합니다. 제가 보기에 재승 씨의 감정은 단순한 슬픔이 아니라 우울로 보입니다. 재승 씨처럼 아이를 빼앗긴다면 세상 사람 누구나 슬플 것입니다. 하지만 재승 씨만큼 많이 아파하지는 않을 것입니다. 재승 씨는 아마도 항상 슬플 것입니다. 아이들이 없어서 슬플 것입니다. 재승 씨는 매정한 사람이 아니고 제가 재승 씨를 매정하게 만들 수도 없습니다. 하지만 중요한 점은 슬픔이 문제가 아니라는 것입니다. 슬픈 것은 정상입니다. 문제는 우울입니다. 재승 씨는 자신에게 일어난 일에 대해 우울해하고 있습니다. 그래서 슬픔 말고 다른 단어를 사용해야 하는 것입니다. 음, 그리고 아까 말씀하신 죄책감은 어떤 것인가요?

상담자는 내담자가 감정을 구별하고 정확히 명명하도록 도왔다. 감정의 강도뿐만 아니라 죄책감, 자기비하, 자살시도는 모두 재승 씨의 문제가 단순히 슬픔이 아니라 우울이라는 것을 보여 주는 단서이다.

내담자: 전처가 필요하다고 하는 건, 거의 다 돈과 관련된 것이긴 했지만, 다 해 주었습니다. 버는 것 이상으로 돈을 쓰며 살았어요. 전처가 그걸 원한다고 생각했거든요. 그래서 늦게까지 일을 많이 했습니다. 집에 가면 그냥 잠만 자는 거였죠. 눈 뜨면 일하러 가고, 집에 오면 잠 자고. 주말을 빼면 이런 악순환의 연속이었어요. 주말이 무슨 두 달짜리 휴가라도 되는 것처럼 기다려졌었어요. 주말에는 친구도 만나고 즐거운 시간을 보내기도 했었죠. 죄책감은 제가 똑똑하지 못해서 느끼는 것 같아요. 삶에 일 말고 다른 무엇인가가 있다는 것을 몰랐었죠.

상담자: 그것을 몰라서 어떤 일이 일어났습니까?

내담자: 전처가 제 친구와 바람이 나 버린 것이죠.

상담자: 재승 씨가 곁에 없으니까 전처가 다른 데로 가 버렸다는 말씀이군요. 그리고 좀 더 똑똑했다면 아이들을 빼앗기지 않았을 것이라고 생각하시는군요?

내담자: 정확하게 그렇습니다.

상담자: 자신이 정말로 멍청하다고 생각하시는군요. 그렇죠?

상담자는 미소와 함께 유머를 활용한 작업을 시도하고 있다.

내담자: 아니요.

상담자: 재승 씨는 정말 심하게 자책을 하고 있습니다.

내담자: 새로 결혼을 한 다음에도 또 거의 똑같은 문제에 빠져서 자책을 할 수밖에 없네요. 잘 모르고 있었는데 참 너무 당황스럽습니다. 전에 말씀드리려고 한 건데…… 이걸 좀 지워 버렸으면 좋겠는데…… 자살을 시도한 건 삶에 대한 자신이 없어서 그랬어요. 그리고 친구는…… 전 참된 친구가 하나도 없어요.

상담자: 여자를 못 믿는 것처럼 사람들을 믿지 못하는군요.

내담자: 맞아요. 그래도 지난 주말 이후로 새로운 친구가 한 명 생겼어요. 이제는 많이 괜찮아진 거죠. 그리고 지금의 아내는 의식적인 수준에서는 항상 충실하고 진실하게 느껴져요. 제가 우선순위 1번이고 어떤 남자도 우리 사이에 끼어들지 못할 거란 느낌을 주죠. 전 아주 편안했어요. 사람을 다시 믿기 위해 얼마나 많은 노력을 했는지 모릅니다. 그런데 참 운이 없게도 아주 우스꽝스러운 상황이 벌어졌어요. 아내가 직

장을 구하지 못해 우울증에 걸린 거예요. 벌써 2년이나 되었어요. 그리고 지난주에는 어떻게 이런 이야기가 나온 건지는 모르겠는데 아내가 그러더군요. 좋은 일자리만 구해 준다면 남자랑 잘 수도 있다고요.

상담자: 아내가 그런 남자를 찾고 있나요?

내담자: 네. 한동안 제 머리는 온통 그 생각뿐이었어요. 그래서 아내에게 제 기분이 어떤지 이야기했고 그러고 나서는 아주 끔찍했죠. 제 아내가 다른 남자랑 잠을 잘 것이라는 생각을 도저히 견딜 수 없었어요.

상담자: REBT의 용어를 빌려서 설명하자면, 여러 가지 촉발사건과 여러 가지 감정이 동시에 일어나고 있는 것으로 보입니다. 그중에서 어떤 것은 우울이고, 어떤 것은 불안이고, 또 어떤 것은 죄책감입니다. 촉발사건을 정리해 보면, 아이들을 만나는 것, 아이들이 보고 싶은 것, 아이들과 떨어져 지내게 된 것을 이야기할 수 있습니다. 미래와 관련된 촉발사건을 살펴보면, 현재의 아내가 떠날지 모른다는 것입니다. 말씀하신 것으로 판단컨대, 재승 씨를 가장 힘들게 하는 것은 지금 일어나고 있는 사건들입니다. 재승 씨는 아내가 떠날까 봐 두려워하고 있습니다. 그런 일이 일어날 것이라는 신호가 조금이라도 보이면 엄청난 불안을 느끼게 되는 것입니다. 그리고 아이들을 생각할 때마다 전처가 갑자기 집을 나간 일이 생각나는 것 같습니다. 그런 일이 또 일어난다면…… 음…….

첫 회기임에도 불구하고 REBT를 소개하며 내담자의 복잡한 문제를 요약하고 있는 것에 주목하라. 상담자가 세운 가설은, 내담자가 전처와의 관계에서 생긴 문제를 자기 탓으로 돌리고 있으며 현재의 아내와도 똑같은 일을 되풀이할지 모른다고 여긴다는 것이었다.

09

B 탐색하기

비합리적 신념 찾기

내담자의 비합리적 신념체계를 찾아내는 것은 쉬운 일이 아니다. 이것은 과도할 정도로 학습된 **인지적 습관**이며 **자동적으로** 작동한다. 비합리적 신념체계는 겉으로 표현되지 않는 암묵적 가정이기 때문에 이것을 의식하지 못하는 경우가 많다. 비합리적 사고 및 여타의 스키마적 사고들은 머릿속에서 수없이 반복된다. 그리고 **인지적 효율성**을 위해, 자기도 모르는 사이에 빠르게 작동한다. 발달심리학자 Vygotsky(1962)와 Luria(1969)는 아동의 **혼잣말**이 발달하는 양상을 추적했다. 언어 발달의 초기 단계에서 아이들의 행동은 타인의 목소리에 의해 통제된다. 얼마 후, 아이들은 타인의 행동 지시를 소리 내어 중얼거릴 것이다. 시간이 지나면, 이 혼잣말은 결국 완전히 자기 것으로 내면화된다. 반복적인 연습의 결과, 내적 명령에 집중할 필요성이 감소할 뿐만 아니라 간략화마저 일어나서 사고의 개별적인 내용은 보다 상위의 범주명 아래로 통합될 것이다. 이것은 자전거 타는 법이나 신발 끈 묶는 법을 처음 배운 때를 회상해 보면 이해가 쉬울 것이다. 이 두 가지 복잡한 과제는 모두 처음에는 보다 작은 단위의 절차로 나누어 학습자에게 제시된다. 그러면 학습자는 각 절차를 소리 내어 말하고, 마음속으로 되뇐다. 그리고 최종적으로는 의식적으로 주의를 기울이지 않아도 수행할 수 있는 연속적인 전체로 통합된다. 감정 반응에 선행하는 사고과정의 발달은 이보다 복잡하기는 하지만 유사한 패턴을 따른다. 상담자의 과제는 내담자가 자신의 생각, 신념, 태도, 철학을 발견하고 언어화하도록 돕는 것이다. REBT는 비합리적 신념이, 사람들에게 수용될 수 없어서 알아차림의 영역 밖으로 쫓겨난 것이 아니라, 과도할 정도로 반복되어서 자동적으로 작동한다고 가정한다(DiGuiseppe, 1986).

비합리적 신념의 이러한 속성 때문에 내담자는 쉽게 이것을 알아차리지 못한다. 특정 감정을 경험했을 때 무슨 생각을 했는지를 질문하면, 내담자는 의식적인 생각들을 늘어놓을 것이다. 예를 들면, A-[지각], A-[추론], 또는 인지치료에서 자동적 사고라고 부르는 생각이 그것이다. 내담자의 비합리적 신념 IB를 발견하려면, 추가적인 탐색 및 평가가 요구된다. 상담자가 생각을 물었는데 내담자가 감정으로 답하는 경우도 있다. 예를 들면, "저는 슬프다/불안하다/걱정된다고 생각했어요."와 같이 답하는 것이다. 상담자가 해야 할 일은 감정, A-[지각], A-[추론]을 넘어서 비합리적 신념에 도달하는 것이다.

그러므로 촉발사건 A와 결과 C를 발견한 다음에는 신념 B를 탐색하는 작업으로 이행한다. 이 과정을 시작하기 위해 A가 발생한 후에 생각한 것을 묻거나, C가 일어나기 전 또는 일어나고 있는 동안에 생각한 것을 질문한다. 예를 들면, 다음과 같이 질문할 수 있다.

- "그 일이 일어났을 때, 마음 속으로 무슨 말을 하고 있었습니까?"
- 회기 중에 내담자가 감정을 드러낼 때는 "이 감정을 느끼는 지금 어떤 생각이 떠오르나요?"라고 물어볼 수 있다.
- "그 감정을 느꼈을 때 그 일에 대해 마음속으로 어떤 혼잣말을 하고 있었나요?"
- "그 감정을 느꼈을 때 떠오른 생각은 무엇인가요?"
- "마음속의 오래된 녹음기가 다시 움직이기 시작했군요. 지금 어떤 말이 들리나요?"
- "그때 무슨 생각을 했나요?"
- "감정이 올라오기 직전에 머리를 스치고 지나간 생각은 무엇인가요?"

이 질문에 대한 내담자의 답변은 대개 A-[추론]이나 자동적 사고일 것이다. 그러므로 더욱 구체적인 질문을 하는 것이 좋다.

- "C를 느끼게 만든 A에 대해 어떤 혼잣말을 하고 있었습니까?"
- "불편한 감정을 느꼈을 때, 상대방/자신이 마땅히 어떻게 해야 한다고 생각했습니까?"

이 질문에 대해 마땅히 어떻게 해야만 한다는 식의 IB-[절대적 요구/핵심신념]이나 IB-[포괄적 평가/파생신념]으로 답하는 내담자는 자기 생각을 어느 정도 통찰하고 있는 것이므로 보다 신속하게 REBT 절차를 밟아 갈 수 있다. 겉으로 나타난 A-[추론]에서 이면에 감춰진 비합리적 신념으로 내담자를 이끌기 위해 다음과 같은 여러 전략이 사용된다.

귀납법을 통해 내담자 스스로 깨닫기

일반적으로 CBT 상담자는 내담자에게 추론한 것을 말하도록 하고 이 추론이 사실과 일치하는지를 검토한다. 이 작업을 여러 회기에 걸쳐서 충분히 수행하면, 내담자는 자신의 문제를 자신의 추론과 연관시키는 경험을 쌓게 된다. 그리고 자신의 추론에 일정한 패턴이나 공통된 주제가 존재함을 발견할 것이다. 이것을 깨닫게 되면, 여러 추론을 관통하는 핵심신념인 **절대적 요구**를 귀납적으로 도출할 수 있게 된다.

사회불안을 가진 내담자 도윤 씨와의 대화를 다음에 제시한다. 도윤 씨는 불안과 관련된 자신의 추론이 사실과 일치하는지를 7회기에 걸쳐 검토한 후에 자신의 비합리적 신념을 스스로 깨달았다.

내담자: 보시다시피 사람들이 저를 싫어할 거라고 생각해요. 매주 여기 와서 힘들었던 일을 선생님께 늘어놨죠. 사람들이 저를 좋아하지 않을 거라고 항상 생각해요.

상담자: 그렇습니다. 정확하게 관찰하셨군요. 7주 내내 사람들이 자신을 싫어할 것이라는 예측을 이야기하고 있었죠. 비록 그 예측이 사실과는 달랐지만 말이죠.

내담자: 사람들이 저를 싫어하면 너무나도 끔찍할 거예요. 사람들이 저를 좀 좋아해 줘야 하는데.

도윤 씨는 사람들로부터 거부당하는 것에 대한 불안과 생각이 드러난 수많은 개별적 사건들로부터 귀납적으로 추론하여 일반적인 결론에 도달했다. 이 기법은 내담자가 스스로 비합리적 신념을 발견하게 한다. 이 기법은 분명히 효과가 있다. 그러나 논박을 시도해 보기도 전에 단지 비합리적 신념을 찾아내는 데에만 많은 회기가 소요된다는 단점이 있다. 따라서 효과가 있기는 하지만 효율적이라고 할 수는 없다. 이 기법의 장점은 내담자가 **스스로 발견하는 방식**(self-discovery)이라는 점이다. 내담자 스스로 발견하는 것이 심리치료의 필수요소라고 여기는 독자에게는 이 방식이 이상적으로 다가올 것이다. 실제로 어떤 상담자들은 스스로 발견하는 방식이 상담자가 **안내하는 방식**(guided discovery)보다 가치 있다고 여기기도 한다. 하지만 내담자 스스로 발견하는 방식이 정말 효과적인 변화의 수단인지에 대해서는 논란의 여지가 있다. 발견학습에 관한 선행연구에 의하면, 이 방식이 상황을 불문하고 훌륭한 전략이라고 간주하기는 어려워 보인다. 물론 좋은 결과를 가져오는 경우도 있지만 수학을 배우는 것과 같은 때는 그렇지 않기 때문이다. 미분방정식의 해법을 학생들 스스로 발견하게 하는 상황을 상상해 보라. 심리치료에서 스스로 발견하는 방식이 상담자가 안내하는 방식보다 더 효과가 있는지의 여부는 아직 실증적 연구를 통해 확인되지 않았다. 스스로 발견하는 방식은 머리가 좋고 지적인 내담자에게는 효과가 있을 것이다. 하지만 흔히 그러하듯 지적인 것과는 거리가 멀거나 자기성찰을 못하는 내담자와 작업할 때는 스스로 발견하는 방식에 매우 긴 시간을 소모하게 될 것이다. 내담자가 스스로 발견하도록 기다리는 사이 내담자는 계속 고통받는다는 점을 기억하라.

귀납적 해석

보다 적극적인 방법은 상담자가 내담자에게 해석을 제시하는 것이다. 많은 A-[추론]을 수집하고 검토한 뒤, 추론에 포함된 공통된 주제를 상담자가 지적하고, 핵심신념, 즉 스키마의 후보들을 제안해 볼 수 있다. 하지만 이 전략은 다소 시간 소모적이다. 정확한 결론을 도출하기에 충분한 정보를 수집하려면 얼마나 많은 회기가 걸릴 것인가? 이 전략의 또 다른 문제는 해석이 제시되는 방식이다. 필자는 가급적 해석이라는 용어의 사용을 피한다. 심리치료에서 말하는 해석은 내담자의 문제를 상담자가 개념화하고 이것을 내담자와 공유하는 것을 의미한다. 상담자의 해석은 옳을 수도 있고 그렇지 않을 수도 있다는 점이 문제이다. 해석을 내리기 전에 정보를 많이 수집할수록 해석의 정확성이 보장된다는 생각을 하기 쉽다. 하지만 해석은 여전히 정보에 근거한 추측, 즉 그럴듯한 가설이기 때문에 오류를 품고 있을 수 있다. 도윤 씨의 사례로 돌아가 상담자가 해석을 어떻게 사용하는지 살펴보자.

내담자: 이번 주에 가족 모임에 갔어요. 그런데 아내 쪽에 제가 모르는 사람이 많더라고요. 또 마음이 불안해졌어요. 이 사람들이 저를 어떻게 볼지 계속 신경이 쓰였어요.

상담자: 도윤 씨, 여러 주 동안 사람들과 함께 있을 때 불안하다는 말씀을 하고 있군요. 매번 사람들이 자신을 나쁘게 보고 싫어할 것이라는 생각을 했습니다. 혹시 제 말이 맞는지 생각해 보세요. 도윤 씨는 다른 사람들에게 인정받아야 한다고 생각하는 것 같습니다. 그리고 자신이 호감을 주지 못하는 사람이라고 생각하는 것 같습니다.

이 방식은 대개 효과가 있다. 상담자들은 많은 A-[추론]으로부터 비합리적 신념을 추론하는 데 능숙하다. 하지만 문제는 정보수집에 소요되는 시간이 과연 효율적이냐는 점이다. 필자는 그렇지 않다고 생각한다.

추론 연쇄

심리학자 Bob Moore는 추론 연쇄(inference chaining)라는 기법을 발전시켰다. 우선, A-[추론]을 확인하고 이것이 옳다는 가설을 세운다. 그다음에는 내담자에게 다음의 두 가지 중 하나를 질문한다.

"이것이 사실이라면, 무슨 일이 일어날까요?"
"이것이 사실이라면, 당신은 어떻게 되는 것인가요?"

각 질문은 새로운 A-[추론]을 끌어낸다. 비합리적 신념이 모습을 나타낼 때까지 이러한 질문을 반복한다. 사회불안을 겪고 있는 도윤 씨와의 대화로 돌아가서 추론 연쇄가 어떻게 사용되는지 살펴보자.

내담자: 다음 주에 출장을 가는데 거래처 사람들이 저를 좋아하지 않을 거예요.

상담자: 음, 그 생각이 맞다는 증거는 없죠. 하지만 그런 일이 일어난다고 가정해 봅시다. 거래처 사람들이 도윤 씨를 좋아하지 않으면 무슨 일이 일어날까요?

내담자: 이야기가 잘 진행되지 않아서 거래가 성사되지 않겠죠.

상담자: 정말 그럴지 아닐지는 모르지만, 도윤 씨의 예상처럼 이야기가 잘 진행되지 않고 거래가 성사되지 않는다고 가정해 보겠습니다. 도윤 씨는 어떻게 되는 것인가요?

내담자: 거래가 성사되지 않으면, 저는 돈을 적게 벌 것이고 친구들보다 뒤처질 것이고, 그러면 친구들도 저를 싫어하겠죠.

상담자: 또 앞서가시는 것 같군요. 이런 일이 모두 일어날지는 알 수 없습니다. 하지만 그렇게 되어서 친구를 잃는다면 도윤 씨는 어떻게 되는 것인가요?

내담자: 제가 완전히 형편없는 인간이 되는 거죠. 사람들이 좋아해 주어야 의미 있는 사람이 되는 거잖아요.

추론 연쇄에서는 비록 상담자가 주도적 역할을 하기는 하지만 결국 내담자가 자신의 경험으로부터 비합리적 신념을 끌어낸다. 이 전략은 효율성이라는 장점과 내담자 스스로 발견해 낸다는 장점을 함께 지니고 있다. 추론 연쇄는 소크라테스식 문답에 기반을 두고 있으며 시간 효율적인 **자기 발견 교수법**이다. 내담자들은 추론 연쇄를 통해 자신의 입에서 나오는 많은 정보에 놀라고, 자기 입으로 이야기한 비합리적 신념에 놀란다. 이것은 추론 연쇄를 접하기 전에는 자신의 비합리적 신념을 모르고 있었음을 보여 준다. 미래에 대한 연쇄적 질문도 유용하다. 아내를 의심하던 하준 씨의 사례를 통해 살펴보자. 그는 늘 아내가 자기를 떠날 것이라고 생각하며, 아내의 외도를 잡아내려고 일거수일투족을 감시하고 있었다.

내담자: 이번 주에는 아내와 다퉜습니다. 아내가 누구하고 전화하는지 보려고 제가 휴대폰을 뺐었거든요.

상담자: 아내의 휴대폰을 검사하기로 마음먹었을 때 어떤 감정을 느끼고 있었습니까?

내담자: 아내가 다른 남자와 통화해서 불안하고 질투가 났어요.

상담자: 하준 씨, 아내가 다른 남자와 통화한다는 증거는 없습니다. 하지만 아내가 다른 남자와 자주 통화한다면, 어떤 일이 일어날까요?

내담자: 아내가 저를 더는 사랑하지 않는 거죠.

상담자: 역시나 그렇다는 증거는 없지만, 그런 일이 일어났다고 가정해 보겠습니다. 아내가 하준 씨를 더는 사랑하지 않는다고 상상해 봅시다. 그러면 어떤 일이 일어날까 봐 두렵습니까?

내담자: 아내가 저를 떠나겠지요.

상담자: 예, 아주 안 좋은 일입니다. 하지만 그 일이 일어났다고 가정해 봅시다. 아내가 정말 떠나고 나면, 하준 씨에게 일어날 수 있는 가장 나쁜 일은 무엇입니까?

내담자: 다른 여자를 못 만날 것 같습니다. 아!

상담자: 다른 여자를 못 만난다고 가정합시다. 그 후에 발생할 수 있는 최악의 상황은 무엇입니까?

내담자: 저는 혼자 남게 되겠죠. 그런 일이 일어나면 안 돼요. 저는 못 견딜 겁니다.

A-[추론]마다 멈추어서 논박하고 싶은 상담자가 많을 것이다. 하지만 사고의 연쇄 속에서 발견되는 특이한 A-[추론]을 모두 논박하느라 상담이 방향을 잃는 것은 좋지 않다. 비합리적 신념에 도달하는 것이 방해받기 때문이다. 상담자는 가장 깊은 곳에 존재하는 비합리적 신념을 표적으로 연쇄적 질문을 제시하는 것이 좋다. 필자의 경험에 의하면, 추론 연쇄의 가장 마지막 부분으로 가서 거기에 있는 마지막 A-[추론]에 드러난 비합리적 신념을 논박하는 것이 가장 좋은 전략이다. 추론 연쇄 속에 모습을 드러낸 모든 A-[추론]과 비합리적 신념을 논박하기 위해 매번 멈추어 서면, 정작 가장 중요한 비합리적 신념에 도달할 가능성은 줄어들게 된다. 때로는 가장 중요한 A-[추론]이 추론 연쇄의 마지막에 있지 않을 때도 있다. 이럴 때 상담자는 추론 연쇄에서 발견된 A-[추론]들을 내담자에게 요약해 주고 어느 것이 내담자의 고통과 가장 연관되어 있는지 질문하는 것이 좋다.

앞의 예에서는 질문을 통해 내담자의 비합리적 신념을 탐색하는 것을 살펴보았다. 처음에 내담자들은 자신의 어머니, 배우자, 자녀, 직장 상사가 자기가 원하는 대로 행동해야 한다며 불평할 것이다. 하준 씨의 경우 다음에 물어야 할 질문은 "왜 여자 없이 사는 것을 못 견디나요?" "왜 삶 속에 여자가 있어야 하나요?"일 것이다. 하준 씨에게 왜 사랑받아야만 하는지를 묻는다면, 더 근본적인 비합리적 신념이 드러날 수도 있다. 아내가 자신을 좋아하지 않으면 비참할 것이라고 믿는 이유는 그것이 자신이 가치 없는 인간임을 증명한다고 여기기 때문일지도 모른다. 그럴 경우 자신이 가치 없는 인간이라는 자기비하적 믿음이 바로 하준 씨의 근본적 신념이다.

접속사를 활용해 찾아내기

접속사를 제시해서 추론을 이어 가는 방식도 있다. 내담자의 발언을 요약하고 이에 대한 질문을 제시하는 대신, 내담자가 A-[추론]을 진술하면 계속 진술을 이어 가도록 접속사를 제시하는 방식이다. 예를 들면, 내담자의 A-[추론] 뒤에 상담자가 '그래서' '그러므로' '그러면'이라고 말하는 것이다. 즉, 사고의 흐름이 끊어지지 않도록 접속사로 이어 가는 것이다. Ellis도 자주 이 전략을 사용했다. 상담자가 완전한 문장으로 내담자의 발언을 요약하면, 내담자는 상담자가 요약해 준 것이 정확한지 판단해야 하므로 생각의 흐름이 끊어질 수 있다. 하지만 상담자가 접속사만을 제시하면 내담자는 흐름을 그대로 유지한 채 자기 생각에 집중할 수 있게 된다. 사회불안을 겪던 도윤 씨의 사례로 돌아가 이 기법이 어떻게 사용되는지 살펴보자.

내담자: 거래처 사람들이 저를 좋아하지 않을 거예요.

상담자: 그러므로……

내담자: 거래를 하나도 성사시키지 못하겠죠.

상담자: 그러면……

내담자: 저는 돈을 못 벌고 친구들보다 뒤처지겠죠.

상담자: 그래서……

내담자: 저는 형편없는 인간이 되는 거죠. 사람들이 좋아해 주어야 의미 있는 사람이 되는 거잖아요.

필자의 경험에 의하면, 이 기법은 통찰력 있고 지적인 내담자들에게 잘 맞는다. 반면, 자기성찰을 어려워하고 언어적 기술이 부족한 내담자들에게는 그다지 효과를 보지 못하는 것으로 보인다. 이럴 경우, 보다 구조화된 기법인 추론 연쇄를 사용하는 것이 좋다.

문장완성 연쇄

추론 연쇄를 변형해서 미완성된 문장을 연쇄적으로 완성시키는 기법이 사용되기도 한다. A-[추론]이 확인된 다음, 내담자가 미완성된 문장의 빈칸을 메우는 것이다. 예를 들면, "이 일 때문에 발생할 수 있는 최악의 상황은 ________________________________" 와 같이 미완성된 문장을 제시할 수 있다. 새로운 추론이 확인되면, 다시 미완성된 문장을 제시하고 같은 과정을 반복한다. 사회불안을 겪던 도윤 씨의 사례로 돌아가 이

기법이 어떻게 사용되는지 살펴보자.

내담자: 거래처 사람들이 저를 좋아하지 않을 거예요.

상담자: 거래처 사람들이 나를 좋아하지 않아서 발생할 수 있는 최악의 상황은?

내담자: 거래를 하나도 성사시키지 못하겠죠.

상담자: 거래가 성사되지 않아서 발생할 수 있는 최악의 상황은?

내담자: 저는 돈을 못 벌고 친구들보다 뒤처지겠죠.

상담자: 돈을 못 벌어서 친구들보다 뒤처질 때 발생할 수 있는 최악의 상황은?

내담자: 저는 형편없는 인간이 되는 거죠. 사람들이 좋아해 주어야만 의미 있는 사람이 되는 거잖아요.

문장완성 기법은 추론 연쇄의 모든 장점을 유지하면서도 구조화의 정도가 높다. 따라서 구조를 필요로 하는 다양한 범위의 내담자들에게 유용하게 활용될 수 있다.

연역적 가설에 기반을 둔 탐색

만일 내담자 스스로 비합리적 신념을 발견하도록 돕는 추론 연쇄가 실패한다면, 보다 지시적인 기법을 고려할 필요가 있다. 먼저, 소개할 기법은 내담자에게 가설을 제시하는 것이다. 1장에서 소개한 Karl Popper(1968)의 **과학철학**은 REBT에 지대한 영향을 미쳤다. Popper에 의하면, 인간은 고민 중인 문제에 대해 가설을 세우지 않고는 못 견디는 존재이다. 잠시 생각해 보자. 독자는 새로운 내담자의 문제 또는 비합리적 신념에 대한 가설을 세우는 데 얼마나 걸리는가? 아마도 수 분 이내일 것이다. Popper는 과학자들이 자신의 가설을 인식하고 그것을 반증하려 시도할 때 가장 빠르게 과학이 진보한다고 믿었다. Popper의 철학에 의하면, 임상가들이 자신의 가설을 인식하고 그것을 **반증**하려 시도할 때 가장 빠르게 특정 사례에 대한 임상적 지식이 발전한다. 임상가들은 객관적으로 가설을 만들지 않는다. 하지만 임상가의 가설은 그들이 묻는 질문에도 영향을 미치고, 그들이 기억하는 내용에도 영향을 미친다. 그러므로 자신의 가설을 반증할 자료를 끄집어내는 질문 기술을 발전시켜야 한다.

임상가들은 가설을 만들 때, 자신의 임상경험, 내담자에 관한 지식, 심리 및 병리에 관한 지식, REBT 및 여타의 CBT에 관한 지식에 기반을 둔다. 느낌에만 의존해서 가설을 만들지 말고, 앞에 제시한 정보를 모두 검토한 다음, 내담자의 비합리적 신념에 관한 최선의 가설을 수립해야 한다.

가설을 세웠으면 내담자에게 제시하라. 가설 제시 방식에 관해 몇 가지 제언을 하겠다. 첫째, 단정 짓지 말고 하나의 가능성이라는 식으로 표현하라. 사람들은 자신의 생각이 남에게 규정되는 것을 싫어한다. 그러므로 단정적인 문장은 피하는 것이 좋다. 둘째, 자신이 똑똑한 임상가라서 자기 생각이 항상 옳다는 식의 태도를 버려라. 우리는 누구나 실수를 한다. 이것을 인정할 필요가 있다. 셋째, 내담자에게 피드백을 요청하라. 내담자야말로 상담자가 제시한 가설이 자신의 경험과 일치하는지를 가장 잘 판단할 수 있는 사람이다. 넷째, 상담자가 제시한 가설에 대한 내담자의 반응을 관찰하라. 내담자의 말투를 듣고 몸짓을 보라. 그러면 비합리적 신념이 내담자에게 어떤 감정을 일으키는지에 관한 중요한 정보를 얻을 수 있다. 사회불안을 겪던 도윤 씨의 사례로 돌아가 가설에 기반을 둔 탐색이 어떻게 사용되는지 살펴보자.

내담자: 며칠 전 모임에 갔는데 많이 불안했어요.

상담자: 무슨 생각을 하고 있었는지 기억나십니까?

내담자: 아니요. 아무것도 기억 안 나요. 그냥 무슨 생각을 했는지 모르겠어요. 아주 오랫동안 사람들이 나를 싫어할까 봐 무서웠어요. 이젠 그게 저의 일부가 되었죠.

상담자: 도윤 씨, 분명하게 말해 주어서 고마워요. 잠시 다른 것도 생각해 보겠습니다. 혹시 '나는 성공한 사람으로 여겨져야만 한다.'와 같은 생각을 하는 것은 아닌지요?

내담자: 아니요. 그런 건 아니에요. 대단한 사람이 되어야 한다고 생각하지는 않아요. 그냥 사람들이 나를 좀 받아 주었으면 하는 거죠.

상담자: 좋아요. 그럼, 이건 어떤가요? '나는 형편없는 인간이다. 사람들이 나를 싫어하는 것을 견딜 수 없다. 사람들이 나를 좋아해 주어야만 의미 있는 사람이 되는 거다.' 이 말이 어떻게 들리나요?

내담자: (어깨와 목 근육이 뻣뻣해지고, 눈에 띌 정도로 두려움에 찬 목소리로 말한다.) 예, 누군가 나를 좀 받아 줬으면 좋겠어요. 정말 나를 좀 받아 줬으면 좋겠어요.

절대적 요구를 묻기

REBT에서는 절대적 요구가 감정적 고통을 일으킨다고 가정한다. 그러므로 불편하게 느끼는 상황에 대해 내담자가 무엇을 요구하고 있는지를 살펴볼 필요가 있다. 예를 들어, 내담자가 다른 사람에게 비난받을지 모른다는 두려움을 호소한다면, "비난받는 것에 대해 어떤 생각을 하고 있습니까?"라고 묻기보다는 "비난받는 것을 말씀하셨는데, 자신/타인이 마땅히 어떻게 해야 한다고 생각합니까? 마땅히 어떤 일이 일어나야만 한다고 생각합니까?" 또는 "비난을 받으면 당신은 어떤 사람이 되는 것입니까?"라고 질문할 수 있다. 도윤 씨의 사례에 이 기법을 적용해 보자.

내담자: 사람들이 저를 좋아하지 않을 거예요.

상담자: 사람들이 도윤 씨를 좋아하지 않는다고 하셨는데, 마땅히 어떤 일이 일어나야 한다고 생각하십니까?

내담자: 거래가 성사되지 않아서 돈을 못 벌게 될 거예요.

상담자: 네. 그럴지도 모릅니다. 그런데 도윤 씨를 정말 불안하게 만드는 생각은 따로 있을 것 같군요. 도윤 씨나 다른 사람들이 마땅히 어떻게 해야만 한다고 생각하십니까?

내담자: 돈을 벌어야만 해요. 친구들에게 뒤처지지 않으려면.

상담자: 만일 돈을 벌지 못한다면, 친구들과의 관계에서 도윤 씨는 무엇을 해야만 합니까?

내담자: 친구들이 저를 좋아하게 만들어야 해요. 그렇지 않으면 저는 형편없는 인간이 되는 거죠. 사람들이 저를 좋아해 주어야만 의미 있는 사람이 되는 거잖아요.

선택기반 탐색기법

필자들 중에서 Windy Dryden은 내담자의 비합리적 신념을 찾아내는 데에 매우 효과적인 기법을 개발했다. 우리는 이것을 **선택기반 탐색기법**(choice-based assessment technique)이라고 이름 지었다. 내담자가 가지고 있는 전제를 확인하는 데에 이 기법을 사용하는 예를 소개하겠다. 선택기반 탐색기법은 몇 가지 단계로 구성된다.

① A에 대해 내담자가 바라는 것을 지적하고 내담자의 확인을 받는다.
② 감정 및 행동 문제, 즉 C와 연관된 두 가지 신념 중 하나를 내담자가 가지고 있을 가능성을 기술하고, 이를 소개하는 것을 허용해 달라고 요청한다.
③ 내담자의 C를 진술하고, 그다음에는 두 가지 신념을 제시한다. 이 중 하나는 경직된 절대적 신념이고 다른 하나는 유연한 바람이다.

④ 어떤 신념이 내담자의 역기능적 C를 일으키는지 질문한다. 이 기법은 내담자의 파생 비합리적 신념을 탐색하는 데에도 사용될 수 있다.

도윤 씨에게 이 기법을 어떻게 적용할 수 있을지를 예를 통해 제시하겠다.

상담자: 직장 상사가 도윤 씨에게 화내지 않는 것이 중요한 문제군요. 맞습니까?

상담자는 내담자의 바람이 무엇인지를 지적했다. 내담자의 바람은 경직된 신념과 연관될 수도 있고 단순히 선호의 문제일 수도 있다.

내담자: 네, 맞아요.

상담자: 마음이 불안해졌을 때 도윤 씨가 가지고 있었을지 모를 두 가지 믿음을 제안해 보아도 괜찮을까요? 제가 이야기해 볼 테니, 어떤 믿음이 도윤 씨의 불안과 연관되는지 알려 주시겠습니까?

상담자는 REBT 이론을 활용하여 대화를 이끌어 가고 있다.

내담자: 좋습니다.

상담자: 마음이 불편해졌을 때 도윤 씨의 불안 뒤에 있던 믿음은 다음 중 어느 것인가요? 1번, '직장 상사가 나에게 화내지 않는 것은 중요한 문제이다. 그러므로 이 사람은 나에게 화를 내서는 안 된다.', 2번, '직장 상사가 나에게 화내지 않는 것은 중요한 문제이다. 하지만 이것이 이 사람의 의무는 아니다.'

내담자: 1번이네요.

비합리적 신념을 탐색하기 위해 필자가 제시한 마지막 세 가지 기법은 매우 적극적이고 지시적이다. 상담자에 따라서는 이러한 방식의 적극적 · 지시적 개입이 상담자의 생각을 내담자에게 주입하는 것이라고 여기며 불편해하기도 한다. 내담자 스스로 도달한 통찰이어야만 내담자가 삶에 활용할 수 있다고 여기며 적극적 · 지시적 개입에 반대하는 상담자도 있다. 심지어 내담자가 상담자의 비위를 맞추려고 가지고 있지도 않은 비합리적 신념을 가지고 있다고 인정해 버릴지 모른다는 우려의 목소리도 있다.

이러한 주장을 따를 때 발생할 수 있는 심각한 문제는 논박할 비합리적 신념을 찾아내지 못한 채 상담이 정체되는 것이다. 이런 상황은 내담자에게 도움을 주지 못한다. 내담자를 존중하라. 그리고 상담자 자신의 가설이 옳지 않을 가능성을 염두에 두라. 혹시 가설이 틀렸다면, 오류를 정정하여 새로운 가설을 세우면 된다.

적극적 · 지시적 개입의 장점은 내담자가 비합리적 신념을 찾아내도록 효과적으로 이끌어 간다는 것이다. 내담자의 감정 반응이 해롭고 자기 파괴적인 것이 분명하다면, 그것의 이면에 있는 '마땅히 ~해야만 한다.'는 식의 절대적 요구를 찾도록 내담자를 안내하라.

복수의 비합리적 신념

감정적 · 행동적 결과는 대개 복수의 원인에 의해 발생한다. 새내기 REBT 상담자는 심리학의 이러한 원칙을 잊고 내담자의 C가 하나의 비합리적 신념과 연관된다고 생각한다. 그러나 보니 감정적 또는 행동적 C를 확인하고, 표적으로 삼을 하나의 비합리적 신념을 찾아내고 나면, 마치 할 일을 다 한 것처럼 여긴다. 하지만 자유롭게 이야기하도록 허용하거나, 끈질기게 질문함으로써 내담자의 C가 병렬적, 수직적, 또는 나선적으로 연결된 여러 비합리적 신념에서 비롯되었음을 밝혀낼 수 있다.

내담자의 신념들이 마치 벌집처럼 잔뜩 무리 짓고 있는 것과 마주쳐도 놀라지 말라. 가령 두 개의 절대적 요구가 있다면, 각각이 하나 이상의 파생신념과 연합될 수 있다. 비합리적 신념이 나타날 때마다 적어 두고, 이것이 쌓여 목록이 만들어지면, 내담자에게 보여 주며 함께 토론해 볼 수 있다. 비합리적 신념에 공통된 주제가 나타난다면 이것을 내담자에게 설명해 주는 것이 좋다. 만약 공통된 주제가 보이지 않는다면, 내담자와 함께 비합리적 신념을 위계적으로 배열해 볼 수 있다. 그러고 나서 어떤 비합리적 신념을 먼저 표적으로 삼을지에 대해 내담자의 동의를 얻는 것이 중요하다. 동의를 얻지 못하면 치료적 동맹이 손상될 수 있기 때문이다. 어떤 비합리적 신념을 다룰지에 대한 토론이 원활히 마무리되지 않으면, 내담자의 심기가 불편해질 수도 있다. 그럴 때는 원점으로 다시 돌아가 내담자에게 어떤 감정을 느끼고 있는지 묻고, 회기의 목표와 과제를 다시 설정하기 위해 상담자가 어떻게 도움을 주면 좋을지를 질문하라. 손상된 치료적 동맹을 복구하는 데에 도움이 될 것이다.

아내가 외도를 하고 있다고 의심하며 질투에 빠진 하준 씨의 사례로 돌아가 보자. 그는 세 가지 절대적 요구를 가지고 있었다. 그중 하나는 '아내가 나를 사랑하지 않더라도 다른 남자를 만나서는 안 된다.'였다[절대적 요구/핵심신념 #1]. 이 생각 때문에 아내가 다른 남자를 만난다면, 아내는 가치 없는 인간이라는 파생 비합리적 신념이 도출되었고[포괄적 가치평가/파생신념 #1], 결국 **분노**의 감정으로 이어졌다. **질투심**은 다음의 두 가지 절대적 요구와 연관되었다. 첫째, 행복해지려면 아내와 살아야만 한다는 생각이다[절대적 요구/핵심신념 #2]. 이 생각은 아내 없는 삶을 견딜 수 없다는 파생 비합리적 신념으로 귀결되었다[감내력 과소평가/파생신념 #2]. 둘째, 그는 자신이 아내가 사랑하는 유형의 사람이 되어야만 한다는 절대적 요구를 가지고 있었다[절대적 요구/핵심신념 #3]. 그래서 아내가 원하는 잘생기고 세련되고 지적인 남자가 되려고 했다. 이 절대적 요구 때문에 하준 씨는 아내가 원하는 남자가 되지 못하면 자신이 가치 없는 인간이라고 믿었다[포괄적 가치평가/파생신념 #3]. 하준 씨처럼 복잡한 사례가 상담자가 일상적으로 접하는 유형의 사례라는 점을 기억하자.

핵심 비합리적 신념을 찾아내는 첫 단계는 하준 씨가 경험하고 있는 분노와 불안 중 어느 것을 다룰지에 대해 결정을 내리는 것이다. 즉, 하나의 C를 선택하는 것이 출발점이다.

내담자: 너무 화가 나고 너무 질투가 나네요. 제 감정은 항상 화 아니면 질투인 것 같아요.

상담자: 하준 씨, 잠시 생각해 봅시다. 분노와 질투 중에서 어느 감정을 먼저 다루고 싶습니까?

내담자: 그걸 제가 어떻게 결정하죠?

상담자: 삶에 가장 안 좋은 영향을 미치는 감정을 선택할 수도 있고, 변화시키기 쉬운 것을 선택할 수도 있습니다.

내담자: 그럼, 제일 안 좋은 영향을 미치는 것으로 고를 게요. 질투심 때문에 아무것도 못하겠어요. 이것부터 다루고 싶어요.

어떤 감정을 다룰지에 대해 내담자와 합의했다면, 표적으로 삼을 비합리적 신념 중 3분의 1을 줄인 것이 된다. 그다음에는 질투심과 관련된 비합리적 신념 중에서 어느 것을 표적으로 삼을지를 내담자가 결정하도록 이끌어야 한다.

상담자: 좋습니다. 그럼, 질투심에 초점을 맞춰 보겠습니다.

내담자: 네. 좋아요.

상담자: 질투심과 연관된 몇 가지 생각을 말씀해 주셨는데, 제가 한번 되짚어 봐도 될까요?

내담자: 네. 그러세요.

상담자: 첫째, 하준 씨는 '행복해지려면, 아내가 있어야만 하고 아내가 나를 사랑해 주어야만 한다.'는 절대적 요구를 가지고 있습니다. 둘째, 하준 씨는 아내 없는 삶을 견딜 수 없다고 생각하고 있습니다. 셋째, 하준 씨는 아내가 원하는 남자가 되지 못하면 자신이 가치 없는 인간이라고 생각하고 있습니다.

내담자: 아, 선생님이 말씀하시는 것을 듣는 것만으로도 정말 마음이 불편해지네요.

상담자: 예. 그럼, 이 중에서 어느 것을 먼저 변화시키는 것이 좋을까요? 다시 말씀드리면, 변화시키기 쉬운 것을 선택할 수도 있고, 아니면 변화시키기는 어렵더라도 자신을 가장 속상하게 만드는 생각을 선택할 수도 있습니다.

내담자: 가장 속상하게 만드는 생각을 먼저 다루고 싶네요.

상담자: 어떤 생각이 하준 씨를 가장 속상하게 만듭니까?

내담자: 아내 없이 사는 것을 생각할 수가 없어요. 저한테는 아내가 정말 필요합니다.

상담자: 좋아요. 조금 더 생각해 보겠습니다. 하준 씨를 가장 속상하게 하는 생각은 아내 없이 사는 것을 견딜 수 없다는 생각입니까? 아니면 나에게 반드시 아내가 필요하다는 생각입니까? 아내 없이 살 수 없다는 생각은 '나에게 반드시 아내가 있어야만 한다.', 즉 '나는 아내가 필요하다.'라는 절대적 요구와 연관되어 있다는 점을 기억하십시오.

내담자: 전 아내 없이는 못 살아요.

상담자: 그러면 아내 없이 살 수 없다는 그 생각을 우선 살펴봅시다. 그러고 나서 아내가 반드시 있어야만 한다는 절대적 요구를 다룹시다.

이 대화에서 상담자는 다루어야 할 비합리적 신념의 개수를 여섯 개에서 한 개로 줄여 나갔다. 이러한 결정을 내릴 때 선택의 기준은 다양할 수 있다. 예를 들면, 가장 자주 나타나는 것, 가장 강하게 믿고 있는 것, 역기능적 감정과 가장 밀접하게 연관된 것, 가장 변화시키기 쉬운 것, 아니면 모든 비합리적 신념의 구심점 역할을 하는 것을 선택할 수도 있다. 하지만 가장 좋은 상담 성과를 거두기 위해 어떤 비합리적 신념을 표적으로 삼아야 하는지를 안내해 줄 만큼 연구 결과가 충분히 축적되지 않았기에 무엇이 좋다고 결론지을 수는 없다. 내담자와 협력관계를 이어 나가려면, 확고한 이유가 있지 않는 이상, 내담자의 선택을 따르는 것이 최선이라고 필자는 생각한다.

어떤 비합리적 신념의 변화를 시도하든 다른 비합리적 신념들도 함께 약해지는 파급 효과가 발생할 수 있다. 핵심적 위치의 비합리적 신념이 하나 있어서 다른 모든 비합리적 생각들이 이것에서 비롯되고, 이 신념 하나를 변화시키면 내담자의 모든 문제가 다 해결되는 경우도 있을 수 있다. 상담자들은 '성배'라고도 부를 만한 이러한 비합리적 신념을 찾아내기를 갈망한다. 하지만 이러한 핵심 비합리적 신념이 존재하는지, 이것을 찾아내는 방법이 무엇인지, 이것을 변화시키면 다른 비합리적 신념들에도 긍정적 효과가 확산되는지에 대해 우리는 아직 알지 못한다. 핵심신념을 표적으로 삼았는데도 변화가 확산되지 않고, 오직 처음에 표적으로 삼은 비합리적 신념만 변화한다면, 상담자는 이것을 곧 알아차리게 될 것이다. 왜냐하면 내담자가 여전히 괴로움 속에 있을 것이기 때문이다. 비합리적 신념을 반복적으로 떠올리다 보면 그것이 유래된 원인과 관계없이 그 자체가 독립적으로 작동할 수도 있다. Allport의 **기능적 자율성**(functional autonomy)을 떠올려 보자. Allport에 의하면, 어떤 심리적 요소들은 핵심적인 사고, 감정, 또는 행동과의 연관성 때문에 발생할 수 있다. 그러나 이들이 개인의 삶 속에서 기능을 수행하다 보면 최초의 발생 원인과 상관없이 작동하게 된다. 기능적 자율성의 관점에서 보면, 상담자는 내담자가 가진 모든 비합리적 신념에 대해 개입을 수행해야 한다는 뜻이 된다. 하준 씨의 사례라면, 여섯 가지의 비합리적 신념에 대해 작업해야 하는 것이다. 그러므로 내담자가 가진 비합리적 신념의 개수와 범위는 상담 진행을 계획하는 데 있어서 중요한 고려사항이다.

하준 씨는 하나의 비합리적 신념을 표적으로 삼는 것에 합의하였으므로, 이제는 이것을 변화시키는 단계로 나아갈 차례이다. 이에 대해서는 다음 장에서 소개하겠다.

선택 갈등과 관련된 비합리적 신념 탐색하기

중대한 결정을 내려야 하는 시기임에도 불구하고, 강한 역기능적 감정 때문에 결단을 방해받고 있는 내담자의 경우, 새내기 상담자는 내담자가 가진 비합리적 신념들을 모두 찾아내는 데에 어려움을 겪기 쉽다. 내담자에게는 두 가지 이상의 행동 선택지가 있다. 상담자가 할 일은 내담자 대신 선택을 해 주는 것이 아니라 결단을 방해하는 비합리적 신념을 찾아내도록 돕는 것이다. 비합리적 신념이 불러일으킨 역기능적 감정이 특정한 행동 선택지를 고르지 못하도록 방해하고, 또 다른 비합리적 신념이 발생시킨 또 다른 해로운 감정이 다른 선택지마저도 고르지 못하게 훼방을 놓는 상황이 발생할 수 있다. 비합리적 신념 탓에 가능성 있는 해결책을 포기할 수도 있고, 당장은 아니더라도 결국은 좋은 결과를 가져올 선택지를 포기할지도 모른다. 의사결정을 방해하는 비합리적 신념 중에는 '반드시 옳은 결정을 내려야만 한다.'는 경직된 생각도 있다. 내담자가 행동 선택지들의 장단점을 평가하고 자신을 위한 결정을 내리는 문제해결 과정에 매진하도록 도우려면, 이러한 비합리적 신념들을 모두 찾아낼 필요가 있다. 이것은 쉽지 않은 작업이다. 왜냐하면 내담자들은 상반된 감정이 섞인 불분명한 문제를 호소하거나 어느 한쪽의 행동 선택지와 관련해 불편한 감정을 드러내기 때문이다. 각 행동 선택지마다 이와 연합된 비합리적 생각이 존재할 텐데, 어떻게 이 모든 것을 다루며 상담을 진행할 수 있을까? 하나의 행동 선택지와 연합된 비합리적 신념에 초점을 맞추면 그것을 선택하지 못하도록 막고 있는 장애물은 제거할 수는 있겠지만, 다른 행동 선택지들은 여전히 감정적으로 차단된 상태에 놓여 있어서 각각의 장단점을 제대로 분석하기 어렵다. 이런 상황에서 상담자가 범하기 쉬운 실수가 있다. 상담자 자신이 가치 있게 여기는 행동 선택지를 차단하는 역기능적 감정을 찾아내고, 이와 연합된 비합리적 신념에 초점을 맞춤으로써, 결국은 내담자가 이것을 선택하도록 끌고 가는 실수가 그것이다. 이처럼 내담자가 선택 갈등을 호소할 때 수행할 작업의 절차를 한 가지 소개하겠다.

- 만일 잘못된 결정을 내리면 어떤 감정을 느낄 것인지 내담자에게 질문하라. 만일 이것이 불편한 감정이라면, 완벽한 결정을 내려야만 한다고 내담자가 믿고 있을 가능성을 평가하고, 그 무엇도 완벽한 결정을 보장해 줄 수 없다는 합리적 생각으로 대체하라.
- 내담자가 고를 수 있는 모든 선택지를 찾아내어 명료화하라. 심지어 내담자가 고를 것 같지 않은 선택지마저도 찾으라.
- 내담자에게 질문하여 각 선택지를 고르면 느낄 감정이 무엇인지 확인하라.
- 각 감정과 연합된 비합리적 신념을 탐색하라.
- 불편한 감정을 만들어 내며 결정을 방해하는 비합리적 신념의 점검을 마칠 때까지는 어떤 결정도 내리지 말도록 내담자에게 요청하라.
- 각 감정과 연합된 비합리적 신념이 성공적으로 변화될 때까지 비합리적 신념 하

나하나에 초점을 맞추고 변화를 시도하라.

- 비합리적 신념과 감정이 변화된 다음, 각 행동 선택지들의 장단점을 분석하라.

민호 씨의 사례를 살펴보자. 민호 씨는 아내인 소민 씨와의 결혼을 유지할지 이혼할지를 고민하다 상담실을 찾았다. 민호 씨는 아내의 단점을 나열하며 이혼하고자 하는 의사를 분명히 밝혔다. 민호 씨에게 있어서 결혼을 유지한다는 것은 곧 아내의 단점들을 받아들여야만 하는 것을 의미했다. 하지만 민호 씨는 반드시 옳은 결정을 내려야만 한다는 절대적 요구 때문에 마치 몸이 마비된 사람처럼 아무것도 하지 못하고 있었다. 그 무엇도 완벽한 결정을 보장해 줄 수 없다는 사실을 다룬 후, 이혼하는 것 및 결혼을 유지하는 것과 연합된 감정을 확인했다. 민호 씨는 결혼을 유지하는 것이 두렵다고 말했다. 이 감정은 자신이 최고의 배우자를 만날 기회를 놓치고 있다는 비합리적 신념과 연관되어 있었다. 현재의 아내에게는 단점이 있으므로 이제 최고의 아내를 만날 가능성이 없어졌다고 여긴 것이다. 그리고 민호 씨는 자신이 최고의 아내를 만날 자격이 있으며 마땅히 그렇게 해야만 한다고 생각했다. 하지만 아내와 이혼할 생각을 하면, 죄책감과 수치심이 느껴졌다. 비록 아내가 화를 잘 내고 신중하지 못한 성격을 가지고 있었지만, 아내는 민호 씨를 사랑하고 함께 있고 싶어 했다. 게다가 이혼을 하게 되면 아이들이 상처를 받게 될까 봐 민호 씨는 신경이 쓰였다. 그래서 아내의 행복과 자녀들이 받게 될 상처를 생각하면 이혼을 해서는 안 된다는 생각이 들었다. 상담자가 비합리적 신념을 논박한 후에 비로소 민호 씨는 최고의 아내를 만나지 못하는 것에 대해 순기능적이고 건강한 염려를 할 수 있게 되었고, 이혼에 대해서는 죄책감과 수치심이 아니라 후회와 아쉬움의 감정을 느낄 수 있게 되었다. 그다음에는 아내와의 결혼을 유지하면서 어떻게 최선의 결과를 만들어 낼 수 있을지를 살펴봤고, 이혼할 경우 실제로 얼마나 행복하게 지낼 수 있을지를 검토했다. 그 결과, 민호 씨는 현재까지 아내와의 결혼을 유지하고 있다.

의사결정 이론(decision-making theory)을 통해 선택 갈등을 다루는 또 한 가지 방식을 생각해 볼 수 있다. 흔히 선택지의 장단점을 검토하지만, 이것과 다소 다른 관점에서도 접근해 볼 수 있다. 즉, 지금 결정한 선택지가 각각 미래에(예를 들면, 5년 후에) 잘못된 결정으로 판명될 경우를 서로 비교하는 것이다. 이를 위해 〈표 9-1〉과 같은 교차표를 만들어 볼 수 있다.

표 9-1 현재의 선택과 5년 후의 옳은 선택 비교하기

		5년 후에 알게 된 옳은 선택	
		결혼을 유지하는 것	이혼하는 것
현재의 선택	결혼을 유지하는 것	○	X
	이혼하는 것	X	○

○가 그려진 칸은 현재의 결정이 나중에 옳은 것으로 드러남을 의미하지만, X표가 된 칸은 그 반대의 상황을 나타낸다. 교차표를 앞에 두고 내담자에게 다음과 같이 질문해 볼 수 있다.

> "여기에 잘못된 결정이 두 가지 있습니다. 어느 쪽을 더 피하고 싶습니까?" 또는
> "어느 쪽을 더 쉽게 감수할 수 있겠습니까?"

이것은 선택지의 장단점을 고려하는 것과 다른 방식으로 선택 갈등을 바라볼 수 있게 한다. 즉, 자신이 감내할 수 있는 잘못된 결정을 수용하도록 돕는 것이다. 이 기법은 우선 REBT 작업을 마친 후에 사용할 것을 권한다.

특정한 감정과 관련된 비합리적 신념을 찾기 위한 지침

내담자의 비합리적 신념을 찾기 위해 가설 또는 선택에 기반을 둔 탐색 전략을 사용하려면 어떤 비합리적 신념이 어떤 감정과 주로 연합되는지를 알아 두는 것이 도움이 된다. 어떤 탐색 전략을 사용하는 경우이든, 상담자는 자신이 파악한 내담자의 감정을 바탕으로 내담자가 어떤 비합리적 신념을 가지고 있는지에 대해 가설을 수립한다. 그러므로 주요한 감정 문제와 연관되는 비합리적 신념들을 살펴보겠다. B와 C 사이에 무수하게 많은 형태의 결합 패턴이 있어 보여서 머리가 혼란스러운 독자들도 있을 것이다. 하지만 대개 특정한 생각이 특정한 감정을 일으킨다는 것을 알고 나면 안심이 될 것이다. 독자의 이해를 돕기 위해, 주요한 여덟 가지 감정 문제 즉 **불안**, **우울**, **죄책감**, **수치심**, 역기능적 **분노**, **질투**, **부러움**, **상처**의 바탕에 존재하는 비합리적 신념들을 소개하겠다.

글상자 9-1

내담자가 생각을 탐색하는 작업을 힘들어할 때는 이렇게 해 볼 수도 있다. 상담자가 여러 생각들을 다양하게 제시하면, 내담자는 '그것이 맞다.'는 느낌이 들 때 상담자에게 신호를 주어서 작업을 멈추는 것이다. 그리고 내담자에게는 특정한 감정을 느낄 때 하는 생각은 거의 정해져 있다는 설명을 해 두는 것이 좋다. 상담자가 해야 할 일은 내담자로 하여금 자신의 생각에 귀를 기울이도록 돕는 것이다. 이를 위해 상담자는 몇 가지 생각을 제안하고, 내담자는 그중에서 맞는 것이 있으면 상담자에게 알려 준다.

불안

불안은 미래에 대한 생각에서 비롯된다. 과거에 일어난 사건을 두려워하는 일은 드물다. 그러므로 상담자는 다음과 같이 미래에 대한 질문을 제시한다.

"무슨 일이 일어날 것 같습니까?"
"어떤 문제가 일어날 것이라고 예상하십니까?"

대답으로 돌아오는 것은 대개 끔찍한 일이 일어날 것이라는 파국적 생각이다. 두려움은 특정한 것에만 한정될 수도 있고 모호하고 광범위한 것, 흔히 말하는 **부동 불안**(free-floating anxiety)일 수도 있다. 가장 흔히 나타나는 두려움 두 가지는 거부에 대한 두려움과 실패에 대한 두려움이며 두려움 자체에 대한 두려움이 그 뒤를 따른다(Hauck, 1974). 불안에 이르는 생각은 다음과 같이 세 단계를 거친다.

1. A-[추론]: 뭔가 나쁜 일이 일어날 것 같다.
2. IB-[절대적 요구/핵심신념]: 이 일이 일어나서는 안 된다.
3. IB-[파생신념]: 이 일이 일어난다면 끔찍할 것이다.
   이 일이 일어난다면 나는 가치 없는 인간이 되고 말 것이다.
   이 일이 일어난다면 나는 견딜 수 없을 것이다.

첫 번째 생각은 타당한 증거에 기반을 둔 합리적 예측일 수도 있겠지만, 정말 그러한지를 점검하는 것이 좋다. 내담자가 예측하고 있는 '뭔가 나쁜 일'은 외부 사건일 수도 있고, 실패할지도 모른다는 생각 또는 두려움을 경험하는 일 자체일 수도 있다. 나쁜 일이 일어날 것에 대한 내담자의 예측이 옳다면, 비합리성은 두 번째 생각에서 처음 모습을 드러낸다. 이것은 마치 세상일을 자기 마음대로 휘두를 수 있는 것인 양 절대로 어떤 일이 일어나서는 안 된다고 요구하는 비합리적 생각이다. 세 번째 생각은 촉발사건 속의 상황이나 사람에 대한 비합리적 평가이며, 미래에 대한 비합리적 요구를 지속시킨다. 이런 생각이 마치 재앙을 몰아내기라도 할 것처럼 말이다.

우울

Beck과 그의 동료들(1979)은 자신, 세상, 미래에 대한 부정적 견해가 우울의 주요한 인지적 요소라는 **인지 삼제**(cognitive triad)를 소개했다. 인지 삼제는 REBT 이론에서 우울을 일으키는 요소로 지목된, 다음과 같은 비합리적 신념과 유사하며 중첩되기도 한다.

자신의 부적절성에 대한 강한 믿음
'원하는 것'을 가지는 못하는 '비참함'
세상의 '비참한' 모습

Hauck(1974)는 세 가지 유형의 사고를 통해 우울의 원인을 구분 지었다. 각 사고는 기저에 비합리적인 구조를 가지고 있다. 우울의 첫 번째 원인으로 소개할 것은 바로 자기비난이다. 자기비난에 이르는 사고의 구조는 대개 다음과 같다.

1. A-[추론]: 나는 실패했다. 또는 나는 결함을 가지고 있다.
2. IB-[절대적 요구/핵심신념]: 나는 완벽해야만 한다. 나는 나쁜 짓을 하거나 결함을 가지고 있어서는 안 된다.
3. IB-[파생신념]: 그러므로 나는 나쁜 사람이고 자격 없는 인간이다.

우울의 두 번째 원인은 자기연민이며, 다음과 같은 비합리적 사고의 구조를 포함하고 있다.

1. A-[추론]: 삶이 내 뜻대로 되지 않는다.
2. IB-[절대적 요구/핵심신념]: 내가 원하는 것을 가져야만 한다.
3. IB-[파생신념]: 지금껏 겪어 온 좌절과 상실을 더는 못 견디겠다.
   나 참 불쌍하구나! 나는 못난 인간이다.

마지막으로 인간은 타인에 대한 연민 때문에 우울해질 수 있다. 사랑하는 사람에게 생긴 나쁜 일이나 많은 사람들이 겪고 있는 재난에 주의를 기울이며 다음과 같은 생각을 할 때가 그런 경우이다.

1. A-[추론]: 아무 잘못도 없는 사람들에게 나쁜 일이 일어나고 있다.
2. IB-[절대적 요구/핵심신념]: 아무 잘못도 없는 사람들에게 이 나쁜 일이 결코 일어나서는 안 된다.
3. IB-[파생신념]: 이런 고통과 슬픔이 일어나게 내버려 두는 세상은 형편없는 곳이다.

죄책감

죄책감 사고는 세 가지 요소를 포함하고 있다. 첫째, 자신이 나쁜 행동 또는 **도덕 원칙**에 위배되는 행위를 했다고 믿는다. 나쁜 행동이란, 하지 말아야 할 일을 했거나, 이와 반대로 해야 할 일을 하지 않은 것을 의미한다. 나쁜 행동은 실제로 했을 수도 있고 안 했을 수도 있지만, 분명한 것은 이 사람의 도덕 원칙이 지나치게 가혹하고 논리적 일관성이 결여되어 있다는 점이다. 하지만 개인의 도덕 원칙 자체는 REBT가 초점을 맞추는 대상이 아니다. 둘째, 자신이 도덕 원칙에 맞게 행동해야만 한다고 믿는다. 셋째, 나쁜 행동을 한 자신을 스스로 비난한다. 바로 이 세 번째 요소가 REBT에서 변화를 시도하는 핵심문제이다.

1. A-[추론]: 나는 도덕 원칙에 위배되는 행동을 했다.
2. IB-[절대적 요구/핵심신념]: 나는 항상 도덕 원칙에 맞게 살아야 한다.
3. IB-[파생신념]: 도덕 원칙을 어겼기 때문에 나는 비난받아 마땅하다.

첫 번째 생각은 내담자의 가치체계에 따라 현실을 정확하게 평가한 것일 수도 있고, 실수를 과장한 것일 수도 있다. 이것만 따로 떼어 놓고 본다면, 내담자가 높은 책임의식을 지니고 있음을 의미하므로 나중에 내담자의 행동 변화를 이끌어 내는 데 유용하게 활용될 수 있다. 따라서 REBT에서는 첫 번째 생각을 변화의 대상으로 삼지 않는다. 하지만 두 번째와 세 번째는 불필요한 생각이다. 이와 다른 관점을 소개해 보겠다. 차이점이 무엇인지 생각해 보라.

> "그렇다. 나는 나쁜 행동을 했다. 나는 정말 이것을 후회한다. 하지만 인간은 때때로 실수를 하는 법이다. 같은 잘못을 반복하지 않도록 최선을 다하겠다."

죄책감은 자기비난 및 비하라는 요소를 항상 지니고 있으며 감정 및 행동의 개선을 방해한다.

수치심

또 다른 역기능적 감정인 수치심은 종종 죄책감과 혼동되기도 한다. 죄책감과 수치심은 한 가지 측면에서 근본적인 차이를 드러낸다. 죄책감의 경우, 도덕 원칙을 위반한 것에 대한 자기비난이 골자이다. 하지만 수치심은 자신의 도덕위반 행위가 사람들에게 알려져서 **거부**당할 것을 걱정하는 것이다(Ard, 1990). 수치심을 경험할 때에는 몇 가지 서로 다른 생각들을 거치게 된다. 첫째, 자신이 공공의 도덕 원칙을 위반했다고 생각한다. 둘째, 중요한 타인 또는 사회 집단이 이것을 안다고 믿는다. 셋째, 자신이 도덕 원칙을 위반하지 말았어야 하며 사람들이 자신을 거부해서는 안 된다고 믿는다. 넷째, 사람들에게 거부당하는 것을 끔찍한 일로 여기거나, 견딜 수 없다고 믿는다. 다섯째, 타인에게 거부당하는 것이 자신이 형편없는 인간임을 의미한다고 믿는다. 수치심을 일으키는 생각의 예를 다음과 같이 소개한다.

1. A-[추론]: 나는 도덕 원칙을 위반했다. 그리고 사람들은 이것을 이미 알고 있거나 곧 알게 될 것이다.
2. A-[추론]: 사람들은 나를 부정적으로 평가할 것이다. 그리고 내가 저지른 잘못 때문에 나를 비난하거나 소외시킬 것이다.

3. IB-[절대적 요구/핵심신념]: 나는 도덕 원칙을 위반하지 말았어야 했다. 내가 잘못을 저질렀어도 타인은 나를 수용해 주어야만 한다.
4. IB-[파생신념]: 사람들이 옳다. 나는 비난받아 마땅하다. 사람들에게 비난받거나, 미움 받거나, 소외당하는 것을 견딜 수 없다. 사람들이 나를 거부한다면 끔찍할 것이다.
5. IB-[파생신념]: 사람들이 옳다. 나는 비난받아 마땅한 형편없는 인간이다.

역기능적 분노

'분노'라는 단어는 광범위한 감정 반응을 지칭하는 데 사용되며, 그중 일부는 적절하고 유용한 감정이다. 한편, 임상적 관점의 역기능적 분노는 **목표 지향 행동**을 방해하는 감정(적대감, 격노, 경멸 등)이다. 분노의 원인이 되는 사고는 마치 기독교의 규율 및 계명과 같은 형태를 취하고 있다(DiGiuseppe & Tafrate, 2007; Ellis & Tafrate, 1997). 이러한 사고의 첫 번째 단계는 **옳고 그름**을 절대적으로 규정하는 것이며 도덕적 분개심을 일으킨다. 두 번째 단계는 **절대적 명령**이며, '바르게 행동해야만 한다.' '그런 행동을 하면 안 된다.'와 같은 형태를 띤다. 세 번째 단계는 **타인비난**이다. 예를 들면, '그런 행동을 하다니 당신은 가치 없는 인간이야.' '못된 놈, 넌 천벌을 받아 마땅해!'와 같은 생각이다.

1. A-[추론]: 누군가가 못된 짓을 했다. 또는 규칙을 어겼다.
2. IB-[절대적 요구/핵심신념]: 사람들은 내가 옳다고 생각하는 대로 행동해야만 한다.
3. IB-[파생신념]: 이 사람들은 형편없다. 못된 짓의 대가를 치러야 한다.

한편, '**자기 방어적인 분노**'도 있다. 어떤 내담자는 타인이 자기를 비판하는 것에 대해 화를 낸다. 사람들은 흔히 자존감이 낮은 사람이 화를 잘 낸다고 여긴다. 타인의 비판 때문에 자신의 부족함이 노출될까 봐 두려워서 분노한다는 것이다(Beck, 1999). 하지만 상당수의 선행연구에 의하면, 화를 잘 내고 공격적인 사람은 자존감이 낮은 것이 아니라, 높기는 하지만 불안정한 자존감 또는 자기애의 소유자이다(Baumeister, Smart, & Boden, 1996; Baumeister, Campbell, Krueger, & Vohs, 2005; DiGiuseppe & Froh, 2002). 자기가 생각하는 것만큼 남들이 자기를 대단하게 보아주지 않는다는 믿음이 분노를 촉발하는 것으로 보인다.

1. A-[추론]: 내가 당연히 받아야 할 존중, 경외, 존경을 충분히 받지 못했다.
2. IB-[절대적 요구/핵심신념]: 타인은 당연히 나에게 존중, 경외, 존경의 태도를 보여야만 한다.
3. IB-[파생신념]: 충분히 존중받지 못하는 것을 견딜 수 없다. 내가 당연히 받아야 할 존중, 경외, 존경을 충분히 보여 주지 않는 사람들은 비난받아 마땅하다.

자신은 어떤 실수도 해서는 안 되기 때문에 타인의 비판은 부당하다는 믿음이 분노를 일으키기도 한다.

1. A-[추론]: 타인은 나를 비판했고 나는 실수를 저질렀다.
2. IB-[절대적 요구/핵심신념]: 타인은 내가 실수를 저지른 것을 알아서는 안 된다. 사람들은 내가 완벽하다고 여겨야만 한다.
3. IB-[파생신념]: 남들이 나를 완벽한 사람으로 보지 않는 것을 견딜 수 없다. 내가 실수를 저지를 수 있다고 생각하는 사람은 형편없는 인간이다.

건강하지 않은 질투

질투는 자신이 이미 가진 것을 빼앗길 수 있는 위협을 지각할 때 발생한다. 사람들은 대개 사랑하는 사람을 제삼자에게 빼앗길 위험을 느낄 때 질투를 경험한다. 사랑을 빼앗기는 것에 대한 두려움 또는 사랑을 빼앗으려고 위협하는 경쟁자에 대한 분노가 바로 질투라고 불리는 감정적 경험이다. **두려움**에 가까운 질투는 다음에 예로 든 생각들과 연관되어 있다.

1. A-[추론]: 남자 친구가 다른 여자에게 관심을 보인다. 저 여자에게 사랑을 빼앗길지도 모른다.
2. IB-[절대적 요구/핵심신념]: 남자 친구가 나를 떠나면 안 된다. 남자 친구는 내 것이어야만 한다.
3. IB-[파생신념]: 남자 친구를 빼앗기는 것을 견딜 수 없다. 저 여자를 만나려고 남

자 친구가 나를 떠난다면, 나는 인생 패배자이다.

분노에 가까운 질투는 다음과 같은 생각들과 연관되어 있다.

1. A-[추론]: 저 여자가 남자 친구를 빼앗으려고 한다. 저 여자가 남자 친구를 유혹하는 데 성공할 것 같다.
2. IB-[절대적 요구/핵심신념]: 저 여자는 남자 친구를 유혹해서는 안 된다. 남자 친구는 저 여자의 유혹에 넘어가서는 안 된다.
3. IB-[파생신념]: 저 여자는 비난과 벌을 받아 마땅하다. 다른 여자에게 관심을 보인 남자 친구는 비난과 벌을 받아 마땅하다.

건강하지 않은 부러움

건강하지 않은 부러움은 건강하지 않은 질투와 유사해서 서로 혼동되는 일이 많다. 건강하지 않은 부러움과 관련된 생각은 자신이 가지지 못한 가치 있는 무엇인가를 타인이 소유하고 누린다는 인식이다. 이런 생각을 하며 경험하는 부러움의 감정은 역기능적인 분노와 유사하다. 건강하지 않은 부러움은 다음에 예시한 생각들 때문에 유발된다.

1. A-[추론]: 저 사람은 내가 가지고 싶은 아주 좋은 것을 가지고 있다.
2. IB-[절대적 요구/핵심신념]: 나는 저 사람이 가진 것을 가져야만 한다. 나는 그럴 자격이 있다.
3. IB-[파생신념]: 저 사람은 가치 없는 인간이며 전혀 자격이 없다. 이 좋은 것이 남에게는 있지만, 나에게는 없다는 사실을 견딜 수 없다.

상처

상처는 감정적 고통이며 이와 관련된 생각의 전형적인 주제는 타인이 자신을 형편없이 대했다는 인식이다. 과거의 상처에 대한 생각이 머리를 떠나지 않기도 한다. 상처받은 사람은 상대방이 먼저 나서서 관계 회복을 시도해 주기를 기대하지만, 정작 자신은 뚱해져서 상대방과 소통하려는 시도를 거의 하지 않는다. 상처와 관련된 사고에는 패턴이 몇 가지 존재한다. 그중 하나는 다음과 같이 자신이 부당한 대우를 받았다는 인식이다.

1. A-[추론]: 상대방이 나에게 매우 형편없고 부당한 대우를 했다.
2. IB-[절대적 요구/핵심신념]: 나는 형편없고 부당한 대우를 받아서는 안 된다.
3. IB-[파생신념]: 이런 형편없는 대접을 참을 수 없다. 상대방은 나에게 부당한 대우를 했기 때문에 비난받아 마땅하다.

때로는 자신이 관심, 이해, 보살핌을 받지 못했다는 생각이 상처를 가져오기도 한다.

1. A-[추론]: 타인이 나에게 충분히 관심, 이해, 보살핌을 제공하지 않았다.
2. IB-[절대적 요구/핵심신념]: 타인은 나에게 관심, 이해, 보살핌을 제공해야만 한다.
3. IB-[파생신념]: 내가 관심, 이해, 보살핌을 받지 못하는 것을 견딜 수 없다. 나를 배려해 주지 않는 사람은 비난받아 마땅하다. 사람들이 나를 배려해 주지 않는 것은 나에게 뭔가 문제가 있기 때문이다.

비합리적 신념을 기술하는 또 다른 방식

REBT와 다른 방식의 CBT를 구사하는 상담자들은 내담자의 사고에 드러난 독특성을 강조하기도 한다. 이들은 내담자의 인지적 세계를 기술할 때, 사고를 특정한 방식으로 범주화하기보다는, 내담자가 진술한 언어를 그대로 사용하려고 한다. 그래서 내담자가 자기 생각을 정리해 이야기하기보다는 느낀 그대로를 말하게 한다. 예를 들면, "내가 얼마나 멍청하게 행동했는지에 대해 생각하고 있었어요."가 아니라 "나 진짜 멍청해요!"라고 말하도록 독려하는 것이다.

막연하게 기술된 가정에 대해서도 '마땅히 ~해야만 한다.'는 절대적 요구로 범주화하지 않고 내담자가 한 이야기를 그대로 수집한다. 다음 예를 참고하라.

"사람들에게 인정 받아야 안심이 돼요."

"나는 부족한 사람인 것 같아요."

"일 처리가 완벽하지 않으면, 사람들이 나를 욕하고 무시할 거예요."

REBT 용어를 사용하는 것과 내담자의 언어를 그대로 사용하는 것에는 각각 나름대로 장점이 존재한다. 필자의 경험에 의하면, REBT 이론에 맞게 정리된 비합리적 신념의 구조는 REBT 수련생들이 내담자의 비합리적 사고를 발견하고 이해하는 데 도움이 된다. 하지만 경험이 쌓여 갈수록 REBT의 틀을 유지하면서도 내담자의 독특한 언어를 이해할 수 있게 된다. 그래서 숙련된 상담자는 '~해야만 한다.' 또는 '~해서는 안 된다.'는 말을 내담자가 하지 않아도 내담자가 가진 절대적 요구를 감지해 낼 수 있다. 다음의 예는 모두 동일한 절대적 요구를 담고 있다.

"그 사람이 그렇게 하는 게 맞죠."

"아마 그 사람은 그렇게 할 거예요."

"그 사람한테 그렇게 해야 한다고 말하고 싶네요."

"당연히 그 사람이 그렇게 할 것으로 생각했죠."

"그 사람이 그렇게 할 것이라고 믿었어요."

"그 사람이 정말 그럴 줄은 몰랐어요."

"그 사람은 왜 그렇게 하지 않죠?"

"그 사람은 왜 그렇게 멍청하죠?"

절대적 요구는 하나의 개념이다. 대개 '~해야만 한다.' 또는 '~해서는 안 된다.'로 표현되지만, 다른 말로 표현될 수도 있다. 감내력 과소평가의 경우도 마찬가지이다. 뜻하는 대로 되지 않는 것, 즉 좌절을 더 이상 견딜 수 없다는 개념은 다음과 같이 다양한 말로 표현될 수 있다.

"더는 못 참아요."

"너무 힘들어요."

"인내심의 한계에 도달했어요."

"그 사람이 그러는 것을 더는 못 봐 주겠어요."

내담자의 언어를 사용하면 논박의 과정이 내담자에게 더욱 의미 있게 다가오는 경우가 많다. 필자가 권하고 싶은 것은 일단 REBT를 충분히 숙지한 다음에 내담자의 언어를 최대한 많이 사용하는 것이다.

그 밖의 지침들

앞에서 살펴본 바와 같이, REBT 상담자는 특정한 C를 단서로 해서 이와 관련된 비합리적 신념을 찾아내며, A-[추론]을 이정표 삼아 근원적인 신념구조를 파악한다. 상담자로서의 경험이 쌓이면, 특정한 임상적 문제가 대개 특정한 신념체계와 연관되어 있음을 발견하게 된다. 달리 말해, 유사한 사례를 접해 본 경험이 축적되어 상담자에게 내담자의 유형에 대한 인지적 스키마가 형성되면, 이를 바탕으로 비합리적 신념을 탐색할 수도 있다는 뜻이다. 이러한 스키마는 내담자의 문제를 설명하는 가설의 초안이라고 할 수 있다. 자주 등장하는 스키마를 모두 소개하는 것은 이 책의 범위를 벗어나므로 한 가지 예를 드는 것으로 대신한다.

자녀의 나쁜 행동에 대해 심한 불안 또는 역기능적 분노를 경험하는 어머니가 있다고 하자. 문제의 근원에 존재하는 것은 자기 가치와 관련된 비합리적 신념이다. 이 여성은 자녀의 행동을 나쁘게 보았을 뿐만 아니라, 이것을 과잉 일반화해서 자신도 역시 나쁜 엄마라고 여겼다. 즉, 아이가 나쁘게 행동을 했기 때문에 자신이 가치 없는 인간이라고 결론지은 것이다. 그러므로 이 여성은 자녀의 행동에 근거해서 자신의 가치를 평가 절하했다고 할 수 있다. 어머니들과 작업할 때는 자녀가 유아이든 성인이든 관계없이 이러한 스키마를 하나의 가설로서 염두에 두는 것이 좋다.

전문가로서의 경험이 쌓이면서 이와 같은 스키마들이 형성되고 발달한다. 어떤 스키마에 근거해 개별 사례를 이해할 때는 이것을 검증이 필요한 하나의 가설로 간주해야 한다. 필자가 강조하고 싶은 것은 스키마들이 시사하는 것이 사실이 아니라 가설이라는 점이다. 그러므로 내담자에게 스키마를 소개할 때는 단정적이지 않은 표현을 사용해야 하며, 내담자에게서 얻은 자료를 바탕으로 상담자의 가설이 타당한지를 검증해야 한다.

어떤 방법도 소용이 없을 때

감정적 에피소드 또는 역기능적 행동의 도중이나 직전에 떠오르는 비합리적 신념을 내담자 누구나가 찾아낼 수 있는 것은 아니다. 이에 대해 두 가지 이유를 생각해 볼 수 있다. 첫째, 자신의 인지과정을 잘 인식하지 못하는 사람들이 있다. 8장에서 언급한 감정 표현 불능증(alexithymia)과 마찬가지로 자기성찰이 서툰 사람들은 자신의 문제와 연관된 생각을 잘 인식하지 못한다. 생각을 찾아내려면 역기능적 감정 또는 행동이 발생했던 상황을 회상해야 한다. 이러한 경험은 대개 비언어적인 형태로 **일화적 기억**(episodic memory)에 저장된다. 따라서 기억을 회상하고 생각을 언어로 변환하는 과정이 필요한 것이다. 필자의 경험에 의하면, 자기성찰이 서툴거나 언어적 기술이 부족한 사람들은 자신의 문제와 관련된 비합리적 신념을 표현하는 것을 매우 어려워한다.

두 번째 이유는 사고에 의해 매개되지 않는 감정적 고통이 존재할 수 있다는 점이다. 2장에서 언급한 것처럼 외부 자극이 감정을 일으키는 경로는 적어도 두 가지가 있다(Power & Dalgleish, 2008). 그중 하나가 바로 **고전적 조건화**를 통한 경로이다. 이것은 대부분 대뇌피질 하부에서 즉각적인 감정 반응을 일으킨다. 이 경로가 감정적 고통을 매개하는 경우는 사고를 경험하지 못할 수도 있다. 필자의 경험에 의하면, 급성 스트레스 장애나 외상후 스트레스 장애가 있는 사람들은 외상 및 공포를 촉발한 자극과 연관된 생각을 표현하지 못 하는 일이 종종 있다.

그러면 상담자는 어떻게 해야 하는가? 내담자가 자기 생각을 인식하지 못한다는 사실을 있는 그대로 받아들이고 상담을 진행해야 할 것이다. 필자라면, REBT 이론을 바탕으로 역기능적 감정의 영향을 상쇄시킬 수 있는 대안적인 합리적 신념을 내담자에게 제시할 것이다. 이 경우, 비합리적 신념을 찾아내지 못했으므로 이것을 논박하는 과정은 생략하게 된다. 하지만 새로운 합리적 신념에 대한 설명과 이것을 연습하기 위한 과제를 제공하며 상담을 진전시킬 수 있다.

축어록 예시

다음의 축어록은 비합리적 신념을 인식하도록 돕고 합리적 신념과의 차이점을 구별하도록 가르치는 과정을 보여 준다. 내담자 상문 씨는 38세의 남성이며, 다섯 살 먹은 딸이 한밤중에 자다 깨서 엄마를 부르는 일이 거의 매일 일어났다. 이에 화를 참지 못한 상문 씨는 며칠 전 아이의 방으로 달려가 멱살을 잡고 흔들며, "야, 닥치지 못해! 도저히 못 참겠다!"라고 소리쳤다.

상담자: 방으로 뛰어가 아이를 잡고 흔든 것을 보니 화가 나신 것 같군요.

내담자: 네. 아이한테 소리를 질렀어요.

상담자: 예. 소리를 지른 다음 기분이 어떠셨나요? (메타 감정 문제를 탐색하고 있음)

내담자: 아주 거지같았죠.

상담자: 거지같았다는 것이 어떤 뜻인가요?

내담자: 죄책감을 느꼈습니다. (내담자가 메타 감정 문제를 표현함)

상담자: 상문 씨, 죄책감과 분노 중에 어떤 문제를 다루고 싶습니까?

내담자: 분노를 다루고 싶어요. 아이한테 다시는 그런 짓을 하지 않게.

상담자: 네, 상문 씨. 그러면 다시 그 상황으로 돌아가 봅시다. 상문 씨가 침대에 누워 있는데 아이가 칭얼거리는 소리가 들립니다. "엄마, 엄마……" 어떤 생각이 머리에 떠오릅니까? 그러니까 마음속으로 어떤 말을 하고 있습니까? (내담자의 생각을 탐색하고 있음)

내담자: 아이때문에 진절머리가 나요. 더이상 귀찮게 굴면 당장 뛰어갈 거예요.

상담자는 생각을 찾아내고자 질문했는데, 내담자는 생각이 아니라 행동에 관한 정보로 대답하였다. 상담자는 끈질기게 내담자의 생각을 다시 물었다.

상담자: 지금 하신 말씀은 자신이 어떻게 행동할 것인지에 대한 예상입니다. 하지만 이 행동에 도달하기 전에 분명히 무엇인가 다른 생각을 했을 것입니다. 마치 종이에 적힌 글처럼 마음을 읽을 수 있다면, 무슨 말이 적혀 있었을까요?

내담자: 아…… 다시는 이런 일이 일어나지 않으면 좋겠어요.

상담자: 좋습니다. 또 어떤 말을 마음속으로 하고 있었습니까?

내담자: 짜증이 나네요. 전 아침 일찍 일어나야 해요. 제가 달려가면 아이는 나가라고 할 거고, 아내가 뛰어와서 저에게 화를 낼 거예요. 다음 날 아침에는 잔소리를 쏟아붓겠죠.

내담자는 여전히 자신의 예상을 말하고 있으며 아직 어떤 비합리적 신념도 찾아내지 못했다.

상담자: 상문 씨는 여러 가지 예상을 하고 계시군요. 지금과 조금 다른 상황을 생각해 보겠습니다. 한밤중에 또 아이 방에 달려가 보니, 원래는 그런 일이 거의 없는데, 아이가 먹은 것을 토하고 있다고 상상해 봅시다. 그러면 상문 씨는 아까와 똑같은 생각을 할까요?

내담자: 그렇지는 않을 거예요.

상담자: 이 일이 계속될 수 있다고 예상해 봅시다. 무엇인가 떠오르는 다른 생각이 있습니까?

내담자: 네.

상담자: 마음속으로 어떤 말을 했습니까?

내담자: 또 시작이구나. 도대체 언제까지 이럴 거야? 네가 아침까지 깨지 않도록 재우려면 내가 도대체 어떻게 해야 하는 거니? 너 때문에 항상 잠을 설치잖아.

상담자: 어찌할 방법이 없는 것처럼 느껴졌군요. 상문 씨는 정말 무엇을 해야 할지 정말 몰랐던 것 같습니다. 그런데 그것 말고도 무엇인가가 머리에 떠올랐을 것입니다. 왜냐하면 그것이 떠오른 생각의 전부라면 상문 씨는 그냥 짜증이 난 정도였겠지요. 그것은 충분히 이해할 만한 일입니다. 상문 씨는 아마 이런 생각을 했을 것입니다. '아, 귀찮아. 자다 말고 또 아이를 달래 주러 가야 하는 거야?' 유쾌한 기분은 아니겠지만, 상문 씨는 아마 아이를 달래 주려고 했을 것입니다. 적어도 시도는 했겠지요. 그래도 안 되면 아내를 불렀을 것입니다. 하지만 그날 상문 씨는 그렇게 하지 않았습니다. 그때 어떤 일이 있었습니까?

내담자: 아이 방에 들어가서 멱살을 잡고 흔들었어요. 소리도 질렀어요. "그만해! 그만해! 그만해! 도저히 못 참겠다!"

상담자: 그러니까 상문 씨의 머릿속을 스치고 간 강렬한 생각이 있었군요. '도저히 못 참겠다. 도대체 왜 이러는 거니? 뭐가 문제야?'

내담자: (고개를 끄덕이며) 음.

상담자: 이런 생각들이 머릿속에 떠올랐습니까?

상담자가 자신의 가설을 뒷받침하기 위해 내담자에게 피드백을 요청하고 있는 점에 주목하라.

내담자: 음.

상담자: 상문 씨, 제가 이야기를 하나 하겠습니다. 다소 당황스러운 이야기일 수도 있습니다. 상문 씨를 분노하게 만든 원인은 아이가 밤중에 자다 깨서 울어서 상문 씨가 잠을 설친 일이 아닙니다. 진짜 원인은 이 짜증스러운 사건에 대해 상문 씨 스스로가 마음속으로 한 혼잣말입니다. 길 가는 사람 100명을 붙잡고 물어보면, 다들 이것이 짜증스러운 일이라고 말할 것입니다. 매일 밤 잠을 설치고 싶은 사람은 아무도 없을 테니까요. 상문 씨가 짜증이 나는 것은 자연스러운 일입니다. 하지만 그렇게 화가 치밀어서 아이 멱살을 잡고 정말 한 대 후려치고 싶은 마음이 들려면…… 그냥 '또 시작이구나.'라는 혼잣말만 한 것은 아니겠지요. 제가 이야기한 여러 혼잣말 중에서 어느 것이 상문 씨를 정말 욱하게 만든 것 같습니까?

내담자: '도저히 못 참겠다.'인 것 같아요.

상담자: 도저히 못 참겠다. 도저히 못 참겠다. 좋아요. 좀 이상한 질문을 해 보겠습니다. (잠시 간격을 두고) 그래서 안 참으셨습니까?

내담자: 참았죠. 그냥 버텨 낸 거죠. 그러고 싶지는 않았지만.

상담자: 그렇습니다. 그러고 싶지는 않았지만 참고 버텨 냈습니다. 하지만 그렇다고 해서 죽는 것은 아니지요?

내담자: (혼자서 무엇인가를 중얼거린다.)

상담자: 상문 씨는 마음속으로 비합리적인 생각, 그러니까 혼잣말을 하고 있습니다. '도저히 못 참겠다.' 그리고 이런 생각을 했을 수도 있습니다. '네가 나한테 이러면 안 된다.' 고 말이지요. 이것이 바로 상문 씨에게 역기능적인 분노를 일으킨 진짜 원인입니다. '비합리적'이라는 말은 자신에게 고통과 상처를 가져온다는 뜻입니다. 아이 방에 달려가 나중에 후회할 일을 하게 만드는 것이지요. 그 일이 있었던 다음날 죄책감을 느꼈고 아이에게 그러지 말았어야 했다고 말씀하셨지요? 상문 씨가 그날 밤 느낀 분노는 정도가 지나친 것입니다. 한밤중에 자다 말고 칭얼거리는 아이가 여기에 있습니다. 상문 씨의 과잉반응은 문제해결에 도움이 되지 않았으며, 상황을 더 나쁘게 만들 수도 있었습니다. 그러니까 해결해야 할 문제가 하나가 아니라 두 가지가 있는 것입니다. 제 말이 이해되십니까?

내담자: 네. 제가 도저히 못 참겠다는 생각을 하는 것은 맞아요. 선생님이 하시고 싶은 말씀은, 이런 식의 혼잣말을 하면 제가 저 자신을 화나게 만든다는 것이죠?

상담자: 바로 그렇습니다. 제대로 이해하셨습니다. 자기 감정은 자기가 만들어 내는 것입

니다. 매우 중요한 이야기라 한 번 더 말씀드리고 싶습니다. 이것은 상문 씨의 삶에 스며들어서 상문 씨 자신과 타인을 대하는 방식에 큰 영향을 미칠 중요한 생각입니다. 상문 씨의 분노는 상문 씨가 만들어 내는 것입니다. 이 말에 믿음이 가십니까?

내담자: 그러니까 저를 짜증 나게 하는 것은 아이이지만, 저를 화나게 하는 것은 저 자신이라는 말씀이시군요.

상담자: 엄밀히 말하면, 짜증도 스스로 만들어 내는 감정입니다. 하지만 사람들은 대부분 상문 씨가 짜증 나는 것이 당연하다고 할 것입니다. 왜냐하면 상문 씨도 인간이니까요. 다음날 출근해야 해서 잠 좀 자려고 하는데, 딸아이가 아기도 아니면서 매일 밤 부모를 잠 못 자게 한다면, 누구나 짜증이 날 것입니다. 짜증이 나는 것은 아주 자연스러운 일입니다. 하지만 그날 밤 자제력을 잃고 딸에게 달려가 멱살을 잡은 것은 상문 씨 자신의 생각 때문입니다. 아이는 그 일과 전혀 상관이 없습니다. 그렇게 분노하게 만들고 자제력을 잃게 만든 것은, 아이가 한밤중에 우는 것을 보고 상문 씨가 마음속으로 한 혼잣말입니다. 그것이 바로 상담에서 역기능적이라고 부르는 생각입니다. 그때 상문 씨는 자제력을 잃었습니다. 다른 사람이 나의 감정과 행동을 쥐고 흔들게 하는 것은 유쾌한 일이 아닙니다. 상문 씨가 제 이야기를 잘 이해하셔서 자신의 분노를 통제하는 것에 대해 무력감을 느끼지 않도록 도와드리고 싶습니다.

제4부

논박과 새로운 효과적 반응

10

인지 변화전략

A-B-C를 파악하는 것도 필요하지만, **논박** D(Disputation)와 **새로운 효과적 반응** E(New Effective Response)의 단계를 거치며 내담자의 신념을 변화시키는 것이야말로 중요한 작업이다. 논박이란 내담자의 비합리적 신념을 토론 또는 반박하는 것을 뜻하며, 인지적 · 심상적 · 감정적 · 행동적 요소를 포함한다.

초기의 REBT 이론가와 실천가들은 D단계의 논박을 가장 중요한 변화의 수단으로 여겼다. 하지만 이 책의 제2판(현재의 책은 제3판)이 출간될 무렵부터, E단계에서 새로운 합리적 대안신념을 가르치는 것이 논박보다 더 중요하다는 인식이 실천가들 사이에 퍼져 나가기 시작했다. 그리고 실증 연구에서도 단순히 비합리적 신념을 논박하는 것보다 합리적 대안신념을 가르치는 것이 더 효과적이라는 결과가 얻어지기도 했다(Moriarity, 2002). 이뿐만 아니라, REBT 수련을 받은 실천가들을 설문해 보았더니, 새로운 신념을 가르치는 것이 상담에서 가장 중요한 과정이라고 인식하는 것으로 나타났다(Beal & DiGiuseppe, 1998).

세 가지 기본 전략이 신념을 변화시키는 데에 사용된다. 첫 번째 전략은 우선 A-B-C를 파악하고 나서 그다음에 비합리적 신념을 논박하는 것이다. 상담자는 다양한 방식의 토론과 반박을 거친 다음에 내담자가 새로운 합리적 대안신념을 구축하도록 돕는다. 이것은 Albert Ellis가 가장 즐겨 사용한 전략이다. 두 번째 전략의 경우, 상담자가 합리적 신념과 비합리적 신념의 차이를 먼저 가르친다. 이어서 내담자의 비합리적 신념을 논박하고 합리적 대안신념을 강화하는 작업이 진행된다. 세 번째 전략은 우선 합리적 신념과 비합리적 신념의 차이점이 무엇인지 가르친 다음, 내담자가 합리적 대안신념을 되풀이하여 말하고 받아들이도록 하는 것이다. 이 세 가지 전략 중에서 어느 것이 가장 효과가 좋은지를 밝힌 연구는 아직 수행되지 않았다. 아마도 각 전략마다 유용하게 사용될 수 있는 내담자의 유형이 다를 것이다. 때로는 내담자가 몇 가지 문제를 동시에 가지고 있는데, 한 가지 문제에는 효과적이었던 전략이 다른 문제에는 효과가 없을 수도 있다. 이럴 때는 다른 전략을 사용해야 효과를 볼 수 있을 것이다. 세 가지 전략 모두에 숙달하도록 노력하고 어떤 전략이 어떤 내담자에게 또는 어떤 유형의 문제에 효과가 있는지를 주의 깊게 관찰할 것을 권한다.

무엇을 논박할 것인가

REBT 상담자는 결코 내담자의 감정을 논박하지 않는다. 감정은 사실 여부나 옳고 그름을 따질 대상이 아니다. 감정은 그저 경험하는 것이므로 이것을 반박할 수는 없다. 인지와 감정 사이의 주요한 차이점 중의 하나는 감정이 논박의 대상이 아니라는 점이다.

감정을 논박하는 것은 내담자가 느끼고 있는 감정이 잘못되었다고 말하는 것과 같다. 즉, 내담자에게 이 감정을 느끼지 말아야 한다거나 변화시켜야 한다는 메시지를 전달하는 것이다. 다음과 같은 예를 생각해 보자. 나는 추위를 느낀다고 말했는데, 같은 방에 있는 다른 사람들은 더워서 땀을 흘리며 지금 온도가 30도가 넘는다고 투덜거린다. 하지만 나는 여전히 추위를 느낀다. 현재의 온도를 타인이 어떻게 느끼는지는 사실상 중요한 문제가 아니다. 내가 추위를 느낀다는 것이 논쟁의 대상이 될 수 없는 것처럼 내담자의 감정은 논박의 대상이 될 수 없다. 내가 추위를 느끼는 것을 문제 삼는 사람이 있다면, 그 사람은 사실 "지금 추위를 느끼다니 당신에게 뭔가 문제가 있어요." "추위를 느껴서는 안 돼요."라고 말하는 것이나 다름없다. '추위'라는 단어의 자리에 특정한 감정을 넣어서 생각해 보라. 현실에 대한 내담자의 경험과 감각을 문제 삼는 것이 내담자에게 어떤 느낌을 주게 될지 이해가 갈 것이다. 감정은 존중받아야 한다. 감정은 내담자의 주관적인 경험이므로 문제시되어서는 안 된다.

내담자가 역기능적 인지를 이야기할 때, 이것은 세 가지 범주, 즉 A-[추론], IB-[절대적 요구/핵심신념], IB-[파생신념] 중의 어느 하나로 분류될 수 있다. REBT 이론에 의하면, A-[추론]은 비합리적 신념을 담고 있는 **인지적 스키마**에서 비롯된다. 그러므로 REBT 상담자는 추론을 논박의 대상으로 삼기보다는 인지적 스키마를 직접적으로 논박한다. 즉, IB-[절대적 요구/핵심신념] 또는 IB-[파생신념]을 조준하여 논박을 수행하는 것이다. REBT 상담자 중에는 IB-[절대적 요구/핵심신념]을 먼저 논박하고 그다음에 IB-[파생신념]을 논박해야 한다고 여기는 사람도 있고, 어느 쪽이 되었든 내담자의 경험에 가장 잘 부합하는 IB를 먼저 논박해야 한다고 주장하는 사람도 있다.

A-[추론]을 논박의 대상으로 삼는 것을 REBT에서는 '추론적 논박(inferential dispute)' 또는 **우아하지 않은 논박**이라고 부른다. **인지 오류**는 불충분한 자료를 바탕으로 과잉 일반화된 결론에 도달하는 귀납적 결론 오류인 경우가 많다. 예를 들면, '그가 나에게 전화를 하지 않았기 때문에 그는 나를 사랑하지 않는 것이다.'라고 결론짓는 것이 바로 그것이다. 내담자의 귀인양식이 역기능적일 때도 있다. 즉, A에서 일어난 문제에 대해 내적 · 포괄적 · 안정적 귀인을 할 때이다. 이런 경우에는 문제가 외부 원인에 의한 것이며, 범위가 제한적이고, 일시적인 것으로 재해석하는 것이 어느 정도 도움이 될 수는 있다(Weiner, 1985). 예를 들어, 많은 학생이 필자의 강의에 집중하지 않는 것을 필자가 보았다고 가정해 보자. 필자가 지루한 사람이라서 학생들이 집중하지 않는다는 귀인을 하고 난 다음, 필자의 기분은 걷잡을 수 없이 침울해진다. 추론적 논박을 통해, 매우 이른 아침의 수업이라 아직 커피를 못 마셔서 잠이 덜 깬 학생들이 많을 것이라는 식으로 생각을 하면 일시적으로는 기분이 나아질 것이다. 하지만 필자가 지루한 사람일지도 모른다는 점에는 여전히 변함이 없고 학생들이 필자의 강의를 좋아하지 않는다는 증거가 계속 쌓여 갈 수도 있다. 이러한 증거가 축적되면 재귀인 전략은 효과를 보지 못할 것이다. 혹시 필자가 저녁에 강의를 하는데, 수강생 모두에게 커피까지 돌렸음에도 불구하고, 학생들이 여전히 수업에 집중하지 않는다면 어떻게 할 것인가? 두려워하는 나쁜 일은 언제든 일어날 수 있다. 두려워하는 그 일이 일어날 가능성이 낮다고 내담자를 설득하거나, 내담자 자신의 행동 이외의 다른 어떤 이유 때문에 그 일이 일어난다고 주장하는 것은 두려워하는 그 일이 실제로 일어났을 때 대처할 방법을 제시해 주지 못한다. 게다가 이것은 상담의 진전을 방해할 수도 있다. 일시적인 해결책으로는 문제의 근본 원인인 핵심신념 또는 파생신념을 변화시키지 못하기 때문이다.

내담자의 비합리적 신념을 겨냥하여 논박하는 것을 REBT에서는 '철학적 논박(philosophical dispute)' 또는 **우아한 논박**이라고 불린다. 내담자의 핵심가정 및 기본신념을 다루기 때문에 철학적이라는 표현이 사용된다. 우아하다는 표현이 사용되는 이유는 다양한 상황, 특히 **최악의 상황**이 실제로 발생했을 때 효과를 발휘하기 때문이다.

글상자 10-1

REBT 수련생들을 지도하다 보면, 내담자의 A-B-C를 확인한 후에 논박 또는 합리적 신념을 제시하는 단계로 이행하지 않고, 처음으로 다시 돌아가 A-B-C에 대한 추가적 탐색을 진행하는 것을 종종 보게 된다. 즉, A-B-C를 잘 파악해 놓고, D와 E로 옮겨 가는 가는 것이 아니라 제자리에 머물러 내담자의 문제에 대한 평가를 지속하는 것이다(예를 들면, "그것 말고 또 어떤 감정을 느꼈습니까?"). 이러한 실수를 범하는 이유 중의 하나는 어떻게 논박해야 할지 모르거나 내담자의 생각을 반박하는 것에 대해 불편한 감정을 느끼기 때문이다. 또 다른 이유는 내담자의 생각을 반박하면 이것을 인신공격으로 여길까 봐 두렵기 때문이다.

수련생들에게 도움이 될 만한 한 가지 전략은 D 또는 E단계로 이행할 때 사용할 말을 미리 준비해 두는 것이다. 예를 들면, 우선 내담자의 비합리적 신념을 정리해서 한차례 언급하고, 그다음에는 "이 특별한 믿음이 괴로움을 가져온다는 것을 알게 되었습니다. 이 믿음에 대해 자세히 살펴보겠습니다."라고 말하는 것이다.

어떻게 시작해야 할지 아직도 잘 모르겠다면, "이 믿음을 변화시킬 방법에 대해 혹시 어떤 생각을 가지고 계십니까?"라는 말을 덧붙여서, 문제를 다루는 방식에 대한 선택권을 내담자에게 넘길 수도 있다.

인지적 논박

인지적 논박은 철학적 설득, 훈시, 소크라테스식 문답, 대리적 체험 등의 언어적 방식을 통해 내담자의 비합리적 신념을 변화시키려는 시도이다. 인지적 논박에서 사용하는 가장 중요한 도구는 질문이다. A, B, C를 평가할 때는 '왜'라는 질문을 피하는 것이 일반적이지만, 인지적 논박에서는 '왜'라고 질문함으로써 매우 좋은 결과를 얻을 수 있다.

지금부터 논박과 질문의 유형을 소개할 것이다. 이를 위해 뉴욕의 Albert Ellis 연구소에서 근무한 여러 상담자와 Ellis(1962, 1971, 1974b, 1979b)의 축어록에서 다양한 예를 수집했다. 앞으로 소개할 질문들을 사용하여 내담자의 생각을 자극하고, 새롭고 건강한 철학을 내면화하도록 도울 수 있을 것이다.

REBT에서는 Thomas Kuhn(1962)의 **과학철학** 모형을 논박의 지침으로 사용한다. Kuhn은 과학이론을 패러다임이라고 지칭하며, 수세기 동안 과학이론의 변화를 이끈 사고 및 증거조사의 전략들을 검토했다. Kuhn에 의하면, **패러다임**이란 유사한 신념들을 한데 모아서 묶어 놓은 것이며, 과학자가 수집하는 데이터, 도출해 내는 추론, 중시하는 정보에 영향을 미친다. 비합리적 신념은 패러다임과 유사하지만 현실을 바라보는 개인적 관점이라는 점이 다르다. 앞에서 언급한 것처럼, 비합리적 신념은 세상에 대한 추론과 귀인에 영향을 미친다. Kuhn(1977)에 의하면, 과학자들은 자신의 신념에 반하는 증거들이 너무나도 압도적이어서 새로운 변화가 일어날 수밖에 없을 때까지 이러한 증거들을 무시한다. REBT에서도 이와 동일한 변화의 모형을 상담과정에 적용해서 다음과 같은 전략을 구사한다(DiGiuseppe, 1986).

- 비합리적 신념(달리 표현하면, 비합리적 패러다임)에 의해 생성된 가설 및 예측과 관련된 자료를 수집하고 경험적 증거를 바탕으로 검증하기
- 비합리적 신념의 논리적 일관성을 검토하기 위해, 이것이 당면한 사건을 제대로 설명하는지의 여부 확인하기
- 비합리적 신념이 다른 중요한 자료와 부합하고, 다른 생활사건을 일관되게 설명하는지의 여부 검토하기
- 비합리적 신념의 실용적 가치를 검토하기 위해, 내담자의 삶의 질에 미치는 영향과 내담자의 개인적 목표성취에 유용한 정도 평가하기
- 앞의 절차를 충분히 반복해서 비합리적 신념이 옳다는 내담자의 믿음이 상당한 정도로 흔들리도록 유도하기
- 비합리적 신념을 대체할 대안적인 합리적 신념(즉, 합리적 패러다임)을 구축하도록 내담자 지원하기
- 이전의 비합리적 신념을 반박할 때 사용한 경험적 증거들을 되돌아보며 현재의 합리적 신념이 이것과 더 잘 부합하는지의 여부 검토하기
- 새로운 합리적 신념에 근거해서 상황을 예측해 보고 이것이 경험적으로 지지되는지의 여부 검토하기

- 합리적 신념이 개인의 삶에 미치는 영향을 검토하기 위해, 합리적 신념을 채택하면 이전과 무엇이 달라질지 그리고 이것이 삶의 질 향상 및 개인적 목표의 성취로 이어질지를 살펴보기

논박은 단순한 경험적 검증 또는 논리적 반박이 아니라, **논리적 일관성**(logical consistency), **경험적 증거**(empirical evidence), **실용적/기능적 가치**(heuristic/functional value)를 검토함으로써 문제에 대한 가설 및 대안을 평가하는 매우 복잡한 과정이다. 이 세 가지 방식의 논박을 진행하는 데에 정해진 순서가 있는 것은 아니다. 각 방식의 효과 차이에 관한 연구는 아직 미진한 수준에 머물러 있다. 하지만 Albert Ellis 연구소에서 수련 받은 상담자들에게 설문한 결과, 실용적/기능적 가치에 대한 논박이 가장 효과적이라는 응답을 얻었다.

지금부터는 논리적, 경험적, 실용적/기능적 논박에 각각 사용되는 질문의 예를 소개할 것이다. 다음의 사례에서 이 질문들을 활용해 어떻게 내담자의 비합리적 신념을 논박하는지 주목하라. 규민 씨는 병원의 건강관리팀에서 일하는 간호사이다. 어떻게 하면 팀이 업무를 효과적으로 수행할 수 있을지에 대해 자기 나름의 아이디어를 가지고 있지만, 자신의 생각을 동료들에게 적극적으로 제안하지 못하고 있다. 만약 자기 생각을 분명히 표현한다면 어떤 기분이 들지 질문했더니, 규민 씨는 동료들이 멍청한 생각이라고 하거나 간섭하지 말라며 자기의 생각을 거부할까 봐 두렵고 불안하다고 말했다. 이것은 A-[추론]에 해당한다. 규민 씨가 드러낸 비합리적 신념은 다음과 같은 것이다.

- IB-[절대적 요구/핵심신념]: 동료들에게 존중받기를 원하기 때문에 반드시 그렇게 되어야만 한다.
- IB-[파국화/파생신념]: 동료들에게 미움받으면 큰일 난다.
- IB-[자기 가치/파생신념]: 동료들에게 존중받지 못하면 나는 가치 없는 인간이다.
- IB-[감내력 과소평가/파생신념]: 동료들에게 존중받지 못하는 것을 견딜 수 없다.

논리적 논박을 돕는 질문

첫 번째 유형의 질문은 **의미의 명료성**과 **논리의 일관성**을 검토하도록 내담자에게 요구하는 질문이며, 어떤 종류의 비합리적 신념에 대해서든 문제를 제기하기 위해 사용

될 수 있다. 의미의 명료성에 대한 질문은 논리의 일관성에 관한 토론보다 먼저 수행되어야 한다.

- '존중받아야만 한다.'는 것이 무슨 뜻입니까?
- '큰일 난다.'는 것이 무슨 뜻입니까?
- '가치 없다.'는 것이 무슨 뜻입니까?
- '견딜 수 없다.'는 것이 무슨 뜻입니까?
- 동료들에게 존중받기를 원하기 때문에 반드시 그렇게 되어야만 한다고 말씀하시는군요. 이 생각이 논리적입니까?
- 존중받고 싶다는 바람이 반드시 존중받아야만 한다는 믿음으로 모습을 바꾸었군요. 어떻게 이런 일이 일어났습니까?
- 다른 사람이 규민 씨와 비슷한 주장을 하는 것을 들었다고 상상해 봅시다. 이 사람은 자신이 무엇인가를 원하기 때문에 반드시 그렇게 되어야만 한다고 주장합니다. 이 말에 동의하시겠습니까?
- 동료들에게 존중받기를 원하기 때문에 반드시 그렇게 되어야만 한다는 생각이 논리적이지 않은 이유는 무엇입니까?
- 동료들에게 존중받지 못하면 어떻게 해서 가치 없는 인간이 되는지 설명해 주시겠습니까?
- 규민 씨가 무엇인가를 원하기 때문에 반드시 그렇게 되어야만 하는 이유가 무엇입니까?
- 동료들에게 존중받기를 원하기 때문에 반드시 그렇게 되어야만 한다는 생각이 얼마나 모순된 것인지 말씀해 주시겠습니까?
- 논리적으로 생각해 보았을 때, 자신이 동료들에게 존중받기를 원한다면, 반드시 그렇게 되어야만 하는 것입니까?
- 논리적으로 생각해 보았을 때, 동료들에게 존중받는지 아닌지에 따라 가치 없는 인간이 될 수 있습니까?
- 자신이 가치 없는 인간이라는 생각에 무슨 문제가 있습니까?
- 원하는 대로 되지 않는 것을 견딜 수 없다는 생각에 무슨 문제가 있습니까?
- 논리적으로 생각해 보았을 때, 원하는 대로 되지 않는 것을 어째서 견딜 수 없습니까?

- 동료들에게 존중받지 못한다면 싫은 감정이 들 것입니다. 하지만 논리적으로 생각해 보았을 때, 그것이 견딜 수 없는 일입니까?

이 질문들은 내담자가 그렇게 생각한다고 해서 내담자의 비합리적 신념대로 되는 것이 아니라는 점에 초점을 맞춘다. 예를 들어, "왜 세상일이 당신이 생각하는 대로 되어야만 합니까?"라고 질문하면, 내담자들은 대개 그것이 자신에게 유리한 점을 설명한다. Ellis처럼 고전적인 논박을 시도한다면, 어떤 것이 자신에게 유리하기 때문에 세상이 자신에게 그것을 주어야만 한다는 생각이 비논리적임을 지적할 것이다. 자신이 원하는 유리한 조건과 자신이 놓인 현실 사이에는 어떤 연관성도 존재하지 않는다. 자신이 무엇인가를 원하기 때문에 반드시 그렇게 되어야만 한다고 생각하는 것은 전혀 논리적이지 않다.

C가 자신의 절대적 요구에서 비롯되었다는 점을 내담자가 명확히 인식한 다음에, "왜 반드시 그렇게 되어야만 합니까?" "왜 그렇게 되면 절대 안 되는 것입니까?"라고 직설적으로 묻는 상담자도 있다. 이 질문을 통해 놀라울 만큼 많은 정보를 얻을 수 있으며, 내담자에게 크게 도움을 줄 수 있다.

내담자가 가진 신념체계 속의 서로 다른 측면들 사이에 존재하는 논리적 비일관성에 초점을 맞추는 질문도 있다. 예를 들어, 규민 씨가 특정한 목표에 도달하지 못한 것 때문에 자기 자신을 비난한다고 하자. 이럴 경우, 동일한 목표에 도달하지 못한 타인을 비난하겠는지를 질문할 수 있다. 또는 스스로 세운 목표에 도달하지 못한 타인을 비난하겠는지를 물을 수도 있다. 내담자들은 대개 아니라고 답한다. 그러면 상담자는 "똑같은 일에 대해 어떤 사람은 비난하고 어떤 사람은 비난하지 않는 것이 과연 논리적입니까?"라고 추가적인 질문을 제시할 수 있다. 이러한 질문과 비교를 통해 반복적으로 논리적 비일관성을 부각시킬 수 있다.

경험적 논박 또는 현실 검증을 돕는 질문

두 번째 유형의 질문은 내담자의 신념이 **경험적 실재**와 일치하는지를 평가하도록 요구한다. 예를 들면, '~해야만 한다.'는 **절대적 요구**를 담은 당위적 신념은 대부분 현실과 일치하지 않음을 지적할 수 있다. 내담자가 자기 마음대로 '세상이 어떠해야만 한다.'고 아무리 강하게 믿고 있어도, 이러한 당위적 신념에 맞추기 위해 우주가 움직이는 법은 없다. Ellis의 상담 회기 기록에는 이러한 방식의 논박이 종종 등장한다. Ellis는 내담자에게 현실이 어떠한지를 질문했으며, 그다음에는 이 현실이 내담자의 당위적 신념과 일치하지 않음을 지적했다.

감내력 과소평가 신념을 지닌 내담자의 경우, A가 발생하는 것을 견딜 수 없다고 여기지만, 실제로는 반복적으로 A를 견뎌 냈다. 미래에 이러한 사건이 일어날 가능성을 질문하고, 혹시 일어난다면, 그것이 내담자가 예상하는 만큼 불쾌할 것인지를 평가한다.

자신이 전혀 가치 없는 존재라고 여기는 **자기비하** 신념을 가진 경우, 인간은 누구나 잘하는 것이 있으므로, 질문을 통해 이 믿음이 옳지 않음을 보일 수 있다. 내담자의 신념이 경험적 실재와 일치하는지를 검증하기 위한 질문의 예를 다음에 제시한다.

- 규민 씨는 사람들이 규민 씨를 존중해 주어야 한다고 지난 수년간 굳게 믿어 왔습니다. 이렇게 생각했더니 사람들이 좀 달라졌습니까?
- 그러니까 사람들이 규민 씨를 존중해 주어야 한다고 굳게 믿고 있었는데도, 사람들은 규민 씨를 존중해 주지 않았군요?
- 동료들이 규민 씨를 존중해 주어야만 한다는 근거가 어디에 있습니까?
- 동료들에게 존중받지 못하는 것 때문에 규민 씨가 사회에서, 세상에서 또는 누군가에게 가치 없는 존재라는 증거가 어디에 있습니까?
- 동료들이 규민 씨를 존중해 주지 않는다고 하셨는데 지금까지 이것을 견뎌 내셨습니까?
- 동료들이 규민 씨를 존중하지 않는다고 합시다. 그럼에도 불구하고 규민 씨가 가진 장점은 무엇입니까?
- 동료들은 규민 씨를 존중해 주지 않을지 모르지만, 규민 씨가 잘하는 것은 무엇입니까?
- 동료들이 규민 씨를 존중해 주지 않는다고 하셨는데, 규민 씨를 귀하게 여기는 사람이 있지요?
- 동료들이 규민 씨를 존중해 주지 않으면, 과연 무슨 일이 일어나게 될까요?
- 규민 씨가 견뎌 낸 가장 힘든 일은 무엇입니까?
- (앞선 질문에 이어서) 규민 씨는 그 일을 참고 견뎌 내셨군요. 그 일을 지금 동료들에게 존중받지 못하는 것과 비교해 보면 어떨까요?
- 그러니까 동료들에게 존중받지 못하는 것보다 더 나쁜 일을 견뎌 내셨군요?

- 과학자처럼 상황을 바라보겠습니다. 객관적 데이터만 가지고 생각한다면 지금의 상황이 어떻습니까?
- 동료들이 규민 씨를 존중하지 않더라도 일어날 수 있는 좋은 일은 무엇입니까?
- 원하는 것을 얻지 못하더라도 행복해질 수 있습니까?
- 동료들이 규민 씨를 존중해 주지 않으면, 세상이 어떻게 무너질지 말씀해 주세요.
- 동료들이 규민 씨를 존중해 주어야 한다고 어디에 적혀 있습니까?
- 가치 있는 존재가 되려면 동료들에게 존중받아야만 한다고 어디에 적혀 있습니까?

실용적 논박을 돕는 질문

세 번째 유형의 질문은 신념의 논리성이나 현실성에 문제를 제기하지 않는 대신, 신념의 **쾌락적 또는 실용적 가치**를 평가하도록 이끈다. 합리적 신념은 개인의 **목표성취**에 도움이 된다. 그러므로 내담자의 신념은 이러한 기능적 측면을 기준으로 평가될 수 있다. 내담자가 가진 특정 생각이 내담자 개인의 문제를 해결하는 데 도움이 되는가? 원하는 목표를 성취하는 데 도움을 주는가? 그 밖의 다른 긍정적 결과를 가져다주는가? 감정적 괴로움을 덜어주는가? 규민 씨에게 사용할 수 있는 실용적 논박 질문들을 다음에 소개한다.

- 그러니까 동료들에게 존중받아야만 한다고 생각하시는군요. 그런 생각을 해서 수입이 얼마나 늘었습니까?
- 동료들에게 존중받아야만 한다는 생각이 실제로 동료들의 존중을 받는 데에 얼마나 도움이 되었습니까?
- 존중받지 못하는 자신을 스스로 비난하면, 원하는 것을 얻는 데에 얼마나 도움이 됩니까?
- 동료들에게 존중받지 못하면 큰일난다고 생각하시는군요. 이 생각이 얼마나 도움이 되고 있습니까?
- '원하는 것은 무엇이든 다 가져야 한다.'고 생각하며 살면, 어떤 결과가 따라올까요?
- '자신이 존중받아야만 한다.'는 생각을 고집하는 것은 가치 있는 일입니까?
- 그렇게 생각하면 기분이 어떻습니까? 그리고 이 기분이 규민 씨에게 도움이 됩니까?

- 그 생각이 일할 의욕을 높여 줍니까?
- 그 생각을 하면 자신에게 어떤 일이 일어납니까?
- 자신에게 이렇게 많은 문제를 일으키는 생각을 고집하는 이유는 무엇입니까?
- 원하는 것을 성취하는 데 있어서, 규민 씨의 믿음이 도움이 된 경우와 방해가 된 경우를 모두 나열해 봅시다.

인지적 논박을 진행할 때의 주의사항

비합리적 신념을 논박할 때는 질문에 대해 충분히 생각할 시간을 내담자에게 허용하라. 새내기 상담자들은 종종 내담자의 침묵을 불편하게 여긴다. 특히 상담자가 항상 지시적이어야만 한다고 잘못 알고 있는 경우는 더욱 그렇다. 매우 가치 있는 침묵도 있다는 것을 기억하라. 그러므로 한꺼번에 여러 질문을 쏟아붓지 말고, 한 번에 하나의 질문만을 제시하는 것이 좋다. 질문을 쏟아부으면 내담자는 생각할 기회를 얻지 못한다. 시간의 여유를 가지면서 내담자의 침묵을 편안하게 받아들일 필요가 있다. 보통의 사회적 상황에서는 침묵이 대화의 중단이나 서로 간의 소통이 원활하지 않음을 보여 주는 신호일 수도 있다. 하지만 논박에서의 침묵은 내담자가 상담자의 질문에 대해 생각하고 있음을 의미한다. 즉, 내담자의 침묵이 길수록 더 많은 인지 재구조화가 일어나고 있음을 뜻한다. 논박 질문이 얼마나 효과적인지를 평가하는 좋은 기준 하나는 내담자의 대답이 돌아오는 데에 얼마나 오래 걸리는지를 살펴보는 것이다. 혹시 즉각적으로 대답이 돌아온다면, 상담자의 질문이 정곡을 찌르지 못한 것이며 내담자는 생각하지 않고 대답한 것이다. 그러므로 질문을 제시한 후 내담자가 반응할 때까지의 지연시간에 주목할 필요가 있다. 지연시간이 길수록 좋은 것이다. 내담자가 자기 나름의 답을 찾을 때까지 기다려라. 질문에 대한 답을 상담자가 대신 알려 주는 것은 좋지 않다.

하지만 논박 질문이 내담자를 불편하게 할 수 있다는 점에 유의하라. 상식적 수준에서 즉각적으로 답할 수 없는 질문들이 대다수를 차지하고 있기 때문이다. 예를 들어, "그러한 믿음이 옳다는 증거는 어디에 있습니까?"라고 질문하지만, 그러한 증거는 존재하지 않는다. 그러므로 내담자의 답변을 기다리면서, 불편감을 암시하는 비언어적 신호가 나타나지 않는지 주의 깊게 살펴볼 필요가 있다. 내담자가 매우 불편해 보인다면, 어떤 감정을 느끼는지 질문하고 어떤 비합리적 신념을 머리에 떠올리고 있는지 찾아내라. 상담자의 질문에 대한 답을 찾지 못하는 것에 대해 무슨 큰일이라도 난 것처럼 파국적 생각을 하고 있을 수도 있고, 자신이 쓸데없는 생각을 하고 있음을 깨달았을 수도 있다. 익숙한 생각을 포기하도록 상담자가 요구하는 것을 불편해할 수도 있다. 이 중 어느 것에도 해당하지 않는다면, 내담자가 논박 질문에 집중하지 않고 있는 것일지도 모른다. 이런 비합리적 신념들을 처리한 다음에 본래의 논박을 계속하라.

비합리적 신념의 증거를 요구하는 논박 질문을 제시하면, 엉뚱하게도 내담자가 합리적 신념의 증거를 가지고 답하는 것을 종종 목격한다. 예를 들어, "그것이 그렇게 끔찍한 일이라는 증거는 어디에 있습니까?"라고 질문하며 파국적 사고의 논박을 시도하면, 내담자에게서 돌아오는 답변은 대개 "상황이 돌아가는 것이 영 마음에 들지 않아서요."라는 식으로 상황이 좋지 않다는 생각을 정당화하려는 내용일 것이다. 이 예에서 내담자는 좋지 않은 것과 끔찍한 것을 구별하지 못하고 있다. 새내기 상담자가 범하는 가장 흔한 실수는 내담자의 논리에 당황해서 말문이 막히는 것이다. 이럴 때 대처하는 방법은 내담자의 답변이 합리적 신념을 지지하는 증거이지 원래의 질문에 대한 대답이 아님을 지적하는 것이다. 그리고 비합리적 신념을 지지하는 증거가 존재하지 않는다는 합리적 결론에 도달할 때까지 질문을 반복한다. 앞에서 소개한 규민 씨와의 대화를 살펴보자.

상담자: 동료들이 규민 씨를 존중해 주어야만 한다는 생각이 옳음을 보여 주는 증거는 무엇입니까?

내담자: 사람들에게 존중받고 싶어요. 그러면 기분이 좋잖아요.

상담자: 그것은 존중받고 싶은 이유입니다. 존중받으면 기분이 좋을 것입니다. 하지만 제 질문은 왜 사람들이 규민 씨를 존중해 주어야만 하냐는 것입니다.

내담자: 왜냐하면 저는 일도 잘하고 아이디어도 많아요. 그러니까 존중받을 자격이 있는 거죠.

상담자: 규민 씨가 일을 잘하고 아이디어를 많이 가지고 있는 것은 잘 알겠습니다. 하지만 규민 씨는 여전히 동료들에게 존중받지 못하면 기분이 나쁜 이유만을 이야기하고 있습니다. 규민 씨가 일을 잘하고 아이디어가 많기는 하지만, 동료들은 왜 규민 씨를 존중해 주어야만 합니까?

내담자: 제가 존중받을 자격이 있어도 사람들이 저를 존중해 줄 의무는 없다는 말씀인가요?

상담자: 그렇습니다! 규민 씨는 규민 씨이고, 사람들은 사람들입니다. 저마다 자기 나름의 감정이 있지요. 규민 씨가 일을 잘하고 아이디어가 많다 하더라도 사람들이 규민

씨를 존중하게 만들 수는 없습니다.

이 예에서 상담자는 비록 존중받지 못하는 것이 나쁜 일이지만, 절대 일어나선 안 되는 일이 아님을 증명하고 있다. 어떤 일이 끔찍하거나 비참하다고 호소할 때, 일반적으로 내담자들은 다음의 두 가지를 말하는 것이다.

- 어떤 일이 나쁘다 또는 매우 나쁘다.
- 그러므로 이 일은 절대 일어나서는 안 된다.

필자라면, 첫 번째는 내버려 두고 두 번째 진술만을 개입의 대상으로 삼을 것이다. 예를 들어, 전장에서 동료를 잃는 것과 같이 매우 힘든 생활사건을 경험한 내담자는 이 일이 끔찍하다고 호소할 것이다. 혹시 상담자가 "그 일이 어째서 끔찍한가요?"라고 논박을 시도한다면, "선생님은 겪어 보지 않으셔서 이해하지 못하실 거예요."라는 식의 답변이 돌아올 것이다. 파국화를 논박하는 것은 자신의 감정이 존중받지 못한다는 느낌을 주어서 내담자가 저항적 태도를 취하게 만들 수 있다. 그러므로 필자라면 "이것은 매우 힘든 일이지만, 여전히 일어나고 있습니다. 이렇게 힘든 일이 일어난다는 사실을 받아들이면 규민 씨에게 도움이 될까요?"라고 질문할 것이다. 외상적 사건을 겪은 내담자와 면담할 경우, 외상적 경험에 대한 파국적 사고를 논박하는 것은 추천하지 않는다. 그 대신 외상적 사건이 일어났음을 내담자가 수용하도록 격려하는 것이 더 낫다.

비슷한 답변을 계속 반복하는 내담자도 더러 있다. 이럴 경우, 합리적 신념과 비합리적 신념의 차이를 내담자가 이해할 때까지 반복적으로 설명하는 것이 좋다. 이 작업에는 여러 회기가 소요되기도 한다.

핵심신념과 파생신념 질문하기

비합리적 신념의 형태를, 절대적 요구를 담고 있는 핵심신념과 여기에서 파생된 세 가지 신념(파국화, 감내력 과소평가, 가치폄하)으로 나누어서 다루는 것이 중요함을 언급한 바 있다. 파생신념보다 핵심신념을 먼저 다루기로 결정했다면, 핵심신념을 지지하는 증거가 없다는 것을 내담자에게 이해시킬 때까지 논박을 지속해야 한다. 이와 마찬가지로 내담자의 합리적 신념을 먼저 다루기로 결정했다면, 먼저 합리적 신념을 지지하는 증거를 내담자에게 보여 주어야 한다. 그런 연후에 비로소 합리적 파생신념에 대한 개입을 시작할 수 있다.

핵심신념과 파생신념을 오가며 작업하는 것이 내담자에게는 혼란스러운 일이 될 수 있다. 핵심신념을 논박하고 있는데 이 작업이 내담자에게 도움을 주지 못하는 것이 분명해지면, 초점을 파생신념으로 돌린 다음 내담자의 반응을 살펴보는 것이 좋다. 어떤 내담자들에게는 파생신념이 비합리적인 이유를 이해하는 것이 '~해야만 한다.'는 절대적 요구가 비합리적임을 이해하는 것보다 훨씬 더 쉽다. 이와 마찬가지로, 당위가 아니라 바람이 합리적인 이유를 이해하기 어려워한다면, 합리적 바람에서 파생되는 합리적 사고(예를 들면, 자기 수용)를 집중적으로 논의하는 것이 내담자의 통찰을 촉진한다.

인지적 논박의 양식

인지적 논박을 시도할 때 고려해야 할 또 한 가지 측면은 논박의 양식이다. 훈시, 소크라테스식 문답, 은유, 유머, 대리적 모델링, 자기개방 등 다양한 양식이 활용될 수 있다.

훈시

훈시는 짧은 강의, 은유, 우화 등을 활용하여 내담자를 가르치는 논박의 양식이다. 훈시는 짧을수록 좋으며 새로운 개념을 내담자에게 제시할 때 유용하다. 내담자가 REBT에 익숙해지면서 훈시가 차지하는 비중은 점차 줄어들게 된다. 훈시를 사용할 때는 상담자가 가르치려는 개념을 내담자가 이해하며 따라오고 있는지를 점검해야 한다. 한 가지 좋은 방법은 훈시를 마친 뒤에 소크라테스식 문답으로 잠시 대화를 나누는 것이다. 내담자의 생각이 어떻게 잘못되었으며 어떤 대안적 철학이 그 자리를 대신 채울 수 있을지를 가르치기 위해 창의적으로 새로운 이야기를 만들거나 기존의 이야기를 차용하여 내담자에게 제시할 수도 있다. 몇 가지 예가 다음 섹션에서 소개될 것이다.

REBT 상담자들은 소크라테스식 문답을 선호하지만, 내담자에게 질문을 던지는 방식이 항상 좋은 결과를 가져오는 것은 아니다. 그럴 경우에는 훈시를 통해 왜 비합리적 신념이 자기 파괴적이고 왜 합리적 신념이 자기에게 도움을 주는지를 오래도록 설명해야 할지도 모른다. 정도의 차이는 있겠지만 어떤 내담자를 상담하더라도 훈시를 활용해야 하는 순간이 있는 법이다.

훈시를 내담자가 확실히 이해하게 하려면, 이야기의 핵심을 내담자 자신의 말로 표현하도록 질문을 제시하는 것이 좋다. 예를 들면, "이것에 대해 어떻게 생각하십니까?" 라고 물어볼 수 있다. 그리고 내담자의 비언어적 행동—예를 들면, 고개 끄덕이기, "음음"—을 잘 살펴서 이야기를 이해하고 있는지를 확인해야 한다. 이렇게 질문을 제시함으로써, 내담자가 정보를 수동적으로 받아들이는 것이 아니라 논박의 과정에 적극적으로 참여하도록 도울 수 있다.

소크라테스식 문답

CBT를 비롯한 여러 형태의 심리치료에서 내담자의 자기 발견과 변화를 촉진하기 위해 소크라테스식 문답을 사용한다. 소크라테스가 최초의 심리치료자라고 여기는 학자도 있다(Chessick, 1982). 소크라테스는 자기가 행한 가르침의 목적에 대해 자기인식, 자기수용, 자기조절을 심화시키고(Overholser, 1996), 미덕과 자기 개발을 증진시키는 것이라고 주장했다(Overholser, 1999). 자기인식의 중요성은 "성찰하지 않는 삶은 살 가치가 없다."라는 소크라테스의 말에 잘 드러난다(Lageman, 1989). 소크라테스는 자신을 쇠파리에 비유하며 말을 성가시게 하고 끊임없이 움직이게 하지만 방향을 안내하거나 지시하지는 않는다고 말했다. 그리고 인간을 날개 달린 마차를 모는 마부에 비유했다. 마차는 두 마리의 말이 끌고 있는데 한 마리는 고상하고 점잖고 합리적인 반면, 다른 한 마리는 제멋대로인 데다 충동적이고 감정적이다. 마부는 이성을 사용해서 이 두 마리의 말을 통제하려고 애쓰고 있다. 마부의 모습은 합리적 사고를 사용해서 비합리적 신념과 감정을 통제하려고 애쓰는 내담자에 비유될 수 있다. 소크라테스식 문답의 목표는 문답의 과정을 가르쳐서 내면화시키는 것이다(Areeda, 1996). 이것은 REBT의 목표와 대단히 유사하다. REBT에서는 항상 사고에 대해 질문함으로써, 보다 합리적인 철학을 깨닫고 발전시키도록 돕는다. 이를 통해 내담자는 보다 건강한 감정을 경험하고, 보다 적응적인 삶을 성취하게 된다.

Overholser(1993a, 1993b, 1994, 1995, 1996, 1999, 2010)는 심리치료, 특히 CBT에서의

소크라테스식 문답에 대해 심도 있는 분석을 수행했다. 그는 고대 그리스 철학자들의 저술로부터 상담자들에게 지침이 될 소크라테스식 문답의 주요한 구성요소를 도출해서 임상 실제에 적용하는 데에 큰 공헌을 했다. 관심 있는 독자들은 Overholser의 글을 꼭 읽어 볼 것을 권한다. Overholser가 제시한 소크라테스식 문답의 구성요소는 다음과 같다.

- 체계적 질문(Overholser, 1993a)
- 귀납적 추리(Overholser, 1993b)
- 보편적 정의 탐색(Overholser, 1994)
- 무지의 인정(Overholser, 1995)
- 자기 개선(Overholser, 1996)
- 일상 속에서의 미덕(Overholser, 1999)

체계적 질문(systematic questioning)은 대화를 이끌 질문의 순서를 계획해 둔 것이다. 좋은 질문은 다양한 화제와 증거를 탐색하도록 하며, 논의 중인 화제와 관련된 정보를 축적시킨다. 체계적 질문을 통해 내담자는 개인적 문제, 가치, 가정을 적극적으로 검토하고, 이전과 다른 방식으로 생각할 수 있게 된다. 질문의 형식, 내용, 과정은 다양하다(Overholser, 1993a). 질문의 형식은 도출되는 답변의 형태에 영향을 미친다. 소크라테스식 문답은 법정 심문이 아니기 때문에 여러 질문을 한꺼번에 쏟아붓듯 질문하는 것을 피한다.

소크라테스식 문답은 내담자와 상담자가 서로 협력하여 내담자의 경험에 관한 정보를 탐색하고 이해하도록 돕는다. Overholser는 열린 질문(open-ended question)의 사용을 권장했다. 열린 질문을 통해 멈추어 생각하고 그리고 다시 되돌아보며 자신의 의견을 말하도록 요청한다. 가능성 있는 다양한 답변이 모두 허용되기 때문에 대화의 주도권은 내담자에게 있다. 열린 질문은 어떤 경험과 증거를 검토할 것인지에 대해 창의성을 발휘하도록 장려하므로, 때때로 내담자와 상담자가 문제를 바라보는 새로운 관점을 획득하기도 한다. 하지만 내담자가 열린 질문에 답변하지 못하는 상태가 지속된다면, 대화를 전진시키기 위해 유도 질문(leading question)으로 전환할 수도 있다(Overholser, 1993b). 유도 질문에는 모종의 가정이 내포되어 있다. 예를 들어, “그런 생각이 그 상황에서 도움이 되었습니까?”라는 질문에는 그 생각이 결과적으로 심리적 고통을 초래했다는 가정이 포함되어 있는 것이다. 혹시 내담자가 모르겠다고 한다면, 한 걸음 뒤로 물러서서 "그 생각을 했을 때 무슨 일이 일어났습니까?"라고 물으며 상황 설명을 요구할 수 있다. 이에 대해 내담자가 "결과가 좋지 않았어요."라고 답할 뿐 구체적인 설명을 하지 않는다면, "그래서 그 생각을 했을 때 무슨 일이 일어났습니까?"라고 다시 열린 질문을 하거나, "그 생각을 한 다음에 원하는 결과를 얻었습니까?"라고 유도 질문을 시도해 볼 수도 있다.

소크라테스식 문답에서는 **귀납적 추리**(inductive reasoning)를 통해 결론에 도달한다. 이 과정에서 내담자는 자기 삶의 여러 측면들을 검토하고 정보를 수집하게 된다. 귀납적 추리는 개별 상황들에 기초해서 일반적 결론을 도출한다는 점에서 연역적 추리와 대조된다. 즉, 점진적 증거수집과 체계적 증거검토를 통해 내담자가 새로운 결론에 도달하도록 돕는 것이다(Gambrill, 1993). 귀납적 추리에서는 개별 경험들 사이의 유사점과 차이점을 분석하여 일련의 사건에 관한 일반적 원칙을 도출해 낸다. 심리치료에서의 귀납적 추리는 추상적 수준에서 내담자가 적절한 기대와 대처전략을 발전시키도록 돕는다.

보편적 정의(universal definition)는 핵심 개념을 포착하여 대상의 특성을 기술한 것이다(Overholser, 1994). 논박은 단어를 정의하는 것에서부터 시작될 수 있다. 어떤 단어를 정의할 때, 그것의 예로 들 수 있는 대상은 다양하더라도 그 개념 자체에는 변함이 없어야 한다. 예를 들면, '사랑'은 열렬히 좋아하는 마음이라고 폭넓게 정의될 수 있다. 그 대상은 가족이나 친구와 같은 사람이 될 수도 있고, 장소, 이념, 또는 동물이 될 수도 있다. 상대방이 자신이 하는 모든 행동을 좋아해 주지 않기 때문에 그 사람이 자신을 사랑하지 않는다고 여기는 내담자가 있다고 하자. 이 내담자는 사랑의 정의 속에 새로운 특성 한 가지를 더 추가하였으며, 그 기준이 매우 높다. 내담자가 가진 사랑의 정의에 의하면, 어느 누구도 내담자를 사랑한다고 말하기는 어려울 것이다. 내담자가 하는 모든 행동을 좋아할 수 있는 사람은 거의 없을 것이기 때문이다. 상담자와 함께 단어의 정의를 검토하는 과정을 통해, 내담자는 자신이 사용하는 단어와 자신이 도출한 결론의 적절성을 평가할 수 있게 된다. 예를 들면, "누군가가 자신이 가치 없는 인간이라고 말한다고 합시다. 대부분의 사람들은 무슨 뜻으로 그런 말을 할까요?"라고 질문해 볼 수도 있다. 단어 정의가 중요한 이유는 언어가 세상에 대한 우리의 지각, 기술, 이해에 영향을 미치기 때문이다(Efran et al., 1990).

단어 정의 과정은 대개 내담자가 도출한 결론에 문제를 제기하는 것에서 출발한다.

내담자가 넓은 범주의 사건을 분류하기 위해 특정한 단어를 사용할 때, 상담자는 이에 대해 명료하게 정의해 줄 것을 요청한다. 이 과정에서 내담자가 처음 이야기한 결론과 정의 속에 내재하던 혼란이 겉으로 드러나기도 한다. 그다음에는 내담자와 협력하여 내담자가 제시한 정의의 한계 또는 예외를 찾아낸다. 일정한 기준을 충족시켜야만 정의로 받아들여질 수 있다. 정의에는 비유 또는 은유적 언어가 사용되어서는 안 된다. 이 단어를 무엇이라고 정의하고(예를 들면, "자신이 가치 없는 인간이라는 것이 무슨 뜻인가요?"), 어떻게 사용하는지를 내담자에게 질문한다. 이러한 대화를 통해 내담자가 제시한 정의의 어디가 어떻게 부적절한지를 검토한다. 소크라테스식 문답에서는 내담자가 처음 내린 정의를 반박하고, 과잉 일반화의 한계를 명확히 하며, 새롭고 유용한 정의를 개발하는 데 도움이 되는 증거들을 점진적으로 수집하는 것이 대화의 목적이 된다(Chessick, 1982; Sternberg, 1998). 소크라테스식 문답의 이러한 측면은 1장에서 언급한 일반 의미론을 수용한 것이다. 사람들은 종종 의미를 숙고하지 않은 채 무분별하게 단어를 사용한다. 사람과 사건을 명명하는 것이 자신에게 미치는 영향을 생각하지도 않는다. 내담자가 단어를 어떻게 정의하고 있는지를 탐색함으로써, 과잉 일반화, 자기비하, 파국화의 상당 부분이 제거될 수 있다.

무지의 인정(disavowal of knowledge)은 소크라테스식 문답의 또 다른 특성이다(Overholser, 1995). 고전학자들은 무지의 인정을 '소크라테스적 무지(Socratic ignorance)'라고 부른다. 소크라테스가 드물게도 자신의 무지를 인정한 사람이라는 이유로 한 그리스 시민은 "그 누구도 소크라테스보다 현명하지 않다."라고 선언하기도 했다. 소크라테스는 자신이 아무것도 모른다고 말했지만, 인간의 탐구심을 존중했다. 소크라테스적 무지는 상담자와 내담자 모두가 자기 지식의 한계를 인식하도록 돕는다. REBT 상담자는 내담자에게 가장 도움이 되는 해결책이 무엇인지 또는 내담자의 경험 속에 문제해결에 도움을 줄 어떤 자원이 숨어 있는지를 모른다는 점을 인정한다. 설령 해답을 알고 있다 하더라도, 내담자 스스로 결론에 도달하는 능력을 신뢰하고 의지한다. 사람들은 대부분 자신의 신념을 지지하는 정보를 인지, 수용, 기억하는 반면, 자신의 관점과 일치하지 않는 정보는 무시, 회피, 경시한다. 내담자는 자신의 신념을 지지하거나 반박하는 증거들의 양, 질, 다양성 및 일관성을 평가하는 법을 배울 수 있다.

지금까지 설명한 소크라테스식 문답의 네 가지 요소, 즉 체계적 질문, 귀납적 추리, 보편적 정의 탐색, 무지의 인정이 함께 작동해야 효율적으로 상담이 진행될 수 있다. 이를 바탕으로 상담은 내담자의 자기 개선(self-improvement)에 초점을 맞출 수 있으며, 내담자와 함께 지혜, 용기, 절제, 정의, 경건과 같은 미덕(virtue)의 의미를 탐색해 나갈 수 있다.

자기 개선을 촉진하기 위한 교수 방법으로 소크라테스는 문답을 사용했으며, 자기 개선의 세 가지 구성요소로 자기인식, 자기수용, 자기통제를 제시했다(Overholser, 1995). 이 중 REBT와 관련해서 가장 주목할 부분은 자기수용 증진을 위해 소크라테스식 문답을 사용하는 것이다. 자기수용은 내담자의 장단점을 빈틈없이 합리적으로 검토한 후에 비로소 얻어질 수 있다. 내담자와의 문답을 통해, 내담자가 자신의 타고난 기술, 재능, 특징을 발견하고, 이것을 유용한 자질과 생산적인 습관으로 발전시키도록 도울 수 있다. "우리는 도토리가 상수리나무로 자라도록 도울 수 있을 뿐이다."라는 비유와 "구두 수선공에게 병사가 되도록 강요하지 말라."는 옛말은 소크라테스식 문답의 목적을 잘 설명해 준다.

글상자 10-2

Ellis의 첫 번째 수련생이며 Albert Ellis 연구소의 수퍼바이저를 역임한 Ed Garcia는 새내기 상담자들에게 소크라테스식 문답을 가르치기 위해 독특한 연습을 활용했다. 그는 수련생들에게 어떤 단정적인 말도 하지 말고 오직 질문만을 사용하며 회기를 진행하게 했다. 여러분도 연습 삼아 자신의 회기를 녹음해서 이러한 목표에 얼마나 근접했는지 살펴보라. 이것은 어디까지나 연습일 뿐 앞으로 모든 회기를 이런 식으로 진행해야 한다는 뜻은 아니다. 상담자가 질문을 너무 많이 하면, 무엇인가 할 말이 있으면서 이리저리 에두르고 있다고 여기며 불편감을 느끼는 내담자도 있을 것이다. 이 연습은 소크라테스식 문답의 기술을 연마하기 위한 것임을 기억하라.

유머

유머는 널리 사용되는 인지적 논박의 형태이며 REBT의 주요한 도구이다. Ellis (1977c)는 강연할 때뿐만 아니라 내담자를 상담할 때에도 유머를 잘 사용하는 것으로 유명하다. 격식을 차린 지루하고 심각한 분위기 속에서 상담을 진행할 필요는 없다.

Ellis는 항상 유머가 심리치료의 중요한 부분이라고 여겼으며 내담자의 태도를 변화시키는 수단으로 사용했다. 유머는 웃음과 재미를 가져오는 인지적 경험이다. 유머라는 용어는 고대 그리스의 **체액 의학**(humoral medicine)에서 비롯되었다. 유머(그리스어로는 액체를 의미하는 chymos)는 체액을 의미하며, 이것의 균형이 인간의 건강과 감정을 통제한다고 여겨졌다.

유머에 관한 인지과학의 이론들 대부분은 왜 우리가 특정한 것을 재미있다고 여기는지에 초점을 두고 있다(Hurley, Dennett, & Adams, 2011). 하지만 이보다 더 흥미로운 질문은 '왜 인간에게 유머 감각이 갖추어져 있는가?'라는 문제이다. 진화론적 관점에서 보았을 때, 유머는 인간의 생존에 어떻게 도움이 되는가? Hurley와 그의 동료들이 제시한 새로운 이론에 의하면, 유머는 가정과 사고의 오류를 바로잡기 위한 수단이다. 인간의 뇌가 가진 가장 주요한 기능은 부족하고 불완전한 정보를 토대로 스키마와 가정을 생성하여 일상에서 발생하는 일들의 의미를 이해하는 것이다. 따라서 스카마의 오류는 피할 수 없는 것이며, 아주 사소한 오류를 품은 가정 때문에 값비싼 대가를 치르게 될 수도 있다. 유머는 **가정의 오류**를 찾아내고 정정한 것에 주어지는 보상이다. 사고 오류를 바로잡는 데에 초점을 두는 인지기반 심리치료에서는 천연의 오류 감지기인 유머를 환영한다.

코미디와 같은 우스꽝스러운 영상이 자기통제를 증진시킨다는 연구 결과도 있다(Tice, Baumeister, Shmueli, & Muraven, 2007). 유머가 가장 잘 작동하는 때는 아이디어들을 서로 대조시킬 때, 같은 말이 가진 다른 의미를 서로 대조시킬 때 그리고 아이디어나 의미의 특정한 측면을 과장할 때이다.

궁극적으로는 개인의 취향이겠지만, 무엇을 재미있게 여길지는 지리적 위치, 문화, 성숙, 교육수준, 지능, 맥락 등 다양한 변인들의 영향을 받는다. 예를 들면, 어린아이들은 슬랩스틱 코미디를 좋아할 것이다. 풍자의 경우, 유머의 대상에 대한 이해가 필요하므로 보다 성숙한 사람들이 재미를 느낄 수 있을 것이다. 풍자를 사용하지 않는 유머는 그저 웃기 위한 농담일 것이다. 유머가 무엇이며 유머가 어떤 사회적 기능을 수행하는지에 대해 많은 이론이 존재한다. 심리학 이론들은 대부분 유머가 건강한 행동을 일으키는 것으로 간주한다. 영성관련 이론들은 유머를, 예를 들면 '신에게 받은 선물'로 간주한다. 유머를 설명 불가능한 신비한 경험으로 간주하는 이론도 있다.

유머의 한 가지 측면은 현실을 반영 또는 모사하는 것이며, 또 다른 측면은 놀라움/엉뚱한 방향, 대비/역설, 또는 중의성이다. 유머를 활용하는 방식에는 과장하기, 비유하기, 극단으로 치닫기, 새로운 관점에서 바라보기 등이 있다.

유머를 사용하는 것에 익숙해지면, 상담자와 내담자 모두 이전보다 상담 시간을 더욱 즐길 수 있게 된다. 하지만 주의할 점도 있다. 유머의 대상은 언제나 내담자의 비합리적 신념이어야지 결코 내담자여서는 안 된다. 그리고 유머를 이해하고 사용하는 능력, 유머의 대상을 이해하는 능력을 내담자가 얼마나 가지고 있는지 잘 평가해야 한다. 유머를 활용하기 전에 내담자와 미리 이에 대한 이야기를 나누는 것도 좋다.

어떤 내담자들에게는 비합리적 신념을 지지하는 증거가 없음을 이해시키는 방법으로 익살스러운 과장과 같은 유머가 효과를 발휘하기도 한다. Walen과 그의 동료들(1992)은 내담자가 "시험에 떨어져서 너무 힘들어요!"라고 말할 경우에 유머를 활용해서 다음과 같이 응답할 수도 있음을 소개했다.

> "맞아요. 이것은 보통 힘든 일이 아닙니다. 영수 씨가 앞으로 어떻게 살아갈 수 있을지 모르겠습니다. 이것은 제가 지금까지 들어 본 이야기 중에 가장 비참한 이야기입니다! 너무 처참해서 차마 이야기를 못하겠습니다. 얼른 다른 이야기로 넘어갑시다!"

이러한 역설적 진술은 비합리적 신념이 의미 없음을 지적하는 것이며 이것을 내담자에게 이해시키기 위해 추가적으로 많은 이야기를 나눌 필요는 없을 것이다.

은유

은유는 하나의 대상을 다른 대상의 관점에서 이해하는 과정 또는 그런 과정을 통해 형성된 개념을 의미한다. 은유에서는 두 가지 대상 사이의 **유사성**을 유추하도록 은유적 단어로 다른 단어를 대체하는 비유적 표현이 사용된다. 예를 들면, "그녀의 목소리는 소나타다."와 같이 은유를 사용할 수 있다. 은유에서는 '~처럼' '~같이'라는 말을 사용하지 않고 두 대상을 연관시킨다. 이를 통해 하나의 대상에서 다른 대상으로 의미가 전이되는 것이다. 오랜 세월 동안 다양한 분야의 학자, 저술가, 교육자들이 가르침과 소통과 수단으로 은유를 사용해 왔다. Ortony(1975)에 의하면, 은유에는 기억을 용이하게 하는 기능이 있는데, 은유가 인상적이고, 간명하고, 생생할수록 학습수단으로서의 효과가 최대화된다. 이러한 관점에 의하면, 은유는 기억을 촉진하는 비유적 언어라고 할 수 있으며 여러 연구들에서 이러한 효과가 증명되었다(Reynolds & Schwartz, 1983; Paivio, 1986).

Breuer와 Freud(1895/1955)가 '대화치료(talking cure)'를 시작한 이래로 줄곧 상담자들은 다양한 방식으로 은유를 사용해 왔다(Muran & DiGiuseppe, 1990 참조). 필자의 경험에 의하면, 내담자들은 때때로 인지 재구조화를 매우 어렵게 느끼며, 비합리적 신념의 문제가 무엇이었는지를 다 기억하지 못하기도 한다. Muran과 DiGiuseppe(1990)에 의하면, 학습수단으로서 은유가 가진 기억촉진 기능은 상담과정에서 일어나는 이와 같은 문제를 개선해 준다. 개별 정보들이 동시에 통합되어 커다란 덩어리(chunk)로 조직되기 때문이다.

역기능적 생각을 성공적으로 논박하려면, 상징적 중요성 및 개인적 의미가 있어서 강한 설득력을 발휘할 수 있는 은유를 창의적으로 탐색해야 할 때도 있다. 이를 위해 내담자가 사용하는 은유적 표현을 검토하고, 논박 전략에 맞춰 이것을 새로운 관점과 결합시켜 보는 것도 좋다. DiGiuseppe와 Muran(1992)은 심리치료에서 은유를 선택할 때의 몇 가지 원칙을 다음과 같이 제안했다.

- 전달하고자 하는 개념을 명확히 정의하기
- 내담자의 언어에 주목하고 내담자에게 익숙한 영역을 탐색하기
- 전달하고자 하는 개념의 핵심요소를 담은 은유적 개념을 내담자에게 익숙한 영역에서 찾기
- 떠오르는 것이 없으면, 내담자에게 익숙한 또 다른 영역으로 옮겨 가서 찾기

운동선수인 내담자가 필자 중의 한 명에게 현실적 문제에 대한 조언을 부탁한 적이 있다. 상담자는 삶의 문제를 해결하는 기술을 가르치지만, 내담자 대신 결정을 내려 주는 것은 아니다. 이러한 상담자의 역할을 내담자에게 어떻게 이해시키면 좋을지 고민이 되었다. 내담자가 운동과 관련된 은유적 표현들을 사용하고 있었기 때문에, 상담자는 '코치'라는 단어를 은유에 사용해 보기로 마음먹었다. 그래서 상담자는 코치처럼 기술을 가르치고 이것을 잘 연습했는지를 점검하는 사람이라고 이야기해 주었다. 하지만 코치가 선수 대신 시합에 나갈 수는 없다. 마찬가지로 상담자도 내담자에게 의사결정을 하는 절차를 가르칠 수는 있지만, 내담자 대신 결정을 내려 줄 수는 없음을 설명했다. 익숙한 영역의 추상적 개념(운동 코치)이 새로운 개념(상담자의 역할)에 적용된 것이다. 이를 통해 내담자는 현실적인 문제에 관한 조언을 요구하던 것에서 여러 선택지들을 검토하는 기술을 배우는 쪽으로 관심을 전환하게 되었다.

영화의 등장인물도 은유에 활용될 수 있다. 영화는 시각적이고 생생한 이야기를 전달하기 때문에 등장인물이나 줄거리를 쉽게 떠올리면서 새로운 생각을 탐색할 수 있

다. 분노에 찬 젊은 내담자 재온 씨와의 상담에 Francis Ford Coppola 감독의 1972년 작 영화 〈대부(The Godfather)〉를 활용한 사례를 살펴보자. 재온 씨는 거친 성격의 싸움꾼이었다. 수시로 주먹 싸움에 휘말렸는데, 상대를 가리지 않고 심지어 어떤 때는 한꺼번에 여러 명과 싸우려 했기 때문에 두들겨 맞는 일이 많았다. 상담자는 재온 씨에게 두 가지 개념을 가르치려고 애썼다. 하나는 적응적 분노와 격노 사이의 차이였고, 다른 하나는 사람들이 자신과 자신의 가족을 존중해 주기를 바라더라도 사람들에게 그 바람을 따를 의무가 있지 않다는 것이었다. 재온 씨는 영화 〈대부〉를 좋아했다. 상담자는 재온 씨에게 마치 대부의 아들인 Sonny처럼 행동하고 있다고 말해 주었다. Sonny는 성격이 급하고 화를 잘 냈으며, 여동생의 남편이 자신의 가족과 여동생을 존중해야만 한다고 생각했다. 경쟁관계에 있던 범죄조직은 Sonny의 성급하고 충동적인 기질을 이용하려고 여동생과 남편이 서로 다투게 만들었다. 여동생이 Sonny에게 전화를 걸어 남편과 다툰 일을 이야기하자, Sonny는 화가 나서 차를 몰고 여동생을 구하러 달려갔다. 도중에 요금소가 있었는데 상대방 조직이 미리 알고 기다리고 있다가 Sonny에게 수백발의 총알을 쏟아부었다. 상담자는 재온 씨에게 이 장면을 상기시키고 Sonny에 대해 생각해 보도록 요청했다.

상담자: Sonny가 화가 났을 때 무슨 일이 일어났습니까?
내담자: 충동적으로 행동했고 그래서 죽었죠.
상담자: 재온 씨는 Sonny처럼 생각하고 행동합니까?
내담자: 항상 그래요.
상담자: 그것이 재온 씨에게 도움이 됩니까?
내담자: 아니요. 며칠 전에 옆 동네 녀석들 몇 명이랑 한판 붙었는데 좀 맞았어요.
상담자: 그럼, 재온 씨가 Sonny처럼 될 수도 있나요?
내담자: 그럴 수 있죠.
상담자: 사람들이 재온 씨를 무시하거나 깔본다는 생각이 들 때마다 Sonny를 떠올려 보는 것이 좋을 것입니다. 화를 내서 Sonny에게 도움이 되었습니까?
내담자: 전혀요. 그것 때문에 죽었죠.
상담자: 남들이 자기를 무시하면 안 된다는 Sonny의 생각이 그에게 도움이 되었습니까?
내담자: 전혀요. 죽는 데만 도움이 되었죠.
상담자: 누군가가 재온 씨를 깔본다는 생각이 들 때마다 Sonny를 떠올리십시오.

내담자: 예. '그렇게 생각해서 Sonny에게 무슨 일이 일어났지?'라고 생각해 보죠. 그러면 일단 멈춰서 다르게 생각해 볼 수 있겠죠.

영화의 등장인물 Sonny를 언급함으로써 재온 씨의 분노가 가진 역기능적 속성과 위에서 언급한 실용적 논박을 하나로 통합한 것을 볼 수 있다. Sonny를 떠올릴 때마다 재온 씨는 이 모든 정보를 함께 떠올렸으며, 대안적인 합리적 반응을 수월하게 실행할 수 있었다.

상담자로서 성장해 가면서, 내담자가 역기능적 신념을 버리고 새로운 신념을 채택하도록 돕는 은유의 레퍼토리도 늘어난다. Stott과 그의 동료들(2010)이 다양한 상황에서 일반적인 CBT에 활용할 수 있는 많은 은유의 예를 소개했으니 참고해 볼 것을 권한다.

창의적으로 작업하기

비합리적 신념과 합리적 신념에 대해 질문해 본 경험이 쌓일수록 자기만의 질문 방식을 발전시키게 될 것이다. 그리고 비합리적 신념이 왜 자기 파괴적인지, 합리적 신념이 왜 정신건강을 증진시키는지를 보여 줄 나만의 이야기, 격언, 은유, 예시의 레퍼토리가 확장될 것이다.

예를 들면, 공황을 경험해서도 안 되고, 견딜 수도 없다고 믿는 내담자에게 필자 중의 한 명인 Windy Dryden은 다음에 소개하는 **테러리스트 논박**(Terrorist Dispute)이라 불리는 기법을 사용했다.

"당신의 부모님이 급진적 테러리스트에게 납치되었다고 합시다. 이 악당들은 당신이 열 차례의 공황발작을 견디기로 약속해야만 부모님을 풀어 주겠다고 합니다. 이 조건에 동의하겠습니까?"라고 상담자가 질문하면, 내담자들은 대개 "네."라고 대답한다. 이어서 상담자가 "저는 당신이 공황을 견딜 수 없는 줄 알았습니다."라고 말하면, 내담자들은 대부분 "부모님을 구하기 위해서는 견뎌야죠."라고 말한다. 그러면 상담자는 "그러면 자신의 정신건강을 위해서도 그렇게 하겠습니까?"라고 묻는다.

또 한 가지 창의적인 질문 전략은 필자들이 **친한 친구 논박**(Best Friend Dispute)이라고 부르는 것인데, 비이성적인 기준으로 자신을 평가하는 것을 지적하는 데에 유용하다.

독자 여러분의 내담자가 중요한 시험에 떨어졌으며, "나는 잘 해야만 한다. 그렇지 않으면 쓸모없는 인간이다."라는 신념을 가지고 있다고 상상해 보자. 만일 내담자의 친한 친구가 비슷한 실패를 한다면, 자신을 비난한 것과 마찬가지로 그 친구를 비난하겠는지를 질문한다. 내담자들은 대개 아니라고 답할 것이다. 그러면 자신에 대한 태도와 친구에 대한 태도가 다름을 내담자에게 지적한다. 그리고 친구를 이해해 주는 것처럼 자기 자신을 이해해 준다면, 내담자의 감정적 문제를 해결하는 데에 도움이 될 것이라고 제안한다.

대리적 모델링

내담자 주변에는 비슷한 촉발사건을 겪고도 역기능적 감정으로 고통받지 않는 사람들이 있다. 그들은 내담자와 똑같은 비합리적 신념을 고수하지 않기 때문이다. 내담자는 다른 사람들이 자기와 비슷한 문제를 겪고도 주저앉지 않는 것을 보며, 즉 대리적 모델링을 통해 많은 것을 배울 수 있다. 그리고 이 지식을 자신에게 적용할 수 있다. 이 과정에서 내담자들은 여태껏 자신이 주목하지 않아서 알아차리지 못하던 것들을 발견하게 된다. 대리적 모델링은 촉발사건이 연인과의 이별과 같이 누구나 경험하는 보편적인 사건일 때 특히 좋은 상담전략으로 활용될 수 있다. 필자들 중의 한 명은 최근 뚜렛장애를 가진 아이의 어머니를 상담한 적이 있다. 아이 어머니는 뚜렛장애를 잘 몰랐으며 아이의 이상행동에 겁을 집어먹었다. 그러고는 세상에서 자기 아이만 이런 문제를 가지고 있다고 확신했다. 그래서 상담자는 뚜렛장애 자녀를 둔 부모들의 집단상담에 아이 어머니가 참석하도록 권유했다. 이 경험은 이 어머니에게 대처 모델을 제공해 주었다. 모임에 다녀온 후의 회기에서 아이 어머니는 "사람들을 보니, 뚜렛장애라는 것에 적응하며 살 수 있는 것 같아요."라고 단언했다. 집단상담의 장점 중 하나는 인간이 겪는 고통은 독특하지 않다는 **보편성의 원칙**(Universality Principle)에서 나온다(Yalom & Leszcz, 2005).

대안적인 합리적 신념 만들기

비합리적 신념에 대해 질문하고 반박하는 것은 상담과정의 전체가 아니라 일부이다. 사람들은 대체할 무엇인가가 없으면, 현재의 생각이나 행동을 포기하지 않으려 한다. Kuhn이 과학의 역사를 분석한 바에 의하면, 사람들은 종종 현재의 이론이 결점투성이이고 현실과도 일치하지 않음을 알면서도 이 이론을 고집한다. 왜냐하면 자신이 믿고 있는 결점투성이의 이론을 대체할 대안이 마땅히 없기 때문이다. 진화론을 만든 Charles Darwin의 예를 살펴보자. Darwin이 범선 HMS Beagle호에 몸을 싣고 항해를 떠나기 수년 전부터 과학자들은 기존의 생물학 이론에 오류가 있음을 이미 알고 있었다. 이 항해에서 Darwin은 기존 이론의 입지를 약화시킬 만한 새로운 자료를 발견하지 못했다. 그 대신 진화라는 새로운 아이디어를 개발했다. 이 새로운 아이디어가 등장하고 나서야 비로소 이에 대한 학자들의 연구가 시작되었다. 새로운 생각은 쉽게 나오지 않는다. 신구 아이디어 사이의 변증법적 고민과 인간의 창의성을 통해 탄생하는 것이다. 역기능적인 행동을 억누르거나 제거하는 것이 어렵다는 것은 잘 알려진 사실이다. 최선의 전략은, 행동치료의 관점에서 보았을 때, 기존의 행동과 병존할 수 없는 새로운 대안적 행동을 강화하는 것이다. REBT에서도 내담자가 대안적인 합리적 신념을 가질 때 자신의 비합리적 신념을 포기할 가능성이 크다고 믿는다.

하지만 여전히 의문이 남는 부분이 있다. 새로운 생각이 발전하는 것은 가르침을 통해서인가? 아니면 스스로 발견해서인가? 스스로 발견하는 것이 더 나은 학습방식이라는 아이디어는 발달심리학자 Jean Piaget가 만들어 내었다. 하지만 스스로 발견하는 방식의 우월성을 보고한 실증 연구는 거의 없다(Brainerd, 2003).

스스로 발견하는 학습법은 심리치료에서 중시되고 있는 듯하다. 어떤 상담자는 내담자의 생각이나 행동이 잘못되거나 역기능적이라는 피드백을 제공하고 나서 대안적 생각이나 행동을 내담자 스스로 생각해 낼 때까지 기다린다. 이와 대조적으로 REBT 상담자는 대안적 신념을 내담자가 받아들이도록 돕는 방식이 더 효율적이라고 여긴다.

하지만 스스로 발견하는 방식이 보다 적응적이고 영속적인 새로운 철학으로 귀결된다는 것을 지지하는 증거는 존재하지 않는다. 게다가 새로운 합리적 신념을 발견하는 데는 시간이 걸리기 때문에, 내담자가 스스로 발견하기를 기다리는 사이 내담자는 지속적으로 고통받는다. 게다가 사용할 수 있는 시간과 비용에도 한계가 있는 법이다.

스스로 발견하는 방식이 더욱 깊이 있고, 영속적이고, 적응적인 신념을 낳는다는 증거는 존재하지 않는다. 그래서 REBT에서는 상담자가 내담자에게 합리적 신념을 가르친다. 하지만 스스로 발견하는 방식이 가치 없다는 뜻은 아니다. 새로운 대안적 신념을 내담자 스스로 발견할 때까지 얼마나 기다려 줄지는 상담자에게 고민스러운 문제가 아닐 수 없다.

어떤 생각을 가지면 보다 순기능적이고 건강한 감정을 느끼게 될지를 항상 내담자에게 질문하라. 만약 내담자가 이러한 생각을 찾아낸다면 그것이 어떻게 도움이 되는지를 토론한다. 혹시 이러한 생각을 찾지 못한다면, 비슷한 상황을 겪으면서도 잘 대처하고 있는 사람을 한 명 골라 보라고 한다. 그러고 나서 이 사람이 내담자와 어떤 다른 생각을 하고 있을지 추측해 보도록 요청하라. 이렇게 해서 대안적인 합리적 신념을 찾아낸 다음에는 연습을 통해 이 신념을 강화한다. 하지만 내담자 스스로 새로운 신념을 찾아내는 데에 지나치게 많은 시간이 걸린다면, 상담자가 합리적 신념을 직접 제안할 수밖에 없을 것이다. 이런 경우, 가설의 형태를 취해야 하며, 피드백을 요청해서 합리적 신념이 내담자에게 와닿는지를 물어볼 필요가 있다. 필자의 경험에 의하면, 내담자들은 상담자가 제안한 합리적 신념을 자기의 말로 다시 바꾸어서 활용하는 일이 적지 않다(12장 참조).

추상화의 수준

논박의 목적은 역기능적 신념을 변화시켜서 감정적 고통을 더는 것이다. 이러한 변화가 어느 정도의 추상화 수준에서 일어나는지는 내담자마다 다르다. 예를 들면, '누구의 사랑과 인정도 필요하지 않다.'는 가장 우아하고 포괄적인 생각을 획득하지는 못하더라도, '특정한 누군가의 사랑과 인정이 필요하지 않다.'는 생각을 획득할 수는 있을 것이다. 비록 후자의 생각이 덜 포괄적이기는 해도 여전히 합리적이고 우아하다. 특정한 사람에게 사랑과 인정을 받지 못하고 있다면, 이렇게 생각하는 것이 행복한 삶에 도움이 된다. 대개는 비합리적 신념의 가장 추상적 수준에 도달할 필요는 없다. 왜냐하면 인생에서 실제로 그러한 순간을 마주할 가능성이 거의 없기 때문이다. 예를 들면, 살아 있는 동안 아무것도 성취하지 못하거나 전혀 사랑받지 못하는 사람은 거의 없다.

또 한 가지 예를 살펴보자. 자기가 원하는 때에 아내가 밥상을 차려 주지 않는 것에 화가 난 경환 씨의 경우, 역기능적 분노를 일으키는 여러 수준의 비합리적 신념을 생각해 볼 수 있다.

- 아내는 내가 원할 때 밥상을 차려 주어야 한다.
- 아내는 내가 원하는 방식으로 집안일을 해야 한다.
- 아내는 내가 원하는 방식으로 행동해야 한다.
- 우리 식구들은 내가 원하는 방식으로 행동해야 한다.
- 내 주변 사람들은 내가 원하는 방식으로 행동해야 한다.
- 모든 사람은 내가 원하는 방식으로 행동해야 한다.
- 세상은 내가 원하는 모습이어야 한다.

이 생각들은 추상화 수준에 따른 비합리적 신념들을 보여 준다. 추상화 수준이 실제의 상담에서 어떤 의미를 주는지 살펴보자. 경환 씨가 첫 번째 비합리적 신념만을 믿고 있다면, 경환 씨는 앞으로 단지 몇 건의 촉발사건에 대해서만 역기능적으로 반응할 것이다. 하지만 경환 씨가 고수하고 있는 비합리적 신념의 추상화 수준이 올라갈수록 경환 씨는 앞으로 더 많은 고통을 겪게 될 것이다. 이와 마찬가지로, 합리적 신념의 추상화 수준이 낮을수록 합리적 대처가 일반화되는 범위도 좁아질 것이다. 내담자들이 말하는 비합리적 신념은 대개 추상화 수준이 낮은 편이다. 추상화 수준이 낮은 신념은 내담자들이 자주 경험하고 쉽게 인정하기 때문에 변화시키기도 용이한 편이다. 상담자가 보다 추상적인 수준에서 작업한다면, 내담자는 특정한 예에서 새로운 상황으로 일반화시키는 능력을 향상시킬 수 있을 것이다. 따라서 비합리적 신념을 확인한 다음에는 추상화 수준의 위아래를 오고 가며 논박을 수행하는 것이 좋다.

경환 씨의 상황으로 다시 돌아가 보자. 가장 구체적 수준('아내는 내가 원할 때 밥상을 차려 주어야 한다.')에서 논박을 시작한다면, 경환 씨는 자주 일어나는 사건 속에서 자신의 역기능적 분노를 어느 정도 통제할 수 있게 될 것이며, 이러한 진전은 상담 시간을 통해 강화될 것이다. 그런 다음에는 아내 또는 다른 사람들에 대한 절대적 요구를 탐색하고, 나아가 세상은 자신이 원하는 모습이어야만 한다는 절대적 요구를 다룰 수도 있다. 추상화 수준의 위아래를 오고 감으로써, 경환 씨가 특정한 촉발사건을 다루는 법을 학습하고 REBT의 해법을 유사한 다른 부정적 사건에 적용하도록 도울 수 있다.

이를 통해 경환 씨는 사고의 이면에 존재하는 규칙을 이해하고 다른 부정적 사건에도 이를 적용할 수 있게 될 것이다.

논박을 돕는 추가적 수단

성공적으로 논박을 수행하기 위한 필수조건은 상담자가 내담자의 문제에 대해 합리적으로 생각하는 능력을 갖추는 것이다. 상담자 스스로가 내담자와 마찬가지로 절대 일어나서는 안 된다고 믿고 있는 것을 어떻게 논박할 수 있겠는가? 이럴 경우, '왜 이것이 일어나면 안 되는가?'라는 질문을 상담자 자신에게 던지라고 조언하고 싶다. 상담자 자신에게 확신이 없으면 어떻게 내담자를 확신시킬 수 있겠는가? 예를 들면, 한 여성 상담자는 내담자가 유방절제술을 받고 나서 이성에게 성적으로 거부당할까 봐 두려워하는 것을 보고 자신도 역시 두려움에 휩싸였다. 하지만 그러한 상실이 일어날 수 있는 일이고 누구나 가슴을 잃을 수도 있다는 것을 철학적으로 수용한 다음에야 비로소 평정을 되찾고 내담자가 같은 결론에 도달하도록 도울 수 있었다.

논박의 과정을 연습하고 매 회기 내담자를 만나기 전에 준비를 해 두면 도움이 된다. Beal, Kopec과 DiGiuseppe(1996)는 한 연구에서 논박의 형태별로 표를 만들어서 상담 회기 시작 전에 각 빈칸에 논박에 사용할 발언을 채워 넣는 연습을 수련생들에게 시켰다. 그 결과, 수련생들의 논박에 대한 자기효능감이 향상되었음이 확인되었다. 〈표 10-1〉은 이들이 연구에 사용한 표의 예시이다. 빈 양식은 〈부록 4〉에 제시했다. 〈표 10-1〉의 예시를 읽은 후, 빈 양식을 복사해서 지금 상담 중인 내담자의 비합리적 신념에 대해 빈칸을 채워 보라. 이 연습을 수 주간 해 보면 실력이 느는 것이 느껴질 것이다. 그리고 회기 중에는 더욱 자신감이 생기고 내담자가 하는 말에 더 집중할 수 있을 것이다. 왜냐하면 비합리적 신념을 어떻게 논박하고 새로운 합리적 신념을 어떻게 지지해 줄지에 대한 고민이 줄어들 것이기 때문이다.

비합리적 신념을 논박할 준비가 되면, 내담자가 사용하는 은유적 표현이 아니라, 신념의 바탕에 있는 철학적 개념에 초점을 맞추고 작업을 진행해야 한다. 예를 들어, 내담자가 "또 일을 망쳤어요. 저는 정말 닭대가리예요!"라고 말할 때, 내담자는 사람이지 닭이 아니라고 지적하는 것은 적절치 않다. 성취를 기준으로 인간의 가치가 결정된다는 내담자의 철학이 바로 논박의 대상이다.

표 10-1 논박 전략 연습(Beal, Kopec, & DiGiuseppe, 1996)

예 1) 논박할 비합리적 신념: '친구들이 나를 깔본다면, 나는 형편없는 인간이다.'

전략 / 양식	논리적	경험적	기능적	합리적 대안
훈시	친구들이 당신을 깔본다면, 당신의 일부를 보고 그것이 나쁘다고 판단한 것입니다. 부분적인 것에서 한참 비약해서 '너의 모든 것이 형편없어.'라는 결론을 내린 것이지요. 이 얼마나 형편없는 논리인가요?	당신은 많은 부분들로 이루어져 있습니다. 부분적인 문제가 있을지는 몰라도, 당신의 전체가 문제라는 증거는 없습니다.	그런 생각이 불안과 우울 같은 많은 부정적 감정을 일으키는 것으로 보입니다.	제 생각에 더 합리적인 신념은 '친구들이 나를 인정해 주지 않을지 모른다. 하지만 나는 복잡하고 평가될 수 없으며 실수할 수 있는 인간이다.'입니다.
소크라테스식 문답	친구들이 당신을 깔본다면, 당신의 일부를 보고 그것이 나쁘다고 판단한 것입니다. 부분적인 것에서 한참 비약해서 '너의 모든 것이 형편없어.'라는 결론을 내린 것이지요. 이것은 논리적입니까? 그렇지 않다면 그 이유는 무엇입니까?	부분적인 것으로 전체를 규정할 수 있다는 증거가 있습니까?	'친구들이 나를 깔본다면, 나는 형편없는 인간이다.'라고 믿는 것이 당신에게 무엇을 가져다줍니까?	친구들이 당신을 깔보고 있는 상황에서, 지금 떠올릴 수 있는 유익하고 합리적인 생각은 무엇일까요?
은유	품질이 좋아 '올해의 차'로 선정된 차를 제가 가지고 있다고 하죠. 그런데 어느 날 차 에어컨에 문제가 생겼습니다. 당신의 논리에 의하면, 차 전체가 다 형편없는 것입니다. 맞죠?	어떤 사람들은, 심지어 아주 중요하고 영향력 있는 사람들도, 당시에는 예수가 형편없다고 생각했습니다. 그렇다면 이것은 예수가 형편없다는 증거입니까? 아니면 그저 그들의 견해입니까?	미국의 링컨 대통령이 노예해방을 선언했을 때, 그의 친구 중 많은 사람이 그를 깔봤습니다. 만일 링컨이 지금의 당신과 똑같은 생각을 했다면 미국은 어떻게 되었을까요?	연예인 중에는 대중의 인정을 못 받으면 자기가 형편없는 인간이라는 믿음을 가진 사람이 많이 있었습니다. 그래서 자살을 한 사람도 있었지요. 보다 합리적인 생각을 가졌다면 이 사람들의 삶은 어떻게 달랐을까요?
유머	만일 대통령이나 교황이 당신과 똑같이 생각한다면, 그것은 논리적이라고 할 수 있겠죠?	만일 내가 당신을 기린이라고 생각한다면, 당신의 목이 길어지겠습니까?	당신의 생각에 의하면, 친구들이 우러러보면 훌륭한 사람이 되는 것이군요. 히틀러의 친구와 추종자들은 그를 신처럼 떠받들었습니다. 히틀러는 훌륭한 사람인가요?	나에 대한 친구들의 의견과 2,000원이 있으니, 서울에서 지하철 한 번은 탈 수 있겠군요!

예 2) 논박할 비합리적 신념: '고백했는데 거절당했다. 그러므로 나는 매력 없고 형편없는 인간이다.'

전략 / 양식	논리적	경험적	기능적	합리적 대안
훈시	단지 고백을 거절당했기 때문에 형편없는 인간이라는 생각은 논리적이지 않습니다.	단지 한 명의 이성에게 거절당했다는 것은 당신이 형편없는 인간이라는 증거로서 충분하지 않습니다. 사실 한 명의 이성에게 거절당했을 뿐입니다.	고백을 거절당했기 때문에 매력 없고 형편없는 인간이라고 계속 생각하고 있으면 매우 우울할 것 같습니다. 자기를 평가하고 깎아내리는 것은 자신에게 도움이 되지 않습니다.	비록 이성 관계에서 시련을 겪었지만, 그것과 상관없이, 자신이 무조건 가치 있는 인간임을 받아들이는 것이 좋을 것 같습니다.
소크라테스식 문답	당신 또는 다른 사람이 단지 고백을 거절당했기 때문에 형편없는 인간이라는 생각은 논리적입니까?	한 명의 이성에게 거절당했기 때문에 갑자기 당신이 형편없는 인간이 되었다는 증거는 어디에 있습니까?	고백을 거절당했기 때문에 매력 없고 형편없는 인간이라고 계속 생각하고 있으면 자신에게 어떻게 도움이 됩니까? (그런 생각을 하고 있으면, 무엇을 얻게 됩니까? 당신은 어떻게 됩니까?)	이성 관계와 자기수용에 대해 지금 떠올릴 수 있는 유익하고 합리적인 생각은 무엇일까요?
은유	야구선수의 타율이 3할이면 아주 잘하는 것이죠? 하지만 열 번 중 일곱 번은 안타를 못 쳤다는 뜻입니다. 그러니까 논리적으로 생각했을 때, 몇 번 잘못했다고 해서 완전히 형편없는 선수가 되는 것은 아닙니다.	쪽지 시험이나 중간고사를 한 번 망친 학생이 앞으로 모든 시험을 다 망쳐서 학생으로서 그리고 인간으로서 형편없는 실패자가 될 것이라는 증거는 어디에 있습니까?	발명가 에디슨이 처음 전기 실험에 실패했을 때, 자신이 형편없는 인간이라는 혼잣말을 끊임없이 되뇌었다면, 에디슨은 어떻게 되었을까요? (그리고 우리는 어떻게 되었을까요?)	영화배우나 가수 중에는 '하는 일마다 모두 성공해야만 하며 그렇지 않으면 실패자'라고 믿는 사람들이 많습니다. 심지어 자살한 사람도 있습니다. 이들이 자기를 좀 더 수용할 수 있었다면, 삶이 어떻게 달라졌을까요?
유머	당신 말에 의하면, 나도 역시 이성에게 거절당한 적이 있으니까 형편없는 인간입니다! 정말 괴로워요. 나는 형편없는 인간이니까 상담실도 그만둬야겠습니다.	노벨 평화상을 받은 넬슨 만델라는 두 번이나 이혼했으니까 아주 형편없는 사람입니다. 맞죠?	당신의 생각에 의하면, 고백을 한 번도 거절당한 적이 없는 카사노바는 세상에서 제일 가치 있는 사람이고, 그래서 제일 행복한 사람입니다. 당신은 카사노바를 본받고 싶습니까?	당신이 죽어서 하느님 앞에 서게 되었습니다. 고백을 거절당한 것을 이야기하면 곧바로 지옥으로 보내질까요? 아니면 이성 관계에서 시련을 겪었지만, 그것과 상관없이 당신이 가치 있는 인간이라는 이야기를 듣게 될까요?

핵심 비합리적 신념을 찾아내고 나면, 그것을 논박하는 데에 상당한 시간이 걸린다는 점을 기억하라. REBT의 핵심은 비합리적 신념을 변화시키는 것이므로, 논박은 가장 중요한 부분이다. 필요하다면 여러 회기에 걸쳐서 논박을 반복하는 것을 두려워 말라. 논박을 위한 시간을 확보할 몇 가지 방법이 있다. 충분한 논박 시간을 확보하는 한 가지 방법은, 한 가지 문제에 대한 논박이 회기 중에 끝나지 않았으면, 가급적 다음 회기에서 새로운 문제를 다루지 않는 것이다. 다음 회기를 시작할 때, 내담자가 그 문제를 기억하는지를 묻고, 신속하게 A, B, C를 요약한 다음, 곧바로 논박을 시작하는 것이다. 또 다른 전략은 내담자가 호소하는 새로운 문제가 핵심 비합리적 신념과 어떻게 연관되는지를 설명한 다음, 논박을 진행하는 것이다.

논박을 시작하기 전에 먼저 해야 할 일은 내담자의 동기를 높이는 것이다. 신념을 변화시키면 얻게 될 이익, 특히 감정적 고통이 감소할 것임을 내담자에게 인식시켜라. 이 전략의 성패는 내담자가 정말로 C를 변화시키고 싶어 하도록 이끄는 데에 달려 있다. 예를 들어, 내담자가 분노 문제를 가지고 있다면, 상담자가 처음 물어볼 질문은 "지금보다 덜 화가 나면 어떤 장점이 있습니까?"일 것이다. 장점을 열거한 다음에는 "화가 덜 나는 방법이 무엇일까요?"라고 물을 수 있다. 내담자의 동기가 높아지면, 인지 및 행동적 개입에 더욱 좋은 반응을 보일 것이다.

내담자가 심리적 고통을 유발하는 B에 맞서도록 돕는 전략 중 하나는 우선 심리적 고통의 무가치함을 지적하는 것이다. 분노를 예로 들면, 상담자는 다음과 같이 이야기할 수 있을 것이다.

> "우선, 당신의 분노가 당신에게 도움이 되는지 해가 되는지를 살펴보겠습니다. 분노가 어떤 기능을 합니까? 분노는 싸움을 유발합니다. 게다가 해롭기까지 합니다. 분노 때문에 눈이 뒤집히고 감정이 폭발합니다. 반면, 염려나 성가심은 '이것을 어떻게 하면 바꿀 수 있을까? 상황을 개선하기 위해 내가 무엇을 할 수 있을까? 그 사람한테 말해보면 어떨까?'라는 고민이 필요한 때임을 알려 주는 합리적 신호입니다. 지금 우리는 전략에 관해 이야기하고 있습니다. 한 가지 전략이 효과가 없으면 어떻게 할까요? 그땐 처음으로 다시 돌아가 다른 것을 시도하면 됩니다. 당신이 분노에 사로잡히지 않는다면, 이런 식으로 문제를 해결해 갈 수 있습니다."

만일 자신의 행동이나 감정을 변화시키고 싶은지에 대해 내담자 스스로가 확신하지 못하는 상황이라면 문제를 유지시키는 다른 동기를 탐색하라. 다음과 같이 Lazarus(1972)가 제안한 문장완성 기법을 사용해 내담자가 미완성된 부분을 채우도록 하는 것도 좋다.

"____________의 좋은 점은 ______________________이다."

예를 들면, 과제 미루기의 좋은 점을 생각해 볼 수도 있다. 내담자가 더이상 아이디어를 생각해 낼 수 없을 때까지 이것을 반복하라. 내담자가 아무 말도 못하고 있으면, 머리에 곧바로 떠오르는 아무 말이나 채워 넣도록 독려하라. 자신의 말을 스스로 믿을 필요도 없으며 자신에 대한 이야기가 아니라도 좋다는 점을 강조하라. 내담자가 작업을 시작하도록 돕기 위해 상담자가 시범을 보여 줄 수도 있다. 내담자의 반응에 어떤 패턴이 존재하지 않는지 주의 깊게 살피는 것이 좋다. 그 속에는 심리적 고통을 유지시키는 이유가 존재할 뿐 아니라 새로운 비합리적 신념이 모습을 드러낼 수도 있기 때문이다.

논박은 내담자가 오랫동안 품고 지내던 개인적 철학을 변화시키려는 시도이기 때문에 상담자에게 무척이나 고된 작업이다. 논박이 성공하려면 상담자의 노력과 끈기가 요구된다. 상담자는 자신이 하는 이야기의 합리성에 대해 확신을 가지고 있어야 하며, 열정과 끈기를 통해 이것을 보여 주어야 한다.

하지만 끈기는 끈질기게 물건을 강매하는 것과는 다르다. 지지적이고 수용적인 태도를 취하면서 섬세하게 논박을 진행하는 때도 있다. 상담 초기에 라포 형성을 시도하고 있는 중이라면, 비합리적 신념은 강화하지 않으면서, 지지적인 태도를 취하고 싶을 것이다. 예를 들어, 내담자가 "반드시 ……해야만 해요."라고 말한다면, 상담자는 "당신이 ……을 많이 원한다는 것을 알겠습니다."라고 반영해 줄 수 있다. 이것은 내담자의 고통에 대한 이해를 전달함과 동시에 합리적 생각을 제시하는 것이다.

글상자 10-3

자기 생각이 비합리적임을 이해하는 것만 중요한 것이 아니라 일상생활에서 적극적으로 자기 생각을 논박하는 것 역시도 중요하다는 것을 내담자에게 상기시켜라. 그리고 오래된 비합리적 신념을 대체할 새로운 합리적 신념을 적극적으로 구축하고 반복적으로 말하는 것도 중요하다(12장 참조).

새내기 상담자들은 행동 변화의 일반화가 자동적으로 일어날 것이라고 여기는 경우가 많다. 인지적 개입의 장점 중 하나가 일반화가 잘 일어나는 것이기는 하지만, 노력 없이 그렇게 된다는 뜻은 아니다. 행동치료와 마찬가지로 일반화를 촉진하려면 계획이 필요하다. 동일한 비합리적 신념을 여러 상황에 걸쳐서 논박하는 것은 바람직한 일이다. 설령 각 상황과 연관된 비합리적 신념, 논박, 합리적 신념이 동일하다 하더라도 그렇다.

일반화 문제의 전형적인 예는 성적인 어려움을 겪는 남성 내담자이다. 불안을 촉발시키는 상황의 단계 분류표를 만들고, 감각집중훈련과 같은 행동연습을 수행하고, 수행과 실패에 대한 비합리적 신념을 성공적으로 논박하며, 불안의 각 단계를 통과했다고 하자. 하지만 최상위 단계에 이르러 막상 배우자와 성교를 하도록 지시받으면, 상황을 이전의 단계들과 완전히 다른 것으로 해석하고 비합리적 파국화를 다시 시작하기도 한다. 이때 내담자는 '지금부터가 실전이야. 실패한다면 정말 비참할 거야!'와 같은 혼잣말을 할 것이다. 불안 단계 분류표의 낮은 단계에서 비합리적 신념의 논박이 성공했다 하더라도, 획득된 합리적 신념이 다음 단계로 일반화될 것이라고 여겨서는 곤란하다. 이 예의 경우, 여러 단계에 걸쳐서 내담자의 생각을 묻고 논박해 볼 수 있다.

내담자가 한 가지 문제영역에서 합리적으로 생각하면 다른 문제영역에서도 그럴 것이라고 기대하지 말라. 내담자는 여러 문제를 동시에 호소할 수 있다. 예를 들면, 사회적 상황에서의 불안, 성행위에 대한 죄책감, 직장 상사에 대한 분노가 한꺼번에 터져 나오기도 한다. 대개 한 번에 한 가지 문제를 다루는 것이 현명하다. 사회적 상황에 대한 불안을 다루기로 하고 이 영역과 관련된 비합리적 신념을 모두 제거했다 하더라도, 내담자가 성과 관련된 죄책감 및 직장 상사에 대한 분노에 대해서도 자동적으로 합리적 사고를 할 것이라고 확신할 수는 없다. 이 영역들에 대해서는 아마도 개별적으로 작업을 수행해야 할 것이다.

일반화를 극대화시키는 한 가지 전략은 내담자가 무엇인가를 성공했을 때, 그 공을 자신에게 돌리도록 하는 것이다. 다수의 행동치료 관련 연구에서 일반화를 촉진하는 인지적 요인은 성공에 대해 외적 귀인이 아니라 내적 귀인을 하는 것임이 증명되었다(Ruth & DiGiuseppe, 1989). 자신이 가진 내적인 요인이 성공을 가져왔다고 믿는다면, 미래의 문제를 스스로 통제할 수 있다고 여길 뿐만 아니라 상담 시간에 학습한 것을 새로운 문제에 적용할 가능성도 커진다.

논박 사례를 소개하기 전에 마지막으로 한 가지 제언을 하자면, 한 내담자를 대상으로 최대한 많은 논박 전략을 사용하라는 것이다. Lazarus(2009)에 의하면, 인지적, 감정적, 심상적, 행동적 논박 등 다양한 형식의 논박을 시도할수록, 논박의 효과가 증대되며 더 오랫동안 효과가 유지된다. 필자는 Lazarus의 말이 맞다는 것을 경험을 통해 확인했다.

글상자 10-4

내담자를 존중하며 논박하라. 상담자는 내담자가 가진 자기 파괴적이거나 오류투성이의 생각을 조롱하지 않는다. 단지 그것을 고치거나 완화하기 위해 노력할 뿐이다. 이를 위해 우선 내담자의 생각을 수용하고 곰곰이 검토한다. 내담자가 비합리적 신념을 가지게 된 데에는 다 그럴만한 이유가 있는 법이다.

예를 들면, 한 내담자는 어린 나이에 부모를 잃고 할머니 댁으로 보내졌다. 그런데 할머니마저 곧 돌아가셔서 결국은 먼 친척 손에 자랐다. 삶의 경험을 통해 이 내담자가 조용히 내린 결론은 누군가를 사랑하거나 신뢰하거나 친밀하게 느끼면 그 사람에게 '죽음'이 찾아올 것이라는 생각이었다. 어른이 되었을 때, 상담자와의 라포를 포함해서, 타인과의 친밀한 관계 형성에 어려움을 겪은 것은 전혀 놀라운 일이 아니다. 겁에 질린 어린아이의 눈에 비친 그 시절의 경험은 비논리적 핵심신념을 형성시켰고, 상담자는 내담자를 존중하는 태도로 이것을 이해해 주었다. 상담이 진행됨에 따라, 내담자는 어린 시절의 경험을 재해석하고 스스로를 안심시켰다. 그뿐만 아니라 자신이 사람을 사랑할 수 있음을 알게 되었고, 사랑하는 대상을 잃을지도 모를 잠재적 가능성도 견딜 수 있게 되었다.

축어록 예시

Ellis가 청중 앞에서 보여 준 상담 시연의 축어록 일부를 소개한다. 이를 통해 논박의 과정에 대한 이해를 증진시킬 수 있을 것이다. 내담자는 자원해서 시연 무대에 올라왔으며, 첫 번째 호소문제는 사람들 앞에서 긴장하는 것이었다.

B 포착하기

상담자: 자신을 긴장하게 만드는 혼잣말을 하고 계신 것 같군요. 말씀해 주시겠습니까?

내담자: 여기에 나오다니 나는 참 멍청해.

상담자: 나는 멍청하다. 왜냐하면…….

내담자: 제 약점을 드러내면 당황할 게 뻔해서요.

어느 IB가 더 중요한지 명확히 하기

상담자: 자신이 편안해야만 한다는 것인가요? 아니면 자신을 조금도 드러내서는 안 된다는 것인가요?

내담자: 전혀 드러내면 안 돼요.

상담자: 자신을 드러낸다면, 무슨 일이 일어날 것이라고 예상합니까?

내담자: 감정이 쏟아져 나올 것 같아요. 그러면 당황스러울 거예요.

상담자: 그러니까 이 많은 사람 앞에서 바보 같은 행동을 할지 모른다는 것이군요. 맞습니까?

내담자: 네.

상담자: 만약 그런 행동을 한다면, 그것이 왜 당황스럽나요? 왜 불안한가요?

내담자: 네? 다시 말씀해 주시면 안 될까요?

내담자가 혼란스러워 하는 것은 불안의 지표

상담자: 예. 선생님은 "이 많은 사람 앞에서 나는 바보같이 행동할 것이다."라고 말씀하시고 있습니다. 하지만 이런 말 때문에 불안해질 일은 결코 없습니다. 이것은 그저 예상일 뿐이지요. 혹시 자기가 바보같이 행동한다면, 자신을 어떻게 평가하겠습니까?

내담자: 무슨 말씀인지 모르겠어요.

반복하기

상담자: 예. 그 말 자체만으로는 어떤 감정도 일으키지 않습니다. 무엇인가 그 뒤에 따라오

는 것이 있을 것입니다. "나는 바보같이 행동할 것이다. 이것은 좋은 일이 아니다. 나는 바보같이 행동할 것이다. 이것은 바보 같이 행동하는 좋은 연습이다!"라는 식으로 말한다면, 그렇게 불안하지는 않겠지요?

내담자: 맞아요.

상담자: 그런데 "나는 바보같이 행동할 것이다." 그리고 이것은 어떤 일인가요? "정말 좋은 일이야!"라고 말씀하실 것 같지는 않군요.

내담자: 나답지 않은 행동을 하면 안 되죠.

상담자: 나답지 않은 행동을 하는 게 어떻다는 말씀입니까?

내담자: 겁먹은 사람처럼 행동할 것 같아요.

IB의 파생적 요소가 아직 드러나지 않은 상황

상담자: 겁먹은 사람처럼 행동하는 것이 어떻다는 말씀입니까? 자기 자신이나 상황을 어떻게 평가하는지 아직 말씀해 주지 않았습니다. 좋습니까? 싫습니까? 자신이 어떤 사람이 되는 것입니까? 자기 자신에 대해 어떻게 평가하는지, 아니면 바보 같이 행동하는 것의 결과를 어떻게 평가하는지 말씀해 주시겠습니까?

내담자: 제가 불안정해질 것 같아요.

불안정하다는 것이 IB가 아니라 A-[추론]임을 지적하기

상담자: 앞에 나와서 바보같이 행동하면, 내가 불안정한 사람이 됩니까? 아니면 사람들이 나를 불안정한 사람이라고 여깁니까?

내담자: 네.

상담자: 그것은 자신의 행동에 대한 하나의 가정일 뿐이지 비합리적 신념은 아닙니다.

추론 연쇄-최악을 가정하기

상담자: 사람들이 선생님을 불안정한 사람으로 여긴다고 가정해 봅시다. 사람들이 "와, 저 사람 불안정해."라고 말한다고 가정해 봅시다. 하지만 사람들이 정말 그런 말을 할지 알 수는 없습니다! 어쩌면 사람들은 "와, 저 사람 용감하네. 저렇게 무대에 나가

다니! 나는 겁나서 못해."라고 말할지도 모릅니다. 하지만 사람들이 선생님을 불안정한 사람이라고 여긴다고 가정해 봅시다. 무엇이 두려운가요?

내담자: 원래 그렇게 생각하던 것이 맞다는 것을 확인받는 것이죠.

상담자: "나는 불안정한 사람이다." 음, 자신의 불안정함에 대해 어떻게 평가하고 있습니까?

내담자: 부정적으로요.

상담자: 자신의 이런 특성을 좋아하지 않는다는 뜻인가요? 그렇다면 그냥 걱정스러운 정도이지 당황스럽거나 창피하지는 않을 것입니다. 그냥 "나에게는 불안정함이라는 부정적인 특성이 있다."라고 말하고 다닐 수도 있겠지요. 하지만 마음이 불안해진다는 것은 이것보다 무엇인가 더 강렬한 이야기를 하고 있다는 것입니다.

내담자: 사람들한테 소외당할지도 모르겠어요.

상담자: 네. 사람들한테 소외당한다면?

내담자: 제가 별난 거죠.

상담자: 내가 별난 사람이면 어떻게 되는 것입니까? 어떤 결과를 생각하고 있습니까?

내담자: 외로워지겠죠.

C를 A로 바꾸어 A-C 재설정하기

상담자: "나는 외로워질 것이다." 외로워지는 것에 대해 어떻게 느끼십니까?

내담자: 우울해요.

A-B-C 요약하기

상담자: 제가 이해한 것을 정리해 보겠습니다. "만약 내가 사람들 앞에 나와서 바보같이 행동한다면, 그것은 내가 별나다는 것을 증명한다. 다른 사람들은 내가 별나다는 것을 알아차릴 것이다. 사람들은 아마도 나를 어느 정도 소외시킬 것이다. 나는 그것을 견딜 수 없다. 그것은 끔찍한 일이다." 제 말이 맞습니까?

내담자: 네.

상담자: 좋습니다. 그런 일이 일어난다면, 실제로 일어날지 어떨지는 모르지만, 그것이 왜 두렵습니까? 사람들이 선생님을 소외시킬 만한 사람으로 여기고, 선생님은 외로워지는 것이 말이지요. 왜 그것이 두렵습니까?

내담자: 저는 함께할 누군가가 필요하다고 느껴요.

상담자: 증명해 보십시오! 누군가가 필요하다는 것을 증명하십시오.

내담자: (침묵) 증거는 없습니다.

상담자: 하지만 이 생각을 믿는다면 기분이 어떻겠습니까?

내담자: 끔찍하죠.

상담자: 그렇습니다. 선생님은 이 일을 무슨 큰일이라도 난 것처럼 규정짓고 있습니다. 이 생각을 내려놓는다면, 기분이 나아질 것입니다. 사람들 앞에 나와 계신 것이 지금은 어떻게 느껴집니까?

내담자: 긴장이 조금 풀린 것 같아요.

상담자: 왜 긴장이 조금 풀렸는지 아십니까? 왜 그런지 아십니까?

내담자: 신경을 덜 쓰게 되어서 그런 것 같습니다.

상담자: 그렇습니다. 주의를 좀 돌리게 되었지요. 청중에게 초점을 맞추지 않고, 선생님은 지금 우리의 대화에 집중하고 있습니다. 자, 지금부터 다른 어떤 문제를 다루고 싶습니까?

11

비합리적 신념 논박하기

비합리적 신념의 핵심요소 논박하기

필자는 REBT 수련생들에게 논박 전략을 체계적으로 설명할 방법을 탐색하며, 비합리적 신념의 세부내용보다는 비합리적 사고과정의 핵심요소에 대한 논박을 가르치는 것이 낫다는 결론에 도달했다. 독자 여러분은 합리적 사고과정의 네 가지 핵심요소를 기억할 것이다.

- 절대적 요구: 세상이 자기가 원하는 모습이어야만 한다는 보편적 당위에 대한 믿음
- 파국화: 어떤 일이 끔찍하거나, 비참하거나, 참혹하다는 믿음
- 인간가치 평가: 누군가가 나쁘다거나 가치 없다는 식으로 인간을 포괄적으로 평가하는 것이 가능하다는 믿음
- 감내력 과소평가: 번거로운 일, 불쾌한 감정 또는 자기가 싫어하는 일을 견딜 수 없다는 믿음

각 핵심요소를 논박하는 방법을 하나씩 차례대로 살펴보자.

절대적 요구

내담자의 말 속에서 '~는 ~해야 한다.'는 식의 표현을 찾아보라. 나를 주어로 할 수도 있고, 특정한 사람 또는 세상을 주어로 할 수도 있다. 우울, 분노, 죄책감을 느끼는 사람의 경우, 주로 과거의 일에 대해 이런 표현을 사용하지만(예를 들면, "아빠는 그때 그러지 말았어야 해요."), 불안한 사람은 현재나 미래의 일에 대해서도 이런 표현을 사용한다(예를 들면, "나는 실수하면 안 돼요.")

이러한 진술은 비논리적이며 **선호**의 철학이 아니라 **당위**의 철학을 보여 준다. 이것의 비합리적 요소는 사람들 또는 상황이 달라져야 한다고 주장하는 부분이다. '내가 X를 원하기 때문에 그렇게 되어야만 한다.'는 식의 논리적 오류 때문에 내담자는 자신을 괴롭힌다. Ellis는 이것을 '내 마음대로 되어야 해!'라는 말로 표현하곤 했다. 이것은 마치 자신이 우주를 통제할 힘을 가지고 있는 것처럼 믿는 것이며, 내담자를 좌절에 빠뜨린다. 이러한 절대적 요구는 Karen Horney(1945)가 '당위의 폭정(the tyranny of the shoulds)'이라고 부른 결과를 가져온다.

절대적 요구 논박의 3단계

내담자의 절대적 요구, 즉 '당위'를 논박하려 하면, 자신의 욕구를 무시하는 것으로 해석하는 내담자가 많다. 자신의 욕구에 대한 권리를 상담자에게 부정당했다고 여기면 결과적으로 치료적 동맹의 단절이 발생한다. 철현 씨와의 대화를 살펴보자.

내담자: 아내가 저한테 관심을 좀 보여 줬으면 좋겠어요. 로맨틱한 기분을 좀 느끼고 싶은 거죠. 제가 너무 많은 걸 바라는 건가요? 아내가 저에게 애정을 좀 보여 줘야 하는 것 아닌가요?

상담자: 철현 씨, 왜 아내가 로맨틱하게 행동해야 합니까?

내담자: (성난 어조로) 결혼에서 로맨틱한 게 중요하지 않다고 말씀하시는 건가요? 내가 이걸 원하는 게 뭐가 잘못됐나요? 선생님은 로맨틱한 게 싫으세요?

철현 씨는 '당위'에 대한 반박을 '욕구'에 대한 무시로 오해했다. Ellis의 말에 따르면,

내담자는 욕구를 당위로 격상시키기 때문에 자신의 욕구와 당위가 서로 다른 것임을 알지 못하는 경우가 많다. 욕구와 당위를 '나는 X를 원한다/요구한다.'와 같은 형태로 하나로 묶어서 지니고 있는 것이다. '욕구'와 '당위'가 동일한 것으로 인식되기 때문에 하나에 대한 반박을 두 가지 모두에 대한 반박으로 받아들일 수 있다. 그래서 내담자는 마치 자신의 욕구가 부정당한 것처럼 느끼는 것이다. 욕구에는 합리와 비합리, 옳은 것과 그른 것이 따로 없다는 것이 REBT의 입장이다. 욕구를 절대적 요구로 격상시킬 때 심리적 고통이 발생한다. REBT에서는 결코 욕구를 반박하는 일이 없음을 분명히 해 두고 싶다.

철현 씨에게 이것을 어떻게 설명해야 할까? 첫째, 욕구와 당위의 차이를 설명한다. 욕구에는 제약이 없으며 무엇이든 원할 수 있다. 하지만 '당위'는 자연법칙의 제약을 받는다. 둘째, 내담자의 욕구를 긍정해 준다. 잘못된 욕구는 없으며, 논쟁의 대상도 아니다. 셋째, 내담자의 절대적 요구, 즉 당위를 논박한다.

철현 씨와의 대화를 살펴보자.

상담자: 철현 씨의 말에는 일리가 있습니다. 하지만 이것을 분명히 해 두었으면 합니다. 제가 원하는 것이 중요한 것이 아니라 철현 씨가 무엇을 원하는지가 중요합니다. 아내가 로맨틱해지기를 바라는 것이 자연스러운 일이라는 철현 씨의 말이 맞습니다. 그런데 그것을 원하는 것이 철현 씨를 화나게 하지는 않습니다. 그것을 원하는 것과 그것을 요구하는 것은 다릅니다. 이 두 가지는 별개의 문제입니다.

내담자: 그게 무슨 말씀이시죠?

상담자: 무엇인가를 원한다는 것은 무엇을 더 좋아하는지와 연관되어 있습니다. 하지만 무엇을 요구한다는 것은 세상이 지금의 모습과 달라져야 한다고 주장하는 것입니다. 아내가 로맨틱해지기를 바라는 철현 씨의 욕구에는 아마 누구나가 고개를 끄덕여 줄 것입니다. 사람들은 대부분 철현 씨와 같은 바람을 가지고 있으니까요. 이것은 전혀 문제 될 것이 없습니다. 우리가 고민해야 할 문제는 '철현 씨가 그것을 원한다고 해서 왜 아내가 철현 씨의 욕구를 따라야 하는가?'라는 점입니다.

내담자: 그러니까 선생님 말씀은, 제가 그걸 바라는 게 정상이지만, 그렇다고 해서 아내가 그렇게 할 필요는 없다는 건가요?

상담자: 네. 제대로 이해하셨습니다.

욕구와 당위의 차이를 이해시키고 나면, 다음과 같은 질문을 통해 당위를 논박할 수 있다.

- 아내에게 그런 요구를 하는 것이 현명하지 않은 이유는 무엇입니까?
- 그렇게 되어야 한다고 정해진 자연법칙이 존재합니까?
- 저에게 설명해 보십시오. 왜 아내가 그렇게 해야 합니까?
- 철현 씨가 원하기 때문에 그렇게 되어야만 한다는 것이 이치에 맞습니까?

인간에게는 마땅히 해야 하는 행동이 있다고 여기는 사람들이 많다. 그래서 십계명과 함무라비 법전 같은 윤리 규범도 생겨났다. REBT 철학에서는 이러한 행동 규범을 새로 만들거나 따르는 것을 문제시하지 않는다. 하지만 이러한 규범들이 인간이 만들어 낸 것이지 자연이 창조한 것이 아니라는 점을 강조한다. 비록 윤리 규범이 바람직한 것이라 할지라도, 논리적으로 보았을 때, 그것을 반드시 따라야만 하는 것은 아니다. 누구나 규범을 위반하는 때가 있다. 만약 규범이 인간 본성의 일부라면, 규범을 정립하는 것은 도덕 철학자의 역할이 아니라 동물 행동학자의 몫일 것이다. 그뿐만 아니라, 사람들은 자동적으로 도덕적 행동을 취할 것이고, 그렇게 하는 것이 '고귀한' 일로 여겨지지도 않을 것이다. 대부분의 종교는 윤리 규범을 옹호하지만, 개인의 선택권도 인정한다. REBT 이론에서는 특정한 행동이 바람직한 것과 개인의 선택을 별개의 문제로 간주한다. 인간은 바람직한 행동을 하지 않기로 결정할 수 있다. 설령 십계명이라 할지라도 **무조건적 당위**가 아니라 선택의 여지가 있는 **조건적 당위**로 해석할 수 있다. 자신의 선택에 따라, 즉 하늘나라에 가서 행복해지고 싶은지 아니면 지상에서 편안한 시간을 보내고 싶은지에 따라 부모를 공경해야만 할 수도 있고 그렇지 않을 수도 있다.

무조건적 당위와 무해한 조건적 당위를 구별할 필요가 있다. 일상에서 이 두 가지를 혼동하는 내담자가 많다. 예를 들면, 내담자들은 흔히 "나는 일하러 가야 해요." "나는 약을 먹어야 해요." "엄마한테 전화해야 해요."라고 말한다. 이럴 경우, 인간은 스스로 결정을 내렸기 때문에 그렇게 행동한다는 점을 지적할 수 있다. '~해야만 한다.'는 표현에는 강제로 어떤 행동을 한다는 의미가 담겨 있다. 하지만 실제로는 자신이 선택한 행동이다. 이러한 표현을 사용함으로써 자신을 피해자로 만들고 자기 연민에 빠지게 된다. 그 대신 '~을 원한다.' '~을 선택한다.'는 말로 바꾸면 상황을 더 정확히 표현할 수 있을 것이다. 예를 들어, 내담자가 "나는 일하러 가야 해요."라고 말한다면, 상담자는 이렇게 반박할 수 있다.

> "꼭 그렇게 할 필요는 없습니다. 원한다면 낚시를 갈 수도 있고, 야구를 보러 갈 수도 있고, 집에서 쉴 수도 있습니다. 만약 일하러 간다면, 그것은 일하러 가기로 스스로 선택했기 때문입니다. 일하러 가지 않으면 일어날 결과를 마주하기 싫은 것입니다. 당신은 항상 선택할 수 있습니다."

필자는 상담을 진행할 때, '~해야만 한다.'는 표현을 무조건적 당위에만 국한하고, 조건적 당위에는 사용하지 않으려 노력한다. 이 두 가지의 차이를 내담자에게 이해시키는 것은 중요한 작업이다.

자신에 대한 절대적 요구

자신에 대한 절대적 요구는 대개 **완벽**에 대한 요구를 담고 있다. 이 신념을 가진 내담자는 자신이 인간이기 때문에 지닌 불완전성을 견디지 못한다. 이런 경우, 논박의 초점은 불완전성이 인간의 특성임을 내담자에게 가르치는 것에 놓이게 된다. 엄밀히 말하면, 우리는 실수하지 않는다. 다만, 선택을 할 뿐이다. 나중에 되돌아보고 결과가 좋지 않았을 때, 이 선택을 실수라고 규정할 따름이다. 우리가 할 수 있는 일은 개선을 위해 노력하는 것뿐이다. 완벽을 성취한 인간은 아직 존재하지 않는다. 연필에 지우개가 달린 것에는 다 이유가 있는 법이다.

어떤 시도에 실패해서 자신이 불완전한 인간임을 드러낸 것에 대해 고민하는 내담자가 있다면, 상담자는 다음과 같이 이야기해 볼 수도 있다.

> "일을 그런 식으로 망치지 말았어야 합니까? 음, 왜 그 일에 성공했어야만 합니까? 물론 그랬으면 더 좋기는 하겠지요. 하지만 성공하고 싶다고 해서 꼭 성공해야만 하는 것은 아닙니다. 물론 그러면 더 좋기는 하겠지요. 왜 항상 성공해야만 합니까? 항상 성공해야만 한다고 정해 놓은 우주의 법칙은 없습니다."

이러한 논박에서 상담자가 자신을 불완전한 인간의 예로 드는 것은 매우 바람직하다. 다음의 대화를 살펴보자.

상담자: 실수하는 것, 즉 나쁜 선택을 하는 것은 좋지 않은 일입니다. 저는 수백 번도 넘게 나쁜 선택을 했습니다! 저에게도 실수하지 말라고 이야기하겠습니까?

내담자: 아니요. 선생님께 그런 이야기는 못 하죠.

상담자: 저는 실수가 허락되고, 당신은 그렇지 않다는 말씀인가요?

내담자: 그런 생각은 안 해 봤어요.

상담자: 두 종류의 규칙을 가지고 있군요. 하나는 자기가 지켜야 할 규칙이고, 다른 하나는 자기 이외의 사람들이 지켜야 할 규칙이군요. 누가 이 규칙을 만들었습니까?

내담자: 제가 만든 것 같네요.

상담자: 그렇다면 자기에게 불공평한 규칙을 만든 것 같군요. 이것이 좀 공평해지도록 규칙을 새로 만들 수 있을까요? 자신이 다른 사람들과 같은 규칙 속에서 살 수 있도록 말이지요.

이 논박의 핵심요소는 내담자가 매사를 '당위'의 측면에서 바라보고 있다는 점을 지적하는 것이다. Ellis는 이것을 심각한 **'의무감 고문**(musturbation)'이라고 불렀다. 문화는 바람직한 행동의 기준을 제시한다. 하지만 이 기준을 '당위'로 격상시키는 것은 다름 아닌 내담자 자신이다. 축어록의 일부를 살펴보자.

상담자: 그것은 자신에게 의무를 부여하는 것입니다. 왜 상냥하게 행동해야만 합니까? 왜 사람들과 친하게 지내야만 합니까?

내담자: 제가 그러고 싶으니까요!

상담자: 자신이 원하는 모습이 되어야만 한다는 것인가요? 당신의 가치관은 훌륭하지만, 당신은 이것을 부담스러운 의무로 바꾸어 버렸습니다. "더 좋은 것이니까 반드시 그렇게 해야만 해."라고 말하는 것이지요. 이런 부담스러운 의무 때문에 고통받지 않으면서 더 기분 좋게 살고 싶지 않습니까?

남성과 불륜관계를 맺으며 가치관 갈등에 빠진 젊은 여성 다윤 씨의 사례도 살펴보자.

상담자: 죄책감을 느낄 때 어떤 생각이 떠오릅니까?

내담자: 제가 부도덕한 행동을 하고 있고 이러지 말아야 한다는 생각이요.

상담자: 다윤 씨 자신의 기준에서 보았을 때 잘못된 행동을 하고 있고, 동시에 죄책감을 느

끼고 있군요. 다윤 씨는 잘못된 행동을 하면 왜 죄책감을 느껴야만 합니까? 잘못된 행동을 하면서 죄책감을 느끼지 않는 사람들도 많이 있습니다.

내담자: 남편과 사이가 좋거든요. 그러니까 제가 이러면 안 돼요.

상담자: 절대 하면 안 되는 일은 세상에 없습니다. 다윤 씨는 여태껏 이렇게 해 왔고, 앞으로도 그렇게 하기로 선택할 수 있습니다. 다윤 씨에게 도덕적으로 행동하도록 강요하는 우주의 법칙이라도 생겨나기를 기다리고 있습니까? 아무리 기다려도 그런 것은 생겨나지 않습니다. '이러면 안 된다.'고 자신에게 의무를 부여하는 것이 합리적으로 자기 행동을 선택하지 못하도록 방해하는 것 같습니다. 그 대신 이렇게 생각해 보는 것은 어떨까요? '나에게 선택권이 있다. 나는 지금처럼 지내기로 선택할 수 있다. 하지만 무엇을 선택하는 것이 옳은가?'

내담자: 저에게 선택권이 있다고 생각해 본 적이 없어요. 그냥 제가 해야만 하는 의무에 대해서만 생각하고 있었어요.

상담자: 여기에 세 가지 선택지가 있습니다. 자신의 가치관을 바꿀 수도 있고, 자신의 행동을 바꿀 수도 있습니다. 아니면 자기 행동에 대한 평가를 바꿀 수도 있습니다. 이 선택지들은 상호 배타적인 것이 아닙니다. 자기 행동을 결정하는 것은 자기 자신이지만, 행동의 방향을 제시하는 도덕규범이 존재하는 것도 사실이기 때문입니다. 하지만 도덕규범이 우리에게 규칙을 따르고 옳은 행동을 하게 만들 수는 없습니다. 도덕규범이 제시하는 방향을 따를지 말지 결정하는 것도 우리 자신입니다.

의무감 고문을 그만둘 좋은 이유가 있음을 내담자에게 지적하는 것도 중요하다. 의무감 고문 때문에, 감정적 고통이 증가하고 행동의 효율성은 감소한다. 이 문제에 대해 세 명의 상담자가 언급하는 것을 살펴보자.

상담자1: 절대로 해야만 하는 일은 세상에 없습니다. 당신이 이렇게 외치고 있다고 상상해 봅시다. "나는 합리적으로 행동해야 해! 나는 합리적으로 행동해야 해! 나는 합리적으로 행동해야 해!" 이것은 비합리적인 행동이지만, 기분이 어떨 것 같습니까?

상담자2: 자신이 잘못된 행동을 했고, 비난받아 마땅하다고 말씀하시는군요. 앞부분의 이야기로 돌아가 보겠습니다. 잠깐 동안만 이것이 사실이라고 가정해 봅시다. 왜 그런 이유로 자신을 비난하고 비하해야 합니까? 죄책감이 상황을 바꾸는 데 어떤 도움을 줍니까? 죄책감은 참호를 파고 들어가 싸움을 하게 만들 뿐이며, 상황을 분석하고 개선할 방법을 알아내는 데는 도움이 되지 않습니다.

상담자3: 운전이 서툰 사람이 이렇게 외친다고 생각해 봅시다. "난 정말 멍청해. 운전 하나 제대로 못해." 운전 실력을 늘리는 데에 이 행동이 어떻게 도움이 됩니까?

완벽성 추구의 또 다른 측면은 문제에 대한 '**완벽한 해결책**'을 찾는 것이다. 내담자들은 종종 갈등에 빠졌을 때 상담을 받으러 온다. 보다 심리학적으로 표현하자면, 접근-접근 갈등 또는 회피-회피 갈등을 겪고 있다. 이들은 완벽한 무결점의 결정을 내리고 싶어 한다. 그리고 이러한 해결책이 떠오르지 않을 때 상담자에게 의지한다. 상담자가 행동지침을 제시해 주는 것은 현명한 일이 아니다. 자기 이외의 다른 인간이 완벽한 해결책을 제시해 줄 수 있다는 생각을 만들어 낼 수 있기 때문이다. 게다가 내담자는 의사결정 기술(예를 들면, 장단점 비교, 쾌락 계산)을 아직 배우지 못했을 수도 있다. 결정을 내리지 못하고 멈춰 있는 이유가 '잘못된 결정을 내릴지도 몰라. 반드시 바른 결정을 내려야 해.'라는 생각임을 알지 못할지도 모른다. 어쩌면 불완전한 해결책을 가지고 문제에 대처하며 사는 법을 배우지 못했을 수도 있다.

마지막에 언급한 문제는 남녀의 애정관계에 만족하지 못하는 내담자들에게 나타나는 경우가 많다. 예를 들면, 한 여성은 결혼생활이 전혀 행복하지 않아서 남편과 이혼하고 싶다고 했다. 하지만 다음과 같은 생각들이 떠올라 아무런 결정도 못 내리고 있었다.

- '나중에 나의 행동을 후회할지도 모른다.'
- '남편의 마음을 다치게 할지도 모른다.'
- '혼자 사는 것이 정서적으로 너무 힘들지도 모른다.'
- '다시는 다른 남자를 못 만날지도 모른다.'

게다가 이 여성은 이혼이 나쁜 것이라고 여기던 탓에 가치관 갈등마저 겪고 있었다. 논박해야 할 비합리적 신념이 많기는 하지만, 우선 타인의 감정에 대한 책임이 전적으로 자신에게 있는 것이 아님을 가르치는 것이 좋다. 남편의 마음을 다치게 할지도 모른다는 믿음을 고집한다면, 이 딜레마를 벗어날 유일한 길은 남편의 행복을 위해 자신의 삶을 헌신하는 것뿐이기 때문이다. 자기 행동의 도덕성에 관한 고민에 대해서는 행동 자체의 옳고 그름보다는 행동의 결과가 더 유용한 판단기준임을 지적할 수 있다.

두 수도승에 관한 Ellis의 우화가 도움이 될 것이다.

두 수도승이 길을 걷고 있었다. 한 명은 나이 든 스승이고, 다른 한 명은 젊은 제자였다. 개울가에 이르러 보니 물이 무척이나 불어 있었다. 그때 개울가에서 주저하고 있는 아름다운 여인이 보였다. 이 여인이 말했다. "스님, 개울을 건너야 하는데 물이 불어서 너무 무서워요. 저를 도와주시겠어요?" 젊은 제자는 두려움에 몸을 움츠렸다. 왜냐하면 자기가 이 여인을 등에 업고 개울을 건너야 할 것이 뻔했기 때문이다. 이것을 본 스승은 조용히 이 여인을 품에 안고 개울을 건넜다. 여인을 내려놓은 다음, 두 수도승은 다시 길을 걸었다. 하지만 젊은 제자는 이 일을 도저히 용납할 수 없었다. 그래서 스승에게 외쳤다. "큰 스님! 큰 스님과 저는 모두 금욕을 맹세했습니다. 그러니까 저렇게 아름다운 여인의 몸을 건드려서는 안 됩니다. 도대체 어떻게 큰 스님의 팔로 저 아름다운 여인의 몸을 감싸고, 저 여인의 손이 큰 스님의 목을 감싸고, 여인의 가슴과 큰 스님의 가슴이 맞닿은 채로 개울을 건널 수 있단 말입니까?" 그러자 스승이 답했다. "여보게, 자네는 아직도 그 여인을 품에 안고 있네!"

나이 든 수도승처럼 우리는 '나쁜' 일을 하면서 죄책감을 느끼지 않기로 선택할 수 있다. 아니면 젊은 수도승처럼 나쁜 일을 하지 않기로 결정하고 자신을 괴롭히는 것을 선택할 수도 있다. 내담자는 자신의 가치관을 고집하며 비참해지기를 원할까? 아니면 가치관을 바꾸더라도 행복해지고 싶을까? 상담자가 사용할 수 있는 또 다른 기법은 **거리두기**(distancing)이다. 내담자에게 이렇게 질문해 볼 수 있다.

> "친한 친구가 같은 문제를 겪고 있다면 뭐라고 조언하겠습니까? 결혼을 유지하며 자신을 비참하게 만들라고 제안하겠습니까?"

자신의 결정이 완벽해야만 한다고, 즉 절대적으로 옳고 어떤 부정적 결과도 가져오지 않아야만 한다고 주장하고 있다는 사실을 내담자가 직시하는 것이 궁극적으로 현명한 일일 것이다. 우리가 인생을 살며 내리는 결정 중에 완벽하다고 부를 수 있는 것은 거의 없다. 내담자 앞에는 세 가지 선택지가 놓여 있다.

- 결혼을 유지하고 비참하게 산다.
- 결혼을 유지하고 비참해지지 않으려고 노력한다.
- 이혼한다.

이러한 결정을 내릴 때 내담자들이 흔히 원하는 것은 새로운 선택지이다. 예를 들어, 앞의 내담자는 이렇게 말할지 모른다.

"남편만 달라진다면 결혼생활을 계속할 수 있어요."

만일 현실을 마음대로 변화시켜서 최고의 대안을 만들 수 있다면 결정을 내리는 일은 쉬울 것이다. 하지만 제한된 선택지 중에서 골라야만 하는 때가 있는 법이다. 컴퓨터 게임과 마찬가지로 1번에서 3번까지의 출구는 있지만 4번 출구는 없다는 것을 내담자에게 이해시키는 것이 좋다.

결과가 보장된 선택지는 존재하지 않는다. 설령 상담자가 '행복 보장'이라는 팻말에 금테를 두르고 들고 있어도 정말 행복이 보장될 수 있는 것은 아니다. 어떤 결정을 내리든 어느 정도의 위험이 포함되어 있다. 내담자는 위험회피를 선택할 수도 있고, 위험을 신선한 도전으로 받아들일 수도 있다. 완벽한 해결책은 존재하지 않는다.

타인에 대한 절대적 요구

절대적 요구의 두 번째 방향은 타인의 행동에 대해 완벽을 요구하는 것이다. 이 경우 다음의 세 가지 측면을 논박할 수 있다.

- 타인은 **자유의지**를 가지고 있으며 타인을 완벽하게 **통제**하는 일은 가능하지 않다.
- 타인의 행동을 통제하려는 시도에는 종종 부정적 결과가 수반된다.
- 타인에게 내가 원하는 대로 행동하라고 요구하면 결국 부정적 감정을 경험하게 된다.

타인에 대한 절대적 요구와 더불어 내담자들은 두 가지 불평을 한다. 하나는 '어떻게 그럴 수 있나?'이고, 다른 하나는 '도대체 왜 그러는 걸까?'이다. 첫 번째 의문에 대한 답은, 가볍게 들릴지 몰라도, 매우 간단하다. 어떻게 그럴 수 있냐 하면, '쉽게' 그럴 수 있다. 이 의문은 타인이 왜 그렇게 행동하는지에 대한 흥미로운 토론으로 이어질 수 있다. 생각해 볼 수 있는 답은 상대방이 무지해서, 생각을 잘못해서, 능력이 부족해서, 아니면 잘못된 행동이 내담자에게는 당황스럽지만 상대방에게는 어떤 식으로든 이익을 가져다주어서일 것이다. 간단히 정리하면, 무지함, 어리석음, 능력부족, 또는 이익이 그 이유가 될 수 있다. 타인 행동의 이유를 이해하는 것은 이 행동을 견디도록 돕는다. 하지만 타인의 행동을 이해한다 해도 타인의 행동이 변화하는 것은 아니다. 행동의 이유가 무엇이든 상관없이 타인은 계속 그렇게 행동한다. 상대방이 다르게 행동해야 한다고 내담자가 주장할 때, 상담자는 이렇게 반응할 수 있다.

"그 사람이 그렇게 행동하지 말아야 한다는 증거가 어디에 있습니까? 그런 것은 존재하지 않습니다. 사실 그 사람은 이미 그렇게 행동했습니다. 누군가가 어떤 식으로 행동해야 한다고 주장하는 것은 현명하지 않습니다. 인간은 한번 무엇인가를 하면 계속 그렇게 하기 때문입니다."

상대방에게 다르게 행동하라고 요구하기보다는 상대방이 그렇게 할 수밖에 없었던 이유를 이해하는 것이 더 나을지도 모른다.

"타인이 그렇게 행동할 때 화를 내면 무엇에 도움이 될까요? 개가 개처럼 행동할 때 우리는 놀라지 않습니다. 고양이가 고양이처럼 행동할 때도 놀라지 않습니다. 그런데 남편이 남편처럼 행동할 때 놀라는 것은 왜 그렇습니까? 남편은 늘 그렇게 해 왔습니다. 남편이 달라질 수 없다는 뜻은 아닙니다. 남편은 달라질 생각이 없어 보이고 원래 하던 대로 행동할 뿐인데 왜 놀라느냐는 것입니다. 타인에게 다르게 행동하도록 부탁할 수는 있지만 꼭 그래야 한다는 의무를 지우는 것은 이치에 맞지 않습니다."

비슷한 문제에 관한 Ellis의 논박을 살펴보자.

내담자: 사람이 그러면 안 되죠.

상담자: 당신이 그 사람의 행동을 좋아하지 않는다는 것은 이해합니다. 하지만 그렇게 말씀하시는 것이 이치에 맞습니까?

내담자: 그 사람의 행동은 분명히 잘못되었어요.

상담자: 그 사람의 행동이 잘못되었다고 가정해 봅시다. 하지만 그렇게 말씀하시는 것은 여전히 이치에 맞지 않습니다. 왜일까요?

내담자: 모르겠어요.

상담자: 당신이 세상을 마음대로 움직이는 것이 아니기 때문입니다. 그 사람에게는 잘못된 행동을 할 권리가 있습니다. 인간은 누구나 그런 권리를 가지고 있습니다.

앞에서 지적한 것처럼 절대적으로 옳거나 그른 것은 없다. 다만, 상황에 따른 선택이 존재할 따름이다. REBT에서는 결정의 옳고 그름과 상관없이 내담자의 선택권을 존중한다. 즉, 내담자는 옳지 않은 행동을 선택할 수도 있다. 그리고 타인의 행동을 통제하려는 시도가 더 큰 어려움을 가져올 수 있다는 점을 내담자에게 이해시키는 것도 중요하다.

상담자: 타인의 행동을 통제한다는 것이 무엇을 의미할까요? 우리는 대개 처벌하기, 투덜거리기, 수동적으로 저항하기, 성질 부리기 등의 부정적 방식으로 타인을 통제하려 합니다. 어떤 방식을 사용하든 상관없이 변하지 않는 사실이 한 가지 있습니다. 상대방의 뜻대로 행동할 것을 강요받은 사람은 그 상대방을 미워할 가능성이 높다는 것입니다. 그러니까 남편에게 당신을 사랑하라고 강요할수록 당신이 남편에게서 원하는 것을 얻지 못할 가능성이 높아집니다. 사실 당신이 통제할 수 있는 것은 당신 자신밖에 없습니다.

내담자: 그 사람은 저를 제대로 대접해 주지 않아요.

상담자: 예. 그것은 부당한 일입니다. 그런데 그러지 말아야 한다고 어디에 적혀 있습니까? 당신은 마치 "남편이 내 말대로 해야 한다. 내 말대로 해야 한다. 내 말대로 해야 한다."라고 외치고 있는 것 같습니다. 질문을 좀 해도 될까요? 남편을 당신 마음대로 움직이게 할 수 있습니까? 여기에 앉아 그것을 고민하는 것이 자신에게 어떻게 도움이 됩니까? 남편이 당신에게 부당한 대접을 한다는 것에 동의합니다. 하지만 당신은 오직 자기 자신만을 통제할 수 있습니다. 이제 어떻게 하고 싶습니까?

마지막으로, 타인에 대한 절대적 요구를 고집한다면 감정적 고통이 지속될 것임을 내담자에게 이해시킬 필요가 있다.

"당신에게는 타인의 변화를 요구할 권리가 있습니다. 하지만 당신은 원하는 것을 얻지 못할지도 모릅니다. 지금 해야 할 일은 타인의 행동을 통제하는 능력을 기준으로 자신의 가치를 평가하는 것을 그만두는 것입니다."

세상에 대한 절대적 요구

내담자들은 생명 없는 물체, 사회 제도 그리고 운명까지도 자기 뜻대로 통제하려 한다. "왜 이런 일이 나한테 일어나는 거예요? 이건 불공평해요!"라고 울부짖는 내담자를 자주 보았을 것이다. 하지만 세상이 내담자가 원하는 모습일 필요는 없다. 세상이 지금의 모습인 데에는 우리가 알 수 없는 복잡한 이유가 있을 것이다. 그러니까 세상은 조금도 달라질 필요가 없다. 이것이 바로 논박의 핵심이다. 이것을 설명하기 위해 다음의 비유가 자주 사용된다.

> "해가 쨍쨍 내리쬐는 더운 여름날, 제가 사무실에 앉아 있다고 합시다. 일하지 않고 스키를 타면 얼마나 좋을지 상상합니다. 그러다가 주먹을 불끈 쥐고 창가로 걸어가 스키를 탈 수 있도록 날씨가 추워지고 눈이 내리라고 명령합니다. 당신은 나를 미친 사람처럼 쳐다볼 것입니다. 그리고 저에게 날씨가 추워지고 눈이 내리라고 명령하는 것은 어리석다고 말할 것입니다. 당신의 말이 맞습니다. 세상이 내가 원하는 대로 되어야 한다고 주장하는 것은 어리석습니다. 분명 물리적 · 천문학적 · 기상학적 요소가 작용해서 해가 쨍쨍 내리쬐고 날씨가 더운 것입니다. 내 마음대로 되라고 아무리 요구하고 성질을 부려도 이것은 바뀌지 않습니다. 문제에 대한 당신의 태도가 이와 닮지 않았습니까? 당신도 역시 이러한 요구를 하고 있는 것은 아닌지요?"

이 비유는 어떤 종류의 절대적 명령을 논박할 때이든 사용될 수 있다. 다음의 예를 살펴보자.

> "날씨를 완벽하게 통제하려는 것이 어리석다면, 마찬가지로 다른 사람, 심지어 자신을 완벽히 통제하려는 것 역시도 어리석습니다."

혹시 내담자가 자신의 무엇인가를 통제하려 하고 있다면, 다음과 같이 반박하려 들 것이다.

내담자: 외부적 사건에 대해서는 그렇다 치더라도, 저는 자신을 통제할 수 있어야만 해요.
상담자: 어느 정도는 자신을 통제할 수 있습니다. 하지만 완벽하게 자신을 통제해야만 한

다고 주장하는 것은 옳지 않습니다. 사실 당신은 실수를 범하는 불완전한 인간이기 때문입니다. 이것은 날씨를 통제하려는 것과 같은 것입니다. 이해가 되십니까?

필요한 것과 가지고 싶은 것

무엇인가가 필요하다고 말하는 것은 절대적 요구의 특별한 하위 범주로 볼 수 있다. 왜냐하면 그냥 가지고 싶은 것과 생존과 행복을 위해 반드시 가져야만 하는 것을 구별하지 못하는 내담자들이 많기 때문이다. 이때 논박의 핵심은 내담자가 사용하는 언어를 있는 그대로 신중하게 살펴보는 것이다. 인간에게 절대적으로 필요한 것은 그다지 많지 않다. 약간의 음식, 물, 공기 그리고 잠잘 곳이 있으면 생물학적으로는 생명을 유지할 수 있다. 하지만 심리적 적응을 위해 무엇이 필요한지를 아는 사람은 없다. 대인관계의 어려움을 겪고 있는 내담자라면 주저 없이 "사랑만 있으면 돼요."라고 반박하겠지만 말이다. 심리학 연구에 의하면, 인간의 아이와 어린 동물은 어느 정도 애정을 받아야 건강히 잘 자란다고 한다. 하지만 어른의 경우는 사랑을 못 받으면 생명이 위험해진다는 증거가 존재하지 않는다. 사랑을 주는 것과 받는 것 모두 매우 바람직한 것이지만, 그것이 반드시 필요한 것은 아니다. 그것이 꼭 필요하다고 믿으며 그것이 꼭 필요한 것처럼 이야기하는 내담자는 마치 그것이 정말로 필요한 것처럼 행동한다. 바로 여기에서 문제가 발생한다. 논박의 첫 번째 단계는 내담자가 자신의 언어를 정돈하도록 돕는 것이다.

우리 사회는 그냥 가지고 싶은 것과 반드시 필요한 것을 구별하는 능력을 가르치지 않는다. 하지만 어린아이라 할지라도 이 능력을 습득할 수 있다. 학교에서 친구를 사귀지 못하고 있는 열한 살 여자 아이와의 면담 축어록의 일부를 소개한다.

상담자: 너는 아이들과 놀 필요가 있니?

내담자: 네!

상담자: '필요하다.'는 것이 무슨 뜻이지?

내담자: 가져야 하는 거요.

상담자: 무엇인가가 필요하다는 것은 이런 뜻이란다. 사람한테는 무엇이 필요하지? 물이 필요하겠구나. 그런데 물이 없으면 무슨 일이 일어나지?

내담자: 죽어요.

상담자: 맞아. 그리고 사람한테는 공기가 필요하단다. 공기가 없으면 어떻게 되지? 똑같은 일이 일어날 거야.

내담자: 죽을 수도 있어요.

상담자: 맞아. 그러면 음식이 없으면 어떻게 될까?

내담자: 죽어요.

상담자: 맞아. 그럼 사람한테는 음식이 필요하다고 할 수 있을까?

내담자: 네.

상담자: 물도?

내담자: 네.

상담자: 공기도?

내담자: 네.

상담자: 그래. 맞았어. 너는 컴퓨터 게임이 필요하니?

내담자: 음…… 아마…… 아닌 것 같아요.

상담자: 그런데 너는 전에 컴퓨터 게임이 필요하다고 말하지 않았니?

내담자: 네. 하고 싶으니까요.

상담자: 그래. 하고 싶으니까 필요하다는 생각이 드는구나. 하지만 컴퓨터 게임이 꼭 필요한 것은 아니지?

내담자: 네.

상담자: 그래. 꼭 필요한 것은 아니야. 그럼, 사탕이랑 아이스크림은 필요하니?

내담자: 아니요.

상담자: 필요는 없지만 먹고는 싶구나. 그렇지?

내담자: 네.

상담자: 그런데 필요한 것은 아니로구나. 그렇지?

내담자: 네.

상담자: 좋아. 새 자전거가 필요하니?

내담자: 아니요. 저 자전거 있어요.

상담자: 그런데, 자전거가 고장 나면 새 자전거가 필요할까?

내담자: 네.

상담자: 그렇지 않단다. 너는 아마 새 자전거를 가지고 싶을 거야. 하지만 자전거가 필요한 것은 아니란다. 선생님이 하고 싶은 말은 자전거가 없다고 해서 죽지는 않는다는

거야. 그렇지?

내담자: 네.

상담자: 새 자전거가 없어도 계속 살 수 있지?

내담자: 네.

상담자: 새 자전거를 가지는 것만큼 재미있지는 않겠지만, 계속 살아갈 수는 있어. 그렇지? 헌 운동화에 구멍이 나면 새로운 운동화가 필요할까?

내담자: 아니요.

상담자: 이제 가지고 싶은 것과 필요한 것의 차이를 이해하겠니? 차이가 뭘까? 선생님한테 설명해 줄래?

내담자: 필요한 것은 없으면 죽는 거예요.

상담자: 그래. 필요한 것은 살아가기 위해 꼭 있어야만 하는 것이란다.

내담자: 그리고, 가지고 싶은 것은 그냥 가지고 싶은 거예요.

상담자: 맞아. 그게 좋아서 그냥 가지고 싶은 거야. 지수는 학교에서 아이들이 자기를 좋아해 주면 좋겠다고 해. 이것은 가지고 싶은 것일까 필요한 것일까?

내담자: 가지고 싶은 것이요.

상담자: 맞아. 가지고 싶은 거야.

내담자: 네.

상담자: 오늘 가지고 싶은 것과 필요한 것에 대해 이야기를 좀 했어. 상상을 좀 해 볼까? 지수가 이런 혼잣말을 하고 있다고 하자. '누구누구는 학교에서 꼭 나랑 놀아 줘야 해. 그 아이가 나를 좋아해 줘야만 해. 이건 꼭 필요한 거야. 꼭 그래야만 해.' 그런데 혹시 그 아이가 지수를 좋아해 주지 않으면 기분이 어떨까?

내담자: 슬퍼요.

상담자: 많이 슬퍼, 조금 슬퍼?

내담자: 많이.

상담자: 많이 슬프구나. 그럼, 이런 혼잣말을 하면, 기분이 어떨까? '채율이는 나를 좋아해 줘야 해. 나는 채율이랑 친해져야만 해. 나한테는 이게 꼭 필요해.'

내담자: 채율이랑 친해지고 싶어요.

상담자: 채율이랑 친해지고 싶구나. 혹시 '나는 채율이랑 친해져야만 해.'라고 생각했는데, 채율이가 싫다고 하면 기분이 어떨까?

내담자: 채율이가 싫다고 하면요?

상담자: 그래. 채율이가 싫다고 한다면 말이야. '채율이랑 친해져야만 해. 나한테 꼭 필요한 일이야.'라고 혼잣말을 하고 있었는데, 채율이가 싫다고 하면 기분이 어떨까?

내담자: 슬퍼요.

상담자: 많이 속상할 거야. 그럼, 그 대신 이런 혼잣말을 해 보도록 하자. '채율이가 나를 좋아해 주면 좋겠어. 나는 채율이랑 친해지고 싶어. 하지만 혹시 채율이가 싫다고 말해도 나는 잘 살 수 있어.' 이렇게 말하면, 마음이 조금 슬플까, 많이 슬플까?

내담자: 조금 슬퍼요.

파국화

비합리적 신념 중에서 파국화를 논박할 때에는 파국이라는 개념 자체를 공략할 필요가 있다. 사람들은 '끔찍하다.' '비참하다.' '최악이다.' 등의 말로 파국화를 표현한다. Ellis의 경우, 우선 '끔찍하다.'는 표현이 완전히 나쁜 것, 일어날 수 있는 최악의 상황, 고문당해 서서히 죽어 가는 것 등 다양한 뜻을 가질 수 있다는 것에 대해 내담자의 동의를 얻는다. 내담자가 묘사한 사건이 정말 끔찍한 일인지에 대해 상담자가 질문하면, 내담자들은 대개 다음과 같이 방어적 반응을 나타낸다.

상담자: 여자 친구에게 차여서 혼자 남겨졌다고 가정해 봅시다. 이것은 끔찍한 일일까요?

내담자: 기분이 우울하니까 비참하겠죠.

상담자: 거꾸로 말씀하시는군요! 부정적 감정은 생각에서 비롯됩니다. 이 일을 그냥 언짢은 일이라고 규정해 봅시다. 여자 친구가 나를 좋아하지 않는 것이 아주 나쁜 일입니까? 아까처럼 기분이 우울해지겠습니까?

내담자: 아니요.

상담자: 그 일이 비참한 일이라는 생각을 그만두면, 우울한 감정도 함께 그만두는 것입니다. 여전히 아쉽겠지요. 아마 무척이나 아쉬울 것입니다. 하지만 우울하지는 않겠지요. 여자 친구에게 차이는 것이 끔찍하고 비참하고 최악의 상황이라는 증거가 어디에 있습니까?

어떤 사건이 최악의 상황이 아니라는 것을 일깨우는 방법 중에 현재의 사건을 다른 상황과 비교하는 전략이 있다. “더 나쁜 상황을 상상할 수 있습니까?” “그렇게 끔찍한 상황이라면, 지금 어떻게 살아 있나요?”라고 묻는 것이다. 이보다 더 구체적인 탈파국화 기법은 1점에서 100점까지의 **끔찍함 척도**(awfulness scale)를 사용하는 것이다. 100점을 상상 가능한 최악의 상황(예를 들면, 팔다리가 잘린 뒤 암으로 죽는 것)이라고 한다면, 현재의 문제에 몇 점을 부여할지 내담자에게 물어볼 수 있다. 예를 들면, 성질이 고약한 남편을 둔 것은 대략 20점에서 30점 사이에 놓이게 될 것이며, 이것은 상황을 보다 정확하게 바라보는 것이다.

글상자 11-1

어떤 상담자들은 토론 중인 사건을 ‘언짢은 일’과 ‘세상의 종말만큼 끔찍한 일’ 중 어느 한쪽으로 분류하도록 내담자에게 요청하며 논박을 시작한다. 이러한 강제 선택법은 내담자가 탈재앙화를 시작하도록 도울 수 있다.

이 기법을 약간 변형해서 상황이 더 나빠진 것을 상상하도록 내담자에게 요청해 볼 수도 있다. 한 가지 예를 살펴보자.

“아내와 이혼을 했습니다. 당신은 마치 이 일이 삶에서 일어날 수 있는 최악의 사건인 것처럼 이야기합니다. 이 일이 실제로 얼마나 나쁜 일인지 함께 생각해 보면 좋겠습니다. 예를 들어, 아내와 이혼을 하는 것뿐만 아니라, 집을 잃거나, 아이들이 심각한 병에 걸리거나, 직장을 잃는 일이 함께 일어날 수도 있습니다. 괴로운 일이 때로는 더 늘어날 수도 있다는 점을 생각하면, 이혼을 보다 차분하게 바라보는 데에 도움이 되겠습니까?”

아이들을 상담할 때, 필자의 지인 중 Virgina Waters는 이와 비슷한 **‘끔찍한 일 목록’** 활동을 사용하곤 했다. 칠판이나 큰 종이에 아이들이 ‘끔찍한 일’이나 ‘재난’을 최대한 많이 떠올려서 적게 한다. 영화나 TV에서 재난을 많이 보았기 때문에 아이들은 어렵지 않게 목록을 만들어 낸다. 9.11 테러 사건, 허리케인 카트리나, 아이티 지진 등이 목록에 올라온 다음에, 상담자는 아이의 호소문제—예를 들면, “영철이가 내 자리를 뺐었어요.”—를 목록에 추가한다. 이 문제가 끔찍한 일 목록에 해당하지 않는다는 것을 굳이 설명하지 않아도 아이들은 쉽게 이해한다. 이 활동은 성인에게도 성공적으로 활용될 수 있다.

상담자가 적절한 질문을 제시하며 잘 안내해 주면 내담자는 스스로 탈파국화에 성공할 수 있다. 유용한 질문에는 다음과 같은 것이 있다.

- "이 상황이 실제로 가져올 수 있는 결과는 무엇입니까?"
- "이 상황이 얼마나 지속되겠습니까?"
- "이 상황을 어떻게 견뎌 내겠습니까?"
- "대처계획을 자세히 짜 봅시다."

이렇게 체계적으로 내담자를 안내하는 것이 열변을 토하며 설득하는 것보다 훨씬 더 바람직하다. 이러한 안내를 통해 내담자는 파국화를 완화시킬 뿐만 아니라 상황을 현실적으로 바라보고 대처전략을 세울 수 있게 된다. 최근 필자가 이끈 집단상담에서 한 내담자가 이렇게 질문했다.

> "정말로 나쁜 일에 대해 REBT에서는 어떻게 하라고 하나요? 나쁜 일에 대해 좋게 느껴야 하는 건가요?"

이것은 일반인뿐만 아니라 전문가들도 흔히 품는 의문이다. 이에 대한 답은 한마디로 "아니요!"이다. '긍정적 생각'과 달리 REBT는 어떤 나쁜 일에도 좋은 면이 있다는 식의 입장을 취하지 않는다. 정말로 나쁜 일은 분명히 일어난다. 좋은 것과 나쁜 것 사이에서 고를 수 있는 상황이 아니라 두 개의 나쁜 선택지 중에서 하나를 골라야만 하는 경우도 있다. 이럴 때 REBT가 어떻게 도움이 될까? 내담자가 파국화를 하며 상황을 더욱 나쁘게 만들지 않도록 돕는다.

촉발사건 A가 정말 아주 나쁜 일이라고 하자. 척추 손상, 사지 절단, 자녀의 죽음과 같은 것을 예로 들 수 있을 것이다. 상담자는 무엇을 할 수 있을까? 우선, A가 매우 고통스러운 일이며 대부분의 사람들이 그렇게 느낄 것임을 인정해 주면서 슬픔의 과정을 자신에게 허락하도록 조언한다. 시간이 지나면, 사람들은 대부분 자기의 삶을 살아갈 수 있게 되며, 나쁘지만 바꿀 수 없는 A에 대처하는 태도, 즉 철학을 발전시킨다. 높은 강도의 부정적이지만 순기능적인 감정을 잠시 또는 평생 동안 항상 느끼며 사는 사람도 있다. 한 가지 생각을 고집하는 것이 자신에게 도움이 되지 않는다는 것을 내담자에게 이해시킬 필요가 있다. 다시 이야기하지만, 좋은 것과 나쁜 것 사이에서 고를 수 있는 상황이 아니라 두 개의 나쁜 선택지 중에서 하나를 골라야만 하는 경우도 있다. 하지만 내담자는 자신에게 주어진 선택지들에 대해 어떻게 느낄지를 어느 정도는 통제할 수 있다. 이미 일어난 나쁜 일을 수용하는 것은, 그것이 과장된 것이든 아니든 상관없이, 내담자가 겪고 있는 감정적 고통을 감소시키는 열쇠이다.

한 가지 사례를 살펴보자. 내담자는 젊은 남성이었는데 회복불능의 척추 손상과 더불어 십이지장 궤양과 근육 경련까지 앓고 있었다. 내담자는 척추 손상에 대해 과도할 만큼 괴로워했으며, 이것은 근육 경련을 더욱 악화시켰다. 이러한 경우, 척추 손상에 대해 우울해하는 것을 그만두면, 건강이 호전될 수 있다. 이 내담자에게는 나쁜 일이 넘칠 만큼 많이 일어났다. 하지만 분명한 것은 여기에 우울까지 추가시킬 필요는 없다는 점이다.

내담자가 신체장애와 같은 문제를 수용하도록 돕는 것은 죽음을 수용하도록 돕는 것과 유사한 부분이 있다. Kübler-Ross(1969)[1]가 이야기한 것처럼, **수용**은 단순한 과정이 아니라 몇 개의 단계들로 이루어져 있다. 많은 감정(예를 들면, 분노, 공포)을 다루어야 하며, 내담자가 상황을 강하게 부정하고 있을 수도 있다. 일련의 단계를 거쳐 죽음을 수용하는 것은 일종의 개념적인 스키마이다. 모든 사람들이 모든 단계를 거치는 것은 아니며, 정해진 순서를 따르는 것도 아니다. 하지만 REBT는 현재의 단계에서 다음 단계로 전진하도록 촉진하는 데에 도움이 된다.

심각한 장애나 불치병을 가진 내담자에 대해 파국적 예측을 하는 상담자들이 많다. 이들의 건강 상태는 그 자체가 감정적 고통의 원인이 되는 것은 아니다. 연구에 의하면, 불치병 환자들 대부분이 만성적으로 감정적 고통을 겪고 있지는 않으며 주어진 조건에 능숙히 대처하며 생활하고 있다(Sobel, 1978; de N. Abrantes-Pais et al., 2007; Livneh & Cook, 2005; Livneh et al., 2006). 그러므로 상담자는 감정적 고통이 정상적 반응이라고 생각할 필요가 없다.

촉발사건이라는 고통스러운 현실을 인정하는 것에 더해, REBT에서는 내담자의 역량과 장애 모두에 초점을 맞춘다. 처음에는 이렇게 두 가지 모두에 초점을 맞추는 것이 어려울 수 있지만, 상담이 진전됨에 따라 "지금 있는 것을 가지고 무엇을 할 수 있습

1) [역주] 죽음에 대한 연구에 일생을 바친 정신과 의사이며, 자신 및 타인의 죽음을 수용하는 다섯 가지 단계, '부정-분노-타협-우울-수용'을 주장했다.

니까?"라는 문제를 내담자와 토론하는 것이 중요해진다. 내담자들은 현재의 문제 때문에 자기의 인생이 끝났으며 행복의 가능성은 없다고 비합리적 결론을 내리고 있을지 모른다. 이런 경우의 유용한 원칙은 장애가 미치는 영향을 과잉 일반화하지 않고 특정한 영역으로만 국한시키는 것이다.

이런 측면에서 볼 때, REBT 상담자들은 다른 상담자들이 생각하지 못하는 일을 할 수 있을 것이다. 그것은 바로 상황이 아주 나쁘다는 점을 인정하는 것이다.

내담자가 파국화를 그만두어야 하는 실질적 이유도 있다. 첫째, 파국화는 높은 수준의 **불안**을 일으켜서 문제해결을 방해한다. 불안을 감소시키면, 어려운 문제를 다루는 능력이 신장된다. 만약 내담자가 곧 다가올 문제에 대해 파국화를 하고 있다면, 상담자는 걱정이 상황을 악화시킬 뿐이라는 점을 지적해야 한다. 이것은 문제를 두 번 겪는 것이다. 한 번은 문제를 미리 걱정할 때, 또 한 번은 문제가 실제로 일어났을 때이다. 혹시 불편감이 피할 수 없는 것이라면, 차라리 이것을 즐기는 편이 낫다.

파국적 생각은 대개 높은 수준의 불안을 일으키며 흔히 **회피행동**으로 귀결된다. 회피행동의 문제는 일시적으로 불안 감소의 효과가 있을지 몰라도, 이 효과가 결국 더 많은 회피행동을 강화시킨다는 점이다. 예를 들어, 민들레를 밟는 것에 대한 비합리적 공포를 가진 사람이 있다고 하자. 민들레 한 송이를 피해 걸어가면, 손쉽게 그리고 개인적 자유에 별다른 제약을 받지 않고 문제를 회피할 수 있다. 하지만 작고 보잘것없던 민들레 한 송이는 빠르게 여러 송이로 불어난다. 그리고 머지않아 이 사람은 가는 길마다 여러 송이의 민들레로 막혀 있는 것을 보게 될 것이다. 결국 이 사람은 겁에 질릴 것이며 움직임이 심각하게 제한되고 말 것이다(LeDoux, 2000).

회피행동에 주목하라. 때때로 내담자들은 긍정적 사건을 회피하기도 한다. 자기가 상상하는 미래의 고통을 방지하기 위해서이다. 대표적인 예는 친밀한 관계를 갈망하면서도 이것을 회피하는 내담자들이다. 이들은 이성과 사귀는 것을 거부한다. 언젠가 헤어질 것이 두렵기 때문이다. 이별을 파국적인 것으로 규정했기 때문에 현재의 즐거움을 스스로 박탈하고 만다. 이러한 파국화로 인한 결과는 내담자에게 큰 손해가 아닐 수 없다.

REBT 상담자들은 파국화를 타파하기 위해 행동적 논박을 즐겨 사용한다. 이것은 내담자들이 문제를 피하지 말고 정면으로 맞서도록 독려하는 것이다. 이를 통해 행동의 결과가 견딜 수 없이 나쁠 것이라는 가설이 틀렸음을 증명할 수 있다. Ellis는 이러한 행동적 논박을 '**위험 감수**(risk-taking)'라고 불렀다.

Ellis는 내담자가 위험을 감수하도록 독려했다. '너무 힘들어' 보이는 바로 그것 또는 '너무 무서워' 보이는 바로 그것을 수행하도록 강하게 밀어붙이면, 내담자들은 파국화를 그만둘 수 있을 것이다. Ellis는 체계적 둔감화나 이완 훈련과 같이 친절한 전통적 기법은, 내담자의 감정적 고통을 유지시키는 등, 그 자체가 문제를 초래할 수 있다고 믿었다. 왜냐하면 이 기법들이 불편감 회피를 강화하고 감내력 과소평가를 허용하기 때문이다. Ellis는 상담자들이 내담자를 응석받이로 만들어서 고통 속에 머물도록 돕고 있다고 주장했다. 두려움과 습관적 회피를 극복하는 가장 효과적인 방법은 '두 눈 딱 감고 문제 속으로 뛰어드는 것'일 때가 많다. 달리 말하면, REBT에서는 불안 단계표의 바닥이 아니라 꼭대기에서 출발하는 홍수법이나 내파법을 권장한다. 이러한 주장은 실증 연구들에 의해 지지되고 있다(예를 들면, Marks et al., 1971; Rachman et al., 1973). 최근 심리치료계에서 심상적 노출법에서 실제 노출법으로, 점진적 방식에서 홍수법으로 전환이 이루어지고 있는 것은 REBT가 선택한 방향으로 시대정신이 움직이고 있음을 보여 준다. 위험 감수 연습은 16장에 소개되어 있다.

글상자 11-2

새내기 상담자들은 파국화를 다루다가 내담자의 미움을 사곤 한다. 불치병, 성폭력, 자연재해와 같은 경우, 사건의 '끔찍함'을 논박하지 말라고 권유하고 싶다. 논박이 초점을 맞추어야 하는 부분은 사건에 대한 파국화 때문에 발생하는 결과이다. 내담자가 '끔찍하다.' 또는 '비참하다.'고 여기는 것은 주관적인 문제이기 때문에 이것을 논박하면 내담자는 상담자가 자기를 이해해 주지 못한다는 결론을 내리고 갑자기 상담을 중단하게 될지도 모른다. 아마도 Ellis는 홀로코스트가 비참하다는 믿음까지도 논박했겠지만, 독자들에게는 이러한 극단적인 직면을 피하도록 권한다. Ellis는 풍부한 지식과 경험 덕분에 이러한 극단적 예를 내담자에게 사용할 수 있었다. 하지만 필자의 경험에 의하면, 아무리 경험 많은 상담자라 하더라도 이렇게 극단적인 예를 사용하면 내담자에게 환영받기 어렵다.

인간의 가치

인간의 가치에 관한 저술에서 Ellis는 자신 및 타인을 폄하하는 내담자의 발언—예를 들면, "나는 무가치한 실패자예요." "그 사람은 아무짝에도 쓸모없는 인간이에요."—에 대해, 논리적으로 또는 과학적으로 한 인간이 다른 인간보다 더 가치 있다는 것을 확실하게 증명할 방법은 존재하지 않는다고 말했다. 인간의 가치에 차이가 있는지를 평가할 방법이 없기 때문에 우리에게 주어진 영가설은 **모든 사람들의 가치가 동일하다**는 것이다. 이러한 표현에도 사실은 문제가 있다. '가치'라고 하는 특성을 가정하는 것은 이와 반대의 개념인 '무가치'의 가능성을 내포하기 때문이다. 훗날 Ellis는 자신의 이론에서 가치라는 개념을 제거하고, **무조건적 자기수용**을 주장했다.

자기 가치에 대한 신념은 매우 변화시키기 어렵다. 아동의 경우, 아동에 대한 포괄적 가치 평가—예를 들면, "너는 참 착하구나!"—를 반복하는 어른들에게 둘러싸여 자라기 때문에, 상담자가 무조건적 자기수용을 이해시키기는 것은 어려운 일이다. 그리고 청소년들에게 또래들의 찬사가 불필요한 것임을 이해시키는 것은 더욱 어려운 일이다. 이와 관련해서 가르쳐야 할 중요한 개념이 있다. 자신의 가치에 대한 사람들의 의견이 그대로 사실이 되는 것은 아니라는 관점이 그것이다. 사람이 아닌 대상을 주제로 의견과 사실의 차이를 지적하는 것도 좋은 방법이다. 예를 들어, 상담자가 자신의 손목시계를 가리키며 이것이 세상에서 가장 아름다운 시계라고 말한다고 하자. 상담자의 말 때문에 이 시계가 정말 그렇게 되는가? 상담자가 가르치고 있는 것은 의견과 사실이 별개라는 점이다. 상담자의 발언이 의미하는 것을 정확히 표현하면, '나는 이 시계가 세상에서 가장 아름답다고 판단한다.'일 것이다. 내담자가 이것을 이해하면, 그 다음에 할 일은 다음과 같이 개인적 의견에 대한 토론으로 넘어가는 것이다.

> "당신의 친구가 당신을 칠면조라고 생각한다고 합시다. 그러면 정말 칠면조가 됩니까? 만약 당신의 친구들 모두가 당신을 칠면조라고 부른다면, 당신은 칠면조가 되는 것입니까?"

달리 말하면, 타인의 지지나 존경을 얼마나 받는지를 기준으로 자신의 가치를 평가할 필요는 없다. 심지어 신에게 인정받는지의 여부로 자신을 평가할 필요도 없다(예를 들면, "예수님은 나를 사랑하신다. 그러니까 나는 괜찮은 사람이다."). 중간에 끼어드는 요인들을 모두 생략하고 곧바로 자기 자신을 수용하기로 마음먹으면 된다. 사실 자기 가치에 대한 진술은 모두 과잉 일반화라고 할 수 있다. 이 논리적 오류를 수정하는 모습을 다음의 대화에서 살펴보자.

내담자: 전 정말 루저예요!

상담자: 루저라고요? 용어 선택에 문제가 있어 보이는군요. 스스로에게 붙인 루저라는 이름표는 당신의 행동뿐 아니라 내면까지도 모두 형편없다는 뜻을 담고 있습니다. 자신을 형편없는 인간이라고 규정해 버린 것입니다. 당신의 말이 맞다면, 당신은 형편없는 행동을 해야 합니다. 그것도 아주 유별하게 그리고 영원히 형편없는 행동을 해야 합니다. 그것이 당신의 운명입니다. 자신이 과잉 일반화를 하고 있다는 것을 아시겠습니까?

설명을 덧붙이면, 내담자에게 형편없는 사람과 형편없는 행동의 차이를 가르치는 것이 중요하다. 달리 말하면, 내담자와 내담자의 행동을 동일시하지 말아야 한다는 것이다. 이 개념을 가르치는 한 가지 방법은 내담자가 자신의 언어를 관찰하며 자기에게 붙인 이름표, 즉 명사를 동사로 변환하도록 돕는 것이다. "나는 나쁜 엄마예요."라고 말하는 것보다는 "아이를 잘 돌봐주지 못하고 있어요."라고 말하는 것이 더 정확하게 상황을 설명한다. '나쁜 엄마'라는 이름표는 명백한 과잉 일반화이다. 아이에게 오직 나쁜 행동만을 하는 엄마를 찾는 것은 거의 불가능하기 때문이다. 심지어 Harlow(1958)의 실험에 등장한 '괴물 같은' 어미 원숭이조차도 때때로 새끼 원숭이를 어루만지는 모습이 관찰되었다. 이름표를 붙이지 말고 동사로 자신을 표현하도록 독려하는 이유는 이름표 자체가 근본적으로 과잉 일반화이기 때문이다. 예를 들어, 우리는 "나는 상담자이다."라고 말하지만, 실제로는 상담 이외에도 다른 많은 일을 한다. 즉, 인간은 매우 복잡해서 어느 한 가지 범주에 속한다는 판단을 내릴 수 없다. 이러한 인간의 복잡성은 인간을 평가될 수 없는 존재로 만든다. 그래서 Ellis는 내담자들에게 자신의 에고(ego)를 내려놓으라고 권했다. 물론 행동 주체로서의 에고가 아니라 평가 주체로서 에고를 말이다. 다음에 제시하는 비유는 REBT 상담자들이 인간의 복잡성을 소개할 때 자주 활용된다.

"아주 커다란 과일 바구니를 선물 받았다고 상상해 봅시다. 바구니에 손을 넣어 예쁜 빨간 사과 한 개를 꺼냅니다. 그다음에는 잘 익은 배 한 개, 그다음에는 썩은 오렌지 한 개, 그다음에는 먹기 좋게 익은 바나나 한 개를 꺼냅니다. 그다음에는 포도송이를 꺼냈는데 물러진 포도알도 몇 개 달려 있습니다. 과일이 어떻다고 설명하겠습니까? 일부는 좋고 일부는 그렇지 않습니다. 그래서 과일 몇 개는 내다 버리고 싶은 마음이 들기도 합니다. 과일 바구니에 어떤 이름표를 붙이겠습니까? 보시다시피 과일 바구니는 당신을 상징합니다. 익은 정도 또는 상한 정도가 다른 여러 과일들은 당신이 가진 여러 특성을 가리킵니다. 하나의 특성을 기준으로 자신을 평가하는 것은 마치 과일 바구니에 썩은 과일 한 개가 들어 있으니까 과일 바구니가 나쁘다고 말하는 것과 같습니다."

Wessler는 자기를 평가하는 행위의 불합리함을 보여 주는 도표를 고안해 내었다. [그림 11-1]의 수평축과 수직축을 주목하라. 사람들의 자존감은 수평축상의 조건들에 좌우되는 경우가 많다. 일이 잘 풀릴 때는 자신을 높게 평가한다(지점 1). 반면, 일이 잘 안 풀릴 때는 자신을 낮게 평가한다(지점 2). 여기에서 문제가 되는 것은 바로 자신을 포괄적으로 평가하는 행위이다. '**자기과장**(wonderfulizing)'은 **자기비하**만큼이나 비합리적이다. 이러한 평가가 어리석은 이유는, 외적인 조건이 나빠졌을 때 '**비합리의 사선**(irrational diagonal)'을 타고 미끄러져 내려올 것이기 때문이다. 보다 합리적인 관점은, 수평축상의 조건과 상관없이, 수직축의 중앙 지점에 머무는 것이다. 자신을 높게 평가하는 것은 자신을 낮게 평가할 가능성도 함께 내포한다. 따라서 보다 우아한 해결책은 자기를 평가하는 행위 자체를 그만두는 것이다.

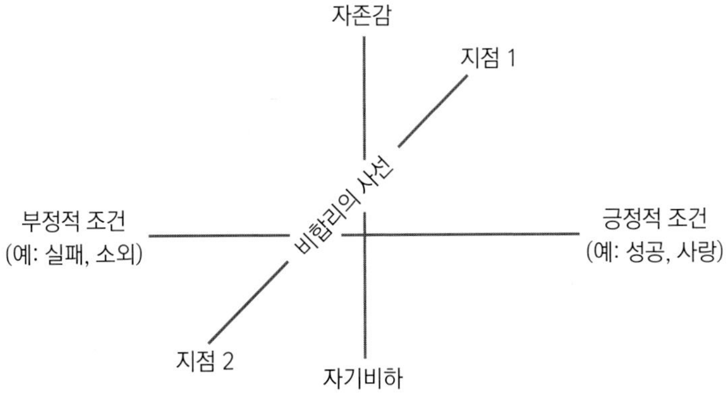

[그림 11-1] 자기평가의 오류

'상담 시간에 가장 많은 노력을 해야 하는 사람은 내담자이다.'라는 REBT의 입장에 부합하는 대표적인 전략이 한 가지 있다. 상담자가 내담자에게 실패자 또는 가치 없는 인간이 아님을 증명하려 애쓰는 것이 아니라, 이와 반대로 내담자가 상담자에게 자신이 그러한 인간임을 증명해 보도록 요구하는 것이다. 이 전략은 사용하기 수월할 뿐만 아니라, 내담자에게 '나 자신과 나의 행동은 같은 것이 아니다.'라는 의미 있는 통찰을 가져다주기도 한다. 요지는 자기평가를 그만두고, 그 자리에 자기수용 또는 자기감내(self-tolerance)를 채워 넣어야 한다는 것이다.

상담자: 영수 씨가 인생 실패자라는 것을 저에게 증명해 보십시오.

내담자: 이미 말씀드린 것처럼 저는 손대는 것마다 다 실패했어요.

상담자: 그랬지요. 그런데 그것이 영수 씨를 어떻게 인생 실패자로 만듭니까?

내담자: 저는 정말 많은 일을 망쳤어요.

상담자: 알고 있습니다. 하지만 자신을 인생 실패자라고 부를 때, 영수 씨가 무엇을 하고 있는지 아십니까? 영수 씨는 예측을 하고 있습니다. 영수 씨가 항상 인생 실패자라는 특성을 지니고 살 것이며, 무엇을 시도하든 실패할 운명이라는 예측입니다.

내담자: 그게 괴로운 거예요. 전 항상 실패만 할 것 같아요.

상담자: 영수 씨가 앞으로 항상 실패만 할지는 아무도 알 수 없습니다. 게다가 과거에도 항상 실패만 한 것은 아니라는 증거도 있습니다. 그러니까 영수 씨는 인생 실패자일 수 없습니다. 예를 들어, 만일 영수 씨가 사과라고 한다면, 과거에도 그렇고 앞으로도 계속 사과의 특성을 가지고 있을 것입니다. 영수 씨는 사과 말고 다른 것이 될 수 없습니다. 하지만 인생 실패자는 이것과 다른 문제입니다. 영수 씨가 과거에도 항상 실패했고 앞으로도 계속 실패할 것임을 저에게 증명해 보십시오.

내담자: (웃으며) 못할 것 같네요.

상담자: 그렇습니다. 실패는 항상 하는 것이 아닙니다. 안 할 때도 있습니다. 그러니까 영수 씨는 인생 실패자가 아닙니다.

많은 내담자들이 어려워하는 문제는 자신의 신체적 특징을 수용하는 것이다. 놀랍게도 이 문제는 여성들 못지않게 남성들에서도 흔히 나타난다. 자신의 신체적 현실에 대한 지각이 왜곡되었음을 내담자에게 인식시키는 전략은 그다지 효과를 거두지 못하는 것으로 보인다. 거울에 비친 자신의 모습을 좋아하지 않는다는 것은 사실 내담자들이 미적인 판단을 내린다는 뜻이다. 개인적 취향의 문제는 바꾸기 어렵다. 거울에 비친 모습이 자신이 선호하는 모습이 아니라는 것만 문제인 것이 아니라, 파국적 생각을 하며 자신을 수용하기를 거부하는 것 또한 중요한 문제이다. 상담자가 내담자의 지각을 수용하며 이것을 논박하는 예를 살펴보자.

상담자: 말씀하신 대로 움푹 들어간 눈을 가지고 있군요. 이 정보를 가지고 지금 무엇을 하고 있습니까? 혹시 자기 자신에게 이런 말을 하고 있는 것은 아닙니까? '움푹 들어간 눈 때문에 나는 비참해.'

내담자: (웃으며) 움푹 들어간 눈을 좋아하는 사람도 제법 있어요.

상담자: 그게 무슨 말씀입니까? 괜찮다는 이야기를 또 타인에게 듣고 싶어 하는군요. 움푹 들어간 눈을 가진 자신을 수용할 수 있겠습니까?

내담자는 처음에 누군가가 움푹 들어간 눈을 좋아해 주면 자신의 눈을 받아들일 수 있다고 말했었다. 하지만 이것은 조건적 수용을 의미하기 때문에 좋지 않은 해결책이다. 상담자는 타인의 인정과 상관없이 내담자가 자기수용을 향한 노력을 계속하도록 격려했다.

외모 고민은 촉발사건 A를 다시 살펴보는 것이 그다지 도움이 되지 않는 문제일 수 있다. 이럴 때는 바뀔 수 없는 특성을 수용하는 것이 중요하다. 물론 성형수술이나 콘택트렌즈 등을 통해 외모를 개선할 수 있다면, 바뀔 수 있는 것을 바꾸도록 격려하는 것이 상담자의 역할일 것이다.

많은 내담자가 외모에 대해 괴로워하고, 이성에게 거절당했을 때 자신을 비하한다. 이 내담자들은 특정한 이성에게 신체적 매력을 인정받지 못하면 자신이 완전히 매력 없고 무가치하다고 여긴다. 다음과 같이 음식에 대한 은유가 논박에 유용하게 활용될 수 있다.

상담자: 그러니까, 그 여자 분이 범준 씨에게 관심이 없군요. 그것이 범준 씨에 대해 무엇을 의미할까요?

내담자: 아무도 나를 좋아하지 않을 것이란 생각을 혼자서 하곤 해요. 전 별 볼 일 없는 인간인 것 같아요.

상담자: 무엇이 범준 씨를 별 볼 일 없게 만듭니까?

내담자: 현경이가 저랑 사귀고 싶지 않다고 하네요.

상담자: 그것은 이성에 대한 현경 씨의 취향과 관련된 문제가 아닐까요? 음식에 대한 취향과 비슷한 것입니다. 범준 씨는 치킨을 좋아합니까?

내담자: 네.

상담자: 생선은 어떻습니까?

내담자: 어우…… 생선은 건들지도 않아요.

상담자: 그것이 생선에 대해 무엇을 말해 줍니까? 아니면 치킨에 대해서?

내담자: 음, 아무것도 없는 것 같은데요.

상담자: 그렇습니다. 범준 씨가 생선을 좋아하지 않더라도 많은 사람들이 생선을 좋아합니다. 범준 씨가 치킨을 좋아하기 때문에, 그래서 치킨이 훌륭한 음식이라거나 다른 사람들도 치킨을 좋아해야 한다는 것을 뜻하지는 않습니다. 사람들이 범준 씨에 대해 갖는 견해는 음식에 대한 선호와 같습니다. 사람들이 누군가를 좋아한다는 것은 그 사람의 취향이나 선호를 보여 주는 것이지 범준 씨가 어떤 사람이라는 것을 말해 주는 것은 아닙니다. 그러니까, 그 여자 분에게 범준 씨와 사귀고 싶은 마음이 없는 것이 무엇을 의미할까요?

내담자: (웃으며) 제가 현경이의 취향이 아닌가 보네요!

자기 가치에 관한 비합리적 신념의 특별한 하위 범주로 경쟁의 문제를 눈여겨볼 필요가 있다. 어떤 내담자는 자기가 유능해져야 할 뿐 아니라 남보다 더 유능해야 한다고 믿는다. 이들의 마음의 평화는 자기가 남보다 더 잘하는 것에 달려 있다. 이것은 자기평가와 타인평가를 함께 포함하는 문제이다. 타인과 비교해서 자기가 떨어진다고 판단되면, 우울, 질투, 시기의 감정을 느낀다. 자신과 타인을 비교하는 것은 삶의 자연스러운 부분이며, 자신의 역량을 개선하는 데에 도움이 되기까지 한다. 하지만 내담자가 과잉 일반화와 자기비하를 할 때는 문제가 된다.

이러한 내담자를 위해 상담자가 할 수 있는 일은 아무리 자신과 타인을 비교해도 그것의 결과로 자신이 조금도 변하지 않음을 말해 주는 것이다. 예를 들면, “당신의 키가 157cm인데, 183cm인 사람을 만나면, 이전보다 키가 작아집니까?” 또는 “누군가가 당신보다 더 높은 점수를 받으면, 그것 때문에 당신의 실력이 줄어듭니까?” 그러나 이보다 더 우아한 해결책은 역시 평가라는 개념 자체를 내려놓으려는 노력을 기울이는 것이다. 가장 기본적인 삶의 목표는 즐겁게 사는 것이다. 자신과 타인에게 또는 하느님 앞에서 자신을 증명하는 것이 아니다. 자기 가치에 관한 논박 전략의 예를 훈시와 소크라테스식 문답으로 나누어 살펴보자.

훈시

상담자: 다소 당황스러울 수도 있는 이야기를 하겠습니다. 다인 씨는 잘난 사람, 좋은 사람, 대단한 사람, 똑똑한 사람이 아닙니다. 그렇다고 해서 다인 씨가 형편없는 사람, 못된 사람, 어리석은 사람, 무책임한 멍청이인 것도 아닙니다.

내담자: 그게 무슨 말씀이시죠?

상담자: 다인 씨는 지금 이야기한 두 부류의 사람 중에서 어느 쪽에도 해당되지 않습니다. 다인 씨는 인간입니다. 인류 중의 한 명입니다. 다인 씨가 인간이라는 사실은 다인 씨에게 장점도 어느 정도 있고 단점도 어느 정도 있다는 것을 뜻합니다. 아마도 다인 씨가 꽤 잘하는 일들이 있을 것입니다. 하지만 다인 씨는 인간적인 실수를 하는 경향도 함께 가지고 있습니다. 살아 있다는 것, 인간이라는 것이 의미하는 바가 바로 이것이기 때문입니다.

내담자: 음.

상담자: 그리고 고민을 해결하려면 다인 씨의 신념체계를 저와 함께 탐색할 필요가 있습니다. 다인 씨는 지금 하나의 신념체계를 꼭 쥐고 있습니다. 이것 때문에 '좋다-형편없다' '유능하다-멍청하다'와 같이 어느 한쪽 범주로 자신을 규정짓고 있습니다. 마치 자신이 무슨 단순한 상품이라도 되는 것처럼 분류해서 이쪽 또는 저쪽 상자에 집어넣고 있습니다.

내담자: 그게 뭐 잘못됐나요?

상담자: 어느 쪽 상자에도 다인 씨를 담을 수 있는 없습니다. 다인 씨는 복잡한 존재입니다. 모든 사람이 다 그렇습니다. 예를 들어, 다인 씨가 A학점을 받을 만큼 보고서를 아주 잘 썼다고 합시다. 그렇다고 해서 자신이 대단하고, 똑똑하고, 유능하고, 완벽한 사람이라는 결론으로 점프할 필요는 없습니다. 다인 씨는 결코 그런 사람이 아닙니다.

내담자: 똑똑하니까 보고서를 잘 쓴 것 아닌가요?

상담자: 그러면 이번에는 다인 씨가 보고서를 제출했는데 그렇게 잘 쓴 보고서가 아니라고 가정해 봅시다. 이럴 때 할 수 있는 일에는 적어도 두 가지가 있습니다. 하나는

'아…… 난 멍청해. 이럴 줄 알았어. 이럴 줄 알았어. 이런 걸 제출하는 게 아니었어. 항상 생각하던 것처럼 나는 역시 쓸모없는 인간이야. 이 보고서가 바로 그 증거야. 저 멍청이 상자가 내가 들어갈 곳이야.'라고 생각하는 것입니다. 또 다른 하나는 '나는 지금 글쓰기를 배우고 있어. 그러려고 여기에 온 거지. 나는 아직 완벽하지 않아. 완벽하면 내가 교수를 하지. 그런데 교수님도 완벽하지 않아. 그랬으면 유명한 작가가 되었겠지! 하지만 교수님이 내 글쓰기에 대해 아무 조언을 해 주실 수 없다는 뜻은 아니야.'라고 생각하는 것입니다.

내담자: 이제 좀 알 것 같아요.

상담자: "그래서 뭐?"라고 적어서 주머니에 넣고 다니면서 다음 한 주 동안 100번을 혼자 말해 볼 수 있겠습니까? "음, 내 성적이 A+가 아니야. 그래서 뭐? 완벽한 보고서가 아니라는 게 뭘 의미하는데? 그냥 완벽하지 않은 보고서라는 뜻밖에 없어. 그 이상의 어떤 의미도 없어."라는 식으로 말하는 것입니다. "그래서 뭐?"라는 말이 '전혀 중요하지 않다.'는 뜻은 아닙니다. 그냥 '엄청나게 중요하지는 않다.'는 뜻입니다.

소크라테스식 문답

상담자: 영수 씨는 자기가 정말 쓸모없는 인간이라고 믿습니까? 문자 그대로 생각하면, 영수 씨가 제대로 하는 일이 하나도 없다는 뜻이 됩니다. 영수 씨가 그렇다는 것을 저에게 증명해 보겠습니까?

내담자: 저는 너무 많은 실패를 겪었어요.

상담자: 정확히 몇 번이죠?

내담자: 직장을 잃었고, 아내는 이혼하자고 하고, 아이들도 저를 별로 좋아하지 않아요. 인생 전체가 엉망이에요.

상담자: 두 가지에 대해 말씀드리겠습니다. 첫째, 말씀하신 것이 인생의 모든 것은 아닙니다. 둘째, 모든 일에 대한 책임이 전적으로 자기에게 있다고 생각하고 계신 것 같습니다. 부분적으로만 책임이 있을 수도 있을 텐데 말이죠.

내담자: 다 제 책임인 것은 아니라고 해도 저는 여전히 인생 실패자예요.

상담자: 그렇지 않습니다. 지금 말씀하신 일들에만 실패했을 뿐입니다. 영수 씨가 실패하지 않은 다른 일들도 분명히 있습니다.

내담자: 그게 뭘까요?

상담자: 매일 아침 일찍 일어나고 있고, 감정적으로 무너지지 않고 잘 버티고 있고, 경제적으로 어려운 상황이실 텐데 금전관리도 잘 하고 계십니다. 영수 씨가 잘 하는 일은 많이 있습니다.

내담자: 하지만 다 중요하지 않은 일들이죠.

상담자: 지금은 그 일들이 중요하지 않게 느껴질 수 있습니다. 영수 씨가 부정적 문제들에 대해 걱정을 너무나도 많이 하고 계시니까요. 하지만 지금 제가 이야기한 것들은 분명히 중요한 일들입니다. 이것을 잘 못하는 사람들도 많이 있습니다. 이 사람들은 인생 실패자입니까?

내담자: 아니요. 하지만…….

상담자: 영수 씨가 지금 아주 잘난 척하는 사람처럼 이야기하고 있는 것을 아십니까?

내담자: 무슨 말씀이시죠? 저는 제가 형편없는 인간이라고 말하고 있어요!

상담자: 영수 씨가 두 가지 다른 기준을 가지고 있다는 것이 얼마나 잘난 척하고 있는지를 말해 줍니다. 영수 씨는 다른 어느 누구보다도 자신에 대해 높은 기준을 가지고 있습니다. 이것은 자신이 남보다 훨씬 나은 존재라는 뜻을 담고 있습니다. 열등한 사람들한테는 문제가 좀 있어도 괜찮지만, 영수 씨처럼 대단한 사람은 그러면 안 된다는 것입니다. 자기가 쓸모없는 인간이라는 생각과 정반대 아닌가요?

내담자: 음…….

상담자: 자신을 쓸모없다고 평가하는 대신, 자신의 실패를 수용하고 이것을 개선하기 위해 최선을 다하는 것이 어떻겠습니까?

내담자: 그게 현명할 것 같군요.

상담자: 지금부터 문제영역들 중에서 하나를 골라 상황을 어떻게 개선시킬 수 있을지 살펴봅시다.

감내력 과소평가

Ellis는 안락함에 대한 요구를 비합리적 신념의 주요 구성요소로 개념화했다. 다음에 제시한 표현들은 **불편감에 대한 불안**(discomfort anxiety)을 반영하고 있다(Ellis, 1978).

- 도저히 못 견디겠어요.

- 이것을 감당하면서 또는 이것 없이는 나는 못 살아요.
- 이젠 못 버텨요.
- 더는 못 참아요.

사람들은 자신이 고통, 불편감, 또는 역경을 견딜 수 없다고 믿고 있는 것 같다. 불편감을 견디려는 의지는 상황이 나쁜 정도와 직접적으로 연관되지 않는다. 사실 사람들은 자기가 좋아하지 않는 것을 '견딜 수 없다.'고 호소하는 경우가 많다. 이전에 이 문제를 낮은 좌절 감내력 또는 '감내력 과소평가'라고 소개했다.

감내력 과소평가를 공략하는 두 가지 방식이 있다. 인지적 방식과 행동적 방식이 그것이다. 인지적 논박에서는 내담자에게 자신이 무엇인가를 견딜 수 없음을 증명하라고 요구한다. 하지만 내담자의 호소를 지지하는 증거는 결코 존재하지 않는다. 무엇인가를 견딜 수 없다는 호소는 어리석다. 왜냐하면 내담자들은 그것을 좋아하지 않을지 모르지만, 그것을 견딜 수 있으며 심지어 그것이 그대로 있어도 행복하게 지낼 수 있다. 내담자들은 자신이 불편을 겪거나, 불편감을 느끼거나, 남에게 부정당해서는 안 된다고 주장한다. 그리고 혹시 그런 일이 일어나면 끔찍한 일이 벌어진 것처럼 말한다. 감내력 과소평가에 대한 논박의 예를 다음에 소개한다.

내담자: 엄마가 신경질 부리는 걸 도저히 못 참겠어요.

상담자: (과장된 어조로) "나는 행복한 성인기를 보내야만 한다. 나는 그럴 자격이 차고 넘친다. 나는 행복한 시간을 보내야만 한다."라고 말씀하시는 것 같습니다. 하지만 어머니는 절대 변하지 않을 것입니다. 이제 어떻게 하겠습니까?

내담자: 아무것도 할 게 없어요.

상담자: 자신에게 이렇게 말해 보겠습니까? "역시 우리 엄마야. (웃으며) 하하." 스스로의 생각을 바꾸고 어리석은 요구를 그만둘 수 있습니다. 창밖을 향해 "비야, 오지 마라!"라고 외치는 것과 같은 행동을 자신이 하고 있다는 것을 알겠습니까? 환경에서 일어나는 일을 마음대로 통제하는 것이 불가능하다면, 다른 사람의 행동도 마찬가지입니다. 화를 내도 상황이 달라지지 않습니다. 현실을 받아들이는 것이 나을 것입니다.

내담자가 못 견디겠다고 호소하는 상황을 사실은 감내할 수 있으며, 심지어 감내할 가치까지 있음을 깨닫도록 돕기 위해 '테러리스트 논박'을 사용한 예를 살펴보자 (Dryden, DiGiuseppe, & Neenan, 2010).

상담자: 호재 씨, 모임에 가는 것이 두려운 것은 음료를 엎질러서 사람들에게 언짢은 시선을 받을 것이라는 예상 때문임을 분명히 알게 되었습니다.

내담자: 그런 일이 일어나면 전 못 견딜 거예요. 생각만 해도 벌써 불안해져요.

상담자: 그러니까 호재 씨 생각에 이것은 견딜 수 없는 일이군요.

내담자: 맞아요.

상담자: 그 생각이 맞는지 살펴봅시다. 자녀들을 사랑하십니까?

내담자: 물론이죠. 질문이 좀 그렇네요.

상담자: 조금 전에 "견딜 수 없다."고 하셨는데, 정말 그런지 확인하시도록 도와드리고 싶습니다. 지금부터 한 가지 상황을 상상할 것입니다. 불편할 수도 있는데 잠시 참아 주시겠습니까?

내담자: 좋아요.

상담자: 네, 좋습니다. 테러리스트들이 호재 씨의 아이들을 납치해 갔다고 상상해 봅시다. 이들이 인터넷에 공개한 동영상을 보니, 아이들을 돌려주는 조건으로 다음과 같은 요구를 하고 있습니다. "김호재 씨가 스무 번 모임에 참석해서 매번 음료를 엎지르고 사람들에게 언짢은 시선을 받으면, 아이들을 풀어 주겠다. 만일 이 요구를 들어주지 않으면, 아이들은 영원히 우리와 함께 머물 것이다." 호재 씨, 이들이 시키는 대로 하시겠습니까?

내담자: 당연하죠. 그렇게 할 거예요.

상담자: 방금 전에는 한 번이라도 음료를 엎질러서 한 번이라도 언짢은 시선을 받으면 그것보다 끔찍한 일은 없을 것이라고 말씀하셨습니다. 그렇게 견딜 수 없는 일을 어떻게 할 수 있다는 말씀입니까?

내담자: 무슨 말씀이신지 알 것 같아요.

상담자: 이 과제를 스무 번 수행하는 것에 대해 마음속으로 어떤 말을 하면 도움이 될까요?

내담자: 충분히 견딜 만한 일이라고요.

상담자: 그렇습니다. 이것은 견딜 만한 일입니다. 그리고 아이들을 구하기 위해 견딜 만한 가치가 있는 일입니다.

내담자: 맞아요.

상담자: 아이들을 구하기 위해 기꺼이 스무 번을 견디겠다면, 자신의 정신건강을 위해 위험을 감수하고 몇 번 견뎌 보는 것은 어떻습니까?

내담자: 그래야겠네요

상담자: 혹시 최악의 상황이 일어나서 음료를 엎지르고 언짢은 시선을 받으면, '못 견딜 일이 아니다. 충분히 견딜만 하다.'라고 자신에게 확신시키는 연습을 꼭 하십시오.

감내력 과소평가에 대한 행동적 논박에서는 내담자에게 숙제를 주어서 견딜 수 없다고 규정한 상황을 실제로 연습하게 한다. Bill Knaus가 사용한 일반적 연습의 형태를 취할 수도 있다.

"지금 자기 몸에서 간지러운 부분을 찾아 주의를 집중하십시오. 30초간 그곳을 긁으면 안 됩니다…… 또 30초간 그곳을 긁지 마십시오……."

내담자의 호소문제에 따라 맞춤형 숙제를 줄 수도 있다. 예를 들어, 내담자가 특정한 상황에서 분노한다면, 분노를 일으키는 바로 그 상황에 머무르며 '견디기'를 연습하는 행동적 논박을 시도할 수 있다. 이를 위해 분노를 유발하는 사람 앞에 의도적으로 자신을 노출시키는 것도 한 가지 방법이다. 다음과 같이 합리적 감정 심상(rational emotive imagery)을 활용해 볼 수도 있다.

상담자: 그 장면으로 돌아가 봅시다. 어머니의 집 문 앞에 서 있는 자신을 상상해 보십시오. 감정이 느껴지기 시작하면, 마음속에 어떤 생각이 떠오르는지 자신에게 질문하십시오.

내담자: 차라리 화나지 않은 척하는 게 낫겠어요.

상담자: 자신의 감정을 눌러 버리고 부정하기보다는 자신에게 이렇게 질문하십시오. '분노를 가벼운 짜증으로 바꾸려면, 어떤 생각이 필요할까?'

이러한 작업을 통해 내담자는 둔감화 연습(행동적)과 합리적 대처 진술(인지적)을 모두 성취할 수 있다. 감내력 과소평가는 목표성취에 필요한 노력의 투입을 차단하기 때문에 인생의 여러 목표에 도달하는 것을 방해한다. 고통 없는 성공은 찾아보기 어렵다. 불편감을 견뎌 낼 수 있음을 학습함으로써, 보다 쉽게 역경에 직면하고, 보다 큰 위험을 감수하며, 성취를 최대화하기 위해 더 많은 노력을 기울일 수 있게 된다. 그러므로 감내력 과소평가를 감소시키고 안락함에 대한 요구를 타파하는 작업을 통해, 내담자가 인생이라는 책을 새롭게 쓰거나, 배우자와의 관계를 정리하거나, 새로운 일에 도전하거나, 아니면 그것이 무엇이든 개인적 목표를 성취하도록 도울 수 있다.

12

유익한 새 신념

새로운 합리적 신념에 대한 확신을 강화하기

이 장에서는 A-B-C-D-E 모형의 E단계에서 **유익한 새 신념**(Effective New Belief: EB)을 구축 및 연습하는 것에 대해 소개한다. 동일한 역경에 대해 다르게 생각하는 것이 REBT 상담과정의 핵심이다. REBT 상담자들 중에는 논박을 수행하는 D단계가 가장 중요하다고 여기는 사람도 있고, 유익한 새 신념을 생성하고 연습하는 E단계를 가장 중시하는 사람도 있다. 비합리적 신념을 논박한다고 해서 저절로 새로운 생각이 생기는 것은 아니다. 하지만 비합리적 신념을 논박하지 않으면 내담자는 생각을 변화시킬 동기를 찾지 못할 것이다. 논박이 더 도움이 되는 내담자도 있고, 새로운 신념을 만들어 연습하는 것이 더 도움이 되는 내담자도 있다. 필자는 비합리적 신념을 논박하는 것과 유익한 새 신념을 만드는 것, 두 가지 모두를 수행할 것을 권한다. 내담자가 논박에는 성공했지만, 비합리적 신념을 대체할 새로운 신념을 만들지 못한다면, 감정 및 행동상의 문제가 개선될 수 있을지 의심스럽다.

비합리적 신념을 대체할 새로운 신념을 만드는 것은 변화를 향한 과정의 중요한 측면이다. 행동치료에서 기존의 행동과 양립할 수 없는 새로운 행동을 촉발자극과 연합시킴으로써 행동을 변화시키는 것과 같은 이치이다. 기존의 행동을 처벌하는 것만으로는 완전한 소거가 일어나지 않는다. 이를 대체할 새로운 행동 반응이 요구되는 것이다(O'Donohue & Fisher, 2009 참조). Kuhn(1962)은 과학의 역사에 관한 저서에서, 어떤 이론이 잘못되었음을 알고 있다 하더라도 더 나은 이론을 발견하기 전까지는 기존의 이론을 고수하는 경향을 인간이 가지고 있음을 지적한 바 있다. 어떤 생각이 잘못되었음을 보여 주는 증거가 차고 넘쳐도 사람들의 믿음을 중단시키지 못한다. 오직 더 나은 생각만이 이 믿음을 중단시킬 수 있다.

비합리적 신념을 논박하는 것은 새로운 생각, 행동, 감정을 향한 여정의 한 단계에 지나지 않는다. 지금까지 A-B-C-D를 거치면서 성취한 것을 넘어 전진하지 않으면, 결정적인 순간에 이 여정을 미완성의 상태로 끝내는 것이 되고 만다. 논박은 내담자를 감정적 고통과 문제행동으로 이끌었던 기존의 신념을 되돌아보도록 돕는다. 이 과정에서 내담자는 B→C 인과관계를 이해하고, 기존의 생각에 대한 집착이 가져온 불이익을 깨닫게 된다. 즉, 이 생각들이 자신의 감정과 행동에 미친 부정적 영향이 무엇인지를 알게 되는 것이다. 이 시점에서 내담자는 자신의 신념을 변화시키고 싶어질 것이다. 자신의 생각이 얼마나 비논리적이고, 현실과 어긋나며, 목표성취를 저해하는지를 이해했기 때문이다. 이 다음에 진행되는 E단계에서는 신념의 변화가 발생한다. 즉, 절대적이고 원칙주의적이며 경직된 비합리적 생각에서 수용적이고 유연하며 합리적인 생각으로의 전환이 일어난다.

합리적 신념과 유익한 새 신념 구별하기

합리적 신념(RB)과 유익한 새 신념(EB)을 구별하는 것은 중요하다. 합리적 신념은 논리적 · 경험적 · 철학적 측면에서 합리적인 생각을 지칭한다. 이것은 본래의 욕구 또는 바람을 합리적 언어로 기술한 것이라고 할 수 있다. 한편, 유익한 새 신념은 논박 이후에 상담자와 내담자가 협력해서 만드는 새로운 신념이며 비합리적 신념을 맞받아치는 대항 신념의 기능을 한다. 그러므로 유익한 새 신념은 첫째로는 합리적 신념이고, 둘째로는 내담자에게 고통을 초래한 기존의 비합리적 신념을 무력화시키고 그 자리를 대체하는 신념이다.

유익한 새 신념을 통해 성취하고자 하는 것

사람들은 대개 합리적 신념과 비합리적 신념을 함께 가지고 있다(Ellis, 2002). 문제가 발생하는 것은 합리적 신념보다 비합리적 신념을 보다 강하게 믿을 때이다. 합리적 신념과 비합리적 신념 사이의 균형을 바꾸는 한 가지 전략은 비합리적 신념을 약화시키는 것이다. 이것은 논박 과정에서 비합리적 신념을 겨냥해 예리한 질문을 집중시킴으로써 성취될 수 있다.

균형을 바꾸는 또 다른 전략 하나는 역경에 관한 합리적 신념을 강화하는 것이다. 촉발사건에 대한 합리적 신념을 강화하는 것이 유익한 새 신념의 핵심이다. 유익한 새 신념은 합리적 신념을 강화할 뿐만 아니라 비합리적 신념도 함께 약화시킨다. 논박에서처럼 질문을 던지는 것이 아니라, 비합리적 신념의 내용을 반박하고 무력화시키는 강력한 진술문을 연습함으로써 비합리적 신념을 약화시킬 수 있다. 사람은 누구나 비합리적 신념으로 회귀하는 때가 있다. 이럴 때는 다시 이전처럼 건강하지 않은 감정을 느끼고 자기 파괴적 행동을 취하기 쉽다. 이 장에서는 문제로 회귀하는 것을 방지하는 효과적인 기법들을 소개할 것이다.

유익한 새 신념을 만들기 위한 준비

상담자와 내담자가 함께 유익한 새 신념을 만들려면 우선 몇 가지 전제 조건이 충족되어야 한다. 첫째, 내담자의 감정 및 행동 문제를 충분히 설명해 주는 비합리적 신념을 포착해야 한다. 핵심신념인 **절대적 요구**는 물론이고, 건강하지 않은 감정과 자기 파괴적 행동을 일으키는 세 가지 **파생신념** 중 하나 이상을 파악해야 한다는 뜻이다.

둘째, 내담자가 **B→C 인과관계**를 이해할 뿐만 아니라 확신하고 있어야 한다. 혹시 내담자가 비합리적 신념이 비합리적임을 이해는 하지만 B→C 인과관계를 인정하지 않는다면, 유익한 새 신념을 구축하고 연습할 동기가 생기기 않을 것이다.

셋째, **논박**이 성공적으로 수행되었어야 한다. 혹시 상담자가 피상적으로만 비합리적 신념을 반박했다면, 내담자는 변화를 원할 만큼 충분히 자신의 생각을 의심하지 않을 것이다. 논박이 가져온 긴장, 의문, 불확실성은 기존 신념을 바꾸고 대안을 찾고 싶은 동기를 발생시킨다. 따라서 상담자가 논박을 잘해 둘수록 내담자는 새로운 신념을 찾으려는 동기가 높아진다.

넷째, 내담자가 가진 신념의 어느 부분이 비합리적인지를 철저히 이해하는 것이 필요하다. 그래야 유익한 새 신념으로 이곳을 제대로 공략할 수 있다. 그리고 내담자는 자기 생각의 가장 해로운 부분을 이해하고 겨냥할 준비가 되어 있어야 한다.

비합리적 신념을 유익한 새 신념으로 대체하기

이러한 전제 조건들이 충족되면 비로소 내담자에게 비합리적 신념을 대체할 생각을 떠올리도록 요청할 수 있다. 다양한 답변이 나올 수 있는데, 내담자가 자기 문제의 메커니즘을 이해하고 있는 정도가 드러난다. 유용한 대체신념을 만들지 못하는 내담자들은 대부분 비합리적 신념의 핵심요소들을 부정하지 못한다. 내담자 은아 씨의 사례를 통해 유익한 새 신념을 구축하는 예를 살펴보자. 은아 씨는 공학을 공부하는 23세의 대학원생이다. 은아 씨를 괴롭히던 절대적 요구는 학업 실패와 관련해 불편감과 나쁜 감정을 느껴서는 안 되며, 좋은 성적을 받아야만 한다는 것이었다.

상담자: 이제 자신의 생각이 어떻게 문제를 일으키는지 알게 되었습니다. 시험에 대한 은아 씨의 생각은 이치에 맞지 않습니다. 은아 씨를 감정적으로 그리고 행동적으로 괴롭혀 온 이 불편한 신념에 대항하기 위해 어떤 생각을 해 볼 수 있을까요?

내담자: 음…… 합격점을 못 받아도 그렇게 나쁜 것은 아니라고 생각할 수 있어요.

상담자: 네. 하지만 사실은 나쁜 일이 될 수도 있습니다. 그런데 '나쁜' 것에만 초점을 맞추는 것이 은아 씨가 겪고 있는 문제의 주된 원인이 아닙니다. 반드시 잘해야만 한다는 비합리적 신념을 완전히 부정하는 말을 저에게 해 주겠습니까?

내담자: 시험에 합격하지 못 하면 안 된다는 생각을 말씀하시나요?

상담자: 네. 시험 합격을 못 하는 것이 그렇게 나쁜 일이 아니라는 생각이 원래의 절대적 요구를 몰아내는 데에 어떻게 도움이 됩니까?

물론 많은 내담자가 제대로 된 방향의 답변을 제시할 수 있지만, IB-[절대적 요구/핵심신념]을 부정하는 생각을 떠올리지 못하는 내담자도 분명히 있다. 은아 씨와의 대화를 살펴보자.

상담자: '나는 반드시 시험에 합격해야 한다.'라는 신념을 부정하는 생각은 무엇입니까?

내담자: 나는 시험에 합격하고 싶다.

상담자: 그것은 바람입니다. 혹시 그렇게만 생각했다면 합리적 신념에 해당합니다. 하지만 이 생각은 '나는 반드시 시험에 합격해야 한다.'는 신념을 부정하거나 반대하는 생각이 아닙니다. 다시 한 번 생각해 봅시다. '나는 반드시 시험에 합격해야 한다.'는 절대적 요구를 부정하는 생각은 무엇일까요?

내담자: 음…… 꼭 시험에 합격할 필요는 없다.

상담자: 맞습니다! 이 생각이 도움이 됩니까?

내담자들은 비합리적 신념을 내려놓는 것을 어려워한다. 그래서 비합리적 신념을 부정하는 것은 유익한 새 신념을 구축하는 과정에서 중요한 위치를 차지한다.

무엇을 가지고 비합리적 신념을 대체할 것인가

내담자들은 종종 욕구와 당위를 구별하지 못한다. 목표성취를 향해 노력할 때, 마땅히 그렇게 되어야만 한다는 당위의 형태가 아니면 욕구를 가지지 못하는 것처럼 보이기도 한다. 무엇인가를 바라는 것과 그것을 절대적으로 요구하는 것이 다르다는 설명은 이미 앞에서 제시한 바 있다. 하지만 설명을 해 주는 것만으로는 내담자가 그것에 부합하는 사고, 감정, 행동을 보일 것이라고 장담할 수 없다. 따라서 유익한 새 신념을 구축할 때, '바라는 것'과 '절대적으로 요구하는 것'의 구별을 강조함으로써, 욕구는 강화되고 당위는 약화되도록 유도하는 것이 중요하다.

당위를 욕구로 대체하는 시도를 하며 내담자들은 REBT의 원리를 이해하게 된다. '시험에 합격해야만 한다.'에서 '꼭 시험에 합격할 필요는 없다.'와 '시험에 합격하고 싶다.'로 옮겨 가게 된다. 하지만 이것만으로는 비합리적 신념(즉, 당위)과 맞서기에 부족할 수 있다. 내담자에게 욕구를 표현하는 문장을 제시하면, 내담자는 이것을 다시 당위로 격상시킬 것이다. 새로운 신념은 '욕구를 인정하면서 비합리적 신념을 부정하고 맞받아치는 것'이어야 한다. 그래야 '욕구'를 당위로 격상시키는 경향을 차단할 수 있다. Burgess(1990)가 합리적 신념과 비합리적 신념을 측정하는 척도를 개발할 때도 이러한 부분이 드러났다. 그는 합리적 신념을 측정하는 문항을 '나는 시험에 합격하고 싶다.'와 같이 욕구의 형태로 작성했고, 비합리적 신념을 측정하는 문항은 '나는 시험에 합격해야만 한다.'와 같이 당위의 형태로 기술했다. 합리적 신념 문항들은 단순히 선호를 반영하는 것이었는데도 당위 문항들과 높은 정적 상관을 나타냈다. 게다가 합리적 신념 문항들은 비합리적 신념 문항들과 마찬가지로, 감정적 고통의 척도들과 유의미한 상관을 나타냈다. 이것으로부터 유추할 수 있는 것은 무의식적으로 그리고 자동적으로 피험자들이 욕구 형태로 기술된 문항을 당위로 받아들이고 응답했다는 것이다. 결국 피험자들은 욕구와 당위를 구별하지 못했다. DiGiuseppe와 그의 동료들은 합리적 신념을 측정하는 문항에 욕구와 더불어 당위를 부정하는 내용을 함께 포함시키도록 Burgess에게 제안했다(DiGiuseppe, Leaf, Exner, & Robin, 1988). 예를 들면, 새로운 문항은 '나는 시험에 합격하고 싶다. 하지만 내가 원한다고 해서 꼭 시험에 합격해야 하는 것은 아님을 안다.'와 형태를 취하게 될 것이다.

비합리적 신념을 대체하려면 욕구에 대한 진술뿐만 아니라 비합리적 신념을 부정하는 진술이 함께 수반되어야 한다. 시험을 잘 보고 싶어 하던 은아 씨의 경우, 유익한 새 신념은 '나는 시험에 합격하고 싶다. 하지만 내가 원한다고 해서 꼭 시험에 합격해야 하는 것은 아니다.'일 것이다. 이렇게 새로운 신념은 욕구가 당위로 격상되는 것을 방지한다.

유익한 새 신념을 만드는 전략을 다음 섹션에서 소개할 것이다. 치료적 동맹의 손상을 피하기 위해 내담자에게 가장 와 닿는 비합리적 신념을 변화의 대상으로 삼는 것이 좋다. 이것은 핵심신념인 절대적 요구일 수도 있고 파생신념일 수도 있다. 합리적 사고의 강조점이 절대적 요구 또는 파생신념을 부정하는 데에 놓인 예를 각각 나누어 제시할 것이다. 마지막으로, 9장에서 소개한 것처럼 선택에 기반을 둔 방식으로 비합리적 신념을 찾아낸 다음, 유익한 새 신념을 구축하는 절차를 소개할 것이다.

절대적 요구를 유익한 새 신념으로 대체하기

다음에 제시하는 3단계 절차가 유익한 새 신념 구축에 도움이 될 것이다. 각 단계에서 비합리적 신념을 반박할 때 어떤 효과가 발생하는지 살펴보자.

1단계

유익한 새 신념 구축을 시작할 때, 내담자는 여전히 비합리적 신념을 믿고 있다. 그러므로 우선 당위를 부정하며 비합리적 신념을 공략한다. 은아 씨의 비합리적 신념은 '반드시 시험에 합격해야 한다.'였다. 유익한 새 신념은 다음과 같이 **당위를 부정**하는 말로 시작된다.

'반드시 시험에 합격해야만 하는 것은 아니다.' 또는
'시험에 합격하지 못할 수 있음을, 무슨 일이 일어나든 상관없이, 받아들인다.'

'무슨 일이 일어나든 상관없이'라는 표현이 내담자가 모든 가능성에 대해 개방적이 되도록 돕는 점에 주목하라. 은아 씨는 '원하는 상황'이 반드시 일어나야만 하는 것이 아님을 확신하게 되었으므로, 시험 합격을 절대적으로 요구하는 것이 아니라 순수하게 바랄 수 있게 되었다. 즉, '당위'를 내려놓은 것이다. 욕구를 성취하고자 노력하는 행위는 실패 또는 부분적 성취에 개방적이지만, 절대적 요구의 경우는 그렇지 않다.

2단계

그다음에는 다음과 같이 **욕구를 기술**한다.

'하지만 나는 시험 합격을 간절히 원한다.'

내담자들은 욕구와 당위를 잘 구별하지 못하는 탓에 REBT가 자신에게 목표를 포기하거나 목표성취를 위한 노력을 그만두도록 강요한다고 오해하기 쉽다. 이로 인해 유익한 새 신념에 대한 거부감을 느낄 수도 있다. 이를 방지하는 한 가지 방법은 목표성취를 위한 **노력을 강조**하는 것이다. 이를 위해 유익한 새 신념에 다음과 같은 문장을 덧붙인다.

'그러므로 시험 합격을 위해 열심히 공부할 것이다.'

지금까지 절대적 요구를 부정했으며 당위와 뒤섞이지 않은 본래의 욕구를 강조했다. 앞에 적은 마지막 부분은 목표성취를 위해 필요한 행동을 내담자가 취하도록 동기를 높여 줄 수 있다.

3단계

IB-[절대적 요구/핵심신념]이 존재하는 이유는 간절한 욕구가 좌절된 것이다. 욕구를 강하게 진술하면 절대적 요구가 다시 고개를 들 가능성이 있다. 게다가 **좌절**은 언젠가 다시 발생할 것이다. 그래서 우리는 성공하지 못할 가능성을 추가하고 반복해서 말함으로써 이러한 가능성을 최대한 **수용**하게 한다.

'혹시 시험에 합격하지 못한다면 그냥 시험에 합격하지 못하는 것이다.'

그런 다음에는 내담자가 가장 강하게 지지하고 있을 것으로 예상되는 **파생신념** 하나를 골라 이것을 **부정**하는 합리적 진술문을 다음과 덧붙일 수 있다.

'그래도 나는 잘 살 수 있다/견딜 수 있다/참을 수 있다.'
'이것은 나를 또는 누군가를 가치 없는 인간으로 만들거나 이 세상을 형편없는 곳으로 만들지 않는다.'

다음에 소개하는 은아 씨와의 대화는 유익한 새 신념을 구축하는 과정에서 욕구와 당위를 혼동하는 모습을 보여 준다.

내담자: 저는 실패를 받아들이고 싶지도 않고, 시험 합격을 포기하고 싶지도 않아요.

상담자: 동의합니다. 저도 그것을 바라지 않습니다. 은아 씨가 절대적 요구를 내려놓는 데에 어려움을 겪는 이유 중의 하나가 바로 그것입니다. 절대적 요구를 내려놓으려면, 욕구를 포기해야 한다거나 욕구성취를 위해 노력하는 것을 그만두어야 한다고 은아 씨는 생각하고 있습니다. 절대적 요구를 내려놓는 것은 실패를 받아들이는 것이 아닙니다. 원하는 것을 얻기 위한 노력을 그만두는 것도 아닙니다. 제가 제안하는 것은 절대적 요구가 가져온 감정적 고통에 에너지를 쏟는 것을 그만두는 것입니다. 이것은 은아 씨에게 부정적 영향을 주고 있으며 은아 씨가 원하는 것을 성취하는 데

에도 도움이 되지 않습니다.

IB-[절대적 요구/핵심신념]에 대한 유익한 새 신념을 구성하는 요소는 다음과 같이 요약될 수 있다.

- 당위 부정하기
- 욕구 긍정하기
- 욕구성취를 위한 노력 다짐하기
- 좌절 수용하기
- 욕구성취를 방해하는 파생신념(감내력 과소평가, 파국화, 자기·타인·세상에 대한 폄하) 부정하기

파생신념을 유익한 새 신념으로 대체하기

자기비하

IB-[파생신념]에 대항하는 유익한 새 신념을 살펴보자. 시험에 합격하지 못하는 것에 관한 은아 씨의 문제를 계속 예로 사용하겠다. 실패와 관련해서 은아 씨는 '반드시 시험에 합격해야만 한다. 그렇지 않으면 나는 가치 없는 인간이다.'라는 자기비하적 신념을 가지고 있었다. 이것을 대체할 유익한 새 신념을 자기수용을 강조하는 단순한 형태로 기술하면, '나는 자신을 수용할 수 있다. 설령 시험에 합격하지 못하더라도 나는 가치 없는 인간이 아니다.'라고 할 수 있을 것이다. 이것보다 강력하게 은아 씨의 자기비하적 신념을 직설적으로 반박하는 유익한 새 신념 세 가지를 소개해 보겠다.

1. 실패하면 가치 없는 인간이 된다는 신념을 반박하는 유익한 새 신념으로 우선 다음의 생각을 제시한다.
   [욕구 긍정][1] '나는 정말 시험에 합격하고 싶다.'

---

1) [역주] 독자의 이해를 돕기 위해 유익한 새 신념의 구성요소를 대괄호 안에 표기하였으나 원서에서는 이러한 구별을 제시하지 않는다.

[파생신념 부정] '하지만 시험에 합격하지 못하더라도 나는 가치 없는 인간이 아니다. 나는 나를 수용할 수 있다.'

2. 보다 근본적인 부분에 초점을 맞추는 유익한 새 신념은 절대적 요구와 자기비하 사이의 연결고리를 끊는 것이다.
   [당위 부정] '반드시 시험에 합격해야만 하는 것은 아니다.'
   [욕구 긍정] '하지만 나는 정말 시험에 합격하고 싶다.'
   [파생신념 부정] '시험에 합격하지 못하더라도 나는 가치 없는 인간이 아니다. 나는 나를 수용할 수 있다.'

3. IB-[절대적 요구/핵심신념]에서 소개한 것처럼 욕구성취를 위한 노력을 추가해서 유익한 새 신념을 완성할 수 있다.
   [당위 부정] '반드시 시험에 합격해야만 하는 것은 아니다.'
   [욕구 긍정] '하지만 나는 정말 시험에 합격하고 싶다.'
   [노력 다짐 + 좌절 수용] '그러므로 시험 합격을 위해 열심히 공부할 것이다. 혹시 시험에 합격하지 못한다면 그냥 시험에 합격하지 못하는 것이다.'
   [파생신념 부정] '그렇다고 해서 내가 가치 없는 인간이 되는 것이 아니다. 나는 나를 수용할 수 있다.'

유익한 새 신념이 여러 문장으로 길고 복잡하게 기술된 점에 주목하라. 내담자가 합리적 사고와 비합리적 사고의 모든 차이점을 배우도록 도우려면 이렇게 긴 진술문이 필요하다.

타인비하

타인비하를 대체할 유익한 새 신념을 만드는 과정은 다음과 같다. 은아 씨가 시험문제를 낸 교수에게 화가 났다고 하자. 은아 씨의 비합리적 신념은 '교수님이 출제한 시험에 내가 합격하지 못했기 때문에 교수님은 형편없는 인간이다.'이다. 이것을 대체할 유익한 새 신념을 타인수용을 강조하는 단순한 형태로 기술하면, '내가 시험에 합격하지 못하더라도, (시험문제를 낸) 교수님이 형편없는 인간인 것은 아니다. 나는 교수님을 인간으로서 수용할 수 있다.'라고 할 수 있을 것이다.

1. 교수가 어려운 문제를 냈기 때문에 형편없는 인간이라는 타인비하 신념을 부정하는 유익한 새 신념으로 다음을 제시한다.
   [욕구 긍정] '나는 정말 시험에 합격하고 싶다.'
   [파생신념 부정] '하지만 교수님이 출제한 시험에 합격하지 못하더라도, 교수님이 형편없는 인간인 것은 아니다. 나는 교수님을 인간으로서 수용할 수 있다.'

2. 보다 근본적인 부분에 초점을 맞추는 유익한 새 신념은 절대적 요구와 타인비하 사이의 연결고리를 끊는 것이다.
   [당위 부정] '반드시 시험에 합격해야만 하는 것은 아니다.'
   [욕구 긍정] '하지만 나는 정말 시험에 합격하고 싶다.'
   [파생신념 부정] '혹시 교수님이 출제한 시험에 합격하지 못하더라도, 교수님이 형편없는 인간인 것은 아니다. 나는 교수님을 인간으로서 수용할 수 있다.'

3. 여기에 욕구실현을 위한 노력을 추가해서 유익한 새 신념을 완성할 수 있다.
   [당위 부정] '반드시 시험에 합격해야만 하는 것은 아니다.'
   [욕구 긍정] '하지만 나는 정말 시험에 합격하고 싶다.'
   [노력 다짐 + 좌절 수용] '그러므로 시험 합격을 위해 열심히 공부할 것이다. 혹시 시험에 합격하지 못한다면 그냥 시험에 합격하지 못하는 것이다.'
   [파생신념 부정] '그렇다고 해서 교수님이 형편없는 인간인 것은 아니다. 나는 교수님을 인간으로서 수용할 수 있다.'

파국화

'교수님이 출제한 시험에 합격하지 못한다면 비참할 것이다.'라는 비합리적 파국화를 반박하고 대체하는 유익한 새 신념에 대해서도 같은 작업을 수행할 수 있다. 단순한 형태로 유익한 새 신념을 기술하면, '교수님이 출제한 시험에 합격하지 못한다면 아쉬울 것이다.'라고 할 수 있을 것이다. 하지만 단순한 형태의 유익한 새 신념만으로는 상황에 대한 부정적 평가가 파국으로 격상될 우려를 배제하기 어렵다. 예를 들면, 은

아 씨는 '교수님이 출제한 시험에 합격하지 못한다면 끔찍하고 비참할 것이다.'와 같이 생각할지도 모른다. 더 나은 형태로 유익한 새 신념을 기술하면 다음과 같다.

1. 파국화를 부정하는 유익한 새 신념으로 다음의 생각을 제시한다.
   [욕구 긍정] '나는 정말 시험에 합격하고 싶다.'
   [파생신념 부정] '하지만 시험에 합격하지 못하더라도 비참하지 않다. 그저 아쉬울 뿐이다.'

2. 절대적 요구와 파국화 사이의 연결고리를 끊는 신념은 다음과 같다.
   [당위 부정] '반드시 시험에 합격해야만 하는 것은 아니다.'
   [욕구 긍정] '하지만 나는 정말 시험에 합격하고 싶다.'
   [파생신념 부정] '혹시 시험에 합격하지 못하더라도 비참하지 않다. 그저 아쉬울 뿐이다.'

3. 욕구를 실현하려는 행동적 시도를 유익한 새 신념에 추가하면 다음과 같다.
   [당위 부정] '반드시 시험에 합격해야만 하는 것은 아니다.'
   [욕구 긍정] '하지만 나는 정말 시험에 합격하고 싶다.'
   [노력 다짐] '그러므로 시험 합격을 위해 열심히 공부할 것이다.'
   [파생신념 부정] '혹시 시험에 합격하지 못하더라도 비참하지 않다. 그저 아쉬울 뿐이다.'

감내력 과소평가

세 종류의 파생신념 중 마지막으로 다룰 것은 '시험에 합격하지 못하는 것을 견딜 수 없다.'라는 감내력 과소평가 신념이다. 이것을 부정하는 유익한 새 신념 중에서 가장 약한 형태는 '교수님이 출제한 시험에 합격하지 못하더라도 나는 견딜 수 있다.'이다.

1. 감내력 과소평가 신념을 부정하는 유익한 새 신념으로 다음의 생각을 제시한다.
   [욕구 긍정] '나는 정말 시험에 합격하고 싶다.'
   [파생신념 부정] '하지만 시험에 합격하지 못하더라도 버틸 수 있을 만큼 나는 강하

다. 나는 실패를 견딜 수 있다.'

2. 절대적 요구와 감내력 과소평가 사이의 연결고리를 끊는 신념은 다음과 같다.
   [당위 부정] '반드시 시험에 합격해야만 하는 것은 아니다.'
   [욕구 긍정] '하지만 나는 정말 시험에 합격하고 싶다.'
   [파생신념 부정] '혹시 시험에 합격하지 못하더라도 버틸 수 있을 만큼 나는 강하다. 나는 실패를 견딜 수 있다.'

3. 욕구실현을 위한 노력을 유익한 새 신념에 추가하면 다음과 같다.
   [당위 부정] '반드시 시험에 합격해야만 하는 것은 아니다.'
   [욕구 긍정] '하지만 나는 정말 시험에 합격하고 싶다.'
   [노력 다짐 + 좌절 수용] '그러므로 시험 합격을 위해 열심히 공부할 것이다. 혹시 시험에 합격하지 못한다면 그냥 시험에 합격하지 못하는 것이다.'
   [파생신념 부정] '그래도 버틸 수 있을 만큼 나는 강하다. 나는 실패를 견딜 수 있다.'

앞에 제시한 모든 유익한 새 신념에서 마지막에 욕구성취를 위한 노력을 추가한 것을 주목하라. 이러한 노력이 항상 가능한 것은 아니다. '내일 날씨가 좋으면 정말 좋겠다.'라는 바람의 경우, '그러므로 내일 날씨를 좋게 만들기 위해 최선을 다하겠다.'라고 생각할 수는 없다. 이런 경우, '내일 비가 온다면, 내일 비가 오는 것이다. 그래도 나는 견딜 수 있다/그래도 나는 잘 살 수 있다/이것은 끔찍한 일이 아니다.'와 같이 유익한 새 신념을 기술할 수 있다.

선택기반 탐색기법을 활용해 유익한 새 신념 구축하기

비합리적 신념을 찾기 위해 선택기반 탐색기법(choice-based assessment technique)을 사용할 때, 상담자는 이미 유익한 새 신념의 일부를 만들어서 비합리적 신념과 함께 제시한다. 이렇게 B를 탐색하는 동안 A의 특정한 측면이 내담자에게 중요하다는 것이 드러나는데, 은아 씨의 경우는 시험 합격이 그것이다. 내담자에게 중요한 것을 욕구의 형태로 표현하면, '나에게 매우 중요한 일이기 때문에 나는 정말 시험에 합격하고 싶다.'와 같은 합리적 신념이 만들어진다. 이제 욕구로 시작되는 두 가지 선택지를 내담자에게 제시할 수 있다. 하나는 **절대적** 부분('반드시 어떠해야 한다.'는 당위)을 덧붙인 것이고, 다른 하나는 **수용적** 부분('반드시 그럴 필요는 없다.'는 유연한 생각)을 추가한 것이다. 1번 선택지는 '나에게 매우 중요한 일이기 때문에 나는 정말 시험에 합격하고 싶다. 그러므로 나는 **반드시 시험에 합격해야 한다.**'이고, 2번 선택지는 '나에게 매우 중요한 일이기 때문에 나는 정말 시험에 합격하고 싶다. 하지만 시험 합격을 **간절히 원한다고 해서 반드시 시험에 합격해야만 하는 것은 아니다.**'이다. 두 가지 선택지를 비교함으로써 비합리적 신념인 1번 선택지를 논박하고, 합리적이고 유연한 2번 선택지를 선택하게 된다. 하지만 2번 선택지가 앞에서 설명한 유익한 새 신념의 완전한 형태를 갖추고 있는 것은 아니다. 이것을 완전한 형태로 기술하면 다음과 같을 것이다.

[욕구 긍정] '나에게 매우 중요한 일이기 때문에 나는 정말 시험에 합격하고 싶다.'
[당위 부정] '하지만 시험 합격을 간절히 원한다고 해서 반드시 시험에 합격해야만 하는 것은 아니다.'
[노력 다짐 + 좌절 수용] '그러므로 시험 합격을 위해 열심히 공부할 것이다. 혹시 시험에 합격하지 못한다면 그냥 시험에 합격하지 못하는 것뿐이다.'
[파생신념 부정]
'나는 여전히 잘 살 수 있다.'(감내력 과소평가 반박하기)
'그렇다고 해서 내가 형편없는 사람이 되는 것은 아니다.'(자기비하 반박하기)
'교수님이 형편없는 사람이 되는 것도 아니다.'(타인비하 반박하기)
'세상이 형편없는 곳이 되지도 않는다.'(삶의 조건 수용하기)

선택기반 탐색기법으로 B를 탐색할 때, IB-[절대적 요구/핵심신념]을 대체할 유익한 새 신념을 이미 절반은 만든 것이라고 할 수 있다.

새내기 REBT 상담자들에게는 여러 형태의 유익한 새 신념을 구축해 보는 연습이 필요하다. 회기 중에는 내담자의 비합리적 신념을 대체할 유익한 새 신념이 무엇인지 곰곰이 생각할 시간이 없는 경우가 흔하다. 그러므로 앞에서 소개한 모든 형태의 유익한 새 신념을 만들어 보는 연습을 해야 한다. 〈표 12-1〉에는 이러한 연습을 돕는 양식과 더불어 각 비합리적 신념마다 이것을 대체할 수 있는 모든 형태의 유익한 새 신념의 예를 제시했다. 빈 양식이 필요하면 〈부록 5〉를 복사해서 사용할 수 있다. 다음 회기에 내담자들을 만나기 전에 이들의 비합리적 신념을 반박하는 유익한 새 신념을 빈 양식에 미리 기입해 볼 것을 권한다.

같은 비합리적 신념을 반박하는 유익한 새 신념을 여러 가지 형태로 제시했는데, 새내기 상담자들에게는 어느 것을 선택하여 사용할지가 고민될 것이다. 이전에는 우아한 해결책과 그렇지 않은 해결책의 차이가 비합리적 신념을 논박하는 것과 오직 추론 및 귀인만을 논박하는 것의 차이라고 언급한 적이 있다. 여기에 추가할 또 한 가지 차이점은 비합리적 신념을 대체하는 유익한 새 신념이 종합적인 내용을 담고 있는 정도이다. 상담자가 제공한 유익한 새 신념을 활용하는 모습에는 내담자마다 상당한 개인차가 나타난다. 가장 단순하고 약한 형태의 유익한 새 신념으로 시작하지 말라. 얼마나 강한 신념까지 내담자를 안내할 수 있을지 검토하고, 유익한 새 신념에 대한 내담자의 반응을 살펴보라. 어떤 내담자들은 단순한 형태의 신념을 거부하기도 한다. 이런 경우에는 더 강한 신념으로 안내하면 된다. 이와 반대로 복잡한 형태의 신념을 불편하게 느끼는 내담자도 있다. 이런 경우에는, 이미 제시한 신념에 더해서, 보다 단순한 형태의 신념을 추가로 알려 주면서 두 가지 모두를 활용해 보도록 격려하는 것이 좋다.

복잡한 문장을 기억하는 방법

지금까지 개관한 유익한 새 신념과 관련해 고려해야 할 현실적인 문제가 있다. 이 신념들이 모두 복잡한 문장으로 구성되어 있는 탓에 작업기억(working memory)에 담아두기가 어려울 수 있다는 점이다. 이렇게 되면, 내담자는 유익한 새 신념을 연습하지 못할 것이고, 골치 아픈 촉발사건에 직면했을 때 이 신념을 인출하지도 못할 것이다.

내담자가 유익한 새 신념을 기억하도록 돕는 효과적인 방법은 내담자 자신의 말로 문장을 다시 만들도록 하는 것이다. 내담자에게 이렇게 제안해 볼 수 있다.

> "유익한 새 신념은 아직 온전히 은아 씨의 것이 아닙니다. 은아 씨 자신의 말로 표현해 보겠습니까? 원래의 문장과 의미가 달라지지 않도록 제가 확인해 드리겠습니다."

내담자가 중요한 순간에 유익한 새 신념을 사용하려면 평소에 연습해 두어야 한다.

표 12-1 유익한 새 신념 작성양식

비합리적 신념	유익한 새 신념				
	핵심신념-절대적 요구	파생신념-자기비하	파생신념-타인비하	파생신념-파국화	파생신념-감내력 과소평가
발표할 때 말을 더듬으면 안 된다. 남들은 나를 무시할 것이고, 나는 우스운 사람이 된다.	1. 발표할 때 지금처럼 말을 더듬어도 괜찮다. 이런 나를 수용할 수 있다.	1. 발표할 때 말을 더듬지 않으면 정말 좋겠다. 혹시 말을 더듬더라도 나는 우스운 사람이 아니다. 나는 여전히 나를 수용한다.	1. 발표할 때 말을 더듬지 않으면 정말 좋겠다. 혹시 말을 더듬는 나를 사람들이 쳐다보더라도 이 사람들이 형편없는 것은 아니다.	1. 발표할 때 말을 더듬지 않으면 정말 좋겠다. 혹시 말을 더듬더라도 끔찍한 일은 아니다. 그냥 아쉬운 일이다.	1. 발표할 때 말을 더듬지 않으면 정말 좋겠다. 혹시 말을 더듬더라도 나는 버틸 수 있다.
발표할 때 말을 더듬는 것을 견딜 수 없다. 발표할 때 말을 더듬는 것은 끔찍한 일이다.	2. 발표할 때 지금처럼 말을 더듬어도 괜찮다. 이런 나를 수용할 수 있다. 하지만 말을 더듬지 않으면 정말 좋겠다. 말을 더듬지 않기 위해 최선의 노력을 하겠다.	2. 발표할 때 지금처럼 말을 더듬어도 괜찮다. 이런 나를 수용할 수 있다. 하지만 말을 더듬지 않으면 정말 좋겠다. 혹시 말을 더듬더라도 나는 우스운 사람이 아니다. 나는 여전히 나를 수용한다.	2. 발표할 때 지금처럼 말을 더듬어도 괜찮다. 이런 나를 수용할 수 있다. 하지만 말을 더듬지 않으면 정말 좋겠다. 혹시 말을 더듬더라도 나를 쳐다본 사람들이 형편없는 것은 아니다.	2. 발표할 때 지금처럼 말을 더듬어도 괜찮다. 이런 나를 수용할 수 있다. 하지만 말을 더듬지 않으면 정말 좋겠다. 혹시 말을 더듬더라도 끔찍한 일은 아니다. 그냥 아쉬운 일이다.	2. 발표할 때 지금처럼 말을 더듬어도 괜찮다. 이런 나를 수용할 수 있다. 하지만 말을 더듬지 않으면 정말 좋겠다. 혹시 말을 더듬더라도 나는 버틸 수 있다.
말을 더듬는 나를 사람들이 쳐다봤다. 그러니까 이 사람들은 형편없는 인간들이다.	3. 발표할 때 지금처럼 말을 더듬어도 괜찮다. 이런 나를 수용할 수 있다. 하지만 말을 더듬지 않으면 정말 좋겠다. 말을 더듬지 않기 위해 최선의 노력을 하겠다. 혹시 말을 더듬더라도 나는 우스운 사람이 아니다.	3. 발표할 때 지금처럼 말을 더듬어도 괜찮다. 이런 나를 수용할 수 있다. 하지만 말을 더듬지 않으면 정말 좋겠다. 말을 더듬지 않기 위해 최선의 노력을 하겠다. 혹시 말을 더듬더라도 나는 우스운 사람이 아니다. 나는 여전히 나를 수용한다.	3. 발표할 때 지금처럼 말을 더듬어도 괜찮다. 이런 나를 수용할 수 있다. 하지만 말을 더듬지 않으면 정말 좋겠다. 말을 더듬지 않기 위해 최선의 노력을 하겠다. 혹시 말을 더듬더라도 나를 쳐다본 사람들이 형편없는 것은 아니다.	3. 발표할 때 지금처럼 말을 더듬어도 괜찮다. 이런 나를 수용할 수 있다. 하지만 말을 더듬지 않으면 정말 좋겠다. 말을 더듬지 않기 위해 최선의 노력을 하겠다. 혹시 말을 더듬더라도 끔찍한 일은 아니다. 그냥 아쉬운 일이다.	3. 발표할 때 지금처럼 말을 더듬어도 괜찮다. 이런 나를 수용할 수 있다. 하지만 말을 더듬지 않으면 정말 좋겠다. 말을 더듬지 않기 위해 최선의 노력을 하겠다. 혹시 말을 더듬더라도 나는 버틸 수 있다.

필자의 경우, 다음 회기에 상담실을 방문할 때 내담자가 색인카드에 유익한 새 신념을 출력해 오게 한다. 그리고 어디를 가든 이것을 항상 휴대하라고 권한다. 뿐만 아니라 촉발사건이 발생하기 전에 유익한 새 신념을 연습할 수 있도록 여러 장소에 색인 카드를 붙여 두도록 요청한다. 자신의 스마트폰에 저장해 두고 필요할 때 읽는 것도 좋은 연습이 된다. 일정한 시간 간격을 두고 메시지가 스마트폰에 표시되도록 하는 것도 유익한 새 신념을 연습하는 좋은 방법이다. 컴퓨터의 화면보호기에 유익한 새 신념이 나타나게 하는 것도 좋다.

유익한 새 신념의 길이때문에 힘들어 하는 내담자를 돕는 한 가지 방법은 이것이 **종합 감기약** 같은 것이라고 설명해 주는 것이다. 종합 감기약은 감기의 거의 모든 증상에 다 효과가 있지만 실제로 모든 증상을 동시에 앓는 경우는 드물다. 이와 마찬가지로 유익한 새 신념 전체가 아니라 일부가 효과를 발휘하는 경우가 많을 것이다. 하지만 상황에 따라 어느 부분이 주로 효과를 발휘할지 판단하기 어려울 수 있으므로 유익한 새 신념 전체를 기억하고 있는 것이 좋다.

새로운 신념 검증하기

유익한 새 신념을 만든 다음, 이것을 가지고 내담자가 무엇을 할 수 있는지 그리고 이 신념이 내담자에게 어떤 도움을 줄 수 있는지를 확인하는 것이 중요하다. 어떤 내담자들은 새 신념을 소리 내어 말하는 것조차 어려워한다. 새 신념이 자신이 느끼는 것과 정반대이기 때문이다. 내담자들이 유익한 새 신념을 말하지 못할 때는 B→C 인과관계로 다시 돌아가 특정한 비합리적 신념을 고수하는 것이 자신을 어떻게 괴롭히는지를 분명히 하는 것이 좋다. 애는 쓰는데 말이 나오지 않는 경우, 큰 소리로 말할 수 있을 때까지 시도를 계속한다. 이와 더불어 논박 단계로 잠시 돌아가는 것이 도움이 되기도 한다. 자기 생각이 비합리적이고 역기능적인 C를 일으킨다는 것을 다시 확인한 다음, 비합리적 신념을 극단적으로 부정하는 생각을 말해 보도록 요청하는 것이다. 이 과정에서 내담자가 보다 수월하게 수용할 수 있는 유익한 새 신념을 추가적으로 발견할 수도 있다. 필자의 경험에 의하면, 내담자 대부분은 결국 유익한 새 신념을 큰 소리로 말하게 된다. 하지만 여전히 불편감을 지니고 있을 수 있다. 유익한 새 신념을 매우 확신에 찬 목소리로 몇 차례 반복해서 상담자에게 말하는 것이 도움이 될 것이다.

자신을 위해 법정에 선 변호사가 된 기분으로 유익한 새 신념을 주장하도록 요청해 볼 수도 있다. 변화의 과정은 쉽지 않으며 이와 같은 불편감이 따르는 것임을 내담자에게 다시 한 번 설명해 주는 것도 좋다.

유익한 새 신념을 말할 때 내담자의 감정과 행동에 어떤 변화가 발생하는지를 평가할 필요가 있다. 내담자에 따라 반응은 다양할 수 있다. 아무런 변화도 없다고 말하는 내담자도 있지만, 대부분은 감정 또는 행동에 어느 정도 변화가 생기는 것을 경험한다. 그리고 "마음의 여유가 생긴 것 같아요." "이것을 믿게 된다면 지금처럼 할 일을 미루지 않을 거예요."라고 말한다. 새 신념을 자주 소리 내어 말할수록 회기 중에 경험한 것과 같은 감정 또는 행동의 작은 변화들이 늘어나게 될 것임을 내담자에게 설명하라. 촉발사건에 대한 기억이 떠오를 때 또는 비슷한 사건이 일어난 순간에 유익한 새 신념을 사용하면 더욱 효과가 좋다.

유익한 새 신념을 소리 내어 말해도 여전히 감정 및 행동의 변화를 경험하지 못하는 내담자도 있다. 여기에는 몇 가지 요소들이 영향을 미칠 수 있다. 첫째, 새 신념을 확신에 찬 목소리로 말하지 못하는 것이 원인일 수 있다. 내담자의 말투와 표정을 주의 깊게 살펴보라. 내담자들은 종종 의심 섞인 목소리로 말하거나, 상담자 앞이라 마지못해 말하는 시늉만 하고 있을 수도 있다. 아직 어색해서 강하게 말하지 못하겠다고 불평하는 내담자도 있다. 이럴 때는 새 신념이 온전히 자기 것이 되었고 새 신념을 확신하게 된 것처럼 행동해 보라고 요청해 보라. 막상 이렇게 해 보면 예상치 못한 놀라운 변화가 나타나기도 한다. 유익한 새 신념을 강하게 말하는 것이 얼마나 큰 효과를 가져올 수 있는지를 보여 주는 좋은 예를 다음에 소개한다.

집단상담에 참여한 지은 씨는 유익한 새 신념을 강하게 말하지 못했다. 이를 본 다른 참여자들은 지은 씨에게 새 신념을 강하게 말하는 것을 집에서 녹음해 오라고 제안했다. 다음 회기에 이 녹음파일을 가지고 온 지은 씨는 이상한 일을 경험했다고 있다. 집에서 녹음할 때 새 신념을 강하게 말해도 이전과 마찬가지로 기분은 전혀 달라지지 않았다. 다른 참여자들이 워낙 강하게 권유한 탓에 녹음이 잘 되었는지 확인하려고 파일을 재생시킨 순간 놀라운 일이 벌어졌다. 스피커에서 흘러나오는 자신의 목소리를 듣고서 유익한 새 신념에 대한 확신이 생긴 것이다. 그러자 갑자기 지은 씨를 괴롭히던 우울감이 사라졌다. 자신이 유익한 새 신념을 강하게 말하는 것을 녹음해서 듣는 것, 거울을 보며 새 신념을 말하는 것, 다른 사람에게 새 신념이 옳음을 설득하는 것 등 창의적인 방법으로 유익한 새 신념에 대한 확신을 키울 수 있다.

둘째, 내담자가 유익한 새 신념의 일부에 대해 반대의견을 가지고 있을 수 있다. 물론 다른 부분에는 동의하고 도움도 받고 있으면서 말이다. 이럴 때는 내담자가 의구심을 품고 있는 부분이 어디인지를 질문해야 한다. 이러한 과정에서 비합리적 신념이 새롭게 발견된다면, 앞 단계로 다시 돌아가 논박을 진행해야 한다.

감정 및 행동의 변화를 방해하는 요소로서 마지막으로 언급할 것은 감내력 과소평가 또는 조바심 때문에 내담자가 상담자에게 저항하고 있을 가능성이다. 다음의 대화를 살펴보자.

내담자: 그 일을 생각하면 여전히 불안해요.

상담자: 예. 그럴 수 있습니다. 지난번 과제는 변화 과정의 첫 걸음이라고 할 수 있으니까요. 새 신념을 소리 내어 말했을 때 어떤 차이를 느끼셨습니까?

내담자: 음. 네. 약간 다른 것 같기는 한데 차이가 크지는 않네요.

상담자: 그게 바로 기대하던 성과입니다. 한꺼번에 변화가 일어나야만 하는 것은 아닙니다!

앞의 대화는 문제의 중요한 부분에 변화가 일어나지 않고 있음을 보여 준다. 이것은 '내 문제가 즉시 그리고 완전히 해결되지 않는 것을 견딜 수 없다.'라는 생각이 유발한 감정, 즉 이차적 또는 메타 수준의 문제이다. 이러한 감내력 과소평가는 다음과 같이 표현되기도 한다.

내담자: 저도 알아요. 그렇게 생각할 수 있으면 도움이 되겠죠. 그런데 어떻게 그런 식으로 생각을 하죠?

상담자: 마치 자기 생각이 자기 것이 아닌 것처럼 말씀하시는군요. 외계인이 쏜 광선에 맞아서 내 생각을 내가 어찌할 수 없게 된 것처럼 말입니다. 자기가 무슨 생각을 할지에 대해 스스로 결정할 수 있다고 생각하십니까?

내담자: 아마도 할 수 있겠죠. 하지만 곧바로 그 생각을 믿게 되는 것은 아니에요.

상담자: 그럴 필요는 없습니다. 조금씩 믿음을 키워 가도록 그저 노력할 뿐입니다.

왜 내담자는 비합리적 신념을 고집하는가

자기 생각이 감정과 행동에 미치는 부정적 영향을 알면서도 계속 비합리적 신념을 유지하는 것은 드문 일이 아니다. 비합리적 신념을 내려놓으려면, 자신에게 해를 끼치는 신념을 고집하는 이유를 깨달을 필요가 있다. 비합리적 신념이 가져오는 이익을 찾아내는 것도 가능하다. 하지만 이것은 비합리적 신념을 발견하는 것보다도 어려운 일이다. 비합리적 신념은 단기적으로는 만족을 주지만, 중 · 장기적으로는 내담자에게 해를 끼친다. 예를 들어, '나는 이 일을 버텨 낼 수 없다. 일이 이렇게 어려우면 안 된다.'라는 생각이 만들어 내는 마음가짐은 매우 어려운 일은 어려워서 할 수 없는 것이므로 하지 않아도 괜찮다는 식의 태도일 것이다. 단기적으로 보면, 내담자는 어려운 일을 할 때 감내해야 하는 수고와 좌절감을 회피할 수 있다. 하지만 중 · 장기적으로는 자기가 하고 싶은 일 그리고 자신에게 도움이 되는 일을 하지 못하는 손해를 보게 된다.

내담자 미정 씨는 남자 친구에게 절대로 나쁜 일이 생겨서는 안 된다고 믿고 있다. 이것의 결과는 불안이다. 자기의 생각이 남자 친구에게 일어나는 일에 영향을 미칠 수 없음을 알고 있지만, 이 생각이 머리를 떠나지 않는다. '남자 친구에게 나쁜 일이 생길 수 있음을 수용한다.'라는 유익한 새 신념을 소리 내어 연습해 보지만, 곧바로 '아니야! 절대 그런 일이 일어나면 안 돼!'라고 외치는 자신의 목소리를 듣곤 한다. 미정 씨는 자기가 왜 이런지 상담자에게 물었다.

상담자: 그런 생각을 하면 불안해진다는 단점이 있지만, 그것 말고 무엇인가 이익도 생길 것입니다. 그렇지 않으면 이 생각을 지금처럼 붙들고 있지 않습니다.

내담자: 무슨 이익이 있어서 그러는 것은 아니에요.

상담자: '남자 친구에게 절대로 나쁜 일이 생겨서는 안 된다.'는 생각을 그만둔다고 가정해 봅시다. 그러면 무슨 일이 일어날까요?

내담자: 남자 친구에게 나쁜 일이 일어난다면, 많이 속상할 거예요. 왜냐하면 내가 그렇게 만든 거니까요.

상담자: 나쁜 일이 일어날 수 있음을 인정하지 않으면, 나쁜 일이 일어나지 않을 것이라는 생각을 하고 계시군요?

내담자: 네. 하지만 그렇지 않다는 것은 저도 알아요.

상담자: 하지만 미정 씨는 정말 그런 것처럼 생각하고, 느끼고, 행동하고 있습니다. 미정 씨가 이 생각을 내려놓지 못하는 이유가 무엇일까요? 앞으로 일어날 일들을 미정 씨의 생각으로 어찌할 수 없다는 사실을 받아들이지 않기 때문입니다.

내담자: 맞아요.

상담자: 앞으로 일어날 일들을 미정 씨의 생각으로 어찌할 수 없다는 사실을 완전히 받아들인다면 어떤 기분이 들겠습니까?

내담자: 끔찍해요. 남자 친구를 잃을지도 몰라요. 그럴 수는 없어요!

상담자: 원하지는 않지만, 그럴 수도 있지요. 머릿속에서 남자 친구를 붙잡고 있으면, 현실 속에서도 남자 친구를 잃지 않을 것이라고 생각하시는군요. 불안을 일으키는 생각에 매달리는 것의 이익은 이것이 아닐까요? 남자 친구를 잃을 가능성을 머릿속에서 없애는 것이죠. 생각만 해도 끔찍한 일이니까요.

내담자: 그러니까 '그 일이 절대로 일어나서는 안 된다.'는 생각으로 그 일이 일어나지 않게 만들려고 한 것이네요. 정말 도움이 안 되는 생각이에요! 이제 제가 왜 이런 생각을 하고 있는지 알게 되었어요.

상담자: 이제 이런 생각과 불안을 정말로 없애 버리는 것은 지은 씨의 선택에 달려 있습니다.

내담자가 유익한 새 신념을 사용하도록 돕기

유익한 새 신념을 이해하고 이것의 효과를 느끼는 것과 연습을 통해 유익한 새 신념을 내면화시켜서 촉발사건에 대한 자동적 반응으로 만드는 것은 별개의 문제이다. 내담자들은 새 신념을 혼자서 연습하는 일에 그다지 노력을 기울이지 않는 경우가 많다. 새 신념이 자동적인 습관이 되려면 반복적으로 떠올리고 말하는 것이 중요하다는 것을 이해하기는 한다. 하지만 이 연습을 스스로 수행하는 내담자는 거의 없다. 따라서 상담자는 여러 회기에 걸쳐서 내담자가 새 신념을 어떻게 사용하고 있는지를 감독할 필요가 있다. 유익한 새 신념을 구축하고 효과를 검증한 다음, 다음과 같은 비유를 통해 동기를 북돋는 것도 좋다.

"서울 광장[2)]이 은혜 씨의 머릿속에 있다고 상상해 봅시다. 거리를 걷고 있는 모든 사람들은 은혜 씨의 감정, 사고, 행동입니다. 커다란 전광판이 하나 있는데 평소의 뉴스 대신 은혜 씨의 비합리적 신념을 끊임없이 보여 주고 있습니다. 그래서 거리에 있는 사람들 모두가 은혜 씨의 비합리적 신념이 전하는 메시지를 가지고 집에 돌아갑니다. 정부가 허용하는 범위 내에서 모든 수단을 동원하여 은혜 씨가 사람들의 생각에 영향을 미칠 수 있다고 해 봅시다. 서울 광장을 걷고 있는 사람들 거의 모두가 지금과 다른 메시지, 그러니까 유익한 새 신념을 가지고 집에 돌아가게 할 방안으로 무엇을 생각해 볼 수 있을까요? 여기에 몇 가지 규칙이 있습니다. 우선, 이 전광판의 관리자에게 메시지를 바꾸라고 요구할 수 없습니다. 전광판에 표시되는 메시지, 즉 은혜 씨의 비합리적 신념을 무엇인가로 가릴 수도 없습니다. 그리고 전광판을 없앨 수도 없습니다. 간단히 말하면, 전광판에 메시지가 계속 표시될 것입니다. 거리의 사람들 거의 모두가 유익한 새 신념을 가지고 집에 돌아가게 하려면 은혜 씨가 무엇을 할 수 있을까요?"

생각할 시간을 어느 정도 준 다음, 내담자가 답을 찾지 못하면 다음과 같은 해결책을 제시해 줄 수 있다.

"서울 광장에 커다란 전광판을 여러 개 새로 설치할 수 있습니다. 하지만 이 전광판 위에는 유익한 새 신념이 표시됩니다. 전광판 두세 개만으로는 부족합니다. 아마 천 개는 필요할 것입니다. 그러면 거리의 사람들 대부분이 제대로 된 메시지를 가지고 집에 돌아갈 것입니다. 은혜 씨의 생각을 바꾸기 위해서도 똑같은 일을 할 수 있습니다. 어떻게 하면 좋을까요?"

그러고 나서 내담자에게 이렇게 안내해 줄 수도 있다.

"놀라지 마십시오. 유익한 새 신념은 기대하는 만큼 효과가 없을 수도 있습니다. 효과가 나타나려면, 생각보다 많은 에너지를 쏟아부으며 새 신념에 대한 믿음을 키워야 합니다. 새 신념을 수없이 반복해서 소리 내어 연습해야 합니다."

---

2) [역주] 원서에는 뉴욕의 타임즈 스퀘어로 기술되어 있으나 편의상 서울 광장으로 표기한다.

내담자가 유익한 새 신념을 내면화하도록 돕는 또 한 가지 중요한 방법은 회기와 회기 사이에 내담자가 새 신념을 가지고 무엇을 하는지를 모니터링하는 것이다. 내담자와의 대화를 소개한다.

상담자: 은혜 씨, 지난 시간에 저와 함께 만든 새 신념을 가지고 무엇을 하셨습니까?

내담자: 프린터로 출력해서 여러 번 읽었어요. 주로 아이들이 말을 듣지 않을 때 떠올릴 수 있었고요.

상담자: 새 신념을 떠올렸을 때 무슨 일이 일어났습니까?

내담자: 대개는 마음이 진정됐어요. 안 그럴 때도 있었지만요. 출력한 것을 손에 들고 다녀야 할 것 같아요. 지금은 침실에 두었는데, 정작 필요할 때는 옆에 없더라고요. 시킨 일을 아이들이 하지 않아서 화가 날 때 그랬어요.

상담자: 그럼, 어떻게 하면 좋을까요?

내담자: 선생님이 말씀하신 것처럼, 새 신념을 출력해서 지갑이나 주머니에 넣고 다닐 수 있을 것 같아요.

내담자의 진전을 모니터링하는 것은 새 신념을 사용하는 것이 중요하다는 메시지와 함께 변화의 과정에 진지하게 임해야 한다는 메시지를 전달한다. 심리적 문제를 악화시키는 주요한 이유 중의 하나는 자신의 감정 및 행동 문제를 해결하는 데에 필요한 노력을 하지 않는 것이다. 충분한 시간, 에너지, 집중력을 투입하지 않는 내담자의 태도를 지적하고 이것을 바꾸어야 심리적 문제를 효율적으로 해결할 수 있음을 강조하는 것이 좋다.

선택

상담자는 E단계에서 몇 가지 선택을 하게 된다. 첫째, 유익한 새 신념을 내담자가 만들게 할 수도 있고 상담자가 만들어 줄 수도 있다. 어느 것이 더 좋은지는 실제로 해 보고 확인해야 하는 문제이다. A-B-C-D의 과정을 거친 후, E단계의 마지막 작업을 소크라테스식 문답으로 진행할 시간이 충분하지 않을 수도 있다. 이럴 때 상담자는 어떻게든 내담자가 새 신념을 가지고 집에 돌아가게 해야 하는지, 아니면 그냥 회기를 마쳐야 하는지의 갈등에 봉착하게 된다. 필자는 새 신념을 만들고 나서 회기를 마쳐야 내담자가 A-B-C-D-E 분석의 장점을 제대로 이해할 수 있다고 생각한다. 하지만 어떤 내담자들은 다음 회기에 시간적 여유를 가지고 유익한 새 신념을 만드는 것을 선호하기도 한다.

다음의 예에서는 내담자 효진 씨에게 유익한 새 신념 만들기를 소개하며 시간 제약의 문제를 다루는 모습을 살펴본다.

내담자: 한 남자와 결혼하고 그 사람에게 사랑받아야만 가치 있는 인간이라는 제 생각에 문제가 많다는 것은 알겠어요. 그런데 이런 제 생각을 어떻게 바꾸죠?

상담자: 오늘 상담 시간이 끝나가기 때문에 다음 회기에 이 작업을 할 수도 있고 지금 빠르게 훑어볼 수도 있습니다. 지금 한다면, 다음 한 주 동안 비합리적 신념과 어느 정도 맞서 볼 수 있고, 다음에 한다면 대안적인 새로운 생각을 여유롭게 탐색할 수 있습니다. 어느 쪽이 더 좋습니까?

내담자: 지금 하고 싶어요. 제가 열등하다는 생각을 없애고, 남자 친구가 없는 것에 대해 뭔가 해 볼 수 있게요.

유익한 새 신념을 구축하는 것은 REBT 진행 과정에서 중요한 부분이다. 인지적 변화가 일어나는 것이 바로 여기이기 때문이다. 인지적 변화가 내담자에게 도움이 될 것인지, 내담자가 유익한 새 신념을 유용하게 사용할 것인지를 살펴볼 수 있는 것도 이 지점이다. 종종 장애물이 나타나 내담자가 온전히 혜택을 누리는 것을 방해하기도 한다. 이것을 검토함으로써 감정과 행동의 역기능적 패턴을 유지하게 만드는 신념구조에 대해 새롭고 귀한 정보를 얻을 수 있다. 그러므로 내담자와 함께 유익한 새 신념을 구축할 때, 너무 서두르지 말고 충분한 시간을 할애할 것을 권한다.

선택과 관련된 두 번째 문제는 내담자에게 제시하는 유익한 새 신념의 형태에 관한 것이다. 내담자가 원하는 대로 새 신념을 만들도록 맡겨 둘 수도 있고, 상담자가 처음에 제안한 새 신념을 그대로 사용할 수도 있다. 새 신념이 얼마나 종합적인 내용을 담고 있을지에 대한 논의도 내담자와 함께 진행할 수 있다. 종종 상담자들은 상대적으로 덜 강력한 유형의 신념을 선택하기도 한다. 조심스러운 것은 좋지만, 치료적 변화란 평소의 익숙한 습관에서 벗어나 덜 익숙한 반응양식으로 옮겨 가는 것, 즉 불편한 조건 속에서 행동하는 것이다. 따라서 최대한 종합적인 내용을 담은 신념에 도달할 기회를 제공하는 것이 바람직하다. 내담자들은 이렇게 종합적인 신념에 대해 처음에는 미지근한 반응을 보일지 모른다. 하지만 상담자가 이러한 시도를 하지 않으면 내담자 혼자 힘으로는 결코 여기에 도달하지 못할 것이다. 다음의 예를 살펴보자.

내담자: '시험에 떨어질 수도 있는 것이며, 시험에 떨어진 나를 받아들일 수 있다.'라는 생각은 너무 앞서 나간 것 같아요. '나는 시험에 붙고 싶다. 하지만 꼭 그래야만 하는 것은 아니다.' 정도가 저한테 맞는 것 같아요.

상담자: 그 생각이 더 도움이 된다면, 그렇게 하십시오. 처음 말씀하신 생각도 도움이 되는지 나중에 한 번 살펴보고, 별다른 효과가 없으면, 지금의 그 생각을 계속 사용하십시오.

내담자에게 의사 표현의 기회를 제공한다면, 덜 강력한 신념으로 돌아가는 것과 더 강력하고 종합적인 신념으로 나아가는 것 모두 치료적 동맹을 손상시키지 않고 수행될 수 있다.

앞으로 돌아가 모든 단계(A, B, C, D)를 반복해야 할 때

E단계에서 유익한 새 신념을 구축한 것의 영향으로 인해, A, B, C에 각각 변화가 발생하기도 한다. 새로운 B, 즉 비합리적 신념이 발견된다면, D를 다시 수행해야 한다.

글상자 12-1

유익한 새 신념을 구축하는 과정에서 기존 비합리적 신념의 새로운 측면이 모습을 드러내거나 아예 새로운 비합리적 신념이 등장하더라도 놀라지 말라. 내담자들은 종종 이전에 않하던 자기비하적 발언을 E단계에서 처음 하기도 한다. 필자의 경험에 의하면, 내담자들은 자신이 스스로를 열등하고 형편없게 여기고 있음을 인정하는 것을 어려워한다. 그래서 이야기를 꺼낼 용기가 상담 말미에 생겼을 때 이런 이야기를 꺼내 놓기도 한다.

감정적 · 행동적 결과 C는, 앞에서 본 것처럼, 자신 또는 타인을 비하하는 생각이 모습을 드러내고 나서 바뀌기도 한다. 새로운 C는 자기비하로 인한 우울일 수도 있고, 타인비하가 유발한 분노일 수도 있다. 심지어 새로운 C가 원래의 C보다 강렬한 경우도 있다. 호소문제의 전혀 새로운 측면, 때로는 더욱 핵심적인 측면과 마주하게 될지도 모른다. E단계에서 새로운 A, B, C가 모습을 나타내면 새내기 상담자들은 당황하기 쉽다. 하지만 내담자와 마주하고 있는 한, A-B-C-D-E를 밝혀내는 것은 계속 진행형의 작업이다.

13

감정적 · 심상적 · 행동적 변화전략

인지적 논박은 변화를 일으키는 REBT의 유일한 기법이 아니다. REBT 상담자들은 오래전부터 내담자의 비합리적 신념을 변화시키기 위해 심상을 사용해 왔다. 아울러 비합리적 신념을 변화시켜도 행동과 감정의 변화가 따라오지 않는다면 의미가 없을 것이다. 직접적으로 행동을 변화시키는 기법은 REBT의 중요한 구성요소이며, 감정적 전략 역시도 REBT의 일부이다. 사실 Ellis(1958)의 초기 저술에는 REBT가 통합적 심리치료로 묘사되어 있다.

감정적 변화전략

Albert Ellis(1994, 2002)를 비롯해 많은 상담자들이 REBT가 인지적 · 행동적 · 심상적 · 감정적 기법을 모두 사용한다고 말한다. 감정적 기법이란 무엇을 의미하는가? 만약 감정이 변화의 대상이라면, 인지, 행동, 심상을 거치지 않고 어떻게 이것을 변화시키는가? Ellis의 저술과 Ellis와 함께 활동한 경험을 회고하며, 필자는 Ellis가 말한 감정적 기법을 정의하려고 노력했다. 감정적 기법이란 표적으로 삼은 **불편한 감정** 또는 새로운 **적응적 감정**을 **환기**시키는 활동이다. Ellis(1955)는 자신이 만든 심리치료를 처음에는 RT, 즉 합리적 치료(Rational Therapy)라고 불렀다. 얼마 뒤 『Reason and Emotion in Psychotherapy』(Ellis, 1962)를 출간하면서 감정적 측면을 강조하기 위해 RET, 즉 합리적 정서치료(Rational-Emotive Therapy)로 명칭을 바꾸었다. 이렇듯 감정 체험과 인지 사이의 관계를 강조하는 것은 항상 REBT의 한 부분이었다. 불편한 부정적 감정을 불러일으키면 이 감정과 연합된 비합리적 신념을 떠올릴 가능성이 높아진다. 그러므로 불편한 감정을 경험하면서 비합리적 신념을 반박하거나 유익한 새 신념을 소리 내어 말하는 것은 실제로 문제에 맞닥뜨렸을 때를 대비한 좋은 연습이 된다. 즉, 감정적으로 동요된 상태에서 신념을 변화시키는 것이다. 감정을 배제한 논리적 논박은 철학적으로는 옳지만, 논박 과정의 인간적 측면을 간과할 수 있다. 감정을 배제한 채 비합리적 신념의 유용성 또는 타당성을 토론하는 것은 논박을 시작하는 방식으로 나쁘지 않다. 하지만 결국 내담자는 촉발사건에 직면해 불편한 감정을 느끼면서 자신의 신념을 반박하거나 이것을 새 신념으로 대체해야만 한다. Frank와 Frank(1991)는 심리치료가 곧 내담자를 설득하는 것이라고 말하며, 내담자가 비합리적 신념을 내려놓고 유용한 새 신념을 채택하도록 설득하려면 그리고 새로운 행동을 수행하도록 설득하려면, 내담자의 주의를 끌고 감정을 불러일으키는 기법보다 더 좋은 것이 없다고 주장했다.

이 장에서는 감정을 환기시키며 내담자를 설득하는 기법을 소개한다. Robb와 Backx(1999)는 감정적 기법에 대해 '말에 강하게 힘을 실어' 비합리적 신념을 반박하거나 유익한 새 신념을 연습하는 것으로 규정했다. REBT 상담자는 여러 방식으로 강력한 논박을 수행한다. 예를 들면, 억양을 달리하거나, 거친 표현을 사용하거나, 때로는 내담자와 역할극을 진행하며 논박에 힘을 불어넣는다.

억양

Albert Ellis의 상담 녹음을 들어 본 적이 있는 사람은 가장 먼저 눈에 띄는 Ellis의 특징이 억양 변화임을 알아차렸을 것이다. 신념을 탐색하고, 논박하고, 말할 때마다 Ellis의 억양은 달라진다. '끔찍하다.' '비참하다.' '반드시 ~해야만 한다.' 등과 같이 비합리적 신념을 상징하는 단어를 말할 때, Ellis의 목소리는 해당 신념과 연관된 감정을 담고 있다. 그뿐만 아니라 목소리가 커지고 톤이 높아지며 핵심 단어의 음절을 길게 발음한다. 이러한 비언어적 행동은 악수하듯 손을 내미는 몸짓과 함께 사용되었다.

"왜 반~드시 사랑을 받아야만 합니까?"
"원하는 것을 얻지 못하면 왜 비~참합니까?"

'비참함'을 '아쉬움'으로, '당위'를 '욕구'로 바꿀 때도 Ellis는 합리적 신념을 나타내는 단어가 두드러지도록 발음했다. 핵심 단어는 천천히 또박또박 말했으며 목소리의 크기와 톤을 높였다. 이처럼 서로 다른 개념에 서로 다른 음성 자극을 연합시킴으로써 더욱 또렷하고 쉽게 기억되도록 한 것이다. 새로운 합리적 신념을 제안하거나 반복해서 말할 때도 Ellis의 목소리는 바뀌었다. 내담자의 감정적 목표를 반영하여 이완되고 편안한 소리가 되도록 목소리의 크기와 톤을 낮춘 것이다. 이와 더불어 손은 가볍게 깍지를 끼고 온몸의 긴장을 풀었다.

이러한 비언어적 단서 및 신체적 · 시각적 단서는 서로 다른 신념과 서로 다른 감정 상태를 연합시킨다(Ellis, 2002). 이것은 B와 C 사이의 관련성을 가르치는 데에 도움이 되며, 인지 변화에 수반되는 감정 변화를 내담자가 지각하게 해 준다. Ellis는 내담자가 변화하도록 설득하기 위해 다중 감각적 기법을 사용하고 있었다. Albert Ellis 또는 다른 뛰어난 REBT 지도자들을 그대로 흉내 내는 것을 권하지는 않지만, 비합리적 신념과 합리적 신념의 차이 그리고 신념이 감정에 미치는 영향을 강조하기 위해 다중 감각적 기법을 사용하는 것은 매우 도움이 된다. 자신에게 맞는 비언어적 행동과 몸짓을 찾아보라.

중요한 발언을 할 때 내담자의 주의를 집중시키는 것이 필요하다. 자신의 스타일을 점검해 보라. 혹시 말이 빠르고 목소리가 크다면, 중요한 이야기를 할 때는 목소리의 크기와 속도를 현격히 낮추는 것이 좋다. 이와 반대로 자신이 부드럽게 말하는 스타일이라면, 목소리의 크기와 속도를 높임으로써 내담자의 주의를 끌 수 있다. 즉, 자신의 스타일을 알아야 하며, 필요할 때는 이에 맞춰 자신의 억양을 변화시켜야 한다.

또 한 가지 전략은 몸짓을 통해 중요한 개념이라는 신호를 보내는 것이다. 주장 훈련에서처럼 몸을 앞으로 기울이고, 내담자의 팔을 가볍게 두드리며, 내담자의 눈을 똑바로 바라보는 것은 발언할 내용의 중요성을 알리는 효과적인 신호이다.

거친 언어의 사용

REBT 상담자들이 유연한 태도를 취하는 또 한 가지 측면은 Ellis의 표현을 빌리면 '거친 언어의 활발한 사용(sprightly use of obscenity)'이다. 많은 REBT 상담자들이 Ellis가 보여 준 상담 스타일의 이러한 측면을 본받아 상담에 활용하고 있다. 입문과정 수련생과 상급과정 수련생의 차이가 거친 언어를 얼마나 자유롭게 사용하는지에서 나타나는 것을 필자는 목격하였다. REBT에서는 내담자의 자기비하를 언급할 때, '쓰레기(shit)'라는 표현을 사용하기도 한다. 예를 들면, REBT 상담자는 내담자의 나쁜 행동이 어떻게 내담자를 '쓰레기'로 만드냐고 질문하기도 한다. 물론 이것 말고도 '버러지(worm)' '멍청이(no-goodnik)' '몹쓸 놈(louse)'과 같은 단어도 사용한다. 내담자의 대화 방식에 맞는 단어가 무엇인지 잘 판단해서 선택해야 한다.

Ellis는 거친 언어를 사용하는 것으로 유명했으며, 이렇게 하는 긍정적 이유를 공공연하게 언급하곤 했다. Ellis는 사람들이 대부분 거친 언어를 사용하는 것에 대해 지나치게 부정적인 생각을 하고 있다고 여겼다. 때로는 매우 차분하고 보수적인 사람들조차도 심각한 삶의 문제를 설명할 때는 거친 언어가 가장 적절하고 가장 강하게 감정을 불러일으킨다고 말한다. 거친 언어는 내담자의 긴장을 풀어 주고 강한 감정과 동기를 자극하는 힘을 가지고 있다.

거친 언어를 사용하는 두 번째 이유는 라포 형성을 촉진하기 때문이다. 내담자들이 입이 거친 상담자를 원한다는 말이 이상하게 들릴지도 모르지만, 사람들 대부분이 오직 친한 친구들과 함께 있을 때만 거친 언어를 사용한다는 점을 기억하라. 우리는 긴장을 풀고 방어를 내려놓을 수 있는 상대와 함께 있을 때 격식 차리지 않는 언어를 많이 사용한다. 상담자가 먼저 거친 언어를 사용하는 모습을 보여 주면, 내담자에게도 거친 언어를 사용해도 좋다고 허락해 주는 것이기 때문에 내담자들은 편안함을 느끼게 된다. 거

글상자 13-1

이럴 때 마음속으로 어떤 혼잣말을 하는지 회상해 보라. 일에 늦어서 허둥지둥 집을 나와 주차장으로 뛰어갔는데 자동차 타이어에 펑크가 났다. 거친 언어가 라포를 촉진한다는 것을 확인하기 위해 자신의 말을 관찰해 보라. 누구와 함께 있을 때 편하게 거친 말을 사용하는가?

친 언어를 무분별하게 사용하는 것을 권하지는 않는다. '활발한 사용'은 내담자의 비합리적 신념과 자기비하를 다룰 때에만 국한하는 것이 바람직하다.

거친 언어를 사용하는 세 번째 이유는 중요한 부분을 강조하기 위해서이다(예를 들면, "인생의 목표라는 게 '젠장' 즐겁게 사는 것 아닌가요?"). 하지만 거친 언어로 표현되는 대상이 절대 내담자라는 사람 자체가 되어서는 안 된다. 다른 말로도 같은 의미를 표현할 수 있으므로 전혀 거친 말을 사용할 필요가 없다. 거친 말을 사용하기 전에 내담자가 어떤 사람인지를 생각하라. 어떤 내담자들은 불쾌하게 여길 것이며, 또 어떤 사람들은 좋아하며 친근하게 느낄 것이다.

역할 바꾸기

회기 중에 사용할 수 있는 또 다른 감정적 기법은 합리적 역할 바꾸기(rational role reversal)이다. 상담자의 감독하에서 역할극을 하며 내담자는 합리적 철학과 부합하는 새로운 행동을 연습한다. 합리적 역할 바꾸기에서 내담자는 '이성적 목소리'를 연기하고, 상담자는 내담자가 가진 비합리적 신념의 목소리를 낸다. 이것은 Burns(1980)가 **'목소리의 외현화**(externalization of voices)'라고 부른 기법과 유사하며, 합리적 철학에 대한 내담자의 확신을 강화할 수 있다. 상담자는 내담자가 비합리적 신념에 대한 논박을 스스로 수행할 수 있는지와 여전히 비합리적 신념을 고수하고 있는지를 점검할 수 있다.

필자의 경험에 의하면, 내담자들은 합리적 역할 바꾸기에 참여하며 적절한 논박과 합리적 대안 만들기를 해내지만, 대부분은 여전히 확신이 부족하며 강한 목소리를 내지 못한다. 그러므로 비합리적 목소리가 본래 더 그럴싸하고 더 강하다는 점을 내담자에게 지적하는 것이 중요하다. 그리고 지금 자기 자신을 설득해서 역기능적인 사고방식을 내려놓고 보다 유연한 태도로 바꾸는 일을 하고 있음을 상기시켜야 한다. 일시적 변화가 아닌 항구적 변화를 일으키려면, '이성적 목소리'를 강하고 확신에 찬 목소리로 연습하도록 격려하라. 예를 들면, 내담자에게 다음과 같이 말해 볼 수 있다.

> "오늘 논박한 것을 내 것으로 만들었으면 합니다. 제가 비합리적 목소리를 연기하고, 진영 씨는 합리적 목소리로 말해 보면 어떨까요? 오늘 자신을 비하하는 이야기를 하셨는데 이것을 어떻게 다룰지 생각해 보십시오. 자기비하에 대해 합리적 목소리로 말하다가 막혀서 어떻게 반응해야 할지 모를 때는 잠시 저와 역할을 바꿔서 제가 어떻게 이

것을 다루는지 보십시오. 그다음에는 다시 진영 씨에게 합리적 목소리 역할을 부탁할 것입니다. 진영 씨가 어떻게 하는지 살펴봅시다. 이것은 합리적 생각을 연습하는 한 가지 방법입니다."

필자 중 한 명인 Raymond DiGiuseppe가 수련생 진영 씨[1]를 내담자로 삼아 진행한 상담 시연을 살펴보자. 진영 씨의 비합리적 신념은 Albert Ellis 연구소의 주요 수련 프로그램이던 동료 상담을 반드시 잘해야만 한다는 것이었다. 진영 씨의 비합리적 신념을 탐색하고 논박한 다음, DiGiuseppe는 비합리적 목소리를 연기하고, 진영 씨는 합리적 목소리 역할을 맡았다.

상담자: (불안한 듯 몸을 많이 움직이며 크고 힘 있는 목소리로) 여기 내담자가 있어. 게다가 사람들이 우리가 상담하는 것을 보고 있어. **꼭 잘해야 해. 실수하면 안 돼.** 안 그러면 우린 **완전히 형편없는 인간**이야.

내담자: (들릴 듯 말 듯 한 부드럽고 힘없는 목소리로) 형편없다니 그게 무슨 말이야? 실수 좀 하면 안 돼?

상담자: (다시 힘 있는 목소리로) 실수해도 된다고? 그게 무슨 소리야? REBT를 벌써 몇 달째 배운 줄 알아? 이젠 초짜가 아니라고! 이젠 **제대로 해야만 해.**

내담자: 새로운 것을 배울 때 실수한 적 없어?

상담자: (역할극을 잠시 멈춘다.) 진영 씨, 비합리적 목소리와 맞서는 것이 어렵지요? 비합리적 목소리 역할을 하던 나에게 아주 정중하게 이야기를 하고, 내가 비합리적인 이야기를 늘어놓는데도 끼어들어 막지 않더군요. 잠시 내가 합리적 목소리 역할을 맡아볼게요. 진영 씨는 비합리적 목소리를 맡으세요. 마음이 불안할 때 머리에 떠오르던 목소리처럼 말하고 행동해 보세요.

내담자: **제대로 해야 해.** 안 그러면 우린 **아무짝에도 쓸모없는 인간**이야. 생각만 해도 **끔찍해.**

상담자: 이제 극단적인 생각은 그만둬! 그냥 해야 하는 일에 집중하자. (목소리가 커지며) 실수할 수도 있어. 그건 괜찮아. 세상 모든 사람들과 마찬가지로 우린 불완전한 인간이야.

내담자: 우린 형편없…….

1) 원서에 등장하는 이름은 Jan이다. 편의상 진영 씨로 표기한다.

상담자: 그만둬. 더는 그런 식으로 생각하지 마. 그건 도움이 안 돼. 진정하고 지금 하는 일에 집중해. 혹시 실수한다면, 거기서 배우는 게 있을 거야.

상담자: (역할극을 잠시 멈춘다.) 합리적 목소리 역할을 할 때 내가 진영 씨와 어떻게 달랐나요?

내담자: 선생님은 목소리에 힘이 있었고, 제가 비합리적인 생각을 말하려고 할 때 막아서셨어요.

상담자: 그래요, 진영 씨. 진영 씨 스스로 그렇게 한다면 어떤 일이 일어나게 될까요?

글상자 13-2

REBT 상담자도 '행동적' 전략을 사용하지만, 그 상황에 대해 어떤 식으로 다르게 생각하는지를 질문함으로써 행동적 전략이 사고에 미치는 영향을 점검한다. 예를 들면, "엘리베이터를 여섯 번 탔습니다. 엘리베이터에 대한 생각이 바뀌었습니까?" "불안에 대한 생각이 바뀌었습니까?"와 같이 질문할 수 있다.

인지, 감정, 행동은 모두 변화의 지표가 되는 종속변인이다. 변화가 일어나는 경로가 무엇이든 상관없이, 즉 약을 먹든, 엘리베이터를 타든, 상담자와 불안에 대해 토론하든, 안락의자에 앉아 불안증상에 익숙해지는 연습을 하든, 상담자는 항상 내담자의 생각을 검토하는 작업으로 되돌아온다. 생각이 변화하기 전까지는 지금 엘리베이터를 여섯 번 탔다는 사실이 미래의 행동 변화로 이어질 것이라고 말하기 어렵다. B→C 인과관계가 REBT의 핵심이기 때문에 궁극적으로 내담자의 인지에 초점이 놓이게 된다.

'머리-가슴' 문제 다루기

내담자가 보다 합리적으로 사고하도록 돕다 보면, 이런 이야기를 듣는 경우가 있다.

"선생님 말씀처럼 합리적 신념이 감정적 고통을 줄이는 데에 도움이 된다는 것은 이해해요. 하지만 전 아직 별다른 차이를 못 느끼겠어요."

"머리로는 알겠는데 가슴으로 느껴지지 않아요."

REBT 이론가들은 이것을 '머리-가슴(Head-Gut)' 문제라고 부르며, **인지적 통찰**과 **감**

정적 통찰의 차이를 보여 준다. 내담자는 자신의 비합리적 신념에 문제가 있다는 것을 깨달았고 이것을 대체할 유익한 새 신념이 있다는 것도 알게 되었다. 하지만 아직 비합리적 신념을 내려놓지 않았다. 그리고 유익한 새 신념이 무엇인지 알지만 아직 이것을 믿지 않는다. 그렇기 때문에 감정과 행동이 변하지 않은 것이다. 무엇인가를 아는 것과 그것을 믿는 것에는 차이가 있다. 상담과정의 이 시점에서 상담자가 해야 할 일은 내담자가 유익한 새 신념을 알고는 있지만 그것이 사실이라는 확신을 아직 가지고 있지 않음을 깨닫도록 돕는 것이다. 내담자는 비합리적 신념과 유익한 새 신념을 함께 가지고 있지만, 비합리적 신념을 더 강하게 믿고 있다. 감정적 통찰이라고 불리는 것이 획득되었을 때 내담자에게는 다음과 같은 몇 가지 특징이 나타난다(Ellis, 2002).

1. 어느 정도의 인지적 통찰이 있다. 즉, 자신이 감정적 고통을 겪고 있음을 인정하고 자신의 행동이 비합리적이고 자기 파괴적임을 인정한다.
2. 현재의 행동에 영향을 미치는 원인이 존재함을 이해한다. 즉, 이유 없이 그냥 나온 행동이 아니라는 것이다.
3. 역기능적이고 자기 파괴적인 행동에 대한 책임이 어느 정도 자신에게 있다고 여긴다. 즉, 자기 자신이 문제행동의 시작 및 유지와 연관되어 있음을 안다.
4. 비합리적 신념이 자기 파괴적인 감정을 만들어 낸다는 것을 배웠지만, 자신이 지금도 여전히 비합리적 신념을 마음속으로 되뇌고 있음을 안다.
5. 자신의 비합리적 신념을 바꾸기 위해 스스로 할 수 있는 일이 있음을 명확히 인식한다.
6. 자신의 비합리적 신념을 바꾸기 위해 노력하기로 결심했다. 신념 변화를 위한 노력에는 다음이 포함된다.
   ① 강하게 그리고 반복적으로 비합리적 신념 논박하기
   ② 비합리적 신념과 계속 맞서 싸우는 고통과 수고로움 속으로 자신을 몰아붙이기
   ③ 비합리적 신념 또는 그것의 결과에 대해 다르게 느끼도록 노력하기
   ④ 비합리적 신념 또는 그것이 만들어 낸 자기 파괴적 행동과 반대되는 행동하기
7. 자주 그리고 강하게 이러한 연습과 노력을 실제로 수행하고 있다.
8. 감정적 고통을 대부분 스스로 통제할 수 있으며, 혹시 다시 고통이 찾아와도 다르게 생각하고 행동함으로써 여기에서 벗어날 수 있음을 안다. 이것은 내담자가 굳은 결심을 가지고 꾸준히 노력하고 있음을 의미한다.

9. 꾸준히 노력하고 연습하는 것 이외에 비합리적 신념이 만들어 내는 감정적 고통을 벗어날 더 나은 방법이 없음을 흔들림 없이 받아들인다.

감정적 통찰을 성취하려면, 내담자에게 새 신념에 대한 확신을 심어 주고 이 확신이 더 깊고 더 강해지도록 돕는 데에 상담의 초점이 놓여야 한다. 상담자라면 내담자가 감정적 통찰과 인지적 통찰을 모두 가지고 있는지, 아니면 단지 인지적 통찰만 가지고 있는지를 묻고 싶을 것이다. 이것은 합리적 신념에 대한 확신을 어떻게 강화시킬 것인지 그리고 비합리적 신념에 대한 확신을 어떻게 약화시킬 것인지에 대한 논의를 시작하기 전의 준비 작업이 될 수 있다. 예를 들면, "새로운 합리적 신념을 가슴으로 믿으려면 무엇을 해야 할까요?"라고 내담자에게 물어볼 수 있다. 치료적 변화의 과정에 온 마음을 쏟도록 내담자를 격려하라. 내담자는 반복적으로 그리고 강하게 자신의 비합리적 신념에 의문을 제기해야 하며, 자기 삶의 문제에 대해 합리적으로 생각하는 것을 연습해야 한다.

합리적 신념에 대한 확신이 약하면 치료적 변화가 잘 일어나지 않는다. 소크라테스식 문답과 간략한 설명을 통해 변화를 일으키는 것에 대한 REBT의 관점을 소개하라. 합리적 생각에 대한 확신을 강화하려면, 회기 중에 그리고 일상생활 속에서, 내담자 자신의 비합리적 신념에 의문을 제기하고, 그 자리에 합리적 신념을 대신 채워 넣어야 한다. 그리고 이 과정에서 인지적으로 의문을 제기하는 것에 그치지 않고 적극적으로 비합리적 신념에 역행하는 행동을 해야 함을 내담자에게 이해시켜야 한다. 이러한 점을 확실히 해 두면, 나중에 숙제를 내어 새로 배운 것을 실천하게 하거나 내면화를 촉진하려고 할 때 도움이 될 것이다.

머리-가슴 문제에 직면했을 때 REBT 상담자들이 즐겨 사용하는 개입방법에 대한 설문조사 결과를 살펴보자(Robb, Backx, & Thomas, 1999). 회기 중에는 인지적 개입이 가장 많이 사용되어 40%를 차지했으나, 감정적 개입은 4%에 미치지 못했다. 숙제로 가장 많이 사용된 것 역시도 인지적 개입이었다. 내담자가 머리-가슴 문제를 보였을 때 어떤 개입방법이 가장 효과적인지에 대한 데이터는 없지만, 설문을 실시한 연구자들은 감정적 개입과 심상적 개입이 가장 효과가 좋을 것이라고 예상했다. 머리-가슴 문제는 인지적 논박을 통해 이미 지식이 제공된 상태에서 발생하기 때문이다. 감정적·심상적 기법은 믿음을 키우는 새로운 경험을 제공할 수 있다.

머리-가슴 문제가 일어나면, 한 걸음 뒤로 물러나 보다 넓은 시야에서 상황을 바라보며 비합리적 신념이 유지되는 맥락을 살펴볼 때이다(Rorer, 1999). 내담자가 무엇인가를 머리로는 이해하겠는데(예를 들면, 세상이 공평해야만 하는 이유가 없다거나 누군가가 꼭 무엇을 해야만 하는 것은 아님을 알지만), 감정적으로는 이것을 받아들이지 못하겠다고 말할 때, 합리적 신념을 수용하는 것이 내담자에게 어떤 의미가 있는지를 질문해 볼 수 있다. 내담자의 감정적 통찰 획득을 돕기 위해 상담자는 무엇을 시도해 볼 수 있을까?

내담자가 머리-가슴 문제에 빠지는 이유를 다른 관점에서 생각해 보자(Rorer, 1999). 유익한 새 신념과 새로운 감정 및 행동 반응이 내담자의 삶을 이끄는 주요한 철학, 가치, 스키마와 대립하고 있는데, 정작 내담자는 이를 모르고 있을 수 있다. 비합리적 신념은 내담자의 전반적인 세계관 속에 녹아들어 있으므로 내담자가 변화하면 포기되어야만 한다. 이것은 내담자에게 매우 부담스러운 일이다.

이러한 갈등을 발견하는 한 가지 방법은 새로운 합리적 신념을 수용해서 자신이 달라졌을 때 무슨 일이 일어날지를 내담자에게 묻는 것이다(Rorer, 1999). 사람들은 무작정 어떤 신념을 고집하지 않는다. 신념들은 서로 연관되어 있다. 한 가지 신념의 변화는 연관된 다른 신념을 수정하거나 포기하지 않으면 일어나지 않는다. 연관된 신념들은 자기 이미지, 세계관 또는 깊은 두려움에 관한 내용을 담고 있어서 개인적으로 중요한 것일 수 있다. Rorer는 이것을 비합리적 신념을 포기할 때 발생하는 '비용'이라고 불렀다. 하지만 갈등하는 신념들을 변화시켜서 죄책감을 감소시키거나 자기수용을 상승시키는 유익한 새 신념을 만든다면, 비용이 아니라 이익이라고 불러야 옳을 것이다. 상담자는 심상을 통해 폭넓은 시야에서 대립하는 신념들을 바라보도록 도울 수 있다. 눈을 감은 채로 내담자가 새로운 합리적 신념을 선택하고 받아들였으며 이에 부합하는 감정 및 행동의 변화가 일어난 것을 상상하게 한다. 그런 다음 새로운 변화가 일어나서 내담자가 어떻게 느끼고 행동하게 될 것인지를 다시 상상하게 한다. 이 과정에서 때로는 새로운 부정적 감정과 새로운 비합리적 신념이 등장하기도 한다. 이것은 변화가 새로운 갈등을 만들어 낼 가능성을 보여 주는 것이다.

알코올 남용 문제로 상담을 받게 된 40대 중반의 남성, 요섭 씨의 사례를 살펴보자. 요섭 씨는 술을 자제하지 못하는 자신을 비난했다. 자기비난은 요섭 씨를 우울하게 만들었으며, 우울한 마음을 달래기 위해 술을 더 많이 마셨다. 상담의 초점은 술을 자제하지 못하는 자신을 수용하고 용서하도록 하는 것이었다. 요섭 씨는 자기수용을 머리로는 이해하지만 감정이 조금도 달라지지 않았으며 합리적 신념에 대한 믿음이 생기지 않는다고 말했다. 상담자가 심상 작업을 진행하자 요섭 씨는 울기 시작했다. 그리고 만약 자신이 스스로를 비난하지 않으면 아내와 이혼할 것이 분명하다고 말했다. 요섭 씨는 아내를 사랑하지 않았음에도 불구하고 결혼했으며, 부부 사이에는 자녀가 두 명 있었다. 요섭 씨는 자녀들을 무척 사랑했다. 결혼을 유지하고 있는 유일한 이유는 이혼을 금기시하는 엄격한 종교적 신념 때문이었다. 이렇게 새로운 문제와 갈등을 발견한 다음, 상담의 초점은 이혼을 고려 중인 자신에 대한 비난과 이혼의 장단점에 대한 검토로 옮겨 갔다. 결국 요섭 씨는 아내와 이혼하더라도 자신을 수용할 수 있음을 깨달았지만, 아이들을 생각해서 이혼하지 않을 것이며 더 좋은 남편이 되겠다고 결심했다. 하지만 이렇게 하는 것이 아이들에게 더이상 도움이 되지 않는다면, 그때는 아내와 이혼할 수 있다고 말했다.

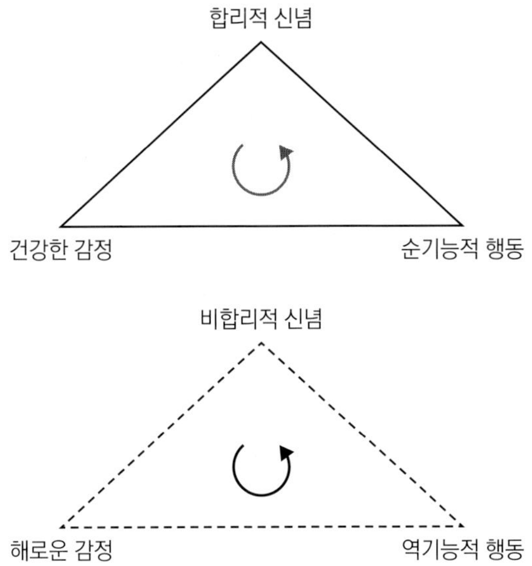

[그림 13-1] 머리-가슴 문제

머리-가슴 문제를 극복하는 또 한 가지 방법은 [그림 13-1]을 활용하는 것이다. 이 그림은 사고, 감정, 행동이 삼각형을 이루며 상호작용하고 있는 것을 보여 준다. 실선 삼각형은 건강하고 순기능적인 합리적 부분이고, 점선 삼각형은 해롭고 역기능적인 비합리적 부분을 나타낸다. 삼각형의 구성요소 세 가지 중에서 어느 하나가 달라지면 다른 두 가지에도 변화가 잇달아 발생한다. 예를 들어, 실선 삼각형의 신념이 강해지면 감정과 행동도 함께 달라질 것이다. 상담에서 목표로 하는 것은 점선 삼각형을 실선 삼각형으로 바꾸는 것이다. 이를 위해 점선 삼각형의 세 가지 구성요소인 행동, 감정, 신념을 변화시킬 수 있다. 하나를 바꾸면 다른 두 개도 따라서 바뀌는 경향이 있다. 내담자가 "저는 합리적 신념을 머리로는 알겠는데 가슴으로 느껴지지 않아요."라고 말한다면, 삼각형 그림을 보여 주며 이유를 설명해 줄 수 있다. 이 내담자는 실선 삼각형의 합리적 신념에 따라 생각하지만, 안타깝게도 점선 삼각형의 해로운 감정을 경험하고 있다. 이것은 실선 삼각형의 건강한 감정도 느끼기는 하지만 강도가 훨씬 약하다는 뜻이다. 해로운 감정이 건강한 감정보다 강하다는 것은, REBT 이론에 의하면, 비합리적 신념이 합리적 신념보다 훨씬 강하다는 것을 말해 준다.

심상적 변화전략

심상(imagery)이란 시각, 청각, 후각, 미각 또는 촉각을 통한 지각이 없음에도 불구하고 대상의 정신적 이미지를 형성한 것을 말한다. 심상은 뇌의 작용이다. 심상을 형성하는 뇌의 영역과 심리적 과정은 실제로 사물을 지각할 때와 동일하다. 심상은 경험에 의미를 부여하고 지식을 이해하는 데에 도움이 된다. 심상은 인간의 기본적인 능력이며 학습과 기억에서도 중요한 기능을 수행한다. 우리는 심상을 통해 세상을 이해하고, 삶의 의미를 설명한다.

발달심리학자들은 공상(daydreaming)을 자연스럽게 발생하는 심상으로 간주한다(Sutton-Smith, 1988 참조). 종종 공상이 아이들의 전유물인 것처럼 여겨지기도 하지만, 공상은 일상에서 중요한 기능을 수행한다. 우리는 수많은 시간을 공상하며 살아왔다. 공상은 현실적 제약에 구애되지 않고 새로운 역할, 감정 및 행동을 탐색하고, 연습하고, 평가할 수 있게 한다. Hobbs와 Leibniz 같은 위대한 철학자들은 공상 또는 심상을 학습과정의 중요한 부분으로 여겼다.

심상은 당면한 과제 해결에 초점을 맞추고 공상하는 의식적 시도라고 할 수 있다(Byrne, 2005). 심상은 거의 모든 형태의 심리치료에서 중요한 기법으로 활용되고 있다. 비록 방식은 심리치료마다 다르지만, 심상은 자기 발견 및 적응적 행동을 돕는 전략의 중요한 부분으로 자리매김하고 있다. 심상과 관련된 여러 주제에 대해 개관하는 것은 이 장의 범위를 벗어나므로 Singer(2006)의 저서를 참조하기 바란다.

심상을 접목해서 인지적 논박을 수행하는 방법도 있다. 그중 하나를 살펴보자. 일단 인지적 논박을 마친 후, 다시 문제 상황에 놓여 있는 자신의 모습을 상상하게 한다. 그리고 내담자의 부정적 감정이 처음과 달라졌는지를 살펴본다. 만약 달라졌다면, 내담자가 합리적 생각의 일환으로 지금 어떤 혼잣말을 했는지를 질문한다. 혹시 감정의 변화가 없다면, 또 다른 비합리적 신념이 존재할 수 있음을 뜻한다. 이럴 경우, 필요하다면 새롭게 A-B-C-D 분석을 수행하고 심상 연습을 진행하며 인지적 논박의 효과를 다시 검토하는 것이 좋다. 다른 방식의 접근을 원한다면, 다음에 소개하는 **합리적 감정 심상**(Rational Emotive Imagery: REI)의 부정적 또는 긍정적 접근 중 하나를 시도해 볼 수도 있다(Maultsby, 1975; Maultsby & Ellis, 1974).

먼저, **부정적 REI**를 살펴보자. 내담자는 눈을 감은 채로 문제 상황에 놓여 있는 자신의 모습을 상상한다(A). 그리고 평상시와 같은 감정을 경험하려고 노력한다(C). C가 느껴진다고 내담자가 알릴 때까지 기다린다. 그런 다음 이 감정을 일으킨 혼잣말에 집중하라고 요청한다. 다음에 할 일은 괴로운 감정을 보다 건설적인 부정적 감정으로, 예를 들면 불안에서 염려로 바꾸도록 지시하는 것이다. 매우 짧은 시간에 불과할지라도 내담자가 이것을 해낼 수 있다는 확신을 심어 주어야 한다. 그리고 감정 전환에 성공하면 곧바로 눈을 뜨라고 말해 둔다. 내담자가 눈을 뜨면, 간단히 "어떻게 감정을 바꿀 수 있었습니까?"라고 질문한다. 거의 예외 없이 인지 변화를 시사하는 답변이 돌아올 것이다. 예를 들면, "그 여자한테 데이트를 신청했는데 거절당했어요. 그렇다고 세상이 끝난 것도 아니고, 거절당해도 견딜 수 있어요."라는 식으로 대개는 파국화를 그만두었다는 답변을 들을 수 있을 것이다. 다음의 대화를 살펴보자.

상담자: 자, 눈을 감고, 큰 불안감을 느낀 어제로 돌아갔다고 상상해 봅시다. 할 수 있지요?
[내담자가 심상을 떠올렸다는 신호를 줄 때까지 기다린다.]

내담자: 네.

상담자: 바로 지금 어제처럼 자신을 불안하게 만들어 봅시다. 불안감이 느껴지면 신호해 주세요.
[내담자의 신호를 기다린다.]

내담자: (고개를 끄덕인다.)

상담자: 그래요. 어떤 생각이 머리에 떠올라서 자신을 불안하게 만드는지 말해 주십시오.
[내담자의 반응을 기다린다. 비합리적 신념이 나올 것이다.]

내담자: 속으로 이렇게 말하고 있어요. '젠장, 거절당하면 어떡하지?'

상담자: 이제 그 불안감을 염려로 바꾸어 봅시다. 불안이 줄어들고 그냥 염려되는 정도로만

느껴지면 신호해 주세요.

[내담자가 신호할 때까지 기다린다.]

상담자: 지금 불안하지 않고 그냥 염려만 되도록 마음속으로 뭐라고 말하고 있습니까?

내담자: 음, 거절당해도 세상이 끝나는 건 아냐. 그 여자가 나를 형편없게 보면, 뭐 할 수 없는 거지. 모든 여자가 나를 좋아하게 할 순 없어!

긍정적 REI도 살펴보자. 내담자는 문제 상황에 놓여 있지만, 다르게 느끼고 다르게 행동하는 자신의 모습을 상상한다. 예를 들어, 발표불안을 지닌 내담자의 경우, 수업이나 회의 시간에 사람들 앞에서 발표하면서도 편안함을 느끼는 자신의 모습을 상상한다. 내담자가 이러한 심상을 경험하고 있다고 신호하면, 곧바로 상담자는 "이 모습을 떠올리기 위해 마음속으로 무슨 말을 하고 있었습니까?"라고 질문한다. 이 기법을 통해 내담자는 긍정적 계획을 연습하고 대처 기술을 발전시킬 수 있다. 다음의 예를 살펴보자.

상담자: 민서 씨, 이번 주 이사회에서 발표할 것을 생각하면 마음이 무척 불안하지요?

내담자: 네. 너무 무서워요.

상담자: 이제 눈을 감고 이사회에서 마이크 앞에 서 있는 자신의 모습을 상상해 봅시다. 하지만 마이크 앞에서도 마음이 평온한 자신의 모습을 상상해 봅시다. 민서 씨는 천천히 또박또박 말하고 있고, 마음이 그다지 불안하지 않습니다. 듣기 좋은 큰 목소리로 발표하고 있고 자주 이사회 참석자들을 바라봅니다. 이 모습이 머릿속에 뚜렷하게 떠오르면 저에게 알려 주세요.

[내담자가 신호를 보낼 때까지 가만히 기다린다.]

내담자: (고개를 끄덕인다.)

상담자: 지금 떠올린 모습처럼 하려면 자신에게 무슨 말을 해야 할까요?

내담자: 음, 내 아이디어는 파워포인트에 적혀 있다. 나는 지금 무슨 말을 해야 할지 안다. 이 사람들은 내 아이디어를 들으려고 앉아 있는 것이지 흠을 잡으려고 하는 것이 아니다. 사람들 모두가 내 아이디어 전부를 좋아할 수는 없다. 문제를 지적하는 사람이 있어도 괜찮다. 그래야 토론에 활기가 생길 것이다. 이 사람들도 앞에 나오면 아마 긴장이 될 것이다. 내가 손을 좀 떨어도 그다지 신경 쓰지 않을 것이다. 이런 건 생각할 필요가 없다. 하고 싶은 말을 전달하는 데에만 집중하자.

Tosi와 그의 동료들(Tosi & Murphy, 1994; Tosi & Reardon, 1976)은 깊은 이완상태 유도와 **지시적 심상**(guided imagery)을 결합한 기법을 개발했다. 상담자는 A-B-C-D-E 순서에 따른 심상 속으로 내담자를 이끌고 간다. 예를 들면, 두려워하는 A에 접근해서, 합리적 진술을 하고, 적절한 C를 경험하는 자신의 모습을 상상하게 하는 것이다. 이 기법은 궤양(Tosi, Judah, & Murphy, 1989) 및 천식(Silverglade, Tosi, Wise, & D'Costa, 1994)의 치료에 효과적임이 밝혀졌다. 능숙하게 문제를 해결하는 모습을 떠올리는 '**숙달**' 심상(mastery image)은 아동에게 좋은 효과를 나타내지만, 어른들에게는 '**대처**' 심상(coping image)이 더 도움이 된다(Meichenbaum, 1985).

대처 심상 속에서 내담자는 A에 접근해서 평상시처럼 비합리적 혼잣말을 하는 모습을 상상한다. 그다음에는 비합리적 혼잣말을 논박하고 합리적 신념을 말하는 자신을 상상한다. 예를 들면, '이건 정말 그런 상황이 아니야…… 침착하자…… 불안해도 나는 잘 대처할 수 있어. ……이건 생각하는 것만큼 끔찍한 상황이 아니야.'와 같은 말이 포함될 수도 있다. 그리고 마지막으로 불안이 감소한 것을 상상한다. 대처 심상은 숙달 심상보다 더 도움이 될 수 있다. 왜냐하면 두려워하는 A에 실제로 접근할 때 처음 몇 번은 불안을 느끼는 일이 흔하며, 바로 이 불안에 대처할 도구가 필요하기 때문이다.

정리하면, 내담자는 처음에 촉발사건, 비합리적 신념, 역기능적 결과를 상상하고, 그다음에는 비합리적 신념을 논박하고 유익한 새 신념을 말하는 모습을 상상한다. 그러고 나서 새로운 순기능적 감정을 경험하고 새로운 적응적 행동을 수행하는 자신의 모습을 상상한다. 이 절차를 진행하려면, 사전 몇 회기에서 A-B-C-D-E를 확인해 두어야 한다. 그다음에는 내담자에게 이완 훈련을 가르치고, A부터 E까지의 각 단계별로 지시적 심상을 내담자와 함께 만든다. 그러고 나서 상담자는 완성된 심상의 지시문을 내담자에게 읽어 주고, 내담자는 자신을 이완시킨다. 내담자가 직접 지시문을 읽고 녹음한 다음, 집에서 이것을 들으며 심상을 연습할 수도 있다. 여러 회기에 걸쳐서 심상을 연습하는 것은 합리적 반응을 숙달시키는 데에 도움이 된다. 나중에는 언어적 지시문이 없어도 심상을 떠올릴 수 있게 된다.

필자는 내담자에게 곧 A와 마주하게 될 것을 알았을 때, 연습한 심상을 떠올리도록 권유한다. 뿐만 아니라 스스로가 비합리적 심상을 떠올리고 있는 것을 알아차릴 때마다 합리적 감정 심상을 연습하라고 권한다. 사람들은 촉발사건이 임박했음을 인지하는 즉시 비합리적 신념을 떠올리며 역기능적 감정을 느끼기 시작하는 경우가 많다. 바로 이 순간이 비합리적 심상을 중단하고 그동안 연습한 합리적 감정 심상을 활성화시켜야 할 때이다.

글상자 13-3

긍정 및 부정적 REI의 장점은 회기 중에 내담자의 적극적 참여를 유도한다는 것과 적절한 합리적 사고를 연습해서 역기능적인 감정이 변화했는지를 확인할 수 있다는 것이다. 하지만 주의할 점도 있다. 엉뚱한 이유로 내담자의 기분이 개선되어 상담자를 당황스럽게 하는 일이 종종 발생할 수 있다. 예를 들면, 봉연 씨는 미혼 남녀를 위한 행사에서 여성에게 다가가는 것에 대해 매우 불안해하고 있었다. 거절당하는 것이 두려웠기 때문이다. 심상을 통해 이러한 경험을 미리 연습했을 때, 봉연 씨는 불안을 현저히 낮출 수 있었다. 하지만 봉연 씨가 불안을 낮출 수 있었던 것은 '무슨 상관이야? 저 여자, 자기가 잘난 줄 아네.'라는 생각 때문이었다. 이런 종류의 생각은 합리적이 아니라 적대적인 것이다.

연관된 심상기법 중에 인지치료에서 사용되는 '**과장하기**(blow-up)'가 있다. 원치 않는 일이 미래에 발생할 것을 상상하며, 현실적으로 일어날 수 있는 수준을 넘어서 말이 되지 않을 정도로 과장하는 기법이다. 예를 들면, 가스레인지를 껐는지 강박적으로 확인하던 내담자에게 상상하게 한 심상은 부엌과 집에만 불이 붙은 것이 아니라, 이웃으로, 도시로, 나라로, 결국은 전 세계로 확산되어서 온통 불길에 휩싸이는 장면이었다. 과장을 활용함으로써 내담자는 자신의 두려움 속에 존재하는 우스꽝스러운 유머를 보게 되고, 이것은 두려움을 완화시킨다.

내담자의 불안이 극도로 높은 경우, 먼저 이완 훈련을 하거나 피암시성이 높은 상태로 유도하는 최면을 한 다음에, 심상기법을 사용하는 상담자도 있다. 이러한 기법에 관심이 있는 독자는 Goldfried, Davison과 Wachtel(1994)의 『Clinical Behavior Therapy』 또는 Araoz(1985)의 『The New Hypnosis』를 참조하기 바란다.

글상자 13-4

내담자의 특별한 재능을 심상기법에 활용해서 창의적 방식으로 신념을 논박할 수도 있다. 예를 들면, 상담을 받던 한 화가가 자신과 아버지를 함께 그린 그림을 한 장 가져왔다. 아버지는 상대적으로 크고 무섭게 그려져 있었다. 이 그림에 대한 생각과 감정을 탐색한 다음, 내담자에게 자신과 아버지를 같은 크기로 그리게 했다. 그림이 완성된 다음 상담자는 내담자에게 "이 그림 속의 '나'는 첫 번째 그림 속의 '나'와 무엇을 다르게 생각하고 있습니까?"라고 물었다.

상담자가 독특한 기법을 사용하고 있는 것에 주목하라. 내담자의 요구와 들어맞으면서도 명백하게 REBT 모형을 따르고 있다.

행동적 변화전략

세 번째 논박의 형태는 내담자의 비합리적 신념에 어긋나는 행동을 함으로써 이 신념을 반박하는 행동적 논박이다. 사실 내담자가 새로운 철학을 내면화했는지에 대한 판단은 행동에 변화가 나타난 것을 보지 않고서는 내릴 수 없다. 행동적 논박은 대개 상담실 밖에서 수행하기 때문에 숙제의 형태로 제시한다. 이에 대한 보다 자세한 논의는 16장에서 진행할 것이다.

일반적으로 REBT에서는 내담자를 공포에 노출시키는 기법으로 **홍수법**(flooding) 또는 **내파법**(implosive)을 권장한다(Levis, 2009). 홍수법은 상대적으로 높은 수준의 불안 및 공포를 유발하는 자극에 처음부터 장시간 노출시키는 것이다. 다른 노출 기법들이 낮은 수준의 불안을 유발하는 자극에서 시작해서 점진적으로 강한 불안을 유발하는 자극으로 이행하는 것과 다르다. 홍수법은 실제로 또는 심상으로 불안 유발 자극에 내담자를 노출시킨다. 노출 기법의 기본요소는 불안 유발 자극과의 접촉, 체계적으로 진행하는 장시간의 반복적 노출, 불안 유발 자극의 무해성에 관한 인지적 학습이며, 불안 및 공포가 현저히 감소할 때까지 진행된다(Zoellner, Abramowitz, Moore, & Slagle, 2009). 홍수법과 내파법은 하나의 변화 메커니즘을 극대화시키려는 시도이다. 바로 **고전적 조건화**의 '소거'가 그것이다. 무조건 자극(UCS)을 수반하지 않고 오직 조건 자극(CS)만을 반복적으로 제시하면 조건화된 반응(CR), 즉 증상은 소거된다. 대부분의 심리치료 기법에서 이 원리가 작용한다. 하지만 인지적 변화가 먼저 발생한 다음에 감정 변화가 따라오는 것인지, 아니면 감정 반응이 소거된 다음에 인지 재구조화가 일어나는 것인지에 대해서는 논란이 존재한다(Levis, 2009).

상담을 받는다는 것은 언어를 통해 새로운 것을 배우는 과정이다. 그러므로 내담자는 실제 생활 속의 행동이 회기 중에 자신이 진술한 말과 일치하도록 노력해야 한다. 행동적 논박은 현재의 비합리적 신념체계를 거스르는 경험을 하게 해 준다. 즉, 자신의 비합리적 신념 및 역기능적 감정에 역행하는 행동을 수행하는 것이다. '**반대로 행동하기**(opposite action)'라고 불리는 이러한 행동적 개입은 심리치료에 널리 활용되고 있으며, Linehan(1993)의 변증법적 행동치료(Dialectical Behavior Therapy)를 통해 인기를 얻었다. 인터넷에는 반대로 행동하기의 수많은 예가 소개되어 있다. REBT와 변증법적 심리치료에서 사용되는 반대로 행동하기 기법에는 한 가지 차이점이 있다. REBT에서는 행동과제를 통해 감정뿐 아니라 그 바탕에 깔린 사고 및 철학에 도전하며, 내담자의 행동이 새로운 합리적 철학과 일치하도록 이끈다.

예를 들어, 내담자가 자기는 기다리는 것을 견딜 수 없다고 믿고 있으면, 만족지연을 연습시킬 수 있다. 거절당하는 것을 견딜 수 없다고 믿는 내담자에게는 일단 밖으로 나가서 실제로 거절을 당할 때까지 사람들을 만나라고 제안할 수 있다. 이 내담자에게는 널리 알려진 수치심 공격 연습을 시도해 볼 수도 있다. 공공장소에서 사람들의 거부감을 이끌어 낼 만한 우스꽝스러운 행동을 실제로 누군가에게 거부당할 때까지 수행하는 것이다. 혹시 마음이 우울해서 침대에만 누워 있는 내담자가 있다면, 침대에서 나와 무엇인가를 하게 하는 다양한 행동 활성화 과제를 시도해 볼 것을 권한다. 자신의 가치가 무엇인가를 잘하는 것에 달려 있다고 여기는 내담자에게는 의도적으로 일을 망쳐 보라고 하거나, 자기가 실수를 했을 때 다른 사람들에게 알려 주라고 요청한다. 여기에 적용되는 변화의 기본 원리는 내담자가 자신의 두려움에 직면하거나 노출되도록 하는 것이다. 대부분의 상담자들은 점진적 노출법을 사용한다. 즉, 다양한 불안 유발 자극을 불안의 정도에 따라 분류하고, 그다음에는 가장 약한 불안을 유발하는 자극에 대한 노출부터 시작해서 보다 강한 불안을 유발하는 자극으로 진행하는 것이다.

Ellis의 관점에서 보면 점진적 노출(Head & Gross, 2009)은 불안 유발 자극이 위험하다는 내담자의 믿음에 동조하는 것임과 동시에 이 자극을 마주할 때 경험하는 감정을 견딜 수 없다는 내담자의 감내력 과소평가 신념에 맞장구를 치는 것이다. 그러므로 REBT에서는 내담자가 실제로 행동과제를 수행하기 전에 상담자가 상당한 시간을 들여 내담자의 감내력 과소평가 신념을 논박해야 할 수도 있음을 유념해야 한다.

하지만 회기 중에도 어느 정도 행동적 논박을 시도할 수 있다. 불안에 도전하는 연습이 좋은 예이다. 불안 또는 공황을 경험하는 것 자체가 내담자에게 극도의 공포를 일으키며 공황발작에 대한 이차적 공포를 일으키기도 한다. 내담자가 평소 회피해 온 신체 감각 중 몇 가지를 유발하는 행동을 회기 중에 계획하고 시도해 볼 수 있다. 예를 들면, 의도적인 과호흡 또는 격렬한 신체동작을 통해 빠르고 얕은 호흡, 발한, 현기증 또는 사지말단의 저림을 유발한다. 그다음에는 '이런 느낌을 견딜 수 없다.' '끔찍한 일이 벌어질 것이다.'라는 생각을 논박할 수 있다(Beck & Emery, 1985).

필자들 중 Kristene Doyle은 폭식과 구토를 반복하는 섭식장애 내담자를 상담할 때, 회기 중에 행동적 논박을 시도한다. 먹은 다음 구토를 하지 않으면 견딜 수 없을 것 같은 음식을 가져오도록 내담자에게 요청한다. 감내력 과소평가에 대한 대처진술문은 사전에 준비해 둔다. 내담자는 회기 중에 이 음식을 먹는다. 그리고 불안해지면 대처진술문을 떠올린다. 매우 불쾌하기는 하지만 사실은 이 느낌을 견뎌 낼 수 있으며, 구토를 할 필요도 없다는 것을 내담자에게 일깨워 주는 기법이다. 이러한 노출 및 반응방지 연습은 매우 유용하다. 내담자들은 먹은 다음 곧바로 구토를 하기 때문에 불쾌감을 견뎌 볼 기회를 갖지 못하며, 이것은 다시 감내력 과소평가 신념을 강화시키기 때문이다. 합리적 대안에 대한 확신을 성장시키기 위해 일상생활에서도 이러한 연습을 반복하는 숙제를 제시한다.

14

비합리적 신념을 논박하며 일어나는 문제와 해결책

논박할 때 일어나는 문제 해결하기

지금까지 몇 가지 논박 전략을 설명했다. 논박을 진행하며 내담자를 이해시키려 노력하다 보면, 크고 작은 문제들에 부딪히곤 한다. 이 장에서는 새내기 상담자들이 공통적으로 겪는 어려움을 소개하고 이것을 다루는 방법을 제안하고자 한다. 대부분의 문제는 논박의 요지를 내담자가 이해하지 못하거나 믿지 못하는 것에 기인한다. 그러므로 비합리적 신념에 대한 논박을 마친 뒤에는 내담자가 이 과정을 제대로 이해했는지 확인해야 한다.

독자 자신에게 물어보라. '내담자가 옳은 이야기를 하고는 있지만 실제로도 이것을 믿고 있는가? 내담자가 나한테 인정받으려고 내 눈치를 보고 있지는 않은가?' 내담자가 그저 앵무새처럼 합리적 신념을 입으로만 말하고 있는지 아닌지를 어떻게 확인할 수 있을까? 다음의 네 가지 전략을 살펴보자.

1. 내담자가 감정적 고통에 휩싸인 상태로 상담실에 온 것이 분명한 경우, 또는 대화나 심상을 통해 문제 상황을 재연하여 이러한 감정 반응을 일으킬 수 있는 경우,

논박을 내담자가 얼마나 이해하고 있는지를 확인하는 방법은 긴장 감소의 신호를 관찰하는 것이다. 내담자가 회기 중에 자신의 감정을 진정시킬 수 있는지를 살펴보라.

2. 한 회기 중에 내담자의 이해도를 검토하는 일이 가능하지 않을 때도 있다. 시간이 지나야 이것을 판단할 증거가 나타나기 때문이다. 이때 상담자가 여러 회기에 걸쳐서 눈여겨보아야 할 것은 내담자의 사고, 감정, 행동이 서로 일치하는지의 여부이다. 예를 들어, 남성 내담자가 데이트를 거절당하는 일이 비참하지 않다는 것을 알면서도 여성에게 접근하는 것을 지속적으로 회피한다면, 상담자는 '아는 것'과 '믿는 것' 사이의 차이를 설명하면서 말과 행동 사이의 모순을 직설적으로 지적해야 한다. 마르크시즘 또는 기독교 교리에 대해 아는 것은 그것을 믿는 것 또는 그것에 따라 살기로 결정하는 것과 다르다.
3. 내담자의 삶에 중요한 인물을 상담 회기에 초대하는 것도 좋다. 이 일은 내담자의 사전 동의하에 진행되어야 하며, 초대의 이유를 내담자에게 이해시켜야 하는 것은 물론이다. 회기에 초대된 인물에게 "영수 씨의 행동이 달라진 것을 느끼셨습니까?" "영수 씨가 어떻게 행동하고 있습니까?" 등을 질문해 볼 수 있다. 초대된 인물이 말하는 내용과 내담자가 말하는 것에 차이가 있다면, "영수 씨, 가족들은 영수 씨가 많이 변했다고 생각하지 않는 것 같군요. 가족들이 까다로운 것인가요, 아니면 영수 씨가 별로 달라지지 않은 것인가요? 그것을 알아내면, 영수 씨가 더 많이 달라져야 할지, 아니면 가족들의 요구에 대처할 방법을 찾아 봐야 할지를 결정할 수 있을 것 같군요."라고 말하며 이러한 불일치의 이유를 탐색할 수 있다. 상담자가 모르는 내담자의 모습을 알려면, 보통 서너 회기가 진행된 후, 중요한 인물을 초대하는 것에 대해 내담자의 동의를 구하는 것이 좋다.
4. 어떤 내담자는 상담 시간에 수동적인 태도를 취한다. 물론 상담자가 지나치게 적극적이어서 그럴 수도 있다. 하지만 상담자는 내담자가 스스로 논박을 수행할 수 있게 되기를 고대할 것이다. 내담자의 이해도를 점검하는 한 가지 좋은 방법은 자기치유 워크시트를 숙제로 내서 이번 회기와 다음 회기 사이, 즉 일상 속에서 이것을 작성하게 하는 것이다. 내담자가 워크시트를 제대로 작성하지 못한다면, 논박을 제대로 이해하지 못했다는 것을 의미한다. 상담 시간에는 내담자의 워크시트에 나타난 오류를 찾아 수정하며 유익한 시간을 보낼 수 있다. 내담자의 이해도를 확인하는 또 한 가지 방법은 합리적 역할 바꾸기를 시도하는 것이다. 이때 내

담자는 상담자와 역할을 바꾸어 자신과 비슷한 문제를 가진 사람을 어떻게 도와 줄지를 상담자에게 보여 준다. 이런 방식을 통해, 내담자가 논박을 얼마나 이해하고 있으며 비합리적 신념을 포기할 마음이 얼마나 있는지를 추정할 수 있다.

내담자가 제대로 이해하고 있는지가 분명히 드러나지 않는 경우도 있다. 이를 파악하는 데에 도움이 되는 한 가지 방법은 내담자가 사용하는 표현 및 억양을 주의 깊게 관찰하는 것이다. 예를 들면, "나는 무능력해요."와 같이 자신의 특성을 규정짓는 문장에 유의해야 한다. 내담자는 의식하지 못하겠지만, 이것은 주어와 술어를 동일시하고 있음을 암시한다. 이러한 문장을 보다 정확하게 수정해서 말하도록 도울 필요가 있다. 예를 들면, "나는 무능력하게 행동했어요."라고 말하는 것이 더 정확한 표현이다. 상담자가 내담자의 말을 고쳐 주지 않으면, 언어를 사용하는 방식의 영향 때문에 비합리적 신념이 더 확산될 수 있다.

목소리의 톤, 특히 목소리에 실린 감정에 귀를 기울일 필요가 있다. 내담자가 "나는 아무것도 줄게 없는 남자예요."라고 말한다고 하자. 혹시 단조로운 톤의 목소리로 말했다면, 그 이면에 존재하는 중요한 비합리적 신념이 내담자와 상담자 모두에게 간과되기 쉬울 것이다. 내담자의 발언을 잠시 중단시키고, 보다 감정을 실어서 이 문장을 반복하도록 요구한다면, 말 이면의 비합리적 신념을 직면하고 대처하도록 도울 수 있을 것이다.

글상자 14-1

상담자가 적극적 경청의 기술을 가지고 있지 않으면, 비합리적 신념의 미묘한 흔적을 놓치기 쉽다. 새내기 상담자들이 내담자의 말을 경청하지 못하는 이유 중 하나는 자신이 제대로 상담을 하고 있는지를 과도하게 신경 쓰며 모니터링하기 때문이다. '이번 개입이 괜찮았나?' '다음에 뭐라고 말을 해야 하지?' 등과 같은 혼잣말은 이러한 경향을 보여 주는 단서이다.

상담자 자신의 적극적 경청기술을 점검하는 연습을 하나 소개한다. 최근의 상담 녹음 파일을 대략 2분마다 한 번씩 멈추며, 마음속으로 '내담자가 방금 뭐라고 말했지?'라고 질문하라. 그리고 지금 자신이 내담자가 말한 것의 세부사항을 모두 정확하게 기록하는지 살펴보라. 회기 중의 자기 행동에 초점을 맞추지 말고 오직 내담자의 말을 정확히 듣는 데에만 집중해야 한다.

내담자가 자신의 생각 전체를 완전하게 표현하지 않는 경우도 흔하다. 때로는 비합리적 신념을 숨길 수 있는 짧은 구문을 사용하기도 한다. 예를 들면, 많은 청중 앞에서 준비 없이 즉석에서 발언하고, 이 주제에 대해 토론하는 과제를 내담자에게 준 적이 있었다. 자기 이름이 소개되는 동안 무슨 생각을 하고 있었는지를 묻자 내담자는 "오, 주여! 무슨 말을 해야 합니까?"라고 답했다. 비합리적 신념이 시작된 것을 눈치챘는가? 파국적 사고가 발생하지 않은 한, 인간은 신에게 애원하지 않는다. "무슨 말을 해야 합니까?"라는 질문은 내담자가 무슨 말을 해야 할지 몰라 걱정하고 있음을 뜻한다. "오, 주여!"는 요구받은 것을 수행해야만 한다는 생각과 불안을 보여 주는 추가적인 단서이다. 그뿐만 아니라 상황에 꼼짝없이 갇혀서 희생양이 되었다는 믿음을 보여 주기도 한다. 단순한 문장 하나에 많은 정보가 숨어 있음을 알 수 있다.

내담자가 말로 표현하지 않은 것들을 말하게 하려면 무엇을 해야 할까? 마치 번역하는 것처럼 내담자의 발언을 하나씩 하나씩 다른 문장으로 변환할 필요가 있다. 예를 들면, "무슨 말을 해야 합니까?"라는 질문을 "무슨 말을 해야 할지 모르겠어요."로 바꾸도록 안내한다. 이 지점에서 상담자는 "그것에 대해 어떻게 느끼십니까?"라고 물어볼 수 있다. 이렇게 촉발사건을 지정해 주지 않으면, 내담자는 자신이 어떻게 반응하고 있는지를 제대로 파악하지 못한다. 내담자가 "불안해요."라고 감정을 말해 주면, A와 C가 확인된 것이다. 아직 미확인 상태인 신념을 포착하기 위해 '왜냐하면'이라는 접속사를 활용하면 매우 편리하다.

상담자: 무슨 말을 해야 할지 몰라서 불안하시군요. 왜냐하면?
내담자: 사람들 앞에서 바보가 될지도 모르니까요.
상담자: 만약 바보같이 행동한다면?
내담자: 정말 끔찍할 거예요!

글상자 14-2

내담자와 대화할 때는 A-B-C 형식을 사용하지 않더라도, 내담자의 이야기를 들을 때는 반드시 A-B-C 형식을 사용하도록 권한다. 최근의 상담 회기 녹음파일을 들어 보라. 내담자의 이야기가 전개되는 것을 들으며, A, B, C가 나타날 때마다 적어 두라. 그리고 독특한 핵심 단어가 등장하면 한쪽 구석에 메모하라. 숨어 있던 비합리적 신념을 찾아냈다면 다음 회기에 이것을 어떻게 논박할지 계획하라.

필자가 처음 REBT를 시작했을 때의 일이다. 매우 훌륭한 논박을 진행했다고 자부하던 회기 바로 다음 주의 상담 시간에 내담자가 이전과 똑같은 비합리적 신념을 되풀이해서 말하는 것을 보고 놀라움과 실망을 경험했던 것을 기억한다. REBT가 마법이 아님을 깨닫기까지 적지 않은 시간이 걸렸다. 단 한 번의 논박으로 학습이 일어나는 일이 간혹 있지만, 일반적인 사례라고 할 수는 없다. 내담자는 대부분 오랫동안 자신의 비합리적 신념에 대한 강화를 받았다. 그래서 신념을 쉽게 포기하거나 바꾸려 하지 않는다. 성공에 도달하기까지 똑같은 논박을 반복하고, 수많은 워크시트 숙제를 작성하고, 끊임없이 비합리적 신념에 도전해야 한다. 새내기 상담자들이 범하는 실수는 REBT 전략을 두세 차례 시도한 다음, 곧바로 성공을 거두지 못하면, 실망감에 빠져서 '마법 같은 해답'을 좇아 다른 심리치료 이론으로 전환하는 것이다. REBT가 모든 사례에 대한 최선의 선택지는 아니겠지만, 조금 더 시간을 투자해 보라고 권하고 싶다. 정신분석의 경우는 변화가 일어나기까지 수년의 시간이 소요되는데 논박에 몇 회기를 더 투입하는 것은 충분히 합리적인 선택지이지 않은가? 때로는 내담자가 '깨달음'을 얻을 때까지 같은 개념에 대해 논박하며 몇 달을 보내야만 할 수도 있다. 반복하는 것을 두려워하지 말라. 반복은 모든 종류의 소통에서 중요하지만, 심리치료에서는 필수적이다. 필자 중 Wouter Backx와 만난 한 내담자는 7회기가 끝난 다음 이렇게 말했다.

> "이게 참 이상합니다. 선생님이 분명히 똑같은 이야기를 지난 다섯 회기 동안 다섯 번 하셨는데, 지금 갑자기 무슨 뜻인지 이해가 갑니다!"

회기를 거듭해 가면서, 합리적 신념을 찾는 것뿐만 아니라 비합리적 신념을 논박하는 과정 자체가 중요해진다. 한두 회기 내담자의 비합리적 신념을 논박한 다음부터는 상담자가 그냥 합리적 대안을 제시하는 습관에 빠져들기 쉽다. 하지만 논박은 단지 기계적으로 비합리적 신념을 합리적 진술로 대체하는 것이 아니라, 비합리적 신념에 대해 '의문을 제기하는' 과정임을 기억해야 한다.

글상자 14-3

내담자가 자기 자신이 어떠한 사람이라는 근본적 가정을 내면 깊숙이 지니고 있을 때, 내담자 스스로 이 생각이 옳지 않음을 증명하기란 쉽지 않다. 예를 들면, 자기 이미지와 같은 핵심 이슈는 특히나 어려운데 내담자에게 의식조차 되지 않는 경우가 다반사이기 때문이다. 이러한 이슈를 꺼내어 놓는 내담자는 많은 칭찬을 받을 자격이 있으며, 내담자가 그렇게 할 수 있을 정도로 편안한 분위기를 만든 상담자 역시도 칭찬받아 마땅하다.

내담자가 자기비하적 생각을 충분히 알아차려서 그것을 자세히 살펴볼 수 있게 될 때까지 논박의 시기를 늦추는 것은 유익한 전략이다. 예를 들면, 한 내담자는 자신을 '사기꾼'이라고 말했고, 또 다른 내담자는 '자신을 믿을 수 없다.'고 했다. 이 개념들은 자기 이미지의 핵심이다. 내담자는 거의 평생 동안 부정적 신념을 지지하는 자료를 수집해 왔다.

내담자의 핵심 비합리적 신념을 지지하는 이야기, 예시, 이미지를 수집하라. 이 정보들은 내담자를 고통스럽게 만드는 교묘한 현실 인식 양상이다. 천천히 그리고 체계적으로 반박하고, 관점을 전환시키고, 탈파국화하라. 상담자의 인내와 끈기 그리고 대안적 생각에 대한 열정이 결국은 결실을 거두게 될 것이다.

여기에서 핵심이 되는 것은 가설을 지지할 증거를 찾도록 과학적 사고를 가르치는 것이다. 단순히 합리적 생각으로 대체하기만 한다면 이 중요한 절차를 빠트리게 된다. 스스로에게 질문하는 기술을 학습하기 전까지는 상담을 통해 배운 것을 당면한 문제의 범위를 넘어 일반화시키기 어렵다.

새내기 REBT 상담자들에게 나타나기 쉬운 또 한 가지 부적절한 태도는 이른바 '**무릎반사 논박꾼**(knee-jerk disputer)'이라고 불리는 태도이다. '~이 필요하다.' '~해야 한다.' '형편없다.'와 같은 표현을 들으면 곧바로 "증거가 어디에 있습니까?"라고 묻는 것이 그것이다. 이러한 식으로 반응하다 보면 수시로 핵심을 놓치게 된다. 이 표현들이 상징하는 개념 때문에 해로운 것은 맞지만, 있는 그대로의 의미만을 놓고 보면 전혀 그렇지 않다. 이 표현들은 일상의 언어에서 뜻을 강조하려 할 때 자주 사용된다. 예를 들면, "스테이크 맛이 형편없어!" "이번 발레 공연은 꼭 봐야 해." "지금 나에게 필요한 건 한잔의 커피야."와 같이 말할 때이다. 무릎반사와 같은 자동적 논박을 하는 상담자는 엉뚱한 문제를 붙들고 씨름하기 쉽다. 물론 커피의 필요성에 대해 또는 스테이크의 형편없는 맛에 대해 비합리적인 믿음을 가질 수도 있겠지만, 내담자의 문제와 관련된 임상적으로 중요한 신념과는 거리가 멀다. 우스꽝스러운 금기어를 새로 만들어 내지 않으려면, 중요한 비합리적 신념을 제대로 포착하고 나서 D단계로 진행해야 한다. '젠장'이라고 하는 것은 괜찮고, '~해야 한다.'고 말하는 것이 금기라면 말이 되겠는가?

글상자 14-4

논박이 잘 되지 않을 때

우선, 내담자의 문제를 다시 평가하고 진단하라. 자신이 서투르게 논박을 진행하고 있을 가능성도 고려하라. 때로는 내담자가 감정을 포기하지 않으려 할 수도 있다. 분노한 내담자에게 그런 모습이 종종 나타난다. 내담자는 상담자가 모든 것을 다 해 주기를 바라고만 있을지도 모른다. 촉발사건이 달라지기를 바라는 내담자도 있다. 논박을 전혀 이해하지 못하는 내담자도 있다. 어쩌면 내담자에게 독특한 심리내적인 이유가 있어서 변화하지 못하는 것일 수도 있다. 논박이 잘 되지 않는 이유는 다양하다.

의욕 없는 내담자와 마주 앉아 서로 언쟁하거나 일방적인 설교를 하고 있다는 느낌이 든다면, 내담자와 협력하지 못하고 있는 것이다. 협력은 심리치료의 전형적인 속성이다.

변화를 방해하는 내담자의 행동

새내기 상담자를 애먹이는 내담자들이 있다. 이러한 내담자의 유형을 몇 가지 살펴보자.

언쟁하려는 내담자

상담자에 대한 내담자의 반감이 커지고 있는가? 내담자의 목소리가 날카로운가? 논박이 아니라 싸우고 있다는 느낌이 드는가? 내담자와의 대화 때문에 지치는가? 이러한 내담자에게 어떻게 대처하면 좋을까? 가장 먼저 해야 할 일은 싸움을 중단하는 것이다. 두 사람이 서로 반대 방향으로 밧줄을 당기고 있다면, 밧줄을 손에서 놓아라. 회기 내내 내담자를 설득하려는 노력을 일체 하지 말고 무슨 일이 일어나는지 살펴보라. 아니면 내담자가 하는 말에 동조하는 방법도 있다. 예를 들면, "범수 씨의 말이 맞아요. 범수 씨는 정말 무능해요."라고 말하는 것이다. 이러한 내담자에게 상담자의 생각을 강요하는 것은 반감을 키울 뿐이다. 그 대신 주로 내담자의 역량에 초점을 맞추는 질문을 하며 상담을 진행하는 것이 좋다. 예를 들면, "문제를 극복하기 위해 범수 씨가 할 수 있는 일은 무엇이라고 생각합니까?"라고 물을 수 있다.

"네, 하지만"이라고 응답하는 내담자

상담자의 제안에 대해 "네, 하지만"이라는 응답으로 받아치는 내담자는 일종의 저항을 하는 것이다. "네, 하지만"은 사실상 거절의 의미를 담고 있다. 이런 내담자는 무기력한 시늉을 하는 것이며 때로는 상담자를 무력감에 빠트린다. 이러한 저항이 상담자의 행동 때문은 아닌지 살펴보라. 혹시 상담이 부적절한 주제에 초점을 맞추고 있는가? 그렇지 않다면, 아마도 이 내담자들은 삶 속에서 자기를 힘들게 한 사람들의 특성을 상담자가 지닌 것으로 오해해서 그냥 단순히 상담자의 말을 듣기 싫은 것이다. 예를 들면, 권위자로 느껴지는 사람의 제안을 수용하는 것을 어려워하는 내담자도 있다. 이런 경우, 배우자, 형제, 친구와 같이 내담자가 신뢰하고 이야기에 귀를 기울일 가능성이 큰 사람을 상담에 초대해서 논박에 참여시킬 수도 있다. 이 사람들이 직접 메시지를 전하거나, 일상에서 강화를 제공해 준다면, 내담자가 이를 수용할 가능성이 커진다.

내담자들이 "네, 하지만"이라고 응답하는 또 다른 이유는 그냥 단순히 변화하고 싶지 않은 것일 수도 있다. 이런 경우, 상담자는 '이 내담자가 얻는 이익이 무엇인가?'라고 스스로에게 질문하는 것이 좋다. 달리 말하면, 어떤 긍정적 또는 부정적 결과가 발생하길래 역기능적 신념 또는 행동이 유지되고 있는지를 살펴보는 것이다. 예를 들면, 한 내담자는 친구들이 전화를 자주 하지 않는다며 고함치고 화내는 것을 반복하고 있었다. 상담자가 어떻게 논박을 하든 돌아오는 답은 "네, 하지만"이었다. 이 내담자가 타인을 비난하는 일에서 헤어나지 못한 이유는 이것이 자기비난 및 자기성찰을 회피하는 수단이었기 때문이다. 이러한 동기를 찾아내는 한 가지 기법은 다음과 같은 문장을 완성시키도록 반복적으로 요구하는 것이다.

"남을 비난하는 것의 좋은 점은 ______________________________"

주지화하는 내담자

자기성찰을 회피하기 위한 수단으로 주지화를 사용하는 지적인 내담자와 함께 REBT를 진행하는 것은 매우 어려운 일이다. 이들은 그럴듯한 주장으로 상담자와 다투려 한다. 연역적 논리로 상담자를 압도할 수도 있으며, 심지어 매우 합리적으로 보이기까지 한다. 그렇다면, 이들은 왜 상담을 받으러 오는가? 자신의 감정적 문제를 명확히 이해하지 못하거나 말로 표현하지 못하기 때문이다. 현명한 상담자라면, 훈시적 접근을 지양하고, 그 대신 감정적 또는 심상적 기법을 도입함으로써 감정에 초점을 유지하려 할 것이다. 그러나 이 내담자들은 이러한 기법에 거부감을 표현하며 '우스운' 일로 치부해 버릴 가능성이 높다. 천천히 진행하라.

지적 능력이 제한된 내담자

우아한 해결책으로 나아가기 위한 논박이 모든 내담자에게 적합한 것은 아니다. 아주 어린 아이들, 제한된 지적 능력의 내담자, 심각한 뇌 손상을 입은 내담자, 정신증이 심해서 병리적 사고가 논리적 사고를 방해하는 내담자, 극도로 불안하고 각성수준이 높아서 명료한 사고가 곤란한 내담자의 경우가 그러하다. 이러한 내담자에게는 Meichenbaum(1985)이 제안한 것처럼 합리적 대처 진술문들을 단순하게 반복시키고, 조작적 조건화의 원리를 활용해 일상에서 합리적 대안을 실천하도록 장려하는 것이 더 효과적일 것이다.

"효과가 없어요."라고 말하는 내담자

"효과가 없어요."라는 말은 REBT를 처음 배우기 시작한 후 성급하게 변화를 바라는 내담자들에게 흔히 나타난다. 다음에 소개하는 네 가지 사례를 통해 이 문제를 묘사하고 대처방안 몇 가지를 제안해 보겠다.

〈사례1〉

내담자: '~할 필요는 없다.' '~하고 싶다.' 같은 말을 되뇌어도 마음이 진정되지 않아요.

상담자: 그것은 재문 씨가 '~해야만 한다.'는 당위적 생각을 아직 내려놓지 못했다는 뜻입니다.

내담자: 어떻게 이 생각을 내려놓나요?

상담자: 자신의 비합리적 생각을 찾아내고 논박해야 합니다. 자신에게 질문하십시오. '증거가 어디에 있는가?'라고. 과학자처럼 생각해야 합니다. 지구가 둥글다는 사실이 그냥 그럴싸해서 인류가 받아들인 것이 아닙니다. 데이터가 지지해 주기 때문이지요.

재문 씨가 학교에서 잘해야만 한다는 증거가 어디에 있습니까?

〈사례2〉

내담자: 머리로는 아는데 감정은 전혀 달라지지 않아요.

상담자: '머리로는' 안다고 하셨는데 합리적 생각을 가끔만 그리고 약하게만 믿고 있다는 뜻입니다. 대부분의 시간은 비합리적 신념을 강하게 믿고 있는 것이지요. 범준 씨는 확신에 찬 목소리로 자신의 비합리적 생각을 논박합니까?

내담자: 그건 좀 더 노력해 볼 수 있을 것 같아요.

상담자: 합리적 생각에 맞추어 행동하지 않으면 강한 믿음이 생기지 않습니다. 민서 씨의 사랑이 필요하지 않는다는 것을 자신에게 증명하기 위해 이번 주에 무엇을 해 볼 수 있겠습니까?

〈사례3〉

내담자: 합리적 신념이 옳다는 것은 알아요. 그런데 막상 그 상황이 되면 그런 느낌이 들지 않아요.

상담자: 실제 상황을 마주하기 전에 많이 연습해 두지 않으면 마음이 편안해지지 않습니다. 불안을 어떻게 다룰지 지금 당장 연습해 봅시다.

〈사례4〉

내담자: 논박에 대해서는 저도 알아요. 그런데 선생님이 옆에 안 계시면 어떻게 해야 할지 모르겠어요. 그래서 불안해지고 곧바로 그…… 강박행동이 시작돼요.

상담자: 요령을 알려드리죠. 불안이 느껴지면 이것을 신호로 논박을 시작하는 것입니다. 예를 들면, '나는 지금 강박행동을 하고 있다. 왜 강박행동을 하는가? 불안을 피하려고 하는가? 무엇이 불안한가? 나는 지금 어떤 생각을 고집하고 있다. 나의 비합리적 신념은 무엇인가? 자, 지금부터 이 신념을 논박해 보자.'라는 식으로 혼잣말을 해 보십시오. 미나 씨는 증상들이 서로 연결되어 있다는 것을 알고 있습니다. 강박행동은 불안한 감정에서 주의를 돌리기 위한 일종의 회피행동입니다. 주의를 돌리기보다는 불안과 맞서고 불안을 뿌리 뽑으라는 신호로 불안을 사용하십시오. 지금 한 이야기를 다시 저에게 해 보십시오. 미나 씨가 잘 이해했는지 살펴봅시다.

앞에 제시한 사례들의 요지는 내담자들이 통찰을 두 종류로 나누어 인지적 통찰과 감정적 통찰이 따로 존재하는 것으로 잘못 생각하고 있다는 점이다. 감정적 통찰이라는 개념은 사고가 감정을 일으킨다는 REBT의 가장 근본적인 원리에 어긋난다. 게다가 감정적 통찰이라는 표현 자체가 비논리적이다. 통찰은 감정적으로 획득되지 않는다. 혹시 내담자가 인지적 통찰은 얻었지만 감정적 통찰이 생기지 않는다고 말한다면, 합리적 신념을 '아는 것'과 '믿는 것'의 차이 또는 합리적 생각에 대한 믿음의 비일관성을 이야기하는 것으로 재해석할 필요가 있다. 어느 경우이든 해결책은 문제를 명료화시키고 더 열심히 작업하는 것이다.

지금까지 논박의 기본 원리를 공부하였으므로 이제 독자는 보다 정교한 구조물을 짓도록 도와줄 청사진을 손에 들고 있다. REBT 상담자의 역할은 논박에서 끝나지 않는다. 논박의 성과가 꼭 골치 아픈 촉발사건의 제거라는 형태로 나타나는 것은 아니다. 촉발사건을 바꿀 수 없다면 이것을 수용하는 것이 논박의 성과이며, 촉발사건을 바꿀 수 있다면 차분하게 체계적으로 변화를 위한 노력을 하는 것이 성과이다. 그러므로 회기 안과 밖에서 많은 작업이 수행되어야 한다. 다음 장에서는 회기 중의 작업에 초점을 두고 기술할 것이다.

주의사항

감정적 고통을 어느 정도 통제할 수 있는 기술을 획득했다면, 이 새로운 기술에 대해 완벽주의적 기준을 적용하지 말도록 내담자를 주의시켜야 한다. 혹시 내담자가 이제 분노를 통제할 수 있다고 말한다면, 다음과 같이 질문하라.

> "다시 화를 내기까지 앞으로 얼마나 걸리겠습니까?"

이 질문은 부드러운 경고일 뿐만 아니라 내담자가 이러한 가능성에 대비하도록 돕는다. 이 절차를 생략한다면, 다음에 화가 났을 때 내담자는 크게 낙담할 수 있다. 심지어 상담을 통해 이룬 성과들을 평가절하하고, 문제 상황이 찾아왔을 때 더 이상 논박하지 않을지도 모른다. 인간은 누구나 합리적 생각과 비합리적 생각을 함께 가지고 있다는 것이 REBT 이론의 주요한 전제임을 독자는 기억하고 있을 것이다. 부단한 노력을 통해 우리는 합리적 생각을 하며 보내는 시간의 비중을 늘릴 수 있다. 하지만 항상 완벽하게 합리적으로 생각하는 것은 있을 수 없는 일이다.

게다가 강렬한 감정을 표출함으로써 종종 이득이 생길 수도 있다. 합리적으로 사고할 수 있는 사람이라 할지라도 굳이 이러한 혜택을 포기할 필요는 없다. REBT를 통해 통찰을 획득한 다음, 어떤 내담자들은 새로운 합리적 신념에 대해 절대적인 생각을 한다. 예를 들면, 다시는 분노를 행동으로 표출하지 않겠다고 다짐하는 것이 그것이다. 하지만 주장 훈련의 원칙은 원하는 것을 얻을 때까지 주장행동의 강도를 높이는 것이다.

Ellis는 상대방으로 하여금 자신의 요구를 따르게 하는 데에 주장행동이 효과를 발휘하지 못하고, 오히려 위협적이고 신랄한 말이 더 도움이 된 개인적 예화를 이야기하곤 했다. Ellis가 사무실을 옮겼을 때 일어난 일이다. 가구 커버를 새로 주문했는데 6주후에 도착할 예정이었다. 날짜가 지났지만 가구 커버는 오지 않았다. 회사에 전화를 걸어 단호하게 요구를 전달하고 빠른 시일 내에 배달해 주겠다는 약속을 받았다. 하지만 다음 주에도 같은 광경이 반복되었다. 다시 전화를 걸어 단호하게 요구했지만 이 회사 서비스의 느슨함을 바꾸지는 못했다. 몇 주가 더 지난 후 Ellis와 통화하던 남자 직원이 드디어 가구 커버가 준비되었으니 Ellis가 직접 와서 가져가라고 했다. 이 말을 듣고 Ellis는 한 시간 이내에 가구 커버가 도착하지 않으면 남자 직원의 고환을 잘라 버리겠다고 의도적으로 거칠게 말했다. 이렇게 해서 가구 커버가 Ellis의 사무실에 배달되었다. 이야기의 요지는 Ellis가 화난 것처럼 행동했지만 실제로는 화가 나지 않았다는 점이다. 그는 분노를 표출하면 원하는 것을 신속하게 얻을 수 있음을 알고 있었다. 그래서 화가 난 척을 한 것이다. 감정과 행동을 분리하지 못하는 내담자는 원하는 것을 얻지 못하는 일이 많을 것이다. 왜냐하면 강렬한 언어는, 예를 들면 개인신용 평가기관, 통신사, 정부기관 등 '어려운 대상'을 상대할 때 중요한 도구가 될 수 있기 때문이다.

REBT 상담자가 유의해야 할 또 다른 대상은 감정 반응에 대한 개인적 책임이라는 개념을 불쾌한 사회적 행동을 정당화하는 수단으로 사용하는 내담자이다. 부부상담 사례의 예를 들어 보자. 남편이 문제해결을 거부하고, 행동 변화를 요구해도 타협하지 않으며, 지속적으로 아내를 분노케 하고 있었다. 그는 아내의 감정과 아내의 문제에 대한 책임은 아내 자신에게 있는 것이라 주장하며 자기 행동을 합리화시켰다. 한편, 아내는 남편의 행동을 상당히 합리적 관점에서 평가하고 있었으며, 상담자가 보기에 분노는 남편의 행동에 대한 적절한 반응이었다. 남편은 REBT의 기본 원리를 이해하고는 있었지만, 합리적으로 생각하는 사람도 부정적인 감정을 느끼고 A를 바꾸고 싶어 할 수 있다는 것까지는 알지 못했다. 비록 남편이 아내의 C를 직접적으로 일으키지 않았을지는 모르지만, 그럼에도 불구하고 남편은 A의 한 부분이며 결혼에 대한 책임이 있다. REBT에서는 A에서 발생한 타인의 불쾌한 행동이 C를 일으키지는 않지만, 여전히 C에 기여한다는 점을 분명히 해 둔다. 실제로 이 남편은 자기가 하는 일에 아내가 어떤 반대도 해서는 안 된다고 주장하며 자신의 입장을 정당화하기 위해 REBT 이론을 오용하고 있었다. REBT에 대한 남편의 잘못된 이해를 해소하기 위해 상담자는 결혼이 사회적 계약이며 윤리적이고 책임 있는 행동이 반드시 필요한 것은 아니지만 그렇게 하는 것이 명백하게 이익이 됨을 가르쳤다. **사회적 계약** 안에서 살아가는 것은 REBT 철학의 핵심요소이다.

비록 이 내담자가 REBT의 원리를 오용하기는 했지만, REBT 이론에서는 우리가 타인의 감정에 대해 전적으로 **책임**이 있지는 않다는 관점을 취한다. 자신이 상대방의 촉발사건이 된 것에 대해 책임이 있는 것은 분명하지만, 상대방의 감정적 고통에 대한 책임이 전적으로 자신에게 있는 것은 아니다. 나의 행동이 상대방을 기쁘게 하지 않았을지도 모르지만, 정작 상대방에게 고통을 가져오는 것은 상대방이 속으로 중얼거리는 혼잣말이다. 타인이 자신에게 직접적으로 고통을 유발하지 않음을 이해한다면, 자신이 타인에게 직접적으로 고통을 초래한다는 생각을 반박하는 데에도 이러한 이해를 활용할 수 있다. 다음의 예를 살펴보자.

내담자: 그 사람이 저 때문에 너무 속상해해서 죄책감이 들어요.

상담자: 경진 씨, 잠깐 멈춰서 생각해 봅시다. 경진 씨의 감정에 대한 책임이 경진 씨에게 있다면, 그 사람의 감정에 대한 책임은 그 사람에게 있습니다. 그 사람이 경진 씨가 한 일을 좋아하지 않을지도 모릅니다. 하지만 혹시 그 사람이 속상해한다면, 그 사람이 속상한 것에 대한 책임이 어떻게 경진 씨에게 있습니까?

간단한 실험이 내담자를 이해시키는 데에 유용할 때도 있다. 다음에 소개할 예는 남편과 사별한 여성의 사례이다. 최근 뱃사람과 사귀게 되었는데 휴가 때 어린 딸을 데리고 그 사람의 집에 놀러 가고 싶어 했다. 이것을 알게 된 시어머니는 매우 불쾌해하며 화를 냈다. "너 정말 못됐다! 네 남편이 죽은 지 얼마나 되었다고 벌써 남자를 만나고 다녀! 네가 감히 아이를 데리고 남자 집에 가겠다고?" 내담자는 죄책감에 휩싸였다. 괜한 생각을 해서 연로한 시어머니를 속상하게 한 자신이 형편없는 사람이라고 결론지었기 때문이다. 논박은 다음과 같이 진행되었다.

상담자: 실험을 하나 해 보겠습니다. 그 사람을 만나러 가겠다고 저에게 말해 보십시오. 그리고 제가 어떤 반응을 하는지 살펴보십시오.

내담자: (상담자의 요청에 따른다.)

상담자: 아주 좋습니다! (잠시 멈춘다.) 그 사람을 만나러 가는 것은 다른 사람을 속상하게 할 수 없습니다. 시어머니의 비합리적 신념이 시어머니 자신을 속상하게 만드는 것입니다. 시어머니가 속상해한다는 사실에 대한 책임이 전적으로 나에게만 있을 수는 없습니다.

이 내담자의 딜레마는 이전에 REBT 철학에서 논의한 윤리원칙의 관점에서 이해될 수 있다. 가장 좋은 선택지는 자신과 사회 모두에게 이익이 되는 것이며, 이 내담자의 경우는 자신과 시어머니 모두를 기쁘게 하는 것이 최고의 선택지일 것이다. 하지만 지금처럼 이러한 선택지가 아예 처음부터 불가능한 때도 있다. 그러면 내담자는 무엇을 해야 하는가? 내담자는 집에 머물면서 시어머니를 기쁘게 할 수도 있고, 이탈리아로 건너가서 자신을 기쁘게 할 수도 있다. 혹시 내담자가 시어머니의 감정에 대해 전적으로 책임을 지려 한다면, 아마 집에 머물러 있을 것이다. 하지만 시어머니 스스로가 자신의 불행을 만들어 내는 것임을 내담자가 이해한다면, 다른 관점에서 상황을 바라볼 수 있게 되고 윤리적이면서도 합리적인 선택을 하는 데에 도움이 될 것이다.

타인의 감정을 신경 쓰지 말고 냉정하게 행동하라는 뜻이 아니다. 오직 타인이 어떻게 느낄 것인지만을 생각하며 인생의 결정을 내리고, 타인의 감정에 대해 전적으로 책임지려 하는 것은 비현실적일 뿐만 아니라 자기의 행복을 축소시킨다. REBT의 목표는 타인과 조화롭게 사는 것이지 타인에게 굴종하는 것이 아니다.

비유를 사용하는 것도 도움이 된다. 내담자에게 이런 상상을 해 보도록 요청한다. 사람들 백 명에게 걸어가 한 명씩 돌아가면서 "오, 당신 너무 못생겼어요!"라고 말하는 상상이다. 사람들 백 명 모두 비참한 기분을 느낄 것이라는 상상을 내담자가 하고 있는가? 아마 그렇지 않을 것이다. 우울, 동정, 폭소 등 다양한 반응이 나올 것이다.

글상자 14-5

다음의 세 가지 감정 반응을 일으킬 수 있는 생각들을 나열하라. 그리고 나서 생각 목록을 더 늘릴 수 있는지 한 번 더 살펴보라.

우울
동정
폭소

축어록 예시

지금까지 여러 장에 걸쳐 논박을 설명했다. 37세 여성 내담자, 정민 씨의 사례 축어록을 살펴보며 정리해 보자. 문제에 대한 A-B-C가 확인된 상태이며, 내담자의 절대적 요구에 대한 논박이 진행 중이다.

상담자: 상황을 점검해 봅시다. 지난 시간에는 엄마 이야기를 했었습니다. 그 이후로 상황이 어떻습니까?

내담자: 음, 여기에 와서 엄마가 저를 못 괴롭히게 해야겠다는 이야기를 한 그날은 그냥 제가 무시하고 아무 반응도 하지 않으려고 노력했어요. 그다음 날은 한바탕 난리가 났었죠. 이걸 다 하나하나 말씀드리는 게 도움이 될지 모르겠네요. 아무튼 결국 엄마가 저를 때려서 남동생이 중간에 끼어들어서 말렸어요. 엄마는 바닥에 쓰러지는 척하더니, 발을 구르고 손으로 자기 머리를 때리고 머리카락을 쥐어뜯더라고요!

상담자: 엄마가 성질을 부렸군요?

내담자: 네. 맞아요. 엄마는 이틀 동안 저를 못 본 척하고 아무 일도 없던 것처럼 태연하게 행동했어요. 네. 이건 어쩔 수 없는 거예요. 전 엄마랑 살고 있잖아요. 엄마는 신경질적이고 저를 괴롭히죠. 제가 떠나는 것 말고는 벗어날 방법이 없어요. 정말 이건 어쩔 수 없는 거예요. 이런저런 일로 속상한 마음을 공부로 돌리려고 노력했어요. 그러니까 더 열심히 하면 더 빨리 집에서 벗어날 수 있을 거잖아요. 더 빨리 돈을 벌어서요. 그렇게 되면 다는 아니지만, 힘든 게 많이 나아질 거예요. 책상에 앉아서 공부하고 공부하고 공부하면 여기에서 벗어날 거예요.

상담자: 질문을 하나 하겠습니다. 그렇게 생각하는 것이 도움이 됩니까? 아시겠지만, 여전히 엄마의 행동에 대해 지나치게 속상해하고, 아직도 상황을 끔찍하다고 여긴다면, 아마 죽을힘을 다해 공부하게 될 것입니다. 그리고 속으로 이렇게 말하겠죠. '더 열심히 해야 해. 더 열심히 해야 해. 서둘러. 끔찍한 일이 또 일어날지 몰라.' 제 말이 맞습니까? 앉아 있을 때 공부가 잘됩니까?

내담자: 음…….

상담자: 아니면, 죽을힘을 다해 공부하고 있습니까?

내담자: 네. 그러고 있어요. '서둘러. 여기서 벗어나야 해.'라고 생각하죠. 정말 그래요. 트집 잡는 게 화가 나요. 차라리 엄마가 '난 네가 싫다. 네가 여기에 없으면 좋겠다.'라고 대놓고 말하는 게 낫겠어요. 화가 났을 때는 그런 말을 하기도 하지만, 말이 아니라 다른 식으로 그걸 표현하기도 해요.

상담자: 나를 원하지 않는 누군가와 함께 사는 것은 유쾌한 일이 아닙니다. 지난 시간에 엄마의 행동을 세 가지 범주로 나누어 본 것이 기억날 것입니다. 어떤 때 엄마는 "네가 싫어. 네가 집을 떠나 줬으면 좋겠어."라고 말합니다. 어떤 때는 돌려서 말하기도 하죠. 그러고 또 어떤 말은 아마 남들은 별 반응 없이 넘어갈 텐데 정민 씨만 유독 반응을 하게 되죠. 정민 씨가 그 말에 예민해져 있으니까요.

내담자: 저도 그렇게 나눠 보려고 해요. 선생님하고 상담도 많이 해서 저도 좀 알아요. 문제에 대해 합리적으로 생각하려고 애쓰고 있어요. 그런데 처음에 분노가 솟구치는 것은 어떻게 할 수가 없어요. 감정이 올라오면 저 혼자 '음, 엄마가 나를 좋아하지 않아도, 엄마가 동생을 편애해도…….' 같은 생각을 떠올려요.

상담자: 문장을 끝까지 말해 보십시오.

내담자: 내가 나쁜 사람이라는 뜻은 아니다.

상담자: 엄마의 의견은 엄마의 의견일 뿐입니다.

내담자: 하지만 분노가 여전히 남아 있어요. 혼자 있을 때나 전철 타고 있을 때 그냥 생각이 떠올라서 화가 나요. 엄마에 대해 정말 나쁜 상상을 하기도 해요.

상담자: 잠깐 멈춰서 생각해 봅시다. 정민 씨가 아주 좋은 일을 한 가지 하고 있는 것 같습니다. 엄마가 어떤 말과 행동을 하면 정민 씨는 자신이 그것에 반응하는 것을 알아차리는 것 같습니다. 정민 씨가 잘 하고 있는 것입니다. 자기의 감정 반응을 신호로 활용해서 합리적 생각을 떠올리고 있으니까요. '아차, 내가 과잉반응을 하고 있구나.'라는 식으로 말입니다.

내담자: 맞아요. 그렇게 하고 있어요. 싸운 다음에도 그렇게 했어요. 하지만 다음날 아침……(엄마와 부딪힌 이야기를 하나 더 한다)……그때 엄마가 저한테 달려와서 "내 집에서 나가. 나는 네가 싫어!"라며 소리를 질렀어요. 그다음에 큰 싸움으로 번졌죠. 그래서 저도 엄마한테 화를 냈어요. 저도 인간이잖아요. 화가 나는데 일주일 동안 꾹꾹 누르고 있었거든요.

상담자: 그렇습니다. 정민 씨는 완벽한 존재가 아닙니다.

내담자: 맞아요.

상담자: 제가 생각하는 문제가 하나 있습니다. 정민 씨의 이야기를 들어 보니, 어떤 때는 합리적 혼잣말을 아주 잘 사용하고 있습니다. 그런데 어떤 때는 이것이 효과가 없습니다. 언제 효과가 없는지 왜 그런지 살펴봅시다. 엄마가 정민 씨에게 화를 낼 때, 정민 씨는 속으로 '엄마의 의견은 엄마의 의견일 뿐이야. 엄마가 나를 쓰레기로 여겨도 내가 쓰레기가 되는 것은 아니야.'라고 말할 수 있었습니다. 이런 혼잣말은 특정한 감정에 대처하는 데에 아주 유용합니다. 그 감정이 무엇인지 아십니까?

상담자는 내담자가 서로 다른 두 가지 감정 문제에 대한 B와 C를 구별하도록 돕고 있다.

내담자: 음, 상처받는 것, 남에게 비난받은 다음 자기 자신을 깎아내리는 것 아닌가요?

상담자: 정확합니다. 자기를 깎아내리는 것이 우울입니다. 우울에 도움이 된 그 생각들이 분노에는 도움이 되지 않을 것입니다. 왜냐하면 다른 종류의 비합리적 생각이 작동하고 있기 때문입니다. 이것은 우울하고는 다릅니다. 비유하면, 엉뚱한 약을 먹는 것과 같습니다.

내담자: 선생님, 억압된 분노가 우울이 된다고 들었는데 지금의 상담에도 적용되는 건가요? 그런 이야기를 여기저기서 많이 하더라고요.

상담자: 저도 들은 적이 있습니다. 잠깐 설명을 드리지요. 저는 표현된 분노가 억압된 분노보다 도움이 된다고 생각하지 않습니다. 어떤 것을 말하느냐 마느냐, 화를 내느냐 마느냐가 중요한 것이 아닙니다. 정말 중요한 것은 원인을 없애서 분노 자체를 뿌리 뽑는 것입니다. 정민 씨가 우울에 대해 시도한 것과 마찬가지 방법입니다. 머릿속의 혼잣말을 살펴보는 것이지요. 정민 씨는 우울에 대처하는 좋은 기술을 가지고 있습니다. 이번에는 분노에 대처하는 기술을 발전시켜 봅시다. 괜찮겠습니까?

내담자: 네. 좋아요.

상담자: 먼저, 상황에 대한 A-B-C 분석을 해 봅시다. A, 엄마가 무엇인가를 한다. C, 내가 화가 난다. 우울한 것이 아니라. 정민 씨가 생각해 낼 수 있는 B에는 어떤 것이 있습니까?

내담자: 화가 날 때요?

상담자: 우울할 때가 아니라 화가 날 때입니다.

내담자: 좋아요.

상담자: '반드시 ~해야만 한다.'는 생각을 다시 찾아봅시다.

내담자: 음, 나는 누군가가 나를 함부로 대하는 이런 상황에 머물러 있으면 안 된다.

상담자: 그것도 좋은 생각입니다. 그런데 이 생각이 분노를 일으킵니까? '불쌍한 나'라는 생각처럼 들립니다.

내담자: 네.

상담자: '불쌍한 나'라는 생각은 정민 씨를 화나게 하지 않습니다.

내담자: 음, 엄마는 나를 이해해 주어야 해요.

상담자: 제대로 찾아내었습니다. 분노는 밖을 향한 것입니다. 나를 향한 것이 아니라 밖을 향한 것입니다. '엄마가 ~을 해야만 한다.'라는 생각이 바로 그런 것이죠. 예를 들면, '엄마는 나에게 소리를 지르면 안 된다'. '엄마는 나에게 나쁜 말을 해서는 안 된다.'와 같은 생각입니다. 이것 말고 또 어떤 생각이 떠오릅니까?

내담자: (집에서 엄마와 다툰 일을 이야기한다.)

상담자: 잠깐 멈춰 봅시다. 무엇이 비합리적 생각입니까?

내담자: 음, 내가 이런 대접을 받더라도…… 이런 대접을 받더라도…… 사실 엄마는 동생만 좋아해요.

상담자: 그런데 무엇이 비합리적 생각입니까?

내담자: 누가 나를 어떤 식으로 생각한다고 해서 내가 그런 사람이 되지는 않아요.

상담자: 그것이 아니라, 정민 씨는 어떤 비합리적 혼잣말을 하고 있습니까?

내담자: 저한테 그런 대접을 하도록 내버려 둔 것 때문에 제가 정말 그런 사람이 되는 것 같아요. 저한테 정말 자신감이 있었다면, 엄마가 그런 식으로 못하게 상황을 뒤집어 놓았을 거예요.

상담자: 그것은 정민 씨를 우울하게 만드는 생각입니다. 정민 씨는 '불쌍한 나' '못난 나'라고 말하고 있습니다. 잠시 그 생각을 제쳐 두도록 합시다. 무슨 생각이 정민 씨를 화나

게 하나요? 엄마는 정민 씨에게 소리를 질러서도 나쁜 말을 해서도 안 됩니다. 엄마는 정민 씨를 어떻게 대해 주어야만 합니까?

내담자: 음, 엄마는 저를 평등한 가족구성원으로 대해 주어야 해요.

상담자: 엄마가 정민 씨에게 정당하고 공평한 대우를 해 주어야만 한다는 것이군요. 이런 것들이 정민 씨를 화나게 하는 당위적 생각들의 일부입니다. REBT 이론을 접해서 아시겠지만, 당위적 생각이 있는 곳에 문제가 함께 따라오지요. '엄마가 그렇게 하면 안 된다. 엄마는 나를 공평하게 대해 주어야 한다.'고 정민 씨는 믿고 있습니다.

내담자: 그 당위적 생각을 제 자신에 대해서도 하고 있어요. '나는 엄마에게 소리를 질러서는 안 된다. 분노나 불만을 표현해서 남을 불편하게 만들면 안 된다.'라는 식으로요. 하지만 진짜 속마음은 엄마한테 달려가서 이렇게 말하고 싶어요. "이게 말이 돼? 쟤는 맨날 침대에서 뒹굴 거리고 있잖아. 쟤가 엄마한테 돈을 갖다 주니까 그러는 거라고 했지? 근데 나중에 그 돈 다 쟤한테 돌려줄 거라면서."

상담자: 그런 이야기를 하는 것도 좋을 것입니다. 화가 나 있지 않고 단지 바꿀 수 있는 것을 바꾸기 위해 노력하겠다고 결심했다면 말이죠. 정민 씨가 단호하게 주장할 수 있다면, 효과가 더 좋을 것입니다. 이제 하던 이야기로 돌아옵시다. 우리 앞에 A, B, C가 있습니다.

내담자: 네.

상담자: 분노가 있고, 분노를 일으키는 당위적 생각이 있습니다. 이제 논박 D를 시도해 봅시다. 자기 자신에게 어떤 질문을 던지고 싶습니까?

내담자: 왜 엄마한테 내 생각을 이야기하지 못할까? 이게 정말 궁금해요. 이렇게 분노가 많이 있는데, "엄마, 이건 불공평해."라는 이야기를 무슨 말로 시작해야 할지 모르겠어요. 도무지 어떻게 해야 할지 모르겠어요.

상담자: 잠깐 생각해 봅시다. 그것은 다른 문제입니다. 그것은 '나'에 관한 이야기입니다. 우리가 할 이야기는 '타인'에 관한 것입니다. 정민 씨를 불공평하게 대하는 타인과 그것에 대한 정민 씨의 분노를 말하는 것입니다. 자, 먼저 정민 씨는 분노의 감정을 내려놓고 싶습니까? 그래야 한다는 생각이 아니라 분노의 감정을 말하는 것입니다.

내담자: 사실, 상황이 이런데, 화가 안 나면 어디가 아픈 거죠. 상황이 이런데 화가 나는 건 당연한 거죠.

상담자: 정민 씨가 저에게 "지금 아무것도 느끼지 말라고 하는 건가요? 이 거지 같은 상황을 그냥 기쁘게 받아들이라는 말인가요?"라고 묻는다면, 저는 이렇게 대답할 것입

니다. "아니요. 그것은 말도 안 됩니다." 지금 기분이 좋으면 제정신이 아니죠. 그런데 엄마 일로 화를 내는 것이 정민 씨에게 어떤 도움도 되지 않는 것으로 보입니다. 그래서 저는 분노를 제거하는 것이 좋다고 생각합니다. 분노가 줄어들면, 정민 씨는 이렇게 말할 수 있을 것입니다. "나는 이것을 좋아하지 않는다. 이것에 대해 내가 할 수 있는 일을 하겠다. 상황을 변화시키기 위해 노력하겠다." 결국 분노가 정민 씨에게 무엇을 해 주고 있습니까? 정민 씨의 속이 뒤집히게 하고 있지요. 이것은 건강에도 좋지 않습니다.

내담자: 건강에 안 좋죠. 일주일 내내 몸이 영 안 좋았어요. 좀 조용히 지내려고 아무한테도 말을 걸지 않고 분노를 꾹 누르고 있었더니 저한테 우울하냐는 둥 트집을 잡더라고요.

상담자: 정민 씨, 분노에 대해 작업해 봅시다. A-B-C-D를 해 본 지 좀 됐지요? 차근차근 논박을 진행해 보겠습니다. 지금부터 시작해 봅시다. 비합리적 생각들을 하나씩 되돌아보고 자기 자신에게 질문을 던져 보십시오.

내담자: 왜 엄마가 나를 공평하게 대해 주어야 하는가?

상담자: 맞아요! 엄마가 정민 씨에게 친절하게 행동해야만 한다는 증거는 어디에 있습니까?

내담자: 모르겠어요. 학교에서 사람들을 보면, 다들 집에서 잘 지내는 것 같아요. 가족 신용카드를 들고 다니면서 하고 싶은 거 다 하고 식구들도 엄청나게 잘해 주고요. 다들 너무 좋대요.

상담자: 그렇게 된다면 정말 좋을 것입니다. 그런데 왜 엄마가 정민 씨에게 그렇게 해 주어야 합니까?

내담자: 왜냐고요? (침묵) 엄마가 그렇게 해 줘야죠. 당연히 공평하게 대해 줘야죠.

상담자: 왜 그렇습니까?

내담자: 그냥, 제가 원하니까요. (웃음)

내담자에게 답을 주기보다는 되풀이해서 내담자가 질문과 싸우도록 하고 있는 것에 주목하라.

상담자: 그렇습니다. 정민 씨는 '엄마가 내가 원하는 대로 해야만 한다.'고 생각하고 있습니다. 이 생각이 정민 씨에게 어떤 결과를 가져다줍니까?

내담자: 음…….

상담자: 엄마가 정민 씨를 공평하게 대해 주면 좋을 것이라는 생각에 100% 동의합니다. 그렇게 되면, 기분이 유쾌하고, 사는 게 편안하고, 정민 씨에게 도움이 될 것입니다. 부모님이 부유하고 정민 씨를 사랑해 주고 공평하게 대해 주면 삶이 훨씬 편안할 것입니다. 우린 그것을 증명할 수 있습니다. 실험을 통해 이것이 이익이라는 것을 증명할 수 있습니다. 그런데 왜 엄마가 그렇게 해야만 하는지를 증명하는 실험을 할 수 있습니까? 왜 엄마가 그렇게 해야만 합니까?

원하는 것을 얻으면 이익이 될 것이라는 내담자의 주장은 절대 반박하지 않는다. 그렇게 되어야만 한다는 절대적 요구만을 논박의 대상으로 삼는다.

내담자: 어느 정도는 증명할 수 있어요. 엄마는 그렇게 멍청하지 않아요. 엄마가 그걸 알면 엄마도 기분이 좋을 리 없겠죠. 그러니까 제 말은 어떤 엄마가 자식을 불공평하게 대하면서 기분이 좋겠어요?

상담자: 맞습니다. 엄마가 정민 씨를 공평하게 대해 준다면 엄마 자신한테도 좋겠지요.

내담자: 맞아요. 그럴 거예요.

상담자: 그런데 엄마가 왜 그렇게 해야만 합니까? 그게 정민 씨한테 좋은 일이고 엄마한테도 좋은 일이라 하더라도 왜 엄마가 정민 씨에게 친절하게 행동해야 합니까?

내담자: 네. 그래요. 엄마는 그럴 필요가 없어요.

상담자: 정민 씨가 정말 그렇게 믿고 있는 것처럼 들리지 않는군요.

내담자: 도움이 되는 생각이 하나 있기는 해요. '이것은 내 잘못이 아니다. 사실 엄마 자신이 그렇게 하는 것이다.' 사실 엄마가 공평하게 행동할 필요는 없죠. 엄마를 공평한 사람으로 만드는 게 제가 할 일도 아니고요. 엄마를 바른 사람으로 만들고, 공평한 것이 얼마나 중요한지 이해시키기 위해 내가 여기 존재하는 게 아니니까요.

상담자: 맞는 이야기입니다. 하지만 '엄마가 ~해야만 한다.'는 믿음을 내려놓기 위해 정말 열심히 노력하지 않으면, 무엇보다도 엄마에게 계속 실망할 것이고 엄마를 내 마음대로 통제하고 싶어질 것입니다.

내담자: 한번은 너무 실망해서 아빠한테 이야기했어요. 엄마는 평생 아빠를 마음대로 휘두르고 괴롭혔어요. 아빠가 저한테 솔직히 말하더라고요. "엄마를 상대하는 제일 좋은 방법은 엄마가 시키는 대로 하는 거야. 그게 내 대처법이란다."라고요. 그 말이

맞아요. 누구든 우리 집에 와서 3일만 있어 보면, "너희 아빠는 노예, 하인이야. 엄마한테 감히 맞설 생각도 못 하고 비굴하게 살고 있어."라고 말할 거예요.

상담자: 질문을 하나 해 보죠. 아빠가 괴로워하고 있습니까? 아빠가 겉으로는 평온하지만, 속으로는 화가 나서 부들부들 떨고 있습니까? 아니면 조용히 상황을 받아들였습니까?

내담자: 제 생각에 아빠도 몇 년 동안은 저랑 똑같이 이런저런 생각을 많이 했던 것 같아요. 상처를 안고 있지만 표현하지는 않으면서요.

상담자: 지금은?

내담자: 지금 아빠는 엄마의 행동을 받아들이고 이렇게 하는 게 제일 편한 방법이라고 결정한 것 같아요. 제가 보기에는⋯⋯ 아주 비굴한 거죠. 엄마는 아주 대장 노릇을 하려고 해요. 그래서 전 아주 비굴하게 행동해야 하죠. 이건 불쾌해요.

상담자: '아빠가 엄마의 행동에 대해 더이상 괴로워하지 않는 것은 좋은 일이다. 아빠는 엄마하고 부딪쳐서 엄마를 가르치거나 바꾸려고 하지 않는다.'라고 생각하시는 것 같군요.

내담자: 맞아요.

상담자: 정민 씨의 이야기를 듣고, 엄마가 전혀 달라지지 않는 데는 이유가 있다는 것을 알았습니다. 엄마는 여러 해 동안 그렇게 행동하도록 강화를 받았습니다.

내담자: 맞아요! 가족 모두를 엄마한테 복종시키고 있어요.

상담자: 혹시 정민 씨가 가족의 이런 시스템에 도전하기로 한다면, 아주 힘든 일이 될 것입니다. 60년 넘게 자기 행동을 강화받아 온 엄마를 정민 씨가 다시 가르치고 변화시키려 하고 있습니다. 정민 씨는 힘든 일을 겪게 될 것입니다. 이것을 잘 생각해 보면 엄마와 맞설지 말지를 결정하는 데에 도움이 될 것입니다.

내담자: 맞아요.

상담자: 그리고 아빠의 행동을 설명할 때 사용한 단어가 있었죠? 아빠는 비굴하다. 호구다. 휘둘린다. 이것은 정민 씨가 지각한 아빠의 모습입니다.

내담자: 네. 제가 끌리는 남자의 타입에도 이게 영향을 많이 끼쳤어요. 제가 하라는 대로 다 하는 남자는 딱 질색이에요. 아빠가 그러는 걸 오랫동안 봐서 아빠에 대해 그런 이미지가 박힌 것 같아요.

상담자: 그래요. 하지만 그건 정민 씨가 그렇게 지각한 것입니다. 지금 해 봤으면 하는 것은 아빠의 행동을 객관적으로 묘사해 보는 것입니다. '비굴하다.'처럼 부정적이거나 경

멸적인 단어를 사용하지 말고 아빠의 행동을 아주 객관적으로 설명해 보면 어떨까요?

내담자: 음…… 객관적으로. 정당한 이유 없이 엄마가 아빠를 공격할 때, 아빠는 방어를 하지 않고 받아치지도 않아요.

상담자: 그럼, 무엇을 하십니까?

내담자: 아빠는 조용히 있든지 아니면 "아이고, 여보~"라고 말해요. 하지만 그다음에는 엄마가 시키는 대로 하죠.

상담자: 그러고 나면 상황이 잠잠해집니까?

내담자: 잠잠해지기는 하는데 항상 이런 식이에요. 하루에 한 번이 아니라, 엄마와 마주 친 순간부터 엄마와 헤어질 때까지 계속 그래요. 엄마는 이래라저래라 하는 지시만 계속 퍼부어대죠.

상담자: 그런데 아빠는 엄마가 그렇게 하도록 내버려 두는군요. 엄마의 요구를 따르고, 그러면서도 속상해하지 않아요. 괴로워하지도 않아요. 아빠 나름대로 적응을 했군요.

내담자: 맞아요.

상담자: 적응에는 두 가지 요소가 있습니다. 첫째는 아빠가 마음속으로 하는 것인데 감정 반응과 관련되어 있고, 둘째는 아빠가 표면적으로 하는 것, 그러니까 행동 반응입니다.

상담자는 내담자가 아버지의 행동을 공감적으로 이해하도록 돕고 있다.

내담자: 네.

상담자: 정민 씨의 이야기를 들으니 아빠의 감정 반응은 괜찮게 생각하는 것 같군요. 제멋대로인 아내에 대해 괴로워하지 않는 아빠의 명백한 능력은 정민 씨도 가지고 싶어 하는 것 같습니다. 아빠는 엄마를 있는 그대로 받아들이고, 제멋대로 굴게 내버려 두고 있지요.

내담자: 맞아요. 하지만 똑같은 행동 패턴을 따르고 싶진 않아요.

상담자: 그래요.

내담자: 아빠처럼 행동하는 제 모습을 생각만 해도 불쾌해요. 전 가끔 엄마가 하는 그대로 되받아쳐요. 엄마가 저한테 빈정거리기 시작하면, 저도 똑같이 빈정거려요.

상담자: 행동은 별개의 문제로 생각하고 나중에 행동전략에 대해 이야기할 때 다루도록 합시다. 지금 먼저 해야 할 일은 여전히 똑같습니다. 정민 씨는 분노를 극복하고 싶어

합니다. 이것을 해내면, 상황에 더 잘 대처할 수 있게 될 것입니다. 그때 실험을 해 볼 수 있습니다. 엄마의 말을 받아쳐 보고 어떤 효과가 있는지 살펴볼 수 있습니다. 엄마가 좋은 행동을 할 때 칭찬해 주고 어떤 효과가 있는지 살펴볼 수 있습니다. 아빠처럼 묵묵히 엄마가 원하는 대로 해 주고 무슨 일이 일어나는지 살펴볼 수도 있습니다. 단호하게 내 주장을 펼치며 엄마를 반박할 수도 있습니다. 엄마에게 설교를 할 수도 있습니다. 엄마한테 책을 주고 읽으라고 해 볼 수도 있습니다. 정민 씨는 여러 전략을 시도할 것입니다. 충분히 노력하며 어떤 전략을 시도했는데 효과가 없다면, 이 실험을 마치며 '이것으로는 엄마의 행동에 영향을 못 주는구나. 다른 것을 시도해 봐야겠다.'라고 생각할 것입니다. 이 모든 것들이 전략입니다. 행동 하나하나가 바로 전략입니다.

내담자: 좋아요. 뭔가 자신감이 생기네요. 이것이든 저것이든 시도해 볼 수 있을 것 같아요.

상담자: 네. 과학자가 실험을 하는 것과 마찬가지입니다. 하지만 원하는 결과가 나와야 한다고 고집을 부리면 좋은 과학자가 아니겠지요!

상담자는 우아하지 않은 해결책이 부적절한 이유를 지적하고 있다.

내담자: 맞아요.

상담자: 엄마에게 행동을 바꿔야만 한다고 요구하는 한, 정민 씨는 계속 화가 날 것입니다.

내담자: 맞아요.

상담자: 지금 먼저 해야 할 일은 절대적 요구를 내려놓는 것, 분노를 내려놓는 것입니다. 그런 다음에 여러 전략과 실험을 시도해 보십시오. 그러니까 가장 중요한 일은 '~해야만 한다.'는 생각을 내려놓는 것입니다. 정민 씨는 "엄마가 꼭 바뀔 필요는 없다. 엄마는 절대 변하지 않을 것이다."라고 말씀하셨는데, 이것을 정말로 믿을 수 있다면…….

내담자: 선생님 말씀이 맞아요. 엄마는 절대 변하지 않을 거예요!

상담자: 엄마는 그럴 수도 있고 그렇지 않을 수도 있습니다. 정민 씨가 여러 전략을 시도해 볼 수 있어요. 하지만 당위적 생각을, 그러니까 엄마가 변해야만 한다는 절대적 요구를 내려놓을 수 있다면 그리고 엄마를 있는 그대로 수용하는 아빠의 생각을 조금만 흡수할 수 있다면, 이를테면 '저게 원래 저 사람 모습이지. 저 사람은 달라지고 싶어 하지 않는 것 같고, 달라질 동기도 없어 보이니, 내가 여기 앉아서 달라져야 한다

고 요구해 봤자…….'

상담자는 지금 아버지를 합리적 모델로 사용하고 있다.

내담자: 선생님이 말씀하시니까 이제 보이네요! 선생님 말씀이 이해가 되요.

상담자: 지금 한 이야기들을 기억해서 일상에서도 자신에게 그렇게 말할 수 있다면, 정민 씨는 괜찮을 것입니다. 좋은 책이 한 권 있는데, Pay Hauck가 쓴 『Overcoming Frustration and Anger』를 읽어 보세요. 그리고 Albert Ellis의 『How to Live With—and Without—Anger』도 좋은 책입니다. 둘 중의 어느 한 권을 읽으면 우리가 오늘 한 것을 내 것으로 만드는 데에 도움이 될 것입니다.

내담자: 정말 기분이 나아졌어요. 정말 그래요. 처음엔 엄청나게 끔찍한 일처럼 느껴졌는데, 지금은 '음, 엄마는 그냥 엄마야. 그게 엄마의 모습이야.' 정도로 바뀌었어요. 불어터진 맛없는 라면을 먹는 정도의 일이죠!

상담자: 브라보! 훌륭합니다! 논박이 효과적임을 보여 주는 감정적 증거가 바로 이것입니다.

내담자: 네.

상담자: 다음 상담 시간에 만날 때까지 열심히 논박 연습하는 것을 잊지 마십시오.

15

적극적·지시적 스타일로 신념 논박하기

상담자의 적극적 · 지시적 스타일은 REBT를 다른 심리치료 이론들과 구별 짓는 특징이다. REBT에서는 자기 파괴적인 사고 패턴을 찾아내고, 반박하고, 교체하는 절차를 거치기 때문에 열린 질문보다 닫힌 질문의 사용 빈도가 높다. 내담자가 사용하는 핵심단어, 어구, 억양, 비언어적 행동은 내담자가 무엇을 생각하고 느끼고 있을지에 관한 가설을 세우는 데 활용된다. 이 단서들에 대해 열린 질문을 던지기도 하지만, 뒤이어서 닫힌 질문을 제시함으로써 상담자의 가설을 검증한다. 상담자는 소크라테스식 문답을 통해 내담자가 특정한 방향으로 초점을 맞추도록 이끌고 간다. 비유하자면, 주의를 흩트리는 것들로 가득 찬 들판에서 내담자가 길을 벗어나지 않도록 안내하는 목양견과도 같다.

적극적 · 지시적 스타일은 양날의 검이다. 한편으로는 심리치료의 효과와 효율성을 증진시키지만, 다른 한편으로는 상담자가 실수를 범할 가능성을 높인다. 이와 달리 내담자의 감정을 비지시적으로 반영해 주고 열린 질문을 제시하며 중요한 정보가 나타날 때까지 지켜보는 방식은 비효율적이지만, 상담자가 치료적 동맹을 손상시킬 만한 불편한 발언을 할 가능성은 줄어들게 된다. 새내기 REBT 상담자들은 내담자에게 생각할 시간을 충분히 주지 않고 너무 많은 질문을 너무 빠르게 제시한다. 때로는 내담자가 아직 첫 번째 질문에 답하지 않았는데도 두 번째, 세 번째 질문을 연달아 던지기도 한다. 지나치게 말을 많이 하는 경우도 있다. 마치 심야 토크쇼의 진행자처럼 긴 독백을 늘어놓기도 한다. 내담자가 잘 이해했는지 물어보지도 않고 설교를 쏟아붓기도 한다. 현실적 조언을 너무 많이 제시하며 우아하고 철학적인 해결책에서 멀어지기도 한다. 이러한 모습은 새내기 상담자들이 REBT에서 적극적 · 지시적 스타일을 잘못 이해한 것에서 기인한 것이다. 이러한 상담자들이 장황한 이야기를 늘어놓는 녹음파일을 들을 때면, 필자들은 1961년 발표된 Joe Jones의 노래 제목처럼 "너무 말이 많아요(You Talk Too Much)."라고 말하곤 한다. 이 장에서는 적극적 · 지시적 스타일로 REBT를 진행할 때 자주 범하는 실수들을 피하는 방법과 더불어 이 스타일을 바람직하고 효과적으로 사용할 방안을 소개한다.

현실적 조언

의욕이 넘치는 상담자들은 '조언의 덫'에 빠져 내담자에게 현실적인 해결책을 제시하거나 특정한 해결방안을 권유하기 쉽다. 앞의 여러 장에서 내담자의 문제에 대해 현실적 해결책과 감정적 해결책을 구분 짓던 것을 회상해 보자. 현실적 해결책은 A를 변화시키고, 감정적 해결책은 C를 바꾼다. REBT는 내담자가 불쾌한 A를 변화시키기 위한 현실적 해결책을 사용하도록 돕는 것에 반대하지 않는다. 어떤 때는 현실적 해결책을 먼저 권하고, 또 어떤 때는 감정적 해결책을 다룬 다음에 현실적 해결책에 대한 작업을 수행한다. 하지만 현실적 해결책으로 내담자를 도울 때조차도 특정한 무엇인가를 하라고 제시하기보다는 문제해결 기술을 가르친다. 내담자에게 여러 선택지가 있음을 깨닫도록 돕고 브레인스토밍과 문제해결 방법을 가르치는 것은 중요한 일이다. 특히 내담자가 자신을 괴롭히지 않는 방법을 이해하고 있을 때는 더욱 그렇다. 문제해결 방안을 만들고 실천하는 것을 하나의 기술로 바라보는 개념은 궁극적으로 내담자를 상담자로부터의 독립시킨다는 목표와 부합한다. 이에 대해서는 17장에서 보다 자세히 논할 것이다. 적극적 · 지시적 심리치료가 조언 제공을 의미하지는 않는다.

신념에 대한 단정적 평가

9장에서 내담자의 비합리적 신념을 탐색하는 전략을 논의했다. 과도할 정도로 적극적 · 지시적 스타일을 사용하는 상담자들은 이러한 탐색 과정에서 조바심을 내기 쉽다. 내담자의 비합리적 신념이 명확하게 드러나지 않기 때문이다. REBT 이론이 제시하는 어떤 비합리적 신념을 내담자가 가진 것처럼 대화를 유도하는 것은 바람직하지 않다. 내담자에게 "당신은 이러이러한 생각을 하고 있습니다."라고 말해 주는 것은 적극적 · 지시적 심리치료가 아니다. 이것은 조악한 기법이며 치료적 동맹을 훼손한다. 혹시 이에 대해 의견을 말해 주고 싶다면, 조심스럽게 단정적이지 않은 방식으로 이야기해야 하며, 내담자가 이에 동의하는지를 확인해야 한다. 예를 들면, "자신이 꼭 ~을 해야만 한다고 말씀하시는 것처럼 들립니다. 제가 제대로 이해했습니까?"라고 말할 수 있다.

질문을 통해 내담자를 잘 안내해서 비합리적 신념을 도출해 내는 것이 바람직하다. 다음의 예를 살펴보자.

[나쁜 예] 왜 화가 났습니까?
[대안 A] 어떤 생각이 떠올라서 화가 났습니까?
[대안 B] 자신이 받은 대우에 대해 어떤 생각이 들어서 화가 난 것입니까?

[나쁜 예] 왜 힘겨루기 문제가 일어납니까?
[대안 A] 힘겨루기를 할 때면 어떤 생각이 떠올라서 기분이 언짢습니까?
[대안 B] 힘겨루기에서 이기는 것이 중요하다는 생각 때문에 기분이 언짢아진 것처럼 보입니다. 제가 제대로 이해한 것인지요?

[나쁜 예] 그러니까 아빠가 지은 씨를 사랑해야만 한다고 믿고 있군요?
[대안 A] 아빠가 지은 씨를 사랑하지 않는 것에 대해 어떻게 생각합니까?
[대안 B] 아빠가 지은 씨를 사랑하지 않는 것에 대해 어떻게 여기는지 궁금합니다. 혹시 파국화를 하고 계신가요?

내담자에게 생각을 제시하기보다는 내담자 스스로 발견하도록 "어떤 생각이 떠올랐습니까?"라고 질문하는 것이 좋다. 심리치료에 대해 내담자가 합당한 책임을 지도록 돕는 것은 상담자가 제시하는 해답이 아니라 질문이다.

[나쁜 예] 그것은 사실이 아닙니다!

[대안 A] 그것이 사실이라는 것을 어떻게 아십니까?

[대안 B] 그것이 사실이라는 증거는 무엇입니까?

[대안 C] 무엇을 보면 그것은 사실이 아니라고 확신하시겠습니까?

훈시와 소크라테스식 문답

10장에서 REBT의 원리를 제시하는 두 가지 방식을 소개했다. 하나는 훈시이고 다른 하나는 소크라테스식 문답이다. REBT는 심리교육적인 접근법이기 때문에 많은 사람들이 강의, 워크숍, 서적, 블로그 등을 통해 REBT의 원리를 배우며 도움을 받고 있다. 이러한 경로를 통해 Ellis는 수많은 사람들이 감정적 고통을 극복하는 것을 도왔다. 훈시란 사람들이 어떻게 스스로를 고통스럽게 만드는지에 대한 정보를 내담자에게 제공해 주는 것이며, 요지를 전달하기 위해 우화, 비유, 은유 등의 설명 방식을 사용한다. 그뿐만 아니라 왜 어떤 생각이 비합리적이고 왜 어떤 생각이 더 합리적인지를 가르쳐 준다. 오래전부터 REBT에서는 상담 초기에 지금 언급한 모든 방식을 통해 내담자가 REBT의 원리를 학습하도록 장려해 왔다. 개인 및 집단상담을 시작하기 전에 심리교육을 제공하는 것은 모든 형태의 CBT에서 공통적으로 사용되는 전략이며, **저강도 개입**(Low Intensity Intervention)이라고 불린다(Bennett-Levy et al., 2010). 이러한 개입은 공중보건의 관점에서 의미가 있다. 비용이 저렴한 심리교육을 통해 충분히 도움을 받는 사람들이 있을 것이다. 이를 먼저 제공함으로써 보다 많은 비용이 소요되는 심리치료는 그렇지 못한 사람들을 위해 남겨 둘 수 있게 된다. 이런 저강도 개입 프로그램을 많이 만들도록 독자들에게 강력히 권한다. 상담 중에 진행되는 심리교육에 대해서도 마찬가지 이야기를 할 수 있다. 훈시는 정보를 전달하는 효율적 방식이다. 특히 상담 초기에 내담자가 REBT의 기본 원리에 익숙해지도록 도울 때 사용하는 것이 좋다. 훈시가 유용하게 활용될 수 있는 대상에는 자라온 문화적 배경으로 인해 전문가의 적극적 개입을 기대하는 내담자도 있고, 지적 능력이 부족하거나 신경학적 장애로 인해 더 구조화된 개입을 해야 하는 내담자도 있다. 아울러 내담자의 문제가 특정한 화제에 대한 무지에서 비롯된 경우에도 훈시를 사용하는 것이 좋다.

훈시를 사용할 때는 주의할 점이 있다. 설령 아주 훌륭한 훈시라 하더라도, 상담자가 제공하는 정보를 가지고 내담자가 무엇을 하는가를 살펴볼 필요가 있다. 아마도 내담자 대부분은 이것을 노트에 적거나 기억해 두는 것에 그칠 것이다. 훈시를 통해 학습한 것을 내담자가 적극적으로 활용하게 하려면 행동적 숙제를 부여해야 한다(16장 참조). 아울러 상담자는 내담자가 잘 따라오고 있는지 확인하기 위해 앞에서 토론한 것을 되짚으며 질문해야 한다. 내담자가 앞엣것을 이해했음을 확인하기 전까지는 다음 것으로 진행하지 말아야 한다.

소크라테스식 문답에서는 사고를 촉진하는 질문을 통해 통찰 또는 적절한 결론으로 내담자를 안내한다. 소크라테스식 대화는 상대적으로 느리지만 체계적으로 진행된다. 게다가 내담자 스스로 새로운 관점을 찾아내기 때문에, 거부감을 덜 느끼면서 합리적 신념을 받아들일 가능성이 높다. 훈시와 소크라테스식 문답 모두 교육수단으로서의 가치가 있지만, 저마다의 한계도 존재한다.

소크라테스식 문답은 학습과 회상에 도움이 되는 많은 장점을 가지고 있다. **회상 기억**(recall memory)과 **재인 기억**(recognition memory)[1]의 효과를 비교한 심리학 연구에 의하면, 소크라테스식 문답을 통해 내담자 스스로 적절한 사고를 생성하도록 이끄는 것이 상담자가 적절한 사고를 알려 주기만 하는 훈시보다 기억 유지 효과가 뛰어나다. 소크라테스식 문답에서는 내담자가 자신의 말로 주요한 화제를 표현하고 나중에 회상할 때도 자신의 말로 표현하기 때문에 기억 유지가 잘 되는 것이다. 10장으로 돌아가 소크라테스식 문답을 복습할 것을 권한다. 다음에 소개하는 훈시와 소크라테스식 문답을 서로 비교해 보라.

훈시

"송이 씨, 엄마가 송이 씨를 인정해 주지 않는 것에 대해 속상하고 불안한 것처럼 보입니다. 무엇이 사람을 불안하게 만드는지에 대해 잠시 이야기해 보겠습니다. 사람들은 대부분 자기에게 일어난 일 때문에 마음이 불안해진다고 여깁니다. 그런데 상담에서는 그렇게 바라보지 않습니다. 일어난 사건에 대해 자신이 어떤 생각을 하는지에 따라 속상해질 수도 있고 그렇지 않을 수도 있습니다. 예를 들어, 사람이 100명 있는데,

1) [역주] 비유하자면, 회상 기억은 주관식 시험이고 재인 기억은 객관식 시험과 같다. 회상 기억은 인출 단서 없이 저장해 놓은 정보를 스스로 떠올리는 것을 의미한다. 반면, 재인 기억은 특정한 인출 단서를 제시받은 후 해당 정보가 기억 속에 있는지를 확인하는 것이다.

모두 똑같이 엄마에게 인정받지 못한다고 칩시다. 하지만 이 사람들이 느끼는 감정은 저마다 다를 것입니다. 어떤 사람은 기분이 좋거나 안심이 될 것입니다. 엄마가 이제는 간섭도 안 하고 자기를 건드리지 않는다고 여겼기 때문입니다. 반면, 어떤 사람은 너무 속이 상해서 죽고 싶다고 느낄 것입니다. 또 어떤 사람은 별다른 느낌 없이 무덤덤할 것입니다. 같은 일에 대한 반응이 사람마다 참 다양합니다. 그러니까, 엄마가 송이 씨에게 하는 행동, 즉 촉발사건은 사람마다 서로 다른 반응을 일으키는 원인이 아닙니다. 송이 씨의 생각, 송이 씨의 믿음이 바로 원인입니다. 서로 다른 믿음은 서로 다른 감정을 일으킵니다. 비논리적이거나 비합리적인 믿음은 상황을 과장하고 고통스러운 감정을 일으킵니다. 하지만 합리적이고 논리적인 믿음은 보다 건강하고 편안한 감정을 일으킵니다."

글상자 15-1

강의를 들을 때의 자기 행동을 살펴보라. 무엇을 하고 있는가? 행동을 많이 하지는 않을 것이다. 조용히 앉아 고개를 끄덕이고 필기를 하는 정도일 것이다. 이것은 상당히 수동적인 행동이다. 자신이 사용하는 치료적 개입의 방법을 훈시로 국한하지 말라.

훈시를 사용했던 회기의 녹음을 다시 들어 보라. 내담자가 요지를 이해했는가? 내담자의 이해도를 점검하기 위해 무엇을 할 수 있겠는가?

소크라테스식 문답

상담자: 엄마가 잔소리할 때, 아니면 엄마가 잔소리하는 것을 생각할 때, 송이 씨가 불안해진다는 것을 잘 알겠습니다. 이 불안은 어디에서 오는 것일까요?

내담자: 당연히 엄마한테서 오는 거죠. 엄마 잔소리가 아니면 제가 불안해질 이유가 없죠!

상담자: 네. 그렇게 보일 수도 있습니다. 하지만 엄마가 잔소리해도 마음이 불안해지지 않는 사람도 있습니다. 왜 이 사람은 똑같은 일을 겪어도 불안하지 않은 것일까요?

내담자: 엄마랑 같이 살지 않아도 되기 때문이겠죠.

상담자: 음, 이 사람도 송이 씨랑 같은 상황이라고 생각해 봅시다. 이 사람도 화를 잘 내고 까탈스러운 엄마랑 같이 살아야 하는 상황이라고 생각해 봅시다. 그런데 이 사람은 불안하거나 속상하지 않습니다. 이 사람은 송이 씨랑 어떤 점이 다른 것일까요?

내담자: 아마 그 사람의 엄마는 우리 엄마만큼 가혹한 행동을 많이 하지 않을 거예요.

상담자: 그럴지도 모릅니다. '가혹하다.'는 단어가 아주 중요한 것 같군요. 그렇지요? 송이 씨가 현재의 상황, 그러니까 엄마의 행동에 어떤 의미를 부여하는지에 따라 서로 다른 감정이 생겨납니다. 송이 씨는 엄마의 행동에 어떤 의미를 부여하고 있습니까?

내담자: (침묵) 어려운 질문이네요.

상담자: 송이 씨는 '엄마가 저렇게 행동해도 괜찮아. 나는 정말 기분이 좋아.'라고 생각하는 것은 아니지요?

내담자: 절대 아니죠!

상담자: 그러면 속으로 뭐라고 말하고 있습니까?

내담자: 이건 정말 아니야! 엄마가 저러는 거 정말 끔찍해! 엄마면 딸을 좋아해 줘야 하는 거 아니야? 난 엄마의 사랑이 필요해.

상담자: 바로 그것입니다. 송이 씨는 엄마가 그렇게 행동하는 것이 '끔찍하다.' '최악이다.'라고 마음속으로 말하고 있습니다. 이것은 상담에서 '파국화'라고 부르는 비합리적 생각입니다. 비합리적 생각은 속상하고 해로운 감정을 일으킵니다.

독자 여러분의 상담 스타일을 점검해 보라. 내담자와 면담할 때 질문을 던지기보다 주로 평서문으로 말하고 있다면 훈시에 가깝다고 할 수 있다. 훈시 스타일에는 두 가지 위험이 도사리고 있다. 첫째, 여러분은 내담자 대신 결정을 내리는 '전문가' 역할에 빠져들 수 있다. 예를 들면, 내담자가 이혼하지 않도록 이끌고 가는 것과 같은 경우이다. 상담자가 주로 평서문으로 말한다면, 내담자는 생각 없이 상담자의 판단을 수용하거나, 문제해결을 상담자에게 의존할지도 모른다. 둘째, 여러분은 내담자가 문제를 부정하거나 여러분과 언쟁을 벌이려 한다는 생각을 하게 될지도 모른다. 심지어 내담자의 말이 옳은 경우에도 그런 생각이 들 것이다. 대개의 경우, 질문은 내담자로부터 정보를 이끌어 내고 내담자 스스로 문제를 해결하도록 돕는 더 나은 방식이다. 하지만 소크라테스식 문답을 수행하려면 좋은 질문을 하는 법을 배워야 한다.

필자의 경험에 의하면, 정신역동상담, 인간중심상담 또는 실존적 상담을 하다가 REBT를 배우러 오는 사람들은 지나치게 비지시적인 경우가 많다. 이들은 비지시적 기법을 사용해 왔으며 상담자가 적극적으로 개입하는 것이 내담자에게 미칠 부정적 효과를 과대평가한다. 정말 그런지 객관적 자료를 수집해 볼 것을 권한다. 혹시 지시성의 정도를 높이면 어떤 일이 일어날까? REBT를 수련하러 오는 대학원생이나 새내기 상담자를 보면, 대개는 너무 지시적인 태도를 취한다. 그래서 수퍼비전을 할 때 지시성을 다소 낮추도록 조언해야 하는 경우가 적지 않다.

여러 회기에 걸쳐 상담이 진행됨에 따라 훈시는 줄어들고, 소크라테스식 문답의 비중은 늘어나는 것이 일반적이다. 이렇게 하면 내담자는 자신의 문제에 대한 답을 스스로 만들 수 있게 된다. 실제의 생활 속에서 A에 직면했을 때, 스스로 비합리적 신념을 반박해 내거나 스스로 새로운 합리적 신념을 생각해 내어야만 상황에 대처할 수 있을 것이다. 소크라테스식 문답은 이렇게 스스로 사고하는 과정을 익히도록 돕는 연습이다. 설령 상담 후반부의 회기라 하더라도 혹시 내담자가 새로운 문제를 가지고 나온다면 훈시의 비중을 높이는 방향으로 돌아갈 수도 있다. 하지만 머지않아 다시 훈시를 줄이고 소크라테스식 문답을 늘리게 될 것이다.

글상자 15-2

최근 진행한 상담의 녹음을 들으며, 누가 주로 이야기를 했는지 살펴보라. 여러분인가? 아니면 내담자인가? 여러분은 훈시를 지나치게 많이 하고 있는가? 아니면 지나치게 말을 적게 하고 있는가? 어느 쪽이 되었든 그렇게 한 의도는 무엇인가?

내담자 두 명을 골라 다음 회기에 한 명과는 소크라테스식 문답을 하고 다른 한 명에게는 훈시를 하라. 내담자에게 이해시키고 싶은 내용을 서로 다른 스타일로 전달해 보는 것이다. 회기를 녹음하고 나중에 다시 들으며 각 회기에서 목표가 성취되었는지 되돌아보라. 요지를 이해시키는 데에 있어서 어느 쪽이 더 효율적이었는가?

질문의 방식

상담자가 질문을 제시하는 방식은 중요하다. REBT 입문자들이 흔히 범하는 실수는 '왜'라는 질문을 너무 많이 하는 것이다. '왜'를 물으면 답변하기 어렵다. 그냥 왜 상담을 받으러 왔는지에 대한 설명을 되풀이하며 같은 답변을 반복하는 내담자도 있다. '왜'는 동기를 묻는다. 행동의 목적이나 행동의 근본적 원인 또는 직접적 원인을 끌어낸다. '왜' 질문에 대한 대답으로 불편한 감정을 느끼기 직전에 발생한 A에 대한 설명이 나오기도 하고, 불편한 감정의 근본적 원인(예를 들면, 부모의 태도)이 나오기도 한다. REBT에서는 A에서 무슨 일이 있어났고, 내담자가 무엇을 생각하고 느꼈는지를 이해하는 것이 중요하다. '왜'를 '무엇' 또는 '어떻게'로 바꾸어 질문하는 예를 다음에 소개한다.

[나쁜 예] 왜 마음이 불안합니까?
[대안 A] 무엇이 불안을 일으킨다고 생각합니까?
[대안 B] 어떻게 해서 마음이 불안해졌습니까?('왜' 대신 간단히 '어떻게'라는 표현을 사용해도 좋다.)

가상적 상황을 제시하는 것도 유용한 도구가 될 수 있다. 예를 들면, 특정한 생활사건을 두려워하는 내담자에게 이렇게 말해 볼 수도 있다.

"내일 아침 눈을 떠 보니 자기가 결혼한 상태라면(또는 직장을 잃었다면), 무엇을 하시겠습니까?"

가상적 상황을 살펴봄으로써 내담자가 가진 생각의 일부를 엿볼 수 있을 뿐 아니라 두려운 상황과 관련된 회피행동을 직접적으로 감소시키는 데에도 도움이 된다. 두통을 겪고 있는 우울한 내담자의 예도 살펴보자.

"오늘 신경과에 갔다고 합시다. 의사가 새로 개발된 약을 처방해 주어서 두통이 말끔히 사라졌습니다. 내일 아침 눈을 떴을 때 더 이상 머리가 아프지 않을 것입니다. 이것이 지선 씨의 삶을 어떻게 변화시키겠습니까?"

이러한 질문은 둔감화 단계표의 하위 항목과 유사하기 때문에 부분적으로나마 반응을 소거시키는 기능을 한다. 자기 삶의 특정한 측면을 회피하고 있는 내담자의 경우, 이것을 언어적 수준에서 직면하는 것이 행동으로 직접 부딪히는 것보다 공포를 덜 유발할 것이다.

문제에 대한 초점 유지하기

내담자가 문제에 대한 초점을 유지하도록 이끄는 것은 꼭 필요한 일이지만 쉽지 않은 과제이기도 하다. 내담자의 이야기가 주제에서 벗어나는 것이 병리적 저항의 신호이거나 불편한 화제를 회피하는 것이라고 여기는 상담자들이 많다. 물론 그럴 수도 있지만, 대개는 그저 평범한 사교적 행동일 가능성이 더 크다. 이것을 확인해 보고 싶은 독자는 친구나 동료와의 사교적 대화를 되돌아보고 20분 동안 얼마나 많은 화제가 이야기되었는지 살펴보라. 사람과 사람 사이의 대화는 순간순간 그 사람의 마음에 떠오른 화제로 흘러가는 법이다. 상담 회기에는 목표가 있으므로 대화는 목표와 관련된 정보에 초점이 맞추어져야 한다. 내담자는 상담의 이러한 측면에 익숙해질 필요가 있다.

어떤 내담자는 말이 많은 데다 주제에서 벗어난 이야기도 많이 해서 대화의 초점이 회기의 과제와 목표에서 멀어지기도 한다. 내담자가 주제에서 벗어난 이야기와 불필요한 정보를 쏟아내는 것을 중단시키는 유용한 전략은 조심스럽게 질문의 간격을 조절하는 것이다. 내담자가 지난번 질문에 대한 답변을 마치면 곧바로 다음 질문을 제시하라. 설령 이것이 내담자의 말을 가로막는 것이라 하더라도 그렇게 하라. 상담자가 적극적으로 행동하지 않으면 대화를 이끌고 가기가 어려워진다.

질문을 던진 다음에는 상담자가 물어본 바로 그 질문에 내담자가 답하고 있는지를 주의 깊게 들어 보라. 혹시 그렇지 않다면, 다시 질문을 제시하는 것이 좋다. 내담자가 엉뚱한 답변을 하고 있다면 거기에는 이유가 있다. 몇 가지 예를 살펴보자.

- 주의를 기울이지 않았다.
- 질문을 오해했다.
- 주장성이 부족한 내담자는 상담자의 질문을 이해하지 못했을 때 추가적 설명을 요구하지 못하기도 한다.
- 고통스러운 주제를 회피하고 있다.
- 사람과 대화하는 기술이 부족하다.
- 깊이 생각하지 않는 습관을 가지고 있어서, 논리 또는 맥락을 고려하지 않고 말한다.

상담자는 같은 질문을 반복함으로써 내담자에게 도움을 줄 수 있다. 주장행동의 모범을 보일 뿐만 아니라, 주의를 집중하는 연습 또는 불안을 견디는 연습을 시킬 수 있기 때문이다. 화제와 무관한 이야기를 그냥 내버려 두면 내담자의 문제가 악화될 수 있다. 내담자가 질문에 답변하지 않는 일—달리 말하면, 상담자의 질문과 상관없는 엉뚱한 답변을 하는 것—이 반복된다면, 내담자의 답변이 상담자의 질문과 어떻게 연관되는지를 소크라테스식으로 질문하는 것도 유용한 전략이다. 이 질문을 통해 문제가 주의력 결핍인지, 회피인지, 또는 사회적 기술 부족인지를 판단할 정보를 어느 정도 얻을 수 있을 것이다. 내담자가 엉뚱한 답변을 하는 이유에 대한 가설이 수립되면, 이것을 내담자에게 제시하라.

새내기 상담자 중에는 주제를 벗어난 이야기를 중단시키고, 답변을 얻지 못한 질문을 다시 던지는 것에 대해 불편해하는 사람들이 많다. 이들은 내담자가 하고 있는 이야기의 방향을 바꾸는 것을 무례한 행동으로 여길 뿐 아니라 내담자가 불쾌해하거나 해를 입을 수도 있음을 걱정하기 때문이다. 필자의 경험에 의하면, 내담자는 대개 이야기의 방향 전환을 불편해하지 않는다. 혹시 불쾌해하는 내담자가 있다면 그렇게 하는 이유를 자세히 설명해 주면 그만이다. 중요한 것은 상담이 사교적 활동이 아니라는 점이다. 문제를 다룰 수 있는 시간은 대략 45분 정도이며, 이 시간 내에 회기의 목표를 성취해야 한다.

회기 녹음을 다시 들어 보면, 주제를 벗어난 대화를 감지하는 기술을 연마할 수 있을 것이다. 내담자에게도 녹음을 들어 보게 하면, 자신의 문제행동을 인식하게 될 것이다.

질문을 반복하는 것이 도움이 되는 또 다른 상황은 상담자가 내담자의 답변을 이해하지 못했을 때이다. 이러한 상황에서는 "제가 이야기를 잘 따라가고 있는 것인지 모르겠습니다. 그 부분을 다시 한 번 설명해 주시겠습니까?"라고 말하는 것이 좋다. 상담자가 아무 말도 하지 않고 가만히 있으면, 내담자는 자기 말을 이해했다는 신호로 받아들일 수 있다. 하지만 나중에 상담자가 내담자의 말을 이해하지 못했다는 것이 드러난다면, 그때야말로 내담자는 화가 날 것이다. 내담자가 무슨 말을 하는지 분명히 이해하지 못하면서 내담자가 계속 이야기를 하도록 내버려 두는 것은 귀하고 값비싼 시간을 낭비하는 것이다. 다시 한 번 말하지만, 필자의 경험에 의하면, 불분명한 점을 분명히 하기 위해 질문을 반복하더라도 내담자들이 불쾌해하는 일은 거의 없으며, 오히려 상담자가 솔직한 모습을 보이는 것을 긍정적으로 보는 경우가 많다. 효과적인 의사소통은 상담자와 내담자 모두에게 유익하다.

내담자가 초점을 유지하는 능력을 기르도록 돕는 한 가지 전략은 한 회기 중에 너무 많은 A-B-C를 다루지 않는 것이다. 문제영역 한 곳을 골라 새로운 합리적 신념과 숙제를 생각해 내거나, 어느 정도 이야기가 마무리될 때까지는 그것 한 가지에만 초점을 맞추는 것이 좋다.

대화를 촘촘히 구조화하고, 이야기의 화제는 두세 가지 정도로만 국한하라. 화제를 유지했을 때는 보상을 주고, 화제를 벗어났을 때는 벌을 부여하는 식으로 내담자를 재훈련하라. 예를 들면, "문제를 잘 설명해 주셨습니다! 한 가지 주제에만 초점을 맞추고 이야기한 것이 정말 좋았습니다. 이렇게 초점을 유지하는 것이 상담에 도움이 됩니다."라고 칭찬해 줄 수도 있다. 한편, "아시겠지만, 지금 이야기가 화제를 벗어났습니다. 지금 하신 이야기가 앞의 이야기와 어떻게 연결되는지 모르겠군요. 저에게 다시 설명해 주시겠습니까?"라고 지적할 수도 있다. 행동 훈련에서처럼 가급적 긍정적 강화를 많이 사용할 것을 권한다.

내담자가 문제에 대한 초점을 유지하도록 돕다 보면 부가적인 이익이 발생하기도 한다. 혹시 내담자가 앞뒤 맥락이 맞지 않는 이야기를 하는 경향을 보인다면, 상담자가 피드백을 주어서 내담자가 이런 행동을 줄이도록 도울 수 있다. 진실하고 공감적인 태도로 내담자를 직면하라. 다음의 예를 살펴보자.

> "지연 씨의 이야기가 헷갈립니다. 처음에는 X에 대한 이야기로 시작했는데, 지금은 Y로 옮겨 왔군요. 이 두 가지 사이에 어떤 관련성이 있는 것인지요?(또는 두 가지 중 어느 것을 이야기하고 싶으신지요?)"

> "Y에 대한 이야기가 제가 X를 이해하는 데에 도움이 될까요?"

> "오늘 다룰 화제를 X에서 Y로 바꾸고 싶습니까?"

한동안 같은 주제에 머물며 대화하는 기술은 효과적 상담의 전제 조건이다. 이 기술이 빈약하거나 부재하다면, 주의집중 훈련부터 시작해야 할 것이다. 이것은 산만한 아이를 상담할 때와 유사하다. 아이에게 과제에 집중하는 훈련을 시키지 않으면 아무것도 성취하지 못한다.

하지만 내담자가 중요한 문제에서 벗어난 이야기로 시간을 보낼 작정을 한 것이 분명하다고 가정해 보자. 상담자는 무엇을 해야 하는가? 우선, 상담을 가장 잘 아는 사람은 상담자라고 생각하라. 그리고 회기의 방향을 전환시킬 권한을 상담자 자신에게 부여하라. 이런 경우에 유용한 한 가지 기법은 내담자에게 회기의 목표를 상기시키고 **프리맥 원리**(Premack principle)를 활용하는 것이다. 다음의 예를 살펴보자.

"재문 씨, 치과에서 신경치료를 받는 것에 대한 이야기를 할 시간은 상담 시간 말미에 따로 드리겠습니다. 따로 시간을 떼어 두도록 하지요. 먼저, 아주 중요한 문제를 다루겠습니다. 저는 재문 씨의 결혼생활에 관해 이야기를 나누고 싶습니다."

대화가 중요한 주제를 벗어나지 않도록 제한하는 또 다른 방식도 있다.

"신경치료를 받는 것이 재문 씨에게 중요한 일인가 봅니다. 처음 5분 동안은 치아에 관한 이야기를 하고, 나머지 40분간은 결혼생활에 대한 이야기를 나누도록 하지요."

이 시점에 내담자가 대화의 방향 전환에 대해 어떻게 느끼는지를 물어볼 수도 있다. 혹시 내담자가 화가 났다면, 비슷한 상황에서 분노를 경험하는지 묻는 것이 좋다. 이것이 상담 시간에 다루어야 할 중요한 문제일 수도 있기 때문이다. 혹시 내담자가 주의를 돌리려고 일부러 새로운 화제를 꺼내 놓는다면, 다음과 같이 직면할 수 있다.

"재문 씨가 무엇인가를 회피하려 하고 있다는 느낌을 받습니다."

좀 더 직설적으로 새로운 화제가 내담자가 회피하려는 화제와 어떻게 연관되는지를 물어도 좋다.

"재문 씨, 신경치료를 받는 일이 우리가 지난 여러 회기에서 이야기를 나눈 결혼생활 문제와 어떻게 연관됩니까?"

나중에 상담자는 내담자의 행동에 대한 해석을 제시할 수도 있다.

"재문 씨가 매주 새로운 이야기를 해 주시는데, 내용이 원래의 문제인 결혼생활과 동떨어진 것 같습니다. 저는 재문 씨가 이 문제를 회피하고 있다는 인상을 받습니다. 무엇을 두려워하고 계십니까?"

앞에 소개한 절차들을 실제로 실행하는 것은 쉽지 않으며, 상담자의 자기 모니터링과 훈련이 요구된다. 어떤 내담자들은 한 가지 문제에 초점을 맞추는 능력이 심각할 정도로 결여되어 있다. 필자가 지도하던 수련생 2~3명에게 수년간 상담을 받은 내담자 몇 명이 떠오른다. 초점을 맞추는 능력이 결핍되면, 비합리적 신념, 새로운 합리적 신념, 새로운 행동에 대한 어떤 토론도 진행할 수 없다. 게다가 이 내담자들은 상담 회기가 한 주 동안의 생활을 상담자와 공유하는 시간이라고 여기고 있었다. 지속적으로 화제를 벗어난 이야기를 하는 내담자들에게는 강력한 조치가 필요하다. 이 문제에 내담자가 주목하도록 다음과 같은 이야기해 볼 수 있다.

"수향 씨, 지나치게 이야기를 많이 하실 때가 있는데, 그때 제가 끼어드는 것을 허락해 주시겠습니까?"

이렇게 하면 내담자의 협력을 얻어서 이 문제에 강력하게 대처할 수 있다. 매번 "잠시 멈춥시다!"라고 간단히 말하면 되는 것이다. 손을 들어 멈추라는 신호를 보내는 것도 좋은 방법이다. 매우 어려운 내담자에게는 일시적으로나마 오직 "예." "아니요."로만 답변을 요구하는 질문을 사용해야 할지도 모른다. 이미 이야기의 초점이 상실되었고, 대화가 방향 없이 표류하고 있다면, 잠시 멈추어서 다음의 두 가지 기본적 질문을 자신에게 던져 보라.

- 두세 문장으로 표현한다면, 내담자의 주된 문제는 무엇인가?
- 가장 두드러진 비합리적 신념은 무엇인가?

내담자가 초점을 유지하도록 돕는 또 한 가지 유용한 전략은 주요한 문제의 구체적인 예를 계속 물어보는 것이다. 내담자들 중에는 심리치료가 우정을 돈으로 구매하는 것이라고 여겨서 특정한 주제에 초점을 맞추는 것을 피하는 사람도 있다. 상담자는 이 사람들이 접촉하는 유일한 대상일 수도 있다. 상담자가 일주일을 통틀어 자신의 이야기를 들어 주는 유일한 사람일 수도 있다. 이 내담자들에게 사교적 접촉을 제공하는 것은 그다지 도움이 되지 않는다. 내담자가 참여할 만한 사회 집단을 찾아보거나 새로운 친구를 사귀도록 돕는 등의 현실적 조력을 제공하는 편이 더 낫다. 아마도 가장 좋은 선택지는 사회기술 훈련일 것이다.

반복하기

상담은 교육과 마찬가지로 어느 정도의 반복을 필요로 한다. 지루하게 보일 수도 있지만 REBT의 개념을 내담자에게 되풀이해서 이야기하는 것은 중요하다. REBT 철학에는 내담자가 이해하기 어려운 복잡한 내용들이 포함되어 있다. 그러므로 반복 학습은 매우 중요하다.

상담자 자신이 REBT 기술의 본보기를 내담자에게 보여 주고 있음을 기억하라. 예를 들면, 핵심 어구에 주목하는 것, 내적인 대화를 분석하는 것과 같은 기술들은 대개 여러 차례 복습을 거쳐야 학습될 수 있다. 특히 논박을 할 때, 상담자의 입장에서 보면, 같은 이야기를 매번 반복하는 것이 싫을 수도 있다. Ellis가 오랫동안 상담자로 활동하며 수많은 내담자들에게 똑같은 메시지를 어떻게 가르쳤는지를 살펴보는 것은 흥미로운 일이다. Ellis의 상담 녹음을 들어 보면 눈에 띄는 것이 있다. 강조하는 부분과 목소리의 톤을 극적으로 변화시키며 내담자뿐만 아니라 상담자 자신의 열정과 흥미를 유지시키고 있는 점이다. 논박을 할 때 상담자는, 기본적으로는 동일한 질문과 대답을 내담자에게 훈련시키고 있음에도 불구하고, 문장 표현을 매우 다양하게 변화시킬 수 있다(10, 11, 12장 참조). 예를 들면, "증거가 어디에 있습니까?" "그것이 왜 끔찍합니까?" "누가 그렇게 해야만 한다고 말합니까?"와 같은 기본적 질문들을 다른 문장으로도 다양하게 표현할 수 있다.

1장에서도 언급했지만, 변화가 통찰을 통해 일어나는 일은 드물다. 일찍이 철학자 Spinoza가 주장한 것처럼, A와 마주했을 때 이것을 논박하고 새로운 합리적 신념을 만드는 연습을 반복하는 것은 변화를 일으키는 가장 강력한 메커니즘이다(Damasio, 2003). 그러므로 같은 것을 반복해도 괜찮다. 이것은 같은 것을 거듭 이야기하는 창의적 방식을 생각해 볼 좋은 기회가 될 것이다.

말하는 방식

내담자마다 교육수준, 문화적 배경 및 흥미가 서로 다르기 때문에 상담자가 말하는 방식에 변화를 주어야 하는 때가 있다. 대학교 2학년 여학생 종은 씨의 가상적 사례를 살펴보자. 종은 씨는 여학생 동아리에 가입하는 것에 관심이 있다. 종은 씨는 자신의 수줍은 성격이 불만이다. 예를 들면, 세련되게 차려입은 선배 여학생에게 먼저 다가가 대화를 나누는 것을 두려워한다. 자기 마음대로 사람들의 순위를 매긴 다음, 자신의 위치가 커트라인 아래라고 여기는 것 같다. '어떤 사람들은 남보다 우월하다.'라는 것이 종은 씨의 철학이다. 이 철학은 '나는 남들만큼은 되어야만 해! 사람들이 나를 받아주지 않는다면 내가 자격미달이라는 뜻이야. 생각만 해도 너무 끔찍해!'라는 신념으로 표현되었다. 이러한 내담자와 상담할 때, 처음부터 '비합리적 신념'이나 '철학적 전제'를 이야기하는 것은 적절하지 않다. 직설적이고 격식 차리지 않는 태도가 더 도움이 될 수 있다. 그러므로 종은 씨에게 던져야 할 첫 번째 질문은 "종은 씨가 다른 사람들에게 다가간다면, 사람들이 어떤 반응을 보일 것이라고 생각하세요?"와 같은 것이다.

억양

상담자의 언어적 행동 중에서 REBT 입문자가 주목해야 할 중요한 측면은 억양이다. 상담자의 태도를 드러내는 많은 정보가 의식하지 못하는 사이에 억양을 통해 전달된다. 내담자가 개인적 정보를 이야기할 때, 어느 상담자든 자신의 가치 판단 또는 놀라움이 겉으로 드러나는 것을 피하고 싶을 것이다. 예를 들면, 내담자가 부모님 댁을 자주 찾아가지 못하는 것에 대한 죄책감을 털어놓고 있다고 하자. 조심성 없는 상담자라면, "일주일에 한 번만 가세요?" 또는 "거의 안 가세요?"라고 물을 것이다. 상담자가 어떤 억양으로 말하느냐에 따라 이 질문에 대한 내담자의 반응이 크게 달라질 것이다.

억양은 합리적 신념과 비합리적 신념을 구분짓는 데에도 활용될 수 있다. Ellis의 REBT 시연 녹음을 들어 보면, Ellis가 자신의 목소리를 명료화의 도구로 사용한 것이 눈에 띈다. 비합리적 신념을 상징하는 단어—예를 들면, '자기비하' '끔찍하다.' '비참하다.' '당연히 ~해야 한다.'—를 발음할 때마다 Ellis는 목소리의 높이를 낮은 음으로 떨어뜨리고, 음절을 길게 늘어뜨렸으며, 목소리의 크기는 높였다. 그 결과, 상당히 음울하고 극적인 목소리를 만들어 냈다. 예를 들면, "그 사람이 나를 좋아하지 않다니 정말 끄으으으으으음찍해요(AWWWWWWFUL)!"라고 말했다. '끔찍하다.'를 '아쉽다.'로 전환시키거나, '당연히 ~해야 한다.'를 '~했으면 좋겠다.'로 바꿀 때도 마찬가지로 Ellis는 합리적 신념을 반영하는 단어가 부각되도록 발음했다. 핵심 단어를 천천히 그리고 매우 또렷하게 말했으며, 목소리의 높이와 크기를 올렸다. 이렇게 해서 서로 다른 청각자극이 서로 다른 개념과 연합되었으며, 각각이 쉽고 분명하게 기억될 수 있었다. Hofstra 대학교의 Howard Kassinove는 REBT 수련생들에게 Ellis의 목소리를 본받도록 장려해 왔다. 그는 상담자가 다양한 목소리를 사용할 것을 강조했다. 목소리의 톤과 크기를 현저히 변화시키면 내담자가 상담자에게 더욱 주목하게 되고 그만큼 배움을 얻어 갈 가능성도 커진다.

중요한 메시지를 전달할 때는 내담자의 주의를 집중시키는 것이 중요하다. 독자들에게 자신의 평상시 목소리를 점검해 볼 것을 권한다. 평소 큰 목소리로 빠르게 이야기하는 스타일이라면, 중요한 내용을 말할 때 성량과 말의 속도를 현저하게 낮춰 보라. 이와 반대로, 평소 부드럽게 말하는 스타일이라면, 성량과 말의 속도를 높임으로써 내담자의 주의를 집중시킬 수 있을 것이다. 요약하면, 우선 자기 자신을 알아야 한다. 그리고 특정 개념을 강조할 때는 자신의 억양을 변화시킬 준비가 되어 있어야 한다.

두 번째 전략은 말의 내용과 몸짓을 통해 중요한 개념을 소개할 것이라는 신호를 미리 보내는 것이다. 주장 훈련에서처럼 몸을 앞으로 기울이고 시선을 맞추는 것은 효과적인 비언어적 신호이다. 언어적 설명을 통해 내담자가 직면할 준비를 취하도록 신호를 줄 수도 있다. 예를 들면, "다소 생소하게 느껴질 수도 있는 이야기를 해 보겠습니다."라고 말하는 것이다. 혹시 내담자가 습관적으로 상담자의 말을 가로막고 끼어든다면, 5분 동안 아무 말도 하지 않는 것에 동의하도록 요청할 수도 있다.

Ellis(2002)는 상담자가 힘 있게 논박하면 내담자의 비합리적 신념을 성공적으로 변화시킬 수 있다고 생각했다. Ellis는 비합리적 신념을 힘 있고 강렬하게 논박하고, 마찬가지 태도로 합리적 신념을 전달할 것을 주장했다. 그런데 Ellis는 정작 '힘 있게 논박하는 것(forceful disputing)'이 무엇을 의미하는지를 규정하지는 않았다. 하지만 그의 상담 영상을 보면 비합리적 신념을 논박할 때 목소리의 크기와 긴장도가 증가하는 것을 알 수 있다. 실제의 내담자를 대상으로 Ellis의 이런 생각을 검증한 연구는 아직 없다. 하지만 화자의 의사소통 방식과 청자의 태도 변화에 관한 몇몇 연구에서는 Ellis의 생각을 지지하는 결과가 얻어졌다. Hamilton, Hunter와 Burgoon(1990)의 연구에서는 강렬한 발언이 신뢰도 높은 화자의 설득력을 높였지만, 신뢰도 낮은 화자의 설득력은 떨어뜨렸다. 강렬한 발언이 메시지의 명료성을 높여서 설득력에 영향을 미쳤던 것이다. 즉, 강렬한 발언을 통해 화자는 보다 명료하게 메시지를 전달할 수 있었고, 청자는 보다 명료하게 메시지를 인식할 수 있었다.

침묵

침묵도 하나의 메시지이다. 상담자가 침묵하고 있으면 내담자는 이것을 동의로 간주할지도 모른다. 이것을 오래된 영국 법에 비유해 보자. 이 법에 따르면, 누군가가 청구서에 배우자의 이름을 적었는데, 배우자의 반대 없이 일정 기간 이것이 계속된다면, 이 사람은 계속 그렇게 할 수 있다. 왜냐하면 배우자의 침묵이 암묵적 동의로 간주되기 때문이다. 대화에서도 이와 비슷한 일이 종종 일어난다. 예를 들어, 내담자가 문제에 대한 초점을 잃고 두서없이 장황하게 이야기를 늘어놓는다고 하자. 이때 상담자가 침묵하고 있으면 내담자는 이것을 자기가 설명을 잘하고 있다거나 건설적인 작업을 하고 있다는 의미로 잘못 받아들일 수 있다.

상담자가 비일관적으로 침묵 반응을 보인다면, 비합리적 신념을 간헐적으로 강화하는 것과 마찬가지이기 때문에 비합리적 신념을 오랫동안 유지시키는 결과가 될 수 있다. 예를 들어, 우울한 내담자가 "나는 절대 좋아지지 않을 거예요."라는 식의 이야기를 하고 있다고 치자. 현명한 상담자라면, 이러한 말을 논박하거나 합리적 진술문으로 바꾸어서, 예를 들면 "지금과 다른 모습으로 변화하는 것이 힘들다고 말씀하시는 것처럼 들립니다."라고 반영해 줄 것이다.

필자가 강조하고 싶은 것은 침묵이 의사소통의 한 가지 형태라는 점이다. 그런데 상대방에게 어떤 메시지가 전달되었는지를 알 수 없는 때도 있다. 내담자는 상담자의 침묵을 무관심으로 해석할 수도 있고, 못마땅하다거나 동의한다는 의미로 받아들일 수도 있다. 그러므로 상담자의 침묵을 내담자가 어떻게 해석하고 있는지 점검하고, 혹시 오해가 발견되면 이를 정정하는 것이 현명하다. 내담자가 진술한 내용 중에 독자 여러분이 반응을 보이지 않은 것은 없는지 살펴보라.

유연성

지금까지 REBT를 실시하는 다양한 스타일을 검토했다. 독자 여러분이 이 모든 스타일에 익숙해지고 상황에 맞게 스타일을 변화시켜서 상담의 효과를 높이기 바란다. 항상 빠르게 혹은 느리게 말하거나, 항상 같은 억양이거나, 항상 명랑하거나, 결코 한순간도 침묵을 허락하지 않는 등 한 가지 스타일에 고착되지 않도록 노력하라. 한 가지 행동 양식에 고착되면 생산적이지 않은 지루한 상담을 하게 된다.

유연해지는 것은 REBT 철학과 부합한다. 절대적으로 해야만 하는 일은 없으며, 마찬가지로 상담에도 절대적인 해결책이 존재하지 않기 때문이다. 상담과 관련된 절대적 생각 중 몇 가지를 살펴보자.

- 부부상담에는 절대 비밀이 있을 수 없다.
- 가족상담에는 매 회기 모든 가족구성원이 참석해야만 한다.
- 성 상담에서는 성생활에 대한 정보를 빠짐없이 항상 기록하며, 감각집중훈련은 모든 사례에 유용하다.
- 전이는 항상 분석되어야만 한다.

REBT와 관련된 절대적 생각도 살펴보자.

- 항상 메타 감정을 먼저 다루어라.
- 합리적 신념을 제시하기 전에 항상 비합리적 신념을 논박하라.

어떤 치료적 전략은 매우 높은 빈도로 내담자의 문제 개선을 촉진하는 것이 사실이다. 하지만 성격 변화가 일어나는 데에 필요한 절대적 전제 조건은 존재하지 않으며 심지어 합리적 생각조차도 절대적 전제 조건이 아니라는 Ellis(1962)의 주장을 필자는 지지한다. 상황적 맥락을 항상 고려하고, 독자 여러분이 염두에 둔 상담전략이 지금 마주하고 있는 내담자에게도 적용되는지 판단하라. 상담은 창의적 예술과도 같아서 지금 여러분 앞에 있는 사람에게 맞추어 독특하게 진행하는 것이 가장 좋다.

회기의 길이

상담 회기는 대개 45분에서 50분간 진행된다. 하지만 회기의 길이가 이렇게 설정된 데에 특별한 이유가 있는 것은 아니다. 상담자들은 Freud가 활동하던 시대부터 줄곧 50분 회기의 전통을 따라왔지만, Freud 본인은 이러한 회기 시간에 구애받지 않은 것으로 알려져 있다(Ellis, 2002). Ellis는 대개 30분 단위로 회기를 진행했다. 내담자에 따라서는 두 회기를 연달아 예약해서 1시간을 꽉 채워 상담하기도 했다. 어떤 내담자들은 이보다 긴 90분에서 2시간의 회기가 필요할 수도 있다. 아마도 긴박한 문제가 있거나, 논박을 완전히 이해하지 못한 상태에서 회기를 마치는 것을 불편해하는 내담자가 그러할 것이다.

회기의 빈도와 횟수에 관한 연구는 제법 있지만, 회기 시간의 길이에 관한 연구는 극소수에 불과하다. 대학생 대상 단기 상담의 30분 회기와 50분 회기의 효과를 비교한 연구에 의하면, 치료 효과 및 내담자 만족도에 차이가 없는 것으로 나타났다(Turner et al., 1996). 회기의 길이와 상관없이 대학생들의 적응 수준은 향상되었다. 회기 길이에 대한 상담자들의 선호도를 조사한 연구도 있었다(Wolff, 2005). 상담자들은 두 시간 범위 안에서 될 수 있는 대로 긴 회기를 선호하는 것으로 나타났으며, 그 이유로 언급된 것은 감정 탐색 심화, 회기 경험 통합, 전이 심화, 방어 극복, 외상적 경험 개방, 문제 해결 가능성 증진 등이었다. 하지만 비용의 관점에서 보면 긴 회기는 내담자에게 불리한 것이다. 내담자 개개인의 특성에 맞추어 회기의 길이를 조절하는 것이 바람직할 것이다.

어린 내담자, 주의력 결핍 장애를 지닌 내담자, 신경학적 장애를 겪는 내담자, 또는 방어적 내담자의 경우, 회기 내내 주의를 집중하는 것이 곤란할 수 있다. 회기의 길이는 상담료 청구방식과 내담자의 요구 중 어느 것에 맞추어 설정되는가? 필자의 경험에 의하면, 회기 시간을 짧게 가져가더라도 핵심 이슈를 다루는 시간은 비슷하다. 다만, 화제를 회피하거나 중요하지 않은 문제를 이야기하는 시간이 줄어들 뿐이다. 내담자는 회기 시간이 제한되어 있으며 그러기에 신속히, 핵심에 다가가야 함을 더 의식하게 된다. 회기 시간이 짧아지면, 상담자도 더 적극적이고 지시적인 태도를 취하며 핵심 문제에 더 집중하게 된다.

정신건강 전문가들은 대개 첫 회기에 긴 시간을 할애한다. 문제에 관한 정보를 모두 수집하기 위해서 또는 내담자가 이야기를 털어놓고 이해받고 싶어 한다는 것을 알기 때문이다. 하지만 어떤 내담자들은 가만히 앉아 50분간 토론하는 것을 견디지 못한다. 이러한 일을 평생 처음 경험하는 내담자도 있다. 이런 내담자들의 경우는 점진적으로 회기 시간을 늘려 가는 것이 좋다. 회기 길이가 50분으로 고정된 경우에는 그중 일부만을 토론에 집중시키고 나머지 시간은 이완 훈련이나 부담이 덜한 활동(예를 들면, 함께 산책하기)에 할애하는 것도 한 가지 방법이다.

글상자 15-3

독자 자신과 내담자에게 가장 잘 맞는 회기 길이를 찾기 위해 다양한 길이로 회기를 진행하며 실험해 보라. 어떤 내담자는 그리고 어떤 상담자는 집중력이 제한되어 있어서 한 가지 화제에 30분 이상 집중하지 못한다. 이러한 한계를 아는 것은 상담자와 내담자 모두에게 유익하다. 내담자가 집중하지 못하는데도 이야기를 계속하며 보낸 시간은 소모적일 뿐 아니라 내담자에게 딴짓하기 훈련을 시키는 셈이 될 수도 있다.

회기는 대개 일주일에 한 번 진행된다. 하지만 Ellis는 회기의 빈도에 대해서도 매우 유연한 태도를 보였다. 위기에 놓인 내담자는 상담 초기에 자주 상담자를 만날 필요가 있으며, 문제가 개선됨에 따라 빈도를 줄여 나갈 수 있다. 심리치료를 모두 마친 다음에도 내담자가 개선된 상태를 유지하고 학습한 것을 새로운 문제에 적용하도록 돕기 위해 Ellis는 추수 회기를 따로 진행하곤 했다.

상담자의 경직된 행동

경직된 태도를 피하는 좋은 방법은 상담자 자신의 행동과 그것의 효과를 모니터링하는 것이다. 더 좋은 상담자가 되려면 자신이 무엇을 하는지를 스스로에게 끊임없이 질문하라. 주기적으로 자신에게 던져 볼 질문의 예를 다음에 제시한다.

- 내가 말한 것을 내담자가 이해하는가?
- 나는 명료하게 의사소통하고 있는가?

- 내가 너무 많은 작업을 하고 있는가?
- 내가 말한 것을 내담자가 믿는가?
- 내가 어떻게 해야 내담자가 합리적 신념을 더 강하게 믿을까?
- 나는 숙제를 충분히 부여하고 있는가? 그리고 숙제는 효과가 있는가?

전이와 역전이

전이는 내담자가 마치 자기 삶의 주요 인물에게 반응하던 것처럼 상담자에게 반응(특히 과잉반응)하는 것을 의미한다. 전이 분석은 정신역동적 상담의 핵심요소이자 주요한 변화 메커니즘이다. 비록 REBT에서는 전이 분석이 치료적 변화의 필요조건 또는 충분조건으로 간주되지 않으며 전이 분석을 권장하지도 않지만, 전이의 문제가 상담 중에 나타날 수 있는 것은 사실이다. 전이를 행동주의 이론의 용어로 표현하면 **일반화**가 일어난 상태이다. 내담자가 타인에 대한 행동을 상담자에 대한 행동으로 일반화시키는 것은 충분히 일어날 수 있는 일이다. REBT에서도 내담자의 전이 반응을 탐색하여 활용할 수 있다. 먼저 해야 할 일은 상담자와의 상호작용에서 나타나는 내담자의 감정을 포착하고, 이 감정 이면의 신념을 확인하는 것이다. 감정과 신념이 특정되고 나면, 내담자가 삶 속의 다른 사람들에게도 마찬가지로 행동하는지를 질문할 수 있다. 예를 들면, "보성 씨, 일에 대한 이야기를 할 때마다 보성 씨의 목소리가 달라지고 회피하려는 태도가 느껴집니다. 그리고 저와 눈을 마주치는 것도 피하고 계십니다. 다른 사람들이 보성 씨의 책임에 대해 이야기할 때도 이렇게 반응하시는지 궁금합니다." 라는 식으로 질문을 제시함으로써 문제영역을 포착하여 토론할 수 있다.

상담자를 향한 태도는 다른 대인관계 속에서의 태도를 짐작케 하는 좋은 지표이다. 예를 들어, 여러분이 여성 내담자에게 숙제를 주었다고 하자. 이 내담자는 숙제를 잘해 오고서도 상담자에게 이렇게 말한다. "아, 선생님. 저 걱정 많이 했어요. 숙제를 못해 오면 뭐라고 하실지 뻔하잖아요." 이 내담자는 자신의 비합리적 신념을 상담자에게 드러내고 있다. 숙제를 못하면, 상담자(또는 권위적 인물)가 자신을 형편없다고 여길 것이고, 자신은 형편없는 그런 사람이 되고 만다는 생각이다. 이 시점에서 여러분은 내담자가 잘하고 있지만 그렇게 잘하는 이유에 문제가 있음을 지적할 수 있다. 그리고 같은 이유 때문에 누군가의 지시를 따르고 있는지를 물어볼 수 있다. 본질적으로 이 내담자는 자신이 가치 없는 인간이라서 자신을 위해 무엇인가를 할 수는 없고, 상담자를 위해서라면 할 수 있다는 말을 하고 있는 것이다. 이러한 내담자의 과제는 상담자를 기쁘게 할 필요가 없음을 배우는 것이다. 그 밖에 또 누구를 기쁘게 해야만 하는지를 알아냄으로써 내담자가 통찰을 얻는 것을 도울 수 있으며 새로운 합리적 신념이 내담자가 기쁘게 하려고 애쓰는 사람들과의 관계에까지 확장될 수 있을 것이다.

혹시 내담자가 전이 문제를 꺼내 놓지 않으면, 상담자가 직접 나서서 다룰 수 있다. 예를 들어, 상담자가 숙제를 줄 때마다 내담자의 표정이 언짢아 보이는데 체념 섞인 목소리로 숙제를 받아들인다고 하자. 내담자에게 이렇게 질문해 볼 수도 있다. "요환 씨, 숙제를 낼 때마다 목소리에 분노가 느껴집니다. 지금 저에 대해 어떻게 느끼십니까?" 감정이 확인되고 나면, 이 감정을 일으킨 비합리적 신념을 탐색하는 작업을 진행하고, 다른 사람에 대해서도 비슷한 생각과 감정을 가졌는지 질문하며, 이런 감정을 직접적으로 표현하는 것을 가로막는 신념이 무엇인지 찾아내는 작업을 진행할 수 있다. 이와 같이 전이 문제를 탐색하는 이유는 직접적으로 치유를 일으키기 위해서가 아니라, 삶을 방해하는 A와 C 그리고 무엇보다도 B를 발견해 내기 위해서이다.

내담자를 향한 상담자의 태도 및 감정 반응을 **역전이**라고 부르며, 역전이 반응의 탐색도 역시 정신역동적 상담에서 비롯되었다. 상담자 자신의 내담자에 대한 감정 반응을 지각한다면, 자신을 측정도구로 삼아 내담자 주변 사람들의 반응을 예상할 수 있다. 내담자가 찾아올 때 어떤 감정을 느끼는지 독자 자신에게 물어보라. 기다려지는가? 아니면 두려운가? 이유는 무엇인가? 회기 중에 내담자에게 어떤 감정을 느끼는가? 내담자는 주로 어떤 방식으로 여러분과 상호작용하는가? 아마도 내담자는 다른 사람을 대할 때와 같은 모습으로 상담자를 대할 것이기 때문에 상담자는 내담자의 행동에 대한 피드백(달리 말하면, 내담자의 행동이 상담자에게 어떤 영향을 미치는지에 대한 정보)을 제공하기 좋은 위치에 있다. 이것은 일상에서 만나는 사람들이 내담자에게 직접 해주지 못하는 것이다. 모니터링할 내담자의 행동은 가급적 구체적으로 설명해 주는 것이 좋다. 예를 들면, 불평하는 투의 목소리, 슬픈 얼굴 표정, 시선 회피, 대답의 지연 등이 그것이다.

내담자에 대한 상담자의 반응은 때때로 내담자가 아니라, 상담자 자신의 감정적 문제의 결과물인 경우가 있다. 내담자의 성격, 외모, 목소리, 또는 호소문제가 상담자의 감정 반응을 강하게 자극할 수 있으며, 이것은 상담자의 객관적 태도 및 내담자를 돕는 능력을 저하시킨다. 역전이로 인한 이러한 문제는 비지시적 심리치료보다는 REBT

를 비롯한 적극적 · 지시적 형태의 CBT에서 나타나기 쉽다. 내담자에게 불편한 감정을 유발하는 생각에 상담자가 강하게 동의할 때, 내담자의 신념을 논박하는 역할을 제대로 수행하기 어려울 수도 있다. 필자가 수련생들에게 수퍼비전을 진행한 경험에 의하면, 명백하게 비합리적인 신념에 대한 논박을 상담자가 회피하거나, 주저하거나, 모호하게 수행하는 경우, 상담자 자신이 내담자와 같은 비합리적 신념을 가지고 있음을 털어놓는 일이 많다. 비지시적 심리치료에서는 논박이 필요하지 않으므로 상담자 자신의 감정과 신념이 상담을 어떻게 방해하는지를 모르고 지나치기 쉽다. 여러분이 내담자의 비합리적 신념에 동의한다는 것을 알아차렸을 때 필자가 권하고 싶은 것은 상황을 전체적으로 되돌아보고, 이론과 기법에 충실하게 상담을 진행하는 것이다. REBT의 절차를 철저히 따르도록 자신을 채찍질하라. 상담자는 이러한 비합리적 신념을 논박하고 대안적인 합리적 신념을 제안할 역량을 지니고 있다. 비록 발언의 강도나 설득력이 평소만 못하더라도 말이다. 상담 절차를 충실히 따른다면, 회기가 진행될수록 더 나은 상담을 하고, 내담자를 도울 수 있을 것이다. 필자 역시도 내담자의 비합리적 신념에 동의하는 일이 있었으며, REBT 이론과 절차를 끈질기게 고수함으로써 개인적 성장이 일어나는 것을 경험한 바 있다.

REBT의 초창기부터 Ellis는 상담자 자신의 감정과 비합리적 신념이 효과적 상담을 방해할 수 있음을 알고 인정했다. 그리고 필수적이라고까지는 말하지 않았지만, 상담자 자신의 감정적 문제와 비합리적 신념을 논박하기 위해 상담을 받을 것을 권장하곤 했다. 상담자 자신의 감정을 인식하는 것은 상담자의 반응이 내담자의 치유를 방해하는 것을 방지하기 위한 첫걸음이다.

상담자를 알아 가고 유대감을 형성함에 따라 내담자는 상담자를 한 인간 또는 친구로 여긴다. 그래서 보통은 상담자가 어떤 사람인지를 생각하고 상담자의 개인적 삶에 대해 알고 싶어 한다. 상담자의 나이, 관심사, 결혼 여부, 자녀의 숫자 등에 대한 개인적 질문을 할지도 모른다. 이럴 때 상담자는 무엇을 해야 하는가? 그리고 상담자의 반응이 치료적 관계에 어떤 영향을 미칠 것인가? Ellis는 항상 사실 그대로 직설적으로 답변할 것과 딱 내담자가 질문한 만큼만 답할 것을 권했다. 그런 다음 Ellis 본인은 내담자의 감정 또는 신념에 대한 질문으로 돌아가곤 했다.

REBT에서 내담자의 질문에 즉시 응답하도록 권유하는 것에 놀란 독자도 있을 것이다. 이렇게 답변하는 이유는 개방적이고 자연스러운 관계에서 일어나는 좋은 소통의 본을 내담자에게 보여 주기 위함이다. 물론 이러한 입장은 정신역동적 상담에서 흔히

"내가 당신을 좋아하는지에 대해 왜 알고 싶습니까?"라는 질문으로 내담자의 궁금증에 대응하는 것과는 상당히 다르다. 이러한 반응은 교묘하게 답변을 피하고 거리를 두려는 시도로 비칠 수 있다. 내담자는 많은 개인 정보를 상담자에게 털어놓지만, 상담자에 대해서는 아는 것이 거의 없다. "왜 그것이 중요합니까?" "왜 그것을 알고 싶습니까?"와 같은 '임상적' 질문을 통해서는 서로 신뢰하는 견고한 관계로 발전하지 않는다. REBT 상담자가 내담자와 맺고 있는 관계는 진정성에 기반을 두고 있다. 그러므로 내담자의 질문에 있는 그대로 솔직하게 답하고 나서, 답변에 대한 내담자의 생각과 감정을 다루는 작업으로 이행하는 것이 바람직하다.

글상자 15-4

> 서로 다른 환경에서 일어난 다음의 두 가지 상호작용에 대해 잠시 생각해 보자. 첫 번째 상황이다. 여러분이 최근 알게 된 사람이 있는데 커피를 마시며 이야기를 나누는 것이 즐겁다. 그런데 어느 날 그 사람이 여러분에게 "결혼하셨어요?"라고 질문한다. 여러분이 직접적인 답변을 피한다면, 이 사람은 아마 이렇게 생각할 것이다. '음, 이 사람과 친해지기는 어렵겠구나. 내 질문에 답조차 안 하잖아!'
>
> 또 다른 상황도 살펴보자. 여러분이 수퍼바이저를 찾아가 "제가 상담을 제대로 하고 있나요?"라고 물었다. 혹시 수퍼바이저가 "왜 그것이 알고 싶지요?"라고 말한다면, 그의 답변이 긍정적이지 않을 것이란 생각이 머리를 스치고 가지 않겠는가?

상담자의 자기개방에 한계가 존재하는가? 대답은 '그렇다.'이다. REBT의 관점에서 보면, 근본적으로 수치스러운 일은 존재하지 않는다. 하지만 우리는 타인에게 모든 것을 드러내지는 않는다. 내담자의 질문이 지나치게 개인적이라고 느껴진다면, 내담자가 요구하는 정보를 공유하는 것이 편안하지 않다고 말하는 것이 합리적이다. 한편, 내담자가 개인적 질문을 연달아 쏟아낸다면, 내담자의 문제에 집중하지 못하게 될 수도 있다. 내담자의 질문에 사실대로 답한 다음 해야 할 일은 상담자가 제공한 새로운 정보에 대해 어떻게 느끼는지, 상담자에 대해서는 어떻게 느끼는지, 질문한 이유가 무엇인지를 내담자에게 묻는 것이다. 예를 들면, 내담자는 처음에 상담자를 신과 같은 존재로 우러러보았다가, 나중에 상담자가 그저 인간임을 알고 나서는 상담자를 거부할지도 모른다. 이러한 패턴은 내담자가 평소의 대인관계에서 하던 행동을 그대로 반영하고 있을 가능성이 크므로, 이와 관련된 비합리적 신념을 논박하는 것이 좋다.

권위적 인물에게 의존하는 내담자 중에는 자기보다 나은 사람의 지시가 아니면 따르기를 거부하는 사람들이 있다. 이러한 유형의 의존성은 종종 자기비하로 귀결된다. 이러한 내담자에게는 자신이 상담자만큼 괜찮은 사람인지를 묻는 것이 도움이 된다. 혹시 "아니요. 선생님은 박사님이시고 저는 그저 하찮은 존재입니다."라는 식의 답변이 돌아온다면, 내담자는 아마 다른 사람들(예를 들면, 직장 상사, 회사의 사장 또는 대학 총장)과의 관계에서도 똑같이 행동하고 있을 것이다. 상담자를 포함해서 내담자가 신처럼 우러러보는 대상들의 신비성을 제거할 수 있다면 내담자에게 도움이 될 것이다.

상담 회기 마무리하기

상담 회기를 마무리할 때 유념해야 할 몇 가지 사항을 제안하고자 한다. 첫째, 집단상담이든 개인상담이든, 매 회기의 끝에는 숙제를 무엇으로 할지 내담자와 협상하거나, 내담자 스스로 자신을 위한 숙제를 만들게 하라. 숙제는 사고하기, 생각하기, 쓰기, 또는 새로운 행동 시도의 형태를 취할 수 있다(16장 참조). 형태가 어찌 되었든, 숙제의 목적은 회기 중에 학습한 기술을 일상 속에서 강화 및 확장하는 것이다.

둘째, 회기의 요지를 요약하라. 내담자에게 요약하게 해도 좋다. 그렇게 하면 내담자가 이번 회기에서 얻었다고 여기는 것이 무엇인지를 알 수 있다. 이것이 여러분이 중요하다고 생각한 것과 일치하는지도 살펴보라. 혹시 서로 일치하는 부분이 없다면, 내담자에 대해 상담자가 알아야 할 것이 무엇인지를 질문해 보라. 혹시 내담자가 여러분과 토론한 주제에 대해 이야기할 수는 있지만, 이것을 이해하지 못하거나 믿기지 않는다는 반응을 보인다면, 이것을 화제로 삼아 다음 회기를 시작할 수 있다.

셋째, 다음과 같은 질문을 통해 내담자에게 피드백을 요청하라.

> "제가 오늘 한 말이나 행동 중에 당신을 불편하게 한 것이 있습니까?"
> "제가 오늘 한 말이나 행동 중에 특히 도움이 된 것은 무엇입니까?"
> "오늘의 상담을 통해 무엇을 배웠습니까?"

이러한 질문들을 통해 여러분의 스타일을 내담자에게 맞추어 조정할 수 있게 된다. 뿐만 아니라 내담자에게 간단한 복습의 기회를 제공할 수 있으며, 다음 회기에 다룰 비합리적 신념을 확인하는 데에도 도움이 된다.

요약—피해야 할 10가지 실수

경청하지 못하는 것

주의 깊게 듣지 않으면 내담자의 문제를 잘못 진단할 수 있다. 내담자가 '화가 났다.'고 말한다면, '화가 났다.'는 말이 무슨 뜻인지 알아보아야 한다. 왜냐하면 내담자들은 자신의 감정 상태에 엉뚱한 이름을 붙일 수 있으며, 이것이 상담을 엉뚱한 방향으로 끌고 갈 수 있기 때문이다. 내담자가 사용하는 독특한 표현이나 핵심 단어에도 주의를 기울여야 한다. 여기에 비합리적 신념이 반영되어 있기 때문이다.

목표를 세우지 못하는 것

내담자의 목표가 무엇인지, 머릿속으로 가정하지 말고, 직접 질문하라. 내담자가 상담에 어떤 기대를 하고 있는지도 알아 둘 필요가 있다. 이것을 알아야 목표를 명료화하고 조정할 수 있다. 목표에 대해 내담자와 합의할 수 없다면, 내담자를 다른 상담자에게 의뢰하라.

정보수집과 관련된 실수

경험이 부족한 상담자들은 개입 계획을 세우기 전에 너무 많은 회기를 정보수집에 소모하기도 하고, 이와 반대로 충분한 정보수집 없이 지나치게 서둘러 논박에 돌입하기도 한다. 어느 경우이든, 결과적으로 내담자와 소원해지거나 내담자와의 관계가 종료되거나, 그렇지 않으면 비효율적인 상담이 되고 말 것이다.

주도성과 관련된 실수

내담자가 장황한 이야기를 하도록 내버려 두는 것과 이와 반대로 너무 갑작스럽게 내담자의 말을 끊는 것 모두 상담자가 범하기 쉬운 실수이다. 상담자가 아니라 내담자가 너무 자주 상담을 주도하고 있다면, 무슨 일이 일어나고 있는 것인가? 어쩌면 상담자가 처음의 계획을 잊고 내담자의 이야기에 빠져들어 있는지도 모른다. 한편 이야기를 가로막으면 내담자를 화나게 할까 봐 두렵고, 예의에 어긋나고 싶지 않을 수도 있다. 내담자들은 종종 상담자의 행동을 비난하거나, 상담자가 무슨 생각을 하는지 묻거나, 너무 많이 말을 끊는다고 불평함으로써 실수를 알려 줄 것이다. 하지만 상담은 단판 승부가 아니라는 점을 기억하라. 항상 다음 회기가 기다리고 있다.

질문하기와 관련된 실수

다음과 같은 실수를 피하라.

- 문제와 직접적으로 연관된 질문이 아니라, 부적절하거나 과도하게 일반적인 질문을 하는 것(예를 들면, “어떻게 지냈습니까?”)
- 수사 의문문[2]을 과도하게 사용하는 것(예를 들면, “화를 내면 좋은 일이 일어납니까?”)
- 지나치게 많이 ‘왜’를 질문하는 것(이것은 보통 ‘왜냐하면’으로 시작되는 변명으로 이어진다. 그 대신 ‘어떻게’ ‘어디에서’ 또는 ‘증거가 무엇인지’를 질문하라. 아니면, “마음속으로 어떤 혼잣말을 하고 있습니까?” 또는 “이것을 할 때, 무슨 생각을 합니까?”라고 질문하라).
- ‘예.’ 또는 ‘아니요.’로 답하는 질문을 과도하게 많이 사용하는 것(보다 풍부한 반응을 요구하는 질문을 사용하는 것이 바람직하다).
- 내담자에게 질문을 쏟아붓고 답변할 기회를 주지 않는 것
- 내담자 대신 질문에 답하는 것(내담자 스스로 질문에 대해 고민하게 하라. 그리고 필요하다면 질문을 보다 단순한 요소들로 나누어 제시하라).
- 내담자가 정확히 답변을 했는지 아니면 주제를 벗어난 이야기로 얼버무렸는지를

2) [역주] 수사 의문문은 문장의 형식은 의문문이나, 실제로 대답을 요구하지는 않고, 강한 긍정 또는 강한 부정의 수사적 효과를 가지는 의문문이다.

구별하지 못하는 것(질문과 직결된 답변을 얻지 못했다면, 내담자가 주제에 집중하게 하라).

설교하는 경향

장황한 설교를 피하라. 내담자가 상담자를 따라오고 있는지 확신할 수 없을 경우에는 더욱 그러하다. 무엇인가를 배우는 가장 좋은 방법은 그것을 본인이 직접 해 보는 것이다. 그러므로 내담자가 REBT의 원리를 가장 잘 획득할 방법은 지루한 설교를 듣는 것이 아니라, 회기 중에 상담자와 상호작용을 하며 연습하는 것이다.

내담자의 이해도를 점검하지 못하는 것

내담자에게 수시로 질문해서 상담자의 이야기를 이해하는지 확인하라. 여러분이 수행한 좋은 회기의 녹음을 들어 보라. 내담자가 "음." 또는 "네."라고 반응하는 것을 이해했다는 신호로 잘못 받아들이고 있지는 않은가? 상담자가 이야기한 것을 수시로 자기 말로 요약해 보도록 내담자에게 요청하라. "제가 지금 한 이야기를 어떻게 이해하고 계십니까?" 또는 "우리가 나누고 있는 이야기에 대해 어떻게 느끼십니까?"라고 질문하는 것도 좋다.

모든 문제에 대한 답을 가지고 있는 것처럼 행동하는 것

'현명한 사람'이 되려고 노력하지 말라. 혹시 현명한 생각이 떠올랐다면, 그것을 말하지 않는 것이 현명하다. 소크라테스식 문답을 통해 내담자 스스로 깨닫도록 이끄는 것이 더 바람직하다.

태도와 관련된 실수

다음과 같은 태도를 피하라.

- 비난하는 말(예: "생각을 어떻게 논박하는지 아시잖아요?")

- 겁을 주는 것(예: "문제가 심각합니다. 해결하려면 시간이 많이 걸리겠어요.")
- 비현실적인 희망을 주는 것(예: "곧바로 문제를 해결해 드릴 수 있습니다.")
- 단정적인 말(예: "그 사람처럼 별난 인간에게 인정받아서 무엇합니까?")
- 과잉 일반화(예: "당신은 똑똑합니다.")
- 상담자의 의견을 내담자에게 강요하는 것(예: "저는 경험 많은 전문가입니다. 당신의 문제가 무엇인지 말씀드리겠습니다.")

유머 사용과 관련된 실수

자주 유머를 사용하라. 하지만 내담자를 유머의 대상으로는 삼아서는 안 된다. 비웃는 것처럼 보이지 않도록 노력하라. 재미를 목적으로 하는 것이 아니라, 내담자의 문제해결을 위해 유머를 사용하라.

글상자 15-5

최근에 자신이 진행한 상담의 녹음을 들으며, 본문에 소개한 실수의 범주별로 자신의 수행을 점검해 보라. 한번에 모든 실수를 찾아내기는 어려울 것이다. 각 범주별로 하나씩 모니터링해 보라.

제5부

REBT의 모든 것

16

숙제 부여하기

REBT는 인지 학습 모형을 따른다. REBT의 주요한 전제는 내담자가 새로운 철학적 사고를 **행동으로 실천**해야 의미 있는 효과가 지속된다는 것이다. 이 말은 모순된 것처럼 들릴 수도 있다. 비합리적 신념을 반박하고 새로운 합리적 신념을 믿도록 설득하는 REBT 이론과 기법을 고려하면, 새로운 합리적 철학에 대한 이해, 통찰 또는 확신이 있어야만 할 것 같은 생각이 들 것이다. 하지만 철학자 Spinoza(Spinoza, 1677/1994; Damasio, 2003 참조)가 지적한 것처럼 새로운 생각을 행동으로 실천하는 것은 신념을 변화시키는 핵심 전략이다. 그래서 실천은 이해와 통찰 이상으로 중요하다.

REBT를 비롯한 모든 형태의 CBT에서 사용되는 주요한 변화전략 중 하나는 회기 중에 학습한 인지적 변화를 실천하기 위해 일상에서 평소와 다르게 행동하는 것이다. 이를 통해 내담자는 상담시간에 배운 것을 상담실이라는 제한된 공간을 넘어 일반화시킬 기회를 가지게 된다. 내담자에게 숙제를 부여하는 것은 REBT의 일상적이면서도 중요한 요소이다. '숙제(homework)'라는 단어에 대해 부정적 이미지를 가진 내담자 및 상담자가 있을 수 있음을 고려해서 보다 부드러운 표현이 사용되기도 한다. 자기 치유 작업(self-help work), 실천 연습(practice exercises), 실험(experiments), 예행 연습(rehearsal), 현장 작업(field-work) 등이 그것이다.

숙제를 부여하는 이유는 단순하다. 내담자들이 숙제를 하면 상담 효과가 좋아진다. 숙제를 부여한 경우와 그렇지 않은 경우의 상담 효과를 비교한 연구들을 메타 분석한 결과에 의하면, 숙제를 부여한 심리치료는 숙제가 없는 경우보다 더 효과적이다(Kazantzis, Whittington, & Datillio, 2010; Morgan & Jorm, 2008). 대부분의 CBT에서 숙제 부여가 권장됨에도 불구하고 숙제를 주제로 집필된 서적은 드물다. Kazantzis, Deane, Ronan과 L'Abate(2005)가 저술한 『Using Homework Assignments In Cognitive Behavior Therapy』는 REBT에 잘 맞는 추천도서이다.

숙제의 목표가 될 수 있는 것은 역기능적 행동을 변화시키거나 새로운 적응적 행동을 형성하기, 비합리적 사고를 보다 유익한 사고로 대체하기, 내담자의 REBT의 이해도 확인하기 등이다. 따라서 인지적, 행동적 또는 감정적 숙제를 부여할 수 있다.

앞에서 언급한 것처럼 REBT에서는 행동적 숙제를 가장 강조한다. 만약 그렇다면, 왜 다른 유형의 숙제를 사용하는지 의아해하는 독자도 있을 것이다. 숙제마다 서로 다른 목표가 있지만, 상담자는 동일한 목표를 성취하기 위해 다양한 숙제를 활용할 수 있다. REBT는 학습을 극대화시키기 위해 다양한 방식을 사용하는 교육적 모형에 기반하고 있다. 한 주에 45분씩 진행되는 상담에서 내담자는 얼마나 많이 배울 수 있는가? 설령 많은 것을 배운다 하더라도, 내담자는 상담시간을 제외한 나머지 시간을 비합리적 신념과 더불어 살게 된다. 그러므로 연습이 중요하다. 대학 수업에서 학생들은 강의에 출석하기만 하는 것이 아니라, 현장 또는 실험실 실습을 하고, 보고서를 작성하며, 자료를 읽는다. 학생이 학습 활동에 더 활발히 참여할수록 학습 성과가 더 좋을 것이다. REBT도 이와 마찬가지이다. REBT 상담자는 내담자를 만날 때마다 '회기 중에 토론한 것을 연습하려면 이번 주 숙제는 무엇으로 할까?'라는 문제를 고민해야 한다. 숙제를 부여할 때는 내담자의 특성을 잘 아는 것이 중요하다. 예를 들면, 읽기 과제를 어려워하는 내담자에게는 행동 또는 듣기 과제를 주는 것이 좋다. 내담자에 따라서는 책 읽기를 좋아하지만 행동하기를 꺼리는 사람도 있다. 숙제에 대한 세부적 제안을 하기에 앞서서 효과적 숙제 부여 방식의 주요한 다섯 가지 공통점을 다음과 같이 소개한다.

- 협상: 무엇을 숙제로 할지에 대해 상담자가 매우 좋은 아이디어를 가지고 있다 하더라도 내담자가 꼭 그것을 해야만 하는 것은 아니다. 사실 상담자는 숙제를 주는 것이 아니라, 내담자에게 제안하고 협상하는 것이다. 이를 통해 회기와 회기 사이에 내담자가 무엇을 기꺼이 할 것인지에 대해 합의한 것이 숙제이다.

- 일관성: 회기 중에 수행한 작업과 숙제 사이에는 일관성이 있어야 한다. 회기의 주요한 주제를 바탕으로 자연스럽게 숙제를 도출하고 내담자와 협상하라.
- 구체성: 숙제의 세세한 부분까지 토론하고 명확히 안내하라. 예를 들면, 문제해결방안을 고안해 보라고 내담자에게 요청할 때에는 모호하게 말하지 말라. "가능한 한 많은 방안을 생각해서 말해 주세요."가 아니라 "적어도 다섯 가지 해결방안을 생각해서 말해 주세요."라고 이야기하는 것이 더 낫다. 이러한 식으로 구체적인 안내를 받으면, 내담자가 창의성을 발휘할 가능성이 커진다. 숙제의 세부 내용까지 최대한 구체적으로 이야기하는 것이 좋다. 언제, 어디서, 어떻게 숙제의 각 단계를 수행할지를 협상하라. 숙제의 세부사항이 구체적일수록 숙제를 완수하려는 마음이 강해진다.
- 체계적 관리: 매주 체계적으로 금주의 숙제를 협상하고 지난 회기의 숙제를 점검하라. 초등학교 시절 선생님이 숙제 검사를 하지 않으셨다면, 우리 대부분은 숙제를 하지 않았을 것이다. 내담자에게도 똑같은 일이 일어난다. 숙제를 완수했는지 점검하는 것은 숙제가 상담의 중요한 요소라는 메시지를 내담자에게 전달한다. 회기 시작 후 가급적 빨리 숙제를 점검하는 것이 좋다. 한 가지 문제영역에 대해 한 차례 숙제를 하면 충분할 것이라고 생각하지 말라. 여러 주 동안 같은 과제 또는 이것을 응용한 과제를 체계적으로 반복하는 것이 좋다. 회기 시작 직후 의제를 설정하기 전에 지난 회기의 숙제에 대해 내담자에게 질문할 것을 권한다. 내담자가 숙제를 성공적으로 수행했다고 말한다면, 숙제로부터 무엇을 배웠는지를 묻고 다음 과제를 토론한다. 만약 내담자가 숙제를 완수하지 못했다면, 무엇이 숙제 완수를 방해했는지 자세히 질문한다. 불편한 부정적 감정이 숙제를 방해했다면, 이 감정과 연관된 비합리적 신념을 탐색한다. 그다음에는 이 문제를 그날 회기의 의제로 상정할 것을 제안할 수도 있다. 혹시 내담자가 숙제를 너무 어렵게 여긴다면, 감내력 과소평가 신념을 탐색해 본다. 숙제는 상담 목표를 반영하기 때문에 숙제를 방해하는 문제를 토론하면서 상담 목표를 완수하는 것과 관련된 주제를 다룰 수 있다. 숙제를 방해하는 비합리적 신념과 감정을 해소함으로써 상담 목표의 성취에 한 걸음 더 다가서게 된다.
- 효율성: REBT의 행동 노출 숙제는 대개 점진적 노출법이 아닌 홍수법을 따른다. 내담자에게 작은 걸음이 아니라 큰 걸음을 떼도록 격려하는 것이다. 예를 들면, "이번 주에 여성들에게 말을 걸어 보십시오."가 아니라 "여성들에게 데이트를 신

청하십시오. 네 명에게 거절당할 때까지 계속하십시오."라는 과제를 준다. 내담자의 문제는 거절에 대한 두려움이다. 그러므로 반복적으로 거절당하는 경험에 내담자를 드러내서 두려움에 직면하도록 하는 것이다. 이렇게 개입하는 이유는 이 방식이 변화를 일으키는 데에 더 효율적이기 때문이다. 주간 숙제에 대한 내담자의 피드백은 다음 단계의 숙제를 어느 정도 수준으로 설정할지를 결정하는 데에 활용될 수 있다.

내담자가 스스로 숙제를 고안하도록 도울 때는 우선 소크라테스식 문답을 통해 내담자가 할 마음이 있는 것과 내담자가 할 수 있는 것이 무엇인지 생각하게 하라. 내담자가 모호한 생각을 이야기한다면, 보다 구체적으로 이야기할 수 있도록 질문하라. 혹시 소크라테스식 문답이 효과를 발휘하지 못한다면, 상담자가 몇 가지 숙제를 제안하고, 내담자에게 이에 대해 어떻게 느끼는지 피드백을 요청할 수도 있다. 숙제에 관한 토론에는 해당 숙제를 선택한 이유가 포함되어야 한다. 숙제의 취지를 이해하면 내담자는 더욱 협조적으로 행동할 것이다. 숙제에 대해 합의하는 것은 치료적 동맹의 중요한 부분임을 기억하라. 내담자가 숙제의 취지를 이해하지 못하면 상호 합의에 도달할 수 없다. 숙제 완수를 방해할지 모를 장애물을 내담자가 예측해 보도록 돕는 것도 유익하다. 예를 들면, 다음과 같이 질문해 볼 수 있다.

"이번 주의 숙제를 하는 데에 어떤 어려움이 있을 것이라고 예상하십니까?"
"어떤 감정이 이번 주의 숙제를 방해하겠습니까?"

이 질문은 숙제 완수를 어렵게 하는 현실적 또는 감정적 장애물이 존재하는지를 검토하는 질문이다. 예를 들어, 언니가 외국에 나가 있다면 언니 앞에서 자기주장을 하는 숙제는 수행하기 어려울 수 있다. 내담자가 숙제를 지나치게 부담스럽게 느끼는 경우는 보다 다루기 쉬운 작은 단계로 나누어서 제시하는 것도 좋다. 회기를 마치기 전에 이러한 장애물들을 찾아내고 해결함으로써 숙제 완수와 성공의 가능성은 높아진다.

숙제에 관해 합의한 다음에는 "어떻게 하면 숙제를 잊지 않고 완수할 수 있겠습니까?"라고 질문하는 것이 도움이 된다. 내담자가 숙제를 잊지 않도록 돕는 한 가지 기법은 병원의 처방전처럼 글을 작성하는 것이다. Albert Ellis 연구소에 근무하는 상담자 중에는 '홍길동 박사의 행동 처방전'이라는 제목이 인쇄된 종이에 숙제를 적어서 내담자에게 제공하는 사람도 있다. 숙제 부여 절차를 이렇게 정형화함으로써 내담자의 기억을 도울 뿐만 아니라 숙제의 중요성을 강조할 수 있다. 행동 처방전에 다른 회기들의 숙제 및 내담자의 진전 상황에 관한 내용을 포함시키는 것도 권장한다. 다음 회기에 숙제에 관한 내담자의 경험을 토론할 때 도움이 될 것이다.

숙제는 상담의 필수적 부분이기 때문에 내담자에게 일상에서 숙제를 수행하는 일의 중요성을 설명하는 말을 사전에 준비해 두는 것이 좋다. Dryden(1990)은 숙제에 대해 다음과 같이 제안했다.

- 숙제를 일방적으로 제시하지 말고 내담자와 상의하라.
- 내담자가 원하는 상담 목표의 성취에 적합한 숙제를 고안하라.
- 지나치게 많은 시간이 소모되지 않는 숙제를 선택하라.
- 도전적이지만 과도한 부담을 주지 않는 숙제를 고르라.
- 숙제를 수행하겠다는 확고한 다짐을 끌어내라.
- 숙제 완수를 방해할 수 있는 잠재적 장애물을 찾아내고 이것을 극복할 방안을 마련하라.

다음에 소개할 주제는 유익한 숙제의 유형이다. 이 책의 각 장과 유사하게 상담의 각 단계를 겨냥해 숙제를 부여할 수 있다. 숙제의 목표가 될 수 있는 것을 다음에 소개한다.

- 불쾌한 감정을 촉발하는 핵심적 A를 찾아 모니터링하기
- 감정적 C 중에서 가장 역기능적인 것을 모니터링하기
- 행동적 C를 모니터링해서 행동적 C의 발생 빈도 그리고 행동적 C를 촉발 및 강화하는 사건을 파악하기
- 역기능적 감정 및 행동과 연관되는 비합리적 신념을 모니터링하기
- REBT의 원리(예를 들면, B→C 인과관계, 비합리적 신념의 성격)를 학습하기
- 비합리적 신념을 논박하는 연습하기
- 새로운 합리적 신념을 만들고 내면화시키기
- A와 맞서고, B와 C를 변화시키며, 새로운 적응적 행동을 수행하는 심상을 연습하기
- 새로운 적응적 행동을 연습하기

상담 초기에는 증상과 연관된 A-B-C를 파악하는 데에 도움이 되는 자기 모니터링 숙제에 중점을 두는 것이 바람직하다. 이 시기에는 REBT의 원리를 가르치는 독서치료, 워크숍, 심리교육적 활동 등에 참여할 것을 제안하기도 한다. 그다음에는 비합리적 신념을 논박하고 합리적 신념을 만드는 연습으로 넘어간다. 이때 심상을 활용할 수도 있다. 최종적으로는 실제 상황에서 행동적 숙제를 수행한다.

내담자가 숙제의 결과를 보고할 때는 숙제를 수행하면서 배운 것과 배우지 못한 것이 무엇인지 파악하는 것이 중요하다. 숙제를 수행하며 발생한 실수를 확인하고 수정하라. 가장 중요한 것은 숙제를 성공적으로 수행했을 때 이를 강화하는 것이다. 혹시 필요하다면 숙제를 하려는 시도도 칭찬하라. 어떤 행동을 강화할지를 분명히 계획해 두는 것이 좋다.

문제 개선 정도는 숙제를 수행할 의사의 정도와 직접 연관되어 있다. 숙제에 대한 내담자의 생각 역시도 중요하다. 내담자에게 숙제를 완수하도록 요청하는 것은 증상으로부터 해방되라고 요청하는 것과 같다. 숙제를 방해하는 생각은 대개 증상을 지속시킨다. 다음과 같이 내담자에게 직접 질문해서 이러한 생각을 탐색하라.

"이 숙제가 얼마나 도움이 될 것으로 생각하십니까?"

"이 숙제를 할 마음이 얼마나 있습니까?"

다음의 대화는 숙제를 수행하겠다는 다짐을 내담자에게 끌어내는 과정을 보여 준다.

상담자: 권일 씨, 숙제가 얼마나 중요한지에 대해 이야기를 나눴습니다. 이번 주에 언제 숙제를 하실지 궁금합니다. 날짜를 하루 정해서 하실 수 있겠습니까?

내담자: 수요일에 하려고 노력해 볼게요.

상담자: 마음에 걸리는 것이 있습니다. 저는 언제 숙제를 하실지 질문했는데, 권일 씨는 노력해 보겠다고 말씀하시는군요. 하는 것과 노력해 보는 것의 차이를 아십니까?

내담자: 네. 알아요.

상담자: 자, 그럼 간단한 실험을 해 봅시다. 지금부터 오른손을 들기 위해 노력해 보기 바랍니다. 하지만 실제로 들지는 마십시오. 노력만 하고 들지는 마십시오. 자, 무슨 일이 일어났습니까?

내담자: 손을 들지 않았어요. 아무 일도 일어나지 않았어요.

상담자: 바로 그것입니다. 이것이 숙제와 어떻게 연관되는지 이해하시겠습니까?
내담자: 네. 다시 말씀드릴게요. 수요일에 숙제를 하겠습니다. 꼭 그렇게 하겠습니다.

인지적 숙제의 예

독서치료

Ellis는 독서치료의 효과를 굳게 믿었다. Ellis(1967)의 첫 번째 자기치유서인 『A Guide to Rational Living』은 현재 제3판이 출간되어 있다. Ellis는 다양한 주제에 관해 수많은 자기치유서를 저술했다.

자기치유서를 통해 내담자들은 B→C 인과관계와 자신의 감정을 통제하는 방법을 학습할 수 있다. 그뿐만 아니라 자신과 같은 문제를 가진 사람들이 가지기 쉬운 비합리적 신념에 대해 배울 수 있다. 자신의 신념을 논박하는 방법과 이 신념을 대체할 합리적 신념도 배울 수 있다. 내담자가 자기치유서를 읽으면, 심리치료가 쉽고 빠르게 진행될 것이다. 그리고 상담자는 내담자에게 기본적 기술을 가르치는 일보다 실제로 적용하는 데에 집중할 수 있게 된다.

요즘은 대중이 쉽게 접할 수 있는 자기치유서가 많다. Jacobs(2009)에 의하면, 미국에서는 매년 2,000권 이상의 자기치유서가 출간된다. 하지만 서적들의 질에는 상당한 차이가 있다. 내담자가 읽고 있는 자기치유서에 대해 이야기를 나누며 이것이 도움이 되는지, 아니면 상담자의 생각과 어긋나는 메시지를 전하고 있지 않은지를 점검하는 것은 유익한 일이다. 행동 및 인지치료 학회(Association of Behavioral and Cognitive Therapies; www.abct.org)의 홈페이지에서는 과학적 근거 및 임상 실제에 근거하여 쓰여진 신뢰할 만한 자기치유서의 목록이 소개되어 있다.

자기치유 워크시트

REBT의 자기치유 워크시트는 내담자가 감정적 사건을 검토하도록 돕는다. 이 워크시트의 빈칸에 촉발사건, 역기능적 감정과 부적응적 행동, 비합리적 신념, 논박, 효과적인 새로운 철학과 더불어 건강한 부정적 감정 및 적응적 행동을 내담자가 적어 넣는다. 내담자가 작성한 자기치유 워크시트를 살펴보면, REBT의 A-B-C를 정말로 이해하고 있는지 확인할 수 있다. 어떤 내담자는 문제와 직결된 비합리적 신념과 합리적 신념을 파악하는 것을 어려워한다. 또 어떤 내담자는 역기능적인 부정적 감정과 합리적 신념은 신속히 찾아내지만, 논박을 힘들어한다. '생각한다.'라고 적어야 할 곳에 '느낀다.'라고 적는 내담자도 있다. 이 숙제에서는 언어의 혼동과 이론에 대한 오해가 분명히 드러나기 때문에 상담자는 다음 회기에 숙제에 관해 이야기하며 내담자를 교육할 기회를 얻을 수 있다. 지난 수년간 다양한 버전의 워크시트가 만들어졌다. 〈부록 6〉에는 Albert Ellis 연구소에서 사용되고 있는 가장 최신 버전이 실려 있다.

글상자 16-1

내담자가 작성해 온 워크시트 숙제의 일부 내용을 다음에 소개한다. 여러분은 어떻게 반응하겠는가? 그리고 어느 부분을 수정하겠는가?

- 촉발사건: 취업 면접에 갔다.
- 합리적 신념: 면접에 떨어졌다.
- 비합리적 신념: 직장을 구하지 못한 것은 끔찍한 일이다.
- 감정적 결과: 우울하다.
- 논박: 직장을 구하지 못한 것을 신경 쓰지 않는다.

모범답안은 이 장의 말미에 제시되어 있다.

비합리적 신념 논박하기

설득은 REBT의 중요한 부분이다. 상담자는 내담자가 비합리적 신념을 포기하고 합리적 신념으로 대체하도록 적극적으로 설득한다. 내담자들은 논박을 어려워하는 일이 많다. 그러므로 회기 밖의 일상에서 논박 연습을 수행하는 것은 크게 도움이 된다. 논박을 숙제로 사용하는 방법의 예는 다음과 같다.

- 한 주 동안 절대적 요구가 떠오를 때마다 최소한 세 가지 이상의 방식으로 논박하기

- 자신이 비합리적으로 생각하고 있는 것을 인식할 때마다 경험적 논박 연습하기
- 타인이 비합리적으로 생각하는 것을 볼 때마다 이것을 논박하기
- 상대방의 비합리적 신념이 비합리적이며 대안적인 합리적 신념이 더 옳다는 것을 상대방에게 설득하기

합리적 신념을 논박하고 되풀이해 말하기

비합리적 신념을 논박할 때와 똑같은 방식으로 합리적 신념을 논박해 보면, 내담자는 합리적 신념이 현실과 부합하고, 유연하고, 논리적이며, 무엇보다도 자신이 세운 목표의 성취를 방해하지 않음을 깨닫게 된다. 그리고 합리적 신념을 되풀이해 말하는 것은 새로운 사고방식에 대한 확신을 강화한다. 합리적 신념을 꾸준히 연습하는 것은 변화의 과정에서 필수적이다. 내담자가 상당한 시간 동안 그리고 강하게 비합리적 신념을 마음속으로 되뇌며 살아왔음을 기억하라. 이와 같은 정도의 꾸준함과 강도를 합리적 신념에도 투입해야 한다는 것을 내담자에게 인식시킬 필요가 있다. 필자는 내담자들에게 합리적 신념을 생각해서 종이에 적고 잘 보이는 곳에 두도록 권해 왔다. 어떤 내담자는 합리적 신념을 컴퓨터의 화면 보호기로 사용하기도 하고, 또 어떤 내담자는 색인 카드에 적어서 자동차의 썬바이저나 사무실 책상 속에 넣어 두기도 한다. 잘 보이는 곳이나 촉발사건이 일어날 가능성이 있는 곳에 합리적 신념을 적은 종이를 두고 자주 읽는 것이 중요하다.

결과 예상하기

결과 예상하기(referenting)는 특정한 **행동의 손익**을 분석하는 것이다. 네 칸으로 된 표를 작성하는데, 위쪽은 긍정 및 부정적 결과로, 옆쪽은 단기 및 장기적 결과로 나눈다. 내담자는 자기 행동의 결과를 생각해서 해당되는 칸에 적어 넣는다. 〈표 16-1〉에는 감정 폭발 문제로 상담실을 찾은 재온 씨가 작성한 숙제의 예를 소개한다.

장기적 관점에서 보았을 때, 재온 씨의 경우처럼, 문제행동의 긍정적 결과를 찾지 못하는 일이 흔하다. 즉, 단기적 이익에만 사로잡혀 있는 것이다.

표 16-1 오랫동안 감정 폭발 문제를 겪어 온 재온 씨가 작성한 결과 예상하기 숙제

	긍정적 결과	부정적 결과
단기적 결과	사람들이 내 말을 듣고 즉시 내가 원하는 대로 한다.	아내와 아이가 나와 같이 있으려고 하지 않는다. 나와 말도 하기 싫어한다.
장기적 결과	없다.	아내와 아이가 나를 무서워한다. 나한테 말을 안 한다. 같이 있으려고도 하지 않는다. 가족이 나를 싫어하고 말도 걸지 않는다. 나는 항상 혼자다.

이 숙제는 흡연, 과식, 과제 미루기, 음주와 같은 습관이나 중독행동을 바꾸고 싶어 하는 내담자들에게 도움이 된다. 결과 예측하기 숙제는 자기 행동의 이익과 손해라는 두 가지 측면과 단기 및 장기적 결과에 모두 고르게 초점을 맞추게 한다. 내담자들은 흔히 장기적 결과를 간과하고 단기적 이익에만 초점을 맞춘다. 손익 분석표를 만든 다음에는 이것을 매일 읽어 보게 하거나, 문제행동을 할 때마다 〈표 16-1〉과 같은 양식을 작성하라고 요청하라. DiGiuseppe와 Tafrate(2009)의 연구에 의하면, 이러한 연습은 행동의 결과를 더 강하게 부각시켜서 다른 과제들을 수행할 동기도 높여 준다.

멈추어 모니터링하기

자신의 비합리적 신념을 인식하지 못하는 내담자가 종종 있다. 이런 내담자를 돕는 한 가지 방법은 하루 중 아무 때나 수시로 하던 일을 멈추고 생각을 기록하게 하는 것이다. 이 숙제는 자기 생각을 파악하는 것을 어려워하는 내담자에게 특히 유용하다. 사무실 컴퓨터 위에 포스트잇을 두도록 하라. 고개를 들어 포스트잇을 볼 때마다 그 순간 머리에 떠오른 것을 적는 것이다. 많은 생각들이 무해한 것이겠지만, 그중에는 상담자와 내담자가 찾고 싶어 하는 부정적인 비합리적 신념이 포함되어 있을 것이다.

주의 돌리기

불편한 감정을 성공적으로 감소시키지 못했는데도 이 감정을 촉발하는 자극에 직면해야 하는 경우, 내담자 앞에는 두 가지 선택지가 있다. 이 감정을 경험하는 것과 주의를 돌리는 것이 그것이다. 주의 돌리기가 매우 효과적이라면, 불쾌한 감정을 피하는

대처전략으로 삼아도 좋다. 화가 날 때 10까지 숫자를 세는 것은 주의 돌리기 기법의 한 가지 예이다. 불편한 감정을 일으키는 생각으로부터 주의를 돌린다면, 이 생각을 논박하지 않더라도, 어려운 상황에 보다 수월하게 다가갈 수 있다. 불편한 감정이 고조되었을 때 내담자는 논리적으로 생각하지 못한다. 이러한 내담자들에게 유용한 전략에는 환경의 세부적 특징으로 주의를 돌리고 이것의 숫자를 세는 방법이 있다. 예를 들면, 거실 몰딩 개수, 벽면 장식의 평행선 개수, 빨간색이 섞인 물건(옷, 가방, 모자, 장신구 등)을 걸친 사람 수 등을 세는 것이다. 이것 말고도 구구단, 노래, 문구 등을 마음속으로 또는 소리 내어 암송하는 방법도 있다.

주의 돌리기는 고전적 REBT의 관점에서 보면 '우아한' 전략이 아니다. 주의 돌리기에 의존하는 내담자는 새로운 철학이나 합리적 신념을 발전시키지 못한다. 그러므로 내담자가 인지적 해결책을 습득하지 못했거나 인지적 해결책이 효과를 발휘하지 못할 때를 제외하고는 주의 돌리기를 권하지 않는다. 불안 치료에 주의 돌리기를 사용하는 것에 대해 학계에 논란이 있었다(Parrish, Radomsky, & Dugas, 2008; Rodriguez & Craske, 1993). 자극에 직면해야 하는 상황에서 주의 돌리기를 사용한다는 점이 쟁점이었다. 이론적으로 보면, 공포 유발 자극에 자신을 노출시키는 것이 **노출치료**이며, 이를 통해 불안이 감소한다. 노출 과정에서 내담자가 실제로 불안을 경험해야 노출치료의 효과가 나타날 가능성이 크다. 행동치료자들 중에는 주의 돌리기를 치료적 기법으로 볼 수 있는지에 대해 의심스러워하는 사람도 있다. 이러한 반대론자들의 주장은 주의 돌리기 때문에 노출이 진행되는 동안 감정 유발 자극에 집중하지 못한다는 것이다. 이렇게 되면 감정적 각성이 덜 일어나서 탈조건화가 방해받는다고 이들은 주장한다. 주의 돌리기가 노출치료를 방해하고 공포 반응을 부추길 가능성이 있음을 보고한 연구도 다수 존재한다. 하지만 이와 반대로, 노출치료 중의 주의 돌리기가 불안 및 공포 반응의 장·단기적 감소를 촉진한다는 강력한 증거가 여러 연구에서 보고되기도 했다. 주의 돌리기의 효과에 대한 선행연구들의 결과는 이렇게 서로 대립하고 있다.

Parrish, Radomsky와 Dugas(2008)는 주의 돌리기와 불안치료에 관한 선행연구들을 종합하여 주의 돌리기 자체가 공포 감소를 방해하는 것은 아니라는 결론을 내렸다. 이들에 의하면, 주의 돌리기 과제가 주의력을 소모시키는 정도가 중요한 요소였다. 즉, 노출치료 중의 인지적 처리에 사용되어야 할 정신적 에너지 및 자원이 주의 돌리기 과제에 과도하게 투입되어 고갈될 때에만 문제가 된다는 것이다. 따라서 두려워하는 자극을 직면해야만 하는 상황에서 주의 돌리기 기법이 역효과를 낼 가능성은 크지 않다.

그리고 다음과 같은 몇 가지 조건이 갖추어지면 **주의 돌리기**는 긍정적 결과를 낳을 수 있다.

- 내담자의 자기효능감을 증진시킨다.
- 과도한 집중 또는 주의력을 요구하지 않는다.
- 접근 행동을 촉진한다. 접근 행동은 비합리적 신념의 부당성을 입증하는 경험(예를 들면, '이 상황이 위험하지도 끔찍하지도 않다.')을 제공한다.
- 안전에 관한 잘못된 귀인을 부추기지 않는다. 즉, 주의 돌리기가 자신을 안전하게 보호해 준다는 생각을 내담자가 하지 않는 것이다.

내담자가 공포 자극을 인지적으로 완전히 회피하고 공포 자극을 경험하는 감정적 과정마저 회피하는 전략으로 주의 돌리기를 사용한다면, 이를 그만두도록 요청해야 한다. 이처럼 주의 돌리기 전략의 사용은 복잡한 문제이며, 지금 언급한 조건들을 고려해서 조심스럽게 접근해야 한다.

변증법적 행동치료에 관한 문헌에서는 주의 돌리기 기술을 소개하기 위해 다음과 같이 ACCEPTS라는 머리글자가 자주 활용된다(Linehan, 1993).

A 활동(Activities): 자기가 좋아하는 긍정적인 활동하기
C 공헌(Contribute): 타인 또는 공동체를 돕기
C 비교(Comparisons): 자기보다 처지가 좋지 않은 사람과 자신을 비교하기 또는 자기가 지금보다 좋지 않았을 때와 지금의 자신을 비교하기
E 감정(Emotions): 유머 감각을 발휘하거나 긍정적 활동을 통해 행복감을 느낌으로써 의도적으로 지금과 다른 감정을 느끼기
P 밀어내기(Push away): 현재 상황을 잠시 마음에서 밀어내고 다른 것 떠올리기
T 생각(Thoughts): 의도적으로 다른 생각하기.
S 감각(Sensations): 현재와 다른 강렬한 감각을 일으키는 무엇인가를 하기(예를 들면, 찬물에 샤워하기)

주의 돌리기는 우울(Morgan & Jorm, 2008), 통증(Stinson, 2008), 성 기능 장애(Rodriguez & Craske, 1993)에 대해 효과가 있는 것으로 보고되었다. 화가 날 때 10까

지 숫자를 세는 것에 대해 앞에서 언급한 것이 기억날 것이다. 분노 감소 효과에 있어서, 주의 돌리기가 반추(즉, 촉발사건에 초점을 맞추는 것)보다 나은 전략임이 여러 연구를 통해 증명되었다(Bond, Ruaro, Wingrove, 2006; Bushman, 2002; Rusting & Nolen-Hoeksema, 1998).

회기 녹음 듣기

내담자의 허락을 얻은 후 상담 회기를 녹음하라는 제안을 앞에서 한 바 있다. Ellis는 1970년대부터 내담자가 직접 회기를 녹음해서 듣게 하였으며 이것이 자신이 좋아하는 기법이라고 말하곤 했다(Rosenthal, 2011). 필자 역시도 내담자들에게 직접 회기를 녹음해서 들으라고 권한다. 회기 녹음은 집에서 이완 훈련, 체계적 둔감화, 내재적 민감화(covert sensitization) 등을 하는 데에 활용될 수 있으며 때로는 홍수법과 같이 높은 강도의 자극을 경험하는 데에 쓰이기도 한다(Denholtz, 1970). 내담자는 자신의 불평이나 절대적 요구를 들으며 크게 영향을 받을 수 있다. 하지만 필자의 생각에, 내담자에게 회기 녹음을 듣게 해서 얻을 수 있는 가장 큰 이익은 비합리적 신념을 바꾸도록 설득할 수 있다는 점이다. 필자는 내담자들이 자신의 과도한 감정이나 비합리적 신념을 스스로의 귀로 듣고 나서 매우 놀라는 것을 수없이 보아 왔다.

회기 녹음은 사회적으로 또는 지리적으로 고립된 내담자의 심리치료에서 중요한 기능을 할 수 있다(Macaskill, 1996). 회기 녹음을 들으면, 실제 생활 속에서 단계적 활동 과제를 수행하거나 인지 오류 및 역기능적 신념을 논박하는 등의 치료적 과제를 실천할 가능성이 증가한다. 이처럼 큰 장점이 있으므로 REBT를 진행할 때 회기 녹음을 일상적으로 활용할 것을 권한다.

Shepherd, Salkovskis와 Morris(2009)는 CBT 회기를 녹음한 70명가량의 내담자를 설문조사했다. 이 중에서 90%는 집에 가서 회기 녹음을 들었으며, 대부분은 회기 녹음을 들은 경험에 대해 상담자와 이야기를 나눈다고 답했다. 상담자와 내담자 모두 회기 녹음을 활용하는 것에 대해 긍정적 태도를 보였다. 내담자들은 회기 녹음을 들으면 상담 내용을 기억하는 데 도움이 된다고 말했다. 심리치료의 보조수단으로 집에서 회기 녹음을 듣는 것과 상담자 수퍼비전에 회기 녹음을 활용하는 것은 내담자와 상담자 모두에게 유익한 일이다. 그러나 심각한 우울과 반추를 보이는 내담자에게는 회기 녹음을 듣는 것이 이롭지 않을 수 있음을 주의해야 한다.

행동적 숙제의 예

비합리적 신념이 사건과 역기능적 감정 및 행동 사이의 관계를 매개한다는 것이 REBT의 기본 전제이다. 하지만 신념을 변화시키는 것 자체가 REBT의 궁극적 목표인 것은 아니다. 이것은 내담자의 감정과 행동을 변화시키기 위한 수단이다. 혹시 내담자가 "데이트를 거절당하는 것이 정말로 끔찍한 일은 아니에요. 그저 아쉬운 일일 뿐이죠."라고 말하면서도 여성에게 전화하는 것을 회피한다면, 내담자가 새로운 신념을 얼마나 확신하고 있는지가 의심스러울 것이다. REBT는 '대화치료(talk therapy)' 이상의 것이다. 내담자가 이전과 다르게 행동하지 않는다면, 유의미한 인지적 변화는 무의미한 것이 되고 만다. 게다가 인지적 변화는 내담자가 조금이라도 다르게 행동할 때 더욱 쉽게 일어난다. 태도 변화에 관한 **인지 부조화**(cognitive dissonance) 모형에 의하면, 다르게 행동하면 다르게 생각하고 다르게 느낄 가능성이 높아진다(Festinger, 1957; Harmon-Jones & Mills, 1999). 인지 부조화는 모순되는 신념을 동시에 가지고 있을 때 발생하는 심리적 불편감이다. 인간은 인지 부조화를 감소시키고 싶어 한다. 그래서 자신의 태도, 신념, 행동을 변화시킨다. 비합리적 신념과 어긋나는 행동을 하도록 내담자를 이끌 수 있다면, 내담자는 인지 부조화를 경험할 것이며, 자신이 취한 행동에 어울리도록 자신의 신념을 변화시키고 싶어질 것이다. 따라서 행동을 변화시키면 신념도 변화한다.

위험 감수 및 수치심 공격 연습

이 두 가지는 REBT에서 숙제로 가장 널리 활용되는 활동이다. 양자를 구별하지 않고 사용해도 되지만, 내담자가 두려워하는 것이 무엇인지에 따라 용도를 나누기도 한다. **위험 감수**(risk-taking)는 어떤 행동의 결과가, 실제로는 그렇지 않음에도 불구하고, 끔찍하거나 위험할 것이라는 예측을 재평가하도록 돕는 활동이다. 위험 감수 연습에서 내담자는 자기주장을 분명히 하거나 그동안 회피해 왔던 위험(특히 사회적 위험)을 감수하고 행동에 나선다. 이 연습의 특징은 그동안 회피해 오던 실패 또는 두려운 결과를 경험하도록 과제의 내용이 구성된다는 점이다. 완벽주의 또는 실패에 대한 두려움을 가진 내담자의 사례에서 특히 그러하다. 인간은 경험을 통해 배운다. 실패를 경험해 보지 않으면, 실패와 관련된 비합리적 신념과 회피행동을 바꾸기 어렵다. 이와 마찬가지로 꺼리는 상황을 실제로 경험하지 않고서 이에 대한 두려움을 해소할 수는 없다. 내담자가 위험 감수를 회피하는 이유는 엄청난 불편감을 느낄 것이라고 여기거나, 타인의 인정을 간절히 원하기 때문이다. 예를 들어, 타인의 인정을 갈망하는 내담자가 있다면, 존경하는 사람에게 이메일을 쓰도록 권유해 보는 것도 좋다. 단, 내용은 적지 말고 그냥 전송 버튼을 누르게 해야 한다. 나중에 상대방에게 이메일을 보내 상황 설명을 하는 것도 허용되지 않는다. 이를 통해 내담자는 불편감을 견딜 기회를 얻음과 동시에 실수하기 쉬운 불완전한 인간이 되는 연습을 하게 된다.

이성과의 데이트에 대한 불안을 지닌 젊은 남성의 사례를 살펴보자. 그는 사회기술 훈련을 받은 후, 한 주 동안 세 차례 여성과 데이트를 하라는 숙제를 부여받았다. 혹시 이 남성이 세 차례 시도해서 세 차례 모두 성공한다면, 중요한 교훈을 놓치게 될 것이다. 실패에서 오는 스트레스에 대한 면역이 생기지 않고 계속 취약한 상태로 남아 있을 것이기 때문이다. 그 대신 상담자는 다음 주에 세 번 거절당할 때까지 데이트 신청을 계속하는 것을 숙제로 부여할 수도 있다. 이 숙제는 설령 실패하더라도 성공을 경험하는 일종의 윈윈 게임이다. 만약 이 남성의 데이트 신청이 받아들여진다면 목표를 향한 전진이고, 거절당한다면 숙제를 완수한 것이 된다. 이렇게 실패 경험을 숙제로 처방하는 데에는 두 가지 이유가 있다. 우선, 실패 경험은 둔감화를 연습할 기회를 제공한다. 실패에 대한 두려움을 견디지 않으면 시도조차 할 수 없는 과제이기 때문이다. 그리고 이러한 숙제는 내담자의 생각을 다음의 두 가지 측면에서 논박한다.

- 내담자들은 부정적 결과가 발생할 가능성을 과대평가한다. 하지만 숙제를 하며 이러한 가능성이 생각보다 크지 않음을 배우게 된다.
- 실패 또는 두려운 자극에 직면할 때까지 행동과제를 감행함으로써 나쁜 결과가 발생하더라도 살아갈 수 있으며 그렇게 끔찍한 일이 아님을 배우게 된다.

이렇게 위험 감수 숙제는 종종 역설적인 특징을 포함하고 있다. 스스로 나쁘게 여기는 행동을 수행하면서도 파국화 및 자기비하를 하지 않는 연습을 함으로써, 내담자는 이 행동을 성공적으로 수행할 수는 있지만, 꼭 그렇게 성공해야 할 필요는 없음을 깨닫는다. 예를 들면, 불면증에 시달리는 내담자에게는 밤새도록 깨어 있으라 하고, 강박증 내담자에게는 하루에 백번씩 강박행동을 하게 하고, 발기 부전으로 고민하는 남성에게는 발기하지 말라는 숙제를 줄 수 있다(Fay, 1978). 자신을 괴롭히는 바로 그 행동을 하라는 과제는 종종 그 행동에 대한 '공포'를 제거해 준다.

실수를 두려워하던 공인회계사의 사례를 살펴보자. 이 내담자는 심각한 완벽주의자였다. 그에게 부여한 숙제는 일부러 업무상의 실수를 범하고 그런 자신을 수용하는 연습이었다. 내담자는 자기가 항상 실수하기 때문에 일부러 실수하려고 노력할 필요는 없을 것이라고 말했지만, 정작 그다음 주에 상담실을 방문했을 때 자기가 한 번도 실수를 범하지 않았다며 의아해했다. 상담자의 예상대로 이 내담자는 일어날 가능성이 낮은 사건을 과도하게 두려워하던 것이다. 이어지는 주에도 같은 숙제가 주어졌고, 내담자는 의도적으로 몇 차례 실수를 해 보았다. 이 경험을 통해 내담자는 큰 깨달음을 얻었다. 실수한다고 해서 끔찍한 일이 일어나는 것은 아니며, 자신이 실패자가 되는 것도 아니라는 것을 말이다.

수치심은 자기비하에서 비롯되며 **수치심 공격**(shame-attacking) **연습**은 자신이 우스꽝스럽고 어리석은 행동을, 심지어 여러 사람 앞에서, 하더라도 세상이 끝나는 것은 아니며 자신을 비하할 필요도 없음을 가르치기 위해 고안된 활동이다(Ellis, 1973b, 1977b). 이 연습의 핵심 목표는 자신의 행동과 인간으로서의 가치가 서로 별개임을 가르치는 것이다. 이를 통해 내담자는 자신이 아니라 자신의 행동을 평가하는 것을 배우게 된다.

수치심 공격 연습은 타인으로부터 인정받는 것에 대한 간절한 요구를 반박하는 숙제이다. 인간은 종종 상대방의 인정을 얻기 위해 그 사람이 원하는 대로 행동하거나 사회적 관습을 따른다. 순종은 사실 타인을 통제하는 강력한 수단이다. 하지만 자신을 처벌하며 불안과 수치심을 느끼는 경우는 순종을 위해 필요 이상으로 자신을 억압하게 된다. 타인에게 순종하지 않으면 무슨 일이 벌어지는가? 사람들이 나쁘게 보고 얼굴을 찌푸릴지 모른다. 하지만 타인의 생각과 표정이 나를 해칠 수는 없다. 그런데도 마치 그럴 수 있는 것처럼 여기는 것이 문제이다. 수치심 공격 연습은 이러한 생각을 반박하도록 돕는 활동이다. 이 연습은 재미있을 뿐 아니라, 타인의 못마땅한 시선을 심각하게 받아들이지 않도록 돕는다. 수치심 공격 연습을 응용해서 자신의 실수담을 소개하는 과제를 부여할 수도 있다. 실수를 숨기지 않고 타인 앞에 털어놓는 것이다. REBT에서 사용되는 수치심 공격 연습의 몇 가지 예를 다음에 소개한다.

- 낯선 사람에게 다가가 최대한 친절하게 따뜻한 인사를 건네고 건강을 묻기

- 붐비는 거리에 나아가 두 팔을 벌리고, "당신의 구세주가 여기 있습니다. 나를 따르십시오."라고 다섯 번 말하기
- 식당에서 다른 사람의 테이블에 다가가 음식이 입에 맞는지, 더 필요한 것은 없는지 질문하기
- 근처의 마트 세 곳에 가서 방문객에게 어제 날짜의 신문 팔기
- 큰 백화점에 가서 큰 소리로 다섯 번 현재의 시간을 외치기(예를 들면, "고객 여러분, 지금 시간은 1시 15분입니다.")
- 바나나에 긴 줄을 매고 마치 강아지를 산책시키는 것처럼 붐비는 거리를 걸어 다니기
- 만원 엘리베이터에 올라타 문을 등지고 서 있기(다른 사람들과 마주보는 상태)
- 전철이나 버스를 타고 차가 정거장에 멈출 때마다(예를 들면, 다섯 정거장 연속으로) 큰 소리 지르기
- 동네 도서관에 가서 사서에게 힘 있는 목소리로 『비행기와 하느님과 똥』과 『칙칙폭폭 꼬마 기차』를 읽고 싶다고 말하기[1)]
- 돼지 갈빗집에 가서 콜라만 한 병 주문하기[2)]
- 샐러드 바에 가서 포도 두 송이 사 오기

집단상담을 진행할 때 참여자 모두에게 수치심 공격 연습을 부여하고, 개인적으로 또는 집단이 함께 과제를 수행할 수 있다. 예를 들면, 사회불안이 높은 내담자들에게 노래를 부르고, 춤을 추고, 튀는 행동을 해 보라고 권유할 수 있다. 집단 활동은 궁극적으로 혼자 과제를 수행하기 위한 사전 단계로서의 의미를 지닌다.

앞에 열거한 숙제 중에서 하나를 골라 수행할 수도 있지만, 내담자에게 꼭 맞는 맞춤형 숙제를 고안하는 것이 더 좋다. 예를 들면, 한 여성 내담자는 어머니 앞에서 자기주장을 하지 못했다. 어머니의 건강을 상하게 할까 봐 두려웠고, 그렇게 되면 사람들이 자기를 나쁜 딸이라고 손가락질할까 봐 두려웠다. 상담자가 이 여성에게 부여한 숙

1) [역주] 원서에는 취학 전 아동을 위한 동화책인 『The Cat in the Hat』과 『The Little Engine that Could』가 소개되어 있다.

2) [역주] 원서를 직역하면, 'Two eggs any style'을 파는 식당에 가서 종업원에게 달걀 하나는 프라이로, 다른 하나는 스크램블로 주문하라는 과제가 등장한다. Two eggs any style은 달걀 두 개를 손님이 원하는 대로 조리해 주는 요리인데, 사람들 대부분은 달걀 두 개를 같은 방법으로 조리해 달라고 주문한다. 이 과제와 같이 두 달걀을 서로 다른 방식으로 조리해 달라고 요청하는 것은 대단히 특이한 일이다.

제는 친구들에게 "내가 나쁜 행동을 해서 우리 엄마 충격받고 쓰러졌어."라고 말하는 것이었다. 그러고 나서는 친구들의 반응을 지켜보고, 설령 부정적 반응이 나온다 하더라도, 자신을 수용하는 연습을 했다.

수치심 공격 연습에 대해 내담자와 토론할 때 주의할 사항이 몇 가지 있다. 우선, 생각해야 할 것은 내담자는 수치심 공격 연습 중이지만 주변 사람들은 그렇지 않다는 점이다. 타인을 불편하게 하거나 난처하게 만드는 수치심 공격 연습은 하지 않는 것이 좋다. 이것은 내담자의 성장을 위한 숙제이며, 상점 점원이나 거리의 사람들은 이 연습에 동참하겠다고 서명한 것이 아니다. 직업을 잃거나, 퇴학당하거나, 경찰에 체포될 만한 연습은 피해야 한다. 행동의 결과가 내담자에게 불리해질 수 있다면, 이 숙제는 도움이 되는 것이 아니라 오히려 해로운 것이 되고 만다.

수치심 공격 연습에는 두 가지 목표가 있다. 첫 번째 목표는 내담자가 자신의 수치심을 행동적으로 논박하도록 돕는 것이다. 이 목표를 성취하기 위해 상담자가 처방한 그대로 행동연습을 수행해야 한다. 이를 위한 준비 작업으로 인지적 예행연습(cognitive rehearsal)과 A-B-C-D 분석을 실시해 두면 내담자가 제대로 행동연습을 실행하는 데 도움을 줄 수 있다.

두 번째 목표는 세상이 자신에게 어떻게 반응할 것인지에 대한 내담자의 예측이 정확한 정도를 평가하도록 돕는 것이다. 사람들은 대부분 타인이 나에게 신경을 쓰거나 나의 행동을 알아차리는 정도를 과대평가한다. 예를 들면, Ellis는 내담자 중 한 명에게 뉴욕 지하철을 타고 열차가 정차할 때 용기 내어 고함을 지르라는 숙제를 수 주 동안 주었다. 한참 망설인 끝에 이 내담자는 열차가 멈추었을 때 한 차례 고함을 지르는 데 성공했고, 아무런 끔찍한 일도 일어나지 않음을 보았다. 그다음 주에는 집에서 회사까지의 일곱 정거장 모두에서 고함을 질렀다. 그리고 무슨 일이 일어났는가? 한 사람만 빼고, 지하철 안의 누구도 아무 말도 하지 않았다. 그 한 사람은 내담자에게 "다음 역이 어디예요?"라고 물었다.

합리적 신념과 반대로 행동하기

내담자의 증상이 무엇이든 상관없이 비합리적 신념과 불편한 감정에 역행하는 행동을 학습하는 것은 중요하다. 변증법적 행동치료에서는 이것을 간단히 '반대로 행동하기(opposite action)'라고 부른다(Linehan, 1993). 거절당하는 것이 끔찍해서 사람들과 어울리는 것을 피하고 있다면, 사람들에게 다가가 함께 어울려라. 틀린 말을 해서 형편없는 인간이 될까 봐 수업시간에 발표하는 것이 두렵다면, 힘 있는 목소리로 말하라. 누군가에게 화가 나서 욕을 하고 싶다면, 분노의 대상에게 해 줄 친절한 말 또는 칭찬을 찾아보라.

이완

이완 훈련은 여러 심리적 증상에 효과를 보이는 행동적 숙제이다. 비유하자면, 심리치료의 아스피린이라고 할 수 있다. 분노, 불안 발작, 심장 질환, 우울, 두통, 고혈압, 면역 증진, 불면증, 고통 관리, 스트레스 관리, 중독 등 다양한 문제들에 대해 우수한 효과가 보고되었을 뿐만 아니라 행복감을 높여 주기까지 한다. 이완 훈련은 대부분 혼자 조용히 앉거나 누운 채로 움직임을 최소화한 상태에서 진행된다. 자율 훈련, 바이오피드백, 심호흡, 명상, 선요가, 점진적 근육 이완, 프라나야마 호흡제어(pranayama), 시각화, 요가 수면(yoga nidra), 자기 최면 등 다양한 방법이 이완에 사용된다. 이 중 일부는 훈련된 전문가의 도움을 필요로 한다. 이완 방법 중에는 몸을 움직이며 수행하는 것도 있다. 운동, 걷기, 정원 가꾸기, 태극권 등이 그것이다. 이러한 활동을 수행하는 중에는 몸을 움직이기는 하지만 마음은 이완된다(Ferguson & Sgambati, 2009 참조).

연구에 의하면, 모든 이완 기법들이 동등한 정도의 효과를 나타내며 동일한 변화의 메커니즘을 가지고 있다. 이완 방법을 가르칠 때, 이완 유도문 녹음을 준비해서 내담자에게 들려주는 경우가 많다. 하지만 시간이 지나면 내담자는 외적인 보조 장치가 없어도 스스로 이완 상태에 이를 수 있게 된다. 사실 내담자들은 이완 훈련에 숙달될수록 자신의 속도로 이완하는 것이 가장 효과적이라는 것을 깨닫게 된다. 개별 근육군(예를 들면, 오른손)을 순차적으로 이완시킬 필요 없이 보다 큰 단위(예를 들면, 양손)로 통합해서 한꺼번에 이완시킬 수도 있다.

전문적으로 제작된 이완 유도문 녹음을 이완 훈련에 사용하는 것은 좋은 방법이다. 추천할 만한 유도문은 『Clinical Behavior Therapy』(Goldfried & Davison, 1994)에서 찾아볼 수 있다. 상담자가 직접 이완 유도문을 만들어 녹음하거나, 그냥 간단하게 이완 훈련을 가르친 회기를 녹음해서 사용하는 것도 좋다. 후자의 방식은 내담자들의 훈련 효과를 높여 주기도 한다. 상담자의 음성을 들으면 이완 절차가 연상되어서 상담실에서의 이완 효과를 집으로까지 일반화시키는 데에 도움이 되기 때문이다. 매일 밤 취침 전에 이완 유도문 녹음을 듣는 것이 좋다. 그리고 그다음 회기에서는 상담자가 보는 앞에서 녹음을 틀어 놓고 이완을 연습한다. 이때 상담자는 주기적으로 녹음 재생을 멈추며 내담자의 이완 정도를 평가할 수 있다. 상담자는 이완 기법을 가르치는 일이 소중한 상담시간을 소모하는 지루한 일처럼 느껴질 수 있다. 하지만 이완 훈련의 상당 부분을 내담자에게 숙제로 부여함으로써 이 문제를 최소화시킬 수 있다.

이완 숙제가 성공적으로 효과를 발휘하려면, 내담자의 시간과 환경을 구조화시켜서 이완 훈련을 실천할 가능성을 극대화시켜야 한다. 우선, 몸을 눕힐 수 있는 조용한 방이 필요하다. 그리고 가족구성원들은 내담자를 방해하지 않아야 하며 내담자가 이완 숙제를 하는 동안 급한 전화를 대신 받아 주는 것이 좋다.

글쓰기

글쓰기 숙제는 REBT에서 자주 사용된다. 예를 들면, 내담자는 자기의 비합리적 생각 중에서 몇 가지를 골라 그것의 논리성, 정확성, 유용성을 반박하는 글을 써 볼 수 있다. 자신이 토론팀의 구성원이며, 자기의 신념과 상관없이, 상대편 팀을 반박하는 역할을 맡았다고 상상하게 하라. 이렇게 하면, 반박문을 쓸 수는 있지만 그 내용이 믿기지 않는다고 말하는 내담자에게 인지 부조화를 일으킬 수 있다. 태도 변화에 관한 연구들과 필자의 임상경험에 의하면, 이러한 토론문을 작성함으로써 자신의 주장에 대한 믿음이 강해진다. 회기가 끝날 무렵, 상담자가 빈 종이의 상단에 내담자의 비합리적 신념을 하나 적고, 내담자가 그 아래에 반박문을 쓰는 숙제를 제시한다. 이렇게 하면, 회기 중에 마치지 못한 논박을 집에서 계속 진행할 수 있다. 회기 중에 논박이 완료된 경우라면, 이것을 굳건히 다지는 데에 도움이 된다. 여성 내담자가 작성한 반박문의 예를 소개한다.

> 비합리적 신념: 우리 아이들이 실수를 하면 그것은 내가 나쁜 엄마라는 뜻이다.
> 반박문: 누구나 실수를 한다. 좋은 부모를 가졌든 나쁜 부모를 가졌든 상관없다. 이것은 인간의 특성이다.
>
> 아이들은 시행착오를 통해 배운다. 실수하며 배우고 성장하는 것이다. 나는 같은 실수를 반복하지 않기 위해 노력하는 것을 배웠다. 다쳐 봐야 위험한 줄 알고 피한다. 그리고

나는 실수를 해 봤기 때문에 사람들을 더 이해하고 더 공감할 수 있게 되었다. 나는 사람들과 더욱 동질감을 느끼고 더 성숙해진 것이 기쁘다. 우리 아이들도 아마 나와 같을 것이다.

나는 우리 아이들에게 영향을 미치는 유일한 존재가 아니다. 우리 아이들은 나 말고도 수많은 사람에게 영향을 받았다. 두 아이가 서로 다른 것은 나 혼자서 온전히 아이들의 성격을 만들 수 없음을 보여 준다. 그렇지 않다면, 둘의 성격이 똑같지 않겠는가? 아이들은 앞으로 다른 사람들을 더 많이 만나고 다른 경험을 더 많이 할 것이다. 아이들은 새로운 일을 마주할 때마다 자기 나름대로 판단을 하고 상황에 맞춰 반응할 것이다. 혹시 우리 아이들에게 문제가 있다면 그것이 모두 다 내 책임이 될 수는 없다. 게다가 우리 아이들은 자기가 실수를 했다고 해서 나를 나쁜 엄마라고 부른 적도 없다. 내가 그런 생각을 하면 오히려 "엄마, 그건 아니야!"라고 말했다.

우리 아이들의 단점에 대한 책임이 나에게 있다면, 우리 아이들이 가진 장점은 내가 잘해서 가지게 된 것이다. 나는 아이들을 위해 좋은 일을 많이 했다.

엄마로서 범한 실수만 생각하고 산다면, 과거에 갇히고 말 것이다. 이미 지나간 일이라는 것, 성장했다는 것, 달라졌다는 것을 다 부정하고 말 것이다. 아이들의 삶을 내가 대신 책임져 줄 수는 없다. 비록 아이들이 나에게 가장 소중한 존재들이지만 말이다. 계속 죄책감을 느끼고 자기 연민에 빠지는 삶. 그건 너무 재미없다!

이와 연관된 활동 중에 절대적 요구를 뒤집고 새로운 생각을 변호하도록 내담자에게 요구하는 것이 있다. 회기 중에 내담자는 변호사 역할을 맡고, 상담자는 배심원 역할을 한다. 내담자는 자리에서 일어나 배심원을 바라보며 주장을 전개한다. 예를 들어, 자기가 가치 없는 인간이라고 여기는 내담자에게는 모든 인간의 가치가 같다는 입장을 변호하게 한다. 모든 일에 성공해야만 한다고 믿는 내담자에게는 실수가 도움이 된다는 주장을 변호하게 한다. 내담자가 변론을 전개할 때, 목소리의 톤, 비언어적 행동, 목소리에 실린 힘의 정도에 주목하라. 만약 내담자가 부드럽고 자신 없는 목소리로 말하고 있다면, 처음으로 다시 돌아가, 마치 자신의 의뢰인이 사형 선고에 직면한 것처럼, 다시 변론을 시작해 보라고 요청하라.

REBT에서 사용되는 글쓰기 숙제 중에는 특정한 부정적인 자동적 사고를 지지하는 증거 또는 이를 뒤엎는 증거의 일지를 기록하는 것이 있다. 비록 우아하지 않은 해결책이기는 하지만, REBT에서 종종 사용되는 전략이다. 반복적으로 떠오르는 자동적 사고를 포착한 다음, 특정 사건에 대한 예측, 즉 자동적 사고가 정확한지를 평가해서 기록한다. 어떤 내담자는 "상품을 판매하려고 새 고객한테 전화를 걸면 항상 거절당해요!"라고 말한다. 실제의 데이터는 어떠한가? 실제로 몇 명의 잠재적 고객에게 전화를 걸었으며, 이들은 어떤 사람들이며, 몇 번 거절당했는가? 이와 마찬가지로, '항상' 우울하다고 호소하는 내담자도 하루 중 행복한 순간이나 기분이 좀 나은 때를 일지에 기록함으로써 유용한 정보를 발견할 수 있다(Freeman & Davis, 1990). 비만인 내담자는 먹은 음식의 종류, 시간, 장소 등의 일지를 적는 것이 좋다. 정확한 데이터는, A에 대한 내담자의 왜곡된 지각 및 귀인을 수정하고, 문제행동의 정확한 선행요인 및 결과를 파악하는 데에 도움이 된다.

대단히 효과가 좋은 숙제의 한 가지 형태로 **표현적 글쓰기**(expressive writing)를 소개하고자 한다. 표현적 글쓰기는 불쾌한 경험에 대해 서술하는 것이다(Pennebaker, 1997, 2004, 2011). 표현적 글쓰기는 다양한 신체 및 심리적 문제의 개선에 유익할 뿐 아니라 행복감을 증진시킨다. 개인적 생각과 감정을 이야기하며 불쾌한 과거 사건을 드러내는 것은 모든 심리치료의 공통적 구성요소이다. 내담자의 자기개방에 상담자가 어떻게 반응하느냐에 따라 심리치료의 효과에 큰 차이가 발생한다는 것은 모든 심리치료의 공통적 가정이다. 심리치료 이론에 따라 상담자가 내담자에게 어떤 반응을 제공해야 하는지에 대한 개념적 차이가 존재한다. 하지만 이러한 차이에도 불구하고 거의 모든 심리치료가 효과를 나타낸다. 표현적 글쓰기는 상담자가 곁에 없어도, 이야기를 듣는 사람이나 추가적인 활동이 없어도, 효과가 있다. 표현적 글쓰기는 종이를 사용하든 전자기기를 사용하든 치료적 효과를 보인다. 이것은 내담자에게 있어서 가장 비용이 적게 드는 기법이다(Baddeley & Pennebaker, 2009 참조). 표현적 글쓰기의 효과를 지지하는 연구는 매우 광범위하게 존재한다. PsychLit 검색엔진에서 '표현적 글쓰기'를 제목에 포함한 연구를 찾아보았더니 이 책을 저술할 당시 185건 이상의 논문이 검색되었다(2011년 10월). Pennebaker(2011)는 표현적 글쓰기의 지침을 다음과 같이 제시했다.

- 방해받지 않는 시간과 장소를 찾아라. 퇴근 후의 특정 시간 또는 취침 전이 가장 좋다.
- 하루에 최소 15분간 적어도 3, 4일 연속으로 글을 쓰겠다고 자신에게 약속하라.
- 일단 글쓰기를 시작했으면 멈추지 말고 계속 쓰라. 철자나 문법을 신경 쓰지 말라. 더 이상 쓸 말이 없으면 이미 쓴 내용을 반복해서 적으라.
- 손으로 써도 좋고 컴퓨터에 입력해도 좋다.

- 글을 쓰기 어렵다면 녹음을 해도 좋다.
- 3, 4일간 매일 같은 것에 대해 써도 좋고, 날마다 다른 것에 대해 써도 좋다. 스스로 결정하라.

회기와 회기 사이의 기간 동안, 갈등, 과거의 어려움, 실패, 상처 등에 대해 글을 쓰면서 내담자는 문제 개선을 향한 궤도에 오르게 된다.

글상자 16-2

내키지 않아 하는 내담자에게 수치심 공격 숙제를 하도록 설득하려면 상담자가 모범을 보이는 것이 좋다. 예를 들어, 내담자와 함께 거리에 나가 상담자가 몸소 특이한 행동을 시도한다면, 내담자는 생각보다 사람들이 이러한 행동에 관대하다는 것을 보게 될 것이다. 독자도 이렇게 할 수 있겠는가?

필자는 새내기 REBT 상담자들에게, Albert Ellis 연구소의 수련 과정처럼, 일련의 수치심 공격 또는 위험 감수 숙제를 직접 해 볼 것을 권한다. 이 책에 소개한 활동 목록에서 고르거나 스스로 고안해서 이번 주에 당장 시도해 보라. 일정한 시간 간격을 두고 수치심 공격 연습을 하면 상담 기술 연마에 도움이 된다.

감정적 숙제의 예

합리적 감정 심상

앞에서 소개한 것처럼 합리적 감정 심상(Rational Emotive Imagery: REI)에서는 우선 해로운 부정적 감정을 경험하는 상황을 상상하게 한다. 그런 다음 해로운 감정을 건강하고 순기능적인 부정적 감정으로 바꾸고 이에 성공한 순간 내담자는 상담자에게 신호를 보낸다. 상담자는 내담자가 어떻게 감정을 바꾸었는지 질문한다. 만약 내담자가 B→C 인과관계를 이해하고 믿는다면, 생각을 변화시켰다고 답할 것이다. 합리적 감정 심상 숙제는 보통 일주일에 서너 번 정도 수행한다.

강한 감정을 실어 합리적 신념을 말하는 연습하기

이 숙제는 인지 및 감정적 측면을 융합한 것이다. 소리 내어 연습하는 숙제이므로 행동적 측면까지 포함되어 있다고 볼 수도 있다. 내담자는 평생 비합리적 신념을 자신에게 주입하며 살아왔다. 단순히 기분이 나아지는 것이 아니라 실제로 문제가 개선되려면 보다 건강한 생각을 힘주어 말하는 연습이 필요함을 내담자에게 강조하라. 달리 말하면, 강하고 확신에 찬 목소리로 연습해야 한다. 합리적 신념을 부드럽고 단조로운 목소리로 말하는 것으로는 건강한 신념에 대한 확신이 생기기 어렵다.

영화 및 TV 프로그램 시청하기

자기 감정을 포착하고 이름 붙이는 것을 어려워하는 내담자에게 상담시간에 토론한 감정을 표현한 영화 또는 TV의 등장인물을 찾는 숙제를 고려해 보라. 내담자에게 질문해서, 왜 해당 인물이 그 감정을 느끼고 있다고 판단했는지, 해당 인물의 신체에 어떤 반응이 나타났는지, 해당 인물의 모습이 어때 보였는지, 무슨 일이 일어나고 있었는지 그리고 해당 인물이 무슨 생각을 하고 있었을지를 물어보라. REBT의 A-B-C 모형을 가르칠 좋은 기회이다.

감정 일지

하루 중 몇 시에 무슨 일이 일어났고, 어떤 감정을 느꼈으며, 감정의 강도가 어느 정도였는지를 기록하는 일지를 내담자에게 쓰게 하라. 감정을 일으키는 자극이나 주제의 공통적인 패턴을 탐지할 수 있는 귀한 자료이다.

행복 숙제

일반적으로 REBT 문헌에서 잘 언급되지는 않지만, 매우 중요한 숙제를 하나 더 추가해서 소개하겠다. 그것은 기쁨, 행복, 즐거움에 초점을 맞추는 숙제이다. 예를 들어, 내담자가 즐기는 일상적인 것들의 목록을 적어 보는 숙제는 오직 문제만 바라보던 것에서 탈피해 삶의 긍정적 측면에 초점을 맞추는 데에 도움이 된다. 커피의 향, 맛있는 샌드위치처럼 일상의 작은 감각적 기쁨에 초점을 두는 것이다. 이 숙제는 일상 속의 유쾌한 요소들을 내담자에게 상기시킨다. 유쾌한 경험 중 상당 부분은 사람과 연관될 것이다. 누가 오늘 나에게 미소를 지었는가? 누구를 보고 기분이 좋았는가? 배우자와 함께 어떤 즐거운 순간을 보냈는가?

앞으로 다가올 또는 이미 지나간 긍정적 활동을 공상하도록 권하라. 이러한 정신적 활동은 유쾌할 뿐 아니라 부정적인 또는 역기능적인 생각을 하는 습관을 바꾸는 데에도 도움이 된다. 유쾌한 생각을 하는 습관을 형성하는 것은 감정을 개선하는 것만큼이나 중요하다. 상담자의 역할은 단순히 고통을 몰아내는 것에 그치는 것이 아니라 적극적으로 내담자의 행복을 증진시키는 것이다.

행복에 이르는 또 다른 길은 타인에게 친절을 베푸는 것이다. 예컨대, 우울한 내담자의 주의의 초점은 자기 자신에게 맞추어져 있으며 자기애적이고 부정적이다. 외부로 초점을 돌리는 것, 특히 즉각적 이득이 없음에도 타인을 위해 무엇인가를 하는 것은 내담자의 주의를 전환시키고 기운을 북돋워 준다.

숙제와 관련된 문제 해결하기

내담자가 상담실을 찾아오면 숙제를 먼저 점검하라. 내담자가 숙제보다 명백히 중요한 새로운 화제를 꺼내어 놓거나, 분명하게 감정적 고통에 휩싸여 있지 않는 한, 상담자는 지난 시간의 숙제를 검토함으로써 체계적으로 지난 회기와 이번 회기를 연결할 수 있다.

내담자는 숙제가 매주 바뀔 것을 기대할 것이다. 마치 학교의 숙제가 또는 병원의 처방이 바뀌는 것처럼 말이다. 하지만 인지 또는 감정의 변화가 일어나기까지 수 주간에 걸쳐서 행동적 숙제를 해야 할 수도 있다. 내담자가 어떤 기대를 하고 있는지 민감하게 살펴보라. 그렇지 않으면, 우울한 생각(예를 들면, '조금도 나아지는 게 없어.')에 빠져서 고통이 증가할 수도 있다.

내담자가 숙제를 안 해 왔을 때 독자는 어떻게 대처하는가? 숙제를 안 한 것에는 내담자의 신념체계를 보여 주는 귀한 정보가 종종 반영되어 있다. 이것은 내담자에게 추가로 감정적 스트레스를 유발한 새로운 촉발사건으로 취급될 수 있다. 그러므로 상담자는 다음과 같은 질문들을 던져 보는 것이 좋다.

상담자: 숙제를 하지 못한 것에 대해 어떻게 느끼십니까?

내담자: 기분이 좋지 않아요.

상담자: 기분이 안 좋다고요? 어떤 식으로 기분이 안 좋습니까?

내담자: 죄책감을 느껴요. 숙제를 해 와야 하는데.

상담자: 숙제를 해 와야 한다고 생각하시는군요. 왜 그렇게 해야 합니까?

내담자: 숙제를 해 오지 않으면 기분이 안 좋기 때문이죠.

상담자: 숙제를 꼭 해 와야 한다고 생각하지 않으면 기분이 달라지겠습니까? 이렇게 말해 보세요. "숙제를 해 왔으면 좋을 것이다. 하지만 나는 하지 않았다. 매우 아쉽다. 다음 주에는 숙제를 해 올 것이다."

내담자: 나는 숙제를 하지 않았다. 매우 아쉽다. 다음 주에는 숙제를 할 것이다.

상담자: 이 생각을 하고 있으면 기분이 나아질까요?

내담자: 네. 그렇게 생각하면 기분이 나아질 거예요.

상담자: 이렇게 생각하는 것을 잊지 않도록 무엇을 하시겠습니까?

내담자: 글쎄요. 어떻게 하죠?

상담자: 마트에 가서 우유를 사야 하는데 이것을 기억하려면 무엇을 하시겠습니까?

내담자: 적어 놔야죠! 당장 그렇게 할게요. 선생님, 방금 뭐라고 말씀하셨죠?

우울한 생각은, 앞의 예처럼 숙제를 못한 다음에 뒤따라 발생할 수도 있고, 이와 반대로 우울한 생각이 숙제를 못 하게 만든 원인이 될 수도 있다. '어차피 달라질 것은 없어. 그런데 이걸 해서 뭐해?'라는 생각이 내담자가 숙제를 못 하도록 방해할 수 있는 것이다. 내담자들은 이런 절망적 사고에 빠져 있는 경우가 많다. 그러므로 상담자는 달라질 것이 없다는 내담자의 생각을 반박하고 상황이 절망적이지 않은 이유를 검토해야 한다.

글상자 16-3

내담자가 숙제를 안 해 왔을 때 여러분은 기분이 어떤가? 혹시 화가 나는가? 그렇다면, 여러분 자신의 절대적 요구를 찾아 논박하는 것이 좋다. 혹시 불안하거나 우울해지는가? 그렇다면, '내가 상담을 잘했으면 내담자가 숙제를 해 왔을 텐데.'라는 식의 생각이 있는지 살펴보고 논박하라. 숙제는 여러모로 유용한 진단도구이다.

내담자에게 숙제를 안 해 온 이유를 묻는 것을 두려워 말라. 숙제를 완수하는 것이 왜 그렇게 힘들었는가? 한 가지 가설은 내담자가 숙제를 지나치게 어려운 것으로 받아들였을지 모른다는 것이다. 앞에서 소개한 것처럼 REBT에서는 홍수법에 근거해 내담자가 작은 걸음이 아니라 큰 걸음을 내딛도록 독려한다. 이렇게 하는 이유에 대한 이론적 모형이 명확하지만, 현실적으로 보았을 때, 난이도가 한두 단계 낮은 과제를 찾아 내담자가 기꺼이 직면할 수 있게 하는 것이 현명한 경우도 있다. 내담자가 새로운 행동을 수행하도록 돕는 것이 목표라는 것을 기억하라. 인내심을 가지고 창의력을 발휘해서 어려운 숙제를 보다 작은 단계로 나누면 목표성취가 수월해진다. 예를 들어, 내담자가 날마다 어머니에게 수시로 전화할 만큼 의존적인 성인 여성인데 어머니에 대한 애착을 줄이고 싶어 한다고 하자. 처음부터 일주일간 어머니에게 전화하지 않는 숙제는 어렵겠지만, 이틀 간격을 두고 전화하는 숙제라면 수행할 의사를 보일 것이다. 상대적으로 쉬운 과제를 성공적으로 수행하고 나면, 나중에 더 어려운 과제에 도전할 가능성이 커진다.

숙제가 내담자에게 주는 부담의 정도를 고려할 필요도 있다. 내담자들은 대개 책을 읽기보다는 동영상을 선호할 것이다. 아마 청소년들은 두꺼운 책보다는 얇은 책을 읽으려 할 것이다. 직장인들은 일주일에 두 번 정도는 이완 훈련을 하겠지만, 매일 밤 이완 훈련을 할 시간을 내지는 못할 것이다. 상담자의 입장에서 보면, 내담자가 더 열심히 더 꾸준히 노력하도록 독려하고 싶겠지만, 처음에는 작은 성취라도 칭찬해 주는 것이 현명하다. 학습은 점진적으로 일어난다. 하지만 노력을 덜 할수록 문제 개선이 더디게 일어날 것이라는 사실을 내담자가 직시하도록 돕는 것 역시도 상담자가 해야 할 일이다. 내담자는 항상 선택지를 쥐고 있다. 그러므로 선택의 결과를 내담자가 확실히 이해하도록 도와야 한다.

숙제를 하지 않는 내담자들에게 흔히 나타나는 문제는 '나중에' 하겠다는 생각이다

(Ellis & Knaus, 1977). 내담자는 숙제를 하지 않은 것에 대해 지속적으로 변명하고 내일 시작할 것이라고 열정적으로 맹세한다. 하지만 내일이 오면 같은 일이 반복된다. 예를 들면, "오늘은 너무 정신이 없어요. 내일은 좀 진정될 것 같아요." "오늘은 너무 불안해서 공부를 못하겠어요. 내일은 정말 열심히 할게요."라고 말한다. 숙제를 완수하지 않는 내담자들이 공통적으로 지닌 문제는 감내력 과소평가이다. '이 숙제는 너무 어려워서 못하겠다.' '위험을 무릅쓰자니 너무 마음이 불편하다.'라는 식의 생각은 내담자가 앞으로 나아가는 것을 종종 방해한다.

이와 관련된 문제 하나는 상호 모순적인 목표 때문에 이러지도 저러지도 못하는 상황이다(Ellis & Knaus, 1977). 몇 가지 예를 들어 보겠다. 거식증을 겪고 있는 한 여성이 친구가 없다고 불평한다. 이 내담자의 목표는 친한 친구를 만드는 것이지만, 브리지 카드게임을 함께 즐기던 사람이 게임이 끝난 후 자기 집에 놀러 오라고 두 번이나 초대했는데도 이를 모두 거절했다. 왜일까? 그 집에 놀러 가면 음식을 대접받을 텐데, 거식증 환자인 그녀의 생각으로는, 음식을 먹으면 체중이 늘어서 5kg은 빼야 할 것 같았다. 이보다 더 흔한 예는 담배도 끊고 싶고 살도 빼고 싶은 내담자이다. 하지만 두 가지 목표 모두 성취되지 못했다. 담배를 끊으면 음식을 많이 먹을까 봐 두렵고, 음식을 줄이면 담배를 많이 피울까 봐 두려웠기 때문이다.

이러한 문제들은 자신의 감내력을 과소평가하는 모습을 보여 준다. 이 문제를 가장 효과적으로 해소할 방법은 직접적인 직면, 단호한 행동 그리고 체계적인 강화와 처벌이다. 예를 들면, 흡연자에게는 다음과 같은 세 가지 선택지가 놓여 있다. 첫째, 우선 담배를 끊고 금단증상이 나타나는 처음 몇 주간 체중을 신경 쓰지 않는 것이다. 둘째, 열심히 노력해서 체중 5kg을 줄인 다음에 금연을 시작하는 것이다. 셋째, 무척 힘들겠지만 금연과 감량 두 가지를 동시에 진행하는 것이다. 이런 식으로 해서 내담자는 두 가지 문제가 따로따로 다루어질 수 있다는 사실을 직시하게 된다. 일단 목표가 선택되면 이에 맞춰 전략을 짤 수 있다.

숙제를 하는 것은 심리치료가 좋은 효과를 발휘하는 데에 결정적 역할을 한다. 내담자가 이 사실을 이해하는 것은 매우 중요하다. 숙제를 성공적으로 완수하도록 돕기 위해 가능하면 내담자가 보상을 받을 수 있게 하는 것이 좋다. 하지만 정말 중요한 것은 보상을 얻는 것이 아니라 부여받은 과제를 완수하는 것임을 내담자가 이해하고 있어야 한다. 감내력 과소평가 신념 때문에 내담자가 반복적으로 숙제 수행을 거부할 때는 부여된 숙제를 완수해야만 다음 상담 약속을 잡는 것도 하나의 방법이다. 물론 이것은 상담자의 신중한 판단이 필요한 문제이다. 우울한 내담자처럼 정기적인 관심이 요구되는 문제를 겪고 있는 경우는 이 전략을 사용해선 안 된다.

숙제 부여에서 상담자의 역할 줄여 가기

상담을 종결하기 위한 선결 조건은 내담자가 스스로의 치유자가 되는 데에 필요한 인지 및 행동적 기술을 획득해서 상담자에게 의존하지 않고 독립적으로 기능하는 것이다. 이 목표를 성취하기 위해 상담자는 숙제 부여에서 자신이 차지하는 역할을 점진적으로 줄여 나가고, 내담자 스스로 자신의 숙제를 고안하도록 독려한다. 그리고 내담자가 지난주의 진전에 대해 보고할 때는 "이것의 후속 과제로 다음 주에는 무엇을 해 볼 수 있겠습니까?"라고 질문한다. 내담자의 독립성을 길러 주고 상담자의 지시성을 줄임으로써, 내담자들은 그들 자신의 치유 작업을 설계할 수 있는 능력을 얻게 될 것이다.

숙제에 대한 방침을 만들고 첫 회기에 이를 내담자와 공유할 것을 독자 여러분에게 권한다. 숙제의 효과를 입증하는 수많은 연구 결과를 고려할 때, 숙제 부여를 상담과정의 일부로 포함시키는 것은 상담자의 의무이다. 일주일은 168시간이지만, 내담자가 상담실에서 보내는 시간은 그중 한 시간에 지나지 않는다. 일주일에 한 번씩 진행되는 이 한 시간에만 의존한다면, 얼마나 많은 변화를 얼마나 빨리 일으킬 수 있을지 내담자에게 질문해 보라. Albert Ellis 연구소의 숙제에 관한 방침을 〈부록 7〉에 소개했다.

Note

〈글상자 16-1〉에 대한 모범답안

촉발사건: 취업 면접에 갔는데 떨어졌다.

합리적 신념: 직장을 구하지 못해서 아쉽다.

비합리적 신념: 직장을 구하지 못한 것은 끔찍한 일이다.

감정적 결과: 우울하다.

논박: 직장을 못 구한 것이 끔찍한 일이라는 생각을 하면 내가 원하는 것을 얻는 데에 무슨 도움이 되는가? 직장을 못 구하면 하늘이 무너지기라도 하는가? 이보다 더 나쁜 상황도 일어날 수 있는가?

17

REBT와 CBT의 융합

Ellis의 초기 저술들에서는 감정적 문제에 대한 '우아한' 철학적 해결책과 논리를 앞세운 설득적 상담 모형에 초점이 맞추어져 있었다. 철학적 측면에 집중하는 것은 사실 REBT를 여타의 심리치료들과 구분 짓는 특징이었다. 우아한 해결책은, '최악의 상황을 가정하라.'는 말처럼, A-[추론]이 사실일 수 있음을 가정하고, 최악의 상황이 결코 일어나서는 안 된다는 IB-[절대적 요구/핵심신념]과 주어진 현실에 대한 IB-[파생신념]을 변화시키도록 내담자를 독려한다. 이후 Ellis(1973a, 1977b, 1979b)는 상담 효과를 극대화하기 위해서는 **우아한 해결책**과 **우아하지 않은 해결책** 모두가 필요한 경우가 있다는 것을 알게 되었다. 우아하지 않은 해결책은 A에 대한 지각의 오류를 수정하고, 만약 가능하다면, A를 변화시키는 것이다. 그뿐만 아니라, Ellis는 내담자가 행동적 C를 변화시키도록 돕기 위해 REBT에 다른 행동주의적 기법들을 도입해서 활용하는 것이 효과적이라는 것도 깨달았다.

필자는 CBT에 관한 문헌들을 검토하며, 인지 학습적 심리치료가 다음과 같이 적어도 12가지 범주로 나뉠 수 있음을 발견했다.

- 고전적 REBT: 철학적 해결책에 중점을 두며 이 책의 핵심주제이다.

- 자기교시 훈련(Self-Instructional Training) 또는 스트레스 면역 훈련(Stress-Inoculation Training: SIT): 유익한 자기 진술을 가르치고 연습시켜서 이것이 행동의 길잡이가 되도록 이끄는 프로그램이다(Meichenbaum, 1993, 2009).
- 현실에 대한 지각 및 추론의 정확성 반박하기: 자신, 타인, 세상에 대한 보다 현실적인 생각을 발전시키는 것을 목표로 한다(Beck, 2005; Dobson & Hamilton, 2009).
- 구성주의적 접근: 어떤 상황이 발생한 이유를 이해하고, 자신, 타인, 세상에 대한 보다 정확하고 유용한 귀인, 스키마 또는 개념을 발전시킨다(Laird & Metalsky, 2009).
- 문제해결기술 훈련: 효과적으로 자신의 환경을 변화시키도록 돕는다(Nezu, Maguth-Nezu, & McMurran, 2009).
- 모델링과 예행연습: 사회기술(Sergin, 2009)이나 주장성(Duckworth, 2009)과 같이 새로운 적응적 반응을 가르친다.
- 이완 훈련: 고통스럽고 부정적인 감정과 공존할 수 없는 대안적 신체 반응을 경험하도록 가르친다(Ferguson & Sgambati, 2009).
- 노출: 해롭고 고통스러운 감정을 유발하던 자극에 대해 새로운 반응을 형성시킨다(Hazlett-Stevens & Craske, 2009).
- 강화: 적응적 행동이 긍정적 결과로 보상받게 한다.
- 행동 활성화: 과거부터 즐겨 왔고 앞으로도 유쾌한 감정을 가져다줄 일을 하도록 격려한다(Dimidjian et al., 2011).
- 분리(difusion): 고통스러운 감정과 생각이 존재함에도 불구하고 자신의 목표성취를 향해 행동하도록 격려한다(Hayes, Villatte, Levin, & Hildebrandt, 2011).
- 가치 명료화: 삶을 어떻게 살고 싶고 어떤 목표를 추구할 것인지를 결정하도록 돕는다(Hayes et al., 2011).

REBT는 인지 학습적 심리치료들의 이 모든 전략과 기법을 융합하여 활용한다. 이 장에서는 이들 중 일부를 개관하고 고전적 REBT와 어떻게 융합시킬 수 있는지를 소개하겠다.

행동적 C를 직접 변화시키기

행동치료에 의하면, 바람직하지 않은 반응을 감소시키는 가장 효과적인 전략은 줄이고자 하는 행동과 공존할 수 없는 새로운 행동에 몰두하는 것이다. 몇몇 심리치료에서는 이 전략을 활용해서 내담자가 자신의 증상과 반대되는 행동을 하게 한다. 그래서 증상이 사라지면 하게 될 것으로 예상되는 행동을 하라고 시킨다. 이러한 행동적 개입은 A-B-C 모형의 행동적 C를 변화시키는 것이다. REBT는 본래 행동치료의 한 갈래였으므로 이 전략은 고전적 REBT와 잘 들어맞는다. 비합리적 신념에 대한 논박을 진행하기 전에, 진행하는 중에, 진행한 후에 모두 이 전략이 사용될 수 있다. Linehan(1993)은 이 개입방법을 **반대로 행동하기**(opposite action)라고 이름 붙였다. 왜냐하면 내담자가 자신의 증상과 정반대로 행동하기 때문이다.

이완 훈련

이완 훈련은 거의 모든 정신건강 문제를 개선시키기 때문에 **CBT의 아스피린**으로 불린다. 이완 반응은 고통스러운 부정적 감정과 공존할 수 없다. 이완 훈련의 결과, 내담자는 당면한 과제에 집중하고, 천천히 그리고 정확하게 정보를 처리할 수 있게 된다. 상담 초기나 우아한 해결책이 성취된 후, 또는 내담자가 고전적 REBT를 배우는 것을 어려워할 때, 이완 훈련을 REBT에 도입해서 내담자에게 가르칠 수 있다. 이완 훈련에는 어떤 부작용도, 어떤 금기사항도 없다. 다양한 종류의 이완 기법이 존재하는데 신체, 감정, 행동에 대해 모두 같은 효과를 낸다. 그러므로 내담자에게 가장 잘 맞는 기법을 자유롭게 골라 사용하면 된다(Ferguson & Sgambati, 2009). Goldfreid와 Davison(1994)이 여러 이완 기법을 자세히 소개했으므로 참고하기 바란다.

글상자 17-1

REBT에서의 이완 훈련은, 다른 행동적 기법들과 마찬가지로, 사고를 변화시키는 데에 중점을 두고 가르친다. 고통스러운 부정적 감정을 직접적으로 완화시킬 뿐만 아니라, 이완 훈련을 통해 불안과 같은 불편한 감정을 일으키는 인지를 변화시킬 수 있다.

이완을 가르칠 때는 완벽한 상태에 도달할 필요가 없음을 강조하라. 이완 훈련은 고통스러운 부정적 감정을 아예 없애는 것은 아니지만 이것에 대처하며 살아가도록 돕는다. 이완을 유도할 때는 이완에 대한 자기 효능감 증진에 초점을 두는 것이 좋다. 예를 들면, "자신이 일으키고 있는 이완된 감각을 느끼십시오. 자기 안에 스스로 일으키고 있는 그것을 느끼십시오."라고 안내할 수 있다.

심상을 추가하면 이완을 더 촉진할 수 있다. 이완을 유도하기 전에, 내담자에게 온전히 편안하고 안전하게 느끼는 심상이나 장면을 떠올리도록 요청한다. 거의 모든 내담자들이 개인적 의미가 가득 담긴 심상을 이야기할 수 있을 것이다. 색, 소리, 냄새 등 모든 감각을 동원해 이 심상을 자세히 묘사하도록 요청하라.

이완 상태를 심화시키는 다른 절차에는 다음과 같은 것들이 있다.

- 50~100회 정도 숨을 내쉴 때마다 마음속으로 '편안하다.'라고 말하게 하라. 실제로 횟수를 셀 필요는 없다. 이것은 호흡에 리듬감이 생기게 할 뿐만 아니라, '편안하다.'라는 말을 이완 상태로 이끄는 변별자극으로 만들어 준다.
- 내담자가 심상에 숙달되었다면 '편안하다.'는 단어가 네온사인처럼 리듬감 있게 깜빡이는 모습을 상상하게 하라.
- 호흡에 집중하며, 의도적으로 천천히 숨을 쉬도록 상기시켜라.
- 이완 유도가 마지막을 향해 가고 있을 무렵, "이제 곧 제가 열까지 숫자를 세겠습니다. 지금 당신은 이완된 상태에 있지만, 제가 열을 세면 더욱 깊게 이완될 것입니다."라고 말한다. 그런 다음 천천히 열을 세며, 숫자 중간중간 이완이 깊어짐을 내담자에게 상기시켜라.

노출

불안을 일으키는 비합리적 신념을 아무리 강하게 반박하더라도 실제로 불안을 마주하고 견뎌 내기 전에는 심리치료가 내담자에게 도움이 되었다고 말할 수 없다. 노출은 오래전부터 심리치료에 사용되었으며, 특히 불안장애에 우수한 효과를 나타내는 개입 방법이다(Hazlett-Stevens & Craske, 2009). REBT에서는 모든 내담자가 공포에 정면으로 부딪치도록 강력히 권한다. 심상을 통해 공포 유발 자극에 노출될 수도 있고, 직접 공포 유발 자극에 접근할 수도 있다. 필자가 REBT 상담자로 활동하는 동안 노출 기법은 줄곧 REBT의 핵심요소였다. 상담자라면 누구나 노출 기법에 관한 문헌을 숙지할 필요가 있다. 두려움을 정면으로 마주하는 것은 불안을 느끼는 것과 정반대의 행동이다.

행동 활성화

우울에 관한 행동주의 이론에 의하면, 환경 속에 강화물이 부족한 것이 원인이 되어 우울이 발생한다(Dimidjian et al., 2011 참조). 사람들은 유쾌함, 성취감, 만족감을 불러오는 활동을 그만두는 경우가 있다. 행동 활성화란 우울한 상태가 되기 전에 즐기던 것을 하거나 새롭게 즐거운 활동을 시도하도록 격려하는 것이다. 행동 활성화는 우울한 내담자에게 가장 먼저 시도하는 개입방법이며, 모든 우울증 사례에 활용할 수 있다. 즐거운 활동을 하는 것은 우울을 느끼는 것과 정반대의 행동이다.

가치 명료화와 전념 행동

수용전념치료의 핵심요소 중 하나는 자신이 추구하는 가치를 깨닫고 참된 자기에게 가장 중요한 것이 무엇인지를 발견하도록 돕는 것이다(Hayes et al., 2011). 이러한 깨달음에 도달하면, 자신이 추구하는 가치에 따라 행동하고 삶을 의미 있게 만드는 일을 하게 된다. **전념 행동**(committed action)이란, 자신이 추구하는 가치에 맞게 목표를 설정하고 책임감 있게 행동하는 것을 말한다. 상담실을 찾을 때 내담자들은 전념 행동이 아니라, 부정적 생각과 감정에 빠져 자신의 삶에 의미와 즐거움을 가져오는 행동을 못하는 경우가 많다. Ellis는 실존주의 철학(Sartre, 1948/1977) 및 심리치료(Frankl, 1946/2006; Yalom, 1980)의 영향을 크게 받은 까닭에 긍정적 행동을 취해 행복에 다가가도록 내담자들을 독려했다. 하지만 행복의 추구는 REBT에서 상담 후반부에 다룰 문제 또는 상담을 받고 있지 않은 사람들의 과제로 간주되어 왔다(Bernard, Froh, DiGiuseppe, Joyce, & Dryden, 2010). 반면, 수용전념치료는 이러한 긍정적 행동에 전념하는 것을 심리치료의 중심에 두고 있다. 이것은 고전적 REBT에 새롭게 더해진 가장 중요한 측면이라고 할 수 있다.

A에 대한 새로운 인지적 반응 개발하기

자기교시 훈련 또는 스트레스 면역 훈련

Meichenbaum(1977)은 내적인 대화를 적응적 행동의 길잡이로 활용하는 방법을 개발하고, 이것을 자기교시 훈련 또는 스트레스 면역 훈련(SIT)이라고 불렀다. SIT는 구소련의 심리학자 Vygotsky(1975; Diaz & Berk, 1999)의 이론에 기반을 두고 있다. Vygotsky는 사고와 언어의 상호작용을 연구했으며 우성 반구의 대뇌피질이 순차적 정보처리와 언어에 영향을 미친다는 것을 발견했다. 복잡한 적응적 행동은 대부분 바른 순서로 일련의 행동을 수행하는 것이기 때문에, Vygotsky는 우선 행동 순서를 언어적으로 부호화하고(encoding), 그다음에는 예행연습하고(rehearsal), 마지막에는 행동 순서를 복호화해서(decoding) 행동의 길잡이로 삼을 필요가 있다고 믿었다. 인간의 행동을 이끄는 이러한 일상적 절차는 반복적으로 학습되어 빠르게 진행되기 때문에 연습이 잘 되어 있으면 의식조차 되지 않는다.

하지만 이 과정을 전혀 학습하지 못한 사람도 있고 특정한 상황에서만 행동 패턴을 부호화한 사람도 있다(Meichenbaum, 1977, 1993, 2009; Meichenbaum & Cameron, 1973, 1974). 이 기술을 익혀야 인간은 자신에게 말을 던지며 적응적 행동으로 자신을 이끌고 갈 수 있다. SIT는 모든 연령대의 내담자에게 사용될 수 있으며, 충동적 교실 행동부터 공격성, 불안, 우울, 통증 관리에 이르기까지 폭넓은 범위의 문제들에 적용되고 있다(Meichenbaum, 2009 참조).

SIT의 사용을 우선적으로 고려할 대상은 8세 미만의 아동, 지적 능력이 제한된 사람, 불안에 압도되어 논리적 사고가 곤란한 사람, 정신증적 사고장애를 겪는 사람, 신경학적 손상을 입어 이성적 추론에 제약을 받는 사람 등이다(DiGiuseppe, 2006). 한편, 반응적 공격성, 중독, 공황 발작과 같이 충동적 행동을 보이는 내담자들의 경우, 종종 비합리적 신념에 대한 논박이 실패하기도 한다. 이러한 경우는 논박을 시작하기 전에 우선 충동적 행동을 중단시킬 필요가 있다. SIT에서는 내담자들이 적응적 행동을 예행연습하는 것을 돕기도 하고, 해로운 감정 및 행동과 맞서는 합리적 진술을 연습시키기도 한다. Meichenbaum에 의하면, 합리적 자기 진술은 다음과 같은 세 가지 범주로 구분될 수 있다.

- 스트레스원을 정면으로 다루기: 자기 진술을 통해 내담자의 주의의 초점을 감정이 아니라 당면한 과제에 집중시킨다. 과제수행을 촉진하는 사고는 불안을 유발하는 사고와 공존할 수 없다.
- 압도된 감정에 대처하기: 자기 진술을 통해 내담자의 주의의 초점을 불안을 이해하고 재해석하는 데에 집중시킨다. 자기 진술의 내용은 불안 자체가 끔찍한 것이 아

니라는 메시지이다.

- 강화적 자기 진술: 내담자가 조금씩 자기통제를 늘려 가는 것에 대해 타인이 보상을 제공할 수 없을 때 강화적 자기 진술은 중요한 기능을 한다.

SIT는 내담자 자신의 문제에 대한 철학적 이해를 촉진하지는 않는다. 그러나 해로운 부정적 감정과 공존할 수 없는 적응적 행동 및 합리적 생각을 위한 지침을 제공한다. SIT는 행동주의적 모형에서 도출되었으며 내적인 자극(사고), 반응, 강화물을 외적인 자극, 운동 반응, 외부에서 주어진 강화물과 동일하게 취급한다. Meichenbaum의 SIT는 REBT에 비해 논리적 분석에 비중을 두지 않는다. 그 결과, 성취된 변화가 여러 문제들로 일반화될 가능성이 상대적으로 적어질 수 있다.

과체중이며 모든 남성과의 접촉을 피하던 35세 여성 혜란 씨에게 SIT를 적용한 사례를 살펴보자. 혜란 씨는 알코올 중독자 아버지에게 학대받으며 자랐으며 14세 때 낯선 사람에게 성폭행을 당했다. 이후 죄책감, 우울, 심각한 불안을 경험했다. 처음에 철학적 해결책을 시도하자 우울 대신 슬픔을 느끼고, 성폭행 경험에 대한 죄책감을 내려놓는 데에는 도움이 되었다. 하지만 남성에 대한 두려움은 조금도 줄어들지 않았다. 상담자는 혜란 씨와 함께 두려움 단계표를 만들었다. 가장 아래쪽 항목은 200미터 밖에서 남성을 바라보며 해변을 홀로 걷는 것이었다. 중간 위치의 항목 중에는 남성과의 거리가 점점 좁혀지는 것이 있었다. 가장 높은 위치의 항목은 구내식당에서 남성과 대화하는 것이었다. 이완 훈련을 실시한 다음, 다음과 같은 합리적 자기 진술을 되뇌며 각 항목을 상상했다. 예를 들면, '이 생각이 나를 조종하게 할 필요는 없다. 내가 불안하다는 것을 받아들이고 행동한다.' '나는 긴장했다. 하지만 견딜 수 있다.' '이전에도 이 느낌을 느낀 적이 있다. 조금 지나면 이것도 지나갈 것이다.' '자기소개를 할 때 뭐라고 말하면 좋을까?'와 같은 자기 진술들이다. 다섯 회기가 지난 후, 혜란 씨는 구내식당에서 최소한의 불안만을 느끼며 남성과 점심을 먹을 수 있었다.

글상자 17-2

Meichenbaum이 제시한 자기 진술의 세 가지 범주를 활용해서 다음의 내담자를 위한 대처 진술문을 작성해 보라.

- 언쟁을 좋아하는 배우자와 소통하는 것을 두려워하는 사람

• 어두운 곳에서 혼자 자는 것을 두려워하는 아동
• 자신의 성생활 파트너를 만족시키지 못할까 봐 두려워하는 남성
• 직장 상사의 의견에 반대하는 것을 두려워하는 회사원
• 독자 여러분이 현재 상담하고 있는 내담자

'합리적 독설 기법'(rational barb techniques; Kimmel, 1976; Tafrate & Kassinove, 1998)은 분노 유발 상황에 대한 SIT에 사용된다. 상담자는 의도적으로 내담자가 놀림, 조롱, 모욕을 당하는 촉발사건을 재현한다. 아내에게 조롱과 모욕을 당하고 화가 난 상문 씨의 사례를 살펴보자. 상담자는 아내가 어떤 모욕적인 말을 했는지 상문 씨에게 물었다. 그리고 상문 씨와 함께 상문 씨의 불편한 감정을 상쇄시키고 적응적 행동으로 안내할 자기 진술문을 만들었다. 일부를 소개하면, '나는 화를 낼 필요가 없다. 침착하게 심호흡을 하자. 나중에 우리 둘 다 차분해졌을 때, 그때 이 문제를 이야기하자고 아내에게 말하자.'와 같은 내용이 포함되어 있다. 상문 씨는, 아내가 자기에게 하던 것처럼, 상담자에게 모욕적인 말을 하고, 상담자는 감정과 행동의 동요 없이 상황에 대처하는 자기 진술의 본보기를 보였다. 그다음에는 상문 씨의 동의를 얻어 상담자가 상문 씨에게 모욕적인 말을 던졌고(이 부분이 '독설'에 해당한다), 상문 씨는 방금 전 상담자가 시범 보인 합리적 반응을 연습할 수 있었다.

A-[추론]의 정확성 검증하기

이전의 여러 장에서 언급한 바와 같이 A-[추론]의 정확성을 직접적으로 반박하는 것은 REBT의 전형적인 전략이 아니다. 하지만 다음과 같은 두 가지 상황에서는 이 전략을 사용하는 것이 현명할 것이다. 첫째, 모든 내담자들이 고전적 REBT의 철학적 개입을 이해하고 받아들이지는 않는다. 내담자가 합리적 신념을 받아들이지 못하는 상황이 지속된다면, 다른 개입전략을 고려할 필요가 있다. 그중 하나가 A-[추론]의 정확성을 반박하는 것이다. 이것은 A-[추론]이 사실일 가능성이 희박할 때 시도할 수 있다. A-[추론]을 성공적으로 변화시킨 다음에는 다시 비합리적 신념을 반박하는 작업으로 돌아온다.

둘째, 어떤 내담자들은 자신의 절대적 요구를 이해하고 논박해 냈음에도 불구하고, 사건을 잘못 지각해서, 불쾌한 촉발사건이 계속 일어난다고 호소한다. 이들이 경험하는 부정적 감정은 우울, 분노, 불안과 같은 해로운 것이 아니라 슬픔, 언짢음, 염려와 같이 자연스러운 것이다. 하지만 문제는, 비록 이들이 합리적 신념을 가지고 있다 하더라도 현실을 부정확하게 지각한다면, 부정적 감정을 필요 이상으로 많은 시간 동안 느낄 수 있다는 것이다. 이러한 경우, 내담자의 삶은 계속 불쾌한 상태에 놓이게 되므로 심리적 개입이 절실하다. 이러한 내담자들은 인지 왜곡과 부정적 감정 때문에 인생에 대한 현명한 결정을 내리지 못한다. 이때 상담자가 할 수 있는 일은 내담자의 A-[추론]의 정확성을 검토하는 것이다.

아내가 자신과 시간을 보내지 않는다는 A-[지각]을 나타내며, '내 아내는 나를 사랑하지 않는다.'라는 잘못된 A-[추론]에 도달한 성모 씨의 사례를 살펴보자. 성모 씨는 '나는 아내에게 사랑받아야만 한다.'라는 IB-[절대적 요구/핵심신념]과 '아내가 나를 사랑하지 않기 때문에 나는 가치 없는 인간이다.'라는 IB-[자기비하/파생신념]도 함께 가지고 있었다. 고전적 REBT는 성공적으로 진행되었다. 성모 씨는 IB-[절대적 요구/핵심신념]과 IB-[자기비하/파생신념]을 보다 적응적인 신념으로 바꾸었다. 하지만 '아내가 나와 시간을 보내지 않는다.'는 A-[지각]과 '아내는 나를 사랑하지 않는다.'는 A-[추론]은 변하지 않고 그대로 있었다. 성모 씨가 IB-[절대적 요구/핵심신념]을 내려놓는다면, 이 부정적인 현실 왜곡도 역시 바뀔 수 있다. 하지만 Allport(1937)가 **기능적 자율성**(functional autonomy)이라는 개념을 통해 이야기한 것처럼, 어떤 심리적 구인들은 그것을 일으킨 원인이 제거된 다음에도 계속 유지된다. 성모 씨는 더 이상 A-[지각]과 A-[추론]에 대한 IB-[절대적 요구/핵심신념] 때문에 심각하게 고통받지는 않았지만, 아내의 애정을 잃었다는 생각이 들어 매우 슬펐다. 결국 성모 씨는 아내가 자기를 사랑하지 않는다는 A-[추론]을 바탕으로 이혼을 결심했다. 만약 이 A-[추론]이 옳지 않다면, 성모 씨는 잘못된 결론에 근거해서 이혼하는 것이 된다. 이러한 경우, 최선의 방안은 A-[추론]의 정확성을 검토하는 것이다.

A-[추론]을 반박하는 심리치료의 가장 좋은 예는 Aaron Beck의 **인지치료**이다(Beck, 1976, 2005; Dobson & Hamilton, 2009). 인지치료는 협력적 경험주의의 입장을 취하며, 내담자가 객관적으로 정확하게 관찰하고 보고하도록 돕는다. 인지치료 모형에 따라 상담자는 성모 씨에게 아내가 자신을 사랑하지 않는다는 가설을 지지하는 자료를 요청했다. 먼저, 용어의 의미와 수집할 자료에 대해 서로 합의할 필요가 있었다. 그래서

성모 씨에게 이렇게 물었다. "누군가가 성모 씨를 사랑하는 것을 어떻게 알 수 있습니까?" "그 사람이 성모 씨를 사랑한다면 또는 사랑하지 않는다면 과연 어떻게 행동하겠습니까?" 이에 성모 씨는 중요한 행동들을 목록으로 작성했고, 아내가 각 행동을 수행한 빈도를 기록했다.

인지치료는 내담자가 정보를 왜곡하는 주요한 두 가지 방식을 가정한다. 선택적 추상(selective abstraction)과 과장/축소(magnification/minimization)가 그것이다. **선택적 추상**이란 "상황 속의 가장 중요한 측면들을 무시한 채, 전체적 맥락이 배제된 세부 정보에만 기초해서 경험 전체를 개념화하는 것을 의미한다."(Beck et al., 1979, p. 7) **과장/축소**는 "상황을 현저히 잘못 평가해서 발생한 현실 왜곡이다."(p. 8) 두 가지 인지 오류 모두 자신을 둘러싼 세상의 모습을 무시하고 편향된 자료를 수집하게 만든다. 선택적 추상은 어느 한 가지 범주의 정보에만 초점을 맞추게 하고, 과장/축소는 특정 범주의 정보를 무시하게 만든다.

성모 씨는 아내 행동의 특정한 측면, 이를테면 아내가 늦게까지 일하는 것에만 선택적으로 주의를 집중했다. 그러나 귀가한 아내가 성모 씨에게 미소 지은 것, 하루를 어떻게 보냈는지를 열심히 이야기하던 것에는 주의를 기울이지 않았다. 성모 씨는 이러한 자료가 자신의 가설—'아내는 나를 사랑하지 않는다.'—과 상관없는 것으로 여기고 있었다. 게다가 아내가 자기와 이야기하고 싶어 한다는 사실의 중요성을 축소시켰다.

이에 상담자는 성모 씨의 가설과 연관된 정보(예를 들면, 눈 맞춤, 인사, 대화, 부드러운 말투 등)가 무엇인지에 대해 서로 일치된 의견을 이끌어 냈으며, 이로써 선택적 추상을 피해 갈 수 있었다. 그다음에 성모 씨가 한 일은 일지에 아내에게 바라던 행동이 실제로 일어난 횟수를 정확하게 기록하는 것이었다. 이를 통해 과장/축소의 문제를 방지할 수 있었다.

다음 회기에 성모 씨는 보다 정확한 정보를 가져왔다. 아내는, 일주일 중 4일, 귀가 후 키스해 주었고, 자기의 일과를 이야기했으며, 음식을 준비해 주었다. 그리고 성모 씨가 하루를 어떻게 보냈는지도 물어봐 주었다. 그럼에도 불구하고 아내가 자신을 사랑하지 않는다는 가설을 성모 씨가 여전히 믿는다면, 정보에서 결론을 도출해 내는 과정에서 논리적 오류가 발생했을 가능성이 있다.

Beck은 정보에서 결론을 도출할 때 흔히 발생하는 **귀납적 추론**의 오류 세 가지를 소개했다. 귀납법이 어려운 이유는 특정한 현상의 모든 사례를 조사해야 정확한 판단을 내릴 수 있다는 점이다. 예를 들어, 모든 빨간 암탉의 지능이 높다는 가설을 세웠다고 하자. 논리만을 생각하면 모든 빨간 암탉의 지능을 조사해야 가설의 진위를 판단할 수 있다. 하지만 이러한 작업은 불가능하기 때문에 귀납적 결론은 대개 자료 표집 절차와 추론 통계를 통해 도출된 것이며 신뢰수준 내에서만 수용되는 것이다. 그러므로 귀납적 결론은 언제나 잠정적인 결론이다. 하지만 내담자들이 이러한 과학원칙에 따라 판단을 내리는 일은 거의 없다. Beck이 이야기한 세 가지 인지 오류, 즉 잘못된 추론은 다음과 같다.

- 임의적 추론(arbitrary inference): 지지 증거의 부재 혹은 반대 증거의 존재에도 불구하고 결론을 도출한다.
- 과잉 일반화(overgeneralization): 단일 사건에 근거해서 일반적인 결론을 도출한다.
- 개인화(personalization): 근거 없이 외부 사건을 자신과 연관시킨다.

주요한 개입 전략은 두 가지로 요약될 수 있다. 첫째는 일상생활에서 객관적으로 정보를 수집하여 정확한 이름을 붙이는 것이고, 둘째는 수집한 정보에서 도출한 자동적 결론에 의문을 던지는 것이다.

우아한 해결책을 성공적으로 찾아낸 다음에 A-[추론]을 반박했던 또 다른 사례를 살펴보자. 지나 씨는 자신이 이기적으로 행동했다는 A-[추론]에 대해 큰 죄책감을 느낀다고 말했다. 그리고, '나는 이기적으로 행동하면 안 된다.'라는 IB-[절대적 요구/핵심신념]과 '이기적으로 행동한 나는 형편없는 인간이다.'라는 IB-[자기비하/파생신념]을 지니고 있었다.

심리치료를 통해 절대적 요구와 부정적 자기평가를 변화시켜서 더 이상 큰 죄책감을 느끼지는 않았지만, 지나 씨는 여전히 마음이 불편했다. 지나 씨가 하던 생각은 '나는 때때로 이기적으로 행동할 수도 있어. 그렇다고 해서 내가 형편없는 인간이 되지는 않아. 하지만 이기적으로 행동하는 것이 좋은 선택지가 아닐 수도 있어. 직업적으로 성공하는 것, 친구들과 잘 지내는 것, 남자친구를 사귀는 것을 방해할 수도 있거든. 그러니까 가능하면 이기적으로 행동하지 않을 거야.'라는 것이었다. 자신이 이기적으로 행동한다는 지나 씨의 생각이 과연 정확한 것인가? 우선, 상담자는 지나 씨와 함께 이기적인 행동을 정의하고, 이것을 자기 이익과 구분 지었다. 그다음에는 지나 씨가 실제로 무엇을 했는지를 조사했다. 상담자와 토론을 거친 후, 지나 씨는 새로운 결론에 도달했다. 지나 씨는 이기적으로 행동하지 않았고, 자기 이익을 위해 행동하기보다 다른 사람의 이익을 앞세우는 일이 많았다. 지나 씨에 대한 우아하지 않은 개입은 다음과 같이 새로운 문제에 대한 토론으로 이어졌다. 왜 지나 씨는 자기가 손해를 보면서 다른 사람의 이익을 앞세우는가? 지나 씨는 다른 사람에게 불편을 주면서 자기의 이익을 위해 행동할 수 있는가?

사람들이 자신을 모욕한다며 자주 분노를 느끼던 창의 씨의 사례도 살펴보자. 창의 씨의 A-[추론]은 '사람들은 나를 모욕한다.'였다. IB-[절대적 요구/핵심신념]은 '사람들은 나를 존중해 주어야만 한다.'였다. IB-[타인비하/파생신념]은 '나를 모욕하는 사람들은 야비하다. 그러니까 혼이 좀 나야 한다.'였다. 상담자는 우아한 해결책을 선택하였으며, 사람들이 자신을 존중해야 한다는 절대적 요구와 그렇지 않은 사람들에 대한 비난을 개입의 표적으로 삼았다. 이 작업은 직장에서의 분노를 현저히 감소시켰으며 업무 성과도 나아졌다. 하지만 창의 씨는 여전히 동료들과 소원하게 지냈으며 팀 프로젝트에서 성과를 내지 못했다. 이것은 그다지 놀라운 일이 아니다. 창의 씨는 여전히 동료들이 자기를 무시한다고 여겼기 때문이다. 비록 불만과 짜증 정도로만 반응하고는 있었지만, 매일 짜증이 나는 것은 결코 유쾌한 일이 아니다. 창의 씨는 동료들의 발언에 과잉반응하고 있을지도 모른다. 창의 씨의 A-[추론]의 정확성을 검토하기 위해 사람들이 실제로 그에게 뭐라고 말했는지 그리고 어떤 식으로 말했는지에 대한 문답이 오고 갔다. 그 결과, 창의 씨는, 사람들이 문제를 지적하거나 다른 방안을 제안했을 때, 자신을 모욕하는 것으로 받아들인다는 것이 드러났다.

Wendell Johnson(1946)은 **의미치료**(semantic therapy)에 관한 저서에서 상담자가 던져야 할 두 가지 중요한 질문은 "**그것이 무엇을 의미합니까?**"와 "**그것을 어떻게 알았습니까?**"라고 이야기했다. 이 두 가지 질문을 응용해서 동료들로부터의 모욕에 대한 창의 씨의 짜증을 다루는 모습을 다음의 축어록에서 살펴보자.

상담자: 동료가 프로젝트에 대한 아이디어를 제안했습니다. 이것이 동료가 창의 씨를 무시한다는 것을 의미합니까?

내담자: 음…… 아니요.

상담자: 직장에서 진행되는 모든 프로젝트에 대해 창의 씨가 항상 가장 좋은 아이디어를 가지고 있을 수 있습니까?

내담자: 자기 아이디어가 좋으면 그만이지 사람을 무시하는 건 아니죠!

상담자: 그렇지요. 하지만 누군가가 나보다 더 좋은 아이디어를 가지고 있을 때마다 그 사

람이 나를 무시한다는 생각을 앞으로도 계속 가지고 있다면, 창의 씨에게 어떤 일이 일어날까요?

내담자: 모욕감을 많이 느끼겠죠.

상담자: 네. 그래서 창의 씨는 끊임없이 경계하며 살겠지요. 그렇죠?

내담자: 네. 아마 그럴 거예요.

상담자: 누군가가 창의 씨보다 더 좋은 아이디어를 가지고 있을 수 있습니다. 그것이 어떻게 모욕이 됩니까?

내담자: 음, 사람들이 가끔 나보다 좋은 아이디어를 내놓지 않으면, 나 혼자 모든 일을 다 해야할지도 모르겠네요.

상담자: 프로젝트를 어떻게 진행할지에 대해 아이디어를 내놓는 것이 정말 창의 씨를 모욕하는 일인가요?

내담자: 아니요. 그냥 자기 할 일을 하는 것 같아요.

이제 막 REBT에 입문한 상담자들은 앞에 소개한 것과 같은 대화를 나누는 일이 많았을 것이다. 독자 여러분이 이 축어록을 통해 자신이 하고 있는 일을 분명히 이해하고, 보다 효과적으로 A-[추론]을 반박하는 방법에 대한 아이디어를 얻기를 희망한다. 비록 REBT에서도 가끔 A-[추론]에 대한 반박을 권장하지만, 철학적 해결책을 시도한 다음에 이를 진행하는 것이 바람직하다. 철학적 해결책이 성공했음에도 불구하고, 불필요한 부정적 감정이 지속되거나 비효율적인 의사결정이 진행된다면, A-[추론]의 정확성을 검토할 필요가 있는 것이다.

A-[객관]에 대한 설명

많은 심리학자는 인간이 주변 세계를 이해하려 애쓰는 과학자와 같은 존재라고 믿는다(Laird & Metalsky, 2009; Mahoney, 1977, 1991). 과학자는 환경을 분류, 이해, 예측, 통제하기 위해 노력한다. 그리고 이 목표들을 달성하기 위해 사건에 대한 설명, 즉 이론을 발전시킨다. 삶을 살며 모든 인간은 이것을 수행한다. 인간은 왜 연인이 자기를 떠나려 하는지, 왜 승진을 못했는지, 왜 친구가 자기를 무시하는지, 왜 누군가가 자기를 모욕하는지를 이해하고 싶어 한다. 이 의문들에 대한 설명을 **개인적 구성개념**(Kelly,

1955; Mahoney, 1991)이라 부르기도 하고, 귀인(Seligman, 1975; Weiner, 1989) 또는 스키마(Piaget, 1954; Young, Klosko & Weishaar, 2003)라고 부르기도 한다.

Kelly(1955)에 의하면, 인간은 세상을 예측 가능한 공간으로 만들기 위해 구성개념 체계를 발전시킨다. 개인의 구성개념 체계는 세상에 대한 지각과 기대에 영향을 미친다. 어떤 구성개념은 다른 것들보다 더 중요하다. 개인의 구성개념 체계는 자신이 이해하고 경험하는 그대로의 개인적 진실이다. 그러므로 내적 일관성을 갖출 필요가 없다. 이런 관점에서 보면, 상담의 주된 과정은 내담자의 구성개념을 평가 및 이해하고, 내담자가 가진 구성개념이 세상을 효율적으로 살아가는 데에 도움이 되는지를 평가하는 것이 된다. Kelly의 이론은 인간의 적응 촉진 및 부적응 해소의 모형으로서 과학적 사고를 돕는 개입전략이 발전하는 계기가 되었으며(Mahoney, 1979, 1991), 한 사람이 세상을 바라보는 철학, 즉 개인적 인식론을 이해하는 작업을 심리치료로 규정하는 구성주의적 방법론으로 이어졌다(Mahoney, 1991; Mahoney & Lyddon, 1988; Neimeyer, 1993).

Seligman은 사건을 해석하는 방식, 즉 **귀인**이 사람들이 역경에 다르게 반응하는 이유를 이해하는 열쇠라고 주장했다(Seligman, 1975; Alloy, Peterson, Abramson, & Seligman, 1984). 비슷한 부정적 사건을 경험한다 하더라도 사람마다 이에 대해 다른 해석을 하기 때문에 학습된 무기력과 우울에 빠질 가능성에 개인차가 발생한다(Abraham, Seligman, & Teasdale, 1978). 비관적 해석양식을 가진 사람은 부정적 사건을 영구적('절대 변하지 않을 거야.'), 개인적('내 잘못이야.'), 총체적('나는 아무것도 제대로 못해.')이라고 인식하기 때문에 학습된 무기력과 우울을 겪을 가능성이 더 크다.

인지심리학자 Weiner(1979, 1985)는 이와 유사한 귀인이론을 아동의 학업 성취동기에 관한 연구를 바탕으로 발전시켰다. Weiner에 의하면, 인간은 불쾌한 사건이 일어난 이유를 추측하려는 경향을 지니고 있다. 귀인양식은 몇 가지 차원으로 나뉠 수 있는데, 전반적/특수적, 안정/불안정, 외적/내적 귀인이 그것이다(Weiner, 1985). 전반적 귀인은 다양한 맥락에 일관되게 적용되는 요소가 부정적 사건의 원인이라고 믿는 것이며, 특수적 귀인은 특정한 상황에만 적용되는 요소가 그 원인이라고 여기는 것이다. 안정 귀인은 부정적 사건의 원인이 시간이 지나도 변하지 않는 요소라고 믿는 것이다. 반면, 불안정 귀인은 그 원인이 특정한 시점에만 국한된 요소라고 여기는 것이다. 외적 귀인은 상황 또는 외부적 요인이 부정적 사건의 원인이라고 여기는 것이며, 내적 귀인은 개인내적 요소가 원인이라고 믿는 것이다(Abraham et al., 1978).

때때로 내담자의 비합리적 신념은 중요한 생활사건을 설명하는 개인적 구성개념들을 바탕으로 형성되기도 한다. 그러므로 생활사건에 대한 내담자의 해석을 합리적 신념과 부합하는 방향으로 전환시키기 전에는 비합리적 신념의 변화가 어려울 수 있다. 다음의 사례를 살펴보자.

만수 씨는 여자 친구 현아 씨를 협박하며 전화, 열쇠 등 무엇이든 손에 잡히는 대로 집어 던졌다. 두 사람은 5년 넘게 교제했고 곧 약혼할 예정이었는데, 갑자기 현아 씨가 이별을 선언한 것이다. 만수 씨는 분통이 터졌다. 현아 씨에게 소리 지르고 협박했다. 끊임없이 문자 메시지와 이메일을 보내 다시 돌아오라고 요구도 하고 애원도 했다. 이러한 소동은 만수 씨가 우울에 휩싸일 때만 잠시 멈췄다. 만수 씨는 여러 비합리적 신념을 가지고 있었다. IB-[절대적 요구/핵심신념]은 자기에게는 현아 씨가 꼭 필요하다는 것이었다. 만수 씨는 두 종류의 IB-[평가/파생신념]을 지니고 있었다. 그것은 현아 씨가 완전히 나쁜 사람이고, 만수 씨 자기도 마찬가지로 나쁘다는 믿음이었다. 상담자와 함께 절대적 요구를 변화시킨 다음, 만수 씨는 여자 친구가 왜 자기를 떠났는지 이유를 꼭 알아야겠다고 말했다. 만수 씨는 이별에 대해 몇 가지 해석을 하고 있었는데, 이것은 만수 씨의 IB-[평가/파생신념]과 밀접하게 연관되어 있었다. 첫째, 만수 씨는 모든 여자들이 다 제정신이 아니어서 만족할 줄을 모른다고 말했다. 여성에 대한 이러한 포괄적 비난은 자기가 사귄 적도 없는 다른 여성들에 대한 분노와 언어적 공격으로까지 이어졌다. 둘째, 만수 씨는 현아 씨가 정신적으로 문제 있는 이기적인 여자이며 자기를 의도적으로 이용했다고 여겼다. 이러한 생각은 더욱 큰 분노를 일으켰다. 셋째, 만수 씨는 자기가 못난 사람이라 현아 씨가 떠난 것이라고 말했다. 이러한 포괄적 자기비하는 곧바로 우울로 이어졌다. 만수 씨는 마치 덫에 걸려 헤어나지 못하는 것처럼 보였다. 상황을 설명하는 이 모든 구성개념들이 타인 또는 자신에 대한 비난을 담고 있었으며 분노 아니면 우울을 느끼게 했다. 만수 씨가 이별의 이유를 알고 싶어 한 것은 다음에 더 나은 상대를 선택해서 일방적 사랑의 고통을 피하기 위함임을 알 수 있다.

자신과 타인에 대한 폄하적 해석을 논박한 다음, 만수 씨가 지금껏 보아 온 다른 커플들은 왜 헤어졌는지를 생각해 보도록 요청했다. 많은 경우는 처음부터 서로 맞지 않은 것 같았고, 시간이 지나면서 서로 멀어진 예도 있었다. 이런 토론과 소크라테스식 문답을 통해 만수 씨는 새로운 해석에 도달했다. 즉, 사람들은 서로 맞지 않기 때문에 헤어진다는 것이다. 악의가 있는 것도 아니고 정신적으로 문제가 있어서 헤어지는 것도 아니다. 한때 사랑했던 사람과 서로 맞지 않는다는 것이 그 사람이 나빠서 비난받아야 함을 뜻하지도 않는다. 이러한 해석을 하게 되자 만수 씨는 모든 여성에 대한 포괄적 비하를 내려놓을 수 있었다. 오랫동안 함께할 배우자를 고르는 일은 남성뿐 아니라 여성에게도 똑같이 어려운 일이다. 만수 씨는 현아 씨에 대한 포괄적 비하와 분노도 내려놓을 수 있었다. 그뿐만 아니라 자신에 대한 포괄적 비하와 우울도 내려놓을 수 있었다. 만수 씨가 새롭게 받아들인 합리적 신념은 '사람은 흔히 실수하고 잘못된 선택을 한다. 그렇다고 해서 그 사람이 악한 것이 아니다. 그저 불완전한 인간일 뿐이다.'였다. 이를 바탕으로 만수 씨는 자기 자신뿐 아니라 당시 만나던 여성들을 더 잘 이해하는 일에 힘을 쏟았다. 이렇게 자신과 타인을 이해하는 것이 구성개념이 만들어진 본래의 목적이다. 유념할 것은 포괄적 가치비하를 담은 구성개념이 자주 이러한 설명적 기능을 수행한다는 것이다. 합리적 신념과 공존할 수 있는 스키마를 발전시키는 것은 성공적 심리치료의 주요한 부분이다.

A 변화시키기

내담자는 상담을 통해 우선 자기의 바람과 다른 환경에 대처하는 법을 배운다. 그다음에 할 일은 환경이 자신의 바람에 근접하도록 변화시킬 효과적인 방법을 배우는 것이다. 예를 들어, 어떤 내담자가 직장 동료 중에 자기를 좋아해 주는 사람이 있기는 하지만, 그 비율이 바라는 것만큼 높지 않다는 것을 알게 되었다고 하자. 이럴 때가 바로 심리적 개입이 필요한 순간이다. 가능한 범위 내에서 내담자가 A를 변화시키도록 돕는 것은 REBT 상담자의 중요한 역할이다. Ellis 역시도 집단상담을 진행할 때 내담자가 사회적 생존 기술을 발전시키도록 돕는 데에 상당한 시간을 투입하곤 했다. A를 변화시키려는 시도는 기본적으로 다음의 두 가지 범주로 나뉠 수 있다.

- 내담자가 생활하는 환경을 변화시키기
- 내담자의 특정한 측면을 변화시키기

환경 변화시키기

내담자가 실제의 생활 속에서 자주 겪는 어려움에는 변화시킬 수 있는 부분이 존재한다. 1장에서 언급한 바와 같이, 고전적 REBT를 통해 비합리적 신념이 변화하고 건강한 부정적 감정에 도달한 다음에도 내담자는 더 나은 삶을 위해 A의 변화를 시도할 수 있다. 내담자는 심각한 금전적 어려움이나 법적인 문제를 겪고 있을 수도 있고, 배우자의 부모와의 관계, 건강, 교육, 진로, 결혼, 가족 등과 관련된 문제에 직면해 있을 수도 있다. 이러한 주제를 다룰 때, 상담자가 해야 할 일에는 적절한 정보를 제공하는 것도 있겠지만, 이보다 중요한 역할은 **문제해결기술**을 가르치는 것이다.

❍ 사회적 문제 해결 프로그램

환경 변화를 돕는 인지 학습 심리치료 중에 우선 소개할 것은 사회적 문제 해결(Social Problem Solving) 프로그램이다(Nezu, Maguth-Nezu, & McMurran, 2009). 이것의 시초는 Spivack과 Shure(1974)가 도시 저소득 가정 아동의 적응문제를 예방하기 위해 개발한 교육 프로그램이다. 이들은 유치원생과 초등학교 1학년 아동에게 초점을 맞춤으로써 문제를 예방할 수 있음을 보여 주었다. 이 프로그램의 성공 이후, 다른 문제 및 대상에도 적용할 수 있는 심리치료 프로그램으로 발전하게 되었다. 한편, D'Zurilla와 Goldfreid(1971)도 행동치료의 입장에서 이와 비슷한 접근법을 개발한 바 있다. 사회적 문제 해결 프로그램의 과정은 문제 정의하기, 문제해결을 위한 다양한 대안적 반응 생성하기, 각 대안적 반응이 가져올 결과 예상하기, 가장 성공 가능성이 큰 행동 계획 선택하기로 구성된다. 이 프로그램은 문제해결 방법을 학습하고 가장 효과적인 반응 방식을 발견하는 일종의 자기통제 기술을 훈련하는 것이라고 할 수 있다.

사회적 문제 해결 프로그램은 CBT에서 가장 많이 연구된 분야이며 거의 모든 문제에 대해 가장 먼저 사용을 고려해 볼 만한 개입전략이다. 다양한 문제 및 장애를 겪는 여러 연령대의 내담자들에게 좋은 효과를 나타냄을 지지하는 연구들이 광범위하게 존재하며, 다양한 문제 및 연령별 훈련 매뉴얼이 출간되어 있다(Nezu, Nezu, & D'Zurilla, 2006; Nezu et al., 2009).

심리치료 이론 중에는 감정 문제에 영향을 주는 요인들에만 초점을 맞추는 것이 많다. 이들은 감정 문제가 제거되면 내담자가 바람직하고 적응적인 반응을 생각해 내거나 행동으로 옮길 수 있다고 가정한다. 그러나 사회적 문제 해결 프로그램을 연구하는 학자들의 생각은 이와 다르다. 즉, 바람직하고 적응적인 행동이 내담자 자신의 것으로 자리 잡으려면 문제해결기술을 배워야 한다. 역기능적 행동은 순기능적 행동을 수행할 역량이 부족해서 발생한다는 것이 사회적 문제 해결 프로그램의 입장이다. 이 두 가지 관점을 통합한 심리치료는 내담자에게 최선의 성과를 가져다줄 것이다.

Ellis는 종종 REBT와 사회적 문제 해결 프로그램을 결합시키곤 했다. Ellis가 진행하던 워크숍 중에 '싱글을 위한 창의적 만남(Creative Contacts for Singles)'이라는 것이 있는데 Albert Ellis 연구소에서 가장 인기 있는 워크숍이었다. 이 워크숍에서는 우선 내담자를 억압하는 비합리적 신념을 찾아내 반박한 다음, 이성과의 만남에 필요한 사회적 기술을 가르치고 연습시켰다. 그리고, REBT답게 한 걸음 더 나아가, 실패할 경우의 대처방법도 가르쳤다. 이 과정에서 많은 내담자들이 자신이 매우 불완전한 선택지만을 가지고 있다는 것, 어느 해결책에도 부정적 결과가 뒤따를 수 있다는 것, 또는 문제가 해결될 수 없다는 현실을 깨닫는다. 냉정한 현실은 아주 능숙한 사람마저도 좌절에 빠지게 할 수 있다. 이런 경우에는 탈파국화와 같이 우아한 해결책을 찾는 것이 필수적이다.

❍ 주장 훈련과 사회기술 훈련

주장 훈련과 사회기술 훈련을 REBT와 함께 사용하는 이유는 사회적 문제 해결 프로그램과 동일하다. 비합리적 신념을 합리적 신념으로 바꾸어 적응적이고 건강한 부정적 감정을 느낀다 하더라도, 삶의 질을 개선하기 위해 적응적 행동을 어떻게 실천해야 하는지를 모를 수 있다. 사회기술 훈련(Segrin, 2009)과 주장 훈련(Duckworth, 2009)에서는 행동을 가르치기 위해 **모델링**, **예행연습**, **피드백**이라는 절차를 거친다. 주장성 및 사회기술 결함의 원인은 언어 및 비언어적 측면의 역량이 부족하거나, 이러한 역량을 행동으로 표현하는 것을 방해하는 인지적 요인이 존재하거나, 아니면 양자 모두이다. 게다가 주장성 및 사회기술의 문제는 특정 상황에서만 나타날 수도 있다. 예를 들면, 어떤 내담자는 직장에서는 자기주장을 잘하고 사회적 기술도 발휘하지만, 집에서 가족과 함께 있을 때는 소심하게 행동한다. 어떤 내담자는 부정적 감정을 표현하는 데는 능숙하지만, 부드럽고 애정이 담긴 감정을 표현하려고 하면 말문이 막히고 만다. 이러한 행동을 변화시킴으로써 A를 변화시키는 데에 도움을 줄 수 있다. 하지만 다음과 같은 두 가지 측면에 주의할 필요가 있다. 첫째, 주장 행동 또는 사회기술을 향상시켜서 원하는 결과를 얻을 가능성을 높일 수는 있지만 이를 보장할 수는 없다. 둘째, 주장적으로 행동하는 법을 알아도 항상 그렇게 행동해야 한다는 뜻은 아니다. 때에 따라서는 신중한 것이 더 나은 선택지일 수도 있다. 달리 말하면, 행동의 결과를 생각해야 하는 때가 있다.

주장 훈련의 첫 단계는 주장 행동, 순종적 행동, 공격적 행동의 차이를 가르치는 것이다. **주장 행동**은 좋고 싫음을 말하고 원하는 바를 타인에게 요청하는 것을 의미한다. 직설적으로 의사를 표현하지만, 적대적이거나 방어적이지 않은 것이 특징이다. 주장성이 높은 사람은 자신의 요청이 거절당하는 것에 대해 개방적이고 수용적인 태도를 취한다. 이와 대조적으로 **순종적 행동**은 자기 억제와 불안이 담긴 우회적 의사소통을 지칭한다. 원하는 것을 얻기 위한 시도를 조금도 하지 않는 것이 특징이다. 순종적 행동을 하는 사람은 자신의 요구가 거절당하는 상황을 애초부터 회피한다. 한편, **공격적 행동**은 좋고 싫음을 표현하는 정도가 아니라 상대방에게 명령하는 것이다. 정의감에 불타거나 적대적인 태도로 표현되며, 상대방을 처벌하려는 의도를 담고 있다. 이렇게 해서 자신의 요구를 관철시키려는 것이다. 공격적 행동을 하는 사람은, 순종적 행동을 하는 사람과 마찬가지로, 자기의 요구가 거절당하는 것을 용납하지 못한다.

그다음 단계는 내담자의 비합리적 자기 진술을 수정하는 것이다. 이러한 자기 진술은 순종적 또는 공격적 반응으로 이어진다. 때로는 자신을 처벌하기도 한다. 자기주장을 서투르게 했거나 원하는 결과가 즉시 나오지 않았을 때, 아니면 아예 아무 반응도 하지 못했을 때 자신을 책망하는 것이다.

자기주장을 할 권리가 있다는 사실에 내담자는 눈을 떠야 한다. 인간으로서 자신의 권리는 무엇인가? 배우자 또는 부모와 같은 특정한 사회적 역할에서 자신의 권리는 무엇인가? 이러한 의문은 종종 도발적 숙제를 부여하는 것으로 이어진다. 다음과 같이 말해 보도록 하면 내담자가 숙제를 시작하는 데에 도움이 될 것이다.

> "나에게는 감정을 느낄 권리와 그것을 표현할 권리가 있다. 불평하고 비판할 권리가 있다. 내 뜻대로 우선순위를 정할 권리가 있다. 죄책감을 느끼지 않으며 거절할 권리가 있다."

아울러 주장 훈련에서는 주장 행동에 관한 내담자의 강점과 약점을 평가하고, 부족한 부분을 보완하는 훈련이 진행된다. Janet Wolfe의 주장 행동 지침을 바탕으로 작성한 다음의 내용을 참고하라.

- 거절할 때는 확실하게 "아니요."라고 말하고 거절의 이유를 설명하라. 하지만 필요 이상으로 사과하지는 말라. 가능할 경우 상대방에게 대안적 방안을 제시하라.
- 가능하다면 지체하지 말고 신속하고 간략하게 답변하라.

- 비합리적인 요구를 받았다면 설명을 요청하라.
- 말할 때는 상대방을 똑바로 바라보라.
- 자세를 포함해서 자신의 몸짓을 점검하라. 자신감이 없거나 주저한다는 인상을 주지 않아야 한다(예를 들면, 입을 손으로 가리기, 발을 움찔거리기 등).
- 자신의 목소리에 주의를 기울여라. 너무 크거나 너무 부드러운 목소리로 말하는 것은 좋지 않다.
- 불편한 감정을 표현하거나 문제를 지적할 때는 오직 상대방의 행동에만 초점을 맞추라. 인격에 대한 공격은 피해야 한다.
- 타인의 행동에 대해 언급할 때는 '나' 진술문을 사용하라. 예를 들면, "여보! 짜증나게 왜 이러는 거야?"라고 말하는 대신, "당신이 갑자기 약속을 취소했을 때 나는 화가 났어. 그것 때문에 난처하게 되었거든."이라고 말한다. 가능하면 다음과 같이 대안적 행동도 제시하라. "당신과 마주 앉아서 함께 계획을 짜면 좋겠어. 그러면, 이런 난처한 일을 줄일 수 있을 거야."
- 주장 행동 일지를 작성하라. 이것을 되돌아보고 친구와 이야기하라. 그리고 역할 모델을 관찰하라. 나쁜 습관은 갑자기 없어지지 않으며 새로운 기술은 하루아침에 생기지 않는다.
- 불편한 감정을 이겨 내고 주장 행동을 할 때마다 자신에게 보상을 제공하라. 상대방에게서 원하는 결과를 얻었는지는 신경 쓰지 말라.
- 순종적으로 또는 공격적으로 행동한 자신을 꾸짖지 말라. 무엇이 어디에서 어긋났는지를 살피고 다음번에 상황을 더 잘 다룰 방법을 고민하라.

주장 행동을 촉진하는 유용한 방식이 자기치유서에 종종 소개되는데 그중 DESC라는 **4단계 의사소통 모형**을 다음에 제시한다.

D 상황(Describe): 개인적 의견과 감정을 섞지 말고, 간략히 객관적으로 A를 설명한다.
E 감정(Emotion): '나' 진술문을 사용해 간단히 감정을 언급한다.
S 바람(Specify what you want): 원하는 것을 상대방에게 요청한다. 하지만 명령하지 않는다. 콕 집어서 분명하게 그리고 구체적으로 말한다.
C 결과(Consequence): 요청을 들어주면 발생할 긍정적 결과를 명확히 설명한다.

사례와 함께 살펴보면 모형을 더 분명히 이해하는 데에 도움이 될 것이다. 성모 씨의 사례로 돌아가 보자. 성모 씨는 아내가 시간을 함께 보내 주지 않는다며 불평했었다. 고전적 REBT 및 A-[추론] 검토 후에, 아내에게 함께 시간을 보내자고 요청하는 주장 훈련을 했다.

D 상황: 당신은 나와 상의하지 않고 주말과 휴일에 일할 계획을 세워.

E 감정: 나 외로워. 주말과 휴일에 당신이 일하러 가서.

S 바람: 내가 스케줄을 조정할 테니 당신이 언제 일을 하는지 알려 주면 좋겠어. 그러면 우리가 다른 날에 함께 시간을 보낼 수 있으니까.

C 결과: 이렇게 하면 우리가 더 많은 시간을 함께할 수 있을 거야.

글상자 17-3

> DESC 두 개를 연습 삼아 작성해 보라. 하나는 긍정적 감정에 대해, 다른 하나는 부정적 감정에 대해 주장적 발언을 만드는 것이다. 긍정적 DESC에는 교제하는 사람 또는 배우자에게 바라는 것을 표현해 보는 것도 좋다. 예를 들면, 성생활에 대한 변화나 어떤 활동을 함께 할 것을 요청해 볼 수 있다.

지금까지 주장 훈련의 모형과 지침을 개략적으로 소개했다. 주장 훈련이 생소한 독자들에게는 내용이 충분하지 않을 것이다. 주장 훈련은 내담자가 A를 변화시키도록 돕는 한 가지 기법임을 기억하라. 사회기술 훈련도 이와 마찬가지이다. 다만 가르치는 행동과 반응의 범위가 더 넓어서 일상적 대화와 같은 상황도 포괄한다는 점이 다를 뿐이다.

A의 변화를 돕는 현실적 조언 제공하기

독자 여러분이 한 내담자를 상담하고 있다고 가정해 보자. 내담자의 모습을 바라보니, 외모를 조금 변화시키면 내담자가 원하는 목표를 성취할 가능성이 높아질 것이라는 생각이 든다. 이런 경우 내담자에게 솔직하게 이야기할 수 있겠는가?

예를 들어, 여러분의 내담자가 배우자를 찾는 중년 여성이라고 하자. 몸이 뚱뚱했으며 초라한 옷차림을 하고 있었다. 현실적 조언을 보류한다면 상담자로서 무책임한 행동일까? 이 내담자가 자신이 원하는 것을 성취할 가능성을 높이도록 상담자가 재치 있게 변화를 제안할 방법은 없을까? 다음의 발언을 고려해 보라.

"민희 씨, 제 경험에 의하면, 여성의 경우, 체중을 줄이고 머리모양을 새로 바꾸고 외모를 꾸미면 남성을 만날 확률이 더 높아집니다. 혹시 관심 가는 부분이 있는지요?"

내담자를 직접 지칭하지 않고, 제삼자를 언급하며 변화를 제안하고 있는 것을 볼 수 있다. 상담자가 전달하는 메시지는 "당신은 원하는 대로 할 수 있습니다. 하지만 제 이야기가 도움이 될지도 모릅니다."라는 점이다. 결국 변화에 대한 결정을 내리는 사람은 내담자이다.

내담자가 제안을 받아들이면, 긍정적 변화를 면밀히 관찰해서 매주 강화해 주는 것을 잊지 말라. 예를 들면, "민희 씨, 드레스가 정말 예뻐요!" "오늘 머리를 예쁘게 하고 오셨네요. 정말 잘 어울려요."라고 말하는 것이다. 외모에 긍정적 변화가 일어나면 점차 내담자 자신도 기분이 좋아질 것이다.

글상자 17-4

다음의 화제에 대해 내담자와 공개적으로 이야기를 나눈다면 독자 여러분은 상담자로서 어떤 기분이 들겠는가?

비만
체취
무례한 태도
상대방의 반응을 살피지 않는 장황한 독백

독자 여러분은 내담자의 특정한 행동이나 모습이 우리 사회에서 수용되지 않는다거나 내담자의 목표성취를 가로막는다는 이야기를 거리낌없이 내담자에게 할 수 있는가? 이 주제들에 대해 상담자 자신이 불편감을 느끼기 때문에 회피하고 있는 것은 아닌지 유의하라. 내담자의 반응이 두려운가? 혹시 그래서 주저하고 있다면, 두려움의 근거를 생각해 보라. 합리적 이유가 있는가? 혹시 내담자에게 인정받아야만 한다는 비합리적 필요 때문인가? 아니면, 이런 피드백이 내담자에게 해를 끼칠 수 있다는 믿음 때문인가?

때로는 보다 직설적인 피드백이 필요한 사례에 접하기도 한다. 매우 심각한 문제를 지닌 내담자는 자신의 외모와 행동이 타인에게 미치는 영향을 거의 알지 못한다. 이럴 때는 보다 강하고 끈질기게 현실에 직면시켜야 한다. 내담자는 이런 피드백을 들이밀 만큼 용감한 사람을 만나지 못했을 것이다. 상담자가 '무조건적 수용'이라는 가면 뒤에 숨어 소극적 태도를 견지한다면, 심리치료가 역효과를 낼 수도 있다.

거식증을 겪던 젊은 여성의 사례도 살펴보자. 내담자의 야윈 모습을 본 순간, 상담자는 적지 않게 놀랐다. 하지만 내담자의 호소문제는 오직 친구가 없는 것뿐이었으며 이로 인해 속상하고 우울하다고 했다. 내담자는 거식증을 문제로 보지 않았다. 거식증의 증상 중 하나는 왜곡된 신체상을 가지는 것이다. 몸이 야위어 갈수록 자신의 눈에는 사람들에게 더 수용받을 예쁜 모습으로 보인다. 심지어 병원에 입원해야 할 만큼 건강이 나빠져도 그렇게 느낀다. 이 사례의 상담자는 내담자의 모습에 대한 자신의 반응—말기암 환자를 만난 것 같은 불편한 느낌—을 솔직히 표현했다. 이것은 친구를 사귀고 싶어 하는 젊은 여성이 타인에게 기대할 만한 반응이 결코 아니었다. 처음에 내담자는 자신의 외모가 대인관계의 어려움에서 모종의 역할을 했다는 것을 강하게 부정했다. 하지만 상담자가 열정적으로 반박을 거듭하자, 동료와 최근 나눈 대화를 기억해 냈다. 그 동료는 내담자가 백혈병을 앓고 있는지 조심스럽게 물었었다. 그다음 주의 회기에서도 이어진 끈질긴 직면을 통해 내담자는 비로소 자신의 외모가 타인에게 미친 영향을 분명히 이해하게 되었다. 비록 환자처럼 보이는 상태를 좋아했지만, 식사와 복장에도 변화를 주기로 결심했다.

A-[추론], 비합리적 신념, 역기능적 C를 수용하기

수용(acceptance)과 마음챙김(mindfulness)은 최근 인지적 개입의 보조 또는 대안으로 각광을 받고 있다. 이 개입전략은 자신을 방해하는 사고와 감정을 깨닫고, 이것을 있는 그대로 수용하며, 불편한 사고와 감정이 존재함에도 불구하고 행동하는 것을 가르친다. 하지만 내담자의 사고나 감정을 바꾸려고는 하지 않는다. 그 대신 이러한 내적 자극들과 이것이 유발하는 역기능적 행동 사이의 연결을 끊어 내는 시도를 한다. 불편한 사고와 감정이 자신과 함께 존재하는 것에 대해 보다 유연한 태도를 지니는 법을 배우는 것이다. 이것은 REBT에서 말하는 이차적 수준의 문제(즉, 메타 감정 및 인지)

의 해소와 일맥상통하는 개념이다.

앞에서 소개한 성모 씨의 사례로 돌아가 보자. 성모 씨에게는 여러 방식으로 수용하기 전략이 사용될 수 있다. A-[추론], '아내는 나를 사랑하지 않는다.'와 IB-[절대적 요구/핵심신념], '아내는 나를 사랑해야만 한다.'와 같은 불편한 생각이 떠오를 때, 성모 씨는 이것을 논박하지 않고 인지적 분리를 시도할 수 있다. 즉, 이 생각이 맞는지 틀리는지를 평가하지 않는 것이다. 이와 마찬가지로 두려움이라는 역기능적 C를 경험할 때도 이것을 변화시키려 애쓰지 않고 있는 그대로 수용하며 계획한 행동을 계속 수행한다.

요약하면, 많은 기법과 전략이 REBT의 고전적 논박과 철학적 재구조화에 융합될 수 있다. 이 장에서는 인지 학습적 심리치료의 다양한 기법들을 언급했지만, 독자들에게 제대로된 설명을 제시했다고 말하기는 어렵다. 하지만 이들이 어떻게 REBT와 함께 사용될 수 있는지를 이해했기를 기대한다. 그리고 인지 학습적 심리치료의 다양한 기법들을 보다 심도 있게 공부할 것을 권한다.

18

상담과정 그리고 그 이후

지금까지 배운 것을 정리해 보자. 먼저, 문제 상황(A), 불편한 감정과 부적응적 행동(C), 비합리적 신념(IB)을 파악하고, 그다음에는 비합리적 생각들을 논박했다. 내담자들은 대개 하나 이상의 A 또는 C를 호소한다. 혹시 독자 여러분이 REBT 영상이나 실제의 시연을 보았다면, 상담과정을 매우 단순하게 여기고 있을지도 모른다. 상담 시연에서는 의도적으로 한두 가지 문제에만 초점을 두고 한 회기를 진행하는 모습을 보여주기 때문이다. 실제 상담에서도 한 번에 하나의 문제에만 초점을 맞추는 것이 바람직하지만, 내담자들은 대개 여러 문제를 함께 가지고 있다. 새내기 상담자가 범하기 쉬운 실수는 내담자의 문제를 하나로 뭉뚱그리는 것이다. 필자가 권하는 방식은 각 문제를 하나씩 따로 다루는 것이다. 그리고 어떤 문제를 빠뜨리거나 내담자가 쏟아 놓는 불평에 휩쓸리지 않도록 상담계획을 세워 두는 것이 좋다.

상담계획은 정신건강 클리닉과 정신병원에서 자주 사용된다. 건강보험 때문에 그리고 전문가 간의 상호검토를 위해 상담계획을 서면으로 제출해야 하는 경우가 많다. 상담계획은 다음에 소개하는 문제중심 기록체계에 따라 작성하는 것이 가장 좋다. 하지만 모든 상담자가 상담계획을 작성하지는 않으며, 모든 내담자에게 그렇게 할 필요도 없다. 상담계획 작성에 대해 소개하는 이유는 상담과정에 대한 이해를 돕고 공적인 서류 작성 시의 지침을 제공하기 위해서이다.

상담계획 작성을 위해 가장 먼저 해야 할 일은 내담자의 역기능적 감정 및 행동을 모두 나열하는 것이다. 이것은 C의 감정 및 행동적 측면이다. 각 요소들 간의 관계를 살피고 이와 연관된 생각들을 탐색하라.

상담계획의 예시

〈표 18-1〉은 내담자를 처음 만난 후 네 번의 회기에 걸쳐 작성한 문제 목록이다. 다음에 해야 할 일은 이 문제들을 우선순위에 따라 배열하는 것이다. 이 작업은 내담자와 의견을 교환하며 진행된다. 그리고 확인된 각 문제마다 이를 개선할 행동 및 인지적 전략을 계획한다. 연습 삼아 현재 상담 중인 내담자와의 다음 3회기를 미리 계획해 볼 것을 독자들에게 권한다. 매 순간 드러나는 내담자의 고민을 민감하게 감지하고 도움을 제공하려면 가급적 유연한 계획을 세우는 것이 좋다. 하지만 불필요하게 샛길로 빠지는 일이 없도록 주의하라. 혹시 내담자가 매주 새로운 문제를 꺼내 놓는다면, 처음의 상담 목표를 잊게 될 수 있다. 상담계획을 작성하는 또 하나의 이유는 상담자와

표 18-1 문제 목록의 예시

문제	사고	감정	행동
1. 직장 상사와의 관계	그는 나를 비난해선 안 된다. 그가 나를 싫어한다면 끔찍한 일이다.	분노, 불안	직장 상사에게 화내기, 파국화를 하며 보내는 시간 탓에 업무 효율 저하, 주장성 부족
2. 이성교제	나에게는 사랑하는 사람이 필요하다. 거절당하는 것은 비참하다.	불안	사람과의 접촉 회피, 사회기술 부족
3. 어머니와의 관계	어머니를 더 자주 뵈러 가야 한다. 나쁜 아들이 되는 것은 형편없는 인간이 되는 것이다.	죄책감	어머니가 바라지 않는데도, 날마다 어머니와 통화하고 매주 토요일 저녁에 어머니 집에서 식사함
4. 비만	내가 원하는 것을 먹어야만 한다. 희망이 없다. 나는 절대 음식을 절제하지 못할 것이다. 그래서 나는 가치 없는 인간이다.	먹지 않을 때는 안절부절, 먹은 다음에는 우울	과식

내담자가 경로를 이탈하지 않도록 방지하는 것이다.

다음에 소개하는 상담계획은 네 차례 회기를 진행한 다음 작성되었다. 이 내담자의 문제 목록은 〈표 18-1〉에 제시되어 있다. 이 상담계획은 일반적인 상담 절차를 담고 있으므로 독자들에게 유용할 것이다.

5회기

❍ 문제 1

- 지난 주 숙제 점검
- 내담자가 숙제에 성공했으면 강화해 주고 실패했으면 문제점 찾아 해결하기
- 어떤 생각과 감정이 숙제 완수를 방해하는지 검토하기
- 직장 상사에 대한 분노를 일으키는 비합리적 신념에 대한 논박 계속하기
- 직장 상사에 대한 IB-[절대적 요구/핵심신념] 논박하기
- 직장 상사와의 대화에 사용할 수 있는 주장적 반응을 몇 가지 가르치고 역할극하기
- 숙제 부여하기

  ① 『Your Perfect Right』(Alberti & Emmons, 2008) 읽기

  ② 회기 중에 연습한 직장 상사와의 대화 실천하기

  ③ 업무 효율 모니터링 하기, 업무에 집중하지 못할 때는 이것을 신호로 삼아 파국화에 대한 A-B-C-D 워크시트 작성하기

❍ 문제 2

시간이 허락한다면, 사회적 상황에서 내담자가 느끼는 불안에 대한 점검 시작하기

6회기

❍ 문제 1

- 지난 주 숙제 점검, 강화 또는 문제해결
- 직장에서 분노 또는 불안을 일으키는 IB에 대한 논박 복습하기
- 일반화를 촉진하기 위해 직장에서 발생할 수 있는 다른 상황들에 대해 주장적 반응 역할극 하기

- 숙제 부여하기
  ① 『Your Perfect Right』를 계속 읽으면서 『Overcoming Frustration and Anger』(Hauck, 1974)를 읽기 시작하기
  ② 업무 효율이 떨어질 때, 분노와 불안에 대한 워크시트 작성하기

❍ 문제 2

- 거절에 대한 파국화 논박하기
- 숙제 부여하기: 거절에 대한 두려움을 논박하는 A-B-C-D 워크시트 작성하기
- 회기에서 다룬 주요 사항을 요약하고 다음 주 숙제 상기시키기

7회기

❍ 문제 1

- 지난 주 숙제 점검, 강화 또는 문제해결
- 분노를 일으키는 신념에 대한 논박 간략히 복습하기
- 숙제 부여하기
  ① 업무 효율 모니터링을 계속하며 필요시 워크시트 숙제하기
  ② 필요시 새로운 주장 행동 실천하기

❍ 문제 2

- 거절에 대한 두려움을 논박하는 워크시트 숙제 점검하기, 강화 또는 문제해결
- 데이트 상황에 대한 합리적 감정 심상을 실시해서 불안을 찾아내고 논박하기
- 사회기술 훈련 시작하기: 여성에게 데이트를 신청하는 역할극
- 위험 감수 숙제 부여하기
  ① 이번 주에 세 차례 거절당하기
  ② 시도하다 힘들면 워크시트 숙제하기

8회기

❍ 문제 1, 2

- 논박 복습 및 진전 상황 점검, 필요시 문제 1과 2를 회기의 의제로 삼기
- 적절한 숙제 부여하기

❍ 문제 3

- 죄책감을 일으키는 자기 가치에 대한 신념 논박하기
- 내담자가 논박을 이해하는 것처럼 보이면, A에 대한 지각의 정확성 점검하기
- 회기에서 다룬 주요 사항을 요약하고 다음 주 숙제 상기시키기

이 상담계획을 읽고 나서 부담감을 느끼는 독자도 있을 것이다. 상담을 꼭 이렇게 빡빡하게 진행해야 하는가? 상담자들이 매 회기 이렇게 많은 것을 성취하는가? 그리고 내담자들은 정말 이렇게 빨리 움직이는가? 이 상담계획은 다음의 세 가지 사항을 독자들에게 전하기 위해 작성되었다.

1. 내담자가 호소한 문제들을 하나씩 꾸준히 다루는 것이 중요하다. 첫 번째 문제를 여러 회기에 걸쳐서 다루는 점에 주목하라. 이 문제를 다루는 시간의 비중은 점점 줄어들겠지만, 후속 점검 및 조치를 계획 속에 포함시킨다. 내담자가 개선된 모습을 보여 줄수록, 이 문제에 상담자가 집중하는 정도는 서서히 줄어들 것이며, 주로 숙제 부여 및 점검을 통해 이 문제가 다루어질 것이다.

2. 중요도가 높은 문제가 개선을 보이면, 새로운 문제에 대한 작업을 시작한다. 다양한 개입전략을 사용하는 것이 좋다. 몇 가지 예를 곧 소개할 것이다.

3. 각 문제마다 몇 가지 단계로 나누어 접근할지, 회기마다 몇 가지 문제를 다룰지, 각 목표마다 몇 회기가 소요될지는 내담자마다 큰 차이를 나타내며, 같은 내담자라 하더라도 상담 중의 시기에 따라 달라질 수 있다.

매 회기가 숙제를 점검하고(앞의 예시에서는 주로 내담자가 작성한 워크시트를 점검하는

것), 이전 회기의 논박을 복습하는 것으로 시작하는 점에 주목하라. 내담자가 D와 EB를 제대로 이해했는지를 살펴보는 것이다. 만약 내담자의 이해도가 충분치 않다거나 워크시트 숙제를 하지 않은 경우에는 무엇이 문제였는지 찾아내어 해결해야 한다.

새내기 상담자들은 내담자가 실수할 때 마음이 조급해지거나 화가 나는 일이 자주 있다. 이럴 때는 상담자 자신의 반응을 모니터링해야 한다. 혹시 마음이 조급해진다면, 자신의 비합리적 신념을 살펴보라. 내담자의 기분이나 행동이 조금이라도 개선되어야만 한다는 절대적 생각을 가지고 있을지도 모른다. 내담자의 행동을 보고 상담자 자신을 평가하는 일은 피해야 한다. 논박을 할 때는 미묘하고 복잡한 철학적 문제를 다루는데다가 내담자가 일상적으로 사용하지 않는 사고의 기술이 동원된다. 따라서 상담자 자신과 내담자에게 잠시 초심자가 될 권리를 허용하는 것이 좋다.

내담자가 성공적으로 워크시트를 작성했고 회기 중의 논박을 통해 감정적 스트레스의 감소를 경험했다면, 다음의 두 가지 성과 중 어느 하나가 상담자의 눈에 보일 것이다.

첫째, 내담자는 이전과 같은 역기능적 C를 계속 경험하지만, 그때마다 상담에서 배운 REBT 기술을 사용한다. 논박이 대처 기술로서 기능하는 것이다.

둘째, 새로운 C가 등장한다. 낡은 IB를 보다 합리적 철학으로 대체하면, 자동적으로 원래의 A에 대해 보다 적절한 감정 반응이 뒤따라온다. 연습을 잘 한다면, 새로운 RB는 원래의 IB만큼 자동적으로 작동할 것이다.

상담의 초점을 확대하기

내담자가 달라지기 시작하면, 이 변화가 촉발사건이 되어 다른 가족구성원들에게 영향을 미칠 수 있다. 내담자의 달라진 모습에 가족들은 기뻐할 수도 있지만 역으로 스트레스를 받을 수도 있다. 내담자의 변화를 위협으로 받아들이는 경우, 은밀히 변화를 방해하기까지 한다. 따라서 상담이 가족에게 미치는 파급효과를 검토하는 것이 좋다.

지금까지는 REBT가 마치 개인상담의 맥락에서만 진행되는 것처럼 기술했다. 하지만 REBT를 비롯한 모든 심리치료 전략은 부부상담, 가족상담 또는 집단상담에도 잘 적용될 수 있다. 독자 여러분이 REBT 이론과 기법에 숙달되면, 내담자의 가족구성원들을 상담 회기에 초대할 것을 권한다. 이렇게 하면 내담자의 변화를 직접 평가할 수 있고, 이러한 변화가 가족에게 미친 영향을 살펴볼 수 있다. 어쩌면 가족의 부정적 반응을 사전에 예방할 수도 있을지도 모른다. 가족과 함께하는 회기는 상담자와 내담자가 어떤 작업을 하고 있는지를 가족들에게 알릴 좋은 기회이다. 내담자의 동의하에 가족구성원 또는 배우자가 바라보는 앞에서 회기를 진행하는 것은 유익한 일이다. 하지만 가족들이 조용히 상담을 지켜보며 내담자의 변화를 지지해 줄 수 있어야 한다는 단서가 붙는다.

글상자 18-1

발기부전 문제를 가진 남성 내담자의 아내를 상담실에 초대했다고 상상해 보자. 아내가 참관인이 되어, 남편이 상담 받는 모습을 두세 회기 정도 관찰한다면 어떤 유익한 결과가 발생하겠는가? 세 가지를 생각해서 적어 보라.

이와 반대로 남편이 참관인이 되어, 상담자와 아내가 함께 대화하며 남편에 대한 감정을 다루는 모습을 관찰한다면, 앞의 경우와 다른 결과가 발생하겠는가?

가족구성원 각자에게 개인상담의 형태로 REBT를 실시할 수도 있다. 가족들은 참관인의 역할도 하지만 잠시 내담자가 되는 것이며, 상담자는 이들에게 유익한 반응을 적극적으로 가르치고 시범 보인다. 이 과정에서 상담자는 내담자의 문제를 가족구성원들의 관점에서 이해할 수 있게 된다. 가족과의 만남을 통해 새로운 문제가 드러나서, 상담의 초점을 확대시켜야 하는 경우도 종종 발생한다. REBT의 맥락에서 가족상담을 진행하는 것에 대한 자세히 설명은 이 책의 범주를 넘어선다. 관심 있는 독자들은 다른 문헌들을 참고하기 바란다(Ellis, 1986, 1993; Huber, 1997; Hubber & Baruth, 1989)

글상자 18-2

가족구성원들이 회기에 참석할 수 없는 경우, '빈 의자' 기법을 사용하는 상담자도 있다. 한 가지 화제가 논의된 다음, 상담자는 이렇게 말한다. "남편이 지금 저 의자에 앉아 있다면, 이것에 대해 뭐라고 말할까요?"

호소문제가 해결된 이후의 상담

호소문제가 해결된 다음에도 내담자가 계속 상담 받기를 원하는 경우가 있다. 상담을 통해 성취된 행동 변화가 내담자에게 새로운 사회적 기회를 제공하는 경우가 대단히 많지만, 내담자는 아직 이 기회를 다룰 기술을 가지고 있지 않을 수도 있다. 예를 들면, 이전에 비만이었던 남성이 이제는 이성과의 만남에 대해 새로운 고민을 하고, 직장 동료들도 업무 성과에 관해 그에게 더 높은 기대를 가질 수 있다. 본래 자기주장을 못하고 사람을 피하던 가정주부가 일자리를 구하고 직장생활을 시작하면서 새로운 문제에 맞닥뜨릴 수 있다. 이런 경우, 처음에 상담실을 찾게 만든 문제들이 해소된 다음에도 지속적인 상담을 통해 내담자는 도움을 받을 수 있다.

앞에 언급한 경우와 달리, 원래의 문제가 어느 정도 완화되면 새로운 문제를 자꾸 꺼내 놓는 내담자도 있다. 이러한 패턴은 **전경-배경 효과**(figure-ground effect)라고 볼 수 있다. 주요한 문제, 즉 전경이 해소되어 뒤로 물러나면, 사소한 문제, 즉 배경이 전면에 나서는 것이다. 한 가지 문제를 해결하면 다른 문제가 불거지는 증상대치(symptom substitution)와는 다른 개념이다. 전경-배경 효과는 중요도가 덜한 문제에도 신경을 쓸 시간과 에너지가 내담자에게 생겼다는 것을 의미하기 때문이다. 살아가는 매 순간 '위기에 맞서야 하는' 낮은 사회경제적 지위의 내담자의 경우, 매주 새로운 '전경'을 상담자에게 호소할 수도 있다.

상담자에게 새로운 문제를 꺼내 놓을 때, 내담자는 전문가의 도움을 받아야만 하는 문제들로 가득 찬 우울한 미래를 상상하며 좌절감에 빠질 수 있다. 이런 경우에는, 이제는 배경으로 물러난 이전 문제들을 회상시키며, 내담자가 이미 이루어 낸 성과, 즉 진보한 부분을 아낌없이 칭찬할 필요가 있다. 다음과 같은 비유도 도움이 될 것이다.

> "손가락에 가시가 열네 개나 박혀서 병원에 갔다고 합시다. 그중 다섯 개를 뽑았지만 아직 아홉 개가 남아 있어서 여전히 손이 아픕니다. 치료를 계속하면 그냥 해결될 문제이지요."

가시 다섯 개가 이미 제거되었음을 상담자가 말해 주지 않으면, '심리적 가시'를 제거하는 작업에 대한 내담자의 확신은 약해질 가능성이 있다. 이럴 때는 앞에서 언급한 전경-배경 효과를 이야기해 주는 것이 도움이 될 것이다. 예를 들어, 독자 여러분의 손가락에 작은 상처가 났고, 발이 아프고, 머리가 지끈지끈 아픈데, 코를 주먹으로 가격당했다고 상상해 보자. 아마도 코의 통증이 가라앉기 전까지는 앞의 세 가지 통증을 느끼지 못할 것이다.

주기적으로 상담 경과를 점검할 것을 권한다. 내담자는 고통을 느끼기 때문에 상담실을 찾아온다. 하지만 고통이 사라지면 더 이상 이에 대해 생각하지 않거나 어떻게 고통이 줄었는지를 잊어버린다. 우리는 모두 어제 신발에 돌이 들어갔던 일을 잊어버린다. 고통을 어떻게 감소시켰는지를 기억한다면, 내담자는 앞으로도 계속해서 이 방법을 사용할 것이다. 문제가 개선되었는데도 내담자가 알아차리지 못하고 있다면, 이를 분명히 지적하고 어떻게 이것이 성취되었는지를 토론하라.

아울러 상담이 어땠는지에 대해 내담자에게 주기적으로 피드백을 요청하라. 내담자들은 대개 문제에 대한 통찰을 얻고 "아하!"라고 외친 순간에 일어난 일들을 기억한다. 내담자의 피드백은 상담자에게 많은 정보를 제공해 줄 뿐만 아니라, 효과적 개입에 대한 강화물의 기능까지 할 수 있다. 다음과 같은 질문을 활용해 보라.

"오늘 제가 어떻게 도움이 되었습니까?"
"혹시 제가 어떻게 했으면 더 도움이 되었겠습니까?
"제가 한 것 중에 도움이 되지 않거나 불편하게 느껴진 것이 있습니까?"

내담자에게서 피드백을 얻으려는 목적도 있지만, 아직 남아 있는 비합리적 신념을 확인하거나 지각의 오류를 수정하려는 의도로 매 회기가 끝날 때마다 이 질문을 던지는 상담자도 있다.

글상자 18-3

REBT는 단기상담인가? 내담자들이 "상담을 얼마나 받아야 하나요?"라고 묻는 것은 이것을 궁금해하는 것이다. 일반적으로 인지행동치료는 빠르게 효과가 나타나며, REBT는 특히나 그렇다. 불과 수 회기 만에 내담자의 감정과 행동이 긍정적으로 변하는 것을 필자는 여러 차례 보았다. 하지만 모든 내담자에게 이렇게 빨리 효과가 나타날 것이라고 기대하면 곤란하다. 그러면, 어떤 상황에 놓인 내담자들이 오랫동안 상담을 받는가? 다음에 제시한 목록은 완전하지는 않지만 이 질문에 대한 답으로 어느 정도 참고가 될 것이다.

- 오래도록 지속되는 A(예: 배우자와의 합의에 도달하지 못하는 이혼 문제)
- 만성적 건강문제(예: 신체장애 또는 특정한 정신질환)
- 축 I 장애와 축 II 장애의 공존
- 행동적으로 정의할 수 없는 목표(예: 실존적 딜레마, 자기실현)
- 자신의 말소리를 듣는 것에서 자기애적 즐거움을 느끼며 오직 이 한 가지 이유로 상담을 받고 있는 내담자
- 계속 숙제를 해 오지 않는 내담자

주기적 점검은 종결을 준비하는 데에도 도움이 된다. 종결은 내담자에게 불편한 문제일 수 있다. 예를 들면, 상담을 그만 받고 싶은데 무엇인가 변명거리가 있어야겠다고 느끼는 내담자도 있고, 이와 반대로 상담이 종결된 후 독립적으로 삶을 꾸려 가는 것에 대해 불안해하는 내담자도 있다. 그러므로 주기적 점검의 시간이 돌아왔을 때, 다음과 같이 질문하는 것이 좋다.

"목표에 얼마나 접근했습니까?"
"얼마나 더 상담을 받고 싶으십니까?"
"다음 점검은 언제 하면 좋겠습니까?"

글상자 18-4

종종 새내기 상담자들에게도 만성적 문제나 성격장애를 가졌거나 동기가 거의 없는 내담자가 배정되는 일이 있다. 이들은 모두 상담에 적극적으로 참여해 큰 성과를 얻어 갈 가능성이 별로 없는 내담자들이다. 이럴 경우, 새내기 상담자들은 'REBT는 정말 효과가 없어.' 또는 '나는 실력 없는 상담자인가 봐.'라는 결론을 내리기도 한다. 하지만 경험이 쌓여 가면서, 제한적이지만 현실적인 목표를 세우고 작은 변화에도 기뻐하는 법을 배우게 된다.

상담의 종결

어떤 의미에서 보면 상담을 진행한다는 것은 계속 내담자에게 종결을 준비시키는

것이다. REBT는 교육적 모형을 따르며 내담자에게 합리적 자기분석 기술을 가르친다. 이 기술이 새로운 문제 상황으로까지 일반화되는 것이 모든 상담자의 바람일 것이다. 문제가 개선되어 가면서, 상담자는 회기 중에 본인이 논박을 수행하는 비중을 줄이고 내담자에게 보다 많은 것을 맡긴다. 이때 필자가 REBT 상담자들에게 권하고 싶은 것은, 적극적인 태도는 변함없이 유지하지만, 발언 내용에는 변화를 주는 것이다.

초기 단계의 회기에서 상담자는 내담자의 비합리적 신념과 그것이 비합리적인 이유에 대해 더 많은 이야기를 할 것이다. 하지만 종결에 가까워지면서 내담자가 자신의 비합리적 신념을 얼마나 잘 논박하고 있는지에 대해 이야기하는 비중이 더 커질 것이다. 종결 단계에 다다르면, 내담자 대부분은 감정 문제에 대한 이론을 어느 정도 이해하게 되고 그것과 싸우는 기술도 터득한다. 따라서 상담자는 특정한 상황에 내담자가 REBT를 적용하도록 그저 안내만 하면 된다.

내담자가 종결 준비가 되었음을 표현하고 상담자도 원래의 목표가 성취되었다는 점에 동의할 때, 다루고 싶은 새로운 목표나 문제가 없는지 내담자에게 질문하는 것이 좋다. 특히 내담자들 중에는 문제가 사소하다거나 관련이 없다고 여겨서 이야기를 꺼내지 못하는 사람들이 있는데, 이러한 점검이 도움을 줄 수 있다. 상담자의 눈에는 아직 준비되지 않아 보이는데 내담자가 종결을 원하는 경우도 있다. 원래의 목표는 성취되었지만, 상담자가 도움을 줄 수 있는 다수의 다른 문제들이 모습을 드러내는 경우도 있다. 어느 경우이든 내담자가 이것에 주목하게 하라. 그러나 내담자가 원하지 않는다면, 상담을 계속 받으라고 요구하는 것이 윤리적으로 문제가 될 수 있음을 유념해야 할 것이다.

상담자 자신의 완벽주의적 기준에도 유의해야 한다. 상담을 종결할 때 내담자가 반드시 어떤 모습이어야만 한다는 생각을 하고 있지는 않은가? 내담자가 항상 상담자가 바라는 상태에 도달하는 것은 아니다. 그렇다고 해서 내담자를 닦달하거나 내담자가 상담료만큼 혜택을 얻어 갔는지 걱정하는 것은 도움이 되지 않는다. 모든 목표가 달성되지 않았는데도 종결하는 것은 종종 일어나는 일이며 용납될 수 있다. 사실 어떤 내담자들은 주요한 변화가 상담 종결 후에 일어났다고 말한다. 원칙을 배우는 것과 실제로 마음을 쏟아 실천하는 것 사이에는 시간 지연이 발생할 수 있다. 물론 내담자에게 추가적 문제에 대해 작업하는 것의 장점을 말해 주는 것은 좋다. 하지만 상담을 지속할지 종결할지는 궁극적으로 내담자가 선택할 문제이다.

언제 상담을 종결하는가?

상담 종결 시기에 대한 질문은 수퍼비전을 진행할 때 자주 나온다. 심지어 내담자도 상담자에게 이것을 묻는다. 분명한 것은 이에 대한 정답은 없으며 상담과 상관없는 현실적 또는 금전적 이유로 상담이 종결되기도 한다는 것이다. 그렇지만 종결에 관한 결정을 내릴 때 수련생이나 내담자에게 소개할 만한 일반적 기준이 몇 가지 존재한다.

이 기준 중에는 필요조건도 있고 충분조건도 있다. 즉, 어떤 성과는 종결의 충분조건처럼 보이지만 그것만으로 상담 성과가 유지될 것이라고 안심하기에 어려울 수 있다. 그중의 하나가 통찰이다. 내담자가 REBT의 원리를 이해하는 것은 바람직한 일이다. "아하!" 하고 갑자기 깨닫게 되든 조금씩 알아 가게 되든, 사고와 감정을 연결짓는 B→C 인과관계를 내담자가 이해하는 것은 REBT 상담자라면 누구나 바라는 바이다. 하지만 상담의 궁극적인 목표는 내담자가 자신의 치유자로 기능하는 것이다. 이를 위해서는 문제를 분석하고, 혼잣말을 포착하고, 비합리적 신념을 알아차릴 수 있어야 한다. 여기에 통찰이 필요할 수도 있겠지만, 통찰이 일어난다고 해서 내담자에게 이러한 역량이 생기는 것은 아니다. 따라서 통찰은 성공적 종결을 위한 충분조건이라고 할 수 없다.

〈글상자 18-5〉는 종결을 위한 조건들을 질문의 형태로 정리한 목록이다. 내담자가 상담을 종결할지 말지 고민하고 있을 때, 이 질문들을 활용해 보라.

글상자 18-5

언제 상담을 종결하는가? 이 질문에 답하기 위해 내담자에게 확인해야 할 사항들을 질문의 형태로 다음에 제시한다.

- 행동이 달라졌습니까? 안정된 습관으로 자리 잡았습니까?
- 감정 반응이 이전보다 더 적응적인 것으로 바뀌었습니까?
- 자신의 문제를 그냥 웃어넘기며 대수롭지 않게 여길 수 있습니까?
- 좌절을 이전보다 잘 견딜 수 있습니까?
- 회피하지 않고 나서서 행동하며 문제에 대처할 수 있습니까?
- 자신의 문제에 대한 A-B-C 분석을 수행할 수 있습니까?
- 불편한 생각들을 생산적으로 논박할 수 있습니까?

- 남 탓을 그만두고 자기 문제에 대해 스스로 책임지고 있습니까?
- 다루어야 할 문제의 숫자가 줄어들었습니까?
- 상담실에 왔을 때 목표에 대해 작업하는 것보다 지난 한 주에 대해 대화하는 비중이 커졌습니까?
- 기분이 나아졌습니까? 아니면 실제로 문제가 개선되었습니까?

새로운 습관

어떤 의미에서 보면 상담은 종결이 없는 계속 진행형의 작업이다. 상담자를 만나는 일은 멈추겠지만, 자신의 감정과 행동을 관리하는 일은 계속 진행된다. 예를 들면, 올해 날씬한 몸을 만들었다고 해서 평생 마음껏 먹으며 아무 노력 없이 이 상태를 유지할 수 있는 것이 아니다. 꾸준히 운동하며 계속 노력하지 않으면 날씬한 몸을 유지할 수 없다. 이와 마찬가지로 인지치료 또는 REBT에 기반을 둔 삶의 기술은 유지 보수를 필요로 한다.

상담은 이후의 삶을 위한 예방 프로그램이다. Ellis(1975)가 지적한 것처럼, 인간은 비합리적으로 사고하는 경향을 타고났다. REBT를 통해 내담자들은 새로운 철학을 획득한다. 새로운 철학은 다른 새로운 습관과 마찬가지로 유지 보수 작업을 필요로 한다. REBT 상담자들은 거의 매일 내담자와 작업하며 이 철학을 연마한다. 그러므로 과거의 비합리적 철학으로 회귀할 가능성이 작지만, 그럼에도 불구하고 그런 일이 생긴다. 합리적으로 사는 것은 어렵다. 누구도 완벽하게 합리적인 삶을 살지는 않는다. 하지만 상담을 통해 배운 기술을 전혀 사용하지 않고 내버려 두더라도 완전히 0으로 돌아가지는 않을 것이다. 이 기술들은 약간의 연습을 하면 제법 쉽게 되살아날 것이다. REBT는 과거의 습관으로 회귀했을 때 무너지지 않고 빠르게 제자리로 돌아오도록 도와준다.

앞에서 언급한 것처럼, 통찰은 상담 종결이 다가옴을 알리는 중요한 신호이지만 행동 변화 없이는 종결을 결정할 수 없다. 내담자가 입으로는 합리적 신념을 말하면서 계속 자기 파괴적 방식으로 행동한다면, 왜 그렇게 행동하는지를 이해하고 설명하는 것은 그저 궤변에 지나지 않을 것이다.

이상적인 이야기이지만, 내담자의 행동 변화가 여러 상황에서 꾸준히 그리고 자동으로 나타난다면 이것을 습관이라고 부를 수 있을 것이다. 하지만 습관도 처음에는 깨지기 쉬우며 연습하지 않으면 사라지고 만다. 행동 변화가 확고해지기 전에 상담이 종결된다면, 상담 성과가 끔찍하지는 않겠지만 만족스러운 수준에는 도달하지 못할 것이다. 두 번째 예방 주사와 추가적 연습이 필요하다면 내담자는 언제든지 상담실을 다시 찾을 수 있다.

감정의 변화

감정이 실린 화제를 내담자가 꺼내 놓지 않아서 상담이 앞으로 나아가지 못하는 일도 있다. 상담과정이 지체되는 사례들을 살펴보면, 감정을 꼴사나운 것, 불편한 것, 아니면 불필요한 것 정도로 여기는 가족 안에서 성장한 내담자가 적지 않았다. 이런 내담자를 돕기 위해 가장 먼저 해야 할 일은 내담자가 자신의 강렬한 감정을 인정하고 안전한 치료적 관계 속에서 이를 표현하도록 돕는 것이다(Marzillier, 2010).

그러므로 상담을 제대로 받았다는 것은 불편한 감정이 사라졌다는 뜻이 아니라 REBT에서 배운 것을 실천할 때를 알리는 신호로 기능하게 되었음을 의미한다. 이전에는 고통을 유발하던 A를 이제는 아주 잘 다루게 되어서 지금은 중립적인 감정 또는 부정적이지만 건강한 감정을 느낀다고 말하는 사람도 있다. 이때 흔히 관찰되는 현상은 감정의 빈도, 강도(부정적 · 긍정적 감정 모두 해당함) 그리고 지속시간이 적절한 수준으로 조절되는 것이다.

자신의 문제를 웃어넘기기

심리치료의 다양한 학파들은 '인간의 본성'에 대해 서로 다른 관점을 가지고 있다. 예를 들어, Carl Rogers는 인간이 본래 사랑과 무조건적 수용을 받을 자격을 갖춘 존재라고 말했다. 반면, Freud는 인간의 악한 본성을 강조하며 원초아에 뚜껑을 덮어 두려면 초자아와 자아강도를 적절히 발달시켜야 한다고 주장했다. CBT에서는 인간의 본성을 어느 한 가지 말로 규정할 수 없다는 입장을 취한다. 인간이 매우 복잡한 존재라는 뜻이다. REBT의 입장도 기본적으로는 CBT와 동일하지만, 인간은 쉽게 실수하는 불완전한 존재라는 점을 강조한다. 유머 감각을 발휘하면 이것을 받아들이기가 한결 수월할 것이다.

자신에게 타인과 다른 점보다는 같은 점이 더 많다는 것을 깨닫는 것이 성공적 종결의 한 가지 측면이다. REBT에서는 자신이 유일하고 특별한 존재라는 생각을 장려하지 않는다. 자신과 타인은 같은 인간이며 그 누구도 특별하지 않다. 이것을 깨달으면, 완벽주의가 완화되고, 모욕감이 줄어드는 등 많은 이익이 생긴다. 예를 들면, '그래, 내가 멍청한 실수를 했어. 누구나 종종 그렇지.'라고 여기는 것이다. 게다가 좌절 감내력이 높아져서 '나한테만 어려운 것이 아니야. 이건 누구에게나 어려운 일이야.'와 같이 생각할 수 있게 된다. 타인의 행동에 대한 인내심이 늘어나기도 한다. 예를 들어, 직장 내 같은 부서의 동료가 "우리 팀장, 어떻게 그럴 수 있어?"라며 분노할 때, "뭐 그럴 수도 있지. 사람은 누구나 다 어이없는 행동을 하잖아."라며 수용적인 모습을 보일 수 있게 된다. 태생적으로 모든 인간은 어리석게 느끼고, 생각하고, 행동하기 쉬운 존재이다.

실존적 관점까지는 아니더라도 하늘에서 내려다본다는 생각으로 삶에서 일어나는 사건들의 상대적 의미를 되새기는 것은 유익하다. 만약 비행기에서 내려다본다면 우리는 지도 위의 한 점에 지나지 않을 것이다. 비행기가 지나갈 때 그 점은 찰나의 순간에 시야에서 사라질 것이다. 우리가 범한 어리석은 실수와 우리가 이루어 낸 업적의 의미가 모두 미미해져서 보다 합리적이고 가벼운 마음으로 삶의 즐거움에 집중할 수 있을 것이다. 이것이야말로 우아한 관점이며 상담을 종결하기에 충분한 조건이다.

좌절 감내력의 향상

종결할 준비가 된 내담자는 좌절이 찾아와도 놀라기는커녕 당연하게 여긴다. 하루에 적어도 열 번의 좌절을 경험하지 않는 날이 있다면, 그것은 침대에서 일어나지 않은 날이라는 결론에 도달한 내담자도 있었다.

불운한 일이 생겼을 때, "이런 젠장!"이라고 내뱉어도, 아니 이보다 더 심한 감탄사를 외쳐도 괜찮다. REBT를 제대로 배웠다면 더는 감정에 휩쓸리지 않을 것이다. 그 대신 REBT의 기술을 꺼내어 사용할 것이다.

필자의 동료 중에 지금 말한 것 이상의 것을 해내는 사람이 있다. 이 친구에게는 형제 한 명과 아들 하나가 있는데 둘 다 당뇨병에 걸렸다. 세월이 흐르면서 이 친구는 연구와 임상의 주제를 당뇨병 대처로 바꾸어 갔다. 참으로 우아하게 '레몬을 레모네이드로' 만든 것을 축하한다는 말을 건네자, 그는 손사래를 치며 이렇게 말했다. "그것참 재미있는 표현이네. 그런데 나는 이게 '레몬'이라는 생각조차 안 해 봤어. 그냥 있는 그대로지 뭐." 이 친구는 좌절 감내를 넘어서서 이보다 더 높은 수준, 즉 수용에 도달한 것이다.

행동함으로써 문제에 대처하기

A-B-C 워크시트를 작성하고, 토론하고, 상담실에 찾아감으로써 내담자는 문제를 해결하고 적극적으로 변화를 일으킨다. '행동하기'란, 행동주의의 관점에서 보았을 때 적극적으로 강화물을 찾아다니는 것이지 고통을 회피하는 것이 아니다.

문제에 직면했을 때 인간에게는 두 가지 선택지가 있다. 하나는 무엇인가를 하는 것이며, 다른 하나는 아무것도 하지 않는 것이다. 인간은 전사가 될 수도 있고 도망자가 될 수도 있다. REBT는 인간을 전사로 만든다. 왜 그럴까? 인간은 불안하거나 우울할 때 힘없는 '희생양'처럼 느끼며 웅크리고 있다. REBT의 입장은 이와 정반대이다. REBT를 통해 전사로 탈바꿈한 사람은 아마 "문제를 해결하고 더 나은 계획을 세울 때까지 나는 어떤 문제라도 견뎌 낼 수 있다."라고 외칠 것이다. REBT는 금욕주의, 합리화, 수동성을 옹호하지 않는다.

수동적 태도는 하나의 문제에서 다음 문제로 일반화시킬 만한 어떤 유용한 것도 가르쳐 주지 않는다. 수동적인 사람은 부정 또는 해리에 다다르는 좁은 길로 도망친다. 행동하는 사람의 마음가짐은 이와 반대로 탁 트인 들판과도 같다. 이 사람은 이렇게 말할 것이다.

> "문제가 발생할 때마다 이에 대처하는 나의 행동은 같을 수도 있고 달라질 수도 있다. 하지만 분명한 것은 상황을 변화시켜서 무엇인가 다른 일이 일어나게 할 것이라는 점이다."

혹시 그가 실수한다면 무엇인가를 시도하다 범하는 것이지 아무것도 하지 않는 실수는 아닐 것이다. REBT에서는 문제를 '새로운 상황을 만들 기회'로 여긴다.

조기 종결

상담을 두세 번 받은 다음, 문제가 완전히 해결되었다고 선언하는 내담자들이 있다.

어쩌면 '건강으로 도피'했다고 표현해야 할지도 모르겠다. 이런 경우, 어떻게 이런 변화가 일어났는지에 대한 설명을 요청해야 한다. 이들이 REBT를 잘 적용해서 문제가 개선되었는가? 혹시 상담자를 기쁘게 하려는 것과 같은 엉뚱한 이유 때문에 변화가 일어난 것은 아닌가? 아니면 불쾌한 A의 발생빈도가 줄어서 문제가 개선되었는가? 상담자는 지난 회기의 내용을 내담자에게 상기시킬 필요가 있다. 아마 내담자가 고통스러워하던 촉발사건이나 감정 반응에 관해 이야기를 나누었을 것이다. 문제 개선에 대한 점검 차원에서 그때는 자신을 괴롭혔지만, 지금은 그렇지 않은 문제들을 떠올리게 하고, 그 이유에 대한 설명을 요청하는 것이 좋다. 이유에 대한 설명을 들으면, 내담자가 실제로 이전보다 유익한 생각을 하고 있는지, 즉 인지적 변화를 점검할 수 있다.

내담자가 아무 연락 없이 갑작스럽게 상담을 그만둔다면 어떻게 해야 하는가? 상담기관에서는 대개 우편 또는 이메일을 통해 예약된 상담시간에 방문하지 않았음을 알리고 추가적 상담이 필요하면 제공하겠다는 의사를 전달한다. 상담자가 직접 전화를 하는 것도 대개는 괜찮다. 비록 사생활의 영역을 다소 침범하기는 하지만, 내담자의 상황에 대한 정보를 얻을 수 있으며, 상담자와의 통화가 내담자에게 도움이 될 수도 있다. 하지만 상담자가 내담자를 잘 알지 못한다면 전화를 거는 것은 좋은 선택지가 아닐 수도 있다. 예를 들면, 어떤 내담자들은 자기가 상담을 받고 있다는 것을 가족에게 알리지 않는다. 이런 상황에서 가족과 함께 있을 때 상담자의 전화를 받는다면 편안한 대화가 어려울 것이다. 어떤 경우이든 내담자에게 두 번 이상 연락하지 말 것을 권한다. 법의 관점에서 보았을 때 내담자를 괴롭히는 것이 될 수 있기 때문이다.

아직 종결할 준비가 되지 않았음에도 불구하고 외적인 요인 때문에 내담자가 상담을 종결하는 일이 많다. 이런 경우 상담자는 잠시 멈추어서, '아마 이번 회기가 이 내담자와의 마지막 상담이 될 것이다. 최대한 도움을 주려면 회기를 어떻게 진행하는 것이 좋을까?'라는 질문을 고민해 보아야 할 것이다. 몇 가지 지침을 다음에 소개한다.

- 마지막 회기에 무엇을 성취하고 싶은지 내담자에게 질문하라.
- 다음의 질문을 제시하며 내담자에게 지금까지의 상담을 요약하게 하라. 그리고 내담자의 답변과 상담자의 생각을 비교하라.

"처음에 상담실을 찾은 이유는 무엇입니까?"
"상담을 통해 무엇을 배웠습니까?"

"지금은 무엇을 변화시키고 싶습니까?"

- 상담이 종료된 후에도 행동과제를 계속 수행하도록 권하라. 숙제는 내담자에게 가르친 개념들을 일깨워 주는 역할을 할 것이다.

내담자가 거주지를 옮기게 되어 상담을 종결해야 한다면, 이주할 지역에서 다시 상담을 받을 계획이 있는지 살펴보는 것이 좋다. 내담자에게 해당 지역의 REBT 전문가를 소개해 줄 수도 있고, 새로운 상담자를 찾는 방법을 알려 줄 수도 있다. Albert Ellis 연구소의 홈페이지(www.albertellis.org)에서는 미국뿐 아니라 전 세계의 REBT 상담자 명단을 제공한다.

이사하는 것 자체가 큰 스트레스가 될 수 있다는 점을 내담자에게 알려 주는 것도 유익하다. 이렇게 함으로써 문제로 회귀하는 것에 미리 대비할 수 있다. 이렇게 해 두지 않으면, 감정적 스트레스를 다시 느꼈을 때, 이것을 자신이 절대 좋아지지 않을 것이라는 증거로 받아들이고 우울과 공황에 빠지거나 상담을 중단할지도 모른다. 하지만 문제로 회귀하는 것을 이해하고 수용한다면 내담자가 향후 상담을 받으면서 더욱 큰 진보를 이루는 데 도움이 될 것이다. 상담을 종결할 때 어떤 내담자들은 종결에 대한 자신의 반응을 공개하기를 꺼리며 우울한 모습을 보이기도 한다. 이런 경우, 내담자의 몸짓과 목소리의 변화를 잘 관찰하고 이에 관해 이야기를 나누는 것이 좋다. 마지막 회기의 후반부에 내담자에게 이렇게 말해 주는 상담자도 있다.

"당신이 저의 내담자가 아니었다면, 우리는 서로 좋은 친구가 되었을 것 같습니다. 앞으로 만나지 못한다고 생각하니 서운하군요. 상담이 끝나는 것에 대해 어떻게 느끼십니까?"

혹시 상담자가 종결에 대한 직면을 회피한다면, 내담자는 이러한 메시지를 받지 못할 것이며, 자신의 인생에서 매우 큰 의미가 있을지 모르는 사람과의 관계를 마치는 것에 대한 감정을 표현할 기회를 얻지 못할 것이다.

종결 후의 상담 효과 높이기

상담이 종결된 후에도 효과를 지속시키는 방법에 대한 몇 가지 조언을 하며 내담자를 보내는 것이 좋다. 이렇게 하는 목적은 상담에서 배운 것을 실제 생활로 최대한 일반화시키고, 시간이 지난 후에 상담 효과가 새로운 상황들에까지 확대되게 하는 것이다. 다음에 제시하는 목록은 Norma Campbell이 작성한 것을 보완한 것인데 출력해서 내담자에게 전달해 주어도 좋다. 각 항목을 내담자와 함께 주의 깊게 살펴보고 종결 후에 이 목록을 자주 훑어보도록 내담자를 독려하라.

어떻게 하면 상담 효과를 높일 수 있을까요?

- 읽기: REBT 관련 읽을거리를 가까운 곳에 두세요. 새로운 REBT 관련 서적과 글을 읽고, 유용한 구절을 되풀이해 읽으세요.
- 생각하기: REBT 기술을 꾸준히 복습하는 것이 좋습니다. '건강한 혼잣말'을 날마다 적어 보세요. 속상할 때는 종이와 연필을 준비해서 논박해 보세요.
- 실천하기: 매일 좌절 감내력을 높이는 행동을 실천해 보세요. 어려운 일, 두려운 일, 지겨운 일, 당장 결과가 생기지 않는 일을 하세요. 이렇게 하면, 좌절 감내력과 감정 통제력이 높아지고, 자신과 타인 앞에 당당해집니다.
- 키우기: 타인에 대한 공감과 인내심을 키우는 좋은 방법은 날마다 친절한 행동을 하는 것입니다. 다른 사람을 칭찬해 주세요. 다른 사람의 이야기를 들어 주세요. 아무런 대가 없이 다른 사람을 위해 시간을 내주고 관심을 보여 주세요.
- 예방하기: 완벽주의와 자기과장이 다시 찾아오지 못하도록 날마다 다음 중 하나를 해 보세요(우아하게 양보하기, 실수를 인정하고 사과하기, 자기 실수를 웃어넘기기, 일부러 실수하기, '실수해서 무슨 큰일이라도 났어? 얼마나 대단한 실수를 한 거야?'라고 자기에게 질문하기).
- 행복감 높이기: 날마다 무엇인가 재미있는 일을 하세요. 즐거운 일이 있었으면 잘 기억해 두었다가 누군가에게 이야기해 주세요.

Ellis(1984, p. 3)는 여기에 다음의 두 가지를 추가했다.

- REBT에 대한 지식이 있어서 피드백을 줄 수 있는 사람 서너 명과 연락하며 지내기: 어떤 일로 어려움을 겪고 있는지 그리고 이것을 극복하기 위해 REBT를 어떻게 사용하고 있는지 이 사람들에게 이야기해 주세요. 그리고 이 사람들이 나의 해결책에 동의하는지, 비합리적 신념 대처에 도움이 될 추가적 논박을 제안해 줄 수 있는지 물어보세요.
- REBT를 사용해서 친구, 친척, 동료 도와주기: 이 사람들은 나에게 도움받는 것을 불편해하지 않을 사람들이어야 합니다. REBT를 자주 사용해서 다른 사람의 비합리적 신념을 파악하고 자기 파괴적 생각에서 벗어나도록 도와주세요. 그럴수록 REBT의 주요 원리를 더 잘 이해하게 되고 나에게 더 잘 사용할 수 있게 됩니다. 다른 사람이 감정에 휘둘리며 비합리적으로 행동하는 것을 본다면, 그 사람에게는 말해 주지 않아도 좋으니 이 사람의 주요한 비합리적 신념이 무엇일지, 어떻게 하면 이것을 적극적으로 설득력 있게 논박할 수 있을지 찾아보세요.

고양 회기

상담이 이미 종결되었는데 상담예약을 잡으려고 전화하거나 짧은 기간 동안 상담을 다시 받고 싶어 하는 내담자가 종종 있다. 이것은 자연스러운 일이므로 필요하면 다시 상담자를 찾아와도 좋다는 것을 상담 종결 전에 분명히 알려 주어야 한다. 고양 회기(booster session)가 효과 증진을 위해 두 번째로 맞는 예방 주사와 같은 것임을 설명하라. 미래에도 상담자와 의논하고 싶은 어려운 일들이 분명히 기다리고 있을 것이다. 문제가 더 이상 일어나지 않을 것이라거나, REBT의 원리를 잘 배운 내담자는 반드시 합리적 생각만을 할 것이라 기대하는 것은 합당치 않다.

많은 상담자들이 한 가족의 상담자 역할을 하는 것에 큰 보람을 느낀다. Ellis 역시도 내담자의 어머니나 친척 등 여러 세대를 함께 상담하곤 했다. 도움이 필요할 때 내담자 또는 가족구성원이 다시 상담실을 찾아와도 괜찮을 뿐 아니라 상담자가 열렬히 환영할 것임을 전달하라.

수퍼비전

다양한 방법으로 수퍼비전을 받을 수 있다. 예를 들면, 자가 수퍼비전, 동료 수퍼비전, 자격을 갖춘 지역의 REBT 수퍼바이저를 찾는 것, REBT 수퍼바이저에게 상담 녹음을 보내는 것, 지역의 REBT 수련기관이나 뉴욕의 Albert Ellis 연구소에서 운영하는 프로그램에 등록하는 것을 생각해 볼 수 있다.

어떤 형태의 수퍼비전을 선택하든, 다음에 제시한 '자가 점검 수퍼비전'의 각 항목에 대한 답을 준비하는 것이 좋다. 자존심을 내려놓는 것도 중요하다. 자신이 다른 분야에서는 전문가일지 몰라도 REBT에 있어서는 입문자이며 약간의 긴장과 염려는 수련 과정의 자연스러운 부분임을 받아들여라. 혹시 수퍼비전 시작 전에 불안이 상승하고, 종료 후에 기분이 가라앉는다면, 이 감정과 이에 수반하는 사고를 포착해서 성장의 밑거름으로 삼아라. 수퍼비전 불안을 극복하는 것은 REBT를 연습하고 숙련하는 훌륭한 방법이다.

자가 점검 수퍼비전

자가 수퍼비전을 적극적으로 실시하라. REBT 숙련도를 모니터링하는 한 가지 방법은 정기적으로 회기 자가 점검을 실시하고 내담자에게도 이를 부탁하는 것이다. 체크리스트를 만들어 두면 편리하게 자신의 작업을 점검할 수 있다. 체크리스트에 포함시킬 만한 항목 몇 가지를 다음에 소개한다.

- 적극적으로 회기를 구조화하였는가?
- 내담자의 사고와 감정을 구체적으로 끌어낼 수 있었는가?
- 주요한 비합리적 신념, 자동적 사고, 기본가정을 파악하였는가?
- 파악한 비합리적 신념, 자동적 사고, 기본가정을 논박하였는가?
- 논박의 결과로 무슨 일이 일어났는가?
- 숙제를 부여했는가?
- 내담자가 과제에 집중하도록 도왔는가?
- 상담자-내담자 관계를 어떻게 느끼는가?

- 상담자와 내담자 중 누가 회기를 주도하였는가?
- 조언을 제공하였는가? 조언은 적절했는가?
- 문제해결을 시도하였는가? 시도는 효과적이었는가?
- 회기 마무리가 잘 되었는가?

부록

부록 1. A-B-C-D-E 학습 워크시트
부록 2. A-B-C-D-E 회기 노트
부록 3. 개인 정보 기록양식
부록 4. REBT 연습—논박 전략
부록 5. 유익한 새 신념 만들기
부록 6. REBT 자기치유 워크시트
부록 7. 숙제에 대한 방침
부록 8. REBT 회기 노트

부록 1

A-B-C-D-E 학습 워크시트

타인의 상담 회기를 직접 참관하거나 녹음파일을 듣고 다음의 워크시트를 작성하십시오.

이 워크시트는 A-B-C-D-E 모형 학습을 돕고 동료 상담자에게 피드백을 제공하기 위한 것입니다.

○ 사례 1

A 촉발사건	B 신념	C 결과	D 논박/개입	E 효과적 감정 반응
	숙제:			

○ 사례 2

A 촉발사건	B 신념	C 결과	D 논박/개입	E 효과적 감정 반응
	숙제:			

부록 2

A-B-C-D-E 회기 노트

내담자 이름: ____________________ 날짜: ____________________

회기 번호: ____________________ 상담자 이름 (서명): ____________________

A 촉발사건	B 신념	C 결과	D 논박/개입	E 효과적 감정 반응
	숙제:			

_______ 1. 역기능적 감정 또는 행동의 존재 여부를 평가했다.
_______ 2. 내담자가 지닌 감정과 행동의 적응성을 검토했다.
_______ 3. 역기능적 인지의 존재 여부 및 유형을 평가했다.
_______ 4. 내담자가 지닌 신념체계의 적응성을 검토했다.
_______ 5. 촉발사건을 명료화했다.
_______ 6. 내담자의 비합리적 신념에 대한 가설을 제공했다.
_______ 7. B→C 인과관계를 교육했다.
_______ 8. 비합리적 신념과 합리적 신념의 차이를 교육했다.
_______ 9. 비합리적 신념을 대체할 새로운 합리적 신념을 제공했다.
_______ 10. 비합리적 신념에 대해 우아한 철학적 논박을 진행했다.

_______ 11. 합리적 감정 심상을 사용했다.
_______ 12. 새로운 합리적 신념(RB) 또는 유익한 새 신념(EB)을 만들었다.
_______ 13. 내담자와 숙제를 협의했다.
_______ 14. 내담자가 숙제를 시도하던 상황의 감정, 사고, 행동을 평가했다.
_______ 15. A-[추론]에 대한 경험적 논박을 진행했다.
_______ 16. 자기 진술문 연습을 위한 지침을 제공했다.
_______ 17. 현실적 문제에 대해 내담자가 대안적 해결책을 만들도록 도왔다.
_______ 18. 대안적 해결책의 효과를 내담자가 평가하도록 도왔다.
_______ 19. 대안적 해결책을 예행연습했다(주장 훈련, 사회기술 훈련 등).
_______ 20. 이완 훈련 또는 이완 심상을 연습했다.

● 지난 회기의 숙제에 대한 내담자의 태도를 평가하라.

1	2	3	4	5
전혀 하지 않음	부분적 시도	일부 완수	대부분 완수	모든 숙제 완수

비고:

새로운 숙제:

부록 3

개인 정보 기록양식

이 양식을 최대한 솔직히 기록해 주십시오. 정보수집에 소요되는 시간과 노력을 절약할 수 있습니다. 상담실에서 이야기하신 모든 내용과 마찬가지로 응답 내용에 대해 엄격하게 비밀이 보장되며 귀하의 서면 동의 없이는 사례 기록이 외부에 제공되지 않습니다.

이름: ____________________

1. 생년월일: ________년 ______월 ______일　　　성별: 남 ______ 여 ______
2. 주소: ____________________
3. 전화번호: ____________________　　　휴대전화: ____________________
4. 연락 가능한 다른 주소(위의 주소와 다른 경우): ____________________

____

5. 누가 우리 기관에서 상담을 받도록 권유하였습니까?

______ (1) 자신　　______ (2) 동네 의원　　______ (3) 상담 전문가

______ (4) 인터넷　　______ (5) 사회복지기관　　______ (6) 종합병원

______ (7) 학교/교사　　______ (8) 친구　　______ (9) 친척

______ (10) 기타: ____________________

6. 혼인상태: ____________________　혼인기간: __________　자녀의 수: __________

자녀의 연령: ____________________

7. 학교 교육을 받은 기간(햇수에 동그라미를 그리십시오)

1 2 3 4 5 6 7 8 9 10 11 12 13 14 15 16 17 18 19 20 그 이상

8. 나의 신앙심은 어느 정도입니까?

(귀하의 신앙심을 가장 잘 나타내는 숫자에 동그라미를 그리십시오)

매우 깊음				보통				무신론자
1	2	3	4	5	6	7	8	9

9. 나의 부모님/보호자의 신앙심은 어느 정도입니까?

(1)

매우 깊음				보통				무신론자
1	2	3	4	5	6	7	8	9

(2)

매우 깊음				보통				무신론자
1	2	3	4	5	6	7	8	9

10. 어머니의 연령: ______세　　　　　　혹시 돌아가셨다면, 당시 내 나이는 ______세
11. 아버지의 연령: ______세　　　　　　혹시 돌아가셨다면, 당시 내 나이는 ______세
12. 부모님이 별거 중이시라면, 별거가 시작된 당시 나는 몇 살이었습니까? ______세
13. 부모님이 이혼하셨다면, 당시 나는 몇 살이었습니까? ______세
14. 어머니의 이혼 횟수: 총 ______회　　　아버지의 이혼 횟수: 총 ______회
15. 살아 있는 형제의 나이: ________________　살아 있는 자매의 나이: ________________
16. 나는 ______형제 중의 ______번째였다.
17. 어린 시절부터 지금까지의 건강관련 주요 사건

____

____

____

18. 귀하는 입양되었습니까? ______ 예 ______ 아니요
19. 개인상담, 집단상담 또는 부부상담을 받은 적이 있습니까? ______ 예 ______ 아니요
20. 정신건강 문제로 입원한 적이 있습니까? ______ 예 ______ 아니요
21. 지금 다른 곳에서 상담을 받고 있습니까? ______ 예 ______ 아니요
22. 정신건강 문제로 약을 처방받은 적이 있습니까? ______ 예 ______ 아니요

    위의 질문에 "예"라고 응답하셨다면, 약의 이름을 적어 주십시오. ____________________

    현재도 약을 복용 중입니까? ______ 예 ______ 아니요

    마지막으로 약을 복용한 것은 언제입니까? ____________________

    누구에게 약을 처방받았습니까? ____________________

23. 어떤 심리치료를 받았습니까? 심리치료 방식을 간단히 적어 주십시오.

    (예를 들면, 정신역동/자유연상, 행동치료, 인지치료 등):

____

____

____

24. 자살을 시도한 적이 있습니까?

____

____

____

25. 현재 자살에 대한 생각을 하고 있습니까?

26. 상담 받고 싶은 문제 및 증상을 간략히 적어 주십시오.

27. 과거에 겪은 적이 있는 문제 및 증상을 간략히 적어 주십시오.

28. 어떤 상황에서 문제가 나빠집니까?

29. 어떤 상황에서 문제가 나아집니까?

30. 가장 하고 싶은 일 그리고 나에게 기쁨을 주는 일과 사람을 열거하십시오.

31. 나의 장점을 열거하십시오.

32. 나의 약점을 열거하십시오.

33. 대인관계의 어려움을 열거하십시오.

____

____

____

34. 이성 및 성과 관련된 어려움을 열거하십시오.

____

____

____

35. 학교 또는 직장과 관련된 어려움을 열거하십시오.

____

____

____

36. 삶의 목표를 열거하십시오.

____

____

____

37. 가장 바꾸고 싶은 내 감정과 행동을 열거하십시오.

____

____

____

38. 어떤 직업에 대한 교육을 주로 받으셨습니까?

____

____

____

39. 현재 직업을 가지고 있습니까? 정규직: ______________ 비정규직: ______________

40. 어머니의 직업: ______________ 아버지의 직업: ______________

41. 혹시 어린 시절 부모님이 나를 길러 주지 않았다면, 누가 나를 길러 주었습니까?

____

42. 어린 시절 나를 돌봐 준 부모/보호자가 어떤 분이었으며, 이분들과 관계가 어땠는지 적어 주십시오.

____

____

43. 혹시 형제자매와의 관계에 대단히 불편한 측면이 있다면 간략히 적어 주십시오.

____

____

44. 어린 시절, 다음의 일을 경험하였습니까?

정서적 학대 ______ 예 ______ 아니요

신체적 학대 ______ 예 ______ 아니요

성적 학대 ______ 예 ______ 아니요

약물 남용 ______ 예 ______ 아니요

가족의 정신질환 ______ 예 ______ 아니요

가족의 약물 남용 ______ 예 ______ 아니요

45. 어린 시절, 다음의 일을 경험하였습니까?

부모의 별거/이혼 ______ 예 ______ 아니요

가족의 교도소 수감 ______ 예 ______ 아니요

정서적 방임 ______ 예 ______ 아니요

신체적 방임 ______ 예 ______ 아니요

어머니가 남성에게 폭행당함 ______ 예 ______ 아니요

46. 가까운 친척 중에 심각한 정신질환을 앓은 사람이 있습니까? 구체적으로 적어 주십시오.

____

____

가까운 친척 중에 정신질환 또는 자살시도 때문에 입원한 사람이 있습니까? 구체적으로 적어 주십시오.

____

____

____

47. 그 밖에 도움이 될 만한 추가적 정보가 있으면 적어 주십시오.

____

____

____

출처: Albert Ellis와 Janet Wolfe가 처음 만듦. Kristene Doyle, Raymond DiGiuseppe 및 Albert Ellis 연구소 운영진이 개정함(2012년).

부록 4

REBT 연습-논박 전략

논박할 비합리적 신념: ______________________________

논박 전략

논박 양식		논리적	경험적	기능적	합리적 대안
	훈시				
	소크라테스식 문답				
	은유				
	유머				

출처: Beal, Kopec, & DiGiuseppe (1996). Disputing clients' irrational beliefs. *Journal of Rational-Emotive & Cognitive-Behavior Therapy, 14*(4), 215-229. Springer Science and Business Media의 허가를 얻어 수록함.

부록 5
유익한 새 신념 만들기

비합리적 신념	유익한 새 신념				
	핵심신념-절대적 요구	파생신념-자기비하	파생신념-타인비하	파생신념-파국화	파생신념-감내력 과소평가

출처: Wouter Backx, Raymond DiGiuseppe, Kristene Doyle이 만듦(2012년).

부록 6

REBT 자기치유 워크시트

A 촉발사건

상황(최대한 객관적으로 적기):

결정적 A(내가 가장 불편하게 느끼는 부분):

A에 해당하는 것
- 내적인 것 또는 외적인 것, 현실 또는 상상
- 과거, 현재 또는 미래의 사건

예시
- 상황: 아내와 의견이 맞지 않았다.
- 결정적 A: 아내가 나를 심하게 타박했다.

C 결과

역기능적인 부정적 감정:

부적응적 행동:

역기능적인 부정적 감정에 해당하는 것
- 불안/공포
- 수치심/당황스러움
- 격렬한 분노
- 죄책감
- 심각한 질투
- 심각한 부러움
- 마음의 상처
- 우울

부적응적 행동에 해당하는 것
- 대인 기피
- 자신을 돌보지 않는 것 (운동을 안 하는 것, 쉬지 않는 것 등)
- 공격적 행동

목표 →

B 비합리적 신념

비합리적 신념의 종류

① 절대적 요구
예) ~해야만 한다.

② 파국화/재앙화
예) 끔찍하다. 비참하다. 큰일 났다.

③ 감내력 과소평가
예) 도저히 못 견디겠다.

④ 자기비하, 타인비하, 인생비하
예) 나는 형편없다/가치 없다.
타인은 형편없다/가치 없다.
인생은 가치 없다.

D 비합리적 신념 논박하기

논박에 도움이 되는 질문

① 이 신념을 가지고 있으면 나에게 어떤 일이 일어날까? 이 신념은 나에게 도움이 될까? 아니면 해를 끼칠까?

② 이 신념을 지지하는 증거가 어디 있나?
- 이 일이 정말 끔찍한 일인가? 이보다 더 나쁜 일은 없나?
- 내가 정말 이것을 못 견딜까?
- 내가 정말 완전히 형편없는 사람인가?

③ 이 신념은 논리적인가? 그냥 나의 바람에 지나지 않나?

④ 은유적 논박 사용하기(은유, 유머 등)

E 유익한 새 신념

합리적 사고의 특징

① 유연한 바람
예) 나는 잘 하고 싶다. 하지만 꼭 그래야만 하는 것은 아니다.

② 탈파국화
예) 이것은 나쁜 일, 불운한 일이지만, 끔찍한 일은 아니다. 나에게는 다른 즐거운 일이 많이 있다.

③ 높은 좌절 감내력
예) 나는 이것을 좋아하지 않지만 견딜 수 있다.

④ 자기수용, 타인수용, 인생수용
예) 불완전한 나를 포용할 수 있다.

F 순기능적이고 건강한 감정 적응적이고 유익한 행동

순기능적이고 건강한 감정에 해당하는 것
- 걱정
- 아쉬움
- 건강한 분노/언짢음
- 후회/반성
- 슬픔
- 관계에 대한 건강한 걱정
- 건강한 질투심
- 애도

적응적이고 유익한 행동에 해당하는 것
- 친구 만나기/도움 요청하기
- 운동하기
- 주장 행동

출처: Windy Dryden과 Jane Walker가 처음 만듦(1992년). Albert Ellis가 개정함(1996년). Windy Dryden과 Daniel David가 다시 개정함(2009년).

부록 7

숙제에 대한 방침

우리의 경험과 연구에 의하면, 빠르고 우수한 상담 효과를 얻기 위한 열쇠는 상담실에서뿐만 아니라 집에서도 문제해결을 위한 노력을 계속하는 것입니다. 합리적 정서행동치료를 받는 모든 내담자에게 매 회기마다 집에서 할 숙제가 부여됩니다. 숙제 부여의 취지는 귀하가 상담 목표에 더욱 다가갈 수 있도록 돕는 것입니다. 우리는 숙제에 대한 이러한 방침을 중시하며 귀하도 그러하기를 희망합니다. 숙제 및 상담에 관한 질문이 있으면, 귀하의 상담자에게 문의하십시오.

REBT 회기 노트

회기 번호: ____________________ 날짜: ____________________

내담자 이름: ____________________

이번 회기에 다룬 문제: ____

______ 1. 역기능적 감정 또는 행동의 존재 여부를 평가했다.

______ 2. 내담자가 지닌 감정과 행동의 적응성을 검토했다.

______ 3. 역기능적 인지의 존재 여부 및 유형을 평가했다.

______ 4. 내담자가 지닌 신념체계의 적응성을 검토했다.

______ 5. 촉발사건을 명료화했다.

______ 6. 내담자의 비합리적 신념에 대한 가설을 제공했다.

______ 7. B→C 인과관계를 교육했다.

______ 8. 비합리적 신념과 합리적 신념의 차이를 교육했다.

______ 9. 비합리적 신념을 대체할 새로운 합리적 신념을 제공했다.

______ 10. 비합리적 신념에 대해 우아한 철학적 논박을 진행했다.

______ 11. 합리적 감정 심상을 사용했다.

______ 12. 새로운 합리적 신념(RB) 또는 유익한 새 신념(EB)을 만들었다.

______ 13. 내담자와 숙제를 협의했다.

______ 14. 내담자가 숙제를 시도하던 상황의 감정, 사고, 행동을 평가했다.

______ 15. A-[추론]에 대한 경험적 논박을 진행했다.

______ 16. 자기 진술문 연습을 위한 지침을 제공했다.

______ 17. 현실적 문제에 대해 내담자가 대안적 해결책을 만들도록 도왔다.

______ 18. 대안적 해결책의 효과를 내담자가 평가하도록 도왔다.

______ 19. 대안적 해결책을 예행연습했다(주장 훈련, 사회기술 훈련 등).

______ 20. 이완 훈련 또는 이완 심상을 연습했다.

______ 21. 기타:

● 지난 회기의 숙제에 대한 내담자의 태도를 평가하라.

1	2	3	4	5
전혀 하지 않음	부분적 시도	일부 완수	대부분 완수	모든 숙제 완수

비고: ______________________________

____

____

이번 회기의 숙제: ______________________________

____

____

수퍼바이저의 조언: ______________________________

____

____

상담자 서명: ______________

출처: Raymond DiGiuseppe가 만듦(2012년).

참고문헌

Abramson, L. Y., Seligman, M. E., & Teasdale, J. D. (1978). Learned helplessness in humans: Critique and reformulation. *Journal of Abnormal Psychology, 87*(1), 49–74.

Alloy, L. B., Peterson, C., Abramson, L. Y., & Seligman, M. E. (1984). Attributional style and the generality of learned helplessness. *Journal of Personality and Social Psychology, 46*(3), 681-687. doi: 10.1037/0022-3514.46.3.681

Allport, G. W. (1937). The functional autonomy of motives. *The American Journal of Psychology, 50,* 141–156. doi: 10.2307/1416626

Amsel, A. (1990). Arousal, suppression, and persistence: Frustration theory, attention, and its disorders. *Cognition and Emotion, 4,* 239–268.

Anderson, N. (1990). Schemas in person cognition. In N. Anderson (Ed.), *Contributions to information integration theory, Vol. 1: Cognition; Vol. 2: Social; Vol. 3: Developmental* (pp. 57–103). Hillsdale, NJ England: Lawrence Erlbaum Associates, Inc.

Araoz, D. (1985). *The New Hypnosis.* New York: Plenum.

Ard, B. (1990). Living without guilt and/or blame: conscience, superego, and psychotherapy. *Volume 19 of American University studies: Psychology American University Studies.* State College, PA: P Lang.

Areeda, P. (1996). The Socratic method. *Harvard Law Review, 109,* 911–930.

Backx, W. (2012). The distinction between quantitative and qualitative dimensions of emotions: Clinical implication. *Journal of Rational Emotive and Cognitive Behavior Therapy, 30,* 25–37. doi: 10.1007/s10942-010-0122-0

Baddeley, J. L., & Pennebaker, J. W. (2009). Expressive Writing pp. 295–299. In W. T. O'Donohue, & J. E. Fisher (Eds.), *General principles and empirically supported techniques of cognitive behavior therapy.* Hoboken, NJ: John Wiley & Sons.

Bartley, W. W. (1987). In defense of self applied critical rationalism. In G. Radnitzky & W. W. Bartley (Eds.), *Evolutionary epistemology, Theory of rationality and sociology of knowledge* (pp. 279-312). LaSalle, IL: Open Court.

Baumeister, R. F., Campbell, J. D., Krueger, J. I., & Vohs, K. D. (2005). Exploding the Self-Esteem Myth. *Scientific American* (January 2005), *292,* 84-91. doi: 10.1038/scientificamerican0105-84.

Baumeister, R. F., Heatherton, T. F., & Tice, D. M. (1994). *Losing control: How and why people fail at self-control.* San Diego: Academic Press.

Baumeister, R. F., Smart, L., & Boden, J. M. (1996). Relation of threatened egotism to violence and aggression: The dark side of high self-esteem. *Psychological Review, 103*(1), 5-33.

Beal, D., & DiGiuseppe, R. (1998). Training supervisiors in rational emotive behavior therapy. *Journal of Cognitive Psychotherapy, 12,* 127-138.

Beal, D., Kopec, A. M., & Digiuseppe, R. (1996). Disputing clients' irrational beliefs. *Journal of Rational-Emotive & Cognitive Behavior Therapy, 14*(4), 215-229.

Beck, A. T. (1976). *Cognitive therapy and the emotional disorders.* New York: International Universities Press.

Beck, A. T. (1999). *Prisoners of hate: The cognitive basis of anger, hostility and violence.* New York: Harper Collins.

Beck, A. T. (2005). The current state of cognitive therapy: A 40-year retrospective. *Archives of General Psychiatry, 62*(9), 953-959.

Beck, A. T., & Emery, G. (1985). *Anxiety Disorders and Phobias.* New York: Basic Books.

Beck, A. T., Rush, A. J., Shaw, B. F., & Emery, G. (1979). *Cognitive therapy of depression: A treatment manual.* New York: Guilford.

Beck, A. T., Steer, R. A., & Brown, G. K. (1996). *Manual for the beck depression inventory-II.* San Antonio, TX: Psychological Corporation.

Beck, J. S. (1995). *Cognitive therapy: Basic and beyond.* New York: Guilford Press.

Bennett-Levy, J., Richards, D., Farrrand, P., Christensen, H., Griffiths, K., Kavanagh, D., Klein, B., Lau, M., Proudfoot, J., Ritterband, L., Williams, C., & White, J. (2010). *Oxford guide to low intensity CBT interventions.* London: Oxford University Press.

Bernard, M. E. (1990). *Validation of general attitude and belief scale.* Presented at the World Congress on Mental Health Counseling. Keystone, Colorado.

Bernard, M. E., & DiGiuseppe, R. (1998). *Inside rational-emotive therapy: A critical appraisal of the theory and therapy of Albert Ellis.* New York: Academic Press.

Bernard, M. E., Froh, J. J., DiGiuseppe, R., Joyce, M. R., Dryden, W. (2010). Albert Ellis: Unsung hero of positive psychology. *The Journal of Positive Psychology, 5*(4), 302-310.

Bohart, A. C., Elliott, R., Greenberg, L. S. & Watson, J. C. (2002). Empathy. In J. C. Norcross (Eds.), *Psychotherapy relationships that work: Therapist contributions and responsiveness to patients* (pp. 89-108). New York, NY: Oxford University Press.

Bond, A. J., Ruaro, L., & Wingrove, J. (2006). Reducing anger induced by ego threat: Use of vulnerability expression and influence of trait characteristics. *Personality and Individual Differences, 40*(6), 1087-1097.

Brainerd, C. J. (2003). Jean Piaget, learning research, and American education. In B. Zimmerman, & D. Schunk, (Eds.). *Educational Psychology: A century of contributions* (pp. 251-287). Mahwah, NJ: Lawrence Erlbaum Associates.

Breuer, J., & Freud, S. (1955). *Studies on hysteria* (Standard Edition Vol. II). London: Hogarth Press (First German edition, 1985).

Burgess, P. M. (1990). Toward resolution of conceptual issues in the assessment of belief systems in rational-emotive therapy. *Journal of Cognitive Psychotherapy, 4*(2), 171-184.

Burns, D. (1980). *Feeling good*. New York: William Morrow.

Bushman, B. J. (2002). Does venting anger feed or extinguish the flame? Catharsis, rumination, distraction, anger and aggressive responding. *Personality and Social Psychology Bulletin, 28*(6), 724-731.

Byrne, R. M. J. (2005). *The rational imagination: How people create alternatives to reality*. Cambridge, MA: MIT Press.

Cbaniss, D. L., Cherry, S., Douglas, C. J., & Schwartz, A. R. (2011). *Psychodynamic psychotherapy: A clinical manual*. New Jersey: John Wiles & Sons Ltd.

Campbell, I. M. (1985). The psychology of homosexuality. In A. Ellis & M. E. Bernard (Eds.), *Clinical applications of rational-emotive therapy* (pp. 153-180). New York: Plenum.

Carkhuff, R. (1969). *Helping and human relations: A primer for lay and professional helpers*. New York: Holt, Rinehart and Winston.

Chessick, R. (1982). Socrates: First psychotherapist. *American Journal of Psychoanalysis, 42,* 71-83.

Ciarrochi, J., Robb, H., & Godsell, C. (2005). Letting a little nonverbal air into the room. Insights for Acceptance and Commitment Therapy. Part 1: Philosophical and theoretical underpinnings. *Journal of Rational-Emotive and Cognitive-Behavior Therapy,* 23.

Cook, J. M., Biyanova, T., & Coyne, J. C. (2009). Influential psychotherapy figures, authors, and books: An Internet survey of over 2,000 psychotherapists. *Psychotherapy: Theory, Research, Practice, Training, 46,* 42-51.

Corsini, R. J. (Ed.). (1994). *Encyclopedia of psychology, 2nd ed.* New York: Wiley.

Damasio, A. (2003). *Looking for Spinoza: Joy, sorrow, and the feeling brain*. Orlando, FL: Harcourt Inc.

Darwin, C. (1872). *The expression of the emotions in man and animals*. London: John Murray.

David, D., David, A., Cristina, G., Macavei, B., & Kallay, E. (2006). A Search for the 'Hot' cognitions in a clinical and a non-clinical context: appraisal, attributions, core relation theme, irrational beliefs, and their relation to emotion. In A. Columbus (Ed.), *Advances in psychology research (Vol 40)* (pp. 1-37). Hauppauge, NY: Nova Science Publishers.

David, D., Freeman, A., & DiGiuseppe, R. (2009). Rational and irrational beliefs: Implication for clinical conceptualization and practice in psychotherapy. In D. David, S. J. Lynn, & A. Ellis (Eds.). *Rational and irrational beliefs in human functioning and disturbances; Implication for research, theory, and practice*. New York: Oxford University Press.

David, D., Lynn, S. J., & Ellis, A. (2010). *Rational and irrational beliefs: Research, theory, and clinical practice*. New York: Oxford University Press.

David, D., Schnur, J., & Belloiu, A. (2002). Another search for the "hot" cognitions; Appraisal, irrational beliefs, attributions, and their relation to emotions. *Journal of Rational-Emotive and Cognitive-Behavior Therapy, 20,* 94-131.

Davison, G. C., & Neale, J. M. (1990). *Abnormal psychology* (5th ed.). New York: Wiley.

de N. Abrantes-Pais, F., Friedman, J. K., Lovallo, W. R., & Ross, E. D. (2007). Psychological or physiological: Why are tetraplegic patients content. *Neurology, 69*(3), 261-267. doi:10.1212/01.wnl.0000262763.66023

Delucia-Waack, J. L., & Gellman, R. A. (2007). The efficacy of using music in children of divorce groups: Impact on anxiety, depression, and irrational beliefs about divorce. *Group Dynamics: Theory, Research, and Practice, 11*(4), Special issue: Groups in educational settings. pp. 272-282.

Denholtz, M. (1970). The use of tape recordings between therapy sessions. *Journal of Behavior Therapy and Experimental Psychiatry, 1*(2), 139-143.

Diaz, R. M., & Berk, L. E. (1999). A Vygotskian critique of self-instructional training. In P. Lloyd, & C. Fernyhough (Eds.), *Lev Vygotsky: critical assessments: Future directions,* Vol. IV (pp. 221-252). Florence, KY: Taylor & Frances/Routledge.

DiGiuseppe, R. (1986). The implications of the philosophy of science for rational emotive theory and therapy. *Psychotherapy: Theory, Research, Practice, 23*(4), 634-639.

DiGiuseppe, R. (1991). *Maximizing the moment: How to have more fun and happiness in life. Cassette recording*. New York: Institute for Rational Emotive Therapy.

DiGiuseppe, R. (1996). The nature of irrational beliefs: Progress in rational emotive behavior therapy. *Journal of Rational Emotive & Cognitive Behavior Therapy, 14*(1), 5-28.

DiGiuseppe, R. (2006). Rational assessment and treatment with children. In A. Ellis & M. E.

Bernard (Eds.), *Rational emotive behavioral approaches to childhood disorders: Theory, practice, and research*. New York: Springer.

DiGiuseppe, R. A., & Froh, J. J. (2002). What cognitions predict state anger? *Journal of Rational-Emotive and Cognitive-Behavior Therapy, 20*(2), 133-150.

DiGiuseppe, R., & Jilton, R. (1996). Developing the therapeutic alliance in child-adolescent psychotherapy. *Applied and Preventive Psychology, 5*(2), 85-100.

DiGiuseppe, R., Leaf, R., Exner, T., & Robin, M. (1988). The development of a measure of irrational/rational thinking. Poster session presented at the World Congress of Behavior Therapy, Edinburgh, Scotland, September 6.

DiGiuseppe, R., & Muran, J. C. (1992). The use of metaphor in rational-emotive psychotherapy. *Psychotherapy in Private Practice, 10*(1-2), 151-165.

DiGiuseppe, R., Robin, M., & Dryden, W. (1991). On the compatibility of rational-emotive therapy and Judeo-Christian philosophy: A focus on clinical strategies. *Journal of Cognitive Psychotherapy: An International Quarterly, 4*(4), 355-368.

DiGiuseppe, R., & Tafrate, R. (2004). *The anger disorder scale: Manual*. Toronto, Ontario, Canada: MultiHealth Systems.

DiGiuseppe, R., & Tafrate, R. (2007). *Understanding anger disorders*. New York: Oxford University Press.

DiLorenzo, T. A., David, D., & Montgomery, G. H. (2007). The interrelations between irrational cognitive processes and distress in stressful academic settings. *Personality and Individual Differences, 42*(4), 765-776. doi: 10.1016/j.paid.2006.08.022

Dimidjian, S., Barrera, M., Martell, C., Ricardo, F., Muñoz, R. F., & Lewinsohn, P. M. (2011). The origins and current status of behavioral activation treatments for depression. *Annual Review of Clinical Psychology, 7,* 1-38.

Dobson, K. S., & Hamilton, K. E. (2009). Cognitive restructuring: behavioral tests of negative cognitions. In W. T. O'Donohue, & J. E. Fisher (Eds.), *General principles and empirically supported techniques of cognitive behavior therapy.* Hoboken, NJ: John Wiley.

Dollard, J., & Miller, N. E. (1950). Personality and psychotherapy. New York: McGraw-Hill.

Dryden, W., DiGiuseppe, R., & Neenan, M. (2010). *A primer on rational emotive behavioral therapy, Third Edition*. Champaign, Illinois: Research Press.

Dryden, W. (2008). *Rational emotive behaviour therapy: Distinctive features.* Hove, East Sussex: Routledge.

Dryden, W., Digiuseppe, R., & Neenan, M. (2003). *A primer on rational emotive behavioral therapy, Second edition*. Champaign, IL: Research Press.

Dryden, W., DiGiuseppe, R., & Neenan, M. (2010). *A primer on rational behavioral therapy, Third edition*. Champaign, IL: Research Press.

Dryden, W., Ferguson, J., & McTeague, S. (1989). Beliefs and inferences: A test of a rational-emotive hypothesis. 2: On the prospect of seeing a spider. *Psychological Reports, 64,* 115-123.

Duckworth, M. P. (2009). Assertiveness skills and the management of related factors. In W. T. O'Donohue, & J. E. Fisher (Eds.), *General principles and empirically supported techniques of cognitive behavior therapy.* Hoboken, NJ: John Wiley.

D'Zurilla, T., & Goldfried, M. R. (1971). Problem-solving and behavior modification. *Journal of Abnormal Psychology, 78,* 107-126.

Edwards, R. R., Haythornthwaite, J. A., Smith, M. T., Klick, B., & Katz, J. N. (2009). Catastrophizing and depressive symptoms as prospective predictors of outcomes following total knee replacement. *Pain Research & Management, 14*(4), 307-311.

Efran, J., Lukens, M., & Lukens, R. (1990). *Language, structure, and change: Frameworks of meaning in psychotherapy.* New York: Norton.

Eisenberger, R. (1992). Learned industriousness. *Psychological Review, 99,* 248-267.

Ellis, A. (1933). *Youth against the world: A novel.* Unpublished manuscript.

Ellis, A. (1955). New approaches to psychotherapy technique. *Journal of Clinical Psychology, 11,* 207-260.

Ellis, A. (1957a). Rational psychotherapy and individual psychology. *Journal of Individual Psychology, 13,* 38-44.

Ellis, A. (1957b). Outcome of employing three techniques of psychotherapy. *Journal of Clinical Psychology, 13,* 344-350.

Ellis, A. (1958). Rational psychotherapy. *Journal of General Psychology, 59,* 35-49.

Ellis, A. (1962). *Reason and emotion in psychotherapy.* Secaucus, NJ: Lyle Stuart.

Ellis, A. (1971). *Growth through reason.* North Hollywood, CA: Wilshire Books.

Ellis, A. (1973a). *Humanistic psychotherapy.* New York: McGraw-Hill.

Ellis, A. (1973b). *How to stubbornly refuse to be ashamed of anything (cassette recording).* New York: Institute for Rational-Emotive Therapy.

Ellis, A. (1976a). The biological basis of human irrationality. *Journal of Individual Psychology, 32,* 145-168.

Ellis, A. (1979a). Discomfort anxiety: A new cognitive behavioral construct. *Rational Living, 14,* 3-8. Also in A. Ellis & W. Dryden (Eds.), *The Essential Albert Ellis.* New York: Springer Publishing, 1990.

Ellis, A. (1979b). *The intelligent woman's guide to dating and mating.* Secaucus, NJ: Lyle Stuart.

Ellis, A. (1979c). Rational-emotive therapy. In R. J. Corsini (Ed.), *Current psycho-therapies, 2nd ed.* Itasca, IL: Peacock.

Ellis, A. (1987a). The impossibility of achieving consistently good mental health. *American*

Psychologist, 42, 364-375.

Ellis, A. (1991). The philosophical basis of rational-emotive therapy (RET). *Psychotherapy in Private Practice, 8*(4), 97-106.

Ellis, A. (1992). Alfred Korzybski memorial lecture 1991: General Semantics and Rational-Emotive Therapy. *General Semantics Bulletin, 56,* 12-49.

Ellis, A. (1993). The Rational -Emotive Therapy (RET) approach to marriage and family therapy. *The Family Journal, 1*(4), 292-307. doi: 10.1177/1066480793014002

Ellis, A. (1994). *Reason and emotional in psychotherapy: A comprehensive method of treating human disturbance.* Revised and updated. New York: Birch Lane Press.

Ellis, A. (1996). *Better, deeper, and more enduring brief therapy: The rational emotive behavior therapy approach.* Philadelphia, PA: Brunner/Mazel.

Ellis, A. (2001). *Feeling better, getting better, staying better: Profound self-help therapy for your emotions.* Atascadero, CA: Impact Publishers.

Ellis, A. (2002). *Overcoming resistance: Rational-emotive therapy with difficult patients, 2nd edition.* New York: Springer Publishing.

Ellis, A. (2002). *Overcoming Resistance.* New York: Springer Publishing Company, LLC.

Ellis, A. (2003a). Discomfort anxiety: A new cognitive-behavior construct (Part I). *Journal of Rational-Emotive & Cognitive Behavior Therapy, 21*(3-4), 183-191. doi: 10.1023/A:1025881810501

Ellis, A. (2003b). Discomfort anxiety: A new cognitive-behavioral construct (Part II). *Journal of Rational-Emotive & Cognitive Behavior Therapy, 21*(3-4), 193-202. doi: 10.1023/A:1025833927340

Ellis, A. (2003c). *The myth of self-esteem: How rational emotive behavior therapy can change your life forever.* Amherst, NY: Prometheus Books.

Ellis, A., & Abrahms, E. (1978). *Brief psychotherapy in medical and health practice.* New York: Springer Publishing.

Ellis, A., & Bernard, M. (1986). What is rational-emotive therapy (RET)? In A. Ellis & R. M. Grieger (eds.), *Handbook of rational-emotive therapy* (vol. 2). New York: Springer Publishing.

Ellis, A., & DiGiuseppe, R. (1993). Are inappropriate or dysfunctional feelings in rational-emotive therapy qualitative or quantitative? *Cognitive Therapy and Research, 17*(5), 471-477.

Ellis, A., & Dryden, W. (1997). *The practice of rational emotive behavior therapy* (2nd ed.). Springer Publishing Co.

Ellis, A., & Harper, R. (1967/1975). *A new guide to rational living.* Englewood Cliffs, NJ: Prentice-Hall.

Ellis, A., & Knaus, W. (1977). *Overcoming procrastination.* New York: Institute for Rational

Living.

Ellis, A., McInerney, J. F., DiGiuseppe, R., Yeager, R. J., & Mahadevan, K. (1990). A rational-emotive theory of addictions: Rational-emotive therapy with alcoholics and substance abusers. *Journal of Cognitive Psychotherapy, 4*(4), 397-398.

Ellis, A., & MacLaren, C. (2005). *Rational emotive behavior therapy: A Clinician's guide.* San Luis Obispo, CA: Impact Publishers.

Ellis, A., & Tafrate, R. C. (1997). *Control your anger before it controls you.* New York: Kensington Books.

Eysenck, H. J. (1952). The effects of psychotherapy: an evaluation. *Journal of Consulting Psychology, 16*(5), 319-324.

Fadyl, J., & McPherson, K. (2008). Return to work after injury: A review of evidence regarding expectations and injury perceptions, and their influence on outcome. *Journal of Occupational Rehabilitation, 18*(4), 362-374. doi: 10.1007/s10926-008-9153-0.

Fay, A. (1978). *Making things better by making them worse.* New York: Hayworth Press.

Ferguson, Kyle, E., & Sgambati, R. E. (2009). Relaxation. In O'Donohue, W. T. (Ed.), & Fisher, J. E. (Ed.), *General principles and empirically supported techniques of cognitive behavior therapy* (pp. 532-542). Hoboken, NJ: John Wiley & Sons.

Festinger, L. (1957). *A theory of cognitive dissonance.* Palo alto, CA: Stanford University Press.

Finn, T., DiGiuseppe, R., & Culver, C. (1991). The effectiveness of rational-emotive therapy in the reduction of muscle contraction headaches. *Journal of Cognitive Psychotherapy, 5*(2), 93-103.

Fodor, I. G. (1987). Moving beyond cognitive-behavior therapy: Integrating Gestalt therapy to facilitate personal and interpersonal awareness. In N. S. Jacobson (Ed.), *Psychotherapists in clinical practice: Cognitive and behavioral perspectives* (pp. 190-231). New York: The Guilford Press.

Flokman, S., & Lazarus, R. S. (1991). Coping and emotion. In A. Monat & R. S. Lazarus (Eds.), *Stress and coping: An anthology* (3rd ed., pp. 207-227). New York: Columbia University Press.

Frank, J., & Frank, J. B. (1991). *Persuasion and healing: A comparative study of psychotherapy* (3rd ed.). Baltimore, MD: John Hopkins University Press.

Freeman, A., & Davis, D. D. (1990). Cognitive therapy of depression. In A. S. Bellack, M. Hersen, & A. E. Kazdin (Eds.), *International handbook of behavior modification and therapy* (2nd ed., pp. 333-352). New York: Plenum Press.

Freud, S. (1965). *New introductory lectures on psychoanalysis,* ed. and trans. by J. Strachey. New York: Norton.

Frijda, N. H. (1986). *The emotions: Studies in emotion and social interaction.* New York:

Press Syndicate of the University of Cambridge.

Gambrill, E. (1993). What critical thinking offers to clinicians and clients. *Behavior Therapist, 16,* 141-147.

Golfried, M. R., Davison, G. C., & Wachtel, P. L. (1994). Clinical behavior therapy (exp. ed.). *Wiley series in clinical psychology and personality.* Oxford, England: John Wiley & Sons.

Goldstein, A. J., & Chambless, D. L. (1978). A re-analysis of agoraphobia. *Behavior Therapy, 9,* 47-59.

Hamilton, M. A., Hunter, J. E., & Burgoon, M. (1990). An empirical test of an axiomatic model of the relationship between language intensity and persuasion. *Journal of Language and Social Psychology, 9*(4), 235-255.

Harmon-Jones, E. (Ed); Mills, J. (Ed.). (1999). *Cognitive dissonance: Progress on a pivotal theory in social psychology. Science conference series.* Washington, DC: American Psychological Association.

Harrington, N. (2005a). The Frustration Discomfort Scale: Development and Psychometric Properties. *Clinical Psychology and Psychotherapy, 12,* 374-387.

Harrington, N. (2005b). Dimensions of frustration intolerance and their relationship to self-control problems. *Journal of Rational-Emotive & Cognitive-Behavior Therapy, 23*(1), 1-20. doi: 10.1007/s10942-005-0001-2

Harrington, N. (2006). Frustration intolerance beliefs: Their relationship with depression, anxiety, and anger, in a clinical population. *Cognitive Therapy and Research, 30,* 699-709. doi: 10.1007/s10608-006-9061-6

Harrington, N. (2011a). Frustration and discomfort intolerance: Introduction to the special issue. *Journal of Rational-Emotive and Cognitive-Behavior Therapy, 29,* 1-3. doi: 10.1007/s10942-011-0125-5002E

Harrington, N. (2011b). Frustration Intolerance: Therapy issues and strategies. *Journal of Rational-Emotive and Cognitive-Behavior Therapy, 29,* 16. doi: 10.1007/s10942-011-0126-4.

Hauck, P. (1985). Religion and RET: Friends or foes? In A. Ellis & M. Bernard (eds.), *Clinical applications of rational-emotive therapy.* New York: Plenum.

Hayakawa, S. I. (1962). *The use and misuse of language.* Greenwich, CT: Fawcett.

Hayes, S. C., Strosahl, K. D., & Wilson, K. G. (1999). *Acceptance and commitment therapy: An experiential approach to behavior change.* New York: Guilford Press.

Hayes, S. C., Villatte, M., Levin, M., & Hildebrandt, M. (2011). Open, aware, and active: Contextual approaches as an emerging trend in the behavior and cognitive therapies. *Annual Review of Clinical Psychology, 7,* 141-168. doi: 10.1146/annureve-clinpsy-032210-104449.

Hayes, S. C., Wilson, K. G., Gifford, E. V., Follette, V. M., & Strosahl, K. (1996). Experiential Avoidance and Behavioral Disorders: A Functional Dimensional Approach to Diagnosis and Treatment. *Journal of Consulting and Clinical Psychology, 64*(6), 1152-1168.

Hazlett-Stevens, H. & Craske, M. G. (2009). Live *(in vivo)* exposure. In W. T. O'Donohue & J. E. Fisher (Eds.). *General principles and empirically supported techniques of cognitive behavior therapy.* Hoboken, NJ: John Wiley.

Head, L. S., Gross, A. M. (2009). In W. T. O'Donohue & J. E. Fisher (Eds.), *General principles and empirically supported techniques of cognitive behavior therapy* (pp. 640-647). Hoboken, NJ: John Wiley.

Hollon, S. D., & DiGiuseppe, R. (2011). Cognitive psychotherapies. In J. C. Norcross, & G. VandenBos (Eds.), *History of psychotherapy: Continuity and change* (2nd ed.). Washington, DC: American Psychological Association.

Horney, K. (1945). *Our inner conflicts.* New York: Norton.

Huber, C., & Baruth, L. (1989). *Rational-emotive family therapy.* New York: Springer Publishing.

Huber, C. H. (1997). Ratioanl-emotive family therapy. In J. Yankura, W. Dryden, J. Yankura, W. Dryden (Eds.), *Special applications of REBT: A therapist's casebook* (pp. 101-129). New York, NY: Springer Publishing Co.

Hurley, M., Dennett, D., & Adams, R. (2011). *Inside jokes: Using humor to reverse-engineer the mind.* Cambridge, MA: MIT PRess.

Jocobs, N. N. (2009). Bibliotherapy utilizing CBT. In W. T. O'Donohue & J. E. Fisher, & E. Jane (Eds.), *General principles and empirically supported techniques of cognitive behavior therapy* (Pp. 158-165). Hoboken, NJ: John Wiley & Sons.

Johnson, S. (2006). The congruence of the philosophy of rational emotive behavior therapy within the philosophy of mainstream Christianity. *Journal of Cognitive & Behavioral Psychotherapies, 6*(1), 45-56.

Johnson, W. (1946). *People in quandaries.* New York: Harper & Bros.

Johnson, W. B., DiGiuseppe, R., & Ulven, J. (1999). Albert Ellis as mentor: National survey results. *Psychotherapy: Theory, Research, Practice, Training, 36*(3), 305-312.

Kazantzis, N., Deane, F. P., Ronan, K. R., L'Abate, L. (Eds.), (2005). *Using homework assignments in cognitive behavior therapy.* New York: Routledge/Taylor & Francis Group.

Kazantzis, N., Whittington, C., & Datillio, F. (2010). Meta-analysis of homework effects in cognitive and behavioral therapy: A replication and extension. *Clinical Psychology: Science and Practice, 17*(2), 144-156.

Kelly, G. (1955). *The psychology of personal constructs.* New York: Norton.

Kimmel, J. (1976). The rational barb in the treatment of social rejection. *Rational Living, 11,*

23-25.

Kohlberg, L. (1976). Moral stages and moralization: The cognitive developmental approach. In T. Leckona (Ed.), *Moral development and behavior: Theory, research, and social issues*. New York: Holt, Rinehart & Winston.

Kopec, AM., Beal, D., & DiGiuseppe, R. (1994). Training in RET: Disputational strategies. *Journal of Rational-Emotive & Cognitive-Behavior Therapy, 12*(1), 47-48.

Korzybski, A. (1933). *Science and sanity: An introduction to non Aristotelian systems and general semantics*. Lakeville, CT: The International Non-Aristotelian Library Publishing Co. (now part of the I.G.S., Englewood, NJ). 4th edition, 1958.

Kübler-Ross, E. (1969). *On death and dying*. New York: Macmillan.

Kuhn, T. (1996). *The structure of scientific revolutions,* 3rd ed. Chicago: University of Chicago Press.

Kuhn, T. H. (1977). *The essential tension*. Chicago: University of Chicago Press.

Lageman, A. (1989). Socrates and psychotherapy. *Journal of Religion and Health, 28,* 219-223.

Laird, R., & Metalsky, G. (2009). Attribution Change In W.T. O'Donohue, & J.E. Fisher (Eds.), *General principles and empirically supported techniques of cognitive behavior therapy*. Hoboken, NJ: John Wiley.

Lambert, M. J., Burlingame, G. M., Umphress, V., Hansen, N. B., Vermeersch, D. A., Clouse, G. C., & Yanchar, S. C. (1996). The reliability and validity of the outcome questionnaire. *Clinical Psychology & Psychotherapy, 3*(4), 249-258. doi: 10.1002/(SICI)1099-0879(199612)3:4〈249::AID-CPP106〉3.0.CO;2-S.

Lane, R. D., Ahern, G. L., Schwartz, G. E., & Kaszniak, A. W. (1997). Is alexithymia the emotional equivalent of blindsight? *Biological Psychiatry, 42*(9), 834-844. doi: 10.1016/S0006-3223(97)00050-4.

Lazarus, A. A. (1972). *Behavior therapy and beyond*. New York: McGraw-Hill.

Lazarus, A. A. (2009). Multimodal behavior therapy. In W. T. O'Donohue & J. E. Fisher (Eds.), *General principles and empirically supported techniques of cognitive behavior therapy* (pp. 440-444). Hoboken, NJ: John Wiley & Sons.

Lazarus, R. S. (1991). *Emotion and adaptation*. London: Oxford University Press.

LeDoux, J. E. (2000). Emotion circuits in the brain. *Annual Review of Neuroscience, 23,* 155-184. doi: 10.1146/annurev.neuro.23.1.155

Levis, D. J. (2009). The prolonged CS exposure techniques of implosive (flooding) therapy. In W. T. O'Donohue, & J. E. Fisher, J. E. (Eds.), *General principles and empirically supported techniques of cognitive behavior therapy* (pp. 370-380). Hoboken, NJ: John Wiley.

Linehan, M. (1993). *Cognitive behavioral treatment of borderline personality disorder.*

New York: Guilford.

Linton, S. J., Nicholas, M. K., MacDonald, S., Boersma, K., Bergbom, S., Maher, C., & Refshauge, K. (2011). The role of depression and catastrophizing in musculoskeletal pain. *European Journal of Pain, 15*(4), 416-422. doi: 10.1016/j. ejpain.2010.08.009

Livneh, H., & Cook, D. (2005). Psychosocial impact of disability. In R. M. Parker, E. Szymanski, & J. Patterson (Eds.), *Rehabilitation counseling: Basics and beyond* (4th ed., pp. 187-224). Austin, TX: PRO-ED.

Livneh, H., Martz, E., & Bodner, T. (2006). Psychosocial adaptation to chronic illness and disability: a preliminary study of its factorial structure. *Journal of Clinical Psychology in Medical Settings, 13*(3), 251-261. doi: 10.1007/s10880-006-9028-5

Luria, A. (1969). Speech and formation of mental processes. In M. Cole & I. Maltzman (Eds.), *A handbook of contemporary soviet psychology.* New York: Basic Books.

Lu, Q., & Stanton, A. L. (2010). How benefits of expressive writing vary as a function of writing instructions, ethnicity and ambivalence over emotional expression. *Psychology and Health, 25*(6), 669-684.

Macaskill, N. D. (1996). Improving clinical outcomes in REBT/CBT: The therapeutic uses of tape-recording. *Journal of Rational-Emotive & Cognitive Behavior Therapy, 14*(3), 199-207.

Machiavelli, N. (1532/1998). *The prince (second edition).* Chicago: The University of Chicago Press.

Mahoney, M. (1977). Personal science: A cognitive learning therapy. In A. Ellis & R. Grieger (eds.), *A handbook of rational-emotive therapy.* New York: Springer Publishing.

Mahoney, M. (1991). *Human change processes.* New York: Basic Books.

Mahoney, M. J. (1974). *Cognition and behavior modification.* Cambridge, MA: Ballinger.

Mahoney, M. J. (1979). *Self-change: Strategies for solving personal problems.* Oxford, England: W. W. Norton.

Mahoney, M. J., & Lyddon, W. J. (1988). Recent developments in cognitive approaches to counseling and psychotherapy. *Counseling Psychologist, 16*(2), 190-234.

Marks, J., Boulougouris, J., & Marset, P. (1971). Flooding vs. desensitization in the treatment of phobic patients. *British Journal of Psychiatry, 119,* 353-375.

Marzillier, J. (2010). *The Gossamer thread: My life as a psychotherapist.* London: Karnac Book Publishers.

Maultsby, M. (1975). *Help yourself to happiness.* New York: Institute for Rational Living.

Maultsby, M., & Ellis, E. (1974). *Techniques for using rationa-emotive imagery.* New York: Institute for Rational Living.

Meichenbaum, D. (1977). *Cognitive behavior modification: An integrative approach.* New York: Plenum.

Meichenbaum, D. (1985). *Stress inoculation training*. New York: Pergamon.

Meichenbaum, D. (1993). Changing conceptions of cognitive behavior modification: Retrospect and prospect. *Journal of Consulting and Clinical Psychology, 61,* 202-204.

Meichenbaum, D. (2009). Stress inoculation training. In W. T. O'Donohue & J. E. Fisher (Eds.), *General principles and empirically supported techniques of cognitive behavior therapy*. Hoboken, NJ: John Wiley.

Meichenbaum, D., & Cameron, R. (1974). The clinical potential of modifying what clients say to themselves. *Psychotherapy: Theory, Research & Practice, 11*(2), 103-117. doi: 10.1037/h0086326

Metcalfe, C., Winter, D., & Viney, L. (2007). The effectiveness of personal construct psychotherapy in clinical practice: A systematic review and meta-analysis. *Psychotherapy Research, 17*(4).

Miller, N. E., Mowrer, O. H., Doob, L. W., Dollard, J., & Sears, R. R. (1958). Frustration-aggression hypothesis. In C. L. Stacey, M. DeMartino (Eds.), *Understanding human motivation* (pp. 251-255). Cleveland, OH: Howard Allen Publishers.

Morgan, A. J., & Jorm, A. F. (2008). Self-help interventions for depressive disorders and depressive symptoms: A systematic review. *Annals of General Psychiatry, 7, ArtID* 13.

Moriarty, D. L. (2002). *Effects of disputation strategies in Rational Emotive Behavior Therapy (REBT) on the treatment of depression* (unpublished doctoral dissertation). Hofstra University, New York.

Muran, C., & DiGiuseppe, R. A. (1990). Towards a cognitive formulation of metaphor use in psychotherapy. *Clinical Psychology Review, 10,* 99-85.

Muran, E. M., & DiGiuseppe, R. A. (1994). Rape. In F. M. Dattilio & A. Freeman (Eds.), *Cognitive behavior strategies in crisis intervention*. New York: Guilford Press.

Neimeyer, R. A. (1993). Constructivist psychotherapy. In K. T. Kuehlwein & H. Rosen (Eds.), *Cognitive therapies in action: Evolving innovative practice* (pp. 268-300). San Francisco, CA: Jossey-Bass.

Nezu, A. M., Maguth-Nezu, C., & McMurran, M. (2009). Problem-solving therapy. In W. T. O'Donohue, & J. E. Fisher (Eds.), *General principles and empirically supported techniques of cognitive behavior therapy*. Hoboken, NJ: John Wiley.

Nezu, A. M., Nezu, C., & D'Zurilla, T. J. (2010). Problem-solving therapy. In N. Kazantzis, M. A. Reinecke, & A. Freeman (Eds.), *Cognitive and behavioral theories in clinical practice* (pp. 76-114). New York: The Guilford Press.

Nielsen, S. L., Johnson, W. B., & Ellis, A. (2001). *Counseling and psychotherapy with religious persons: A rational emotive behavior therapy approach*. Mahwah, NJ: Lawrence Erlbaum Associates.

Norcross, J. C., & Lambert, M. J. (2011). Psychotherapy relationships that work II.

Psychotherapy, 48(1), 4-8. doi: 10.1037/a0022180

O'Donohue, W. T., & Fisher, J. E. (Eds.). (2009). *General principles and empirically supported techniques of cognitive behavior therapy.* Hoboken, NJ: John Wiley & Sons.

O'Leary, D., & Borkovec, T. (1978). Conceptual, methodological, and ethical problems of placebo groups in psychotherapy research. *American Psychologist, 33,* 821-830.

Ortony, A. (1975). Why metaphors are necessary and not just nice. *Educational Theory, 25,* 45-53.

Overholser, J. C. (1993a). The elements of the Socratic method: I. Systematic questioning. *Psychotherapy, 30*(1), 67-74.

Overholser, J. C. (1993b). The elements of the Socratic method: II. Inductive reasoning. *Psychotherapy, 30*(1), 75-85.

Overholser, J. C. (1994). The elements of the Socratic method: III. Universal definitions. *Psychotherapy, 31*(2), 286-293.

Overholser, J. C. (1995). The elements of the Socratic method: IV. Disavowal of knowledge. *Psychotherapy, 33*(1), 549-559.

Overholser, J. C. (1996). Elements of the Socratic method: V. Self-improvement. *Psychotherapy, 32*(2), 283-292.

Overholser, J. C. (1999). Elements of the Socratic method: VI. Promoting virtue in everyday life. *Psychotherapy: Theory, Research, Practice, Training, 36*(2), 137-145.

Overholser, J. C. (2010). Psychotherapy according to the Socratic method: Integrating ancient philosophy with contemporary cognitive therapy. *Journal of Cognitive Psychotherapy, 24*(4), 354-363.

Paivio, A. (1986). *Mental representations: A dual coding approach.* New York: Oxford University Press.

Parrish, C. L., Radomsky, A. S., & Dugas, M. J. (2008). Anxiety-control strategies: Is there room for neutralization in successful exposure treatment? *Clinical Psychology Review, 28*(8), 1400-1412.

Pennebaker, James, W. (1997). *Opening up: The healing power of expressing emotion.* NY: Guilford Press.

Pennebaker, J. L. (2011, October). Writing and Health: Some Practical Advice. URL http://homepage.psy.utexas.edu/homepage/Faculty/Pennebaker/Home2000/WritingandHealth.html

Pennebaker, J. W. (2004). *Writing to heal: A guided journal for recovering from trauma and emotional upheaval.* Oakland, CA: New Harbinger Press.

Piaget, J. (1954). *The construction of reality in the child.* New York: Basic Books.

Popper, K. (1962). *Conjecture and refutation.* New York: Harper.

Popper, K. R. (1968). *The logic of scientific discovery.* New York: Harper & Row.

Power, M. J., & Dalgleish, T. (2008). *Cognition and emotion: From order to disorder, 2nd Edition*. Hove: Psychology Press.

Prochaska, J. O. (1999). The heart and soul of change: What works in therapy. The heart and soul of change: What works in therapy. In Hubble, M. A. (Ed); Duncan, B. L. (Ed); Miller, S. D. (Ed.), *The heart and soul of change: What works in therapy* (pp. 227-255). Washington, DC: American Psychological Association.

Protinsky, H., & Popp, R. (1978). Irrational philosophies in popular music. *Cognitive Therapy and Research, 2,* 71-74.

Rachman, S., Marks, I. M., & Hodgson, R. (1973). The treatment of obsessive-compulsive neurotics by modeling and flooding in vivo. *Behavior Research and Therapy, 11,* 463-471.

Raimy, V. (1975). *Misunderstandings of the self: Cognitive psychotherapy and the misconception hypothesis.* San Francisco, CA: Jossey-Bass.

Reynolds, R. E., & Schwartz, R. M. (1983). Relation of metaphoric processing to comprehension and memory. *Journal of Educational Psychology, 75,* 450-459.

Robb, H., Backx, W., & Thomas, J. (1999). The use of cognitive, emotive and behavior interventions in Rational Emotive Behavior Therapy when clients lack "emotional" insight. *Journal of Rational-Emotive & Cognitive Behavior Therapy, 17*(3), 201-209.

Rodriguez, B. I., & Craske, M. G. (1993). The effects of distraction during exposure to phobic stimuli. *Behaviour Research and Therapy, 31*(6), 549-558.

Rogers, C. (1951). *Client-centered therapy.* Boston, MA: Houghton Mifflin.

Rorer, L. (1999). Dealing with the intellectual-insight problem in cognitive and rational emotive behavior therapy. *Journal of Rational-Emotive & Cognitive-Behavior Therapy, 17*(4), 217-236.

Rorer, L. G. (1989). Rational-emotive theory: II. Explication and evaluation. *Cognitive Therapy and Research, 13*(6), 531-548. doi: 10.1007/BF01176066

Rosenthal, H. G. (Ed.). (2011). *Favorite counseling and therapy techniques* (2nd ed.). New York: Routledge/Taylor & Francis Group.

Rusting, C. L., & Nolen-Hoeksema, S. (1998). Regulating responses to anger: Effects of rumination and distraction on angry mood. *Journal of Personality and Social Psychology, 74*(3), 790-803.

Ruth, W. J., & DiGiuseppe, R. (1989). Setting and response generalization in rational-emotive therapy: A case study. *Journal of Rational-Emotive & Cognitive-Behavior Therapy, 7*(4), 237-252.

Sartre, J. P. (1948/1977). *Existentialism and humanism.* Brooklyn, NY: Haskell House.

Scherer, C. R., & Sagarin, B. J. (2006). Indecent influence: The positive effects of obscenity on persuasion. *Social Influence, 1*(2), 138-146.

Schwartz, R. M., & Gottman, J. M. (1976). Towards a task analysis of assertive behavior. *Journal of Consulting and Clinical Psychology, 55,* 910–20.

Segrin, C. (2009). Social skills training. In W. T. O'Donohue & J. E. Fisher (Eds.), *General principles and empirically supported techniques of cognitive behavior therapy.* Hoboken, NJ: John Wiley.

Seligman, M. E. (1978). Comment and integration. *Journal of Abnormal Psychology, 87*(1), 165–179. doi: 10.1037/0021-843X.87.1.165

Seligman, M. E. P. (1975). *Helplessness: On depression, development, and death.* San Francisco: W. H. Freeman.

Seligman, M. E. P., & Maier, S. F. (1967). Failure to escape traumatic shock. *Journal of Experimental Psychology, 74,* 1–9.

Shepherd, L., Salkovskis, P. M., & Morris, M. (2009). Recording therapy sessions: An evaluation of patient and therapist reported behaviours, attitudes and preferences. *Behavioural and Cognitive Psychotherapy, 37*(2), 141–150.

Silverglade, L., Tosi, D., Wise, P. S., & D'Costa, A. (1994). Irrational beliefs and emotionality in adolescents with and without bronchial asthma. *Journal of General Psychology, 121*(3), 199–207.

Singer, J. L. (2006). *Imagery in psychotherapy.* Washington, DC: American Psychological Association.

Smith, D. (1982). Trends in counseling and psychotherapy. *American Psychologist, 37,* 802–809.

Smith, C. A., & Lazarus, R. S. (2001). Appraisal components, core relational themes, and the emotions. In W. Parrott (Ed.), *Emotions in social psychology: Essential readings* (pp. 94–114). New York, NY: Psychology Press.

Spinoza, B. (1677/1994). *A Spinoza reader: the Ethics and other works.* Princeton, NJ: Princeton University Press.

Spivack, G., Platt, J., & Shure, M. (1976). *The problem-solving approach to adjustment.* San Francisco, CA: Jossey-Bass.

Stanković, S., & Vukosavljević-Gvozden, T. (2011). The relationship of measure of frustration intolerance with emotional dysfunction in a student sample. *Journal of Rational-Emotive & Cognitive Behavior Therapy, 29*(1), 17–34. doi: 10.1007/s10942-011-0128-2

Steel, P. (2007). The nature of procrastination: A meta-analytic and theoretical review of quintessential self-regulatory failure. *Psychological Bulletin, 133*(1), 65–94.

Sternberg, R. (1998). The dialectic as a tool for teaching psychology. *Teaching of Psychology, 25,* 177–180.

Stinson, J., Yamada, J., Dickson, A., Lamba, J., & Stevens, B. (2008). Review of systematic reviews on acute procedural pain in children in the hospital setting. *Pain Research & Management, 13*(1), 51-57.

Stott, R., Mansell, W., Salkovskis, P., Lavender, A., & Cartwright-Hatton, A. (2010). *Oxford guide to metaphors in CBT: Building cognitive bridges*. Oxford, UK: Oxford University Press.

Styron, W. (1990). *Darkness Visible: A Memoir of Madness*. New York: Random House.

Sutton-Smith, Brian. (1988). In search of the imagination. In K. Egan and D. Nadaner (Eds.), *Imagination and Education*. New York: Teachers College Press.

Szentagotai, A., Schnur, J., DiGiuseppe, R., Macavei, B., Kallay, E., & David, D. (2005). The organization and the nature of irrational beliefs: Schemas or appraisal? *Journal of Cognitive and Behavioral Psychotherapies, 5*(2), 139-158.

Tafrate, R., & Kassinove, H. (1998). Anger control in men: Barb exposure with rational, irrational, and irrelevant self-statements. *Journal of Cognitive Psychotherapy, 12*(3), 187-211.

Tice, D. M., Baumeister, R. F., Shmueli, D., & Muraven, M. (2007). Restoring the self: Positive affect helps improve self-regulation following ego depletion. *Journal of Experimental Social Psychology, 43*(3), 379-384. doi: 10.1016/j.jesp.2006.05.007

Tosi, Donald J., & Murphy, M. A. (1994). Cognitive hypnotherapy in psychosomatic illness: A cognitive experiential perspective. *Journal of Cognitive Psychotherapy, 8*(4), *Special issue: Hypnotherapy*, 313-329.

Tosi, D. J., Judah, S. M., & Murphy, M. A. (1989). The effects of a cognitive experiential therapy utilizing hypnosis, cognitive restructuring, and developmental staging on psychological factors associated with duodenal ulcer disease: A multivariate experimental study. *Journal of Cognitive Psychotherapy, 3*(4), 273-290.

Tosi, D. J., & Reardon, J. (1976). The treatment of guilt through rational stage-directed therapy. *Rational Living, 11*, 8-11.

Trexler, L. D. (1976). Frustration is a fact, not a feeling. *Rational Living, 11*, 19-22.

Turner, P. R., Valtierra, M., Talken, T. R., Miller, V. I., & DeAnda, J. (1996). Effect of session length on treatment outcome for college students in brief therapy. *Journal of Counseling Psychology, 43*(2), 228-232. doi: 10.1037/0022-0167.43.2.228

Twain, M. (1971/1972). *What is man? and other essays*. Freeport, NY: Books for Libraries Press.

Vygotsky, L. (1975). *Thought and language*. New York: Wiley.

Walen, S., DiGiuseppe, R., & Dryden, W. (1992). *The practitioner's guide to rational emotive therapy, 2nd edition*. New York: Oxford University Press.

Wampold, B. E. (2007). Psychotherapy: The humanistic (and effective). *American Psychologists, 62*(8), 857-873.

Wegner, D. M., & Smart, L. (1997). Deep cognitive activation: A new approach to the unconscious. *Journal of Consulting and Clinical Psychology, 65*(6), 984-995. doi: 10.1037/0022-006X.65.6.984

Weiner, B. (1979). A theory of motivation for some classroom experiences. *Journal of Educational Psychology, 71,* 3-25.

Weiner, B. (1985). 'Spontaneous' causal thinking. *Psychological Bulletin, 97,* 74-84.

Wolfe, J. L. (2000). *REBT Resource Book for Practitioners* (2nd ed.). New York: Albert Ellis Institute.

Wolfe, J. L., & Bernard, M. E. (2000). *The REBT resource book for practitioners.* New York: Albert Ellis Institute.

Wolff, R. P. (2005). Evaluation of effectiveness of individual therapy sessions over 60 minutes. *Dissertation Abstracts International: Section B: The Sciences and Engineering, 65*(12-B), 6680.

Wolpe, J. (1961). The prognosis in unpsychoanalysed recovery from neurosis. *American Journal of Psychiatry, 118,* 35-39.

Wolpe, J. (1990). *The practice of behavior therapy.* Needham Heights, MA: Allyn & Bacon.

Yalom, I. D. & Leszcz, M. (2005). *Theory and practice of group psychotherapy, fifth edition.* New York: Basic Books.

Yerkes, R. M. & Dodson, J. D. (1908). The relation of strength of stimulus to rapidity of habit formation. *Journal of Comparative Neurology and Psychology, 18,* 459-482.

Young, J. E., Klosko, J. S., & Weishaar, M. E. (2003). *Schema therapy: A practitioner's guide.* New York: Guilford Press.

Zaza, C., & Baine, N. (2002). Cancer pain and psychosocial factors: A critical review of the literature. *Journal of Pain and Symptom Management, 24*(5), 526-542. doi: 10.1016/S0885-3924(02)00497-9.

Zimmerman, M., & Mattia, J. I. (2001). A self-report scale to help make psychiatric diagnoses: The psychiatric diagnostic screening questionnaire. *Archives of General Psychiatry, 58,* 787-794.

Zimmerman, M., & Matia, J. I. (2001). The psychiatric diagnostic screening questionnaire: development, reliability, and validity. *Comprehensive Psychiatry, 42*(3), 175-189.

Zoellner, L. A., Abramowitz, J. S., Moore, S. A., & Slagle, D. M. (2009). Flooding. In W. T. O'Donohue, & J. E. Fisher (Ed.), *General principles and empirically supported techniques of cognitive behavior therapy* (pp. 300-308). Hoboken, NJ: John Wiley.

찾아보기

저자 소개

Raymond A. DiGiuseppe는 펜실베이니아주 필라델피아 출신이다. 1971년에 Villanova 대학교 심리학과를 졸업했으며, 1975년에 Hofstra 대학교에서 박사학위를 받았다. Albert Ellis 연구소에서 Albert Ellis 박사의 지도를 받으며 박사후과정을 마쳤고, 이후에도 연구소에 남아 수련생들을 교육했다. 그는 임상적 관점에서 분노에 관한 연구 활동을 하며 분노가 정신병리의 한 가지 양상이라는 인식을 증진시키는 데에 기여했다. 역기능적 분노를 진단하는 두 가지 심리검사를 개발하였는데 성인용 ADS(Anger Disorders Scale)과 아동 및 청소년용 ARES(Anger Regulation and Expression Scale)이 그것이다. 합리적 정서행동치료와 인지행동치료의 이론 · 실천 · 경험적 근거 그리고 아동 · 청소년 · 가족에 대한 적용을 다룬 120편 이상의 논문과 6권의 저서를 집필했으며, 아동 및 청소년 상담에서의 치료적 동맹에 대해서도 관심을 가지고 있다. 미국심리학회(APA) 심리치료분과(Division of Psychotherapy) 회장 및 행동 및 인지치료 학회(Association for Behavioral and Cognitive Therapies) 회장을 역임했고, 현재 뉴욕 St. John's 대학교 심리학과 교수로서 학과장을 맡고 있다.

Kristene A. Doyle은 Albert Ellis Institute의 소장이다. 뉴욕 출신이며 1994년에 McGill 대학교 심리학과를 졸업하고, 1999년에 Hofstra 대학교에서 박사학위를 받았다. Albert Ellis 연구소에서 14년간 재직하며 부소장, 훈련 및 개발 책임자, 아동 및 가족 서비스 관리자 등의 요직을 두루 거쳤으며 현재 자격관리위원회에서도 일하고 있다. 연구소에 근무하는 상담자의 수련 및 감독뿐 아니라 세계 여러 나라에서 워크숍과 수퍼비전을 통해 교육 활동을 펼쳐왔다. 아르헨티나, 캐나다, 중국, 덴마크, 도미니카공화국, 그리스, 온두라스, 네덜란드, 멕시코, 터키, 파나마, 파라과이, 페루, 러시아, 남아프리카공화국 및 미국 전역의 정신건강 전문가들이 그에게 지도를 받았다. 임상 및 연구에 있어서 주요 관심사는 섭식장애 및 체중조절, 아동 및 청소년 상담 그리고 인지행동치료의 과정 · 성과 · 보급이다. 현재 St. John's 대학교 심리학과 겸임교수로서 집단상담과 임상실습을 지도하고 있으며, 행동 및 인지치료 학회의 회원자격 관리자 및 Goldsmith London 대학교 합리적 정서행동치료 석사과정의 학외 감독자로도 활동하고 있다.

Windy Dryden은 Goldsmith London 대학교 심리치료연구과정의 명예교수이다. 합리적 정서행동치료의 세계적인 권위자이며, 영국 심리학회(British Psychological Society) 및 영국 상담 및 심리치료학회(British Association for Counseling and Psychotherapy)의 임원

을 역임했다. 『Counseling in a Nutshell』 제2판과 『Rational Emotive Behavior Therapy: Distinctive Features』 등 195권 이상의 저서를 집필하였으며, 『Distinctive Features in CBT』 시리즈와 『Counseling in a Nutshell』 시리즈 등 상담 및 심리치료 분야의 편저서도 20권 이상이 있다. 그의 주요한 관심사는 합리적 정서행동치료 및 인지행동치료, 상담과 코칭, 대중을 위한 읽기 쉬운 자기치유서 집필이다.

Wouter Backx는 네덜란드의 Leiden 대학교에서 임상 및 이론 심리학을 공부했다. 뉴욕 Albert Ellis 연구소에서 근무하며 합리적 정서행동치료를 집중적으로 연구하였고 연구소의 임원 및 공인 수퍼바이저가 되었다. 『Journal of Rational-Emotive and Congnitive-Behavior Therapy』의 편집위원이기도 하다. 고향인 네덜란드 하를럼에 Albert Ellis 연구소의 지부인 네덜란드 REBT 연구소(Dutch Institute for REBT)를 설립하였으며, 상담자이자 지도자로서 네덜란드 및 세계 여러 나라의 수련기관에서 새내기 상담자들에게 합리적 정서행동치료를 보급하고 있다. 주된 관심사는 가족 주치의들이 환자를 진찰할 때 합리적 정서행동치료를 활용하는 법을 가르치는 것이다. 그는 합리적 정서행동치료의 이론과 기법의 발전에 크게 공헌하였으며, 이 책에는 그가 내담자와 상담자에게 합리적 정서치료를 명료히 설명하기 위해 활용해 온 도구들이 다수 소개되어 있다.

역자 소개

이한종(Han-Jong Lee)

서울대학교 교육학과 학사 및 석사
일본 와세다대학교 인간과학 박사(상담심리학 전공)
한국초등상담교육학회장
한국상담학회 학회지 『상담학연구』 편집위원
한국청소년상담원(현 한국청소년상담복지개발원) 상담팀장
현 춘천교육대학교 교육학과 교수

합리적 정서행동치료

상담 전문가를 위한 안내서

A Practitioner's Guide to Rational Emotive Behavior Therapy(Third Edition)

2021년 3월 25일 1판 1쇄 인쇄
2021년 3월 30일 1판 1쇄 발행

지은이 • Raymond A. DiGiuseppe · Kristene A. Doyle
Windy Dryden · Wouter Backx
옮긴이 • 이한종
펴낸이 • 김진환
펴낸곳 • (주) 학지사
04031 서울특별시 마포구 양화로 15길 20 마인드월드빌딩
대표전화 • 02)330-5114 팩스 • 02)324-2345
등록번호 • 제313-2006-000265호

홈페이지 • http://www.hakjisa.co.kr
페이스북 • https://www.facebook.com/hakjisabook

ISBN 978-89-997-2390-2 93180

정가 25,000원

역자와의 협약으로 인지는 생략합니다.
파본은 구입처에서 교환해 드립니다.